Yale Linguistic Series, 7

發行人：周　　　　　政
發行所：敦煌書局股份有限公司
地　址：台北市中山北路2段103號
電　話：(02) 537-1666（總機）
郵　撥：0014103－1
印刷所：聯和印製廠有限公司
新聞局登記證局版台業字0269號
中華民國75年 1 月　　日第　版

INTERMEDIATE CHINESE

by John DeFrancis

WITH THE ASSISTANCE OF
Teng Chia-yee

New Haven and London, Yale University Press

Copyright © 1964 by Yale University.
Fifth printing, 1972.
Set in IBM Documentary type, and printed
in the United States of America by
The Murray Printing Company,
Forge Village, Mass.

Published in Great Britain, Europe, and Africa by
Yale University Press, Ltd., London.
Distributed in Canada by McGill-Queen's University
Press, Montreal; in Latin America by Kaiman & Polon,
Inc., New York City; in Australasia and Southeast
Asia by John Wiley & Sons Australasia Pty. Ltd.,
Sydney; in India by UBS Publishers' Distributors Pvt.,
Ltd., Delhi; in Japan by John Weatherhill, Inc., Tokyo.
All rights reserved. This book may not be
reproduced, in whole or in part, in any form
(except by reviewers for the public press),
without written permission from the publishers.

Library of Congress catalog card number: 64-12649
ISBN: 0-300-00412-5 (cloth), 0-300-00064-2 (paper)

This work was developed pursuant to a
contract between the United States Office of
Education and Seton Hall University
and is published with permission of the
United States Office of Education,
Department of Health, Education, and Welfare.

To the memory of
Harriet Nadelhoffer
"Hǎo rén bù cháng shòu"

PREFACE

This text is the second in a series of three closely integrated volumes of spoken Chinese for use at the high-school and college levels:

<u>Beginning Chinese</u>. Stresses mastery of the basic structural patterns of the language by means of dialogues and extensive exercises based on them.

<u>Intermediate Chinese</u>. Presents dialogues on everyday topics together with analysis of anticipated points of difficulty for the student and numerous sentences illustrating the usage of all new words and grammar.

<u>Advanced Chinese</u> (in preparation). An alternative sequel to <u>Beginning Chinese</u> with dialogues concentrating on cultural and academic topics.

<u>Intermediate Chinese</u> has a number of unique features, chief among them being the fact that the dialogues were first recorded and then transcribed and edited. This has resulted in livelier conversational material than is generally found in textbooks.

The book consists of four units, with six lessons each. The first five lessons of each unit contain new material; the sixth reviews the preceding five. The review lessons contain a variety of drills, with no two lessons having exactly the same types of exercise. All the main lessons, however, contain the following divisions:

Dialogue (in Chinese)
Sentences for New Words and Grammar (in Chinese)
Review Sentences (in Chinese)
Monologue (in Chinese)
Questions (in Chinese)
Dialogue (English translation)
Sentences for New Words and Grammar (English translation)
Review Sentences (English translation)
Notes (in English)

It is suggested that the Dialogue be taken up first. Study it bit by bit, together with the related Sentences for New Words and Grammar. (As an aid to such study, the sentences illustrating new items are arranged consecutively in the same order in which the items occur in the Dialogue.)

The twenty Dialogues—the heart of the material in the book—are imagined as taking place within a four-day period following the arrival of the American student in China. They represent only a small fraction of the speaking situations a not particularly loquacious person might be involved in during that length of time, and if spoken continuously would represent at most only a few hours of actual conversation. Their limited nature is further indicated by the fact that they contain only about 1,000 new vocabulary items. The size of the book is due not so much to the new material introduced as to the numerous exercises provided for the mastery of the material. Leaving aside the extensive practice exercises in the four review lessons, and excluding also the basic Dialogues themselves and the Monologues based on them, drill on the new material is provided by over 3,000 sentences—more than 2,000 Sentences for New Words and Grammar, 400 Review Sentences, and 600 Questions.

Students who have persevered in Chinese to this point can and should do a great deal of studying on their own. To this end, we have provided both Chinese and English versions of much of the material, so that the student can check himself in working either from Chinese to English or from English to Chinese. For the teacher, the Monologues and Questions (for which no translations have been provided) can be used to test the student's understanding of the Chinese. A check on the student's ability to translate from English to Chinese can be readily devised by making selections from the huge number of sentences, modifying them slightly as desired.

The present work is closely integrated with <u>Beginning Chinese</u>. All the vocabulary and grammar of that book appear for review purposes in the first two lessons of this book; these two lessons should therefore be studied with particular care and should be taken more slowly than the others. On the assumption that the student now requires fewer aids to pronunciation and can rely more on the teacher and on tape recordings, we have omitted the hyphens used in the earlier work to show where not to pause; reduced the indication of stress; and indicated shifts from third tone to second tone only in lexical entries and other places where the student might not be able to deduce the shift from the context.

Illustrations supply visual support for topics mentioned in the Dialogues. The inventive teacher can use them as a basis for further conversation and exposition.

As with the earlier work, the present text is accompanied by tape recordings and by a character text. The recordings are an important supplement, in that they provide a great deal of information on such vital pronunciation features as stress, juncture, and intonation. Many of these features, particularly intonation, have been little studied in Chinese, and the written record of speech omits much that is important in acquiring an authentic Chinese pronunciation. Listening to and imitating recordings are the best means—apart from working directly with a native speaker—of achieving this end. As to the character text, this is designed for use by native teachers, who may prefer it to the transcription version, and also by students, who may use it as a reading text. There is also a brief teacher's manual, available, as are the tape recordings, from the Institute of Far Eastern Studies, Seton Hall University.

I wish to thank the following institutions and individuals for helping to make this book possible:

Office of Education, Department of Health, Education, and Welfare, for a grant to compile the book.

Seton Hall University, for providing institutional support for my work.

Dr. John B. Tsu, Director of the Institute of Far Eastern Studies, Seton Hall University, for his energetic concern to make available whatever assistance was needed at all stages of the work.

The Editorial Committee, consisting of Dr. John B. Tsu, Dr. Paul Tsai, Mr. Yung Chih-sheng, Mr. Francis Shieh, Mr. Simon T. H. Chang, Mrs. A. T. Morcom, Mrs. Aileen Wei, Mrs. Lucy Chao Ho, and Mrs. Jean Feng, for suggesting many improvements in the text.

Mrs. Teng Chia-yee, for her untiring collaboration in nearly every phase of the work.

Elinor Horne, for her expert editorial assistance.

Miss Diana Ma, for her illustrations.

My wife, for putting the handwritten materials into typewritten form, and Mrs. Margaret Chiang for additional typing.

J. De F.

Madison, Connecticut
March 1964

CONTENTS

PREFACE vii
SETTING THE STAGE xi
UNIT I 1

Lesson 1. Arriving in China (Dàole Zhōngguo) 3
Lesson 2. Getting through Customs (Jiǎnchá Xíngli) 29
Lesson 3. Driving through the City (Zuò Chē Jìn Chéng Chū Chéng) . 55
Lesson 4. At the Home of Friends (Zài Péngyou Jiā) 77
Lesson 5. Discussing Where to Live (Tán Zhǎo Fángzi) . . . 101
Lesson 6. Review (Wēnxi) 123

UNIT II 133

Lesson 7. Recounting Past Activities (Tán Guòqu de Shìqing) . 135
Lesson 8. Renting a Room (Zū Fángzi) 157
Lesson 9. Discussing Members of a Family (Tán Yì Jiā Rén) . 179
Lesson 10. Eating in a Restaurant (Chī Fànguǎr) 203
Lesson 11. Speaking of Family Matters (Tán Jiā Shì) 225
Lesson 12. Review (Wēnxi) 246

UNIT III 257

Lesson 13. Moving to New Quarters (Bān Jiā) 259
Lesson 14. Talking with a Servant (Gēn Yòngren Tán Huà) . . 283
Lesson 15. Talking with an Engineer (Gēn Gōngchéngshī Tán Huà) . 303
Lesson 16. Discussing Studies (Tán Xué) 325
Lesson 17. Attending a Soccer Game (Kàn Zúqiú Bǐsài) 349
Lesson 18. Review (Wēnxi) 372

UNIT IV 383

Lesson 19. Going to a Bank (Dào Yínháng) 385
Lesson 20. Buying Things (Mǎi Dōngxi) 407
Lesson 21. Discussing Illnesses (Tán Shēng Bìng) 431
Lesson 22. Visiting a University (Cānguān Dàxué) 451
Lesson 23. Attending a Welcome Party (Huānying Xīnshēng Wǎnhuì) . 475
Lesson 24. Review (Wēnxi) 501

APPENDIX: Comparative Transcription Table 515
GLOSSARY AND INDEX 521

SETTING THE STAGE

Cast of Characters
(in order of appearance)

Gāo Xiānsheng	:	Mr. Gao, manager of the Three Friends Bookstore.
Gāo Měiyīng	:	Daughter of Mr. and Mrs. Gao.
Bái Wénshān	:	Vincent White, an American student.
Wàn Xuéwén	:	Customs inspector.
Gāo Tàitai	:	Mrs. Gao.
Wáng Mā	:	Maidservant in the Hua household.
Huá Tàitai	:	Mrs. Hua.
Huǒji	:	Waiter.
Huá Xiānsheng	:	Mr. Hua, a construction engineer.
Huá Xuéxīn	:	Son of Mr. and Mrs. Hua.
Hángyuán	:	Bank teller.
Màihuòyuán	:	Sales clerk.
Zhǔxí	:	Master of ceremonies at party welcoming new students.
Jīn Shūwén	:	Performer at party.
Máo Shānhé	:	Performer at party.
Wēn Qīnghuá / Wēn Qīngwén	:	Brother and sister, performers at party.
Mǎ Guóyīng / Huáng Néng	:	Performers of comic dialogue.
Wáng Dàwén	:	Performer at party.

Abbreviations for the Above Names

Bái	:	Bái Wénshān (Vincent White)
Gāo	:	Gāo Xiānsheng (Mr. Gao)
Huá	:	Huá Xiānsheng (Mr. Hua)
Huáng	:	Huáng Néng (performer at party)
Huǒ	:	Huǒji (waiter)
Jīn	:	Jīn Shūwén (performer at party)
Mǎ	:	Mǎ Guóyīng (performer at party)
Máo	:	Máo Shānhé (performer at party)
Měi	:	Gāo Měiyīng Xiáojie (Miss Meiying Gao)
Tài	:	Lessons 4, 5, 7, 11: Gāo Tàitai (Mrs. Gao) / Lessons 8, 13, 15: Huá Tàitai (Mrs. Hua)
Wàn	:	Wàn Xuéwén (customs inspector)
Wáng	:	Lessons 8, 13, 14: Wang Ma (the Huas' maid) / Lesson 23: Wáng Dàwén (performer at party)
Wēn	:	Wēn Qīnghuá / Wēn Qīngwén (performers at party)
Xué	:	Huá Xuéxīn (son of Mr. and Mrs. Hua)
Yuán	:	Lesson 19: Hángyuán (bank teller) / Lesson 20: Màihuòyuán (sales clerk)
Zhǔ	:	Zhǔxí (master of ceremonies)

Place

A City in China

Time

| Lessons 1–4 | September 8 | Lessons 13–18 | September 10 |
| Lessons 5–12 | September 9 | Lessons 19–24 | September 11 |

UNIT I

"WÉNSHĀN! . . . MĚIYĪNG!"

Dì Yíkè. Dàole Zhōngguo

Huìhuà : Gāo Xiānsheng, Gāo Měiyīng Xiáojie dào fēijīchǎng jiē
Bái Wénshān.

Gāo: Měiyīng, sāndiǎn bàn le dou. Zěnmo fēijī hái méi lái ne?

Měi: Kě bu shì ma!

5 Gāo: Shì bu shi fēijī qǐ fēi wǎn le?

Měi: Dàgài shì.

Gāo: Zàiburán ta xìnshang xiěcuò le. Ta bǎ sìdiǎn bàn xiěchéng sāndiǎn bàn le.

Měi: Bú huì xiěcuò le ba? Wǒ xiǎng yídìng shi qǐ fēi de shíhour
10 nèibiarde tiānqi bù hǎo, qǐ fēide wǎn le.

Gāo: Yéxǔ a. . . . Kuài dào sìdiǎn le.

Měi: Bàba, nín kàn! Nèibiar fēiguolai yíge fēijī.

Gāo: Zài něibiar?

Měi: Nín kàn nèibiar.

15 Gāo: Duìle. Dōngběibiar zhèige fāngxiang duì. Shì cóng Rìběn lái de
fēijī. Dàgài shi Wénshān zuò de fēijī. . . . Fēijī luòxialai le.

Měi: He! Zhèige fēijī zhēn dà. Bàba, 'zěnmo dàde fēijī néng zuò
duōshao rén ne?

Gāo: Kéyi zuò yìbǎi duō rén ne.

20 Měi: Nín kàn. Xià kèren le. . . .

Gāo: Xiàlai hěn duō rén le. Tā zěnmo 'hái mei xiàlai ne? Yéxǔ
wǒmen lí fēijī tài yuǎn le. Ta xiàlai wǒmen kànbujiàn.

Měi: Bàba, nín kàn! Wénshān 'cái xiàlai!

Gāo: Něige něige?

25 Měi: Jiù shi nèige. Chuān lán yīfu dài bái màozi de nèige gāo gèzi.

Gāo: Něige něige ya?

Měi: Hài! 'Nínde yǎnjing zěnmo kànbujiàn ne? Pàng tàitai 'hòutou
de nèige.

Gāo: Oh! 'Nèige jiù shi tā.

30 Měi: Duìle. Wénshān! Wénshān!! WÉNSHĀN!!!

3

Lesson One

Bái: MĚIYĪNG! . . . Gāo Xiānsheng, nín hǎo? Xièxie nín gēn Měiyīng lái jiē wo. Wǒmen zhēnshi 'hǎo jǐu bú jiàn.

Gāo: 'Sānnián bú jiàn le. Hǎo ma? Fǔshang dōu hǎo ma, Wénshān?

Bái: Hǎo. Wǒ fùqin mǔqin ràng wǒ wèn nín gēn Gāo Tàitai hǎo.

35 Gāo: Xièxie.

Bái: Gāo Tàitai hǎo ma?

Gāo: Hěn hǎo. Tā zài jiā mángzhe zuò fàn ne, suóyi yě méi lái jiē ni lai.

Bái: Wǒ yòu lái máfan Gāo Tàitai le.

40 Gāo: Nǎrde huà ne.

Bái: Měiyīng a, 'zhēn piàoliang. Bǐ yǐqián 'gèng piàoliang le.

Měi: Xiā shuō.

Gāo: Wénshān, nǐ hǎoxiang shòule yìdiǎr.

Bái: Shì ma? Nín kàn wǒ shòule ma? Wǒ zìjǐ dào bù juéde.

45 Gāo: Nǐ kàn 'wǒ zěnmoyàng? 'Lǎo le méi you?

Bái: Méi you. Gēn cóngqián yíyàng. Nín bǐ cóngqián hái niánqīng le ne, wǒ kàn.

Gāo: Xiàohuar. Wénshān, zěnmo 'wǎn le yìdiǎr?

Bái: Kě bu shì ma! Zài Rìběn de shíhou tiānqi 'tài bù hǎo le, érqiě
50 yǔ xiàde hěn dà, suóyi fēijīchǎng bàogào shuō děng bànge zhōngtóu zài qǐ fēi, bànge zhōngtóu yǐhòu kéyi qíngtiān, suóyi dào zhèr yǐjing 'sìdiǎn le. Ràng nín jiǔ děng le.

Gāo: Méi you méi you.

Měi: Bàba shuō yéxǔ nǐ bǎ qǐ fēi de zhōngdiǎr xiěcuò le.

55 Bái: 'Méi xiěcuò.

Gāo: Pēnshèjī fēide hěn wěn ba?

Bái: Hěn wěn. Yìdiǎr yě bù juéde shi zuò fēijī ne. Hǎoxiàng zài wūzili zuòzhe shide.

Gāo: Wénshān ne, nǐ cāi zěnmozhe, nǐ zǒule yǐhòu wǒ zhēnshi jìmode
60 bùdéliǎo. Nǐ yì lái xìn shuō nǐ yào lái le, nǐ shuō wǒ xīn lǐtou duómo tòngkuai duómo gāoxìng.

Bái: Wǒ yěshi chángcháng xiǎngniàn nín, hènbude hěn kuài jiù huídao Zhōngguo lái. Gāo Xiānsheng, Wàn Jiàoshòu yòu huílai le méi you? Nín gēn Qián Xiānsheng cháng jiàn miàn ba?

65 Gāo: Qián Xiānsheng cháng jiàn. Wàn Jiàoshòu méi huílai, kěshi wǒmen liǎngge rén cháng tōngxìn.

Bái: Méi rén gēn nín huá quán le?

Gāo: Yǒude shíhour gēn biéde péngyou yě huá. Nǐ zhèihuí lái le, wǒ

Shēng Zì gēn Xīn Yúfǎ de Jùzi

děi jiāo ni huá quán.

70 Bái: Hǎo a.

Gāo: Jīntian wǎnshang zánmen jiu huá.

Měi: Bàba, rénjia cái xià fēijī bú ràng rén xiūxi nín jiu ràng rénjia huá quán.

Gāo: Huá quán yě bu lèi ya.

75 Měi: Rén dōu zǒuguāng le. Jiù shèng Wénshān le.

Gāo: Duìle. Wénshān děi jiǎnchá xíngli qu le. Wénshān, nǐ qu jiǎnchá xíngli qu, wǒmen zài kèren chūkǒuchù děng ni.

Bái: Hǎo.

Gāo: Nǐ jiǎncháwánle xíngli wǒmen yíkuàr huí jiā. Bié làxia dōngxi.
80   Huítóu jiàn.

Bái: Huítóu jiàn.

Měi: Huítóu jiàn.

Shēng Zì gēn Xīn Yúfǎ de Jùzi

1.0. (3)* dōu, dou all, already (AD)** (Note 1)

   1.1 Nǐ zěnmo hái bù qǐlai ne? Dōu jiǔdiǎn duō le.

   1.2 Zuótian wǒ huí jiā tài wǎn le. Jiā lǐtou yǐjing chīle wǎnfàn le dou.

   1.3 Ta zěnmo 'hái méi lái ne? Dōu qīdiǎn bàn le dou.

2.0. (4) kě indeed, certainly, however (AD)

   2.1 Wǒ niàn shū kě méi nǐ nènmo hǎo.

   2.2 Nǐ kě méi tā nènmo yònggōng.

   2.3 Wǒ qǐng nǐ chī fàn. Rúguǒ nǐ bu lái wǒ kě bu gāoxìng le.

---

* Numbers in parentheses refer to the line in the Dialogue where the entry first occurs.

** For abbreviations of parts of speech, see the list at the beginning of the Glossary and Index.

3.0. (4) kě bu shì ma! Isn't that so! Isn't it the truth! It's so indeed.

3.1. Nǐ zěnmo chīde zènmo duō? . . . Kě bu shì ma! Wǒ yì chī Zōngguo fàn jiù chīde tài duō.

3.2. Wǒmen yòu yào kǎoshì le. . . . Kě bu shì ma. Wǒmen děi hǎohāorde niàn shū le.

4.0. (5) fēi   fly (IV)

         fēidào   fly to

         fēiguoqu   fly past

4.1. Zài zhèi jǐshinián lǐtou rén cái néng fēi.

4.2. Wǒ zhù de dìfang tiāntiān yǒu fēijī fēiguoqu.

4.3. Zhèige fēijī shi cóng zhèr fēidào Rìběn de.

5.0. (5) qǐ fēi   start flying, take off, leave (IV) [lit. start fly]

5.1. Qǐng wèn, dào Sānfánshì de fēijī shénmo shíhou qǐ fēi?

5.2. Fēijī yì qǐ fēi wǒmen jiu huí jiā le.

5.3. Nèige fēijī xiàwǔ sāndiǎn bàn zhōng cóng Dōngjīng fēijīchǎng qǐ fēi.

6.0. (4) qǐ fēi (de) wǎn   take off late

6.1. Jīntian tiānqi bù hǎo. Kǒngpà fēijī yào qǐ fēide wǎn le.

6.2. Dào Niǔyue de fēijī shì bu shi qǐ fēi wǎn le?

7.0. (7) zàiburán   otherwise (MA) [lit. again not so]

7.1. Wǒ jīntian wǎnshang bù chī táng cù yú jiù chī hóng shāo jī. Zàiburán jiu chī shīzi tóu.

7.2. Wǒ dǎsuan qù kàn péngyou. Zàiburán wǒ qu kàn diànyǐngr.

8.0. (7) chéng (postverb 'as') (Note 2)

         huàchéng   draw as   pīnchéng   spell as

         kànchéng   view as   tīngchéng   hear as

         niànchéng   read as   xiěchéng   write as

8.1. Wǒ bǎ tāde huà tīngcuò le. Wǒ bǎ sānbǎi wǔshihào tīngchéng sìbǎi wǔshihào le.

8.2. Tā bǎ dì-èrshēngde zì niànchéng dì-sānshēng le.

8.3. Ta huà de zhèizhāng huàr bu hǎo. Bǎ shīzi huàchéng láohu le.

8.4. Qǐng nǐ bǎ zhèixie Hànzì xiěchéng pīnyīn.

8.5. Wǒ bǎ biǎo kàncuò le. Jiǔdiǎn bàn wǒ kànchéng wǔdiǎn sānkè le.

8.6. Wǒ kàncuò le rén. Bǎ nèiwèi xiānsheng kànchéng Wáng Xiānsheng le.

8.7. Wǒ bǎ <u>èr</u> zì niànchéng <u>sān</u> zì le.

8.8. Zhèige zì nǐ pīncuò le. Ni bǎ <u>xué</u> zì pīnchéng <u>xiě</u> zì le.

Shēng Zì gēn Xīn Yǔfǎ de Jùzi

9.0. (9) shi is a matter of (Note 3)
   9.1. Ta méi lái. Huòzhě shi ta máng le.
   9.2. Ta bú shi méi qián. Tā shi bù xǐhuan mǎi dōngxi.
   9.3. Wǒ shi zuò fēijī qù. Nǐ ne?
10.0. (11) yéxǔ perhaps, probably (MA) [lit. also permit]
   10.1. Wǒmen míngtian yéxǔ yánjiu zhèijiàn shìqing.
   10.2. Xīngqīliù yéxǔ wǒmen qu kàn diànyǐngr.
11.0. (12) bàba papa, daddy (N)
   11.1. Nǐ bàba gěi nǐ mǎi táng lai le.
   11.2. Wǒ bàba shuō ta zuótian zài lùshang yùjian nǐ le.
12.0. (15) fāngxiang N: direction [lit. side toward]
   12.1. Qǐng wèn, dào Sān Yǒu Shūdiàn wàng něige fāngxiang zǒu?
13.0. (16) luò   land, drop, fall (V)
         luòxialai   drop down, land
         luòzai   land at
   13.1. Zhèige fēijī luòzai něige fēijīchǎng?
   13.2. Yíge dà fēijī zài wǒ jiā fùjìn nèige xiǎo fēijīchǎng luòxialai le.
   13.3. Wǒmen dào fēijīchǎng de shíhou fēijī yǐjing luòxialai le.
14.0. (23) cái merely, just, just now (AD)
   14.1. Wǒ cái yǒu liùmáo sān.
   14.2. Wáng Xiānsheng bú zài jiā, cái zǒu.
15.0. (25) chuān wear (clothes) (TV)
   15.1. Xiànzài tiānqi nuǎnhuo le. Nǐ yīnggāi shǎo chuān yìdiǎr.
   15.2. Wáng Xiáojie xǐhuan chuān hóng de.
16.0. (25) yīfu clothes, clothing (N) [lit. clothes dress]
   16.1. Ta chuān de yīfu dōu shi zài Yīngguo zuò de.
   16.2. Yǒude nǚ háizi xǐhuan chuān 'nán háizide yīfu.
17.0. (25) màozi hat (N)
   17.1. Tā nèige hēi màozi shi zài Rìběn mǎi de.
   17.2. Tiānqi nuǎnhuo bú yòng dài màozi.
18.0. (25) gèzi, gèr stature, size (of people), (sized) person (N)
         gāo gèzi, gāo gèr   tall person
         dà gèzi, dà gèr   tall person
   18.1. Tāde gèr hěn gāo.

Lesson One

    18.2.   Wǒde gèzi bǐ nǐ gāode duō.

    18.3.   Nèige jiàoyuán shi ge dà gèr.

    18.4.   Nán háizi bǐ nǚ háizi gèr gāo.

19.0. (26) a, wa, ya (Note 4)

    19.1.   Zhè jǐtiān zěnmoyàng a?

    19.2.   Zěnmo láide zènmo zǎo wa?

    19.3.   Wáng Xiānsheng 'hái mei lái ya?

20.0. (27) yǎnjing eye(s) (N)

    20.1.   Wǒde yǎnjing bù zěnmo hǎo. Kàn yuǎnde dìfang jiù kànbujiàn.

    20.2.   Nèige nǚ háizide yǎnjing hěn piàoliang.

21.0. (27) pàng fat (SV)

    21.1.   Wǒ tài pàng le. Wǒ děi shǎo chī fàn le.

    21.2.   Wǒ dìdi bǐ wǒ pàngde duō.

22.0. (37) N mángzhe V (ne) N is busy V-ing, N is in a hurry to V (Note 5)

    22.1.   Tā mángzhe kǎoshì ne.

    22.2.   Zhèzhāng huàr wǒ huàde bù hǎo, yīnwei ta mángzhe yào.

    22.3.   Tā mángzhe yào shàng fēijī ne.

    22.4.   Wǒ xiànzài méi gōngfu. Wǒ mángzhe dào xuéxiào qu.

23.0. (37) lái V lai come to V (Note 6)

              qù V qu go to V

    23.1.   Qián Xiáojie lái jiè shū lai le.

    23.2.   Wàn Jiàoshòu lái yánjiu yǔyánxué lai le.

    23.3.   Wǒ dào Rìběn qu lǚxíng qu.

    23.4.   Péngyou qǐng wo dào ta jiā qu chī fàn qu.

24.0. (42) xiā falsely, incorrectly, haphazardly (AD)

    24.1.   Zhèige zì nǐ bú rènshi bié xiā niàn.

    24.2.   Nǐ bù zhīdào de shìqing bié xiā shuō.

25.0. (43) hǎoxiang resemble, seem (to) (V) [lit. good resemble] (Note 7)

    25.1.   Tā huà de nèizhāng shānshuǐ huàr hǎoxiang shi Sūzhou (shide).

    25.2.   Zuòzhe de nèiwèi xiānsheng wǒ hǎoxiang rènshi ta (shide).

    25.3.   Tā hǎoxiang bǐ yǐqián yònggōng le (shide).

    25.4.   Tā hǎoxiàng ta fùqin (shide).

    25.5.   Wǒ zhèiběn shū hǎoxiang gēn nǐ nèiběn yíyàng (shide).

26.0. (43) shòu thin (SV)

Shēng Zì gēn Xīn Yǔfǎ de Jùzi

26.1. Nǚrén háishi shòu yìdiǎr bǐjiào piàoliang.
26.2. Qián Xiānsheng bǐ yǐqián shòu duō le.
27.0. (44) dào(shi)   on the contrary, contrary to expectations, yet   (MA)
27.1. Wǒ suírán jīntian niàn le hěn duō shū, wǒ dào bù juéde lèi.
27.2. Ta chúle bù chī xiā yǐwài biéde ta dàoshi shénmo dōu chī.
27.3. Ta dàoshi hěn yònggōng. Bú shi niàn shū jiùshi tīng lùyīn.
28.0. (46) niánqīng   to be young (SV) [lit. year young]
28.1. Ta suírán niánqīng kěshi tāde xuéwen hěn hǎo.
28.2. Zhāng Xiānsheng bǐ Wáng Xiānsheng niánqīng.
29.0. (50) yǔ   rain (N)
           xià yǔ   be raining (VO)
29.1. Zāogāo. Jīntian xià yǔ. Wǒmen bù néng qu lǚxíng le.
29.2. Nǐ qù kànkan wàitou xià yǔ bu xià.
29.3. Shàng xīngqīliù yǔ xiàde zhēn dà.
29.4. Xià yǔ le. Fēijī qǐ fēi yào wǎn yíge zhōngtóu.
30.0. (50) bàogào (shuō)   report (that) (V) [lit. report inform]
30.1. Zhèijiàn shìqing wǒ bù zhīdào shi shénmo shíhou bàogào de.
30.2. Shàng xīngqīsì xuéxiào bàogàole shuō zhèige xīngqīwǔ fàngjià.
31.0. (50) děng A V   to V after A (Note 9)
31.1. Ràng ta děng yìhuěr jìnlai.
31.2. Wǒ xiànzài hěn máng. Děng yìhuěr wǒ zài qù.
31.3. Fàn hái děi děng yíge zhōngtóu cái néng zuòhǎo ne.
31.4. Děng ta lái wǒmen yíkuàr qù.
32.0. (51) qíngtiān   be or become clear (SV), clear day (N) [lit. clear day]
32.1. Qíngtiān de shíhou kàndejiàn Xī Shān.
32.2. Rúguǒ míngtian shi qíngtiān wǒmen jiu dào chéng wàitou qu lǚxíng.
32.3. Jīntian hái méi qíngtiān ne. Yéxǔ míngtian jiu qíngtiān le.
33.0. (52) jiǔ   long (time) (SV)
           hǎo jiǔ   good while, quite a long time
33.1. Ta hěn jiǔ yǐqián jiu dào Zhōngguo lái le.
33.2. Hǎo jiǔ méi gěi wo nǚ péngyou xiě xìn le.
34.0. (54) zhōngdiǎr   hour, time, timing (N) [lit. clock dot]
34.1. Wǒ lái wǎn le. Wǒ bǎ zhōngdiǎr jìcuò le.
34.2. Tāde zhōngdiǎr hěn zhǔn. Ta 'shuō shénmo shíhou ta jiu shénmo shíhou lái.

35.0. (56) pēnshèjī   jet plane (N) [lit. spit spurt machine]
    35.1.   Pēnshèjī zuò de rén bǐjiǎo duō ma?
    35.2.   Tā yí dào fēijīchǎng nèige pēnshèjī jiu qǐ fēi le.
    35.3.   Pēnshèjī shēngyin zhēn dà.

36.0. (56) wěn   smooth, steady, stable (SV)
    36.1.   Pēnshèjī fēide wěn.
    36.2.   Tīngshuō nèige dìfang bù wěn. Zuì hǎo bú qù lǚxíng.

37.0. (58) wūzi   room (in a house) (N)
    37.1.   Wǒmen nèisuǒr fángzi yígòng yǒu wǔge wūzi.

38.0. (59) zěnmozhe   what?, how (about it)?
           zěnmozhe   this way
           nǐ cāi zěnmozhe   you know, ...
    38.1.   Nǐ cāi zěnmozhe, wǒ zuì xǐhuan nǐ lái gēn wo tántan.
    38.2.   Zěnmozhe? Jīntian wǒmen qu kàn diànyǐngr hǎo bu hǎo?
    38.3.   Zěnmozhe ba. Míngtiān nǐmen dōu zuò wǒde chē qu ba.

39.0. (59) jìmo   lonesome (SV)
    39.1.   Jīntian zhǐ yǒu wǒ 'yíge rén zài jiā. Hěn jìmo.
    39.2.   Wǒde péngyou dōu dào biéde dìfang qù le. Wǒ jìmode bùdéliǎo.

40.0. (60) xīn   heart, mind (N)
    40.1.   Wǒ xīn lǐtou zhèng zai xiǎng nèijian shìqing ne.
    40.2.   Tāde xīn hěn hǎo. Ta hěn xǐhuan bāngzhu bié ren.

41.0. (61) tòngkuai   happy, content, delighted (SV)
    41.1.   Rúguǒ nǐ gēn tāmen zai yíkuàr tántan nǐ jiù juéde hěn tòngkuai.
    41.2.   Jīntian wǒ bǎ kǎoshì de tímu kàncuò le, suóyi xīnli bú tòngkuai.

42.0. (62) chángcháng   often, constantly (AD) [lit. often often]
    42.1.   Xué yǔyán yào chángcháng tīng lùyīn.
    42.2.   Wǒmende Yīngwén zìdiǎn chángcháng ràng xuésheng gěi názǒu le.

43.0. (62) xiǎngniàn   think of (someone) (TV) [lit. think reflect]
    43.1.   Wǒ hěn jiǔ méi kànjian wǒde nǚ péngyou le. Wǒ hěn xiǎngniàn ta.
    43.2.   Nǐ líkai fǔshang yǐjing sānnián le. Nǐ yídìng hěn xiǎngniàn nǐ fùqin mǔqin ba.

44.0. (62) hènbude   hope that; Would that . . . , Oh that . . . . (TV) [lit. hate not attain]
    44.1.   Wǒ hènbude zài zhè yìnián lǐtou jiu néng shuō hěn hǎode Zhōngguo huà.

Shēng Zì gēn Xīn Yúfǎ de Jùzi 11

  44.2. Hènbude wǒ yǒngyuǎn bu líkai zhèr.
  44.3. Nǐ mǔqin hěn xiǎngniàn ni, hènbude mǎshàng jiu kànjian ni.
45.0. (64) jiàn miàn see (each other) (VO) [lit. see face]
  45.1. Wǒ hǎo jiǔ méi gēn ta jiàn miàn le.
  45.2. Wǒ zhīdao tāde míngzi, kěshi wo méi gēn ta jiànguo miàn.
46.0. (66) tōngxìn to correspond (IV) [lit. communicate letter]
  46.1. Bái Xiānsheng zài Měiguo de shíhou cháng gēn Gāo Xiáojie tōngxìn.
  46.2. Wǒ gēn ta cháng tōngxìn. Érqiě wǒmen shi yòng Hànzì xiě xìn.
47.0. (68) huí time, occasion (M)
  47.1. Jīntian wǒ dào tā jiā sānhuí le, ta dōu bú zài jiā.
  47.2. Zhèihuí wǒ yào yíng le.
  47.3. Wǒ zhèihuí kǎo shū kǎode bú tài hǎo.
48.0. (71) zánmen (inclusive) we, us (Note 10)
  48.1. Ta lái xìn jiào zánmen xià yuè sānhào zǎochen shídiǎn bàn zhōng qu jiē ta.
  48.2 Zánmen zuò chē qù ba, yàoburán jiu wǎn le.
49.0. (72) rénjia (other) people, others, (another) person [lit. people family]
  49.1. Rénjia dōu bǐ wǒ niàn shū niànde hǎo.
  49.2 Wǒ bǐ rénjia chī jiǎozi chīde duō.
  49.3. Ta fāyīn liànxi shi liànxi, kěshi háishi méi rénjia shuōde hǎo.
50.0. (72) xiūxi to rest (IV) [lit. rest stop]
  50.1. Bàba shuō děng ta xiūxi yìhuěr wǒmen zài dào gōngyuán qu.
  50.2. Wǒ yǐjing niànle liùge zhōngtóude shū le. Wǒ děi xiūxi yìhuěr le.
  50.3. Jīntian fàngjià. Nǐ yě bù xiūxi ma?
51.0. (75) guāng finished, completed (postverb)
  51.1. Yǐjing wǔdiǎn le. Quán xuéxiàode xuésheng dōu zǒuguāng le.
  51.2. Jīntiande cài zhēn hǎo chī. Wǒmen dōu bǎ ta chīguāng le.
  51.3. Wǒde qián mǎi shū dōu yòngguāng le.
  51.4. Chéng lǐtou dǎqilai le. Rén dōu pǎoguāng le.
  51.5. Sān Yǒu Shūdiàn mài de nèiběn Zhōng-Yīng zìdiǎn zhēn hǎo. Yìhuěr jiù ràng rén mǎiguāng le.
52.0. (76) jiǎnchá examine, inspect (IV) [lit. examine check]
  52.1. Jiǎnchá xíngli hěn máfan.
  52.2. Wǒde xíngli hěn duō. Bànge zhōngtóu yě jiǎnchábuwán.

52.3. Wǒmende xíngli hěn jiǎndān, suóyi tāmen jiǎnchá hěn róngyi.

53.0. (77) chūkǒu   exit (N) [lit. exit mouth] (Note 11)

    chūkǒur   exit (N)

    chūkǒuchù   exit (N) [lit. exit mouth place]

53.1. Qǐng wèn, chūkǒur zài nǎr?

53.2. Kèren cóng chūkǒuchù yǐ chūlai jiu xiān dào cāntīng qu.

53.3. Wǒmen dào kèren chūkuǒchù děngzhe ta ba.

54.0. (79) là-   leave (behind) (V)

    làzai   leave at

    làxia   leave behind, leave out

54.1. Nǐ qǐng Zhāng Xiānsheng chī fàn, kě bié làxia Wáng Xiānsheng.

54.2. Wǒ bǎ shū làzai xuéxiào le.

54.3. Xià gōnggòng qìchē de shíhou bié làxia shū.

55.0. (80) huítóu   in a little while, a little later, by and by, soon (MA) [lit. turn head]

55.1. Duìbuqǐ, wǒ xiān zǒu. Huítóu jiàn.

55.2. Wǒ yǒu yìdiǎr shì. Huítóu wǒ jiu lái.

55.3. Huítóu ni lái de shíhou bié wàngle dài qián.

56.0. shēng   new, raw (SV)

    shēng rén   stranger

    shēng cài   raw vegetables

    shēng zì   new words, vocabulary

56.1. Yǒude shēng cài kéyi chī, yǒude shēng cài bù kéyi chī.

56.2. Wǒ bú huì shuō huà, suóyi bu xǐhuan gēn shēng rén shuō huà.

57.0. xīn   new (SV), newly, recently (AD)

57.1. Zhèige chá hú shì bu shi xīnde?

57.2. Nǐ nèiwèi xīn péngyou xìng shénmo?

57.3. Wǒmen děi xiān xuéhuìle shēng zì gēn xīn yúfǎ.

57.4. Wǒ xīn mǎi de qiānbǐ zhǎobuzháo le.

57.5. Nǐde qìchē shì bu shi xīn mǎi de?

58.0. wēnxi   to review (V) [lit. review practice]

    wēnxi jùzi   review sentence(s)

58.1. Kuài yào kǎo shùxué le. Wǒmen bìděi xiān wēnxi shùxué.

58.2. Qǐng nǐmen dǎkai shū kàn dì yīge wēnxi jùzi.

Wēnxi Jùzi

59.0. dāndú   alone, by oneself, by itself, by themselves
                       [lit. single alone]
       dāndú A yíge rén   A alone, only A
       dāndú tán huà   to speak alone
       dāndú tánhuà   monologue

59.1. Tā dāndú yào mǎi zhèiběn shū, kěshi nǎr yě mǎibuzháo le.

59.2. Yíge rén dāndú qu lǚxíng hěn méi yìsi.

59.3. Wǒmen dōu chī xìngrér dòufu. Dāndú Wáng Xiānsheng yíge rén bù chī.

59.4. Shíhou bú gòu. Xiānsheng shuō jiù qǐng nǐ dāndú tán huà.

59.5. Zhèiběn shū měi yíkède huìhuà wǒmen dou yòng ta xiě yíge dāndú tánhuà.

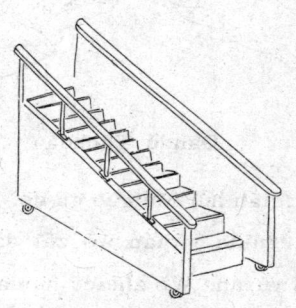

Wēnxi Jùzi

1. Nínde qìchē néng zuò jǐge rén? . . . Qiántou néng zuò liǎngge rén, hòutou néng zuò sānge rén.

2. Chuán shénmo shíhou xià kèren?

3. Shì bu shi yǐjing bādiǎn bàn le?

4. Zhèiběn shū wǒ jīntian yǐjing niànle wǔge zhōngtóu le. Hěn yǒu yìsi. Wǒ yìdiǎr yě bù juéde lèi.

5. Wēnxi jùzi lǐtou 'yíge shēng zì dōu méi yǒu.

6. Nǐ fùqin gěi ni lái xìn le ma? . . . Fùqin méi lái xìn, mǔqin lái xìn le.

7. Jīntian tài máfan nín le. Wǒ tài xièxie nín. . . . Nǎrde huà ne.

8. Wáng Jiàoshòu gàosu ni méi you wǒmen jīntian bú bì dào xuéxiào, tā bù lái? . . . Shì ma?

9. Fēijīchǎng bàogào shuō cóng Dōngjīng lái de fēijī xiànzài luòxialai.

10. Shànglai de kèren yígòng yǒu duōshao?

11. Wǒ xiǎng chī fàn. Nǐ xiǎng zěnmozhe?

12. Wǒ péngyou gěi wo lái xìn shuō ta xià xīngqī yào lái.

13. Wǒ hěn zǎo jiù xiǎng dào Zhōngguo qu.
14. Chuān hēi yīfu dài bái màozi de nèige lǎo xiānsheng shi shéi?
15. Wénshān! Guòlai! Wǒ yǒu huà gēn ni shuō.
16. Nèige hóng màozi mài duōshao qián?
17. Wáng Xiānsheng zuòzai pàng xiānsheng gēn shòu tàitai de zhōngjiàr.
18. Tāde bìng hěn zhòng. Tā yídìng huóbuliǎo le.
19. Zài dōngběi nèige fāngxiang yǒu yíge xiǎo fēijīchǎng.
20. Zài kèren chūkǒuchù fùjìn tán huà de nèixie rén dōu shi jiē Wáng Jiàoshòu lái de.

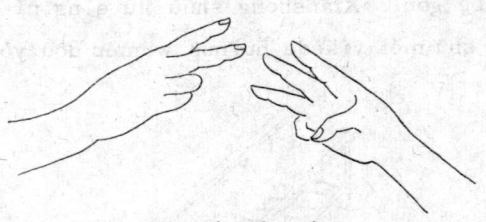

Dāndú Tánhuà

Wǒ shi sānnián yǐqián huí Měiguo qu de. Huídao Měiguo yǐhòu, háishi jìxù niàn dàxué. Zài èrnián yǐqián wǒ zài dàxué bìyè le. Kěshi wǒ hái jìxù yánjiu wénxué gēn yǔyán. Wǒ zhèicì huídao Zhōngguo lai 'háishi niàn shū. Yīnwei wǒ xuéde shi Zhōngguo yǔyán gēn wénxué, suóyi yòu dào
5 Zhōngguo lái yánjiu.

Wǒ zhèicì lái shi zuò fēijī láide, yīnwei wǒ méi dài hěn duōde xíngli, érqiě fēijī yě kuài. Wǒ zuò de shi pēnshèjī, yòu kuài yòu wěn.

Wǒ zǒu yǐqián mǔqin yòu mánglle hěn jiǔ gěi wo shōushi xíngli, tiāntiān zuò wǒ xǐhuan chī de cài, hái qǐng wǒ jǐge zuì hǎode péngyou dào wǒmen
10 jiāli lái hē chá.

Wǒ mǎile fēijī piào yǐhòu mǎshàng jiu gěi Gāo Xiānsheng gēn Měiyīng xiě xìn gàosu tāmen wǒ něitiān zǒu, fēijī shénmo shíhou dào. Gāo Xiānsheng tāmen shi hěn xīwang wǒ huílai de, jiēdào wǒde xìn dāngrán tāmen hěn huānying wǒ lái le, suóyi Gāo Xiānsheng xiě xìn shuō wǒ dàole
15 yǐhòu xiān zhùzai tāmen jiā lǐtou, mànmārde zhǎo fángzi.

Shàngle fēijī yǐhòu, Měiguode tiānqi yìzhíde dōu hěn hǎo, kěshi dàole Rìběn ne, tiānqi jiu bù hǎo le. Bǐ yuánlái de zhōngdiǎr wǎnle bànge zhōngtóu cái qǐ fēi. Wǒ xīnli xiǎng zhēn zāogāo. Gāo Xiānsheng Gāo Tàitai Měiyīng tāmen yídìng zài fēijīchǎng děi děng bàntiān. Zhēn duìbuqǐ tāmen,
20 ràng tāmen jiǔ děng.

Wèntí

Dàole Dōngjīng yǒu liǎngwèi Rìben péngyou dào fēijīchǎng qù jiē wo. Tāmen xīwang wǒ gēn tāmen yíkuàr qu wárwar, kěshi méi yǒu hěn duōde shíhou, fēijī jiù yào qǐ fēi le, suóyi wǒ bù néng líkai fēijīchǎng. Wǒ jiu qǐng tāmen liǎngwèi zài fēijīchǎng cāntīng wǒmen yíkuàr hē diar chá tánle yìhuěr. Zhèi liǎngwèi péngyou hěn hǎo. Gēn tāmen tántan xīnli yě hěn tòngkuai. Yéxǔ tāmen bù jiǔ ye dào Zhōngguo lái. Tāmen yě shi yánjiu Zhōngguo yǔyán gēn wénxué de. Zhèi liǎngwèi péngyou hěn niánqīng, kěshi tāmende xuéwen dōu hěn hǎo.

Dàole Zhōngguo fēijī luòxialai yǐhòu, wǒ yí xià fēijī jiu tīngjian Měiyīng yuǎnyuǎrde jiào wǒde míngzi. Wǒ zài yuǎnyuǎrde hěn duō rén lǐtou jiu kànjian Gāo Xiānsheng gēn Měiyīng le, kěshi méi kànjian Gāo Tàitai. Wǒ mǎshàng pǎoguoqu. Gāo Xiānsheng gēn Měiyīng yí kànjian wǒ dāngrán hěn gāoxìng le, kěshi wǒ juéde hěn duìbuqǐ tāmen, ràng tāmen děng nènmo jiǔ. Wǒ xīn lǐtou xiǎng Gāo Tàitai yéxǔ xiān huíqu le. Gāo Xiānsheng yì shuō wó cái míngbai, Gāo Tàitai zài jiā lǐtou mángzhe zuò fàn bù néng lái.

Měiyīng shi yíge yòu cōngming yòu piàoliangde nǚ háizi. Wǒ sānnián méi kànjian ta le. Hǎoxiang bǐ yǐqián gèng piàoliang le. Nèitiān ta chuānzhe hóng yīfu, piàoliangde bùdéliǎo.

Gāo Xiānsheng háishi gēn cóngqián yíyàng. Ta zuì gāoxìng gēn wǒ zài yíkuàr tántan. Ta shuō wǒ zǒule yǐhòu ta hěn jìmo. Wǒ yě shi hěn xiǎngniàn Gāo Xiānsheng. Ta shuō wǒ bǐ yǐqián shòule yìdiǎr, yéxǔ yīnwei zhè jǐnián zài Měiguo niàn shū bǐjiào máng yìdiǎr. Nèitiān zài fēijīchǎng hěn yǒu yìsi. Gāo Xiānsheng kànjian wo hěn gāoxìng, shuō huà shuōde shíhou bǐjiào cháng yìdiǎr. Biéde kèren dōu zǒuguāng le, jiu shèngxia wǒ yíge rén le. Rúguǒ bú shì Měiyīng gàosu rén dōu zǒuguāng le, Gāo Xiānsheng hái gēn wǒ shuō ne.

Wèntí

1. Shéi dào fēijīchǎng qu jiē Bái Wénshān?
2. Bái Wénshān gěi Gāo Xiānsheng de xìnshang xiězhe fēijī jǐdiǎn zhōng dào fēijīchǎng?
3. Ta shi cóng shénmo dìfang dào Zhōngguo qu de?
4. Gāo Xiānsheng xiǎng fēijī wèi shénmo lái wǎn le? Tā yòu xiǎng wèi shénmo lái wǎn le?
5. Fēijī shi cóng 'něige fāngxiang lái de? Shì cóng 'něiguó lái de?

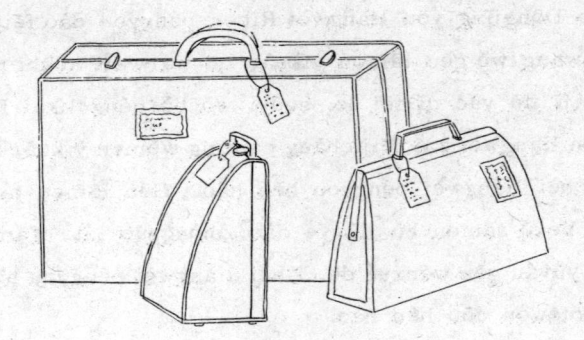

6. Gāo Xiānsheng shuō pēnshèjī néng zuò duōshao rén?
7. Bái Wénshān chuān de shi shénmo yīfu? Dài màozi méi you?
8. Bái Wénshān xià fēijī de shíhou shéi zài ta qiántou xiàlai de?
9. Gāo Tàitai wèi shénmo méi dào fēijīchǎng lái jiē Bái Wénshān?
10. Gāo Xiānsheng shuō Wénshān hǎoxiang bǐ yǐqián zěnmoyàng le?
11. Gāo Xiānsheng wèn Wénshān fēijī zěnmo wǎn le yìdiǎr. Wénshān shuō wèi shénmo wǎn le?
12. Gāo Xiānsheng wèn Wénshān pēnshèjī hěn wěn ba. Wénshān zěnmo shuō?
13. Gāo Xiānsheng shuō Wénshān huí Měiguo yǐhòu ta juéde zěnmoyàng? Wénshān huílai le ta yòu juéde zěnmoyàng?
14. Tā zěnmo wèn Gāo Xiānsheng guānyú Wàn Jiàoshòu gēn Qián Xiānsheng de shìqing?
15. Bái Xiānsheng gēn Gāo Xiānsheng shuō méi rén gēn ta huá quán le. Gāo Xiānsheng shuō tā hái huá quán ma?
16. Gāo Xiānsheng shuō jiāo Wénshān zuò shénmo?
17. Gāo Xiānsheng shuō wǎnshang ràng Wénshān huá quán Měiyīng juéde hǎo bu hǎo?
18. Shéi gàosu Bái Xiānsheng rén dōu zǒu le?
19. Wénshān qu jiǎnchá xíngli Gāo Xiānsheng shuō zài nǎr děngzhe ta?
20. Jiǎncha xíngli yǐhòu tāmen shàng nǎr qu?
21. Yǒu péngyou lái jiē ni nǐ kànjian tāmen yīnggāi shuō shénmo?
22. Nǐ yào wèn péngyou jiālide rén dōu hǎo ma, yīngdāng zěnmo wèn?
23. Rúguǒ yíge rén gēn ni shuō ta lǎole nǐ zěnmo shuō?
24. Yíge péngyǒu zuò de fēiji huòzhe chuán lái wǎn le nǐ yīngdāng zěnmo wèn?
25. Péngyou qu jiē ni, nǐ lái wǎn le, tāmen děngde tài jiǔ le, nǐ gēn tāmen shuō shénmo?

Dialogue

26. Nǐ gàosu yíge péngyou shuō ni zuò de fēijī hěn wěn, nǐ zěnmo gàosu ta?
27. Nǐ qù jiē péngyou, péngyou gēn nǐ shuō "Xièxie ni. Tài máfan nǐ le," nǐ zěnmo shuō?
28. Péngyou shuō nǐ zǒule tā hěn jìmo nǐ shuō shénmo?
29. Nǐde péngyou jǐnián bu jiànle xiànzai lái le, nǐ gēn ta shuō shénmo ne?
30. Nǐde péngyou qu jiǎnchá xíngli nǐ gàosu ta shénmo?

      Dialogue: Mr. Gao and Miss Gao Meiying go to the airport to meet Vincent White.

Gao: Meiying, it's already 3:30. It's odd [lit. why is it] that the plane hasn't arrived yet.

Mei: That's so!

Gao: Could it be that the plane was late in taking off?

Mei: Perhaps.

Gao: Otherwise he made a mistake in his letter. He wrote 3:30 for 4:30.

Mei: He's not likely to have made a mistake. I suppose it must be that at take-off time the weather there was bad, so they left late.

Gao: Maybe.... It'll soon be 4:00.

Mei: Papa, look! There's a plane approaching there.

Gao: Where?

Mei: Look there.

Gao: That's right. It's coming from the right direction. [lit. The northeast direction is right.] It's the plane from Japan. Probably it's Vincent's plane. ... The plane's landed.

Mei: Gee! This plane's really big. Papa, how many people can such a big plane seat?

Gao: [It can seat] over a hundred [people].

Mei: Look. It's discharging the passengers. ...

Gao: A lot of people have gotten off. How come he hasn't yet? Perhaps we're too far from the plane. When he comes down we won't be able to see him.

Mei: Papa, look! Vincent has just gotten off!

Gao: Which one, which one?

Mei: That one. That tall one wearing a blue suit and a white hat.

Gao: Which one, which one?

Mei: Gosh! How come you can't see him! The one behind the fat lady.

Gao: Oh! That's him.

Mei   : That's right. Vincent! Vincent!! VINCENT!!!

White: MEIYING! . . . Mr. Gao, how are you? Thank you and Meiying for coming to meet me. It's really been a long time since we've seen one another.

Gao   : It's been three years [since we've seen each other]. How are you? Is everyone well at home, Vincent?

White: Fine. My father and mother asked me to give you and Mrs. Gao their best.

Gao   : Thank you.

White: Is Mrs. Gao well?

Gao   : Very well. She's busy cooking at home, so she didn't come to meet you.

White: Here I come troubling Mrs. Gao again.

Gao   : Not at all.

White: Meiying, you're really pretty. You're even more beautiful than before.

Mei   : Bosh!

Gao   : Vincent, you seem a little thinner.

White: Really? Do you think I've gotten thinner? I'm not aware of it myself, though.

Gao   : How do you find me? Have I gotten older?

White: No, you haven't. You're the same as before. You're even younger than before, I think.

Gao   : You're joking. Vincent, how come (the plane) was a little late?

White: [It was indeed.] When we were in Japan the weather was very bad, and it was raining hard, so the announcement was made that we would leave after a half-hour wait, that it would clear up in half an hour, so by the time we arrived here it was already 4:00. I've made you wait quite a while.

Gao   : No, no.

Mei   : Papa said maybe you wrote the time of departure wrong.

White: No, I didn't.

Gao   : The jet flight was smooth?

White: Very smooth. It didn't feel at all like being on a plane. It was like sitting in a room.

Gao   : Vincent, you know, after you left I was really awfully lonesome. As soon as your letter arrived saying you were coming, you can imagine how pleased and happy I was.

White: I've thought of you often, too, and wished I could come back to China soon. Mr. Gao, did Professor Wanamaker come back again? I take it you see Mr. Qian often?

Sentences for New Words and Grammar

Gao : I often do [see Mr. Qian]. Professor Wanamaker hasn't come back, but we frequently correspond.

White: There isn't anyone to play "guess-fingers" with you?

Gao : Sometimes I play with other friends too. Now that you've come, I must teach you how to play ["guess-fingers"].

White: Fine.

Gao : This evening we'll play.

Mei : Papa, he has just gotten off a plane and without letting him rest you want him to play "guess-fingers."

Gao : But playing "guess-fingers" doesn't make one tired.

Mei : Everyone's gone. Only Vincent is left.

Gao : Right. Vincent must go to have his baggage examined. Vincent, go have your baggage inspected and we'll wait for you at the exit.

White: Fine.

Gao : After you've had the baggage examined we'll return home together. Don't leave anything behind. See you soon.

White: See you soon.

Mei : See you soon.

Sentences for New Words and Grammar

1.1. How come you haven't gotten up yet? It's already past nine.

1.2. Yesterday I returned home very [lit. too] late. [At home] they had already eaten dinner.

1.3. How is it that he hasn't come yet? It's already 7:30.

2.1. I certainly don't study as well as you do.

2.2. You're not as studious as he is, though.

2.3. I'm inviting you to dinner. If you don't come I'll [indeed] be unhappy.

3.1. How come you eat so much? . . . That's right! As soon as I eat Chinese food I eat too much.

3.2. We're about to have exams again. . . . Quite so. We must study hard.

4.1. It's been only in the past few decades that man has been able to fly.

4.2. [At the place] where I live there are planes flying past all the time [lit. every day].

4.3. This plane goes [lit. flies] from here to Japan.

5.1. Could you tell me, please, when the plane for San Francisco leaves?

5.2. As soon as the plane took off we returned home.

5.3. That plane leaves from the Tokyo airport at 3:30 P.M.
6.1. The weather's bad today. I'm afraid the plane will be late in leaving.
6.2. Was the plane for New York late in leaving?
7.1. This evening if I don't eat sweet-and-sour fish then I'll have red-cooked chicken. Otherwise I'll have lion's head.
7.2. I plan to see some friends. If I don't do that I'll go see a movie.
8.1. I misheard what he said. I heard No. 350 as No. 450.
8.2. He misread the second-tone word as a third tone.
8.3. This picture he's done is no good. He's drawn a lion as a tiger.
8.4. Please write these Chinese characters in transcription.
8.5. I looked at my watch wrong. I took 9:30 to be 5:45.
8.6. I identified the man wrong. I mistook him for Mr. Wang.
8.7. I read the character for two as the character for three.
8.8. You've spelled this word wrong. You wrote [the word] xué as xiě.
9.1. He hasn't come. Perhaps it's (because) he's busy.
9.2. It isn't that he doesn't have any money. He doesn't like to buy things.
9.3. I'm going by plane. How about you?
10.1. Tomorrow perhaps we'll look into this matter.
10.2. On Saturday perhaps we'll go see a movie.
11.1. Your papa has bought you some candy.
11.2. My daddy says he met you on the street yesterday.
12.1. Could you tell me what direction to take to the Three Friends Bookstore?
13.1. At what airport is this plane landing?
13.2. A big plane came down at that little airport near my home.
13.3. When we arrived at the airport the plane had already landed.
14.1. Mr. Wang isn't at home. He just left.
14.2. I have only sixty-three cents.
15.1. Now the weather's turned warm. You should wear less (clothing).
15.2. Miss Wang likes to wear red.
16.1. The clothes he wears are all made in England.
16.2. Some girls like to wear boys' clothes.
17.1. That black hat of hers was bought in Japan.
17.2. (When) the weather is warm there's no need to wear a hat.
18.1. He's quite tall [in stature].

Sentences for New Words and Grammar

18. 2. I'm [lit. my size is] a lot taller than you.
18. 3. That teacher is a tall fellow.
18. 4. Boys are taller than girls [in size].
19. 1. How have you been these (past) few days?
19. 2. How is it that you've come so early?
19. 3. Mr. Wang hasn't come yet?
20. 1. My eyes aren't so good. I can't see far.
20. 2. That girl has beautiful eyes.
21. 1. I've gotten too fat. I must eat less.
21. 2. My younger brother is a lot fatter than I am.
22. 1. He's busy taking exams.
22. 2. I did this painting badly, as he was in a hurry for it.
22. 3. He's in a hurry to board the plane.
22. 4. I don't have time now. I'm in a hurry to go to school.
23. 1. Miss Qian has come to borrow some books.
23. 2. Professor Wanamaker has come to do research in linguistics.
23. 3. I'm going to Japan on a trip.
23. 4. A friend invited me to go to his home for dinner.
24. 1. If you don't recognize this word don't read it any which way.
24. 2. Don't talk nonsense about things you don't know about.
25. 1. That landscape he's painted seems to be Soochow.
25. 2. I seem to recognize that gentleman sitting (there).
25. 3. He seems to study harder than he used to do [lit. than in the past].
25. 4. He looks like his father.
25. 5. This book of mine seems to be the same as yours.
26. 1. Still it's more attractive for women to be thinner.
26. 2. Mr. Qian is a lot thinner than before.
27. 1. Although I've read a lot today, I don't feel tired.
27. 2. Except for [not eating] shrimp, though, he eats everything.
27. 3. He's quite studious, however. If he doesn't read [then] he listens to recordings.
28. 1. Although he's young he's quite learned.
28. 2. Mr. Zhang is younger than Mr. Wang.
29. 1. Darn! It's raining today. We can't go on the trip after all.

29. 2.   Go see if it's raining [outside or not].
29. 3.   Last Saturday it rained really hard.
29. 4.   It's raining. The plane will be an hour late in leaving.
30. 1.   I don't know when this matter was announced.
30. 2.   Last Thursday the school announced that this Friday will be a holiday.
31. 1.   Have him come in after a while.
31. 2.   I'm quite busy now. I'll go in a little while.
31. 3.   It will be an hour yet before the food can be ready.
31. 4.   We'll go together after he arrives.
32. 1.   The Western Hills can be seen when it's clear.
32. 2.   If it's a clear day tomorrow we'll go on a trip outside the city.
32. 3.   It hasn't cleared up yet today. Perhaps it will [clear up] tomorrow.
33. 1.   He came to China long ago.
33. 2.   I haven't written a letter to my girl friend in quite a while.
34. 1.   I'm [lit. I've come] late. I had [lit. remembered] the time wrong.
34. 2.   He's very punctual. If he specifies a time then he comes at that time.
35. 1.   Does a jet plane seat a greater number of people?
35. 2.   As soon as he arrived at the airport the jet took off.
35. 3.   Jets make a tremendous noise.
36. 1.   Jets fly smoothly.
36. 2.   I hear that locality is unstable. It would be best not to go traveling (there).
37. 1.   That house of ours has five rooms in all.
38. 1.   You know, I like most your coming to talk with me.
38. 2.   How about it? Let's go see a movie today, O.K.?
38. 3.   (Let's do it) this way. Tomorrow all of you go in my car.
39. 1.   Today I was alone at home. It was very lonesome.
39. 2.   My friends have all gone elsewhere. I'm terribly lonesome.
40. 1.   I was just going over that matter in my mind.
40. 2.   He's very kind-hearted. He likes to help others very much.
41. 1.   You'll be [lit. feel] quite happy talking [together] with them.
41. 2.   I misread an exam question today, so I'm pretty sad.
42. 1.   In studying a language one must constantly listen to recordings.
42. 2.   Our English dictionaries are often taken away by the students.

Sentences for New Words and Grammar

43. 1. I haven't seen my girl friend for quite a long time. I think of her a great deal.

43. 2. It's [already] been three years since you left home. You must think of your mother and father a lot.

44. 1. I hope within this year to be able to speak very good Chinese.

44. 2. I hope I'll never leave here.

44. 3. Your mother thinks of you a great deal, and wishes she could see you soon.

45. 1. I haven't seen him for a good while.

45. 2. I know his name, but I've never seen him.

46. 1. When Mr. White was in America he often corresponded with Miss Gao.

46. 2. I often correspond with him. Moreover we write [letters] in Chinese.

47. 1. Today I went to his home three times, (but) he was never at home.

47. 2. This time I'll win.

47. 3. I didn't do too well in this examination.

48. 1. He sent a letter telling us to go meet him at 10:30 in the morning on the third of next month.

48. 2. Let's go by car, otherwise we'll be late.

49. 1. Everyone else studies better than I do.

49. 2. I eat more dumplings than anyone else.

49. 3. He practices pronunciation, to be sure, but still he doesn't speak as well as others.

50. 1. Papa says we will go to the park after he has rested a while.

50. 2. I've already been studying for six hours. I must rest a while.

50. 3. Today's a holiday. Aren't you taking it easy too?

51. 1. It's already five o'clock. The whole student body has left.

51. 2. Today's food was really delicious. We ate it all up.

51. 3. I spent all my money on books. [lit. My money was all used up in buying books.]

51. 4. Fighting has broken out in the city. Everyone has fled.

51. 5. That Chinese-English dictionary that the Three Friends Bookstore was selling is really good. It was completely bought up [by people] in a very short while.

52. 1. Having the baggage inspected is a nuisance.

52. 2. I have a lot of baggage. (They) can't finish inspecting it even in half an hour.

52. 3. We don't have much baggage [lit. our baggage is simple], so it will be easy for them to inspect it.

53.1. Could you tell me where the exit is?

53.2. As soon as the passengers come out of the exit they go first to the cafeteria.

53.3. Let's go to the passenger exit to wait for him.

54.1. (When) you invite Mr. Zhang to dinner, be sure not to leave out Mr. Wang.

54.2. I left my books at school.

54.3. When you get off the bus don't leave your books.

55.1. Excuse me, I'm going ahead. See you soon.

55.2. I have a little matter (to attend to). I'll come in a moment.

55.3. [Later on] when you come don't forget to bring money.

56.1. Some raw vegetables can be eaten, some can't.

56.2. I'm not good at carrying on a conversation so I don't like to talk to strangers.

57.1. Is this teapot a new one?

57.2. What's your new friend's name?

57.3. We must first learn the new words and grammar.

57.4. I can't find the pencils I bought recently.

57.5. Was your car bought recently?

58.1. We will soon be examined in mathematics. We must [first] review it.

58.2. Please open your books and look at the first review sentence.

59.1. This is the only book he wants to buy, but it can't be bought anywhere.

59.2. For a person to go traveling by himself is no fun at all [lit. quite uninteresting].

59.3. We're all having almond beancurd. Only Mr. Wang is not having any.

59.4. There's not enough time (for anyone else to talk). The teacher says he's just asking you [alone] to talk.

59.5. In this book we use the dialogue in each lesson to write a monologue.

Review Sentences

1. How many people can your car seat? . . . It can seat two in front and three in back.

2. At what time will the boat discharge passengers?

3. Is it already 8:30?

4. I've [already] been reading this book for five hours today. It's very interesting. I don't feel at all tired.

Notes   25

5. There's not a single new word in the review sentences.
6. Did your father send you a letter? . . . My father didn't, but my mother did.
7. I've caused you too much trouble today. I'm awfully grateful to you. . . . Not at all.
8. Did Professor Wang inform you that we don't need to go to school today (because) he isn't coming? . . . Is that so?
9. The airport reports that the plane from Tokyo is now landing.
10. How many passengers have embarked altogether?
11. I'd like to eat. What would you like to do?
12. My friend sent me a letter saying he will come next week.
13. I planned to go to China long ago.
14. Who is that old gentleman wearing black clothes and a white hat?
15. Vincent! Come here! I have something to say to you.
16. How much does that red hat sell for?
17. Mr. Wang is seated between the fat gentleman and the thin lady.
18. He's seriously ill and certainly can't survive.
19. In the northeast [direction] there's a small airfield.
20. Those people chatting near the passenger exit have all come to meet Professor Wang.

                                   Notes

1. It is a peculiarity of the Peking dialect that adverbs are sometimes used at the end of a sentence, instead of in their normal position before a verb. They may occur twice—in the usual position and at the end. Dōu 'all' occurs especially often in final position, in which case it is neutral in tone. In the first line of the Dialogue dōu can be used either before or after sāndiǎn bàn le, or in both positions. Note that the position before sāndiǎn bàn, a nominal expression, is unusual for dōu, since adverbs normally precede verbs. Here, however, sāndiǎn bàn is functioning as a predicate—a nominal predicate rather than a verbal predicate, to be sure—and it is this which permits the use of dōu in front of it. Note also that dōu is here equivalent to 'already.'

2. The postverb chéng . 'become' is suffixed to a verb, most often in the pattern bǎ A V-chéng B 'to V A as B.' Thus:

    Tā bǎ 'dà' zì niànchéng 'tiān' zì le. 'He (mis)read the character dà [big] as the character tiān [day].'

3. The verb shi inserted in a sentence often has the force of 'it is a matter of, it is a fact that.' Compare

Wǒ xiǎng ta méi gōngfu qù. 'I think he doesn't have time to go.' and

Wǒ xiǎng shi ta méi gōngfu qù. 'I think it is a matter of his not having time to go.'

This interpretation of <u>shi</u> as 'it is a matter of' can frequently be applied also to <u>shi</u> used after an adverb. (That is to say, <u>shi</u> slightly emphasizes the preceding adverb.) Compare

Wǒmen zhēn hǎo jiǔ bú jiàn. 'We really haven't seen each other for a long time.'

and

Wǒmen zhēn shi hǎo jiǔ bú jiàn. 'We <u>really</u> haven't seen each other for a long time.' or 'It's really a fact that we haven't seen each other for a long time.'

4. The sentence-final particle <u>a</u>, which variously represents a pause, a question, or a supposition, is sometimes written <u>ya</u> after i, ü, e, ua, uo, and as <u>wa</u> after u and ao.

5. The pattern <u>N mángzhe V (ne)</u> means 'N is busy doing V' or 'N is in a hurry to do V.' E.g.:

Tā mángzhe xiě xìn ne. 'He's busy writing letters.'

6. The verbs <u>lái</u> 'come' and <u>qù</u> 'go,' which are used either before or after a verbal expression to indicate purpose (<u>Beginning Chinese</u>, p. 117, Note 6), are also used simultaneously before and after the verbal expression, in the same meaning:

Ta lái jiè shū or Tā jiè shū lai or Ta lái jiè shū lai
'He is coming to borrow some books.'

7. The verb <u>hǎoxiang</u> 'resemble, seem (to)' can replace the simple verb <u>xiàng</u>, which has the same meaning, in all the uses listed for <u>xiàng</u> in <u>Beginning Chinese</u>, Lesson 17 (see especially p. 293, Note 4), except that <u>hǎoxiang</u> cannot be preceded by the negative adverbs <u>bu</u> or <u>méi</u>. A very common use of this word is in the pattern <u>A hǎoxiang B (shide)</u>, where B can be either a noun or a verb phrase:

Ta hǎoxiang wàiguo rén. or

Ta hǎoxiang wàiguo rén shide. 'He looks like a foreigner.'

Ta jīntian hǎoxiang bù gāoxìng. or

Ta jīntian hǎoxiang bù gāoxìng shide. 'He seems to be unhappy today.'

8. Some Chinese sentences, among them those describing weather, contain impersonal Verb-Object constructions: <u>Xià yǔ</u>. 'It's raining [lit. It is coming down rain].' If <u>yǔ</u> 'rain' precedes <u>xià</u>, as in <u>Yǔ xiàde hěn dà</u>, it acts as a topic being commented on: 'As for the rain, it is coming down heavily.'

Notes 27

9. The verb <u>děng</u> 'wait' occurs as a full verb in the following sentence:

> Qǐng nín děng yìhuěr. Wǒ yǒu shì. 'Please wait a moment. I have something to do.'

It also functions as a sort of coverb in the patterns <u>N děng A V</u> or <u>Děng A N V</u> '(N) peforms the action of the verb V after A':

> Wǒmen děng ta zǒule zài shuō. or

> Děng ta zǒule wǒmen zài shuō 'We'll talk of it further after he's left.'

Usually an adverb (commonly <u>zài</u> 'again,' or <u>cái</u> 'then, then and only then') occurs before the main verb. Note that A can be either an expression of time (<u>yìhuěr</u> 'a moment'), or an action (<u>ta zǒule</u> 'he's left').

10. <u>Zánmen</u> 'we [inclusive]' is used to indicate specifically that the person being addressed is included in the pronoun. <u>Wǒmen</u> 'we' can either include or exclude the person being addressed. Thus if Tom is speaking to Dick about Harry (who is not present), <u>zámen</u> refers only to Tom and Dick, but <u>wǒmen</u> can refer to either (a) Tom and Dick, (b) Tom and Harry or (c) Tom, Dick, and Harry.

11. The sign for EXIT in Chinese is written with two characters pronounced <u>chūkǒu</u> (<u>chūkǒur</u> in Pekingese). <u>Chūkǒuchù</u>, with suffixed <u>chù</u> 'place,' means 'the place where the exit is,' or simply 'exit.'

12. In the printed versions of Chinese plays the names of the characters are often shortened to one syllable. There are various ways of doing this. One of the most common is to use the surname only. Persons with the same surname can be distinguished by using the given name instead. If the latter consists of two syllables, most often only the second is used. The first syllable can also be used, however, especially if the second syllables of two two-syllable given names are the same and the first are distinctive. In our abbreviations in the Dialogues we use either the surname (<u>Bái</u>, <u>Gāo</u>), the first syllable of the given name (<u>Měi</u> for <u>Měiyīng</u>), or a syllable in a title (<u>Tài</u> for <u>Tàitai</u>). (For the abbreviations used, see above, p. xi.)

"Duìbuqǐ bǎ nín dōngxi nòngde luànqībāzāo."

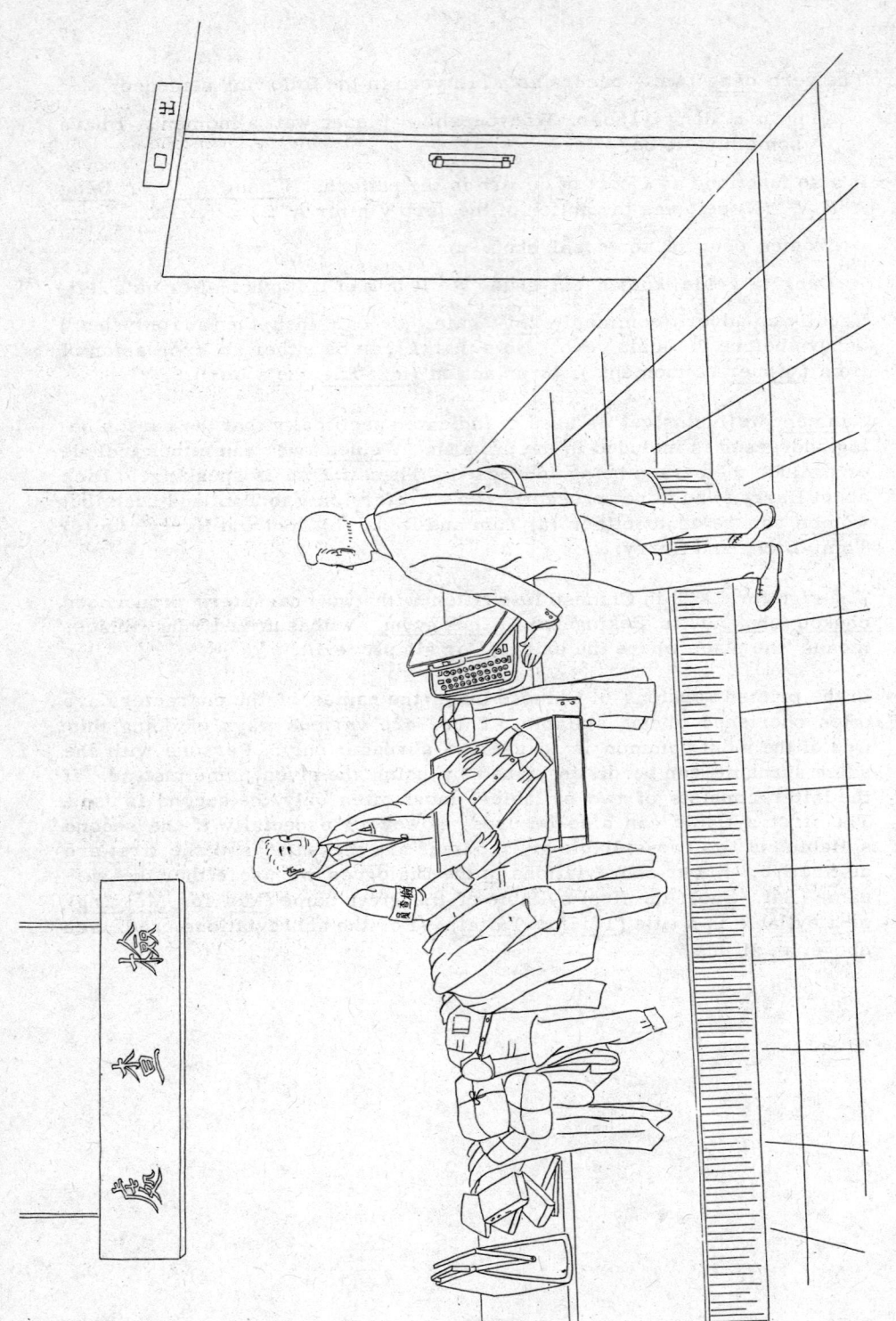

Dì Èrkè. Jiǎnchá Xíngli

Huìhuà: Bái Xiānsheng gēn jiǎncháyuán tán huà.

Xiànzài Bái Xiānsheng zài xíngli jiǎncháchù jiǎnchá xíngli. Yīnwei ta shi zuì hòu yíge kèren le, jiǎncháyuán Wàn Xuéwén yě méi shì le, yìbiār jiǎnchá xíngli yìbiār jiù gēn Bái Xiānsheng tán huà.

5   Wàn: Něiwèi shi Bái Wénshān Xiānsheng?
    Bái : Wǒ shì.
    Wàn: Míngdānshang shi 'Zhōngguo míngzi. Yuánlái nín shi 'wàiguo rén ne. Wǒ yǐwei nín shi 'Zhōngguo rén ne.
    Bái : Duìbuqǐ, wǒ lái wǎn le. Gēn péngyou shuō huà shuōde tài jiǔ
10   le. Tāmen lai jiē wo. Hěn jiǔ bú jiàn le, shuōqilai jiu méi wán le.
    Wàn: Méi guānxi. Nín jiù zhèi diǎr xíngli ma?
    Bái : Duì le. Wǒ zìjǐ jiù dài zhèi yìdiǎr. Qíyúde wǒ dōu jiāogei lǚxíngshè le, ràng chuán yùn.
15 Wàn: Yígòng jǐjiàn xíngli nín yǒu?
    Bái : Wǒ yígòng yǒu sānjiàn xíngli: yíge shǒutíbāo, yíge dà píbāo, hái yǒu yíge dǎzìjī.
    Wàn: Qǐng nín ná yàoshi bǎ dà píbāo xiān dǎkai hǎo ba? . . . Zhèixie zhǐbāo dōu shi shénmo?
20 Bái : Dōu shi yìxiē lǐwu. Shi sònggei péngyou de.
    Wàn: Dōu shi 'shénmo dōngxi ne?
    Bái : Shi nǚrén píbāo, xiǎo wúxiàndiàn, shǒushi shénmode.
    Wàn: Duìbuqǐ, wǒmen dōu děi dǎkai qiáoqiao. Zhèixie dōngxi dōu shi sòng péngyou de ma?
25 Bái : Shìde.
    Wàn: Nèi jǐtào yīfu ne?
    Bái : Shi wǒ zìjǐ chuānde.
    Wàn: Nín suǒshang ba. Qǐng nín zài bǎ shǒutíbāo dǎkai.
    Bái : Shǒutíbāoli méi shénmo. Jiu shi zázhì bàozhǐ gēn jǐběn shū hái
30   yǒu rìjìběn shénmode.

Wàn: Dōu shi něizhǒng zázhì ne?

Bái: Wénxué zázhì.

Wàn: Shū shi shénmo shū ne?

Bái: Dōu shi 'Zhōngwén shū.

Wàn: Nín dōu shi Zhōngwén shū wa! Nín néng kàn Zhōngwén shū?

Bái: Wǒ kéyi kàn.

Wàn: Zhèige dà běnzi shi shénmo?

Bái: Shi wǒde rìjìběn.

Wàn: Dǎzìjī shi xīnde háishi jiùde ne?

Bái: Shi xīnde.

Wàn: Shi zìjǐ yòng de ma?

Bái: Shi wǒ zìjǐ yòng de.

Wàn: Shi něiguó huò ne?

Bái: Shi Měiguo huò.

Wàn: Oh, nín cóng Měiguo dàilai de. Nín shi Měiguo rén ma?

Bái: Shìde, wǒ shi Měiguo rén.

Wàn: Nín shi dì yícì shàng zhèr lái ma?

Bái: Bú shi, wǒ shi dì èrcì le.

Wàn: Nín Zhōngguo huà shuōde zhēn liúli ya.

Bái: Guòjiǎng, guòjiǎng. Wǒ yǐqián bǐ xiànzài shuōde hǎo yìdiǎr. Huídào Měiguo yǐhòu wa, sānnián yě méi shuō le, dōu wàng le.

Wàn: Yǔyán shi yào cháng yòng cháng shuō.

Bái: Wǒ gāngcái tīng nín gēn nèiwèi xiānsheng shuō Yīngwén. Shuōde hěn hǎo me: fāyīn yòu zhǔn, shuōde yòu liúli.

Wàn: Nín kèqi ne.

Bái: Shízàide! Nín zài zhèr gōngzuò jǐnián le?

Wàn: Wǒ zuòle liǎngnián duō le. Wǒ bù xiǎng cháng zuò. Wǒ zuìjìn xiǎng chū guó qu niàn shū. Wǒ duì zhèizhǒng gōngzuò méi shénmo xìngqu. Měitiān dōu shi jiǎnchá rénjia dōngxi. Fēijī méi lái jiu zài zhèr děngzhe. Fēijī yì lái jiu mángde bùdéliǎo, bǎ rénjia dōngxi nòngde luànqibāzāo. Zhèzhǒng gōngzuò méi shénmo yìsi. Nín dào zhèr lái zuò shì háishi niàn shū ne?

Bái: Wǒ shi lái niàn shū de.

Wàn: Xiànzài hěn duō wàiguo rén dōu yánjiu Zhōngwén, érqiě yánjiude dōu hěn hǎo.

Bái: Yě bu yídìng dōu hěn hǎo. Wǒ wàngle wèn nín guìxìng le.

Wàn: Wǒ xìng Wàn, míngzi jiào Xuéwén. Wǒ gěi nín ge míngpiàr.

Shēng Zì gēn Xīn Yúfǎ de Jùzi   31

   Bái : Duìbuqǐ Wàn Xiānsheng, wǒ méi dài míngpiàr. Tīng nínde kǒuyin,
          nín shi běn dì rén ba?
70 Wàn: Shì, wǒ shi běn dì rén. Duìbuqǐ bǎ nín dōngxi nòngde luànqibāzāo.
   Bái : Zhè shi nínde zhíwu me. Xiànzài wǒ kéyi zǒu le ba?
   Wàn: Nín kéyi zǒu le. Xíngli nín bú yòng ná. Qǐng nín xiān dào
          chūkǒuchù děngzhe. Mǎshàng lìfū jiu bǎ nínde xíngli sòngchuqu.
   Bái : Xīwang wǒmen zài jiàn.
75 Wàn: Hái you. Nínde xíngli yàoshi yǒu péngyou yòng chē lái jiē nín,
          nín jiu yíkuàr bǎ xíngli dàizǒu. Yàoshi méi rén lái jiē, hángkōng
          gōngsī yǒu chē kéyi sòng nín gēn xíngli jìn chéng suíbiàn dào
          hángkōng gōngsī mén kǒur, huǒchē zhàn, huòzhe Shìjiè Lǚguǎn.
   Bái : Wǒ yǒu péngyou lái jiē. Dàgài tāmen yǒu chē. Wǒ cóng zhèr
80   yìzhíde jiu dào péngyou jiā le.
   Wàn: Nà hǎo jíle. Zàijiàn, Bái Xiānsheng.
   Bái : Zàijiàn, Wàn Xiānsheng.

                      Shēng Zì gēn Xīn Yúfǎ de Jùzi

1.0. (1) jiǎncháyuán   customs officer   (N) [lit. examine inspect officer]
  1.1.   Jiǎnchá xíngli de rén jiào jiǎncháyuán.
  1.2.   Wǒde xíngli tài duō. Nèiwèi jiǎncháyuán jiǎnchále liǎngge zhōngtóu
           cái jiǎncháwán.
2.0. (2) jiǎncháchù   inspection place, customs office (N) [lit. examine
           inspect place]
  2.1.   Wǒmen xiàle fēijī bìděi xiān dào jiǎncháchù qu.
  2.2.   Qǐng nín xiān dào jiǎncháchù mén kǒur děngzhe wo.
3.0. (3) zuì hòu   last (of all)   (MA)
           zuì xiān   first (of all)   (MA)
           zuì jìn   closest (of all), most recently, very soon (MA)

		zuì duō	most (of all), at most (MA)
		zuì shǎo	least (of all), at least (MA)
		zuì hǎo	best (of all), would be best to (MA)

3.1. Wǒ zuì hòu xià de fēijī.

3.2. Jīntian Bái Xiānsheng qǐng de kèren lǐtou wǒ shi zuì xiān lái de.

3.3. Tīngshuō zuì jìn Wáng Xiānsheng yào huí guó le.

3.4. Zhèiběn shū zuì duō mài yíkuài wǔmáo qián.

3.5. Nèige fángzi hěn dà. Pà zuì shǎo děi mǎi báwànkuài qián.

3.6. Zuò fēijī zuì hǎo zuò pēnshèjī. Yòu kuài yòu wěn.

3.7. Wǒ zuì jìn dédàole ta yìfēng xìn.

4.0. (4) yìbiār, yímiàn   on the one hand (MA) [lit. one side, one face]

4.1. Xué yǔyán yīngdāng yìbiār kàn shū yìbiār tīng lùyīn.

4.2. Tā xǐhuan yímiàn chī fàn, yímiàn tīng mǔqin shuō gùshi.

5.0. (7) míngdān, míngdar   list of names, roster (N) [lit. name list]

5.1. Xuéxiào míngdānshang yǒu méi yǒu tāde míngzi?

5.2. Zhēn qíguài. Zěnmo míngdārshang méi yǒu wǒ nèirénde míngzi?

6.0. (7) yuánlái   after all, as a matter of fact (N) [lit. origin come]

6.1. Tā shuō xué Zhōngwén hěn róngyi. Yuánlái hěn nán.

6.2. Shéi dōu shuō nèige xuésheng hěn cōngming. Yuánlái tā hěn bèn.

7.0. (8) yǐwei   think (incorrectly), suppose (MA) [lit. take to be]

7.1. Zhèizhī bǐ wǒ yǐwei shi nǐde. Yuánlái shi tāde.

7.2. Wǒ yǐwei nǐ jīntian bù lái le ne.

7.3. Wǒ yǐwei tā huì hē jiǔ ne. Tā yuánlái bú huì.

8.0. (12) guānxi   connection, relationship; relevance, importance (N) [lit. connection relation]

    méi guānxi   (it) doesn't matter

    A duì/gēn B guānxi   connection A to/with B

8.1. Zhèijiàn shìqing duì tā guānxi hěn dà.

8.2. Duìbuqǐ, nínde shì wǒ wàngle gēn ta shuō le. . . . Méi guānxi.

8.3. Nǐ bú qù yě méi guānxi.

8.4. Zhèijiàn shì duì wǒ méi guānxi.

8.5. Yīnwei xià yǔ de guānxi fēijī yào wǎn yìdiǎr qǐ fēi le.

8.6. Zhōngxuéde Wáng Tàitai gēn xiǎoxuéde Wáng Xiáojie yǒu méi yǒu guānxi?

Shēng Zì gēn Xīn Yúfǎ de Jùzi   33

9.0. (12)   jiù (yǒu)   N   have only   N   (Note 1)
  9.1.   Shū dōu màiwán le. Jiù zhèi yìběn le.
  9.2.   Nǐ jiù yíkuài qián. Zěnmo néng chī fànguǎr?
  9.3.   Wǒmen yígòng jiù jǐkuài qián. Zěnmo néng chī kǎo yāzi?
10.0. (13)   qíyúde   the rest, the other(s)   [lit. its remaining + de]
  10.1. Jiù yǒu liǎngge cài hǎo chī. Qíyúde dōu bù hǎo chī.
  10.2. Zhèixiē shū qǐng nǐ dàiqu. Qíyúde wǒ zìjǐ ná.
11.0. (13)   jiāo(gei)   give, hand over (to), deliver (to)   (TV)
  11.1. Tā jiāo nǐ duōshao qián?
  11.2. Qǐng nǐ bǎ zhèiběn shū jiāogei Wáng Xiānsheng.
  11.3. Wǒ jiāogei ta wǔkuài qián qǐng tā gěi wǒ mǎi ta lǎoshī huà de nèizhāng huàr.
  11.4. Qǐng nǐ bǎ nèiběn lìshǐ shū jiāogei Wáng Jiàoshòu.
  11.5. Wǒmen xīngqīliù qu lǚxíng. Nǐ jiāo qián méi you?
  11.6. Zuótian wǒ mǔqin jiāogei wǒ jǐkuài qián, jiào wǒ mǎi ròu, mǎi cài gēn jiàngyóu.
12.0. (14)   lǚxíngshè   travel bureau   (N)   [lit. travel go company]
  12.1. Lǚxíngshè lí wǒ jiā yǒu èrlǐ duō lù.
  12.2. Wǒ bǎ suóyǒude xíngli dōu jiāogei lǚxíngshè le.
  12.3. Wǒ děi dào lǚxíngshè qu wènwen dào Rìběn qù de chuán piào duōshao qián.
13.0. (14)   yùn   transport   (TV)
  13.1. Yùn xíngli hěn máfan.
  13.2. Wǒde xíngli dōu yùndào fēijīchǎng qu le.
  13.3. Tài zhòngde xíngli wǒ dōu jiāo chuán yùn.
14.0. (15)   jiàn   (measure for baggage, single pieces of clothing)
  14.1. Tā yígòng yǒu shíwǔjiàn xíngli.
  14.2. Wǒ zhèi liǎngjiàn xíngli, zìjǐ dài hǎo háishi jiāo lǚxíngshè yùn hǎo?
  14.3. Zhèijiàn yīfu shi péngyou sònggei wǒ de.
15.0. (15)   permutation   (Note 2)
  15.1. Nín yígòng yǒu jǐjiàn xíngli?
  15.2. Yígòng jǐjiàn xíngli nín yǒu?
  15.3. Xíngli nín yígòng yǒu jǐjiàn?
  15.4. Nín xíngli yígòng yǒu jǐjiàn?

16.0. (16) shǒutíbāo   briefcase   (N)   [lit. hand lift package]
   16.1. Wǒ shi zài Guǎngdōng mǎi de zhèige shǒutíbāo.
   16.2. Tā bǎ yīfu fàngzai shǒutíbāo lǐmian le.
   16.3. Wǒde shǒutíbāo lǐbiar dōu shi yìxiē guānyú Zhōngguo wénhuà de shū.
17.0. (16) píbāo   suitcase, bag   (N)   [lit. leather package]
   17.1. Wǒ mǎi dà píbāo háishi mǎi xiǎo píbāo?
   17.2. Gāo Xiáojiede píbāo hěn piàoliang.
   17.3. Wǒde píbāo bù qīng. Dàgài nǐ bù néng ná.
18.0. (17) hái yǒu   and, and there's also (one thing more)   (Note 3)
   18.1. Jiǎncháwánle wǒmen yíkuàr zǒu. Hái yǒu. Nǐ kě bié làxia dōngxi.
   18.2. Qǐng nǐ mǎi yìzhī máobǐ, yìbǎizhāng zhǐ, hái yǒu liǎngzhī yánse qiānbǐ, yìzhī hóngde yìzhī lánde.
   18.3. Wǒmen chī biànfàn—yíge tāng, liǎngge cài, hái yǒu yìdiǎr diǎnxin.
19.0. (17) dǎ zì   typewrite   (VO)   [lit. hit characters]
       dǎzì   typewriting   (N)
   19.1. Nǐ huì dǎ zì bú huì?
   19.2. Wáng Xiáojie dǎ zì dǎde hěn kuài.
   19.3. Dǎ de zì bǐ xiě de zì róngyi kàn.
   19.4. Wǒ xuéle wǔge yuède dǎzì.
20.0. (17) dǎzìjī   typewriter   (N)   [lit. hit characters machine]
   20.1. Wǒ xiǎng míngnián mǎi yíge xīnde dǎzìjī.
   20.2. Wǒ shi yòng dǎzìjī dǎ, háishi yòng gāngbǐ xiě?
   20.3. Wǒmende dǎzìjī bíqilai, háishi wǒde hǎo.
21.0. (18) yàoshi   key   (N)
   21.1. Wǒde yàoshi yě ràng tāmen gěi názǒu le.
   21.2. Zhèige shi kāi dà mén de yàoshi.
   21.3. Nǐ bǎ yàoshi guàqilai.
22.0. (18) A ná/yòng B ba C V   A V C with B   (Note 4)
   22.1. Mā, qǐng nín ná yàoshi bǎ zhèige mén kāikai.
   22.2. Qǐng nǐ yòng dǎzìjī bǎ zhèixiē jùzi dǎchulai.
   22.3. Nǐ ná běnzi bǎ xīn xué de zì dōu xiěxialai.
   22.4. Nǐ ná lùyīnjī bǎ jīntian xué de jùzi dōu lùxialai.

Shēng Zì gēn Xīn Yúfǎ de Jùzi   35

22.5.   Nǐ yòng Zhōngguo huà bǎ zhèige xiàohua shuōyishuō.
23.0. (19) zhǐbāo(r)   package, parcel (N) [lit. paper package]
  23.1.   Nèige dà zhǐbāo lǐmian shi shénmo?
  23.2.   Nèige zhǐbāoli shi kuàizi.
24.0. (20) lǐwu   present, gift (N) [lit. etiquette object]
  24.1.   Tā cóng Rìběn huílai dàile hěn duō lǐwu.
  24.2.   Shi sòng lǐwu hǎo háishi bú sòng lǐwu hǎo?
  24.3.   Zhèixie lǐwu yíbùfen shi gěi nǐde, yíbùfen shi gěi tāde.
  24.4.   Wáng Xiānsheng yào jiēhūn le. Wǒ děi mǎi lǐwu sònggei ta.
25.0. (22) wúxiàndiàn   radio (N) [lit. lack wires electricity]
  25.1.   Wúxiàndiàn yě shi zài Rìběn mǎi de ma?
  25.2.   Zhèige wúxiàndiàn nǐ zài nǎr mǎi de?
  25.3.   Jīntian wǒ tài lèi le. Lián wúxiàndiàn dōu bù xiǎng tīng le.
26.0. (22) shǒushi   jewelry, ornament (N) [lit. head ornament]
  26.1.   Wáng Xiǎojie méi you ta mǔqin nènmo xǐhuan dài shǒushi.
  26.2.   Nǚrén chàbuduō dōu xǐhuan dài shǒushi.
27.0. (22) shénmode   and so forth, etc.
  27.1.   Wǒde shū, běnzi, bǐ, shénmode dōu ràng rén gěi názǒu le.
  27.2.   Zhāng Tàitai zuótian mǎile hěn duō cài—jī, yāzi, zhū ròu, niú ròu, xiārér, miàn, báicài, shénmode.
28.0. (23) qiáo   look (at) (TV)
  28.1.   Nǐ qiáo! Ní qiáo! Nèige hěn yǒu míng de yǎnyuán lái le.
  28.2.   Búdàn shān tài yuǎn érqiě yīntiān, suóyi wǒmen qiáobujiàn shān.
  28.3.   Zuótian wǎnshang wǒ qiáole yìchǎng Zhōngguo diànyǐngr.
29.0. (25) shìde   yes, that's so.
  29.1.   Zhèixie shū dōu shi nǐde ma? . . . Shìde.
  29.2.   Nín yào chūqu ma? . . . Shìde. Wǒ xiànzài jiu zǒu.
30.0. (26) tào   (measure for suits, sets of books)
  30.1.   Wǒ shi sānyue qīhào mǎi de nèitào yīfu.
  30.2.   Zuótian ta mǎile yítào Zhōngguo lìshǐ.
31.0. (28) suǒ(shang)   lock (TV)
           suǒzhe   be locked (IV)
  31.1.   Nǐ suǒ mén méi you? . . . Zhèige mén bú yòng suǒ.
  31.2.   Mén suǒzhe ne. Láojià nǐ yòng yàoshi kāikai.

Lesson Two

32.0. (29) zázhì magazine, periodical (N) [lit. miscellaneous annals]
    32.1. Zuótian wǒ mǎile liǎngběn Zhōngguo zázhì.
    32.2. Zhōngguo xuésheng wàiguo xuésheng dōu shi yíyàng xǐhuan kàn zázhì.
    32.3. Nǐ méi kànguo zhèizhǒng zázhì ma?

33.0. (29) bào(zhǐ) newspaper (N) [lit. report paper]
    33.1. Wǒ hái méi kàn bào ne. Wǒ děi mǎi bàozhǐ qu.
    33.2. Jīntian bàoshang yǒu hěn duō guānyu xuéxiào de shìqing.
    33.3. Wǒ bú xiàng nǐ néng kàn Zhōngguo bàozhǐ.

34.0. (30) rìjì diary (i.e. a record) (N) [lit. day record]
    rìjìběn, rìjìběr diary (i.e. a book) (N)
    34.1. Wǒ měitiān dōu xiě rìjì.
    34.2. Wǒ bǎ yìtiānde shì dōu xiězai rìjìběnshang.
    34.3. Nǐ rìjìběn xiàtoude nèizhāng bàozhǐ shi jīntiande shi zuótiande?

35.0. (35) A shi B A is B (Note 5)
    35.1. Nín 'dōu shi Zhōngguo yīfu.
    35.2. Tāmen yìnián dōu yòng yìqiānkuài qián. Wǒ shi wǔbǎikuài qián.
    35.3. Dào Hángzhou lái wǒ shi dì yícì.

36.0. (39) jiù old (of things) (SV)
    36.1. Wǒ bǎ suóyóude jiù yīfu dōu sònggei ta le.
    36.2. Wǒ qiántian kàn de nèichǎng diànyǐngr shi jiù piānzi.
    36.3. Dàde, xiǎode, xīnde, jiùde—yàngyàngr dōu yǒu.

37.0. (43) huò commodity, goods, product (N)
    huòchē freight truck, freight train [lit. goods vehicle]
    huòchuán freighter, freight ship
    37.1. Nǐ zhèige lùyīnjī shi Yīngguo huò shi Měiguo huò?
    37.2. Qùnian tāmen mǎi de nèige dà qìchē shi huòchē.
    37.3. Huòchuán bǐjiāo màn.

38.0. (49) liúli fluent (SV)
    38.1. Nèige huǒji shuōde Yīngguo huà tèbié liúli.
    38.2. Xué yǔyán duō shuō jiu liúli.
    38.3. Wǒde Zhōngguo huà yuè tīng yuè juéde bù liúli.

39.0. (51) wàng forget (to) (V)
    39.1. <u>Méigui Lù</u> de <u>lù</u> zì zěnmo xiě? Yǒu jǐhuá? Wǒ wàngle.

Shēng Zì gēn Xīn Yúfǎ de Jùzi   37

39.2.   Zāogāo! Jīntian shàng kè wàngle dài shū le.

39.3.   Wǒde shìqing nǐ kě bié wàngle.

40.0. (56) shízài   real, genuine, sure enough (SV) [lit. really exist]
           Shízàide! Really!

40.1.   Wáng Jiàoshòu duì yǔyánxué shízài yǒu yánjiu, yóuqíshi duì yúfǎ yìfāngmiàn.

40.2.   Nín xiě de nèiběn kēxué shū zhēn bú cuò. . . . Nín kèqi. . . . Shízàide!

40.3.   Duìbuqǐ, wǒ tài máng. Shízài bù néng qù.

40.4.   Xièxie nín lái jiē wo. Shízài máfan nín.

41.0. (56) gōngzuò work (V, N) [lit. work do]

41.1.   Wǒde gōngzuò tài máng. Wǒ xiǎng qu bàifǎng wǒde lǎoshī, kěshi méi gōngfu qù.

41.2.   Wǒ bù zěnmo xǐhuan wǒ xiànzàide gōngzuò.

41.3.   Zhèizhǒng gōngzuò wǒ juéde hěn nán.

41.4.   Tā duì nèizhǒng gōngzuò hěn yǒu jīngyan.

42.0. (58) chū guó go abroad, leave the country (VO)

42.1.   Wǒ dǎsuan zuì jìn chū guó yícì.

42.2.   Wáng Xiānsheng yǐjing chū guó sānnián le.

42.3.   Tā gāozhōng bìyè jiù chū guó qu niàn shū.

42.4.   Wǒ xiǎng zuì jìnde jiānglái chū guó qu lǚxíng.

43.0. (61) nòng handle, arrange, see to (V) (Note 6)

43.1.   Nǐ nòng wúxiàndiàn wǒ nòng lùyīnjī.

43.2.   Tāde jiā wǒ zhǎole bàntiān yě méi zhǎozháo. Wǒ bǎ fāngxiàng nòngcuòle.

43.3.   Tā hěn huì gēn háizi wár. Néng bǎ háizimen nòngde hěn gāoxìng.

44.0. (61) luànqibāzāo at sixes and sevens, in a mess, helterskelter [lit. confused seven eight mixed-up]

44.1.   Zhèige wūzi lǐtou zěnmo zènmo luànqibāzāode?

44.2.   Wǒde shū luànqibāzāo yīnwei tài máng, méi gōngfu shōushi.

44.3.   Tā shuō huà shuōde luànqibāzāo. Wǒ yìdiǎr yě bù míngbai tāde yìsi.

45.0. (67) míngpiàr calling card (N) [lit. name card]

45.1.   Wǒde míngpiàrshang Zhōngwén míngzi Yīngwén míngzi dōu yǒu.

45.2.   Wǒ gěi nín yìzhāng míngpiàr.

46.0. (68) kǒuyin accent (N) [lit. mouth sound]

46.1.		Nín shuō huà de kǒuyin xiàng Shāndong rén.
46.2.		Tāde kǒuyin shífēn hǎo, xiàng Zhōnguo rén yíyàng.
47.0.	(69)	běn oneself, one's own
		běn dì(fang) one's own area, native, local
		běn rén oneself
		běn guó one's own country, domestic
47.1.		Yīnwei tā shi běn dì rén, suóyi shuō běn dì huà.
47.2.		Zhèr dōu shi běn guó huò.
47.3.		Shi ta běn rén lái ma?
48.0.	(71)	zhíwu duty, function, business, job (N) [lit. duty task]
48.1.		Nín zai túshūguǎn shi shénmo zhíwu?
48.2.		Wǒ zài zhèige xuéxiào de zhíwu shi dǎ zì.
48.3.		Guānyu jiǎnchá xíngli zhèizhǒng zhíwu, ta yìdiǎr xìngqu yě méi yǒu.
49.0.	(73)	lìfū porter (N) [lit. strength person]
49.1.		Wǒde xíngli shi zìjǐ ná hǎo háishi jiào lìfū ná hǎo?
49.2.		Zhèrde lìfū bú shi Húnán rén jiù shi Húběi rén.
49.3.		Gěi lìfū xiǎofèi bù gěi?
50.0.	(75)	yàoshi if (MA)
50.1.		Yàoshi wǒ zuò fēijī wǒ kěnéng wǎn yìdiǎr zǒu.
50.2.		Wǒ xiǎng wǒ néng qù. Yàoshi wǒ bú qù wǒ jiù dǎ diànhuà gěi ni.
51.0.	(76)	hángkōng aviation, air (N) [lit. sail space]
		hángkōng xuéxiào aviation school
		hángkōng xiáojie airplane stewardess
		hángkōng xìn airmail letter
51.1.		Wǒ shi xué hángkōng de.
51.2.		Wǒ dìdi jīnnian jiǔyue cái kāishǐ zai hángkōng xuéxiào niàn shū.
51.3.		Nǚ háizi bìděi shíbāsuì cái néng zuò hángkōng xiáojie.
51.4.		Běn guóde hángkōng xìn bāfēn qián.
52.0.	(77)	gōngsī company, concern, office (N) [lit. public manage]
52.1.		Wǒ dào hángkōng gōngsī qù mǎi fēijī piào.
52.2.		Wǒ mèimei jīnnián zài diànhuà gōngsī zuò shì.
53.0.	(78)	huǒchē train (N) [lit. fire vehicle]
		huǒchē zhàn railroad station

Wēnxi Jùzi 39

53.1. Dào Nánjīng de huǒchē xiàwǔ sāndiǎn èrshifēn dào.

53.2. Qǐng nǐ gěi huǒchē zhàn dǎ ge diànhuà wènwen cóng Hángzhou láide huǒchē jǐdiǎn zhōng dào?

54.0. (78) shìjiè world (N) [lit. world border]

54.1. Rúguǒ wǒ yǒu qián wǒ jiu dào quán shìjiè lǚxíng.

54.2. Nǐ zhīdáo quán shìjiè yígòng yǒu duōshao rén?

54.3. Zhèige zázhìde míngzi jiào Shìjiè Wénhuà.

55.0. (78) lǚguǎn hotel, inn (N) [lit. travel establishment]

55.1. Wai! Wai! Qǐng wèn, shi Shìjiè Lǚguǎn ma?

55.2. Yuǎndōng Lǚguǎn zài diànyǐngryuànde zuǒbiar.

55.3. Nán Hú běibiārde nèige lǚguǎn jiào shénmo míngzi?

55.4. Wǒ chīwánle zǎofàn ràng lǚguǎn suànsuan zhàng.

56.0. (80) jiù/cái then (AD) (Note 7)

56.1. Nǐ cóng zhèr yìzhíde jiù dào le.

56.2. Xīngqīliù wǒmen xuéxiào yǎn diànyǐngr. Jiùshi wǒmen běn xuéxiàode xuésheng cái néng kàn.

56.3. Zhèizhǒng xiǎo bēizi jǐmáo qián jiù kéyi mǎi.

56.4. Jèige qìchē sìqiānkuài qián cái kéyi mǎi ne.

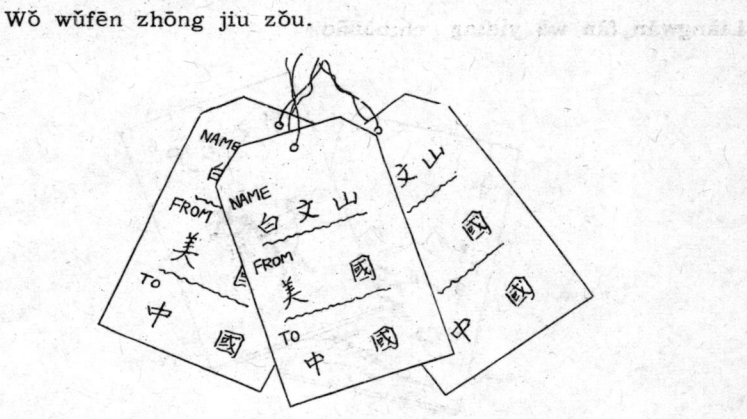

56.5. Wǒ wǔfēn zhōng jiu zǒu.

Wēnxi Jùzi

1. Tā zài diànchē gōngsī zuò shénmo gōngzuò? ... Tā zài diànchē gōngsī de zhíwu shi màipiàoyuán.

2. Qǐng nǐmen yòng pīnyīn bǎ "Shàng yǒu tiāntáng, xià yǒu Sū-Háng" zhèijù huà xiězai běnzishang.

3. Xué Zhōngguo yǔyán zuì yàojǐnde shi jìzhu yúfǎ, cér, sìshēng, qīngzhòngyīn shénmode.

4. Qǐng ni gàosu hángkōng xiáojie wǒ zhù ta yílù píng'ān.

5. Péngyou gěi liǎngge rén jièshao de shíhou, zhèi liǎngge rén yīngdāng shuō "Jiúyǎng, jiúyǎng."
6. Cóng zhèitiáo lù wǎng xīnán guǎi jiù shi Zhōngshān Lù.
7. Nèige duǎn jùzi yǒu jǐge yīnjié?
8. Tāde chángchu shi ta shuō de gùshi néng ràng rén xiào.
9. Nánfāng rén xǐhuan chī tiánde, Shānxī rén xǐhuan chī suānde.
10. Wǒmen méi yǒu jiǔ hē.
11. Jiùshi nǐ bú lù yīn wǒ yě yào lù.
12. Dǎ Shānxi dào Shāndong yǒu duōshao lǐ lù?
13. Nǐ bǎ bàozhǐ jiègei wǒ kànkan.
14. Nèige hángkōng xiáojie shuō tā shi zài Sūzhou shēng de Hángzhou zhǎngdà de.
15. Xièxie ni. Jīntian wǒ bù hē chá, wǒ hē shuǐ.
16. Wǒ duì guówén hěn yǒu xìngqu. Wǒ duì shùxué méi shénmo xìngqu.
17. Gāo Xiānsheng hěn xǐhuan ta zhù de zhèige dìfang. Tā bǎ Běi Hú bǐzuò Xī Hú.
18. Shuō huà zuì yīngdāng zhùyì de shi sìshēng. Bǐfāng shuō <u>huǒchē</u> zhèige cér rúguǒ sìshēng nòngcuò le jiu niànchéng <u>huòchē</u> le.
19. Tā hǎoxiang bú huì chǎo cài shide.
20. Liǎngwǎn fàn wǒ yídìng chībùbǎo.

Dāndú Tánhuà

Wǒ qù jiǎnchá xíngli de shíhou hěn yǒu yìsi. Yīnwei wǒ gēn Gāo Xiānsheng Měiyīng shuō huà shuōde tài duō, shíhou tài chang le, wǒ zuì hòu cái dào jiǎncháchù. Wǒ shi zuìhòu yíge ren le. Jiǎncháyuán yě bù máng le. Nèiwèi jiǎncháyuán hěn hǎo. Tā jiu mànmārde jiǎnchá wǒ
5 zhèi jǐjiàn dōngxi. Yímiàn kàn dōngxi yímiàn gēn wǒ tán. Ta yě shi

Wèntí

yíge niánqīng de rén. Zhèige rén hěn hǎo. Gèr bù gāo, hěn huì shuō huà, hěn kèqi.

Wǒ lái de shíhou bǎ xíngli dōu jiāogei lǚxíngshè jiāo chuán yùn le. Wǒ zìjǐ méi dài hěn duōde xíngli. Wǒ jiù dàile yíge dà píbāo yíge shǒutíbāo, hái dài ge dǎzìjī. Kěshi dà píbāoli chúle wǒ zìjǐde yīfu yǐwài dōu shi yìxiē lǐwu. Gāo Xiānsheng Gāo Tàitai wǒ yīnggāi sòng yìdiǎr lǐwu. Měiyīng dāngrán yě yǒu le. Tóngshí wǒ mǔqin yé gěi Měiyīng mǎile yìxiē dōngxi—shǒushi, nǚ háizi yīfu, shénmode. Suóyi píbāo lǐtou yǒu hěn duō dà xiǎo zhǐbāor. Jiǎncháyuán měi yíge zhǐbāor tā dōu dǎkai qiáoqiao. Suīrán wǒde dōngxi bù duō kěshi yě jiǎnchále bànge zhōngtóu.

Yǒude rén hěn bù gāoxìng jiǎncháyuán jiǎnchá tāmende xíngli, kěshi nà shi tāmende zhíwu. Tāmende gōngzuò jiù shi jiǎnchá me.

Wǒ mǎi fēijī piào de shíhou, wǒ xiě de shi Zhōngguo míngzi. Jiǎncháyuán yǐwei wǒ shi Zhōngguo rén ne. Tā jiào wǒde míngzi yǐhòu ta yí kàn yuánlái wǒ shi 'wàiguo rén. Érqiě wǒde shū gēn zázhì dōu shi Zhōngwénde. Tā dàgài hěn qíguài.

Tā shuō ta bù xǐhuan ta xiànzài zhèige gōngzuò. Tā duì zhèizhǒng gōngzuò méi xìngqu. Tā xīwang jiānglái yǒu jīhui chū guó qu niàn shū. Zhèiwèi jiǎncháyuán Yīngwén shuōde hěn liúli.

Wǒ zài jiǎncháchù chàbuduō yòu yǒu bànge zhōngtóu. Jiǎncháyuán bǎ suóyǒude zhǐbāor dōu dǎkai kàn le, suóyi bǎ dōngxi nòngde luànqibāzāo. Wǒ dōu shōushihǎo, bǎ píbāo suǒshang, hái děi zhùyì kànkan làxia dōngxi méi you. Zhèi shíhou wǒ xīnli xiǎng Gāo Xiānsheng Měiyīng zài wàitou děng de shíhou tài duō le.

Jiǎncháyuán wǒ zǒu de shíhou hái gàosu wǒ hángkōng gōngsī yǒu chē. Rúguǒ méi rén lái jiē wo, wǒ kéyi zuò hángkōng gōngsīde chē dào chéng lǐtou hángkōng gōngsī mén kǒur, lǚguǎn, huǒchē zhàn zhèi sānge dìfang. Yīnwei Gāo Xiānsheng Gāo Xiáojie tāmen yǒu chē suóyi wo bú bì zuò hángkōng gōngsīde chē. Wǒ jiu gàosu jiǎncháyuán Wàn Xiānsheng yǒu péngyou lái jiē wo, wǒ zuò péngyoude chē, yìzhíde dào péngyou jiā lǐtou qu.

Wèntí

1. Yàoshi nǐ dào yíge dìfang qù nǐ xiàle fēijī dào nǎr qu jiǎnchá xíngli?

2. Yào jiǎnchá nǐ xíngli de rén jiào shénmo?
3. Jiǎncháyuán zěnmo zhīdao Bái Xiānshengde míngzi shi Zhōngguo míngzi?
4. Bái Wénshānde xíngli shì bu shi dōu zìjǐ dàilai de?
5. Tā yígòng dàile jǐjiàn xíngli? Tā dàide shi shénmo xíngli?
6. Bái Wénshānde dà píbāo lǐtou yǒu shénmo?
7. Bái Wénshānde shǒutíbāoli dōu yǒu shénmo?
8. Bái Wénshān de dǎzìjī shi něiguó huò?
9. Jiǎncháyuán shuō Bái Xiānshengde Zhōngguo huà zěnmoyàng?
10. Bái Xiānsheng shuō jiǎncháyuán shuōde Yīngwén zěnmoyàng?
11. Jiǎncháyuán xǐhuan jiǎnchá xíngli zhèige gōngzuò ma?
12. Jiǎncháyuán shuō ta xiǎng zuì jǐnde jiānglái zuò shénmo qu?
13. Jiǎncháyuán shuō bǎ kèrende xíngli nòngde zěnmoyàng le?
14. Jiǎncháyuán xìng shénmo? Míngzi jiào shénmo?
15. Tā gěi Bái Xiānsheng shénmo le?
16. Bái Xiānsheng wèi shénmo bù gěi jiǎncháyuán míngpiàr?
17. Jiǎncháyuán shi nǎrde rén?
18. Bái Wénshān zěnmo zhīdao ta shi běn dì rén?
19. Jiǎncháyuán jiǎncháwánle Bái Xiānshengde xíngli ta duì Bái Xiānsheng shuō kèqi huà méi you?
20. Bái Xiānsheng shuō shénmo?
21. Bái Xiānsheng yào líkai xíngli jiǎncháchù de shíhou jiǎncháyuán shuō tāde xíngli shì bu shi ta zìjǐ dàichuqu?
22. Fēijīchǎng bāngzhu ná xíngli de rén jiào shénmo?
23. Jiǎncháyuán shuō hángkōng gōngsī yǒu chē dōu kéyi sòng Bái Xiānsheng dào nǎr?
24. Bái Xiānsheng shì bu shi zuò hángkōng gōngsīde chē?

Dialogue

25. Ta zuò shéide chē? Ta dào nǎr qu?
26. Yàoshi yíge dì yícì kànjian de péngyou gěi nǐ yìzhāng míngpiàr kěshi nǐ méi dài míngpiàr nǐ zěnmo shuō?
27. Yàoshi yǒu rén shuō nǐde Zhōngguo huà shuōde hěn liúli nǐ yīngdāng shuō shénmo?
28. Rúguǒ nǐ duì nǐde gōngzuò bù zěnmo xǐhuan nǐ gēn péngyou zěnmo shuō?
29. Yàoshi nǐ shuō yíwèi Zhōngguo péngyoude Yīngwén shuōde hǎo, nǐ zěnmo shuō?
30. Yàoshi yǒu rén gēn nǐ shuō wàiguo rén yánjiū Zhōngwén dōu hěn hǎo nǐ yīngdāng zěnmo shuō?

Dialogue: Mr. White talks with an inspector.

Mr. White is now at the customs office having his baggage examined. Since he is the last passenger and the inspector, Wan Xuewen, has nothing else to do, (the latter) on the one hand inspects the baggage and on the other engages Mr. White in conversation.

Wan : Which (gentleman) is Mr. Bai Wenshan?
White: I am.
Wan : It's a Chinese name on the (passenger) list. Actually you're a foreigner. I thought you were a Chinese.
White: Sorry to be late in coming. I spent too much time talking with friends. They came to meet me. We haven't seen (each other) for a long time and once we began to talk there was no end to it.
Wan : It doesn't matter. You have only these few pieces of baggage?
White: That's right. I have just these few with me. All the rest I turned over to the travel bureau to be transported by boat.
Wan : How many pieces of baggage do you have altogether?
White: [I have] three [pieces of baggage in all]: one briefcase, a large bag, and a typewriter.
Wan : Would you please unlock the large bag first? . . . What are all these packages?
White: They're various presents that I'm giving to friends.
Wan : What [things] are they all?
White: They're a woman's handbag, a small radio, jewelry, and so on.
Wan : I'm sorry, we have to open them all and look (at them). Are all these things to be given to friends?
White: Yes.

Lesson Two

Wan : What about those suits?

White: They're for my own use.

Wan : You may lock it up. Please open the briefcase too.

White: There isn't anything in the briefcase. It's just magazines, newspapers, and a few books, and also a diary and so on.

Wan : What kind of magazines are they?

White: Literary magazines.

Wan : What are the books?

White: They're all books in Chinese.

Wan : All you have is Chinese books! Can you read Chinese?

White: Yes.

Wan : What is this big notebook?

White: It's my diary.

Wan : Is the typewriter new or old?

White: It's a new one.

Wan : Is it for your own use?

White: It's for my own use.

Wan : Where was it made?

White: It's an American product.

Wan : Oh, you brought it from America. Are you American?

White: Yes, I'm an American.

Wan : Is this the first time you've come here?

White: No, this is my second time.

Wan : You speak Chinese really fluently.

White: You flatter me. In the past I spoke it somewhat better than now. After returning to America, I didn't speak it for three years and forgot it all.

Wan : A language needs to be used and spoken constantly.

White: I just heard you speaking English with that gentleman. You actually speak very well: your pronunciation is accurate and you speak fluently.

Wan : You're being polite.

White: You really do. How long have you been working here?

Wan : I've been (here) over two years. I don't plan to do it for long. Very soon I hope to go abroad to study. I have no interest in this sort of work. Every day it's examining people's things. Before a plane arrives, you wait [here]. As soon as the plane comes, you're terribly busy making a mess of [other] people's things. This sort of work is of no interest. Have you come here to work or to study?

Sentences for New Words and Grammar

White: I've come to study.

Wan : Nowadays lots of foreigners study Chinese, and they all do very well at it.

White: I'm not so sure that all of them do. I forgot to ask you your name.

Wan : My surname is Wan, and my given name is Xuewen. Here's my card.

White: I'm sorry, Mr. Wan, I didn't bring a card. Listening to your accent, I take it you're a native here?

Wan : Yes, I'm a native. I'm sorry to have messed up your things.

White: It's your job, of course. May I go now?

Wan : You may go. You don't need to take your baggage. Please go to the exit [first] and wait. The porter will send out your things right away.

White: I hope we'll see each other again.

Wan : One other thing. (As to) your baggage, if you have friends who have come to meet you with a car, take the baggage with you. If no one has come to meet you, the airline company has a car which can take you and the baggage into the city, either to the doorway of the airline office, to the railroad station, or to the World Hotel.

White: I have some friends who have come to meet (me). Most likely they have a car. From here I go straight to my friends' home.

Wan : That's fine. Goodby, Mr. White.

White: Goodbye, Mr. Wan.

Sentences for New Words and Grammar

1.1. The man who inspects the baggage is called an inspector.

1.2. I have too much baggage. That inspector took two hours to finish checking it.

2.1. After we get off the plane we must first go to the customs office.

2.2. Please go first to the entrance of the customs office and wait for me.

3.1. I was the last to leave the plane.

3.2. I was the first to come of the guests that Mr. White invited today.

3.3. I hear Mr. Wang is returning to his own country very soon.

3.4. This book sells for $1.50 at the most.

3.5. That house is enormous. I'm afraid it must sell for at least $80,000.

3.6. If you go by plane it's best to take a jet. It's both fast and smooth.

3.7. Very recently I got a letter from him.

4.1. In studying a language you should listen to recordings while looking at the text.

4.2. He likes to eat while listening to his mother tell stories.

5.1. Is his name on the school list?

5.2. Very odd. How come my wife's name isn't on the list?

6.1. He said it's very easy to study Chinese. Actually it's quite hard.

6.2. Everyone says that student is very bright. Actually he's quite stupid.

7.1. I thought this pen was yours. It's his after all.

7.2. I supposed you weren't coming any more today.

7.3. I thought he could drink. Actually he can't.

8.1. This matter has a great deal to do with him.

8.2. I'm sorry I forgot to speak to him about your business. . . . It doesn't matter.

8.3. It doesn't matter if you don't go.

8.4. This affair has nothing to do with me.

8.5. Because of the rain the plane will be a little late in taking off.

8.6. Is the Mrs. Wang in middle school related to the Miss Wang in elementary school?

9.1. The book is entirely sold out. (We have) only this copy left.

9.2. All you have is a dollar. How can you eat in the restaurant?

9.3. Altogether we have only a few dollars. How can we eat roast duck?

10.1. There are only two courses that are appetizing. The rest are not.

10.2. Please take these books [away] with you. The rest I'll take myself.

11.1. How much money did he give you?

11.2. Please hand this book to Mr. Wang.

11.3. I gave him five dollars and asked him to buy me that picture painted by his teacher.

11.4. Please hand that history book to Professor Wang.

11.5. We're going on a trip Saturday. Have you handed in your money?

11.6. Yesterday my mother gave me a few dollars and asked me to buy some meat, vegetables, and soy sauce.

12.1. The travel bureau is a little over two miles from my home.

12.2. I turned over all my baggage to the travel bureau.

12.3. I have to go to the travel agency to ask how much a boat ticket to Japan is.

13.1. Transporting baggage is quite a nuisance.

13.2. All my baggage has been transported to the airport.

13.3. All the baggage that's too heavy I'm having shipped by boat.

Sentences for New Words and Grammar   47

14.1. He has fifteen pieces of baggage in all.

14.2. As for these two pieces of baggage [of mine], would it be better to take them myself or have the travel agency take them?

14.3. This garment was presented to me by a friend.

15.1-4. How many pieces of baggage do you have in all?

16.1. I bought this briefcase in Canton.

16.2. He put the clothes in the briefcase.

16.3. In my briefcase there's nothing but a number of books on Chinese culture.

17.1. Shall I buy a big bag or a small one?

17.2. Miss Gao's handbag is very attractive.

17.3. My suitcase isn't light. Most likely you can't carry it.

18.1. After the inspection is finished we'll leave together. And be sure not to leave things behind.

18.2. Please buy one Chinese writing brush, a hundred sheets of paper, and two colored pencils, one red and one blue.

18.3. We're having simple food—a soup, two dishes, and a little dessert.

19.1. Do you know how to type?

19.2. Miss Wang types very fast.

19.3. Typewritten words are easier to read than (hand-)written words.

19.4. I studied typewriting for five months.

20.1. I plan to buy a new typewriter next year.

20.2. Shall I type it [on the typewriter], or write it with a fountain pen?

20.3. Comparing our typewriters, mine's better after all.

21.1. My keys were also taken away by them.

21.2. This is the key that opens the big door.

21.3. Hang up the key.

22.1. Mom, please open the door with the key.

22.2. Please type [out] these sentences [using a typewriter].

22.3. Write down all the new[ly learned] words in your notebooks.

22.4. Record on a tape recorder all the sentences studied today.

22.5. Tell this joke in Chinese.

23.1. What's in that big package?

23.2. There are chopsticks in that package.

24.1. When he came back from Japan he brought a lot of presents.

24.2. Would it be better to give presents, or not to do so?

24.3. These presents are to be given partly to you and partly to him.

24.4. Mr. Wang is about to get married. I must buy a present to give to him.

25.1. Was the radio also bought in Japan?

25.2. Where did you buy this radio?

25.3. I'm too tired today. I'm not even going to listen to the radio.

26.1. Miss Wang doesn't like to wear jewelry as much as her mother does.

26.2. Almost all women like to wear jewelry.

27.1. My books, notebooks, pens, and other things have been taken away by someone.

27.2. Mrs. Zhang bought a lot of food yesterday—chicken, duck, pork, beef, shrimp, noodles, cabbage, and so on.

28.1. Look! Look! That famous actor is coming.

28.2. Not only are the mountains too far, but it's also overcast, so we can't see them [lit. the mountains].

28.3. Yesterday evening I saw a Chinese movie.

29.1. Are all these books yours? . . . Yes.

29.2. Are you going out? . . . Yes. I'm leaving right now.

30.1. I bought that suit on the seventh of March.

30.2. He bought a set of Chinese history books yesterday.

31.1. Did you lock the door? . . . There's no need to lock this door.

31.2. The door's locked. Could I trouble you to open it [with a key]?

32.1. I bought two Chinese magazines yesterday.

32.2. Chinese students and foreign students are alike in liking to read magazines.

32.3. Haven't you ever seen this [kind of] magazine?

33.1. I haven't read the newspaper yet. I must go out and buy one [lit. a newspaper].

33.2. Today there are a lot of things about the school in the newspaper.

33.3. I'm not like you in being able to read Chinese newspapers.

34.1. I write (in) my diary every day.

34.2. I write the whole day's events in my diary.

34.3. Is that newspaper under your diary today's or yesterday's?

35.1. You have [lit. are] nothing but Chinese clothes.

35.2. They all spend [lit. use] a thousand dollars a year. I spend [lit. am] $500.

35.3. This is the first time I've come to Hangchow.

Sentences for New Words and Grammar

36.1. I presented him with all the old clothes.

36.2. That movie I saw the day before yesterday was an old one.

36.3. There are all kinds—big ones, little ones, new ones, old ones.

37.1. Is this tape recorder of yours an English or an American product?

37.2. That big motor vehicle they bought last year is a truck.

37.3. A freighter is comparatively slow.

38.1. The English that waiter speaks is particularly fluent.

38.2. In studying a language if you talk a lot you become fluent.

38.3. As for my Chinese, the more I hear it the less fluent I feel it to be.

39.1. How is the character <u>dew</u> of <u>Rose Dew</u> written? How many strokes does it have? I've forgotten (how to write it).

39.2. Darn! I forgot to bring my books when I came to class today.

39.3. Don't [you] by any means forget that business of mine.

40.1. Professor Wang has certainly done research in linguistics, especially with respect to grammar.

40.2. That science book you wrote is really good. . . . You're being polite. . . . Really!

40.3. I'm sorry, I'm too busy. I really can't go.

40.4. Thank you for coming to meet me. It's certainly an imposition.

41.1. My work keeps me too busy. I'd like to go pay a visit to my teacher, but I don't have time to go.

41.2. I'm not so crazy about my present job.

41.3. This sort of work [I feel] is very difficult.

41.4. He's had a lot of experience in that sort of work.

42.1. I plan to make a trip abroad very soon.

42.2. Mr. Wang has already been abroad three years.

42.3. He'll go abroad to study after graduating from upper middle school.

42.4. In the very near future I plan to go abroad on a trip.

43.1. You take care of the radio and I'll handle the tape recorder.

43.2. I looked for his house for a long time but couldn't find it. I took the wrong direction.

43.3. He's very good at playing with children. He can make children very happy.

44.1. How come this room is in such a mess?

44.2. My books are in a mess because I'm too busy and don't have time to put them in order.

44.3. He talks very confusedly. I don't understand what he means in the least.
45.1. My calling card has both my Chinese and English names.
45.2. Here's my card.
46.1. Your accent is like (that of) a person from Shantung.
46.2. His accent is excellent; it's like that of a Chinese.
47.1. Since he's a native, he speaks the local language.
47.2. Here everything is domestic goods.
47.3. Did he come himself?
48.1. What's your job in the library?
48.2. My job in this school is typing.
48.3. He doesn't have the least bit of interest in [this sort of job] inspecting baggage.
49.1. Would it be better for me to take my baggage or to have the porter take it?
49.2. The porters here are from either Hunan or Hupeh.
49.3. Do we tip the porter?
50.1. If I take a plane it's possible that I'll leave a little later.
50.2. I think I can go. If I don't go I'll give you a ring.
51.1. I'm studying aviation.
51.2. My younger brother only started studying at the aviation school in September of this year.
51.3. Girls must be eighteen years of age before they can be airplane stewardesses.
51.4. Domestic airmail is eight cents.
52.1. I'm going to the airline office to buy a plane ticket.
52.2. My younger sister is working in the telephone company this year.
53.1. The train to Nanking arrives at 3:20 P.M.
53.2. Please call the railroad station and ask when the train from Hangchow arrives.
54.1. If I had the money I'd travel the whole world over.
54.2. Do you know how many people there are in the whole world?
54.3. The name of this journal is World Culture.
55.1. Hello! Hello! [May I ask], is this the World Hotel?
55.2. The Far East Hotel is to the left of the movie theater.
55.3. What's the name of that hotel north of South Lake?
55.4. After I've finished breakfast I'll have the hotel figure up the bill.

Review Sentences

56.1. (Go) straight from here and you'll get there.
56.2. On Saturday our school is showing a movie. Only students at our school can go see it.
56.3. You can buy a little cup like this for just a few dimes.
56.4. You can only buy this car (if you spend as much as) $4,000.
56.5. (After) five minutes (have passed) then I'll leave.

Review Sentences

1. What (kind of) work does he do in the streetcar company? . . . His job [in the streetcar company] is that of ticket seller.
2. Please write in your notebooks in transcription the sentence 'Above is heaven, below are Suchow and Hangchow.'
3. The most important things to pay attention to in studying the Chinese language are grammar, words, tones, stress, and so on.
4. Please inform the airplane stewardess that I wish her Bon Voyage.
5. When a friend introduces two persons [to each other], they should say, 'Pleased to meet you.'
6. Turn southwest from this road and there's Sun Yatsen Avenue.
7. How many syllables are there in that phrase?
8. His strong point is that the stories he tells can make people laugh.
9. Southerners like to eat sweet things, and people from Shansi like to eat sour.
10. We have no wine to drink.
11. Even if you aren't going to record, I am.
12. How many miles is it from Shansi to Shantung?
13. Lend me the newspaper to read.
14. That airplane stewardess says she was born in Suchow and grew up in Hangchow.
15. Thank you. I'm not drinking tea today. I'm having water.
16. I have a lot of interest in Chinese studies. I don't have any particular interest in mathematics.
17. Mr. Gao is very fond of the place where he lives. He considers North Lake comparable to West Lake.
18. In speaking, what one must pay most attention to are the tones. Take for example the word train. If a mistake is made in the tone it is read as truck.
19. He doesn't seem to know how to make fried dishes.
20. I certainly can't get filled up on two bowls of rice.

Notes

1. <u>Yǒu</u> 'have' is optional after <u>jiù</u> 'only.' For instance,

    Wǒ jiù yǒu wǔmáo qián 'I have only fifty cents' is often reduced to Wǒ jiù wǔmáo qián.

2. Chinese word order is much less fixed in informal conversation than in careful writing. A surprising amount of permutation or rearrangement of the elements is possible: see sentences 15.1-4. Such permutations are sometimes identical in meaning, but often involve subtle differences in emphasis or shadings in meaning.

3. <u>Hái yǒu</u> 'still have' or 'there still is' is used as a connective 'and' in lists, and in the meaning 'one thing more' or 'in addition' in enumerating actions:

    Wǒ xiǎng mǎi dìtú, zìdiǎn, hái yǒu liǎngzhī máobǐ. 'I plan to buy a map, a dictionary, and two writing brushes.'

    Wǒ jīntiande shìqing hěn duō. Xiān dào xuéxiào qu. Zài dào shūdiàn mǎi shū. Hái yǒu. Wǒ hái děi dào chéng lǐtou mǎi diar dōngxi. 'I have a lot to do today. First I'm going to school. Then I'm going to the bookstore to buy some books. And in addition I also have to go into the city to buy a few things.'

4. The pattern A <u>ná/yòng</u> B <u>bǎ</u> C V means 'A performs the action of V on C with (<u>or</u> using) B':

    Nǐmen ná máobǐ bǎ suóyǒude zì dōu xiěxialai. 'Write down all the words using a writing brush.'

5. The pattern <u>A shi B</u> is used most often in equating two logically connected substantives:

    Tā shi Zhōngguo rén. 'He is a Chinese.'

    When the connection is not a logical equating, A acts as a topic about which the rest of the sentence comments:

    Wǒ chīguo hǎoxiē cì Zhōngguo fàn. Nín ne? ... Wǒ shi dì yícì. 'I've eaten Chinese food a good many times. How about you? ... As for me, (this) is the first time' [lit. I am the first time].

6. The verb <u>nòng</u> means 'take care of' or 'handle [a thing or an activity],' in a broad general sense; it often alternates with verbs of more specific meanings. Compare:

    Shéi nòng fàn? 'Who's taking care of dinner?'
    Shéi zuò fàn? 'Who's making dinner?'

    Similarly, <u>nòngcuò</u> 'do incorrectly' may be used instead of <u>xiěcuò</u> 'write incorrectly' or some other specific action.

Notes

7. The adverbs <u>jiù</u> 'then' and <u>cái</u> 'then (and only then)' are often used to connect clauses the first of which is syntactically sketchy, generally because of lack of a verb. Compare:

> Nǐ cóng zhèr yìzhíde zǒu jiù kěyi dào. 'Go straight from here and then you'll get there.'

> and

> Nǐ cóng zhèr yìzhíde jiù kěyi dào. 'Straight from here and then you'll get there.'

For other examples see above, Sentences for New Words and Grammar, 56.1 – 56.5.

大華百貨公司

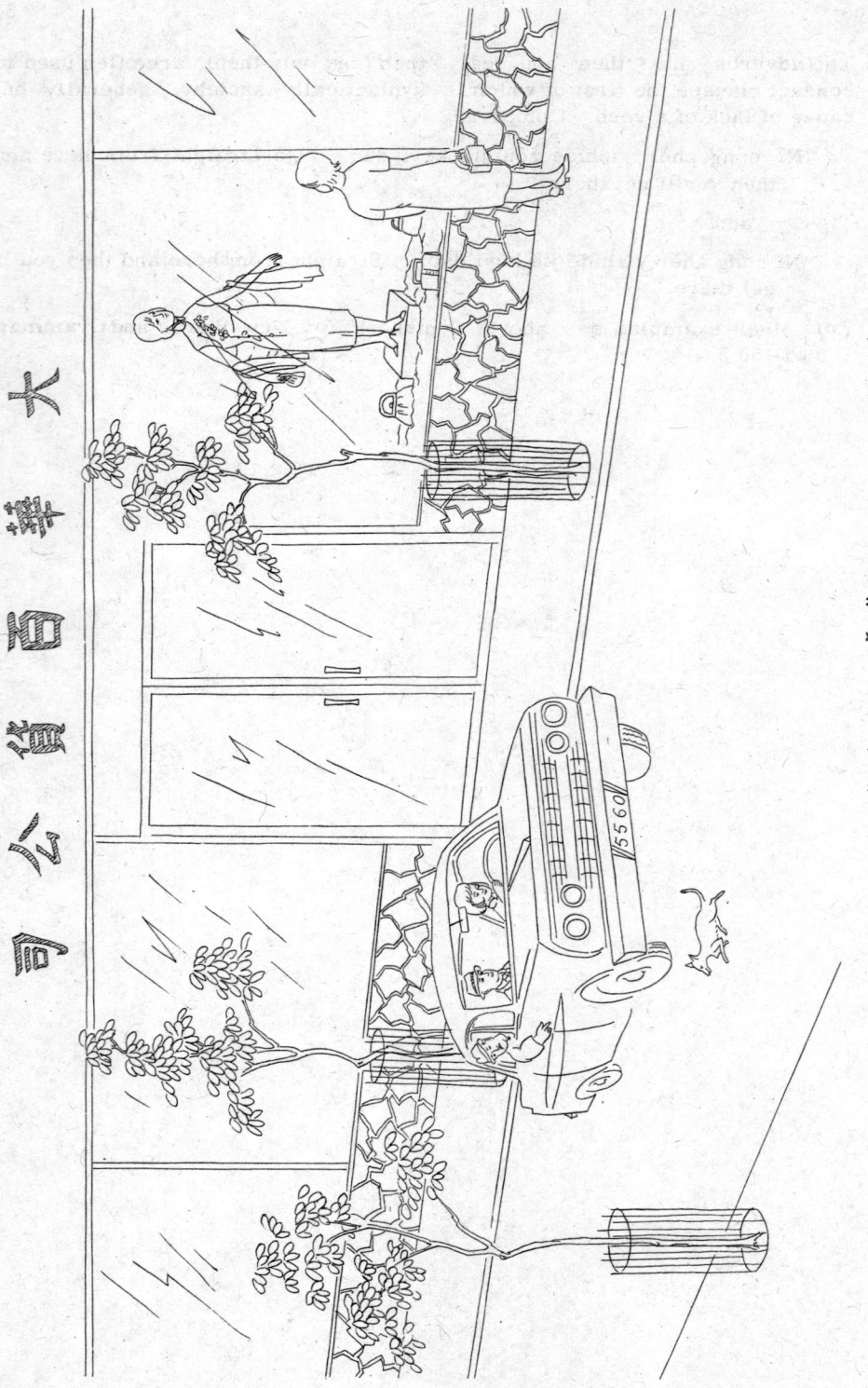

"Bié pèngle gǒu."

Dì Sānkè. Zuò Chē Jìn Chéng Chū Chéng

Huìhuà: Gāo Xiānsheng, Gāo Měiyīng, Bái Wénshān sānge rén cóng fēijīchǎng zuò chē jìn chéng yòu chū chéng dào Gāo jiā.

Měi: Wénshān lái le, bàba.

Gāo: Zěnmoyàng Wénshān? Méi shénmo máfan ba?

5 Bái: Méi shénmo. Nín gēn Měiyīng zài zhèr yòu děngle bàntiān. Suīrán xíngli méi shénmo máfan, kěshi nèiwèi jiǎncháyuán ne gēn wǒ xián tánle hěn jiǔ.

Gāo: Xíngli xiànzài jiu sòngchulai ma?

Bái: Shìde. Jiǎncháyuán shuō lìfū xiànzài jiu sòngchulai. . . . Oh, xíngli
10 lái le, nín qiáo. Wǒ jiù zhèi diǎr, jiù zhèi sānjiàn xíngli.

Měi: Nǐmen xiān děngzhe. Wǒ dào tíngchēchǎng bǎ chē kāiguolai.

Bái: Měiyīng huì kāi chē le!

Gāo: Měiyīng hěn xǐhuan kāi chē. Oh, wǒ hai méi gàosu nǐ ne, Sān Yǒu Shūdiàn shi xīn mǎi de chē. Shūdiàn zuì jìn tài máng le,
15 bìděi yǒu ge chē.

Bái: Chē mǎile duó jiǔ le?

Gāo: Cái mǎile yíge duō yuè. Měiyīng bǎ chē kāiguolai le. Zhèige wǒ bāngzhe nǐ ná.

Bái: Bù, tài zhòng le. Nín bāng wǒ ná shǒutíbāo ba.

20 Gāo: Méi guānxi. Wǒ yùndong yùndong.

Bái: Nín háishi ná shǒutíbāo ba.

Gāo: Hǎo. Wénshān, nǐ gēn Měiyīng zuò qiántou, wǒ zuò hòutou. Bǎ dà píbāo fàngzai chē xiāng lǐtou.

Bái: Hǎo ba. Měiyīng, shénmo shíhou xué de kāi chē?

25 Měi: Wǒ shi qùnian xué de.

Gāo: Cóng fēijīchǎng dào chéng lǐtou lù hěn cháng. Wénshān, zhèitiáo lù wa, xiūde hěn hǎo.

Bái: Kě bu shì ma. Xiànzài xiūlide bǐ yǐqián hǎode duō.

Gāo: Nǐ qiáo, yòu kuān yòu píng, róngyi kāi chē. Kěshi Měiyīng, nǐ
30 kě màn diar, bié kāi kuài chē.

Měi: Zhèr chē yòu shǎo, yòu méi shénmo rén zǒu lù, kāi kuài diar pà shénmo de?

55

Gāo: Nǐ tīng wǒde, jiu màn diar kāi déle.

Bái: Gāo Xiānsheng, zhèi jǐnián lǐtou zhèige dìfang gǎibiànle bù shǎo ba?

Gāo: Gǎibiànle bù shǎo. Huítóu nǐ kàn xīn gài de fángzi hěn duō, zēngjiāle bù shǎode pùzi. Xiànzài rènao jíle.

Bái: Měiyīng, cóng zhèr dào fǔshang dōu jīngguo nǎr a?

Měi: Wǒmen cóng zhèr jìn Dōng Chéng Mén, wàng Xīn Huá Lù guǎi.

Bái: Dōng Chéng Mén dào Xī Chéng Mén bu shi Píng'ān Lù ma?

Měi: Shìde.

Gāo: Wénshān, zhèixiē lù nǐ dōu jìde ba?

Bái: Jìde.

Měi: Píng'ān Lù gēn Xīn Huá Lù zhè yídài ya, fēicháng rènao. Bìngqiě chē yě duō. Zài biéde lùkǒurshang dōu shi yíge jǐngchá, kěshi zhèige lù kǒurshang yǒu liǎngge jǐngchá.

Gāo: Měiyīng, nǐ jiù zhùyì kāi chē hǎo bu hǎo?

Bái: Měiyīng chē kāide hěn bú cuò.

Měi: Bàba, nín tīng Wénshān shuō shénmo?

Gāo: Wénshān, Xīn Huá Lù nǐ hái jìde ba? Bú shi hěn huàide yìtiáo lù ma? Xiànzài xiūde ke hǎo jíle. Yǐqián yǒu diànchē, xiànzài bǎ diànchē qǔxiāo le, zhǐ yǒu gōnggòng qìchē le.

Bái: Duìle. Wǒ yě jìde yǒu yìtiáo lù yòu zhǎi yòu zāng. Jiù shi Xīn Huá Lù ba?

Gāo: Xiànzài ke gānjing jíle. Píng'ān Lù Xīn Huá Lù jiǎorshang zuì jìn xīn gàile yíge dà lǚguǎn, shícéng lóu.

Bái: Jiào shénmo míngzi?

Gāo: Jiào Shìjiè Lǚguǎn, piàoliang jíle. Wàibiar shi Xī shì de, lǐtou dōu shi Zhōng shì de. Qiáng a, wánquán shi bōlide, jiǎngjiu jíle.

Bái: Nín qùguo ma?

Gāo: Qùguo. Lǐtou dìfang hěn dà. Cháng yǒu rén zài nèr kāi huì. Qiántou nǐ kàn nèizuò dà lóu jiu shì.

Bái: Oh, 'nèige dà lóu. Kě bu shì ma. Zhēn piàoliang. Yídìng hěn guì ba?

Gāo: Tīngshuō bú tài guì.

Bái: Wǒ xiǎng 'zhènmo jiǎngjiude lǚguǎn bú huì tài piányide. Nín shuō shì ba?

Gāo: Xīn Huá Lù xībiar hái xīn gàile yíge dà bǎi huò gōngsī ne. Tīngshuō quán shìjiède huò tāmen dōu yǒu.

Měi: Wénshān, nèige dà bǎi huò gōngsī lí Yuǎn-Dà hěn jìn. Jiānglái nǐ mǎi dōngxi hěn fāngbian.

Shēng Zì gēn Xīn Yúfǎ de Jùzi

    Gāo: Měiyīng, bié shuō huà, zhùyì kāi chē.

    Měi: Wénshān, xiànzài yǒu ge xīnde dà yùndongchǎng.

    Bái: Zài nǎr a?

75 Měi: Yìhuěr nǐ jiu kànjian le.

    Gāo: Měiyīng, qiántou yǒu rén guò lù ou.

    Měi: Qiáojian le.

    Bái: Xiànzài cóng Yuǎn-Dà dào túshūguǎn shì bu shi hái shi sānhào gōnggòng qìchē ne?

80 Měi: Nǐde jìxing zhēn bú huài. Jǐhào chē dào nǎr nǐ hái jìde ne.

    Gāo: Qiántou yǒu gǒu, kànjian le mei you? Bié pèngle gǒu.

    Měi: Bàba! Gāncuì nín kāi déle.

    Gāo: Wǒ pà nǐ chū shì a.

    Měi: Nín fàngxīn hǎo le. Wénshān, chūle Xīn Huá Mén jiu shi dà
85   yùndòngchǎng. . . . Nǐ kàn nèr jiù shi yùndongchǎng.

    Bái: Ei, yùndongchǎng zhēn bu xiǎo.

    Měi: Néng róng wǔwàn rén.

    Bái: Xuéxiào cháng kāi yùndong huì ma?

    Měi: Měinián kāi jǐcì. Dào Zhōngshān Lù le.

90 Bái: Aiya! Zhōngshāng Lù ke gǎibiànle bù shǎo wa. Jiǎnzhíde wǒ dōu bú rènshi le.

    Gāo: Xīn gài de zhùzhái hěn duō. Bú xiàng yǐqián le, shì bu shi?

    Bái: Duìle. Měiyīng, kuài guǎiwār le ba, duì bu duì?

    Gāo: Měiyīng, xiǎoxin, xiǎoxin! Wàng zánmen jiā qù de zhèitiáo lù bù
95   róngyi kāi chē ni zhīdao ba?

    Měi: Wénshān, nǐ tīng wǒ bàba zhè yí lùshang!

    Gāo: Wǒ ràng nǐ xiǎoxin. Bié pèngle chē pèngle rén.

    Měi: Hái yǒu "Bié pèngle gǒu" duì bu duì?

    Bái: Gāo Xiānsheng tài guānxīn nǐ le.

100 Gāo: Shuō zhēnde wǒ nǚ'er chē kāide bú cuò.

Shēng Zì gēn Xīn Yúfǎ de Jùzi

1.0. (6) xián   idle, unoccupied (SV)

            xián tán   chat (V)

  1.1. Wǒ méi shì, wǒ xiànzài xiánzhe ne.

  1.2. Wǒmen dōu méi shì. Jiùshi lái gēn ni xián tán.

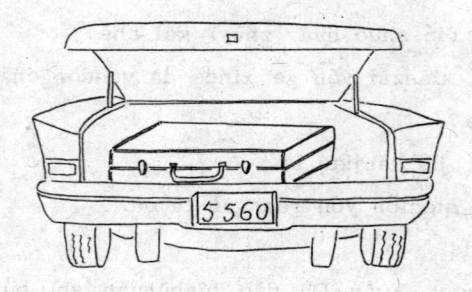

2.0. (11) tíng   stop (V)
         tíng chē   stop or park a car
         tíngchēchǎng   parking lot
   2.1. Zuótian wǎnshang wǒde biǎo tíng le.
   2.2. Qǐng wèn, zhèr kéyi tíng chē ma?
   2.3. Tíngchēchǎng lí zhèr tài yuǎn le.
3.0. (18) bāng   help (V) (Note 1)
         bāng N(de) máng   to help N
   3.1. Nǐ bāng wǒ ná dǎzìjī hǎo bu hǎo?
   3.2. Jīntian wǎnshang wǒ bāngzhe ni shōushi xíngli.
   3.3. Qǐng ni bāng wǒ yìdiǎr máng.
   3.4. Ta bāngle wo hěn duōde máng le.
4.0. (20) yùndong, yùndòng   exercise (IV) [lit. transport move]
                              movement, sport (N)
         yùndongchǎng   athletic field
         yùndongyuán   athlete
         Wǔ Sì Yùndòng   May 4th Movement (Note 2)
   4.1. Wǒmen dào yùndongchǎng qu yùndong yùndong.
   4.2. Tā shi yíge zuì hǎode yùndongyuán.
   4.3. Wǔ Sì Yùndòng shi xuésheng yùndong.
   4.4. Nǐ xǐhuan něizhǒng yùndong?
5.0. (23) xiāng(zi)   (large) box, suitcase (with rigid exterior) trunk
                          (N) (measures: zhī, ge)
         shǒutíxiāng   suitcase (with rigid exterior)
   5.1. Tā yǒu sìge dà xiāngzi yíge xiǎo xiāngzi.
   5.2. Wǒde chē xiāng hěn dà. Kéyi fàng hěn duō dōngxi.
   5.3. Wǒde shǒutíxiāng tài zhòng le, wǒ nábuqǐlái.

Shēng Zì gēn Xīn Yúfǎ de Jùzi

6.0. (27) xiū(li) fix, repair, build (V) [lit. repair manage]
   6.1. Zhèitiáo lù xiūde zhēn hǎo.
   6.2. Wǒde biǎo tíng le. Wǒ děi qu xiūli xiūli.
   6.3. Wǒde qìchē bù zǒu le. Jīntian zǎochen xiūlile sānge zhōngtóu.
7.0. (29) kuān wide, broad (SV)
   7.1. Zhèige wūzi yòu kuān yòu cháng.
8.0. (29) píng level, even, smooth (SV)
   8.1. Nèige lù hěn píng, róngyi kāi chē.
9.0. (34) gǎi(biàn) change (V, N) [lit. change alter]
   9.1. Zhèige zì xiěcuò le. Qǐng ni gǎiyigǎi.
   9.2. Zhèige dìfang gǎibiànle bù shǎo.
   9.3. Ta xiànzài gǎi le. Yǐqián bú yònggōng. Xiànzài yònggōng le.
   9.4. Zài wǒ líkai zhèr hěn duǎnde sānnián lǐtou, zhèige chéngde gǎibiàn hěn dà.
10.0. (36) gài build (TV)
   10.1. Shānshang xīn gàile hěn duō fángzi.
   10.2. Tāde fángzi shi qùnian gài de.
11.0. (37) zēngjiā increase, be increased, add (V) [lit. increase add]
   11.1. Zhèige xuéxiào jīnnian zēngjiāle bu shǎode xuésheng.
   11.2. Wǒmende guówén xià xīngqīyī kāishǐ měitiān zēngjiā yíge zhōngtóu.
12.0. (37) pùzi store (N)
   12.1. Zhèixie pùzi dōu shi běn dì rén kāi de.
   12.2. Zhōngshān Lù běibiār nèige xiǎo pùzi shi mài shénmo de?
13.0. (37) rènao bustling (and noisy), busy, lively (SV) [lit. hot noisy]
   13.1. Zhèige dìfang jīnnian méi yǒu yǐqián rènao le.
14.0. (38) jīngguo pass through, pass by (TV) [lit. traverse pass]
   14.1. Wǒ měitiān huí jiā yídìng jīngguo hángkōng gōngsī mén kǒur.
   14.2. Wǒ shi zuò fēijī lái de, jīngguo Rìběn Sānfánshì dào Niǔyue.
15.0. (39) Huá   China; (also, a surname) (Note 1)
           Zhōnghuá   China
           Huárén   Chinese (person)
   15.1. Wǒ dào Huá Měi Lǚxíngshè qu mǎi fēijī piào.
   15.2. Zhōnghuá Fànguǎr cài zuòde zhēn hǎo.
   15.3. Huárén jiu shi Zhōngguo rén.

15.4. Wǒ jīntian zài pùzili yùjian Huá Xiānsheng le.

16.0. (42) jìde remember (V)

16.1. Zhèige zì zěnmo niàn? Wǒ bú jìde le.

16.2. Wǒ jìde ni hěn xǐhuan chī hóng shāo yú.

17.0. (44) dài belt (of), section (of), region (of) (M)

17.1. Zhōngshān Lù zhè yídài tài rènao le.

17.2. Wǒmen jiā nèi yídài dōu shi xīn gài de fángzi.

18.0. (44) fēicháng extraordinarily, unusually (AD) [lit. not frequently]

18.1. Ta fēicháng xǐhuan yánjiu Zhōngguo lìshǐ.

18.2. Ta duì wǒ fēicháng hǎo.

19.0. (44) bìngqiě moreover (MA) [lit. and moreover]

19.1. Jīntian wǒ bú dào Wáng jia qu le, yīnwei xià yǔ bìngqiě wǒ hái méi niàn shū ne.

20.0. (45) jǐngchá policeman (N) [lit. warn investigate]

20.1. Jǐngcháde zhíwu shi bāngzhu rén.

21.0. (50) huài bad (SV)

21.1. Jīntiande cài zhēn bú huài.

21.2. Tā shi ge huài rén.

22.0. (52) qǔxiāo get rid of, cancel, eliminate (TV) [lit. take disperse]

22.1. Xiànzài zhèr zhǐ yǒu èrhào gēn sìhào gōnggòng qìchē le. Bǎ sānhàode qǔxiāo le.

22.2. Xuéxiào bàogàole xià xīngqīliùde diànyǐngr qǔxiāo le.

23.0. (53) zhǎi narrow (SV)

23.1. Zhèige lù tài zhǎi. Chē bù róngyi guǎi.

24.0. (53) zāng dirty (SV)

24.1. Tā bǎ wūzi nòngde hěn zāng.

24.2. Nèige háizide yīfu hěn zāng.

25.0. (55) gānjing clean (SV) [lit. dry pure]

25.1. Chī de dōngxi zuì yàojǐnde shi děi gānjing.

26.0. (55) jiǎo(r) corner (N)

26.1. Wǒ jiā jiù zài zhèitiáo lùde dōngběi jiǎorshang.

26.2. Wǒde shū jiǎorshang yǒu wǒde míngzi.

27.0. (56) céng layer, story (M)

27.1. Nèige fángzi yígòng jiù liǎngcéng.

27.2. Wáng Xiānsheng zhù dì jǐcéng?

Shēng Zì gēn Xīn Yúfǎ de Jùzi   61

28.0. (56) lóu   building of two or more stories; [So-and-So] Restaurant
  28.1. Zhōnghuá Lóude cài zěnmoyàng?
  28.2. Wǒ zhù zai Xīn Huá Lù wǔhào lóushàng.
  28.3. Tā yìhuěr jiu huílai. Tā dào lóuxià qu ná xìn.
  28.4. Wǒ jiā zhùzai sìcéng lóushang. Měitiān pǎoshàng pǎoxià hěn lèi.

29.0. (58) shì   style, model, pattern, fashion   (N)
    Xī shì   Western style
    Zhōng shì   Chinese style
  29.1. Wǒmen jiāde dōngxi dōu shi Zhōng shì de.
  29.2. Wáng Tàitai jiù xǐhuan Xī shì de fángzi.
  29.3. Tāde qìchē shi zuì xīn shì de.

30.0. (59) qiáng   wall (of a building)   (N)
  30.1. Qiángshang guàzhe yìzhāng dìtú.
  30.2. Tā bǎ yàoshi guàzai qiángshang le.

31.0. (59) wánquán   complete   (SV)   [lit. complete all]
  31.1. Zhèige jùzi yìsi bù wánquán.
  31.2. Tā shuō de huà wǒ wánquán bù dǒng.
  31.3. Fàngjià de shíhou xuésheng wánquán zǒuguāng le.
  31.4. Tāde shìqing wǒ wánquán bù zhīdào.

32.0. (59) bōli   glass (material)   (N)
    bōlibēi   (drinking) glass
  32.1. Bōlide yòngchu hěn duō.
  32.2. Yòng dà bōlibēi hē shuǐ, xiǎo bōlibēi hē jiǔ.

33.0. (59) jiǎngjiu   particular, meticulous; admirable, elegant   (SV); be particular about   (AV)
  33.1. Wáng Xiānsheng jiā lǐtou hěn jiǎngjiu.
  33.2. Nèige diànyǐngryuàn gàide zhēn jiǎngjiu.
  33.3. Zhāng Xiáojie zuì jiǎngjiu chuān.

34.0. (61) huì   meeting   (N)
    kāi huì   hold or open a meeting
    yùndong huì   athletic meet
    Shìjiè Yùndong Huì   Olympics
  34.1. Jīntian xiàwǔ xuéxiào yǒu yíge huì.
  34.2. Xià xīngqīyī wǒmen xuéxiào kāi huì.

34.3. Míngnian Shìjiè Yùndong Huì bu zhīdào zài nǎr kāi.
35.0. (62) zuò (measure for buildings, cities, mountains)
35.1. Nèizuò dà lóu jiù shi wǒmende xuéxiào.
35.2. Nèr de shānshuǐ hěn hǎo—liǎngzuò shān, zhōngjiàn yǒu yíge xiǎo hú.
36.0. (64) guì expensive (SV)
36.1. Zhèige pùzide dōngxi tài guì le.
37.0. (66) piányi cheap (SV)
37.1. Ta nèige màozi mǎide hěn piányi.
38.0. (68) bǎi huò gōngsī department store [lit. hundred goods company]
38.1. Xīn Huá Bǎi Huò Gōngsī xīn dàole hěn duō nǚrende yīfu.
39.0. (70) jiānglái hereafter, in the future (MA) [lit. imminent come]
39.1. Jiānglái nèige háizi yídìng shi yíge shùxuéjiā.
40.0. (71) fāngbian convenient (SV)
40.1. Zài zhèr zhù mǎi dōngxi shénmode dōu hěn fāngbian.
40.2. Zhèr méi yǒu gōnggòng qìchē. Dào nǎr qu dōu bu fāngbian.
41.0. (76) ou! Mind you! (particle of warning) (Note 4)
41.1. Zhùyì kāi chē. Qiántou yǒu rén zǒu lù ou!
41.2. Nǐde zì dōu xiěcuò l'ou!
42.0. (80) jìxing memory (N)
42.1. Wǒde jìxing ke zhēn huài. Zěnmo wǒ bǎ nèijiàn shìqing wàngle ne?
42.2. Tāde jìxing zhēn hǎo. Shínián qián de shìqing ta hái jìzhe.
43.0. (81) gǒu dog (measure: tiáo) (N)
43.1. Ta nèitiáo gǒu zhēn cōngming.
44.0. (81) pèng hit, run into (TV)
pèngjian encounter
44.1. Tā zuótian wǎnshang kāi chē pèngle rén le.
44.2. Zuótian wǒ pèngjian Wáng Xiānsheng le.
45.0. (82) gāncuì frank, direct, straightforward (SV)
gāncuì . . . déle. Would be best to . . . and have done with it.
45.1. Tā shuōde huà hěn gāncuì.
45.2. Wǒ bú qù le. Gāncuì nǐ yíge rén qù déle.
46.0. (83) chū shì have an accident (VO) [lit. produce affair]
46.1. Ta kāi chē bù zhīdào ta chūle duōshao cì shì le.

Shēng Zì gēn Xīn Yúfǎ de Jùzi

46.2. Jīntian zǎochen tāde qìchē chū shì le.

47.0. (84) fàngxīn be unworried, be assured (VO) [lit. put down heart]
            bú fàngxīn be uneasy (about), be worried (about)
  47.1. Fēijī luòxialai wǒ cái fàngle xīn le.
  47.2. Nín fàng xīn ba. Chūbuliǎo shì.
  47.3. Tā kāi chē wo lǎo bú fàngxīn.
  47.4. Mǔqin lǎo bú fàngxīn tāmende háizi.

48.0. (86) Ěi! Yeah! Uh-huh! (Note 5)
  48.1. Ěi! Zhèrde shānshuǐ zhēn bú cuò.

49.0. (87) róng hold, contain, accommodate (TV)
  49.1. Zěnmo xiǎode yíge wūzi zěnmo néng róng sìshi rén ne?
  49.2. Nèige dìfang hěn dà. Néng róng sìqiān rén kāi huì.

50.0. (90) Aiya! Oh my! Goodness!
  50.1. Aiya! Zāogāo! Wǒ wàngle dài qián le.

51.0. (90) jiǎnzhí(de) simply, just (AD) [lit. simple straight]
  51.1. Wǒ dìdi jiǎnzhíde bù xǐhuan niàn shū.
  51.2. Tā jiǎnzhí jiu bù zhīdào zhèijiàn shì.

52.0. (92) zhùzhái dwelling, residence (N) [lit. dwell house]
  52.1. Tāde zhùzhái zài nǎr?
  52.2. Zhèr méi pùzi. Dōu shi zhùzhái.

53.0. (93) guǎiwār turn a corner (IV)
  53.1. Cóng zhèr yì guǎiwār jiù dào le.
  53.2. Bù guǎiwār. Yìzhíde wǎng dōng zǒu.

54.0. (94) xiǎoxin be careful (SV), be careful (of), watch out (for) (TV, AV) [lit. small heart]
  54.1. Xiǎoxin! Xiǎoxin! Bié pèngle dōngxi.
  54.2. Zǒu lù yào xiǎoxin. Bié ràng chē pèng le.
  54.3. Xiǎoxin gǒu.
  54.4. Xiǎoxin guò lù.

55.0. (99) guānxīn be concerned (about) (V) [lit. involve heart]
  55.1. Tāde xīn tài hǎo le. Lǎoshi guānxīn bié rénde shì.
  55.2. Nín kànjian Wáng Xiānsheng xièxie ta guānxīn wǒ.

56.0. (100) nǚ'er daughter (N) [lit. female child]
  56.1. Gāo Tàitai zhǐ yǒu yíge nǚ'er.

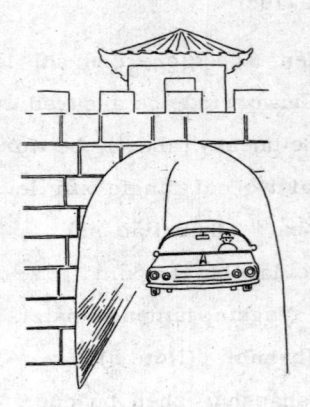

Wēnxi Jùzi

1. Wǒ wēnxi bàntiān shū le. Wǒ xiànzài yīnggāi xiūxi xiūxi le.
2. Wǒ tiāntiān mángzhe niàn shū. Wǒde wūzili zāng jíle, yě méi gōngfu shōushi.
3. Wai. Wáng Xiānsheng, jīntian wǎnshang wǒ dào nǐ jiā qu tīng lùyīn hǎo bu hǎo?
4. Ta yìbiār xiūli qìchē yìbiār gēn péngyou xián tán.
5. Yìhuěr děng ta láile wǒmen yíkuàr dào túshūguǎn qu.
6. Wǒ hái bù zhīdào ne, tā yuánlái shi běn dì rén.
7. Wǒ měitiān dào xuéxiào dōu jīngguo nǐ mén kǒur.
8. Nǐmen shéi bǎ wǒde dǎzìjī gěi nònghuài le? Wǒ zěnmo xiū yě xiūbuhǎo le.
9. Qǐng ni ná yàoshi bǎ wǒde shǒutíxiāng suǒshang.
10. Tā Zhōngguo huà shuōde gēn Zhōngguo rén yíyàng liúli.
11. Wáng Xiānsheng yòu jiǎngjiu chī yòu jiǎngjiu chuān.
12. Wǒde jìxing bù hǎo. Shénmo shìqing yìhuěr jiu wàng.
13. Jīntiande tiānqi hěn huài. Kěnéng xià dà yǔ.
14. Yīnwei xià dà yǔ de guānxi nèige yùndong huì qǔxiāole.
15. Zài zhei fùjìn xīn gài le yíge tíngchēchǎng.
16. Nǐ lái de shíhou yàoshi nǐ jīngguo pùzi qǐng ni bāng wo mǎi liùge bōlibēi lai.
17. Nǐ zhù de dìfang mǎi dōngxi fāngbian ma?
18. Zuótian Wáng Xiáojie dào wǒ zhèr lái bǎ shǒutíbāo làxia le.
19. Wǒ dào fēijīchǎng jiē péngyou lai le.
20. Wǒde yǎnjing bù hǎo. Wǒ bǎ <u>dà</u> zì kànchéng <u>tài</u> zì le.

Dāndú Tánhuà

Dāndú Tánhuà

Wǒ jiǎncháwánle xíngli yǐhòu yì chūlai Gāo Xiānsheng Měiyīng zài ner děngzhe wǒ ne. Méi you hǎo jiǔ lìfū bǎ wǒde xíngli jiu náchulai le.

Měiyīng xiànzài huì kāi chē le. Tā bǎ Sān Yǒu Shūdiàn de chē kāilai jiē wo. Gāo Xiānsheng yě gēn wǒ shuōguo, shūdiàn mǎi shū mài shū
5 de shìqing tài máng le, bìděi yǒu ge chē, suǒyi zuì jìn mǎile yíge qìchē.

Měiyīng dào tíngchēchǎng qu bǎ chē kāiguolai. Gāo Xiānsheng bāngzhe wǒ bǎ xíngli fàngzai chē xiāngli, wǒmen sānge rén yíkuàr zuò chē jiù wǎng Gāo jia qù le.

Zài zhei yí lùshang Gāo Xiānsheng gēn Měiyīng gàosu wǒ zhèige
10 dìfang zěnmoyàng gǎibiàn le.

Zài Píng'ān Lù Xīn Huá Lù jiǎorshang xīn gàile yíge dà lǚguǎn míngzi jiào Shìjiè Lǚguǎn. Cóng wàimian kànqilai zhēn jiǎngjiu. Qiáng dōu shi bōlide. Gāo Xiānsheng gàosu wǒ wàimian shi Xī shì kěshi lǐmian shi Zhōng shìde. Lǐmian hěn dà. Chángcháng yǒu rén zài ner kāi huì.

15 Zǒudao Xīn Huá Lù xībiar nèr hái kāile yíge xīn bǎi huò gōngsī. Měiyīng gàosu wǒ jiānglái duì wǒ hěn fāngbian. Wǒ duì bǎi huò gōngsī bù zěnmo yǒu xìngqu. Dàgài nǚrén chàbuduō 'dōu xǐhuan jìn bǎi huò gōngsī ba?

Hái yǒu nèitiáo Xīn Huá Lù, gēn yǐqián yìdiǎr yě bu yíyàng le. Yǐqián
20 shi yòu zāng yòu zhǎi, lù yòu bù píng. Xiànzài zhèitiáo lù xiūde yòu kuān yòu píng, bìngqiě gānjingde bùdéliǎo, gēn yǐqián wánquán bù yíyàng le. Érqiě diànchē yě qǔxiāo le, zhǐ zǒu gōnggòng qìchē le.

Yí lùshang zēngjiāle bù shǎode pùzi, fēicháng rènao. Suírán wǒ líkai zhèr hěn duǎnde sānnián, kěshi yǒu hěn dàde gǎibiàn.

25　　　Píng'ān Lù gēn Xīn Huá Lù tài rènao le. Gāo Xiáojie shuō yīnwei rén duō chē duō de guānxi, zhèige lù kǒurshang yǒu liǎngge jǐngchá.

　　　Yì chū Zhōnghuá Mén jiù shi xīnde dà yùndongchǎng. Měiyīng gàosu wo néng róng wǔwàn rén. Zhèige yùndongchǎng duì Yuǎn-Dà hěn yǒu guānxi. Wǒ yǐqián zài Yuǎn-Dà de shíhou yì kāi yùndong huì wǒmen
30　dōu děi qù dao hěn yuǎnde dìfang, dào gōnggòng yùndongchǎng qu, yīnwei Yuǎn Dàde yùndongchǎng bú gòu dà, róngbuliǎo hěn duō rén.

　　　Zhōngshān Lù gǎibiàn hěn dà. Wǒ yìdiǎr yě bú rènshi le. Yuánlái Zhōngshān Lù méi yǒu hěn duōde zhùzhái fángzi. Xiànzài gàile bù shǎode fángzi le.

35　　　Zài zhe yí lùshang zuì kě xiàode shi Gāo Xiānsheng. Yīnwei ta guānxīn Měiyīng, pà ta kāi chē chū shì, suóyi yí lùshang lǎoshi gēn Měiyīng shuō xiǎoxin, bié pèng rén, bié pèng chē, bié pèng gǒu, shénmode zhèixie huà.

　　　Měiyīng chē kāide hěn wěn. Kěshi fùqin mǔqin dōu shi yíyàng bú
40　fàngxīn tāmende háizi.

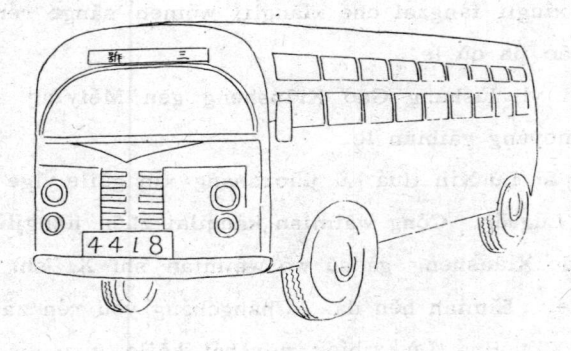

Wèntí

1. Bái Wénshān jiǎncháwánle xíngli yǐhòu, Gāo Xiānsheng wèn ta shénmo ya?
2. Bái Xiānsheng wèi shénmo zài jiǎncháchù hěn jiǔ?
3. Wénshānde xíngli lìfū gěi ta sòngchulai le. Měiyīng shuō qǐng tāmen zài nèr děngzhe, tā qu zuò shénmo?
4. Gāo Xiānsheng yào bāngzhe Bái Xiānsheng ná nèige dà píbāo. Bái Xiānsheng ràng ta ná ma? Ràng ta ná shénmo?
5. Tāmen zuò chē de shíhou shéi zuò qiántou shéi zuò hòutou? Shéi kāi de chē?

Wèntí

6. Gāo Xiānsheng shuō bǎ dà píbāo fàngzai nǎr?
7. Cóng fēijīchǎng dào chéng lǐtou zhèitiáo lù zěnmoyàng?
8. Bái Xiānsheng shuō zhèige dìfang gǎibiànle bù shǎo. Zěnmo gǎibiàn le?
9. Bái Xiānsheng wèn Měiyīng dào tāmen jiā dōu jīngguo nǎr? Měiyīng gàosu ta dōu jīngguo shénmo dìfang?
10. Gāo Xiáojie gàosu Bái Xiānsheng Píng'ān Lù gēn Xīn Huá Lù kǒurshang you jǐge jǐngchá?
11. Wénshān shuō Měiyīng chē kāide bú cuò. Měiyīng gēn ta bàba shuō shénmo?
12. Gāo Xiānsheng shuō Píng'ān Lù Xīn Huá Lù jiāorshang gàide nèige dà lǚguǎn jiào shénmo míngzi? Jǐcéng lóu? Tā shuō jiǎngjiu jíle. Zěnmo jiǎngjiu?
13. Xīn Huá Lù xībiar kāile yíge shénmo gōngsī? Tāmen dōu mài nǎrde huò?
14. Měiyīng shuō Wénshānde jìxing zěnmoyàng?
15. Gāo Xiānsheng shuō pà Měiyīng kāi chē chū shì Měiyīng shuō shénmo?
16. Měiyīng shuō nèige dà yùndongchǎng néng róng duōshao rén?
17. Yí dàole Zhōngshān Lù Bái Xiānsheng shuō shénmo?
18. Gāo Xiānsheng wèi shénmo yí lùshang hǎoxiē cì gēn Měiyīng shuō zhùyì xiǎoxin?
19. Gāo Xiānsheng shuō tā nǚ'er chē kāide zěnmoyàng?
20. Yàoshi nǐ kāi chē dào fēijīchǎng qu jiē péngyou, tā chūlaile nǐ yīnggāi zuò shénmo?
21. Yàoshi yíge péngyou xiànzài huì kāi chē le nǐ yīngdāng gēn ta shuō shénmo?
22. Yàoshi yíge péngyou hěn jiǔ yǐqián de shìqing hái méi wàng ne, nǐ shuō ta shénmo?
23. Yàoshi nǐde péngyou kāi chē tāde fùqin yí lùshang shuōle hǎoxiē cì bié pèngle rén xiǎoxin shénmode zhèixie huà nǐ yīngdāng shuō shénmo?
24. Yàoshi nǐde péngyou cóng biéde dìfang huílaile xiànzài zhèr yòu xīn gàide dà lóu gēn fángzi nǐ zěnmo gàosu ta?
25. Yàoshi yíge péngyou láile tā shuō zhèige dìfang gǎibiàn le nǐ zěnmo shuō?
26. Yàoshi ni kāi chē bié rén shuō xiǎoxin bié chū shì nǐ shuō shénmo?
27. Shìjiè Lǚguǎn zài nǎr?
28. Nǐ zěnmo zhīdao Bái Xiānshengde jìxing bú cuò?
29. Cóng fēijīchǎng dào Gāo jia jīngguo de lù dōu jiào shénmo míngzi?
30. Nǐ shuō zhèi sānnián lǐtou zhèige dìfang yǒu shénmo gǎibiàn?

Dialogue: Mr. Gao, Gao Meiying, and Vincent White drive from the airport into the city and then out of the city to the Gaos' home.

Mei : Vincent's come, papa.

Gao : Well, Vincent? There was no trouble?

White: None. You and Meiying have again had to wait [here] for a long time. Although the baggage was no trouble, the inspector chatted with me for a long time.

Gao : Is the baggage going to be brought out right now?

White: Yes. The inspector said the porter would send it right out. . . . Oh, the baggage has come, see. I have only a little, just three pieces [of baggage].

Mei : You two wait a while [first]. I'll go to the parking lot and drive the car over.

White: Meiying has learned how to drive!

Gao : Meiying loves to drive. Oh, I haven't told you yet, the Three Friends Bookstore has recently acquired a car. The bookstore has been awfully busy lately and needs to have a car.

White: How long has it been since the car was bought?

Gao : Just a little over a month. Meiying has brought the car over. I'll help you with this (big suitcase).

White: No, it's too heavy. Help me with the briefcase.

Gao : It doesn't matter. I'll get some exercise.

White: Still, (please) take the briefcase.

Gao : All right. Vincent, you and Meiying sit in front and I'll sit in back. Put the big suitcase in the trunk.

White: Fine. Meiying, when did you learn to drive?

Mei : [I learned how to] last year.

Gao : It's quite a long way from the airport to the city. Vincent, this road has been very well built.

White: That's so. It's been fixed up so that it's a lot better now than before.

Gao : Look, it's wide and smooth and easy to drive on. But Meiying, you slow up a bit, don't speed [lit. drive fast car].

Mei : There aren't many cars here, and there's nobody on the road, so what's there to be afraid of in driving a little faster?

Gao : You listen to me and just drive slower, that's all.

White: Mr. Gao, in these (past) few years this place has changed quite a bit, hasn't it?

Gao : [It's changed] quite a bit. In a moment you'll see that there are a lot of

Dialogue

new[ly built] buildings, and that quite a few stores have been added. It's quite bustling now.

White: Meiying, how do we go from here to your home?

Mei : From here we go in through the East City Gate, and turn at New China Avenue.

White: From the East City Gate to the West City Gate isn't it Pacific Avenue?

Mei : Yes.

Gao : Vincent, you remember all these streets, I suppose?

White: Yes.

Mei : The area of Pacific and New China Avenues is exceptionally busy. And there are a lot of cars too. At other intersections there is one policeman, but at this intersection there are two [policemen].

Gao : Meiying, you just concentrate on driving, O.K.?

White: Meiying isn't a bad driver at all.

Mei : Papa, did you hear what Vincent said?

Gao : Vincent, I suppose you still remember New China Avenue? Wasn't it a very bad road? It's been fixed up now so that it's really very nice. It used to have streetcars, but now they have all been gotten rid of, and there are only buses.

White: Yes. I [also] remember [that there was] a street that was both narrow and dirty. That was New China Avenue, wasn't it?

Gao : But now it's very clean. At the corner of Pacific and New China Avenues a big ten-story hotel was built recently.

White: What's it called?

Gao : [It's called] the World Hotel. It's very striking. Outside it's Western style, and inside it's all Chinese style. As for the walls, they're all of glass, very elegant.

White: You've gone (into it)?

Gao : Yes. Inside there's lots of space. People often hold meetings there. Up ahead, see that big building, that's it.

White: Oh, that big building. Yes, indeed. It's very attractive. It must be very expensive.

Gao : I hear it's not too expensive.

White: I should think such an elegant hotel can't be too inexpensive. Don't you agree?

Gao : On the west side of New China Avenue they've recently built a big department store. I hear they have things from all over the world.

Mei : Vincent, that [big department] store is close to Far Eastern University. Hereafter it will be very convenient for you to buy things.

Gao : Meiying, don't talk, concentrate on driving.

Mei : Vincent, now we have a big new athletic field.

White: Where is it?

Mei : You'll see it in a moment.

Gao : Meiying, up ahead there are people crossing the street, mind you.

Mei : I see them.

White: Does the No. 3 bus still go [lit. is it still the No. 3 bus] from Far Eastern University to the library?

Mei : Your memory's really good. You still remember what number bus goes where.

Gao : Watch out for the dog up ahead. Don't run into it.

Mei : Papa! It would be best for you to drive and have done with it.

Gao : I'm afraid of your having an accident.

Mei : You can put your mind at rest. Vincent, after we go out through the New China Gate there's the big athletic field. . . . Look there, that's it [the athletic field].

White: Yeah! The athletic field is certainly tremendous [not small].

Mei : It can hold 50,000 people.

White: Does the school often have athletic meets?

Mei : It has several a year. We've reached Sun Yatsen Avenue.

White: Gosh! Sun Yatsen Avenue has really changed a lot. I simply don't recognize it at all.

Gao : There are a lot of new[ly built] dwellings. It's not as it used to be, [is it?]

White: You're right. Meiying, we make a turn soon, right?

Gao : Meiying, be careful, be careful! This road to our house is not easy to drive on, you know.

Mei : Vincent, just listen to my daddy the whole way!

Gao : I want you to be careful. Don't bump into cars and run into people.

Mei : And, "Don't run into dogs," right?

White: Mr. Gao is very concerned for you.

Gao : To tell the truth, my daughter isn't such a bad driver.

Sentences for New Words and Grammar

1.1. I don't have anything to do. I'm not occupied now.

1.2. We don't have anything (special to see you about). We've just come to shoot the breeze with you.

Sentences for New Words and Grammar

2.1. Last evening my watch stopped.
2.2. Could you tell me if it's all right to park here?
2.3. The parking lot is too far from here.
3.1. Help me with the typewriter, O.K.?
3.2. This evening I'll help you pack your baggage.
3.3. Please help me a bit.
3.4. He helped me a lot.
4.1. Let's go to the athletic field for some exercise.
4.2. He's a superb athlete.
4.3. The May 4th Movement was a student movement.
4.4. What kind of sports do you like?
5.1. He has four big trunks and one small trunk.
5.2. The trunk in my car is quite large. (You) can put a lot of things (in it).
5.3. My suitcase is too heavy. I can't lift it.
6.1. This road is very well built.
6.2. My watch has stopped. I have to [go to] have it [lit. my watch] repaired.
6.3. My car wouldn't go. I spent three hours fixing it this morning.
7.1. This room is wide as well as long.
8.1. That road is very smooth. It's easy to drive on.
9.1. This character is written incorrectly. Please correct [lit. change] it.
9.2. This place has changed quite a bit.
9.3. He's changed now. In the past he wasn't studious, but now he works hard.
9.4. In the three short years that I've been away from here there have been great changes in this city.
10.1. A lot of houses have been built recently [lit. newly] on the hill.
10.2. His house was built last year.
11.1. This school added quite a few students this year.
11.2. Beginning next Monday our (course in) national language and literature will be increased an hour a day.
12.1. These stores were all opened by local people.
12.2. What does that little store north of Sun Yatsen Avenue sell?
13.1. This year this place isn't as lively as before.
14.1. I [certainly] go past [the doorway of] the airline company every day on my way home.
14.2. I came by plane, via Japan and San Francisco to New York.
15.1. I'm going to the China-America Travel Bureau to buy a plane ticket.

Lesson Three

15.2. The food at the China Restaurant is really good.

15.3. <u>Huárén</u> are simply Chinese.

15.4. I met Mr. Hua in the store today.

16.1. How is this character read? I don't remember it any more.

16.2. I remember you're very fond of [eating] red-cooked fish.

17.1. This area around Sun Yatsen Avenue is very busy.

17.2. The section around our home consists entirely of new[ly built] houses.

18.1. He's tremendously interested in [studying] Chinese history.

18.2. He's exceptionally nice to me.

19.1. I'm not going to Wangs' today after all, because it's raining, and besides, I still haven't done my studying.

20.1. A policeman's duty is to help people.

21.1. Today's food is really not bad.

21.2. He's an awful person.

22.1. At present there are only No. 2 and No. 4 buses here. The No. 3 bus has been eliminated.

22.2. The school announced that next Saturday's movie has been canceled.

23.1. This road is too narrow. It's not easy for cars to make a turn.

24.1. He let the room get very dirty.

24.2. That child's clothes are very dirty.

25.1. The most important thing about food is that it must be clean.

26.1. My home is right on the northeast corner of this road.

26.2. My name's on the corner of my book.

27.1. That building has only two floors [in all].

27.2. What floor does Mr. Wang live on?

28.1. How's the food at the China Restaurant?

28.2. I live upstairs at No. 5 New China Avenue.

28.3. He'll be back in a moment. He's gone downstairs to get the mail.

28.4. I live on the fourth floor. It's pretty tiring running up and down every day.

29.1. The things in our home are all Chinese style.

29.2. Mrs. Wang only likes Western-style houses.

29.3. His car is the newest model.

30.1. There's a map hanging on the wall.

30.2. He hung the key on the wall.

Sentences for New Words and Grammar

31.1. This sentence is incomplete [in meaning].
31.2. I'm completely baffled by what he says.
31.3. At vacation time the students leave en masse.
31.4. I know nothing at all about his affairs.
32.1. Glass has many uses.
32.2. The large glasses are [used] for [drinking] water, the small glasses for [drinking] wine.
33.1. The interior of Mr. Wang's home is very elegant.
33.2. That movie theater is really elegant[ly built].
33.3. Miss Zhang is very particular about (what she) wears.
34.1. There's a meeting at school this afternoon.
34.2. Next Monday our school is having an assembly.
34.3. I don't know where the Olympics are to be held next year.
35.1. That big building is our school.
35.2. The scenery there is very nice: two mountains, with a little lake in between.
36.1. The things in this store are too expensive.
37.1. He bought that hat [of his] very inexpensively.
38.1. A lot of women's clothes have arrived recently at the New China Department Store.
39.1. [In the future] that child will certainly be a mathematician.
40.1. If you live here, shopping and so forth will be very convenient.
40.2. There are no buses here. Getting anywhere (from here) is inconvenient.
41.1. Pay attention to driving the car. Up ahead there are people walking, mind you.
41.2. Your characters are all written incorrectly, you know.
42.1. My memory is really awful. How did I forget that [matter]?
42.2. His memory is really good. He still remembers things of a decade ago.
43.1. That dog of his is really clever.
44.1. He ran into someone while driving last night.
44.2. Yesterday I encountered Mr. Wang.
45.1. He's very direct in what he says.
45.2. I'm not going. It would be best for you to go by yourself and have done with it.
46.1. He's had I don't know how many accidents while driving.
46.2. This morning he had an accident with his car.

47.1. I didn't stop worrying until the plane landed.
47.2. Don't worry. (We) can't have an accident.
47.3. When he drives I'm always worried.
47.4. Mothers are always worrying about their children.
48.1. Yeah! The scenery here is really not bad at all.
49.1. How can such a small room hold forty people?
49.2. That place is huge. It can hold 40,000 people [having a meeting].
50.1. Oh my gosh! I forgot to bring money.
51.1. My younger brother simply does not like to study.
51.2. He simply doesn't know about this matter.
52.1. Where is his residence?
52.2. There are no stores here. It's all residences.
53.1. Make a turn here and you'll be there.
53.2. Don't turn. Go straight east.
54.1. Be careful! Be careful! Don't bang into things.
54.2. Be careful in walking along the road. Don't get hit by a car.
54.3. Beware of the dog.
54.4. Watch out in crossing the street.
55.1. He's awfully kind. He's always concerned about other people's affairs.
55.2. If you see Mr. Wang, thank him for his concern for me.
56.1. Mrs. Gao has only one daughter.

Review Sentences

1. I've been reviewing for a long time. I should rest for a while now.
2. I'm busy studying every day. My room is awfully dirty, but I don't have time to clean it.
3. Hello. Mr. Wang, will it be all right for me to go to your home this evening to listen to recordings?
4. He fixed the car as he chatted with his friends.
5. In a while after he comes we'll go to the library together.
6. I still didn't know that he was actually a local man.
7. I pass your place [lit. your doorway] every day on my way to school.
8. Who [of you] damaged my typewriter? No matter how I try, I can't fix it.
9. Please lock my suitcase [with the key].
10. He speaks Chinese as fluently as a Chinese.

Notes 75

11. Mr. Wang is particular about what he eats and what he wears.
12. My memory is no good. I forget everything in a short while.
13. It's rotten weather today. There's a possibility that it will rain hard.
14. Owing to the heavy rain that athletic meet was canceled.
15. A parking lot has just been constructed in this vicinity.
16. When you come, if you pass a store please buy half a dozen glasses for me.
17. Is the place where you live convenient for shopping?
18. Yesterday Miss Wang came here and left her briefcase behind.
19. I've come to the airport to meet a friend.
20. My eyes are no good. I read the character dà as the character tài.

Notes

1. Bāng 'help,' a shortened form of bāngzhu, is used most often with a following clause:

    Wǒ bāng ni xiě xìn. 'I'll help you write the letter.'

    In this usage it is interchangeable with bāngzhu and with the continuative form bāngzhe. A generalized expression for 'help,' without reference to any specific kind of help, is bāng máng 'help (one's) busyness':

    Qǐng ni bāng máng. 'Please help.'

    The person being helped can be expressed either as the object of the coverb gěi or as a noun modifier of máng, with or without an intervening de:

    Tā gěi wǒ bāng máng. or

    Tā bāng wǒ máng. or

    Tā bāng wǒde máng. 'He is helping me.'

2. The May 4th Movement, which started in 1919 with a protest, led by students, against foreign-dictated treaties, marks the beginning of an important phase of modern Chinese nationalism.

3. The syllable huá 'splendor, glory' is used as a somewhat more elegant designation for China and things Chinese. It occurs in such expressions as Zhōnghuá 'China' and Huárén 'a Chinese.' Since the establishment of the Chinese Republic in 1912 the expression Xīn Huá 'New China' has been especially popular. Xīn Huá and Zhōnghuá are frequently used in names of streets, restaurants, and so on.

4. The particle ou is added at the end of a sentence to indicate a mild warning. After vowels it effects an elision. Thus le plus ou becomes l'ou.

5. The exclamation ěi, spoken with a long-drawn-out low tone, expresses surprised agreement.

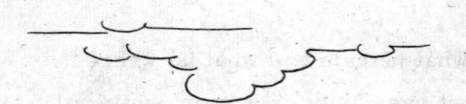

"Mā zài mén kǒur děngzhe ne."

Dì Sìkè. Dào Péngyou Jiā

Huìhuà: Bái Wénshān dàole Gāo jia gēn Gāo Xiānsheng, Gāo Tàitai, Gāo Měiyīng tán huà.

Měi: Bàba nín kàn. Mā zài mén kǒur děngzhe ne.

Gāo: Oh! Ta dàgài tīngjian wǒmen huílai le.

5 Tài: Wénshān, hǎo jiǔ bú jiàn ne. Hái shi nèige yàngzi. Fǔshang dōu hǎo a?

Bái: Dōu hǎo. Gāo Tàitai nín hǎo? Hǎo jiǔ bú jiàn. Wǒ mǔqin wèn nín hǎo ne.

Tài: Xièxie. Kuài jìnqu xiūxi. Hěn lèi ba?

10 Bái: Bú lèi. Wǒ yòu lái máfan nín.

Tài: Nǎrde huà ne. Zìjǐ rén hébì kèqi. (Duì Gāo Xiānsheng gēn Měiyīng:) Nǐmen bāngzhe Wénshān ná dōngxi ya.

Bái: Wǒ dōngxi hěn shǎo. Wǒ yíge rén nádeliǎo.

Gāo: Lái, Wǒ bāngzhe nǐ ná.

15 Bái: Xièxie nín. Gāo Tàitai, nín xiān qǐng jìnqu.

Tài: Hǎo, wǒ xiān jìnqu.

Bái: Fǔshang hái shi yǐqiánde lǎo yàngzi.

Tài: Wénshān, nǐ xiān dào xǐzǎofáng xǐxi liǎn. Lěng rè shuǐ dōu yǒu. Wǒ gàosu ni shǒujin féizào dōu zài nǎr ne.

20 Bái: Xièxie nín.

Tài: Nǐ kàn zhèitiáo huáng yánse shǒujin shi nǐde. Féizào zài nèr ne. Nǐ xǐ. Wǒ qī chá nòng diǎnxin.

Gāo: Xiān lái chá. Wǒmen dōu kě le.

Bái: Nín bié tài fèi shì.

25 Tài: Wǒ jiù nòng diar miàn gěi ni chī.

Bái: Hǎojí le. Wǒ zhēn è le. Zài fēijīshang wǒ méi chīhǎo.

Tài: Dāngrán le. Fēijīshangde fàn bù hǎo chī.

Gāo: Wénshān, wǒ nèiren yì zhīdao nǐ yào lái de xiāoxi tā gāoxìngde bùdéliǎo.

30 Bái: Wǒ zhīdao Gāo Tàitai zuì ài wǒ le.

Gāo: Huì chōu yān le ba, Wénshān?

77

Bái: Chōuzhe wár. Zài xuéxiào lǐtou tóngxué chōu yān yǒude shíhou yě chōu yìzhī.

Gāo: Gěi nǐ yān. Yánghuǒ zài zhèr.

35 Bái: Wǒ gěi nín diǎn.

Gāo: Xièxie ni.

Bái: Wǒ cóng Měiguo dàilai yíge dáhuǒjī, shi gěi nín mǎi de.

Gāo: Wǒ zhèng xiǎng mǎi ge dáhuǒjī ne.

Tài: Diǎnxin hǎo le. Wénshān chī diǎnxin.

40 Bái: Miàn wénzhe, wèr zhēn hǎo. Jǐnián méi chī Gāo Tàitai zuò de fàn le.

Gāo: Qǐng zuò.

Bái: Ròu sī miàn, duì bu duì?

Tài: Duìle. Ròu sī tāng miàn.

45 Gāo: Duō chī diar a.

Bái: Xièxie nín. Wǒ bú kèqi. Wǒ chīde hěn duō.

Tài: Wénshān, méi yǒu lìngwài yìjiān wūzi gěi nǐ zhù. Jiu ràng nǐ zhùzai shūfáng lǐtou. Gāo Xiānsheng shūfáng yuánlái jiù yǒu yìzhāng chuáng.

50 Bái: Nín tài kèqi. Shūfáng hěn hǎo me. Bìngqiě wǒ jiu zhù liǎng sāntiān.

Tài: Yǒu ge xiǎo zhuōzi, yìzhāng xiězìzhuō, hái yǒu liǎngbǎ yǐzi. Zhuōzishang kéyi suíbiàn fàng diar dōngxi.

Bái: Hǎojíle.

55 Tài: Dà píbāo gēn shǒutíbāo a, kéyi fàngzai bìchú lǐtou. Dǎzìjī ya, kéyi fàngzai xiǎo zhuōzishang.

Bái: Hǎode, hǎode.

Tài: Wénshān, zěnmoyàng, yí lùshang hěn hǎo?

Bái: Hěn hǎo. Jiùshi zài Rìběn de shíhou yòu guā fēng yòu xià yǔ, dào
60 zhèr wǎnle bànge zhōngtóu. Ràng Gāo Xiānsheng gēn Měiyīng zài fēijīchǎng děngle bàntiān.

Gāo: Wénshān, wǒ nèiren jīntian wǎnshang zuò de hóng shāo shīzi tóu, ròu sī tāng, chǎo xiārér, táng cù yú, nǎi tāng báicài, mántou.

Bái: Tài hǎo le. Gāo Tàitai zhīdao wǒ xǐhuan zhèi jǐge cài.

65 Tài: Yìhuěr wǒmen jiu chī le.

Bái: Gāo Xiānsheng, nín zhèige diànshì hěn hǎo a, zuì xīn shì de.

Gāo: Xīn shìde dào shi xīn shìde, kě* shi ge jiùde. Yíwèi Yīngguo

---

* Kě is here shortened from kěshi 'but' to avoid repeating the sound of the following shi 'is' in a sequence kěshi shi 'but is.'

Huìhuà 79

pengyou huí guó le, yīnwei ta xíngli tài duō, tā jiù bǎ zhèige diànshì sònggei wǒ le.

70 Bái: Nín xǐhuan kàn diànshì ma?

Gāo: Wǒ hěn xǐhuan kàn. Yǒude shíhou bù chūqu, zài jiā lǐtou kànkan hěn yǒu yìsi. Wǒ zhǔyàode shi kàn xīnwén.

Měi: Fàn hǎo le. Dào fàntīng chī fàn ba.

Bái: Oh, Měiyīng zài chúfáng bāng máng le ba?

75 Měi: Méi you.

Gāo: Shéi shuō de? Nèige chǎo xiā rér bú shi nǐ chǎo de ma?

Měi: Nín gànmá shuōchulai ya?

Gāo: Wénshān, zǒu, wǒmen dào fàntīng chī fàn qu.

Tài: Wénshān jīntian gěi nǐ jiē fēng. Nǐ zuò shàngzuòr.

80 Bái: Gāo Tàitai, wǒ nǎr gǎndāng? Zài nín liǎngwèi miàn qián wǒ zěnmo néng zuò shàngzuòr ne? Dāngrán nín liǎngwèi zuò shàngzuòr le.

Tài: Jīntian wǎnshang 'nǐ zuò shàngzuòr. Míngtian kāishǐ 'wǒmen zuò shàngzuòr, hǎo bu hǎo?

Bái: Zěnmo zěnmo duōde cài ya!

85 Gāo: Suíbiàn chī. Bié kèqi.

Bái: Wǒ zài nín zher hái kèqi ma? Cài zhēn hǎo. Měiyīng, nǐ xiànzai zuò de cài gēn Gāo Tàitai yíyàng hǎo ma?

Měi: Wǒ zuò bu hǎo. Wǒ bú huì zuò.

Bái: Nǐ bié kèqi le. Xiārér chǎode duó hǎo a! . . .

90 Tài: Wénshān, zài lái diar fàn.

Bái: Xièxie, bù chī le. Wǒ kě tài bǎo le.

Tài: Nǐmen xiān zuòzhe. Wǒ qù qī chá ná shuíguǒr.

Bái: Wǒ bāng nín shōushi jiāhuo.

Tài: 'Bú yòng. Wǒ gēn Měiyīng wǒmen liǎngge rén jiu shōushi le.

95 Bái: Gāi wǒ xǐ jiāhuo.

Tài: Nǐ gēn Gāo Xiānsheng tántan ba.

Gāo: Tàitai, bǎ shuíguǒr gēn chá gěi wǒmen fàngzai kètīng hǎo bu hǎo?

Tài: Hǎo a.

Gāo: Wǒ zhēn kěle. Wénshān, wǒmen dào kètīng hē chá chī shuíguǒr
100 qu.

Bái: Nín qiángshang zhèizhāng zìhuàr xiěde tài hǎo le! Nínde zì bǐ yǐqián xiěde gèng hǎo le.

Gāo: Tiāntiān yǒu rén zhǎo wǒ xiě zì.

Bái: Jiānglái yě qǐng nín gěi wǒ xiě yìzhāng.

105 Gāo: Dāngrán gěi ni xiě le.

Tài: Wénshān, nǐ měitiān shuì jiào de xíguàn shi jǐdiǎn zhōng?

Gāo: Wǒ hǎo jiǔ méi gēn Wénshān tántan le. Jīntian wǎnshang wǒmen wǎn diar shuì. Zánmen tántan.

Tài: Ēi! Tā zuò fēijī zuòde hěn lèi. Ràng ta zǎo diar xiūxi. Tán
110 de rìzi chángzhe ne.

Bái: Wǒ bú lèi.

Shēng Zì gēn Xīn Yúfǎ de Jùzi

1.0. (5) yàngzi   appearance; type, kind, model, pattern (N)

   1.1. Nèige rénde yàngzi hěn bú cuò.

   1.2. Nèige xiáojie zhǎngde yàngzi hěn hǎo kàn.

   1.3. Kàn tāde yàngzi hǎoxiang bù gāoxìng.

   1.4. Suīrán nèige chēde yàngzi bú tài hǎo kěshi bù róngyi huài.

2.0. (11) zìjǐ rén (one's) own people, persons like members of one's own family, in the same family

   2.1. Wǒmen dōu shi zìjǐ rén. Bié tài kèqi.

3.0. (11) hébì . . . (buké) why need (to)? why must? [lit. why must . . . (not can)]

   3.1. Nǐ yíge rén jiu zuò le. Hébì liǎngge rén bukě ne?

   3.2. Nǐ bù xǐhuan qù hébì qù ne?

   3.3. Nǐ kǎode bù hǎo. Xià cì yònggōng me. Hébì bù gāoxìng?

4.0. (18) xǐ   wash (TV)

       xǐ zǎo   take a bath [lit. wash bathe]

       xízǎofáng   bathroom

   4.1. Qǐng nǐ bǎ yīfu xǐyixǐ.

   4.2. Wǒ yìtiān xǐ liǎngcì zǎo.

   4.3. Wǒmen jiāde xízǎofáng tài xiǎo le.

5.0. (18) liǎn face (N)

   5.1. Xiān xǐ liǎn hòu chī fàn.

Shēng Zì gēn Xīn Yúfǎ de Jùzi   81

6.0. (18)   lěng   cold   (SV)
  6.1.   Tiānqi tài lěng. Wǒ jīntian bù xǐ zǎo le.
7.0. (18)   rè   hot   (SV)
           nòngrè   to heat, warm up   (TV)
  7.1.   Xǐ zǎo shuǐ tài rè le.
  7.2.   Bǎ shuǐ nòngrè yìdiǎr.
8.0. (19)   shǒujin   towel   (N)   (measure: tiáo) [lit. hand cloth]
           xǐliǎn shǒujin   face towel
           xǐzǎo shǒujin   bath towel
  8.1.   Zhèitiáo shǒujin shi shéide?
  8.2.   Wǒde xǐlian shǒujin shi lán yánse de.
  8.3.   Wǒ xǐliǎn gēn xǐzǎo de shǒujin dōu shi hóngde.
9.0. (19)   féizào   soap   (N)   (measure: kuài)
  9.1.   Zhèikuài féizào shi xǐ yīfu yòng de.
10.0. (21)   huáng   yellow   (SV), (also, a surname)
  10.1.   Hóngde shi nǐde, huángde shi wǒde.
  10.2.   Huáng Xiānsheng zuótian chū shì le.
11.0. (22)   qī   brew, steep   (TV)
  11.1.   Huǒji, qǐng ni gěi wo zài qī yìhú chá.
12.0. (23)   kě   thirsty   (SV)
  12.1.   Wǒ yǒu yìdiǎr kě.
  12.2.   Wǒ tài kě le. Wǒ děi hē diar chá.
13.0. (24)   fèi   expend (uselessly), waste   (TV)
           fèi shì   expend effort (uselessly)
           V fèi shì   it is a lot of effort to V
  13.1.   Tiāntiān kàn diànyǐngr tài fèi qián le.
  13.2.   Wǒ fèile hěn duō gōngfu cái bǎ zhèibēn shū xiěhǎo.
  13.3.   Wǒ dào fēijīchǎng qu jiē péngyou. Fèile wǒ hěn duō shíhou.
  13.4.   Zánmen zìjǐ rén. Bié fèi shì.
  13.5.   Zuò Zhōngguo fàn tài fèi shì.
14.0. (26)   è   hungry   (SV)
  14.1.   Nǐ è bu è?
  14.2.   Wǒ yìtiān méi chī fàn, ède bùdéliǎo.
15.0. (28)   xiāoxi   information, news (about someone or something)   (N)

15.1.		Wǒ yì tīngjian zhèige xiāoxi gāoxìng jíle.
15.2.		Wǒ yì tīngshuō ta bìngle de xiāoxi wǒ mǎshàng jiù qu kàn ta.
16.0.	(30)	ài love, be fond of, like (TV); love to, like to (AV)
		kě ài lovable, likable
16.1.		Wǒ mǔqin zuì ài méigui.
16.2.		Wǒ zuì ài tīng wúxiàndiàn.
16.3.		Nèige háizi zhēn kě ài.
17.0.	(31)	chōu draw out; inhale, smoke (TV)
17.1.		Nǐ chōu bu chōu?
17.2.		Xièxie nín, wǒ bù chōu.
18.0.	(31)	yān smoke; cigarette (N) (measure: zhī)
18.1.		Wǒ měitiān jiù chōu liǎng sānzhī yān.
18.2.		Xièxie ni, wǒ bù chōu yān.
18.3.		Wǒ méi yān chōu le.
19.0.	(32)	V-zhe wár to V for the fun of it
		shuōzhe wár say something without really meaning it
		chīzhe wár eat something as a snack
19.1.		Bú shi zhēnde. Wǒ shuōzhe wár ne.
19.2.		Wǒmen bu shi chī fàn ne. Wǒmen chīzhe wár ne.
19.3.		Wǒ bú huì chōu yān. Wǒ jiu shi chōuzhe wár.
20.0.	(34)	yánghuǒ match(es) (N) [lit. foreign fire]
20.1.		Qǐng ni bǎ yánghuǒ dìgei wo.
21.0.	(35)	diǎn ignite, kindle (TV)
21.1.		Lái, wǒ gěi ni diǎn.
21.2.		Měiyīng gěi bàba diǎn yān.
22.0.	(37)	dáhuǒjī (cigarette) lighter (N) [lit. hit fire machine]
22.1.		Wǒ xīn mǎile yíge dáhuǒjī.
23.0.	(40)	wén smell, sniff (TV)
		wénjian smell (RV)
23.1.		Nǐ wénwen zhèige ròu huài le méi you?
23.2.		Nǐ wéndejiàn wénbujiàn?
24.0.	(40)	wèr smell, odor, fragrance (N)
24.1.		Zhèige wèr bù hǎo wén.
25.0.	(43)	sī shreds (N)

Shēng Zì gēn Xīn Yúfǎ de Jùzi

25.1. Wǒmen yào chǎo jī sī hǎo bu hǎo?
25.2. Wǒ chī zhū ròu sī chǎo báicài. Nǐ ne?
26.0. (47) lìngwài   additional(ly), separate(ly)   [lit. separate outside]
26.1. Wǒ zhèizhī bǐ bù hǎo yòng. Lìngwài yǒu yìzhī hǎode.
26.2. Jīnnián wǒmen dào lìngwài yíge dìfang qu lǚxíng hǎo bu hǎo?
26.3. Wǒ lìngwài zài mǎi yíge.
26.4. Wǒ shi lìngwài yíge xuéxiào.
26.5. Wǒ lìngwài yǒu yíge dǎzìjī gěi nǐ yòng.
27.0. (47) -jiān   (measure for rooms in a house)
-jiān fángzi   room(s) in a house
-jiān wūzi   room(s) in a house
27.1. Zhèr yígòng yǒu jǐjiān fángzi?
27.2. Wǒmen jiā zhǐ yǒu sānjiān wūzi.
28.0. (48) shūfáng   study (room)   (N)   [lit. book room]
28.1. Suīrán wǒde shū hěn duō kěshi wǒde shūfáng hěn xiǎo.
28.2. Wǒde shūfáng lǐtou yǒu tā huà de yìzhāng huàr.
29.0. (49) chuáng   bed   (N)   (measure: zhāng)
29.1. Yòubiārde chuáng shi nǐde.
30.0. (52) zhuō(zi)   table   (N)   (measure: zhāng)
shūzhuō   desk
xiězìzhuō writing table
30.1. Wǒmen jiā chī fàn de zhuōzi hěn dà.
30.2. Bǎ shū fàngzai shūzhuōshang.
30.3. Wǒde xiězìzhuōshang luànqībāzāo.
31.0. (52) yǐzi   chair   (N)   (measure: bǎ)
31.1. Yǐzi huài le. Wǒ xiūli xiūli.
32.0. (52) bǎ   (measure for chairs, objects with handles)
32.1. Zài ná yìbǎ yǐzi lai.
33.0. (55) bìchú   closet   (N)   [lit. wall wardrobe]
33.1. Bǎ zhèixie yīfu guàzai bìchúli.
34.0. (59) fēng   wind   (N)
34.1. Zuótian wǎnshang fēng hěn dà.
35.0. (59) guā   blow   (IV)
guā fēng   wind blows, it is windy

35.1.   Fēng guāde hěn dà.

35.2.   Jīntiān tiānqi bù hǎo. Yòu guā fēng yòu xià yǔ.

36.0. (62)   A V de (shi) B   what A V'd was B   (Note 1)

     36.1.   Wǒ zuótian mǎide shi màozi, shǒutíbāo, shénmode.

     36.2.   Wǒ zài pùzi mǎide shǒujin, féizào.

37.0. (63)   nǎi   milk   (N)

            niú nǎi   (cow's) milk

            nǎi tāng báicài   cabbage soup with milk

     37.1.   Wǒ zǎofàn hē niú nǎi.

     37.2.   Nǐ xǐhuan chī nǎi tāng báicài ma?

38.0. (63)   mántou   steamed bread rolls   (N)

     38.1.   Nǐ chī mántou háishi chī fàn?

39.0. (66)   diànshì   television   (N)   [lit. electric see]

     39.1.   Wǒ měitiān kàn yíge zhōngtóude diànshì.

40.0. (72)   zhǔyào   main, essential   (SV) [lit. master important]

            zhǔyào wèntí   main problem, main question

            zhǔyào yìsi   main idea, main point

            zhǔyào(de) shi   the main thing is (that), chiefly

     40.1.   Wǒ jīntian zhǔyàode shi qǐng nǐ lái.

     40.2.   Wǒmen yánjiu de zhǔyào wèntí shi néng bu néng nèiyàng zuò.

     40.3.   Tā shuō de huà zhǔyào yìsi shi tā bù xǐhuan zhèige fāngfa.

     40.4.   Wǒ jīntian qǐng kè zhǔyàode shi qǐng nǐ.

41.0. (72)   xīnwén   news (in newspapers, over radio)   (N) [lit. new hear]

     41.1.   Jīntian bàoshang xīnwén hěn duō.

     41.2.   Wǒmen kàn bào zhǔyàode shi kàn xīnwén.

42.0. (73)   fàntīng   dining room   (N)   [lit. food room]

     42.1.   Xuéxiàode fàntīng néng róng duōshao rén chī fàn?

     42.2.   Qǐng nǐ bǎ zhèibǎ yǐzi nádao fàntīng qu.

43.0. (74)   chúfáng   kitchen   (N)   [lit. kitchen building]

     43.1.   Wǒ mǔqin zài chúfáng zuò fàn ne.

44.0. (77)   gànmá   why, what for?; do what?   [lit. manage what] (Note 2)

     44.1.   Nǐ gànmá lǎo xǐhuan yòng qiānbǐ ya?

     44.2.   Tā gànmá cháng dào Rìběn qu?

     44.3.   Nǐ yòu dào Rìběn qu gànmá?

Shēng Zì gēn Xīn Yúfǎ de Jùzi   85

45.0. (79)   A gěi B jiē fēng   A gives B welcome party [lit. meet wind] (Note 3)
   45.1.   Nǐ jīntian yǒu gōngfu ma? Wǒ gěi ni jiē fēng.
   45.2.   Zuótian wǎnshang wǒ qǐng kè. Shi gěi Wáng Xiānsheng jiē fēng.
46.0. (79)   shàngzuò(r)   seat of honor (N) [lit. top seat]
   46.1.   Zhǔyàode kèren zuò shàngzuòr.
47.0. (80)   gǎndāng   be worthy; dare do [lit. dare undertake]
   47.1.   Nín duì wǒ zènmo kèqi, wǒ zěnmo gǎndāng ne?
   47.2.   Xièxie nín, zhēn bù gǎndāng.
48.0. (80)   miàn(zi)   face (generally abstract) (N)
      zài N miàn qián   in front of N, before N
      yào miànzi   desire 'face' or prestige
      yǒu miànzi   have face
      méi (yǒu) miànzi not have face, lose face
   48.1.   Tā hěn yào miànzi.
   48.2.   Tā zài shéi miàn qián dōu hěn kèqi.
   48.3.   Wǒ yì qǐng, tā jiù lái le. Wǒ hěn yǒu miànzi.
   48.4.   Ta cháng shuō wǒ bù hǎo. Wǒ hěn méi miànzi.
49.0. (92)   shuíguǒ(r)   fruit   (N) [lit. water fruit]
      guǒzi   fruit
   49.1.   Xiànzài shuíguǒr hěn piányi.
50.0. (93)   jiāhuo   tools, implements, utensils; kitchen things (pots, pans, dishes, etc.) (N)
   50.1.   Wǒmen xiān bǎ jiāhuo shōushi le. Děng yìhuěr zài xǐ.
51.0. (95)   gāi N (V) le   it is up to N (to V), it is N's turn (to V)
   51.1.   Jīntian gāi wǒ xǐ jiāhuo le.
   51.2.   Gāi nǐ shuō le.
   51.3.   Gāi nǐ le.
52.0. (97)   kètīng   living room   (N) [lit. guest room]
   52.1.   Tāmen jǐge rén zài kètīng zuòzhe xián tán ne.
53.0. (101) zìhuà(r)   scroll with characters   (N) (measure: zhāng) [lit. character drawing]
   53.1.   Wǒ xiǎng qǐng ta gěi wǒ xiě yìzhāng zìhuàr.
   53.2.   Zhōngguo rénde kètīngli chàbuduō dōu guàzhe zìhuàr.
54.0. (106) shuì (jiào)   to sleep   (IV)
   54.1.   Měitiān zuì shǎo yào shuì báge zhòngtóude jiào.

54.2.　　Nèige háizi zěnmo hái méi shuì ne?

54.3.　　Zuótian wǎnshang wǒ shuìbuzháo jiào.

55.0. (106)　xíguan　custom, habit　(N)　[lit. custom habit]

55.1.　　Tāde xíguan shi měitiān zǎochen bādiǎn zhōng chī zǎofàn.

55.2.　　Zhōngguo rén chī fàn de xíguan shi zuì hòu hē tāng.

55.3.　　Nǐ měitiān chī zǎofàn de xíguan shi jǐdiǎn zhōng?

56.0. (109)　Ēi! Say! Look! Well!　(Note 4)

56.1.　　Ēi, nǐ cóng nǎr lái ya?

57.0. (110)　rìzi　day　(N)

57.1.　　Nǐ duōshao rìzi kàn yícì diànyǐngr a?

57.2.　　Wǒ hǎoxiē rìzi yě méi kànjian ta le.

Wēnxi Jùzi

1.　Kàn tāde yàngzi hǎoxiang bìng le.
2.　Tiānqi zhēn lěng.　Nǐ děi duō chuān diar yīfu.
3.　Chá háishi hē rède hǎo.
4.　Èle de shíhou shénmo dōu hǎo chī.
5.　Wǒ xué Zhōngwén hái bú dào sānge yuè ne.
6.　Xià xīngqī kāishǐ wǒ jiu bù chōu yān le.
7.　Wǒ měitiān zǎofàn hē yìbēi niú nǎi.
8.　Jīntian wǎnshang chī de shi mántou, ròu sī chǎo báicài.
9.　Wǒ měitiān zuò zài nèibǎ dà yǐzishang niàn shū.
10.　Jǐge háizi dōu zài kètīng kàn diànshì ne.
11.　Yīnwei lùshang chē duō de guānxi suóyi wǒ lái wǎn le.
12.　Jīntian bàoshang méi shénmo tèbiéde xīnwén.
13.　Nǐ zěnmo bu niàn shū wa? . . . Shéi shuō de? Wǒ yǐjing niànle liǎngge zhōngtóude shū le.
14.　Wǒ nèige shūzhuō yòu kuān yòu cháng.
15.　Yòng dáhuǒjī diǎn yān hěn fāngbian.

Dāndú Tánhuà

16. Wǒmen jiāde yǐzi dōu jiù le.
17. Wǒde xíguan shi chī fàn yǐhòu chī shuíguǒ.
18. Wǒ xiànzài bù kě. Děng yìhuěr zài hē.
19. Nǐ yǒu gōngfu qǐng ni bǎ zhèige wúxiàndiàn xiūli xiūli.
20. Zhèikè shū zhǔyàode yìsi shi shénmo?

Dāndú Tánhuà

Wǒ gēn Gāo Xiānsheng Měiyīng wǒmen sānge rén yí lùshang shuōzhe huà shíhou guòde hěn kuài, yìhuěr jiu dàole Gāo jiā le. Zài chēshang kànjian Gāo Tàitai zài mén kǒur děngzhe wǒmen. Tā kànjian wǒ láile hěn gāoxìng.

5   Wǒ sānnián méi kànjian Gāo Tàitai le. Gāo Tàitai zuì xǐhuan wo, zhēnshi bǎ wǒ kànchéng zìjǐ rén yíyàng. Wǒmen xiàle chē Gāo Tàitai jiu ràng Gāo Xiānsheng gēn Měiyīng bāng wǒ ná dōngxi, kěshi wǒ méi duōshao dōngxi. Wǒ gēn Gāo Tàitai shuō wǒde dōngxi bù duō, wǒ zìjǐ kéyi ná. Gāo Xiānsheng háishi bāng wǒ ná le. Dàole Gāo jiā yǐhòu Gāo
10 Tàitai jiào wǒ xǐ liǎn, gàosu wǒ xǐzǎofáng lǐtou shǒujin féizào dōu zài nǎr.

Zài chī diǎnxin de shíhou Gāo Tàitai gēn wǒ shuō tāmen méi yǒu lìngwài yìjiān wūzi. Gāo Tàitai tài kèqi, Gāo Xiānsheng shūfáng hěn hǎo. Wǒ dàoshi hěn xǐhuan zhùzai tāde shūfáng lǐtou, yīnwei Gāo Xiānshengde shū hěn duō, wǒ kéyi suíbiàn kàn shū. Tāde shūfáng yǒu ge dà bìchú.
15 Wǒ bǎ wǒde dà píbāo gēn shǒutíbāo dōu fàngzai bìchú lǐtou le.

Gāo Tàitai jīntian diǎnxin zuò de shi ròu sī tāng miàn, hǎo chī jíle, wèr zhēn hǎo. Zhèige shíhou wǒ zhēn è le. Yīnwei fēijīshang de fàn wǒ bú dà xǐhuan chī, suóyi méi chī hǎo.

Jīntian méi jīhui gēn Měiyīng duō tán huà. Tā dàgài zài chúfáng
20 bāngzhe Gāo Tàitai zuò fàn ne.

Gāo Xiānsheng wèn wo huì chōu yān bu huì. Wǒ shuō wǒ jiushi

chōuzhe wár. Wǒ yǐqián zài zhèr de shíhou Gāo Xiānsheng chōu yān dōu shi yòng yánghuǒ, suóyi wǒ zài Měiguo gěi tā mǎile yíge dáhuǒjī. Wǒ gàosu ta, ta fēicháng gāoxìng, tā shuō tā zhèng xiǎng mǎi ge dáhuǒjī ne.

25 Wǒ gēn Gāo Xiānsheng wǒmen liǎngge rén zài kètīng zuòzhe tán, méi you hǎo jiǔ Měiyīng chūlai ràng wǒmen dào fàntīng qu chī fàn. Wǒ wèn Měiyīng shì bu shi bāngzhe Gāo Tàitai zuò fàn ne. Ta shuō méi you. Gāo Xiānsheng shuō xiārér shi Měiyīng chǎo de. Měiyīng shuō Gāo Xiānsheng bù yīnggāi shuōchulai. Dàgài shi pà chǎode bù hǎo chī, méi
30 miànzi.

Jīntian cài zuòde tài hǎo le. Gāo Tàitai zhēn huì zuò cài. Shīzi tóu zuòde xiàng dòufu yíyàng. Nǎi tāng báicài zuòde zhēn piàoliang. Xiārér shi Měiyīng chǎo de, yě hěn hǎo, gēn Gāo Tàitai zuò de chàbuduō.

Wǒ sānnián méi chī Gāo Tàitai zuò de fàn le. Jīntian chīde tài duō
35 le, bǎode bùdéliǎo. Chī fàn yǐhòu wǒ gēn Gāo Xiānsheng zài kètīng hē chá chī shuǐguǒ Gāo Tàitai gēn Měiyīng shōushi jiāhuo.

Chī fàn de shíhou Gāo Tàitai jiào wǒ zuò shàngzuò. Wǒ zài tāmen liǎngwèide miàn qián zěnmo néng zuò shàngzuò ne? Kěshi Gāo Tàitai yídìng jiào wǒ zuò shàngzuò, shuō jīntian shi gěi wo jiē fēng, yǐhòu 'zài
40 chī fàn de shíhou jiù shi tāmen zuò shàngzuò le. Wǒ méi fázi, jiù zuòxia le.

Gāo jia xiànzài yǒu yíge diànshì, yàngzi fēicháng hǎo, zuì xīn shìde. Gāo Xiānsheng shuō ta zhǔyàode shi kàn xīnwén.

Gāo Xiānshengde zì bǐ yǐqián xiěde hái hǎo. Kètīng qiángshang guàle
45 yìzhāng ta zuì jìn xiě de zì, tài hǎo le. Tā yǒu gōngfu děi qǐng ta gěi wǒ xiě yìzhāng.

Gāo Tàitai pà wǒ tài lèi le, xīwang wǒ zǎo diar xiūxi. Tā wèn wǒ shuì jiào de xíguan shi jídiǎn zhōng. Wǒ hái méi shuōchulai ne, Gāo Xiānsheng jiù shuō wǒmen jīntian děi wǎn diar shuì, tántan. Gāo Tàitai
50 shuō tán de shíhou duōzhe ne. Wǒmen liǎngge rén háishi tánle hěn jiǔ cái shuì de.

Wèntí

1. Gāo Tàitai zěnmo zhīdao Gāo Xiānsheng tāmen huílai le?
2. Gāo Tàitai wèi shénmo jiào Wénshān jìnqu xiūxi?

Wèntí

3. Bái Wénshān gēn Gāo Tàitai shuō yǒu lái máfan, Gāo Tàitai shuō shénmo?
4. Gāo Tàitai ràng shéi bāngzhe Wénshān ná dōngxi?
5. Wénshān xǐ liǎn Gāo Tàitai qu zuò shénmo?
6. Gāo Tàitai shuō qu nòng diǎnxin, Wénshān gēn Gāo Tàitai shuō shénmo kèqi huà le?
7. Gāo Tàitai gěi Wénshān nòng de shénmo diǎnxin?
8. Wénshān wèi shénmo zài fēijīshang méi chīhǎo?
9. Gāo Tàitai wèi shénmo xǐhuan Wénshān dào zhèr lái?
10. Bái Wénshān huì chōu yān ma?
11. Tā shuō tā zài nǎr chōu yān?
12. Yánghuǒ gēn dáhuǒjī dōu shi zuò shénmo yòng de?
13. Bái Wénshān wèi shénmo jǐnián dōu méi chī Gāo Tàitai zuò de fàn le?
14. Bái Wénshānde dà píbāo shǒutíbāo dōu fàngzai nǎr le?
15. Gāo Tàitai wèn Wénshān yí lùshang dōu hǎo ma. Wénshān zěnmo gàosu Gāo Tàitai de?
16. Gāo jia nèitiān wǎnshang dōu zuò de shénmo cài? Nèixie cài nǐ dōu chīguo ma?
17. Gāo jiade diànshì hǎo bu hǎo? Shi shénmo yàngzide? Gāo Xiānsheng zuì xǐhuan kàn shénmo?
18. Měiyīng zuò de shénmo cài? Tā wèi shénmo bú ràng Gāo Xiānsheng shuōchulai?
19. Gāo Tàitai wèi shénmo jiào Wénshān zuò shàngzuòr?
20. Bái Wénshān měitiān shuì jiào de xíguan shi jǐdiǎn zhōng, nǐ zhīdao ma?
21. Yàoshi nǐde hǎo péngyou cóng yuǎn dìfang lái le, nǐ gěi ta kāi mén, nǐ kànjian ta yǐhòu gēn ta shuō shénmo?
22. Nǐde péngyou láile yǐhòu nǐ ràng ta xiān zuò shénmo? Nǐ yīnggāi zuò shénmo?
23. Yàoshi nǐ dào yíge péngyou jiā qu le, tāmen hěn bāngzhu nǐ, bìngqiě duì nǐ hěn kèqi, nǐ yīnggāi shuō shénmo kèqi huà?
24. Yàoshi nǐ bú huì chōu yān, rénjia ràng ni chōu yān, nǐ shuō shénmo?

25. Yàoshi péngyou chōu yān de shíhou tā méi yǒu yánghuǒ, kěshi nǐ yǒu, nǐ zuò shénmo?
26. Yàoshi péngyou sòng ni yíge dáhuǒjī nǐ duì ta shuō shénmo?
27. Yàoshi péngyou qǐng ni chī fàn, tāmen cài zuòde hěn hǎo, nǐ shuō shénmo?
28. Yàoshi nǐ yǒu diànshì nǐ kàn shénmo?
29. Yàoshi péngyou qǐng ni chī fàn ràng ni zuò shàngzuòr, nǐ zuò ma?
30. Yàoshi nǐ nǚ péngyou zài chúfáng bāngzhe ta mǔqin zuò fàn, nǐ gēn nǐ nǚ péngyou shuō shénmo?

Dialogue: After arriving at the Gaos', Vincent White talks with Mr. Gao, Mrs. Gao, and Gao Meiying

Mei : Papa, look. Mom is waiting in the doorway.
Gao : Oh! Perhaps she heard us coming [back].
Tai : Vincent, I haven't seen you for a long time. You look just the same as you used to [lit. still that appearance]. Is everyone well at home?
White: They're all well. How are you, Mrs. Gao? Haven't seen you for a long time. My mother asked after you.
Tai : Thanks. Come [lit. go] right in and rest. You must be very tired.
White: No, I'm not. Here I am again troubling you.
Tai : Nonsense. (You're like) a member of the family and there's no need to be polite. (To Mr. Gao and Meiying:) Help Vincent with his things.
White: I have very few things. I can manage them myself.
Gao : Come, I'll help you [take them].
White: Thank you. Mrs. Gao, you go in first.
Tai : All right [I'll go in first].
White: Your home still looks as it did before [lit. still is the old appearance of before].
Tai : Vincent, you (may) go first to the bathroom and wash up (if you like). There's both hot and cold water. I'll tell you where the towels and soap are.
White: Thank you.
Tai : [You see] this yellow towel is yours. The soap is there. Wash up. I'll prepare [lit. brew] some tea and get you a snack.
Gao : First bring some tea. We're all thirsty.
White: Don't go to so much bother for me.
Tai : I'll just prepare a few noodles for you [to eat].
White: Wonderful. I'm really famished. I didn't eat well on the plane.

Dialogue

Tai : Naturally. The food (served) on planes is unappetizing.

Gao : Vincent, when my wife learned [the news] of your coming she was awfully happy.

White: (Politely) I know Mrs. Gao is very fond of me.

Gao : I suppose you smoke now, Vincent?

White: I can take it or leave it. At school I sometimes have one with the other students.

Gao : Have a cigarette. Here are the matches.

White: Let me give you a light.

Gao : Thank you.

White: I've brought a lighter from America. I bought it for you.

Gao : I was just thinking of buying a lighter.

Tai : The snack is ready. Vincent, have a bite.

White: The noodles smell good [lit. smelling the noodles, smell is very good]. I haven't eaten your [lit. Mrs. Gao's] cooking for several years.

Gao : Please sit down.

White: Noodles with bits of meat, right?

Tai : Right. Noodles in soup with bits of meat.

Gao : Have a little more.

White: Thank you. I'm making myself at home. I'm certainly eating a lot.

Tai : Vincent, we don't have a separate room for you [to stay in]. We're simply having you stay in the study. There's [originally] a couch in Mr. Gao's study.

White: You're too kind. The study will do fine, of course. Moreover, I'm just staying two or three days.

Tai : It has a small table, a writing table, and a couple of chairs. Feel free to put things on the tables.

White: Fine.

Tai : You can put the big suitcase and the briefcase in the closet, and the typewriter on the small table.

White: Good.

Tai : Vincent, how was it, did everything go well on the trip?

White: Very well. Only when we were in Japan it was windy and raining, and we were half an hour late in getting here. I made Mr. Gao and Meiying wait for a long time at the airport.

Gao : Vincent, this evening my wife has made red-cooked lion's head, soup with bits of meat, fried shrimps, sweet-and-sour fish, cabbage soup with milk, and steamed bread rolls.

White: Wonderful. Mrs. Gao knows I like these dishes.

Tai : We'll eat in a moment.

White: Mr. Gao, this television set of yours is very nice. It's the latest style.

Gao : It may be the latest style, but it's a second-hand one [lit. old one]. An English friend who was returning to England had too much baggage and so presented the television to me.

White: Do you like to watch TV?

Gao : Very much. Sometimes I don't go out and find it interesting to watch [it at home]. What I do mainly is look at the news.

Mei : Food's ready. Come to the dining room and eat.

White: Oh, Meiying, you've been helping in the kitchen?

Mei : No, I haven't.

Gao : What do you mean? [lit. Said by whom?] Isn't that fried shrimp your doing?

Mei : Why do you have to tell?

Gao : Vincent, let's go to the dining room.

Tai : Vincent, today we are welcoming you. You sit in the seat of honor.

White: Mrs. Gao, how can I presume to do so? Before you two how can I sit there? Naturally you two should have the seat of honor.

Tai : This evening you take the seat of honor. Beginning from tomorrow we'll occupy it, all right?

White: How is it that there are so many dishes!

Gao : Help yourself. Make yourself at home.

White: Would I act like company here? The food is really delicious. Meiying, can you cook as well as your mother [lit. Mrs. Gao] now?

Mei : I cook badly. I don't know how to cook.

White: Don't be so modest. The shrimps are so beautifully fried. . . .

Tai : Vincent, have some more rice.

White: Thanks, I won't have any more. I'm really too full.

Tai : You all (go) sit for a while [first]. I'll go make some tea and bring some fruit.

White: I'll help you clear the table [lit. clear up the dishes].

Tai : There's no need. [The two of us] Meiying and I will do it.

White: Then I should wash the dishes.

Tai : Why don't you go and chat with Mr. Gao?

Gao : [Wife,] put the fruit and tea in the living room for us, will you?

Tai : All right.

Sentences for New Words and Grammar

Gao : I'm sure thirsty. Vincent, let's go to the living room [to have tea and fruit].

White: This character scroll on the wall is so well written! Your characters are even better [written] than before.

Gao : Every day someone asks me to write characters.

White: Later I'll also ask you to do a scroll for me.

Gao : Of course I'll do it for you.

Tai : Vincent, when do you customarily go to sleep [every day]?

Gao : I haven't talked with Vincent for a long time. This evening we'll be a little late in getting to sleep. We're going to talk a while.

Tai : Well! He's quite tired from his plane trip. Let him go to bed [lit. rest] earlier. There are lots of [lit. long] days for talking.

White: I'm not tired.

Sentences for New Words and Grammar

1.1. That man has a very nice appearance.

1.2. That young lady has grown to be quite attractive.

1.3. Judging from his appearance he seems to be unhappy.

1.4. Although that car isn't much in looks it holds up well [lit. doesn't break down easily].

2.1. We're all in the same family. Don't stand on ceremony.

3.1. You do it by yourself. Why (do you need) two men?

3.2. If you don't like to go why do you need to go?

3.3. (So) you've done badly on the exams. Next time you'll study, of course. Why must you be depressed?

4.1. Please wash the clothes.

4.2. I take two baths a day.

4.3. The bathroom in our home is too small.

5.1. First wash your face, then eat.

6.1. The weather's too cold. I'm not taking a bath today.

7.1. The bath water is too hot.

7.2. Heat up the water a bit.

8.1. Whose towel is this?

8.2. My face towel is blue [-colored].

8.3. My face towels and bath towels are all red.

9.1. This bar of soap is to be used for washing clothes.

10.1. The red one is yours, the yellow one is mine.
10.2. Mr. Huang had an accident yesterday.
11.1. Waiter, please get [lit. steep] me another pot of tea.
12.1. I'm a little thirsty.
12.2. I'm [too] thirsty. I must have a little tea.
13.1. Seeing a movie every day wastes too much money.
13.2. It took a lot of time for me to finish writing this book.
13.3. I went to the airport to meet a friend. It took a lot of my time.
13.4. We're all in the family, don't go to a lot of effort.
13.5. It's too much effort to make Chinese food.
14.1. Are you hungry?
14.2. I haven't eaten all day. I'm terribly hungry.
15.1. As soon as I heard this news I was extremely happy.
15.2. As soon as I heard the news that he was sick I immediately went to see him.
16.1. My mother likes roses best of all.
16.2. I like most to listen to the radio.
16.3. That child is really lovable.
17.1. Do you smoke?
17.2. Thank you, I don't smoke.
18.1. I smoke only two or three cigarettes a day.
18.2. Thank you, I don't smoke.
18.3. I don't have any more cigarettes [to smoke].
19.1. It isn't really so. I said it for the fun of it.
19.2. We're not eating (a full meal). We're just having a snack.
19.3. I don't [lit. can't] smoke. I just have an occasional smoke for the fun of it.
20.1. Please hand me the matches.
21.1. Come, I'll light it for you.
21.2. Meiying, light the cigarette for your daddy.
22.1. I recently bought a lighter.
23.1. Smell this meat to see if it's spoiled.
23.2. Can you smell it?
24.1. This odor is unpleasant [lit. not good to smell].
25.1. Let's order some fried chicken shreds, O.K.?

Sentences for New Words and Grammar

25.2. I'm eating fried cabbage with shredded pork. How about you?
26.1. This pen of mine is no good [to use]. [In addition] I have a better one.
26.2. This year let's go to some other place for a trip, O.K.?
26.3. I'm buying an additional one.
26.4. I'm (from) a different school.
26.5. I have another typewriter that I'll give you to use.
27.1. How many rooms are there in all here?
27.2. Our home has only three rooms.
28.1. Although I have a lot of books my study is very small.
28.2. There's a picture painted by him in my study.
29.1. The bed on the right is yours.
30.1. The dining table in our home is quite large.
30.2. Put the books on the desk.
30.3. My writing table is in a mess.
31.1. The chair is broken. I'm fixing it.
32.1. Bring another chair.
33.1. Hang these clothes in the closet.
34.1. The wind last evening was very strong.
35.1. The wind is blowing hard.
35.2. The weather today is bad. It's windy and rainy.
36.1. What I bought yesterday was a hat, a briefcase, and some other things [lit. and so on].
36.2. I bought towels and soap in the store.
37.1. I drink milk at breakfast.
37.2. Do you like [to eat] cabbage soup with milk?
38.1. Do you (want to) eat steamed bread or rice?
39.1. I watch television one hour a day.
40.1. The main thing is my inviting you today.
40.2. The most important question that we're studying is whether it's possible to do it that way.
40.3. The main idea in what he said is that he doesn't like this method.
40.4. The most important (reason for) my inviting guests today is to ask you [to come].
41.1. There's lots of news in the paper today.
41.2. We read the newspapers chiefly for the news.

42.1.	How many people can the school dining room hold [to eat]?
42.2.	Please take this chair to the dining room.
43.1.	My mother is in the kitchen cooking.
44.1.	Why do you always [like to] use a pencil?
44.2.	Why does he always go to Japan?
44.3.	What are you going to do when you go to Japan again?
45.1.	Are you free this evening? I'd like to have a party for you.
45.2.	I invited friends last night. It was to welcome Mr. Wang.
46.1.	The most important guest occupies the seat of honor.
47.1.	You're so kind [lit. polite] to me. How do I deserve it?
47.2.	Thank you, I really don't deserve it.
48.1.	He is avid for prestige.
48.2.	He's very polite in front of everyone.
48.3.	As soon as I invited (him), he came. It boosted my prestige.
48.4.	He's always saying I'm no good. I've lost a lot of face.
49.1.	Fruit is very cheap now.
50.1.	Let's stack the dishes first. We'll wash them after a while.
51.1.	It's my turn to do the dishes today.
51.2.	It's your turn to speak.
51.3.	It's your turn.
52.1.	They're in the living room sitting and chatting.
53.1.	I'm thinking of asking him to write a character scroll for me.
53.2.	Almost all Chinese living rooms are hung with character scrolls.
54.1.	[Every day] one should sleep at least eight hours a day.
54.2.	How come that child hasn't gotten to sleep yet?
54.3.	Last night I couldn't get to sleep.
55.1.	His habit is to eat breakfast at eight o'clock [every morning].
55.2.	The Chinese custom in eating is to have the soup last.
55.3.	At what time are you accustomed to eating breakfast [daily]?
56.1.	Well! Where did you come from?
57.1.	How often [lit. in how many days] do you see a movie?
57.2.	I haven't seen him for quite a few days.

Review Sentences

Review Sentences

1. From his appearance he seems to be sick.
2. The weather's really cold. You should put on a few more clothes.
3. Tea is best drunk hot.
4. When one's hungry everything tastes good.
5. I've been studying Chinese for less than three months.
6. Beginning next week I'm not going to smoke any more.
7. I drink a glass of milk at breakfast every day.
8. What we ate this evening was steamed bread and fried cabbage with shredded meat.
9. I study every day sitting in that big chair.
10. Several children are in the living room watching TV.
11. I'm late because of the heavy traffic.
12. There's no special news in the paper today.
13. Why haven't you been studying? . . . What do you mean? I've already been studying for two hours.
14. That desk of mine is both wide and long.
15. Lighting cigarettes with a lighter is very convenient.
16. The chairs in our home are all old.
17. It is my custom to have some fruit after eating.
18. I'm not thirsty now. I'll drink after a while.
19. (When) you have time please fix this radio.
20. What's the most important point in this lesson?

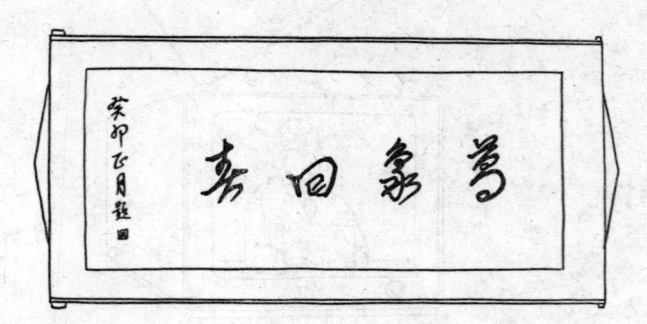

Notes

1. A completed action meaning 'What A did was B' is expressed by <u>A V de (shi) B</u>, with the <u>shi</u> optional:

   Wǒ zuótiān mǎi de shi Zhōngguo shū.   or
   Wǒ zuótiān mǎi de Zhōngguo shū. 'What I bought yesterday was Chinese books,' or simply 'I bought Chinese books yesterday.'

   Note that out of context Wǒ zuótiān mǎi de Zhōngguo shū is ambiguous, depending on whether it can be alternatively expressed by a sentence with <u>shi</u> after <u>mǎi de</u>, or by one with <u>shi</u> after the subject (see <u>Beginning Chinese</u>, Lesson 11, Notes 3-4). Compare:

   Wǒ zuótiān mǎi de (shi) Zhōngguo shū. 'What I bought yesterday was Chinese books.'
   Wǒ (shi) zuótiān mǎi de Zhōngguo shū. 'It was yesterday that I bought the Chinese books.'

2. <u>Gànmá</u> before a verb functions as a movable adverb with the same meaning as <u>wèi shénmo?</u> 'why?' but somewhat more colloquial. After a verb phrase it means 'do what?' Compare:

   Nǐ gànmá dào nèr qu? 'Why are you going there?'
   Nǐ dào nèr qu gànmá? 'What are you going there to do?'

3. The expression <u>jiē fēng</u>, literally 'meet (or greet) the wind,' is used in connection with offering dinner to a person who has arrived after a trip. It does not necessarily involve inviting other guests as well.

4. The exclamation <u>ēi</u> is a short high-pitched sound for calling attention. It is distinguished by its shortness and high pitch from <u>ěi</u>, a long, low-pitched sound of surprised agreement or approval (see Lesson 3, Notes).

5. Several passages bear on matters of Chinese etiquette and customs.

   Mrs. Gao prepares a thirst-quenching light snack of noodles as a token of welcome to one who has arrived after a long journey.
   When Vincent White says "I know Mrs. Gao is very fond of me," he is making the point that he is aware of Mrs. Gao's kindness. The word <u>ài</u>

Notes

is appropriate in indicating the relationship between persons of disparate ages. If he were the same age as Mrs. Gao, he would say <u>huānyíng wǒ lái</u> 'welcome my coming' instead.

Later, after Meiying announces that dinner is ready, modesty requires that she deny having helped in the kitchen, and reprove her father for telling that she had prepared the fried shrimp dish.

"Zhèige bāozi nǐ néng chī jǐge?"

Dì Wǔkè. Tán Zhǎo Fángzi

Huìhuà: Gāo Xiānsheng, Gāo Tàitai, Gāo Měiyīng, Bái Wénshān sìge rén yìbiār chīzhe zǎofàn, yìbiār tán guānyu zhǎo fángzi de wèntí.

Gāo: }
Tài: } Wénshān zǎo.

5 Bái: Gāo Xiānsheng, Gāo Tàitai zǎo.
Měi: Zǎo, Wénshān.
Bái: Zǎo, Měiyīng.
Tài: Wénshān, wǎnshang shuìde nènmo wǎn zènmo zǎo jiu qǐlai le. Shuì hǎo le ma?
10 Bái: Wǒ shuìde hěn hǎo. Yí yè méi xǐng. Xǐngle, jiu bādiǎn le.
Tài: Nèige chuáng shuìzhe shūfu ma?
Bái: Hěn shūfu.
Gāo: Wǒmen shuìde hěn wǎn. Yìdiǎn duō zhōng wǒmen cái shuì de.
Tài: Nǐmen liǎngge rén yīnggāi bú shuì, shuōdao tiān liàng.
15 Gāo: Lái, qǐng zuò, wǒmen chī zǎodiǎn.
Bái: Gāo Tàitai, nín yòu fèile hěn duō shì. Wǒ zài zhèr nín bié tài fèi shì. Yǒu shénmo chī shénmo.
Tài: Méi fèi shì. Jiù shi bāozi xīfàn. Yàoshi nǐ chī miànbāo, niú nǎi, kāfēi, shémode yě yǒu. Hái yǒu niú yóu guǒzi jiàng. Wǒmen
20 yě yǒu miànbāo lú, kěyi chī kǎo miànbāo.
Bái: Wǒ chī bāozi xīfàn. Měiyīng, zhèi bāozi nǐ néng chī jǐge?
Měi: Wǒ néng chī liǎngge. Nǐ ne?
Bái: Wǒ néng chī liùge.
Měi: Wǒ bú xìn. Nǐ yàoshi chībuliǎo liùge zěnmo bàn?
25 Bái: Wǒ shòu fá.
Měi: Fá ni shénmo?
Bái: Fá wo qǐng ni kàn diànyǐngr.
Tài: Měiyīng, bǎ jiàngyóu dìgei Wénshān.

101

Bái: Gāo Xiānsheng, fángzi zěnmoyàng? Dàxué fùjìn róngyi zhǎo ma?

Gāo: Máng shénmo? Zhù jǐtiān xiūxi xiūxi zài shuō me.

Bái: Wǒ xiǎng háishi bǎ fángzi xiān juédìngle hǎo yìdiǎr.

Gāo: Wǒ jiēdàole nǐde xìn yǐhòu wa, jiù wènguo jǐge péngyou.

Bái: Hěn máfan nín.

Gāo: Yǒu yíwèi péngyou xìng Huá. Zhèiwèi Huá Xiānsheng shi gōngchéngshī. Yǒu liǎngge érzi, dōu hěn cōngming. Dàxué dōu bìyè le.

Bái: Shi Yuǎn-Dàde ma?

Gāo: Shìde. Dōu shi Yuǎn-Dà bìyè de.

Bái: Tāmen shi xué shénmo de?

Gāo: Dà érzi shi xue lìshǐ de. Shū niànde fēicháng hǎo. Huá Xiānsheng xīwang dà érzi jiānglái niàn bóshi.

Bái: Èr érzi ne?

Gāo: Èr érzi shi xué yuánzǐ-néng de. Bǐ dà érzi xiǎo yísuì. Kěxī jǐge yuè yǐqián zhèige háizi sǐ le. Tāmen fūqī liǎngge rén fēicháng nánguò.

Bái: Zhēn kěxī.

Gāo: Suóyi tāmen xiǎng bǎ èr érzi nèijiān wūzi zhǎo yíge xuésheng zhù.

Bái: Wǒ qu zhù zuì hǎo le.

Gāo: Tāmen xiǎng zhǎo rén zhù de yuányīn yǒu liǎngge. Dì yīge yuányīn shi miǎnde xiǎng tāmende érzi, yì huílai kànbujiàn tāmende háizi jiù shi yìjiān kōng wūzi.

Bái: Hái yǒu shénmo yuányīn?

Gāo: Dì èrge yuányīn shi tāmen fūqī cháng bu zài jiā. Huá Xiānsheng shi gōngchéngshī. Biéde dìfang yǒu gōngchéng tāmen dāngrán ye yào qù le. Tāmen xiǎng zhǎo ge xuésheng zhù gěi dà érzi zuò bàr.

Bái: Dà érzi duó dà le?

Gāo: Jīnnian èrshiwǔsuì le.

Bái: Wǒ èrshisì. Bǐ wǒ dà yísuì.

Gāo: Jiānglái yéxǔ nǐmen huì chéngle hǎo péngyou.

Bái: Wǒ yě hěn xīwang.

Bāo: Wǒ xiǎng jiānglái nǐ zhùzai tāmen jiā lǐtou gēn zìjǐ jiā yíyàng, yīnwei Huá Xiānsheng Huá Tàitai tāmen dōu hěn hǎo.

Bái: Shì.

Gāo: Xiànzài zū fángzi hěn nán, yīnwei zēngjiāle hěn duō xuésheng, dōu zài zhè fùjìn zhǎo fángzi. Zhù sùshè bǐjiāo róngyi, yīnwei xuéxiào gàile hěn duō jiān sùshè.

Shēng Zì gēn Xīn Yúfǎ de Jùzi   103

 Bái: Yuánlái wǒ shi xiǎng zhù sùshè de, yòu jīngji yòu fāngbian. Kěshi yǒu chángchu yě yǒu duǎnchu. Zhù sùshè lǐtou bǐfang shuō lái péngyou huòzhe zìjǐ zuò fàn shénmode dōu bu kěnéng.

70 Gāo: Nǐ zhù Huá jia gēn zìjǐ jiā yíyàng. Kètīng fàntīng nǐ kéyi suíbiàn yòng. Nǐ lái péngyou dōu hěn fāngbian. Tāmen yíqiè jiāju dōu yǒu, xiàng chuáng, yīguì, shū jiàzi, shénmode. Tāmen yǒu yòngren shōushi wūzi, xǐ yīfu, zhèixie shìqing, nǐ dōu bú yòng guǎn.

 Bái: Hǎo jíle.

 Gāo: (duì Gāo Tàitai) Nǐ gěi Huá Tàitai dǎ ge diànhuà wènwen shénmo
75 shíhour kéyi qu kànkan nèijiān fángzi.

 Tài: Hǎo.

 Gāo: Wǒ nèiren yǐjing gēn Huá Tàitai shuōle shù yíwèi Měiguo péngyou. Tā shuō hěn hǎo. Dàjiā jiàn miàn tántan. Wǒ xiǎng nǐ zhùzai Huá jia bǐ zhù yíge bu rènshi de fángdōngde fángzi bíjiao hǎo.

80 Bái: Hěn hǎo.

 Gāo: Wénshan, nǐ zhùzai nèr bié hàipà yǐwei tā érzi sǐzai wūzili. Qíshí tā bìng méi sǐzai jiāli. Tā shi zài yīyuàn sǐ de.

 Bái: Wǒ bu hàipà.

 Gāo: Tā hūrán bìng le. Tāde bìng jǐge dàifu yě zhìbuhǎo.

85 Bái: Zhēn kěxī.

 Gāo: Nèige háizi cháng gēn wǒmen zài yíkuàr. Wǒmen hěn shóu de. Suóyi tā sǐle wǒ gēn wǒ nèirén hěn nánguò.

 Tài: Diànhuà dǎtōng le, shi Huá Tàitai jiē de. Tā yuē wǒmen shíyīdiǎn zhōng qu kàn fángzi.

90 Gāo: Nǐ méi wèn Huá Tàitai duōshao qián fángzū ma?

 Tài: Tā méi huídá zhèige wèntí. Tā shuō jiàn miàn zài tán.

 Gāo: Yìhuěr Měiyīng péi Wénshān qù ba.

 Měi: Hǎo.

 Bái: Měiyǐng, máfan nǐ le.

95 Měi: Bié kèqi.

Shēng Zì gēn Xīn Yúfǎ de Jùzi

1.0. (10) xǐng wake up (IV)
 1.1. Wǒ shi liùdiǎn zhōng xǐng de.
 1.2. Wǒ yì xǐngle jiu shídiǎn bàn le.

2.0. (10) yè night (M)
 2.1. Cóng zhèr dào Nánjīng zuò chuán liǎngtiān liǎngyè.

2.2. Zuótian wǎnshang shuìbuzháo. Yí yè yě méi shuì jiào.
3.0. (11) shūfu comfortable (SV) [lit. relax submit]
bù shūfu uncomfortable; indisposed, unwell
3.1. Zhèibǎ yǐzi zuòzhe hěn shūfu.
3.2. Wǒ jīntian yǒu yìdiǎr bù shūfu.
4.0. (14) liàng bright, light (SV)
tiān liàng the day is light
4.1. Kuài qǐlai ba. Tiān yǐjing liàng le.
4.2. Nǐ zěnmo shuìde zènmo zǎo wa? Tiān hái liàngzhe ne.
4.3. Tiān gāng liàng wǒmen jiu qǐlai le.
5.0. (15) záodiǎn breakfast (N) [lit. early bit]
5.1. Wǒmen qǐng ta chī záodiǎn hǎo bu hǎo?
6.0. (18) bāozi stuffed steamed rolls (N)
6.1. Huá Tàitai zuòde bāozi zhēn hǎo chī.
7.0. (18) xīfàn (rice) porridge, gruel (N) [lit. thin rice]
7.1. Wǒ měitiān zǎochen chī xīfàn.
8.0. (18) miànbāo (Western-style) bread (N) [lit. flour package]
kǎo miànbāo toast (N)
8.1. Zhōngguo rén chī mántou, wàiguo rén chī miànbāo.
8.2. Wǒ xǐhuan chī kǎo miànbāo.
9.0. (19) kāfēi coffee (N)
9.1. Yǒude rén hē kāfēi shuìbuzháo jiào.
10.0. (19) yóu oil
niú yóu butter (made from cow's milk)
10.1. Zuò zhèige cài yào duō fàng yìdiǎr yóu.
10.2. Chī miànbāo yào niú yóu bu yào?
11.0. (19) jiàng soybean paste; jam (N)
guǒzi jiàng jam, jelly
11.1. Wǒmen yǒu jiàng, méi yǒu jiàngyóu.

Shēng Zì gēn Xīn Yúfǎ de Jùzi

11.2. Zuò Zhōngguo cài chàbuduō dōu yòng jiàngyóu.
11.3. Nǐ chī miànbāo yào bu yào guǒzi jiàng?
12.0. (20) lú(zi) (small) stove (N)
 miànbāo lú   toaster
12.1. Wǒmende lúzi huài le. Děi zhǎo rén xiūli xiūli.
12.2. Qǐng nǐ zài ná yíkuài miànbāo fàngzai miànbāo lú lǐtou.
13.0. (24) xìn believe (V)
13.1. Wǒ bú xìn ta.
13.2. Tā shuō de huà méi rén xìn.
13.3. Nǐ bú xìn wǒde huà ma?
13.4. Wǒ bú xìn tā míngnián néng chū guó.
14.0. (24) bàn   arrange, manage (V)
 bàn shì   arrange or manage a matter
 bànhǎo   finish (a job satisfactorily)
 zěnmo bàn? How manage? What's to be done? What then?
14.1. Zhèijiàn shì tā néng bàn ma?
14.2. Wǒ xiànzài chūqu bàn shì.
14.3. Tā bǎ nèijiàn shìqing méi bànhǎo.
14.4. Zhèijiàn shìqing zěnmo bàn ne?
14.5. Méi qián zěnmo bàn ne?
15.0. (25) shòu   receive, suffer, endure (V)
 shòubuliǎo unable to endure
 shòudeliǎo able to endure
15.1. Zhèige wūzi zěnmo rè, nǐ zěnmo shòudeliǎo?
16.0. (25) fá   punish, penalize, fine (TV)
 fá qián   fine, impose a money fine
 shòu fá   be punished
 (A) fá B V   (A) penalizes B by making him V
16.1. Wǒ fá ta qǐng wǒ chī fàn.
16.2. Jǐngchá fále wǒ liǎngkuài qián.
16.3. Chē tíngcuòle dìfang yào fá qián.
16.4. Tā wèi shénmo zài xuéxiào shòu fá le?
17.0. (28) dìgei pass (to), hand (to) (TV) [lit. pass give]
17.1. Nǐ bǎ nèiběn shū dìgei wo.

18.0. (31) juédìng   decide (to do something)   (V)   [lit. cut fix]
    18.1.   Zhèijiàn shìqing wǒ hái méi juédìng.
    18.2.   Wǒ juédìng míngtian qù bàifang ta.
19.0. (34) gōngchéng   construction enterprise   (N)   [lit. work pattern]
          gōngchéngshī   engineer (also used as title)   [shī = teacher]
          gōngchéngxué   engineering
    19.1.   Gài nèige lǚguǎn shi hěn dàde gōngchéng.
    19.2.   Wáng Xiānsheng shi yíwèi gōngchéngshī.
    19.3.   Gōngchéngxué hěn nán xué.
20.0. (35) érzi   son   (N)
          dà érzi   eldest son
          èr érzi   second son
          xiǎo érzi   youngest son
    20.1.   Tā yǒu liǎngge érzi.
    20.2.   Wáng Xiānshengde dà érzi yǐjing jiēhūn le.
    20.3.   Tāde èr érzi hěn cōngming.
    20.4.   Tā zuì xǐhuan tā zuì xiǎode érzi.
21.0. (40) bóshi   doctor of philosophy, Ph.D.   (N)   [lit. learned scholar]
          Wáng Bóshi   Dr. Wang
          niàn bóshi   study for the doctorate
    21.1.   Tā yǐjing shi bóshi le.
    21.2.   Wáng Bóshi hěn yǒu xuéwen.
    21.3.   Wǒ xiànzài niàn bóshi.
22.0. (42) yuánzǐ   atom   (N)   (Note 1)
          yuánzǐ-néng   atomic energy
          yuánzǐ-bǐ   ball-point pen
    22.1.   Tā shi yánjiu yuánzǐ-néng de.
    22.2.   Yuánzǐ-bǐ bǐ gāngbǐ piányi.
23.0. (42) kěxī   be regrettable, be a shame, be too bad, unfortunate   (SV)
          [lit. can regret]
    23.1.   Tāmende nèitiáo xiǎo gǒur sǐle. Zhēn kěxī.
24.0. (43) sǐ   die   (IV)   (Note 2)
          Vsi   kill by V-ing, die from being V-ed
          SV de yào sǐ   extremely SV
    24.1.   Tāde chē chū shì le. Pèngsile yíge rén.

Shēng Zì gēn Xīn Yúfǎ de Jùzi

24.2. Yīnwei fēijī chū shìle ta sǐ le.
24.3. Yì tiān méi chī fàn. Wǒ èsile.
24.4. Nèige dìfang dáqilai le. Dásile hěn duō rén.
24.5. Tā bú shi chū shì sǐ de, shi bìngsi de.
24.6. Jīntian tiānqi tài rè. Wǒ rèsile.
24.7. Wǒ děi xiūxi yìhuěr. Lèisile.
24.8. Wǒ ède yào sǐ.

25.0. (43) fūqī   man and wife, husband and wife   (N)
    25.1. Tāmen fūqī liǎngge dōu shi bóshi.

26.0. (44) nánguò   sad, distressed   (SV)   [lit. hard pass]
    26.1. Tīngshuō ta bìng le. Wǒ hěn nánguò.
    26.2. Wǒ duì ta nèijiàn shìqing méi bāng máng, hěn nánguò.

27.0. (48) yuányīn   reason   (N).   [lit. origin because]
    27.1. Shénmo yuányīn ta xiànzài bú niàn shū le?
    27.2. Tā bù lái de yuányīn wǒ bù zhīdào.

28.0. (49) miǎn   avoid   (V)

          miǎnbuliǎo   unable to avoid

          miǎnde   so as to avoid

    28.1. Kāi chē yào xiǎoxin miǎnde chū shì.
    28.2. Yàoshi nǐ dào túshūguǎn qu, qǐng nǐ bǎ nèiběn shū gěi wǒ jièlai, miǎnde wǒ qù le.
    28.3. Xiě zì xiěcuòle shi miǎnbuliǎo de.

29.0. (50) kōng   empty, unoccupied   (SV)

          kōng wūzi   empty room

          kōng huà   empty talk

    29.1. Zhèige xiāngzi shi kōng de.
    29.2. Wǒmen jiā yǒu yìjiān kōng wūzi.
    29.3. Tā lǎo shuō kōng huà.

30.0. (54) bàr   companion   (N)

          A gěi B zuò bàr   A is a companion to B, A keeps B company

    30.1. Nǐ bú bì jiē wo. Wǒ yǒu bàr.
    30.2. Wáng Xiáojie gěi Qián Xiáojie zuò bàr qu le.

31.0. (58) chéng   become   (V)
    31.1. Wǒ gēn ta xiànzài chéng péngyou le.

32.0. (63) zū rent (as a tenant) (V)
zūgei rent to
chūzū be for rent

32.1. Wǒ xiǎng zū yìjiān wūzi.
32.2. Zū fángzi hěn bù róngyi.
32.3. Wǒde fángzi zūgei Wáng Xiānsheng le.
32.4. Qǐng wèn, nín zhèr yǒu wūzi chūzū ma?

33.0. (64) sùshè dormitory (N) [lit. lodge hut]
33.1. Zhèige xuéxiào zhǐ yǒu nán sùshè, méi yǒu nǚ sùshè.

34.0. (66) jīngji economical (SV), economics (N)
jīngjixué (study of) economics

34.1. Zài jiāli chī fàn bǐ zài fànguǎr chī fàn jīngji.
34.2. Tā shi yánjiu jīngjixué de.
34.3. Yàoshi yòng fēijī yùn, zài jīngji yìfāngmiàn tài bu jīngji le.

35.0. (67) lái péngyou have friends come, invite friends (Note 3)
35.1. Jīntian nǐmen jiā lái péngyou bù lái?

36.0. (70) yíqiè(de) all [lit. one all]
36.1. Wǒ yíge rén zuò. Yíqiè bú yòng nǐ.
36.2. Jiāli yíqiède shìqing dōu shi wǒ mǔqin zuò.

37.0. (70) jiāju furniture (N)
37.1. Tā jiāde jiāju hěn jiǎngjiu.
37.2. Nèisuǒ fángzi lǐtou shénmo jiāju dōu yǒu.

38.0. (71) yīgui wardrobe (closet), cabinet (N)
38.1. Qǐng ni bǎ zhèi jǐjiàn yīfu guàzai yīguìli.

39.0. (71) jiàzi frame, rack (N)
shū jiàzi bookcase
shǒujin jiàzi towel rack
yī-jiàzi clothes rack

39.1. Tāde shū jiàzishang yǒu hěn duō Zhōngguo shū.
39.2. Nǐde shǒujin zài shǒujin jiàzishang.
39.3. Zuótian mǎile yíge yī-jiàzi.

40.0. (71) yòngren servant (N) [lit. use person]
40.1. Huá Tàitaide yòngren hěn hǎo.

41.0. (72) guǎn control, manage, take care of (TV)

Shēng Zì gēn Xīn Yúfǎ de Jùzi   109

            bùguǎn . . . no matter . . .
- 41.1.   Zhèige shìqing shéi guǎn?
- 41.2.   Wǒ guǎn zuò fàn, nǐ guǎn xǐ jiāhuo.
- 41.3.   Tā shénmo yě bù guǎn.
- 41.4.   Bùguǎn nǐ qù bu qù, wǒ yídìng qù.
- 42.0. (78) dàjiā everyone [lit. big home]
            nǐmen dàjiā you [plural]
- 42.1.   Dàjiā yíkuàr chī.
- 42.2.   Nǐmen dàjiā dōu qǐng zuò.
- 43.0. (79) fángdōng landlord, landlady (N) [lit. house east]
            fángdōng tàitai landlady
- 43.1.   Fángdōng shuō liǎngge xīngqī gěi yícì qián yě kéyi.
- 44.0. (81) hàipà be afraid, be fearful (IV) [lit. suffer fear]
- 44.1.   Wǒ yíge rén zhù zhèr zhēn hàipà.
- 45.0. (81) qíshí actually, really, in fact (MA) [lit. it's reality]
- 45.1.   Nǐ kàn tāde yàngzi hǎoxiang hěn bèn. Qíshí tā hěn cōngming.
- 46.0. (82) bìng + negative not at all, not actually, not after all
- 46.1.   Qíshí wǒ bìng bù xǐhuan kàn diànyǐngr.
- 46.2.   Wǒ zuótian bìng méi qù.
- 47.0. (82) yīyuàn hospital (N [lit. heal hall]
- 47.1.   Wǒ děi dào yīyuàn qu jiǎnchá jiǎnchá.
- 48.0. (84) hūrán suddenly, unexpectedly (MA) [lit. sudden is]
- 48.1.   Tiānqi hūrán rèqilai le.
- 49.0. (84) dàifu doctor, physician (N) [lit. doctor person]
            Wáng Dàifu Dr. Wang
- 49.1.   Wǒ bìng le, děi kàn dàifu qu.
- 49.2.   Qǐng Wáng Dàifu gěi ta kànkan.
- 50.0. (84) zhì treat (an illness), cure (V)
            zhì bìng treat an illness
            zhìhǎo cure
- 50.1.   Tāde bìng méi fázi zhì.
- 50.2.   Wǒ děi zhǎo dàifu gěi háizi zhì bìng.
- 50.3.   Wáng Dàifu bǎ tāde bìng zhìhǎo le.
- 51.0. (86) shóu, shú ripe; (well) done; well acquainted (opposite of <u>shēng</u>) (SV)

shú rén   acquaintance

51.1. Wǒ gēn tā shi shú péngyou.

51.2. Zhèr dōu shi shēng rén. Méi yíge shú rén.

51.3. Mā, wǒ èle. Fàn shóu le méi you?

52.0. (88) tōng   go through, put through   (V)

tōng diànhuà   put through a phone call

dǎtōng   get through (on the phone)

52.1. Nèige chéng tōng huǒchē ma?

52.2. Nèitiáo lù bu tōng.

52.3. Zuótian wǒ gēn ta tōng diànhuà le.

52.4. Diànhuà dǎle bàntiān yě dǎbutōng.

52.5. Nǐ gěi ta dǎtōngle méi you?

52.6. Wǒ gěi ta dǎ diànhuà dǎbutōng.

53.0. (88) yuē   invite; make an appointment   (V)

yuēhǎo   agree on

yuēhui   appointment

53.1. Wǒ jīntian wǎnshang yuē péngyou chī fàn.

53.2. Wǒ yǐjing gēn ta yuēhǎole míngtian qù.

53.3. Wǒ sāndiǎn zhōng gēn ta yǒu yuēhui.

54.0. (90) fángzū   rent (for a room or house)   (N)   [lit. house rent]

54.1. Nǐ zhù de fángzi yíge yuè duōshao qián fángzū?

55.0. (91) (huí)dá   answer   (V)   [lit. return answer]

huídá   answer   (N)

55.1. Wǒ wèn, nǐmen dá.

55.2. Zhèige wèntí zěnmo huídá?

55.3. Qǐng nǐmen bǎ shū fàngxia. Wǒmen wèn dá.

55.4. Tā hái méi huídá wo.

55.5. Nǐ nèige huídá cuò le.

56.0. (92) péi   accompany, entertain   (TV); accompanying, being with   (CV)

56.1. Wǒ jīntian dào Wáng jia qu péi Wáng Xiáojie.

56.2. Zuótian péi wǒ mǔqin qu mǎi dōngxi.

Wēnxi Jùzi

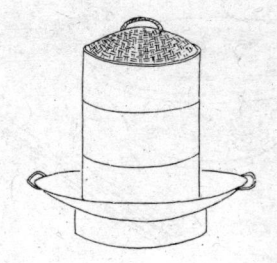

1. Wǒde xíguan shi xǐngle yǐhòu mǎshàng jiu qǐlai.
2. Nèibǎ yǐzi nǐ zuòzhe shūfu ma?
3. Zuótian wǎnshang shū kànde tài duō le, suóyi yǎnjing bù shūfu.
4. Zhèige bāozi shi zhū ròu báicài de.
5. Shuǐ duōde fàn jiu shi xīfàn.
6. Chǎo dòufu děi duō fàng yóu.
7. Guǒzi jiàng shi yòng shuíguǒ zuòde.
8. Wǒmen chúfáng lǐtou yǒu liǎngge lúzi.
9. Zěnmo bàn ne? Wǒ wàngle bǎ shū dàilai le.
10. Jīntian zěnmo rè, wǒ zhēn shòubuliǎo.
11. Nǐde chē tíngzai nèr gāi fá qián le.
12. Qǐng ni dìgei wǒ yīzhī yān.
13. Qù bu qù wǒ xiànzài hái méi juédìng ne.
14. Wáng Bóshi juédìng míngnián qù Yīngguo.
15. Tāmen fūqī liǎngge dōu xǐhuan kàn diànshì.
16. Tā kǎoshì kǎode bù hǎo. Tā xīnli fēicháng nánguò.
17. Zhèige fángzi shi kōngde. Méi rén zhù.
18. Wǒ nèijiān wūzi zǎo jiu zūgei rénjia le.
19. Jīntian wǎnshang wǒmen jiā lái péngyou.
20. Gāngcái wǒ gěi ta dǎ diànhuà. Zěnmo dǎ yě dǎbutōng.

Dāndú Tánhuà

Zuótian wǎnshang wǒ gēn Gāo Xiānsheng tándao yìdiǎn bànle cái shuì jiào. Jīntian zǎochen yì xǐngle jiu bādiǎn le. Gāo Tàitai zǎochen qǐlai zuòle hěn duō bāozi. Tā zhīdao wǒ hěn xǐhuan chī bāozi.

Zài chī záodiǎn de shíhou wǒ wèn Měiyīng néng chī jǐge bāozi. Tā

5　　shuō néng chī liǎngge. Tā wèn wǒ kéyi chī jǐge. Wǒ shuō néng chī liùge. Tā bú xìn. Tā shuō wǒ yàoshi bù néng chī liùge zěnmo bàn? Wǒ shuō yàoshi wǒ chībuliǎo fá wo. Tā shuō fá shénmo, wǒ shuō fá wǒ qǐng kàn diànyǐngr. Měiyīng hěn xǐhuan kàn diànyǐngr. Liùge bāozi chīdeliǎo chībuliǎo dōu děi qǐng ta qu kàn diànyǐngr.

10　　Yòu gēn Gāo Xiānsheng tándao zhǎo fángzi de wèntí. Wǒ wèn Gāo Xiānsheng fángzi róngyi zhǎo ma. Gāo Xiānsheng shuō máng shénmo, xiūxi xiūxi zài shuō. Gāo Xiānshengde yìsi shi ràng wǒ zài zhèr duō zhù xie rìzi, kěshi wǒ xiǎng háishi xiān zhǎo fángzi. Gāo Xiānsheng shuō yǐjing gēn jǐge péngyou shuōguo le. Wǒ zhīdao zhèi yídàide fángzi
15　bù zěnmo hǎo zhǎo.

　　Gāo Xiānsheng shuō yǒu yíwèi Huá Xiānsheng yě shi Gāo Xiānshengde péngyou, shi gōngchéngshī. Tāmen nèr yǒu yìjiān wūzi. Huá Xiānsheng yǒu liǎngge érzi. Dà érzi shi niàn lìshǐ de. Èr érzi shi xué yuánzǐ-néng de. Kěxī jǐge yuè yǐqián sǐle, suóyi èr érzi zhèijiān wūzi jiu kōngqilai
20　le. Huá Xiānsheng fūqī liǎngge kànjian zhèijiān kōng wūzi jiu xiángqi tāmende érzi lai le, suóyi tāmen xīwang zhǎo yíge xuésheng zhù. Hái you yíge yuányīn, shi Huá Xiānsheng yàoshi biéde dìfang yǒu gōngchéng tā yě děi qù suóyi fūqī liǎngge cháng bú zài jiā. Zhǎo ge xuésheng zhù gěi tāmen dà érzi zuòzuo bàr.

25　　Gāo Xiānsheng shuō jiānglái zhù zai tāmen jiā lǐtou yídìng hěn hǎo, gēn zìjǐ jiā lǐtou yíyàng, yīnwei Huá Xiānsheng fūqī liǎngge rén hěn hǎo. Hái shuō Huá Xiānshengde dà érzi gēn wǒ chàbuduō yíyàng dà. Yǐhòu kéyi chéngle hǎo péngyou. Wǒ yě gāoxìng duō yǒu jǐge Zhōngguo péngyou.

　　Gāo Xiānsheng shuō zuì jìn dàxué gàile bù shǎode xīn sùshè. Tā
30　shuō zhù sùshè bǐjiǎo róngyi. Zuì jìn zhǎo fángzi hěn nán. Dàxué zēngjiāle hěn duōde xuésheng, dōu zài zhè fùjìn zhǎo fángzi. Qíshí yuánlái wǒ shi dǎsuan zhù sùshe de. Zhù sùshe bǐjiǎo jīngji, kěshi yǒu péngyou lái

Wèntí

huòzhe zuò fàn jiu bù fāngbian le. Gāo Xiānsheng shuō wǒ zhùzai Huá
jiā shénmo dōu fāngbian. Yàoshi lái péngyou kètīng fàntīng kéyi suíbiàn
35 yòng. Bìngqiě yǒu yòngren bāngzhe wǒ shōushi wūzi xǐ yīfu shénmode.

Gāo Xiānsheng ràng Gāo Tàitai gěi Huá jiā dǎ ge diànhuà, shuō yuē
ge shíhou qu kànkan fángzi. Zài diànhuà lǐtou Huá Tàitai gēn Gāo Tàitai
yuēhǎole shuō jīntian shíyīdiǎn zhōng qu kàn fángzi. Gāo Xiānsheng shuō
ràng Měiyīng péi wǒ qù.

40 Tóngshí Gāo Xiānsheng hai gàosu wo, Huá jiade èr érzi bìng méi
sǐzai jiā lǐtou, tā shi sǐzai yīyuàn le. Gāo Xiānsheng shuō yàoshi wǒ
zhùzai Huá jiā kě bié hàipà. Gāo Xiānsheng zhēn guānxīn wo.

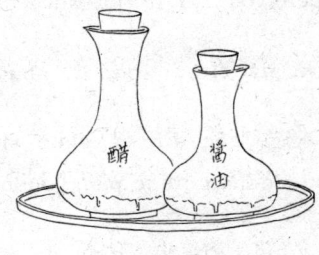

Wèntí

1. Zǎochen qǐlai Gāo Tàitai wèn Bái Wénshān shénmo?
2. Bái Wénshān wèi shénmo yíyè yě méi xǐng?
3. Gāo Xiānsheng gēn Bái Xiānsheng wèi shénmo shuìde hěn wǎn?
4. Gāo Tàitai zuò de shénmo zǎodiǎn? Gāo Tàitai shuō tāmen hái yǒu shénmo chī de dōngxi?
5. Bái Wénshān gēn Gāo Tàitai shuō shénmo kèqi huà?
6. Měiyīng bú xìn Wénshān néng chī liùge bāozi, Wénshān shuō shénmo?
7. Bái Xiānsheng gēn Gāo Xiānsheng tándao zhǎo fángzi Gāo Xiānsheng ràng ta xiànzài jiu zhǎo fángzi ma?
8. Bái Xiānshengde yìsi zěnmoyàng?
9. Gāo Xiānsheng shuō nǎr yǒu yìjiān fángzi?
10. Huá Xiānsheng shi zuò shénmo shì de?
11. Ta wèi shénmo fángzi yào chūzū?
12. Huá Xiānsheng liǎngge érzi dōu shi xué shénmo de?
13. Dà érzi gēn èr érzi zěnmoyàng?
14. Bái Xiānsheng wèi shénmo bú zhù sùshè, yào zū fángzi zhù?
15. Zhù sùshè yǒu shénmo hǎochu?

16. Gāo Xiānsheng wèi shénmo gàosu Wénshān zhùzai Huá jia bié hàipà?
17. Huá jiade èr érzi sǐzai nǎr le?
18. Gāo Tàitai dǎwánle diànhuà yǐhòu tā gēn Gāo Xiānsheng Bái Xiānsheng shuō shénmo?
19. Gāo Xiānsheng wèn Gāo Tàitai wèn méi wèn fángzū duōshao qián? Gāo Tàitai shuō shénmo?
20. Shéi péi Wénshān qu kàn fángzi?
21. Yàoshi yǒu péngyou zài nǐ jiā lǐtou zhù, zǎochen qǐlai nǐ gēn ta shuō shénmo?
22. Yàoshi nǐ zài péngyou jiā lǐtou zhù, péngyou tèbié gěi ni zuò záodiǎn, nǐ yīnggāi shuō shénmo kèqi huà?
23. Yàoshi yíge wàiguo péngyou zài nǐ jiā zhù, nǐ yīnggāi zuò shénmoyàngr zǎofàn?
24. Yàoshi péngyou zài nǐ jiā lǐtou zhù, tā shuō yào zhǎo fángzi nǐ shuō shénmo?
25. Yàoshi yǒu rén shuō yíge rén sǐle nǐ shuō shénmo?
26. Yàoshi nǐ gěi péngyou jièshao biéde péngyoude fángzi, nǐ dōu gēn ta shuō shénmo?
27. Yàoshi nǐde péngyou yǐqián xiě xìn qǐng ni gěi ta zhǎo fángzi, nǐ yǐjing gěi ta wènguole, nǐ duì ta zěnmo shuō?
28. Yàoshi nǐ péngyou qu kàn fángzi nǐ jiu ràng ta yíge rén qù ma?
29. Yàoshi péngyou shuō zhù sùshè hǎo nǐ zěnmo shuō?
30. Yàoshi péngyou shuō xīwang nǐ gēn bié ren zuò péngyou ni zěnmo huídá?

Dialogue: Mr. Gao, Mrs. Gao, Gao Meiying, and Vincent White, while having breakfast, discuss the problem of where to find quarters.

Gao :
Tai : } Good morning, Vincent.

White: Good morning [Mr. Gao and Mrs. Gao].

Mei : Morning, Vincent.

White: Morning, Meiying.

Tai : Vincent, you went to bed so late last night and yet you're up so early. Did you sleep well?

White: [I slept] very well. I didn't wake up until eight.

Tai : Was the bed comfortable [for sleeping]?

White: Very [comfortable].

Dialogue

Gao : We went to bed very late. We didn't get to sleep until after one.

Tai : You two should have stayed up and talked till daybreak.

Gao : Come on, please sit down, let's have breakfast.

White: Mrs. Gao, you've put yourself to lots of trouble again. When I'm here don't put yourself out too much. I'll eat whatever there is.

Tai : I didn't go to any trouble. It's just steamed rolls and hot cereal. If you (would rather) have bread, milk, coffee, and so on, (we) have them too. And there's also butter and jam. We have a toaster, too, so you can have toast.

White: I'll have steamed rolls and hot cereal. Meiying, how many of these rolls can you eat?

Mei : [I can eat] two. How about you?

White: I can eat six.

Mei : I don't believe it. [If you can't eat six what then?]

White: I bet I can. [lit. I'll suffer a penalty.]

Mei : What do you bet? [lit. Penalize you with what?]

White: [I'll be penalized by having to ask you to see] a movie.

Tai : Meiying, pass the soy sauce to Vincent.

White: Mr. Gao, what about a place to live? Will it be easy to find (a place) near the University?

Gao : What's your hurry? Stay a few days and rest and then we'll talk about it.

White: I think it would be better to decide on a place to live first.

Gao : After I got your letter I asked a number of friends (about a place to live).

White: It's a lot of trouble for you.

Gao : I have a friend named Hua. This Mr. Hua is an engineer. He had two sons, both very bright. Both graduated from college.

White: Were they Far Eastern (students)?

Gao : Yes. Both graduated from Far Eastern.

White: What did they take up?

Gao : The older son studied history. He did exceptionally well in his studies. Mr. Hua hopes that [in the future] he will study for a Ph.D.

White: What about the younger son?

Gao : The second son studied atomic energy. He was a year younger than the elder son. Unfortunately this youngster died a few months ago. The parents [lit. the two of them husband and wife] were heartbroken.

White: What a pity.

Gao : So they want to find a student to live in their [second] son's room.

White: It would be fine if I could go there to live.

Gao : There are two reasons for their wanting to find someone to live (there). The first [reason] is to avoid brooding about their son when they come back and see, not their child, but just an empty room.

White: What's the other reason?

Gao : The second reason is that the two of them [lit. husband and wife] are often not home. If there's a construction job somewhere else naturally they have to go. They want to find a student to live there and be a companion to their elder son.

White: How old is he [lit. the elder son]?

Gao : He's twenty-five this year.

White: I'm twenty-four. He's a year older than I.

Gao : Later perhaps you will become good friends.

White: I certainly hope so [too].

Gao : I think [hereafter] if you live in their home it will be like your own home, for Mr. and Mrs. Hua are both very nice.

White: Yes.

Gao : Now it's hard to rent a place because there are a lot more students, and they're all looking for quarters in this vicinity. Living in a dormitory is easier, as the school has built a lot of dormitories.

White: Originally I had thought of living in a dormitory, as it's both economical and convenient. But there are advantages and disadvantages. If you live in a dormitory you can't do things like having friends in or making your own meals.

Gao : If you live in the Hua home it will be like your own home. You can use the living room and dining room as you please. Having your friends come will be quite convenient. They have all the furniture for your room, such as bed, wardrobe, bookcases, and so on. They have a servant to keep (your) room in order, wash (your) clothes, and so on, none of which you have to concern yourself about.

White: That's wonderful.

Gao : (to Mrs. Gao) Give Mrs. Hua a ring and ask when it's possible to go see the place.

Tai : Yes.

Gao : My wife has already told Mrs. Hua that you were [lit. it was a matter of] an American. She said that's fine. When you see each other you can talk things over. I think living at the Huas' will be better than living in the house of a landlord you don't know.

White: Very good.

Gao   : Vincent, [living there] don't be afraid [thinking] that their son died in that room. As a matter of fact he didn't [die at the house]. He died in a hospital.

White : I wouldn't be afraid.

Gao   : He took sick suddenly and even (with) several doctors it was not possible to stay the illness.

White : That's really sad.

Gao   : That youngster was often with us. We were very close, so when he died my wife and I were very upset.

Tai   : I made the call, and it was Mrs. Hua who answered. She invited us to go look at the house at eleven o'clock.

Gao   : You didn't ask Mrs. Hua how much the rent was?

Tai   : She didn't answer that question. She said to discuss it further when we meet.

Gao   : In a little while Meiying can go there with Vincent.

Mei   : Fine.

White : Meiying, (sorry to) trouble you.

Mei   : Not at all.

Sentences for New Words and Grammar

1.1. I woke up at six o'clock.

1.2. I didn't wake up until ten-thirty.

2.1. From here to Nanking it's two days and two nights by boat.

2.2. I couldn't get to sleep last evening. I didn't sleep the whole night.

3.1. This chair is very comfortable [for sitting].

3.2. I'm a little under the weather today.

4.1. Get up right away. It's already light.

4.2. Why are you going to sleep so early? It's still light.

4.3. We got up just as the day dawned.

5.1. How about our asking him to breakfast?

6.1. The stuffed rolls that Mrs. Hua makes are really delicious.

7.1. I eat hot cereal every morning.

8.1. Chinese eat steamed rolls, foreigners eat bread.

8.2. I'd like to have toast.

9.1. Some people can't sleep when they drink coffee.

10.1. In making this dish you have to use a little more oil.
10.2. Do you want butter when you eat bread?
11.1. We have soybean paste, but not soy sauce.
11.2. In making Chinese dishes you almost always use soy sauce.
11.3. Would you like jam with the bread?
12.1. Our stove has broken down. We must find someone to fix it.
12.2. Please put another piece of bread in the toaster.
13.1. I don't believe him.
13.2. Nobody believes what he says.
13.3. You don't believe what I say?
13.4. I don't believe he can go abroad next year.
14.1. Can he manage this matter?
14.2. I'm going out now to take care of something.
14.3. He didn't do a good job in that matter.
14.4. How is this matter to be arranged?
14.5. What's to be done if there's no money?
15.1. This room is so hot. How can you stand it?
16.1. As a penalty I had him invite me to dinner.
16.2. The policeman fined me two dollars.
16.3. If you park in the wrong place you'll be fined.
16.4. Why was he punished in school?
17.1. Hand me that book.
18.1. I haven't yet decided about this matter.
18.2. I've decided to go make a call on him tomorrow.
19.1. Building that hotel was a big construction job.
19.2. Mr. Wang is an engineer.
19.3. Engineering is very hard [to study].
20.1. He has two sons.
20.2. Mr. Wang's eldest son is already married.
20.3. His second son is very bright.
20.4. He is fondest of his youngest son.
21.1. He's already a Ph.D.
21.2. Dr. Wang is very learned.
21.3. I'm studying for my doctorate now.

Sentences for New Words and Grammar

22.1. He's studying atomic energy.
22.2. Ball-point pens are cheaper than fountain pens.
23.1. That little dog of theirs died. It's really a pity.
24.1. His car was in an accident. It ran into a man and killed him.
24.2. He died in [lit. because of] a plane accident.
24.3. I haven't eaten all day. I'm dying of hunger.
24.4. Fighting has started in that place. A lot of people have been killed.
24.5. He didn't die in an accident, he died of an illness.
24.6. The weather's too hot today. I'm dying from the heat.
24.7. I must rest a while. I'm dead tired.
24.8. I'm famished.
25.1. Husband and wife are both Ph.D.'s.
26.1. I hear he's taken ill. I'm very distressed.
26.2. I'm quite distressed that I didn't help in that matter of his.
27.1. What's the reason that he's not studying any more now?
27.2. I don't know the reason for his not coming.
28.1. One must be careful when driving so as to avoid having accidents.
28.2. If you're going to the library, please borrow that book for me so that I won't have to go.
28.3. In writing characters, making mistakes is unavoidable.
29.1. This trunk is empty.
29.2. There's a vacant room in our home.
29.3. He's always given to empty talk.
30.1. You don't need to meet me. I have a companion [lit. someone to accompany me].
30.2. Miss Wang has gone to keep Miss Qian company.
31.1. He and I have become friends now.
32.1. I'd like to rent a room.
32.2. Finding a house to rent is not at all easy.
32.3. My house was rented to Mr. Wang.
32.4. May I ask, do you have a room to rent here?
33.1. This school has only men's dormitories, not women's [dormitories].
34.1. It's more economical to eat at home than in a restaurant.
34.2. He's studying economics.
34.3. [From the economic aspect] it's too expensive [lit. uneconomical] to ship by plane.

35.1. Are you having friends [come] today?

36.1. I'll do it myself. I don't need you for anything.

36.2. Everything at home is done by my mother.

37.1. The furniture in his home is quite elegant.

37.2. There's every (sort of) furniture in that house.

38.1. Please hang these clothes in the wardrobe closet.

39.1. There are a lot of Chinese books in his bookcase.

39.2. Your towels are on the towel rack.

39.3. Yesterday I bought a clothes rack.

40.1. Mrs. Hua's servant is excellent.

41.1. Who's in charge of this matter?

41.2. I'll take care of cooking, you take care of washing the dishes.

41.3. He doesn't concern himself with anything.

41.4. No matter whether you go or not, I'm going.

42.1. Let's all eat together.

42.2. All of you please sit down.

43.1. The landlord said it will also be all right to pay once every two weeks.

44.1. I'm really frightened to live here by myself.

45.1. From his appearance he seems stupid. As a matter of fact he's quite intelligent.

46.1. Actually I don't like seeing movies at all.

46.2. Yesterday I didn't go after all.

47.1. I must go to the hospital for a check-up.

48.1. The weather has suddenly turned hot.

49.1. I'm sick and have to go see a doctor.

49.2. Ask Dr. Wang to have a look at him.

50.1. There is no way of curing his illness.

50.2. I must find a doctor to treat the child.

50.3. Dr. Wang cured him [lit. his illness].

51.1. He and I are close friends.

51.2. Everyone here is a stranger. There isn't a single acquaintance (of mine).

51.3. Mom, I'm hungry. Is dinner ready?

52.1. Do trains go through that city?

52.2. That road is closed.

Review Sentences

52.3. Yesterday I got through to him on the phone.

52.4. I rang for a long time but couldn't get through on the phone.

52.5. Did you reach him (on the phone)?

52.6. I couldn't reach him on the phone.

53.1. I've invited friends to dinner this evening.

53.2. I've already arranged with him to go tomorrow.

53.3. I have an appointment with him at three o'clock.

54.1. What is the rent per month for the house where you live?

55.1. I'll ask, you answer.

55.2. How do you answer this question?

55.3. Please put your books down. We'll have questions and answers.

55.4. He hasn't answered me yet.

55.5. Your answer is incorrect.

56.1. I'm going to the Wangs' to keep Miss Wang company.

56.2. Yesterday I went shopping with my mother.

Review Sentences

1. It is my habit to get up right away after waking up.
2. Do you find that chair comfortable [to sit in]?
3. Yesterday evening I read too much, so my eyes are smarting [lit. not comfortable].
4. This stuffed roll is (made) of pork and cabbage.
5. Rice with a lot of water is xīfàn.
6. In frying bean curd it's necessary to use [lit. put down] a lot of oil.
7. Jam is made from fruit.
8. There are two stoves in our kitchen.
9. What's to be done? I forgot to bring my books.
10. It's so hot today. I really can't stand it.
11. If you park the car there you'll be fined.
12. Please hand me a cigarette.
13. I still haven't made up my mind [now] whether or not to go.
14. Dr. Wang has decided to go to England next year.
15. The two of them, husband and wife, both like to watch television.
16. He did badly on the exams. He's very upset [in heart].

17. This house is empty. There's no one living in it.
18. I've long since rented out that room of mine to someone else.
19. This evening we're having friends come to our home.
20. I rang him just now. I tried and tried but couldn't get him.

Notes

1. The word yuánzĭ, in addition to its meaning 'atom,' as when compounded with néng 'able' in yuánzĭ-néng 'atomic energy,' is also used as an attention-getter in the names of ordinary mechanical devices like pens, stoves, pressure-cookers, and so on. Thus a yuánzĭ-bĭ is not an atomic-powered pen, but simply means 'ball-point pen.'

2. The verb sĭ 'die' in its neutral form is used as a postverb:

   dásĭ   'kill by striking'
   pèngsi 'die by being run into,' 'kill by running into'
   bìngsi 'die of illness'
   èsi   'die of hunger'
   kěsi   'die of thirst'

   These last two are also used figuratively. Another figurative use is

   lèisi   'dead tired'

   Sĭ also enters into the construction SVde yào sĭ 'extremely SV' [lit. 'so SV that (I) want to die']:

   Wǒ lèide yào sĭ. 'I'm terribly tired.'
   Wǒ kěde yào sĭ.   'I'm dying of thirst.'

3. The verb lái, in addition to its intransitive meaning of 'come,' has also the transitive meaning 'cause to come.' In restaurants (see Beginning Chinese, Lesson 21, Note 6), it is used in requests to waiters:

   Lái yìwǎn fàn 'Bring [lit. cause to come] a bowl of rice.'

   It also means 'invite' or 'have [someone] over':

   Wǒmen jīntian lái kèren. 'We're having [lit. causing to come] guests today.'

Dì Liùkè. Wēnxi

Lesson Contents

A. Substitution Frames (p. 123)
  I. Nǐ zěnmo zhīdao . . . ? (p. 125)
  II. Nǐ wèi shénmo . . . ? (p. 126)
  III. Qǐng wèn, dào . . . zěnmo zǒu? (p. 127)
  IV. Nǐ bǎ shénmo . . . ? (p. 128)
  V. Wǒmen zài nǎr . . . ? (p. 128)
  VI. . . . duōshao qián? (p. 129)
  VII. Nǐ zài . . . zuò shénmo? (p. 129)
  VIII. Nǐ shénmo shíhou . . . ? (p. 130)
  IX. Wǒmen yòng . . . zuò shénmo? (p. 130)
  X. Shénmo shi . . . de? (p. 131)
B. Narratives and Dialogues (p. 129)

A. Substitution Frames

The following review exercises consist of substitution frames followed by lists of expressions which can be used to fill in the blank space in the sentence. These expressions are listed in the order of the lessons in which they occurred (indicated by numbers in parentheses), so that they can be reviewed either here or earlier. The exercises can be used in various ways. One of the best is to have the teacher ask questions using the listed expressions and the students give one or more appropriate answers. It is not necessary to limit oneself to a simple question and answer. These can often be expanded into an exchange of several sentences.

I. Nǐ zěnmo zhīdao . . . ?

(1) 1. fēijī yào qǐ fēide wǎn
2. tā shi ge gāo gèzi
3. tā bǐ yǐqián shòu le
4. tā bǎ zhōngdiǎr xiěcuò le
5. pēnshèjī fēide hěn wěn
6. xuésheng dōu zǒuguāng le
7. tā mángzhe kǎoshì ne
8. tā hǎoxiang hěn jìmo shide

Lesson Six

      9. tāmen hěn jiǔ méi jiàn
    10. zhèhuí ta yídìng lái kàn wo lai
    11. nèr méi yǒu pēnshèjī fēijīchǎng
    12. tā cái zǒu

(2) 1. tā yìbiār niàn shū, yìbiār zuò shì
    2. tā yuánlái shi niàn kēxué de
    3. tā gēn zhèijiàn shì yǒu guānxi
    4. zhèijiàn yīfu shi tāde
    5. tā ná yàoshi bǎ mén suǒshang le
    6. yòng huǒchē yùn huò hěn guì
    7. tā shuōde bǐ wǒ liúli
    8. tā bú shi běn dì rén
    9. tā yǐwei nǐ shi Zhōngguo rén
    10. tāde zhíwu shi hěn nán zuò de

(3) 1. tā gǎibiànle hěn duō
    2. tāde fángzi shi xīn gài de
    3. dì èrcéng méi rén zhù
    4. yùndongchǎng néng róng yíwàn rén
    5. tā hěn guānxīn tāde nǚ'er
    6. nèizuò dà lóu shi lǚguǎn
    7. xuésheng zēngjiāle bù shǎo
    8. nèige jiǎorshang bù néng tíng chē
    9. zhèidàide fángzi dōu guì
    10. tā jiānglái bú niàn shū le
    11. nèige dìfang hěn rènao

(4) 1. wǒ kě le
    2. wǒ xǐhuan chī mántou
    3. gāi wǒ xǐ jiāhuo
    4. bàoshang xīnwén bù duō
    5. wǒ ède bùdéliǎo
    6. tā hěn yào miànzi
    7. wǒ yǒu tāde xiāoxi
    8. tā yǒu zǎo qǐ de xíguan
    9. chuángshang de yīfu shi tāde
    10. nèige wèr bù hǎo wén

(5) 1. tā yí yè méi shuì jiào
    2. tā xǐngde hěn wǎn
    3. Wáng Bóshi bù shūfu
    4. tiān liàng le
    5. tā shòu fá le
    6. tā shi gōngchéngshī
    7. tā hūrán sǐle
    8. tāmen chéngle hǎo péngyou
    9. tā lǎo shuō kōng huà
    10. tāde bìng hái mei zhìhǎo ne
    11. tāmen shi shú péngyou
    12. zhèige fāngxiang bú duì

II. Nǐ wèi shénmo . . . ?

(1) 1. ná rénjiade dōngxi
    2. bù gēn ta tōngxìn
    3. bù mǎi xīnde
    4. xǐhuan xià yǔ
    5. shuō ta bǐ wǒ pàng
    6. bú zuò pēnshìjī
    7. xiǎngniàn ta
    8. xīnli bú tòngkuai

Substitution Frames 125

      9. shuō tāde yǎnjing bù hǎo   11. chángcháng nènmo jìmo
     10. jiào ni bàba lái   12. dāndú yíge rén qù

(2) 1. xiě rìjì   6. bù mǎi bàozhǐ
    2. bú kàn bàozhǐ   7. bú dài shǒushi
    3. suǒshang mén   8. gěi ta lǐwu
    4. bú zuò huǒchē   9. bù dǒng tāde kǒuyin
    5. bú zuò nèige gōngzuò   10. yǒu nènmo duō zhǐbāor

(3) 1. bú fàngxīn   7. shuō mǎshàng qù bù fāngbian
    2. qǔxiāo zhèi sìge zì   8. bù xiǎoxīn
    3. shuō ta fēicháng cōngming   9. shuō tāde jìxing bù hǎo
    4. zài zhèr guǎiwār   10. bú jìde tāde míngzi
    5. zhèixiē zì bù wánquan xiě le   11. shuō tāde qìchē chū shì le
    6. dào yùndong huì qu

(4) 1. bú ài ta   6. bú zuò shàngzuòr
    2. bù gěi ta qī chá   7. shuō bù gǎndāng
    3. bú lìngwài mǎi yìběn   8. bù chī ròu sī miàn
    4. gěi ta jiē fēng   9. bù gěi ta diǎn yān
    5. bú kàn diànshì   10. guā fēng yě yào qù

(5) 1. juédìng zhù sùshè   7. bù huídá
    2. bù qǐng fūqī liǎngge rén   8. nèrde tiānqi shòubuliǎo
    3. hàipà   9. bú xìn tāde huà
    4. bù xǐhuan niàn jīngjixué   10. bù gēn dàjiā qù
    5. bù guǎn zhèijiàn shìqing   11. ràng ta gēn nǐ zuò bàr
    6. nènmo nánguò

            III. Qǐng wèn dào . . . zěnmo zǒu?

(1) 1. kèren chūkǒuchù   2. pēnshèjī fēijīchǎng

(2) 1. lǚxíng shè   4. hángkōng gōngsī
    2. hángkōng xuéxiào   5. huǒchē zhàn
    3. Shìjiè Lǚguǎn   6. jiǎncháchù

(3) 1. tíngchēchǎng   3. Xīn Huá Lóu
    2. yùndongchǎng   4. bǎi huò gōngsī

5. nǐde zhùzhái
6. zuì rènaode dìfang
7. Zhōnghuá Mén

(4) 1. Huáng jia

(5) 1. nǚ sùshè
2. nán sùshè
3. yīyuàn
4. Wáng Dàifu jiā

IV. Nǐ bǎ shénmo . . . ?

(1) 1. xiěchéng sān zì
2. làzai chēshang le

(2) 1. xiězai míngdānshang
2. jiāogei màipiàoyuán
3. yùndao Zhōngguo qu le
4. fàngzai shǒutíbāoli
5. fàngzài píbāoli
6. suǒshang le
7. wàng le
8. nòngde luànqibāzāo

(3) 1. tíngzai tíngchēchǎng
2. fàngzai chēxiāngli
3. fàngzai shǒutíxiāngli
4. xiūli xiūli
5. nònghuài le
6. qǔxiāo le
7. nòngzāng le
8. nònggānjing le
9. guàzai qiángshang

(4) 1. nádao shūfángli
2. fàngzai zhuōzishang
3. guàzai bìchúli
4. nádào chúfángli
5. nádào kètīngli
6. nádào fàntīngli

(5) 1. dìgei ta
2. gěi ta xiǎo érzi
3. gěi tāde yòngren

V. Wǒmen zài nǎr . . . ?

(1) 1. làxia dōngxi le
2. xiūxi yìhuěr
3. wēnxi jùzi
4. mǎi pēnshèjī piào

(2) 1. jiǎnchá xíngli
2. yùndong yùndong
3. qiáodejiàn jiǎncháyuán
4. zhǎodezháo lǐfū

(3) 1. kéyi tíng chē
2. zhǎodezháo jǐngchá
3. kāi yòndong huì
4. pèngle gǒu
5. guǎiwār

Substitution Frames

(4) 1. guà yīfu
    2. guà zìhuàr
    3. xǐ zǎo
    4. xǐ liǎn

    5. qī chá
    6. xǐ jiāhuo
    7. kàn diànshì
    8. kéyi chōu yān

(5) 1. néng zū fángzi
    2. mǎi niú yóu

VI. . . . duōshao qián?

(1) 1. nǐde xīn màozi
    2. yìzhī hóng qiānbǐ

(2) 1. zhèitào yīfu
    2. nǐde shǒutíbāo
    3. yíge píbāo
    4. yíge dǎzìjī
    5. yíge wúxiàndiàn
    6. yìběn rìjìběr
    7. yìzhī bǐ zuì duō
    8. yìzhī bǐ zuì shǎo

(3) 1. yíge bōlibēi
    2. yíge shǒutíxiāng
    3. yìsuǒ Xī shì fángzi

(4) 1. yìtiáo xízǎo shǒujin
    2. yíkuài féizào
    3. yíge dáhuǒjī
    4. yìzhāng zhuōzi
    5. yìbǎ yǐzi
    6. yíge diànshì
    7. yìbēi niú nǎi
    8. yìtiáo xǐliǎn shǒujin

(5) 1. yìbēi káfēi
    2. yìwǎn xīfàn
    3. yíge bāozi
    4. suóyǒude jiāju
    5. fángzū

VII. Nǐ zài . . . zuò shénmo?

(1) 1. kèren chūkǒuchù

(2) 1. jiǎncháchù
    2. lǚxíngshè
    3. hángkōng xuéxiào
    4. hángkōng gōngsī
    5. huǒchē zhàn
    6. Shìjiè Lǚguǎn

(3) 1. tíngchēchǎng
    2. yòndongchǎng
    3. pùzi
    4. yòndong huì
    5. bǎi huò gōngsī

(4) 1. nèijiān wūzili
    2. shūfángli

3. bìchú ner
4. fàntīng
5. chúfáng
6. kètīng

(5) 1. yīyuàn

VIII. Nǐ shénmo shíhou . . . ?

(1) 1. xīnli bú tòngkuai
2. gēn ta jiàn miàn
3. xiūxi
4. jiǎnchá xíngli
5. wēnxi jùzi
6. shōushi wūzi

(2) 1. jiāogei ta qián
2. sòng péngyou lǐwu
3. tīng wúxiàndiàn
4. suǒshang mén
5. kàn bàozhǐ
6. xiě rìjì
7. zuò zhèige gōngzuò
8. chū guó
9. gěi rén míngpiàr
10. chuān zhèitào yīfu

(3) 1. gēn péngyou xián tán
2. jīngguo Rìběn
3. fēicháng tòngkuai
4. chū shì de
5. bú fàngxīn
6. bāng rénde máng

(4) 1. xǐ liǎn
2. xǐ zǎo
3. qī chá
4. ài chōu yān
5. gěi ta jiē fēng
6. kàn diànshì
7. chī shuǐguǒ
8. shuì jiào

(5) 1. chī záodiǎn
2. yuēhǎole gēn ta yíkuàr qù
3. lái péngyou
4. pèngjian ta le
5. bàn zhèijiàn shì
6. péi ta qù
7. néng gēn ta tōng diànhuà
8. chī guǒzi jiàng

IX. Wǒmen yòng . . . zuò shénmo?

(1) 1. shēng cài
2. shēng zǐ

(2) 1. míngdān
2. shǒutíbāo
3. píbāo
4. dǎzìjī
5. wúxiàndiàn
6. yàoshi
7. rìjìběr

(3) 1. bōlibēi
    2. chē xiāng
    3. shǒutíxiāng

(4) 1. féizào
    2. yánghuǒ
    3. dáhuǒjī

(5) 1. miànbāo lú
    2. yuánzǐ-bǐ
    3. yīguì
    4. shū jiàzi

X. Shénmo shi . . . de?

(1) 1. xīn
    2. hóng
    3. shēng

(2) 1. jiù
    2. luànqibāzāo

(3) 1. yùn huò
    2. fēicháng hǎo
    3. tài zhǎi
    4. hěn zāng
    5. hěn gānjing
    6. Xī shì
    7. Zhōng shì
    8. jiǎngjiu
    9. gèng guì
    10. gèng piányi
    11. bù fāngbian
    12. hěn kuān
    13. bù píng

(4) 1. lěng
    2. rè
    3. huáng
    4. zuì zhǔyào
    5. hěn fèi shì

B. Narratives and Dialogues

I

Zuótian wǒ dào fēijīchǎng qu jiē péngyou. Yīnwei wǒ qù wǎn le, wǒ dào fēijīchǎng yí kàn fēijī lái le dou. Wǒ xīnli xiǎng: "Aiya! Zhēn zāogāo. Bù zhīdào kèren xiàle fēijī méi you. Gāncuì dào kèren chūkǒuchù děngzhe ba." Kěshi hǎoxiang kèren hai méi xiàlai. Wǒ yòu xiǎng háishi kàn kèren xià fēijī ba. Zài fēijīchǎng jiē kèren de méi you wǒ rènshi de, dōu shi shēng rén. Nèitiān tiānqi hěn rè. Zài fēijīchǎng jiǎnzhíde rèsǐle. Hènbude mǎshàng líkai fēijīchǎng.

II

Zuótian xuéxiào bàogàole shuō xià xīngqī fàngjià sāntiān. Gāo Tàitai shuōguo fàngjià de shíhou jiù jiào wǒ dào tāmen jiā lǐtou qu miǎnde yíge rén zài sùshè lǐtou hěn jìmo. Zhè shi Gāo Tàitaide hǎo xīn. Qíshí wǒ zài sùshè bìng bú jìmo.

III

Gāo Xiānsheng, zuótian wǒ méi dào nín fǔshang qù. Hěn duìbuqǐ. Xiànzài wǒ bǎ méi qù de yuányīn gàosu nín. Běnlái wǒ shi xiǎng qù de, kěshi dàole wǔdiǎn zhōng de shíhou tiānqi hěn huài: xià dà yǔ, bìngqiě fēng yě hěn dà, hěn bù róngyi kāi chē. Wǒ kǒngpà qìchē chū shì, suóyi méi qù. Qíyúde shì jiānglái jiànle miàn zài tán.

IV

Zuótian Lǎo Zhāng ràng wo qǐng kè. Ta ràng wo qǐng ta chī wǎnfàn. Nǐ cāi zěnmozhe, wǒ jiù liǎngkuài qián. Nǐ shuō wǒ zěnmo qǐng? Méi fázi. Wǒ shuō: "Jīntian nǐ qǐng ba. Jiānglái wǒ zài qǐng." Lǎo Zhāng hǎoxiang hěn bu gāoxìngde yàngzi.

V

Zuótian wǒ zài Sān Yǒu Shūdiàn kànjian yìběn shū, hěn hǎo, bìngqiě yě bú guì, wǔkuài qián jiu kéyi mǎi. Hái yǒu yìzhāng huàr. Nèizhāng huàr huà de shízài hǎo, jiùshi tài guì le. Sānbǎikuài qián cái kéyi mǎi. Yīnwei wǒ méi yǒu sānbǎikuài qián, suóyi wǒ méi fázi mǎi.

VI

A: Zhèi jǐtiān tiānqi hěn hǎo wa.
B: Ěi! Tiānqi zhēn bú cuò.
A: Wǒmen qù lǚxíng hǎo bu hǎo?
B: Hǎo wa. Dào nǎr qu?
5 A: Nǐ shuō ba.
B: Háishi 'nǐ shuō ba.
A: Wǒmen zìjǐ rén, gànmá kèqi? Háishi nǐ shuō ba.
B: Gāncuì zánmen dào Xī Hú.
A: Yígòng yǒu jǐge rén? Shéi mǎi chī de dōngxi shénmo de?

Narratives and Dialogues

10 B: Zhèige wǒ dōu bù zhīdào. Yíqièyíqiède huítóu Wáng Xiānsheng láile zài shuō.

    A: Yàoshi rén shǎo jiù zuò wǒde chē qù. Yàoshi rén duō jiù dōu zuò gōnggòng qìchē le.

    B: Kěxī nǐde chē huài le, yàoburán nǐde chē kéyi zuò bù shǎo rén.

15 A: Qíshí wǒde chē bìng bù zěnmo huài, kěshi yī xiūli jiù děi hǎoxiē rìzi.

    B: Nǐ bu shi zìjǐ huì xiūli chē ma?

    A: Xiā shuō. Shéi shuō wǒ huì xiūli chē?

    B: Ei! Lǎo Zhāng gàosu wo nǐ huì me. Nǐ dàoshi huì bu huì ya?

    A: Wǒ shízài bú huì. Lǎo Zhāng shuōzhe wár ne.

VII

    A: Wáng Xiānsheng, xièxie nǐ lái jiē wo.

    B: Bié kèqi. Nǐ zuò wǒde chē huíqu ba.

    A: Xièxie ni. Wǒ háishi zuò hángkōng gōngsīde chē ba, yīnwei wǒde xíngli tài duō.

5 B: Yígòng jǐjiàn xíngli nǐ yǒu?

    A: Yígòng wǒ yǒu wǔjiàn xíngli.

    B: Wǒde chē dà, kéyi.

VIII

    A: Xíngli nǐ yígòng yǒu jǐjiàn?

    B: Wǒ yígòng yǒu wǔjiàn xíngli.

    A: Dōu shì nín zìjǐ yòng de ma?

    B: Yǒude shi wǒ zìjǐ yòng de, yǒude shi sòng péngyou de lǐwu.

    A: Hǎo, nǐ názǒu ba.

IX

    A: Zuótian wǒmen měi yíge rén gěi ta liǎngbǎikuài qián.

    B: Zěnmo? Nǐmen dōu liǎngbǎikuài qián ne? Wǒ shi wǔbǎikuài qián.

    A: Dàgài shi kàn nǐ yǒu qián, suóyi ràng nǐ duō gěi diar.

UNIT II

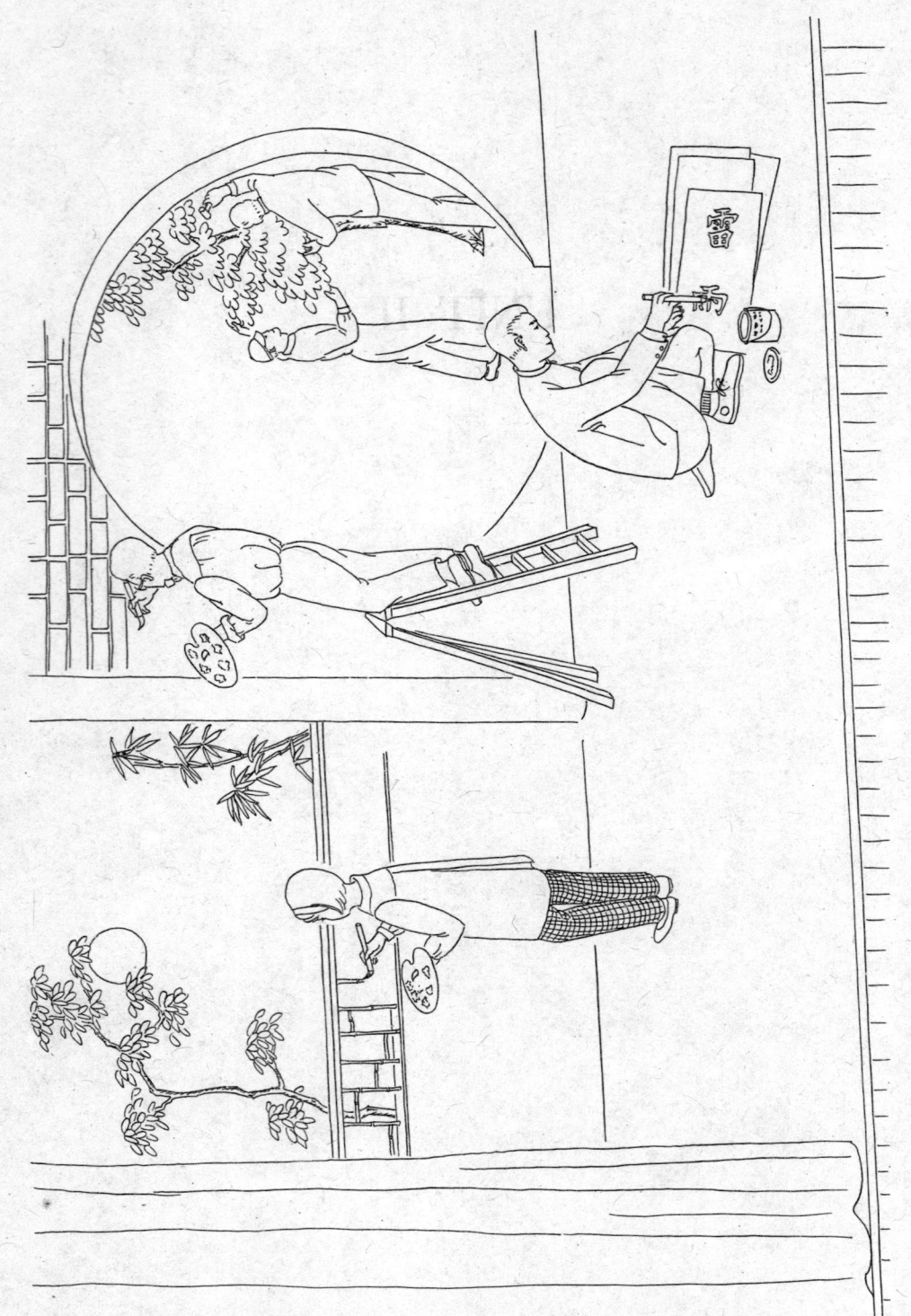

"Xuéxiào yǎn xì bùjǐng gēn guǎnggào. shénmode wǒ yě bāngzhu huà."

Dì Qīkè. Tán Guòqu de Shìqing

　　　　Huìhuà: Bái Wénshān, Gāo Měiyīng yìbiār zǒu lù yìbiār tán huà.

Bái : Měiyīng, shídiǎn duō le. Wǒmen xiànzài jiù qù ba.

Měi: Hǎo. Wǒ qu huàn jiàn yīfu. Yìhuěr jiu lái.

Bái : Gāo Tàitai, Huá jia zài nǎr a?

5　Tài : Jiù zài Yuǎn-Dà duìmiàr nèitiáo xiǎo lùshang, lù míngzi jiào Běi Hú Lù, mén pái shíjiǔhào. Měiyīng rènshi.

Bái : Hǎo.

Měi: Wénshān, wǒmen zǒu wa.

Bái : Hǎo. Gāo Xiānsheng, Gāo Tàitai huítóu jiàn.

10　Tài : Děngzhe nǐmen liǎngge rén huílai wǒmen yíkuàr chī wǔfàn.

Bái : Wǒ kàn bú bì děng wǒmen le. Yéxǔ kàn fángzi dānwu de shíhou tài duō, guòle chī fàn de shíhou le. Wǒ gēn Měiyīng suíbiàn zài fànguǎr chī yìdiǎr.

Tài : Wǎn diar chī. Děngzhe nǐmen.

15　Gāo: Jiù ràng tāmen zài wàibiar chī diar me.

Bái : Huítóu jiàn.

Gāo: Huítóu jiàn.

Bái : Měiyīng, wǒmen wàng něibiār zǒu?

Měi: Wǒmen wàng qiánbiar zǒu shi Zhōngshān Lù. Zài wàng zuǒ guǎi
20　　　jiù shì Běi Hú Lù. Huá jia zài Běi Hú Lù de běi toúr, lí wǒmen xuéxiào dàlǐtáng bù yuǎn.

Bái : Zěnmo? Dàxuéde dàlǐtáng bú shi zài dàxué lǐtou ma?

Měi: Xīn dàlǐtáng jiù zài dàxué fùjìn. Qùnian cái gàihǎo de. Wǒmen kāi huì yǎn xì dōu zài zhèige xīnde dàlǐtáng. Lǐtou piàoliang jíle.

25　Bái : Zhōngshān Lù gēn yǐqián wánquan bù yíyàng le.

Měi: Kě bu shì ma. Cóngqián zhèr shi ge dà shùlínzi. Nǐ jìde ba.

Bái : Jìde.

Měi: Xiànzài gàile hěn duō fángzi. Kěshi shùlínzi méi le, shù dōu kǎn le.

30　Bái : Wǒ bú zàncheng yīnwei xiū lù gài fángzi bǎ shù yìkē yìkēde dōu gěi kǎn le. Duómo kěxī.

Měi: Wǒ yě fǎnduì zhèizhǒng bànfǎ.

Bái: Kěshi huà yòu shuōhuílai le, bù kǎn shù zěnmo xiū lù gài fángzi ne?

35 Měi: Nǐ zhèige rén zhēn máodùn. Xiān shuō bú zànchéng, xiànzài yòu shi zànchéng le, shì bu shi?

Bái: Wǒde yìsi shi yàoshi rénkǒu duō xūyào fángzi yě méi fázi.

Měi: Wǒ hěn xǐhuan shù. Nǐ kàn chūntian shù yèzi zhǎngchulai duómo piàoliang. Tīngshuō Měiguo shù yèzi qiūtian shi hóngde. Shi zhēnde
40   ma?

Bái: Shì zhēnde.

Měi: Nǐ kàn zhèr gǎibiàn bù shǎo ba?

Bái: Gǎibiànde tài duō le.

Měi: Gōngyuánli xiànzài hái xiūle yíge yóuxìchǎng ne, zhuān wèi xiǎo
45   háizi xiū de.

Bái: Na wǒmen něitiān wárwar qu hǎo bu hǎo?

Měi: Wǒmen yě bú shi xiǎo háizi.

Bái: Wǒmen qu kànkan me.

Měi: Nà dào kéyi.

50 Bái: Měiyīng, wǒ láidàole yǐhòu lǎo gēn Gāo Xiānsheng tán huà le, méi dé jīhui gēn nǐ tán. Nǐ bǎ zhè sānniánde qíngxing gàosu wo, hǎo bu hǎo?

Měi: Shìqing tài duō le. Cóng nǎr shuōqǐ ne? Wǒ xiǎngxiang a, wǒ cóng kǎo dàxué nèr shuō ba.

55 Bái: Wǒ yào tīngting nǐ yíqiè yíqiède shìqing.

Měi: Bú shi nǐ zǒude nèinián wǒ kǎo dàxué ma? Wǒ gàosu nǐ ba, zài méi kǎo yǐqián ne, xīn lǐtou hàipàde bùdéliǎo. Wǒ xiǎng yàoshi kǎobushàng nǐ shuō duó nánkàn. Xìng'er kǎoshang le.

Bái: Nǐ yìzhíde dōu niàn wénxué ma?

60 Měi: Wǒ yìzhíde niàn wénxué xì. Wǒ duì wénxué hěn yǒu xìngqu.

Bái: Nǐ chúle niàn shū yǐwài duì shénmo yǒu xìngqu?

Měi: Wǒ chúle niàn shū yǐwài duì xìju yìfāngmiàn yǒu xìngqu. Bǐfang shuō xuéxiào yǎn xì bùjīng gēn guǎnggào shénmode wǒ yě bāngzhu huà. Nǐ zài Měiguo de yíqiè yě gàosu gàosu wǒ le.

65 Bái: Nǐ hai méi shuōwán nǐde ne.

Mei: Hěn duōde shìqing nǐ ràng wo yìshí zěnmo shuōdewán ne?

Bái: Hǎo, wǒ shuō. Wó cóng huíqu yǐhòu lǎo xiǎng huí Zhōngguo lái. Yǒu yì xiǎng, huí guó niàn shū lai lə, wèi shénmo lǎo xiǎng huí Zhōngguo, děi nǔlì niàn shū wa.

70 Měi: Nǐ wèi shénmo xiǎng huílai?

Shēng Zì gēn Xīn Yúfǎ de Jùzi

Bái : 'Nǐ shuō wǒ wèi shénmo xiǎng huílai. Wǒ niànle yìniánde dàxué bìyè yǐhòu, wǒ jiu niàn bóshi. Zài zhèi sānniánli wǒ dàoshi hěn yònggōng.

Měi : Nǐ cóngqián yě hěn yònggōng me.

75 Bái : Yǐqián méi yǒu huídao Měiguo nènmo yònggōng. Měiguode jiàoyu shuízhǔn xiànzài yòu tígāo le. Fēi yònggōng bù kě.

Měi : Nǐ fàngjià de shíhour dōu zuò shénmo ne?

Bái : Wǒ fàngjià de shíhou zài yíge gōngsī zuò shì zhuàn yìdiǎr qián. Yǒude shíhou gēn dìdi mèimei péngyoumen chūqu wárwar. Dōngtian
80 xiàwǔ dào liūbīngchǎng qu liū yíge zhōngtóude bīng. Xiàtiān dào hǎibiārshang qu yóuyǒng. Nǐ ne?

Měi : Yǒude shíhour bāngzhe mǔqin zuò diar shì. Wǒ yě méi hěn duōde gōngfu. Xuéxiào yàoshi yì yǎn xǐ le, huà bùjǐng guǎnggào dōu yào fèi hěn duō shíhou.

85 Bái : Wǒ xiànzài duì zhào xiàng hěn yǒu xìngqu. Wǒ juéde zhào xiàng hěn yǒu yìsi. Wǒ gěi dìdi mèimei tāmen zhàole hěn duō xiàng.

Měi : Xiàngpiār dàilai le ma?

Bái : Dàilai le. Huíqu gěi nǐ kàn. Wǒ bú shi zì kuā, wǒ zuì jìn zhào xiàng de jìshu hěn bú cuò. Yóuqíshi cǎisè xiàng, wǒ zìjǐ kàn
90 zhàode fēicháng hǎo. Wǒ zài Měiguo jiù xiǎng, huílai wǒ yídìng gěi nǐ zhào jǐzhāng xiàng.

Měi : Wǒ hěn xǐhuan zhào xiàng.

Bái : Wǒ hái yǒu yíge lǐwu, jiānglái gěi ni. Nǐ cāi shi shénmo.

Měi : Wǒ bù zhīdào.

95 Bái : Nǐ cāi.

Měi : Wǒ zěnmo cāidezháo ne? Shì chīde shì yòng de?

Bái : Yòng de.

Měi : Wǒ cāibuzháo. Nǐ bù shuōchulai wǒ yí bèizi yě cāibuzháo.

Bái : Shi zhàoxiàng běnzi.

100 Měi : Měiguode zhàoxiàng běnzi hěn piàoliang. Yíge péngyou tā gēge cóng Měiguo jìgei ta yìběn, zhēn piàoliang.

Bái : Wǒ xīwang nèige zhàoxiàng běnzi nǐ hěn xǐhuan.

Měi : Wǒ yídìng hěn xǐhuan. Wǒ dì yīzhāng xiàngpiār xiān tiē nǐde.

Shēng Zì gēn Xīn Yúfǎ de Jùzi

1.0. (3) huàn change, convert (TV)

   1.1. Wǒ děi bǎ chē huàn dìfang. Yàoburán gāi fá qián le.

   1.2. Wáng Xiānsheng huàn qián qu le.

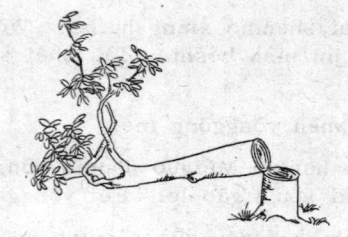

1.3. Zuótian wǒ mǎile yíge màozi. Tài xiǎo le, wǒ děi qu huàn.
2.0. (5) duìmiàn, duìmiàr opposite (place) (PW) [lit. toward face]
　2.1. Wǒ jiāde duìmiàr jiù shi yíge xiǎo xuéxiào.
　2.2. Tā zhùzai wǒde duìmiàr.
3.0. (5) A míngzi jiào B A is named B, the name of A is B
　3.1. Nèiběn shū míngzi jiào Zhōngguo Wénxué.
4.0. (6) pái(zi) tag, check, label (N)
　4.1. Qǐng wèn, fǔshang mén pái jǐhào?
　4.2. Nǐde gǒu zěnmo méi dài páizi?
　4.3. Qǐng nǐ bǎ xíngli páizi náchulai.
5.0. (11) dānwu waste (time); miss (plane, etc.) (V) [lit. delay neglect]
　5.1. Zuótian tā lái, shuōle hěn duō méi yǒu yìsi de huà, dānwu wǒ hěn duōde shíhou.
　5.2. Yīnwei wǒ bìngle dānwule yìnián, yàoburán wǒ yǐjing dàxué bìyè le.
　5.3. Lùshang chē tài duō, suóyi dānwu hěn duō shíhou.
　5.4. Kuài diar zǒu, bié dānwule fēijī.
6.0. (16) tóu head (N); first (SP)
　　　　 tóu(r)   head, front end
　　　　 yuè tóu(r) beginning of the month
　　　　 nián tóu(r) beginning of the year
　6.1. Ta tóushang dàide màozi hěn tèbié.
　6.2. Wǒ jiā zài zhèitiáo lùde xī tóur.
　6.3. Zhèi shi wǒ tóu yícì kànjian ta.
　6.4. Zuì hǎo ni shi měige yuède yuè tóur gěi ta qián.
7.0. (21) dàlǐtáng auditorium (N) [lit. great ceremony hall]
　7.1. Wǒmen xuéxiàode dàlǐtáng néng róng sānqiān rén.
8.0. (24) xì(ju) drama, play (N) [lit. drama play]
　　　　 jiù xì   old-style drama
　　　　 xīn xì   new-style drama

Shēng Zì gēn Xīn Yúfǎ de Jùzi 139

           tīng xì   attend Chinese opera
           kàn xì   attend a play
           xìjuxué   dramatics

8.1. Nèixie yǎnyuán zhǐ yǎn xīn xì.
8.2. Zhōngguo jiù xì hěn bu róngyi yǎn.
8.3. Guānyu xìju wǒ yìdiǎr yě bù dǒng.
8.4. Wǒ tīng Zhōngguo xì yìdiǎr yě tīngbudǒng.
8.5. Wǒmen zuótian kànde wàiguo xì.
8.6. Wǒ niàn xìjuxué. Nǐ ne?

9.0. (26) shù tree (N) (measure: kē)
  9.1. Měiguo méi yǒu zhèizhǒng shù.

10.0. (26) shùlínzi forest, woods (N) [lit. tree + forest + zi]
  10.1. Zhe fùjìn dōu shi dà shùlínzi.

11.0. (28) méi le finished, used up (from méi yǒu le)
          V méi le use up by V-ing
  11.1. Miànbāo méi le. Zài lái yìdiǎr.
  11.2. Wǒ bǎ qián mǎi dōngxi dōu mǎi méi le.

12.0. (28) kǎn chop (TV)
  12.1. Tā dào shùlínzi lǐtou kǎn shù qu le.
  12.2. Tā měitiānde yùndong shi kǎn bànge zhōngtóude shù.

13.0. (30) zàncheng approve of, be for, accept (V) [lit. praise become]
  13.1. Wǒ hěn zànchéng tāde fázi.
  13.2. Tā bú zànchéng nǐ gēn wàiguo rén jiēhūn ma?

14.0. (30) de V (see Note 1)
  14.1. Tā bǎ shū yìběn-yìběn-de dōu niànwán le.
  14.2. Tā bú-kuài-bú-màn-de chīzhe.
  14.3. Tāmen jǐge rén hěn-gāoxìng-de tánzhe.

15.0. (30) kē (measure for trees)
  15.1. Wǒ jiā mén kǒur yǒu liǎngkē dà shù.

16.0. (32) fǎnduì oppose, be opposed to (TV) [lit. contrary toward]
  16.1. Nǐ zěnmo zuò ta yídìng fǎnduì.
  16.2. Tāmen bù fǎnduì nǐ dào wàiguo qù niàn shū ma?

17.0. (32) bànfa way of doing something (N) [lit. manage method]
  17.1. Zhèijiàn shì wǒ yìdiǎr bànfa yě méi yǒu.

17.2.		Wǒ fǎnduì ta yòng zhèige bànfa.
18.0.	(33)	huà yòu shuōhuílai le on the other hand
18.1.		Huà yòu shuōhuílai le tā bú yònggōng yě méi fázi.
19.0.	(35)	máodùn contradictory (SV) [lit. spear shield]
19.1.		Tā zhēn máodùn: yìhuěr shuō hǎo yìhuěr shuō bù hǎo.
19.2.		Tāmen shuō de huà máodùnde dìfang hěn duō.
20.0.	(37)	rénkǒu(r) people, population (N) [lit. man mouth]
20.1.		Shìjièshangde rénkǒu yuè lái yuè duō.
21.0.	(37)	xūyào need (to) (V) [lit. must want]
21.1.		Nǐ bú bì gěi wǒ qián, wǒ bù xūyào.
21.2.		Wǒ xūyào mǎi yìzhī gāngbǐ.
21.3.		Wǒ hěn xūyào nǐ bāngzhu wǒ.
22.0.	(38)	chūntian spring (TW) [lit. spring day]
22.1.		Chūntiande tiānqi zuì hǎo, bù lěng bú rè de.
23.0.	(38)	yèzi leaf (N)
23.1.		Měiguo tiānqi yì lěng le, shù yèzi jiù hóng le.
24.0.	(39)	qiūtian autumn (TW) [lit. autumn day]
24.1.		Dàole qiūtian shù yèzi dōu luòxialai le.
25.0.	(44)	yóuxì recreation, amusement, game (N) [lit. travel play]
		yóuxìchǎng playground, place of amusement
25.1.		Zhōngguo xiǎo háizi zuì xǐhuan de yóuxì shi shénmo?
25.2.		Yóuxìchǎng shi xiǎo háizi wár de dìfang.
26.0.	(44)	zhuān(mén) special, specially, specialized [lit. single door]
		zhuānménde special(ly)
		zhuānménjiā specialist
		zhuānmén xuéxiào specialized school
26.1.		Zhèi jǐtiān wǒ zhuān niàn lìshǐ.
26.2.		Zài zhè sānnián lǐtou wǒ zhuānmén yánjiu yǔyánxué.
26.3.		Tā niàn zhuānmén xuéxiào.
26.4.		Duìyú Zhōngguo yǔyán ta shì ge zhuānménjiā.
26.5.		Tā zhuānménde xué nèige yǎnyuán yǎn xì.
27.0.	(44)	wèi, wèile, wèizhe for (the sake of), for (the purpose of)
27.1.		Tā wèi guó sǐ de.
27.2.		Wǒ shi wèizhe yánjiu Zhōngguo xuéwen láidào Zhōngguo de.

Shēng Zì gēn Xīn Yúfǎ de Jùzi   141

    27.3.   Zhèibĕn shū shi wèile wàiguo rén xiĕ de.
    27.4.   Wŏ lái zhèr shi wèile niàn shū.
28.0. (51)   qíngxing situation (N) [lit. condition form]
    28.1.   Bàoshang shuō nèr zuì jìnde qíngxing bù zĕnmo hăo.
29.0. (57)   méi V yǐqián   before V-ing (Note 2)
    29.1.   Nǐ méi qù yǐqián xiān dă ge diànhuà gĕi ta.
30.0. (58)   nǐ shuō duó(mo) (see Note 3)
    30.1.   Nèige háizi zhăngde nǐ shuō duómo kĕ ài.
31.0. (58)   xìng'er fortunately (MA) [lit. lucky but]
    31.1.   Zuótian nèige fēijī chū shì le. Xìng'er wŏ zuótian méi zŏu.
32.0. (60)   xì   department of instruction   (M)
    32.1.   Tā shi wénxué xì bìyè de.
    32.2.   Wŏmen nèixìde jiàoshòu dōu hĕn hăo.
33.0. (63)   bùjǐng (stage) scenery (N) [lit. spread scenery]
    33.1.   Zuótian wănshang wŏ kàn de nèige xì bùjǐng zhēn hăo.
34.0. (63)   guănggào   advertisement, announcement (N) [lit. broad inform]
    34.1.   Bàozhǐshangde guănggào tài duō.
35.0. (66)   yìshí   a moment   (TW) [lit. one time]
    35.1.   Kāi chē bìdĕi zhùyì. Yìshí bù xiăoxin jiù huì chū shì.
    35.2.   Tāde míngzi wŏ yìshí xiăngbuqǐlái.
36.0. (69)   nŭlì strive hard, (V) [lit. exert strength]
    36.1.   Tā zuò shì dàoshi hĕn nŭlì.
    36.2.   Wŏ dĕi hĕn nŭlì de niàn shū, yàoburán wŏ kăobushàng.
37.0. (75)   jiàoyu education (N) [lit. teach nurture]
    37.1.   Wŏ niàn dàxué de shíhou wŏ xué de shi jiàoyu.
38.0. (76)   shuǐzhŭn level (N) [lit. water accurate]
    38.1.   Zhèige xuéxiàode jiàoyu shuǐzhŭn hĕn gāo.
39.0. (76)   tígāo raise, uplift (TV) [lit. raise high]
    39.1.   Zhèrde jiàoyu bú gòu shuǐzhŭn. Bìdĕi xiăng fázi tígāo.
40.0. (76)   fēi(dĕi) V (bu kĕ)   absolutely have to V, insist on V-ing [lit. not must not can]
    40.1.   Nǐ fēidĕi qù ma?
    40.2.   Zuótian wŏ qù măi shū. Wŏ bú ràng wŏ dìdi gēn wŏ qù, tā fēi yào qù.
    40.3.   Jīntian tiānqi bù hăo. Wŏ ràng ta zhùzai zhèr tā fēidĕi zŏu bù kĕ.

40.4. Nǐ hébǐ fēi dào Zhōngguo qù niàn shū bù kě ne?

41.0. (78) zhuàn earn (money) (TV)

    41.1. Tā měiyuè bǐ wǒ duō zhuàn wǔshikuài qián.

42.0. (79) dōngtian winter (TW) [lit. winter day]

    42.1. Dōngtian shù yèzi dōu luò le.

43.0. (80) liū slip (out), slide (away) (TV)

    liūxiaqu slide down, coast, slip and fall down

    liūchuqu, liūchulai slip away

    43.1. Wǒ bù xǐhuan gēn ta shuō huà. Tā lái le wǒ jiù liū le.

    43.2. Nǐ zài nèr zǒu yào zhùyì. Bié liūxiaqu.

    43.3. Wǒ fùqin jīntian 'bú ràng wo chūlai. Wǒ shi liūchulai de.

44.0. (80) bīng ice (N) (measure: kuài)

    bīngkuàr ice cubes

    44.1. Zhèikuài bīng tài dà le.

    44.2. Qǐng nǐ ná jǐkuài bīngkuàr lai.

45.0. (80) liū bīng skate on ice

    liūbīngchǎng skating rink

    45.1. Wǒ dōngtian měitian dào liūbīngchǎng qu liū bīng.

46.0. (80) xiàtian summer (TW) [lit. summer day]

    46.1. Jīnnian xiàtian zhèr rède bùdéliǎo.

47.0. (81) hǎi sea, ocean (N)

    hǎibiār seashore

    Shànghǎi Shanghai

    47.1. Zhènmo xiǎode chuán bù néng zài hǎili zǒu.

    47.2. Xiàtian wǒ xǐhuan dào hǎibiār qu wár.

    47.3. <u>Shànghǎi</u> zhèige dìfangde míngzi shi <u>dào hǎi</u> de yìsi.

48.0. (81) yóuyǒng swim (TV) [lit. swim swim]

    yóuyǒng-yī bathing suit

    48.1. Wǒmen xiàtian dào hǎibiār qu yóuyǒng.

    48.2. Zāogāo! Wǒ wàngle dài yóuyǒng-yī.

49.0. (85) zhào (xiàng) take a picture, photograph, be photographed (Note 4) [lit. photograph likeness]

    A bǎ B zhàoxiàlai. A takes a picture of B (an object).

    A gěi B zhào xiàng. A takes a picture of B (a person).

Shēng Zì gēn Xīn Yúfǎ de Jùzi   143

           zhàoxiàng běnzi   picture album
           zhàoxiàngjī   camera

49.1.   Wǒ bù xǐhuan zhào xiàng.
49.2.   Zuótian Wáng Xiānsheng gěi wo zhàole jǐzhāng xiàng.
49.3.   Wǒ yǒu yíge hěn piàoliangde zhàoxiàng běnzi.
49.4.   Tāde zhàoxiàngjī shi Rìběn huò.
49.5.   Nèikē shù hěn piàoliang. Bǎ ta zhàoxialai.
49.6.   Wǒ zhàochu xiàng lai zhēn nánkàn.

50.0. (87) xiàngpiār photograph (N) (measure: zhāng) [lit. likeness slip]

50.1.   Nèizhāng xiàngpiār shi shéi?
50.2.   Nèizhāng xiàngpiār shi shéi zhàode?

51.0. (88) zì self (AD)

           zì lái shuǐ   running water [lit. self come water]
           zìláishuǐ bǐ   fountain pen

51.1.   Chéng lǐtoude fángzi dōu yǒu zì lái shuǐ.
51.2.   Zhèizhī zìláishuǐ bǐ zhēn hǎo yòng.

52.0. (88) kuā praise, flatter (TV)

           zì kuā boast

52.1.   Zuótian wǒ fùqin kuāle wo bàntiān.
52.2.   Tā cháng zì kuā ta zěnmo cōngming.

53.0. (89) jìshu technique, skill (N) [lit. talent art]

53.1.   Nǐ zhào xiàng de jìshu méi tā hǎo.
53.2.   Wǒ yóuyǒng de jìshu méi you nǐ nènmo hǎo.

54.0. (89) cǎisè various colors

54.1.   Nèibù piānzi shi cǎisède ma?
54.2.   Cǎisè xiàng bù róngyi zhào.

55.0. (98) bèizi lifetime (N)

55.1.   Wǒ zhèi bèizi méi zhàoguo xiàng.
55.2.   Wǒ yí bèizi Zhōngguo huà yě xuébuhǎo le.

56.0. (100) gēge older brother (N)

56.1.   Tā gēge huì Yīngwén.

57.0. (101) jì transmit, send (TV)

           jìchu send out
           jìgei send to

jì xìn mail letters

57.1. Wǒ jìgei wǒ dìdi yìběn zázhì.

57.2. Tā qu jì xìn qu le.

57.3. Tā měige yuè jìgei tā mǔqin yìbǎikuài qián.

57.4. Wǒ bǎ wǒ zhèizhāng xiàngpiār jìgei wǒ mǔqin.

57.5. Nǐ bǎ xìn jìchuqu le méi you?

58.0. (103) tiē paste (TV)

58.1. Wǒ bǎ dìtú tiēzai qiángshang.

Wēnxi Jùzi

1. Bié máng. Nín mànmārde chī.
2. Zuótiān zài lùshang dānwule yìhuěr, suóyi dàole fēijīchǎng fēijī yǐjing qǐ fēi le.
3. Wǒ hěn xūyào yìběn hěn hǎode zìdiǎn.
4. Tā zhuānmén xǐhuan yánjiu lìshǐ.
5. Mántou shi zhuān wèi tā zuò de.
6. Nèijiàn shìqing bìděi wǒ bāng máng, suóyi fēi qù bù kě.
7. Wǒ bù zěnmo xǐhuan zhào xiàng, yīnwei wǒ zhǎngde bú piàoliang.
8. Tā méi shénmo xuéwen, kěshi lǎo zì kuā tā yǒu xuéwen.
9. Tā xiūli wúxiàndiàn de jìshu bù zěnmo hǎo.
10. Zuótian wǒ jìgei wǒ dìdi yìběn shū.
11. Tā shuō nèifēng xìn tā zǎo jiu jìchulai le.
12. Wǒ děi qù huàn qián.
13. Wǒ zàncheng nǐ xué kēxué.
14. Tā hěn fǎnduì nǚrén dài shǒushi.
15. Bàoshangde xiāoxi shìjièshangde qíngxing hěn bù hǎo.
16. Nǐ méi shuō yǐqián wǒ jiù zhīdao le.
17. Wǒde Zhōngguo huà yìdiǎr yě bù líuli. Wǒ děi nǔlì.

Dāndú Tánhuà

18. Wǒmen zhǔyàode shi yào bǎ jiàoyu tígāo.
19. Wǒ jiāde duìmiàr shi ge dà shùlínzi.
20. Zhèige dōngxi míngzi jiào diànshì.

Dāndú Tánhuà

    Jīntian chīle záodiǎn gēn Huá Tàitai yuēhǎole shíyīdiǎn zhōng qù kàn fángzi. Gāo Xiānsheng ràng Měiyīng gēn wǒ yíkuàr qù. Wǒ zhèng xīwangzhe néng gēn Měiyīng zài yíkuàr tántan ne.

    Shídiǎn duō zhōng wǒ jiù gēn Měiyīng chūqu le. Zǒu de shíhou Gāo
5 Tàitai shuō děngzhe wǒmen huílai chī wǔfàn. Wǒ xiǎng gēn Měiyīng zài wàitou chī fàn, wǒ shuō bú bì děng. Gāo Tàitai shuō děngzhe wǒmen, wǎn diar chī. Háishi Gāo Xiānsheng cōngming, shuō jiù ràng wǒmen zài wàitou chī diar.

    Wǒ gēn Měiyīng méi zuò chē. Wǒmen zǒuzhe lù tánzhe huà. Jīntian
10 wǒ gāoxìng jíle, yīnwei gēn Měiyīng sānnián bú jiàn le, wǒmen néng zài yíkuàr tántan. Nǐmen niàn zhèiběn shū de rén xiǎngyixiǎng wǒ xīn lǐtou duómo tòngkuai.

    Wǒmen chūle mén wàng qiánbiar zǒu jiù shi Zhōngshān Lù. Zhōngshān Lù ke gǎibiànle bù shǎo wa. Nàxie dà shùlínzi xiànzài dōu méi le.
15 Wánquán shi lù gēn fángzi le.

    Wǒ wèn Měiyīng zhe sānnián lǐtou tā yíqiède qíngxing. Tā gàosu wǒ le yìdiǎr. Měiyīng shi yíge xǐhuan xìju de nǚ háizi. Tā chúle niàn shū yǐwài yàoshi xuéxiào lǐtou yǎn xì de shíhou, tā jiu huà bùjǐng gēn guǎnggào. Zài zhèi yìfāngmian tā yòngle hěn duōde shíhou.

20   Wǒ hěn guānxīn tāde yíqiè. Dāngrán tā yě hěn guānxīn wǒ le, suóyi wǒ bǎ zài Měiguo de shìqing yě gàosu tā yìxiē. Suírán wǒ zài Měiguo de shíhou cháng gěi ta xiě xìn, kěshi hái you hěn duōde shìqing xiěbuwán.

Wǒ gàosu ta wǒ zài Měiguo fàngjià de shíhou gēn dìdi mèimei xiàtian qu yóuyǒng, dōngtian wǒmen jiù qu liū bīng. Wǒ yě gàosu ta wǒ duì
25 zhào xiàng xiànzài hěn yǒu xìngqu, bìngqiě zhào xiàng de jìshu yě bú cuò, yóuqíshi cǎisède. Tā hěn xiǎng kànkan wǒ zhào de xiàng.

Wǒ zài Měiguo méi lái yǐqián, wǒ jiù xiǎng huílai yǐhòu gěi Měiyīng hǎohāorde zhào diar xiàng. Tā shi yíge zuì piàoliangde nǚ háizi. Tā zhàochu xiàng lai nǐ xiǎng gāi duómo hǎo kàn. Wǒ yǐqián yě gěi ta
30 zhàoguo jǐzhāng xiàng, kěshi nèige shíhou wǒ duì zhào cǎisè xiàng de jìshu bù zěnmo hǎo. Wǒ hái cóng Měiguo dàilaile yíge zhàoxiàng běnzi shi sònggei Měiyīng de. Wǒ xiǎng jiānglái wǒ gěi Měiyīng zhào de xiàng dōu tiēzai zhèige běnzishang.

Wèntí

1. Bái Wénshān qu kàn fángzi shi shéi gēn ta yíkuàr qù de?
2. Tāmen yào zǒu yǐqián Měiyīng qu zuò shénmo?
3. Nǐ zhīdao Huá jia zài nǎr ma?
4. Tāmen yào zǒu de shíhou Gāo Tàitai gēn Wénshān shuō shénmo?
5. Huá jia nèitiáo lù jiào shénmo míngzi? Tāmen jiā zài něi tóur?
6. Wèi shénmo xuéxiàode dàlǐtáng bú zài xuéxiào lǐtou?
7. Zhōngshān Lùde shùlínzi wèi shénmo dōu méi le?
8. Gāo Xiáojie shuō Bái Xiānsheng máodùn. Ta zěnmo máodùn le?
9. Nǐ zhù de zhèige dìfang rénkǒu duō bu duō? Nǐ zhīdao zhèr yǒu duōshao rénkǒu?
10. Dà gōngyuán lǐtou xīn xiūle yíge shénmo?
11. Wénshān ràng Měiyīng bǎ sānniánde shìqing dōu gàosu ta. Měiyīng dōu gàosu ta le ma?
12. Měiyīng duì shénmo yǒu xìngqu? Xuéxiào yǎn xì de shíhou tā dōu zuò shénmo?
13. Měiyīng shénmo shíhou kǎo de dàxué? Tā zài méi kǎo yǐqián pà shénmo? Yàoshi kǎobushàng zěnmo le?

Dialogue

14. Nǐ zhīdao bù zhīdào Bái Wénshān huíqu yǐhòu wèi shénmo lǎo xiǎng huí Zhōngguo lai?
15. Bái Wénshān wèi shénmo huídào Měiguo niàn shū hěn yònggōng ne?
16. Bái Wénshān gàosu Měiyīng ta zài Měiguo fàngjià de shíhou dōu zuò shénmo?
17. Wénshān shuō ta xiànzài duì shénmo hěn yǒu xìngqu?
18. Bái Wénshān shuō ta zhàode zuì hǎo shi shénmo xiàng?
19. Wénshān hái lìngwài sònggei Měiyīng de shénmo?
20. Rúguǒ nǐ huì zhào xiàng nǐ dōu gěi shéi zhào?
21. Nǐ xiǎng Gāo Xiānsheng wèi shénmo jiào Měiyīng gēn Wénshān qu kàn fángzi?
22. Yàoshi ni jiā lǐtou yǒu péngyou zhù, tā chūqu de shíhou ni gēn ta shuō shénmo?
23. Yàoshi nǐ zài péngyou jiā lǐtóu zhùzhe, nǐ chūqu de shíhou tāmen shuō děngzhe nǐ huílai chī fàn, nǐ zěnmo huídá?
24. Yàoshi nǐ zuì hǎo de péngyou jǐnián bú jiàn, jiàn miàn yǐhòu nǐ yào wèn ta shénmo?
25. Yàoshi péngyou shuō yào gěi ni zhào xiàng, nǐ shuō shénmo?
26. Yàoshi nǐde nǚ péngyou nǐ sānnián bú jiàn le, nǐ dì yícì kànjian ta nǐ gēn ta shuō shénmo?
27. Yàoshi nǐ huì zhào xiàng le, nǐ zěnmo gàosu ta?
28. Yíge péngyou ràng ni cāi yíge dōngxi huòzhe yíjiàn shì, ni cāibuzháo ni zěnmo shuō?
29. Yàoshi nǐ nǚ péngyou sòng ni lǐwu de shíhou shuō xīwang ni xǐhuan nèige lǐwu, nǐ zěnmo huídá ta?
30. Yàoshi nǐ nǚ péngyou sòng ni yíge zhàoxiàng běnzi nǐ duì ta shuō shénmo?

    Dialogue: Vincent White and Gao Meiying talk as they walk along.

White: Meiying, it's after ten o'clock. Let's go now.
Mei : All right. I'll go change my clothes. I'll be with you in a moment.
White: Mrs. Gao, where is the Hua home?
Tai : It's opposite Far Eastern University on that little road called North Lake Road, number 19. Meiying knows it.
White: Fine.
Mei : Vincent, let's go.
White: O.K. Mr. Gao, Mrs. Gao, see you soon.
Tai : We'll have lunch together after you two come back.
White: I don't think you need to wait for us. Perhaps we'll take too much

	time looking at the room, and it'll go beyond lunch time. Meiying and I will have a bite in a restaurant.
Tai :	(We can) eat a little late. We'll wait for you.
Gao :	Let them have a bite outside.
White:	See you soon.
Gao :	See you soon.
White:	Meiying, in what direction do we go?
Mei :	We go straight ahead to Sun Yatsen Avenue. Then we turn left at North Lake Road. The Huas' home is at the northern end of North Lake Road, not far from our university auditorium.
White:	What? Isn't the university auditorium in the university?
Mei :	The new auditorium is near the university. It was finished only last year. All our assemblies and plays are held there [lit. in the new auditorium]. The inside is awfully attractive.
White:	Sun Yatsen Avenue is entirely different from what it used to be.
Mei :	Isn't that so! It used to be a big forest here. You remember?
White:	I do.
Mei :	Now a lot of houses have been built. But the woods are gone, the trees have all been cut down.
White:	I don't approve of cutting down the trees one by one in order to build roads and houses. It's such a pity.
Mei :	I'm against this way of doing things too.
White:	But on the other hand if the trees aren't cut down how are roads and houses to be built?
Mei :	You're really contradictory: first you say you don't approve, now you approve, isn't that so?
White:	I mean that if there's a tremendous population and houses are necessary there's no help for it.
Mei :	I like trees a lot. How pretty the leaves are when they come [lit. grow] out in the spring. I hear that in America the leaves turn red in the fall. Is that really so?
White:	That's right.
Mei :	Don't you think it has changed a lot here?
White:	It's changed too much.
Mei :	A playground has been built in the park [now]. It was built especially for children.
White:	How about our going to have some fun there some day?
Mei :	But we're not children.

Dialogue

White: We'll just go look, of course.

Mei : Well, that's O.K.

White: Meiying, since I've arrived I've always been busy talking with your father [lit. Mr. Gao]. I haven't had a chance to talk with you. Tell me about things these past three years, won't you?

Mei : There are too many things. Where shall I start [talking] from? Let me think, oh, I'll start from when I was taking the exams for college.

White: I want to hear all about you.

Mei : Wasn't it the year you left that I took the exams for college? I tell you before I took the exams I was scared stiff. I thought to myself, if I don't pass it will sure look bad. Fortunately I passed.

White: Have you been studying literature right along?

Mei : I've been studying in the literature department right along. I'm very much interested in literature.

White: What are you interested in besides your studies?

Mei : Apart from my studies I'm interested in drama. For example, when the school gives a play I help do the scenery and the announcements. Now you tell me all about yourself in America.

White: You haven't finished telling about yourself.

Mei : There are so many things, how can you expect me to finish telling about them in a minute?

White: All right, I'll tell you. After I went back (to America) I kept wanting to return to China. Then again I thought, I've come back home to study, and why am I always longing to return to China? I should work hard at studying.

Mei : Why were you longing to return?

White: You tell me why [I was longing to return]. I studied for a year and graduated, and afterward I studied for the doctorate. In these three years I've worked unusually hard.

Mei : You were very studious before, of course.

White: In the past I didn't work as hard as after I returned to America. The level of education in America has [also] been raised now. You've just got to work hard.

Mei : What did you do at vacation time?

White: During vacations I worked in a company to earn some money. Sometimes I went out and had fun with my [younger] brother and sister and friends. On winter afternoons I went to the skating rink and skated for an hour. Summers I went swimming at the seashore. And how about you?

Mei : Sometimes I helped Mother a bit. I haven't had much leisure time. Whenever the school gives a play, doing the scenery and announcements takes a lot of time.

White: I'm very much interested in photography now. I think taking pictures is a lot of fun. I've taken quite a few pictures of my [younger] brother and sister.

Mei : Did you bring the pictures?

White: Yes. When we return I'll let you see them. I don't mean to boast, but I've gotten pretty good at photography recently. Especially on colored shots, I [myself] think I do awfully well. When I was in America, I thought when I returned, I would certainly take more pictures of you.

Mei : I like to have my picture taken.

White: I have another present that I'll give you later. Guess what it is.

Mei : I don't know.

White: Guess.

Mei : How can I guess? Is it something to eat or something to use?

White: To use.

Mei : I can't guess. If you don't tell me I couldn't guess in a lifetime.

White: It's a picture album.

Mei : American picture albums are beautiful. The (older) brother of a friend of mine sent her one. It's really beautiful.

White: I hope you will like [the] album.

Mei : I'll certainly like it. The first photograph I paste in it will be yours.

Sentences for New Words and Grammar

1.1. I have to change the place where my car is parked. Otherwise I'll have to pay a fine.

1.2. Mr. Wang has gone to get some money changed.

1.3. I bought a hat yesterday. It's too small, I must go exchange it.

2.1. Opposite my home is a small school.

2.2. He lives opposite me.

3.1. The title of that book is <u>Chinese Literature</u>.

4.1. Please tell what the number of your house is.

4.2. How come your dog isn't wearing a tag?

4.3. Please take out your baggage check.

5.1. Yesterday he came and engaged in a lot of boring talk, wasting a lot of my time.

5.2. I lost a year because of illness, otherwise I'd already be graduated from college.

5.3. There's too much traffic on the streets, so one wastes a lot of time.

Sentences for New Words and Grammar

5.4. Go faster, don't miss the plane.
6.1. The hat she's wearing [on her head] is pretty unusual.
6.2. My home is at the western end of this street.
6.3. This is the first time I've seen him.
6.4. It would be best for you to pay him at the beginning of each month.
7.1. Our school auditorium can hold three thousand people.
8.1. Those actors only act in modern plays.
8.2. Old-style Chinese plays are very hard to stage.
8.3. I don't understand anything about drama.
8.4. When I listen to Chinese opera I don't understand anything at all.
8.5. Yesterday we saw a foreign play.
8.6. I'm studying dramatics. What about you?
9.1. America doesn't have this kind of tree.
10.1. All around here is a big forest.
11.1. The bread's all gone. Bring some more.
11.2. I spent all my money buying things.
12.1. He's gone to the forest to chop trees.
12.2. His daily exercise consists of chopping trees for half an hour.
13.1. I heartily approve of his method.
13.2. Doesn't he approve of your marrying a foreigner?
14.1. He finished reading all the books [one by one].
14.2. He's eating neither (too) fast nor (too) slow.
14.3. They're talking very happily.
15.1. There are two big trees at the doorway of my home.
16.1. If you do it this way he will certainly oppose it.
16.2. Don't they object to your going abroad to study?
17.1. I have no way of doing anything about that matter.
17.2. I object to his using this procedure.
18.1. On the other hand, if he doesn't work hard it can't be helped.
19.1. He's really contradictory: one moment he says good, another he says no good.
19.2. There are a lot of contradictions in what they say.
20.1. The world population is becoming greater and greater.
21.1. You don't have to give me money, I don't need any.
21.2. I need to buy a pen.

21.3. I very much need your help.

22.1. Spring weather is best, neither cold nor hot.

23.1. In America, as soon as the weather turns cold the leaves on the trees turn red.

24.1. When autumn comes the leaves on the trees all fall [down].

25.1. What games do Chinese children like best?

25.2. A playground is a place where children have fun.

26.1. These [few] days I'm doing nothing but study history.

26.2. During the past three years I have specialized in linguistic research.

26.3. He's studying in a specialized school.

26.4. He's a specialist in the Chinese language.

26.5. He is making a special study of how that actor performs.

27.1. He died for (his) country.

27.2. I have come to China to study Chinese scholarship.

27.3. This book was written for foreigners.

27.4. I've come here in order to study.

28.1. The papers say the latest situation there isn't so good.

29.1. Before you go, give him a ring.

30.1. That child has grown to be so lovable.

31.1. Yesterday that plane was in an accident. It was lucky that I didn't go yesterday.

32.1. He graduated from the literature department.

32.2. The professors in all our departments are very good.

33.1. The scenery in that play I saw last night was really nice.

34.1. There are too many ads in the paper.

35.1. One must pay attention when driving a car. A moment's carelessness and one might have an accident.

35.2. I can't think of his name right at this moment.

36.1. He's very conscientious about working, though.

36.2. I must study hard, otherwise I won't pass the exam.

37.1. When I was in college I studied education.

38.1. The educational level of this school is very high.

39.1. Education here is at too low a level. We must think of ways to raise it.

40.1. Is it absolutely necessary for you to go?

40.2. Yesterday I went to buy some books. I didn't want [lit. let] my younger brother to go with me, but he insisted on going.

Sentences for New Words and Grammar 153

40.3. The weather's bad today. I wanted him to stay here but he insisted on leaving.
40.4. Why do you insist on going to China to study?
41.1. He earns $50 a month more than I do.
42.1. In winter all the leaves fall.
43.1. I don't like to talk with him. When he comes, I slip out.
43.2. You must watch out when you walk there. Don't fall down.
43.3. My father wouldn't let me out today. I sneaked out.
44.1. This chunk of ice is too big.
44.2. Please bring a few ice cubes.
45.1. In the winter I go to the skating rink every day to skate.
46.1. This summer it's terribly hot here.
47.1. A boat as small as this cannot go on the ocean.
47.2. In the summer I like to go to the seashore [for recreation].
47.3. The place-name Shanghai means to the sea.
48.1. In the summer we go swimming at the seashore.
48.2. Darn! I forgot to bring my bathing suit.
49.1. I don't like taking pictures. (or: I don't like having my picture taken.)
49.2. Yesterday Mr. Wang took several pictures of me.
49.3. I have a very pretty picture album.
49.4. His camera is [a] Japanese [article].
49.5. That tree is very pretty. Take a picture of it.
49.6. I photograph badly.
50.1. Who is that a picture of?
50.2. Who took that picture?
51.1. The houses in the city all have running water.
51.2. This fountain pen is really nice to use.
52.1. Yesterday my father praised me for a long time.
52.2. He's always boasting about how smart he is.
53.1. You aren't as good at taking pictures as he is.
53.2. I don't swim as well as you do.
54.1. Is that movie in color?
54.2. Color pictures are not easy to take.
55.1. I've never in my life taken a picture.
55.2. In a whole lifetime I won't be able to master Chinese.

56.1. His older brother knows English.

57.1. I'm sending a magazine to my younger brother.

57.2. He's gone to mail some letters.

57.3. He sends his mother a hundred dollars a month.

57.4. I'm sending this picture of me to my mother.

57.5. Did you mail [out] the letters?

58.1. I pasted the map on the wall.

Review Sentences

1. Don't hurry. Take your time eating.
2. Yesterday I wasted a little time on the way so that when I got to the airport the plane had already left.
3. I'm badly in need of a good dictionary.
4. He especially likes to study history.
5. The bread rolls were made specially for him.
6. I must help (him) in that matter, so I absolutely have to go.
7. I don't much like having my picture taken, as I'm [lit. I have grown to be] not attractive.
8. He hasn't any education, but he's always boasting that he has [learning].
9. He isn't very good at fixing radios.
10. Yesterday I sent a book to my younger brother.
11. He said he mailed that letter long ago.
12. I must go change some money.
13. I approve of your studying science.
14. He's very much opposed to women wearing jewelry.
15. (According to) the news in the (news)papers, the world situation is pretty bad.
16. I knew it before you spoke.
17. My Chinese is not at all fluent. I must work hard.
18. The most important (thing) for us is to raise the educational level.
19. Opposite my house is a big forest.
20. This thing is called a television set.

Notes

1. Phrases ending in the particle <u>de</u> are used before verbs as adverbial expressions:

    Tā hěn yònggōng de niàn shū. 'He studies very diligently.'

2. Chinese often uses the negative form of a verb in a 'before' clause:

    Wǒ méi lái Zhōngguo yǐqián 'before I came to China' [lit. 'before when I had not yet come to China']

3. In addition to their literal meanings, the expressions <u>nǐ shuō</u> 'you say,' <u>nǐ kàn</u> 'you see,' and <u>nǐ xiǎng</u> 'you think' are rhetorical exhortations. They occur especially often with <u>duó(mo)</u> 'so' plus a stative verb, or with <u>zěnmo bàn,</u> lit. 'how manage?' in the following patterns:

    Nǐ shuō
    Nǐ kàn   } (N) duó(mo) SV 'How SV N is!'
    Nǐ xiǎng

    Nǐ shuō
    Nǐ kàn   } + [sentence] + zěnmo bàn? 'What if + [sentence]?'
    Nǐ xiǎng

    [Sentence] + { Nǐ shuō / Nǐ kàn / Nǐ xiǎng } + zěnmo bàn? 'What if + [sentence]?'

    The following examples illustrate these patterns:

    Nǐ shuō ta duó bèn! 'How stupid he is!'
    Nǐ kàn ta duómo piàoliang! '(See) how pretty she is!'
    Nǐ xiǎng wǒ duómo máng! '(You imagine) how busy I am!'
    Nǐ shuō ta bù lái zěnmo bàn? 'What if he doesn't come?'
    Nǐ kàn tā sǐle zěnmo bàn? 'What if he dies?'
    Nǐ xiǎng ta kǎobushàng zěnmo bàn? 'What if he doesn't pass the entrance exams?'
    Tā bù lái nǐ shuō zěnmo bàn? 'What if he doesn't come?'

4. <u>Zhào xiàng</u> 'take a picture' is used in both an active and a passive sense: 'photograph, take a picture (of)' and 'be photographed.' Context will generally make clear what sense is intended.

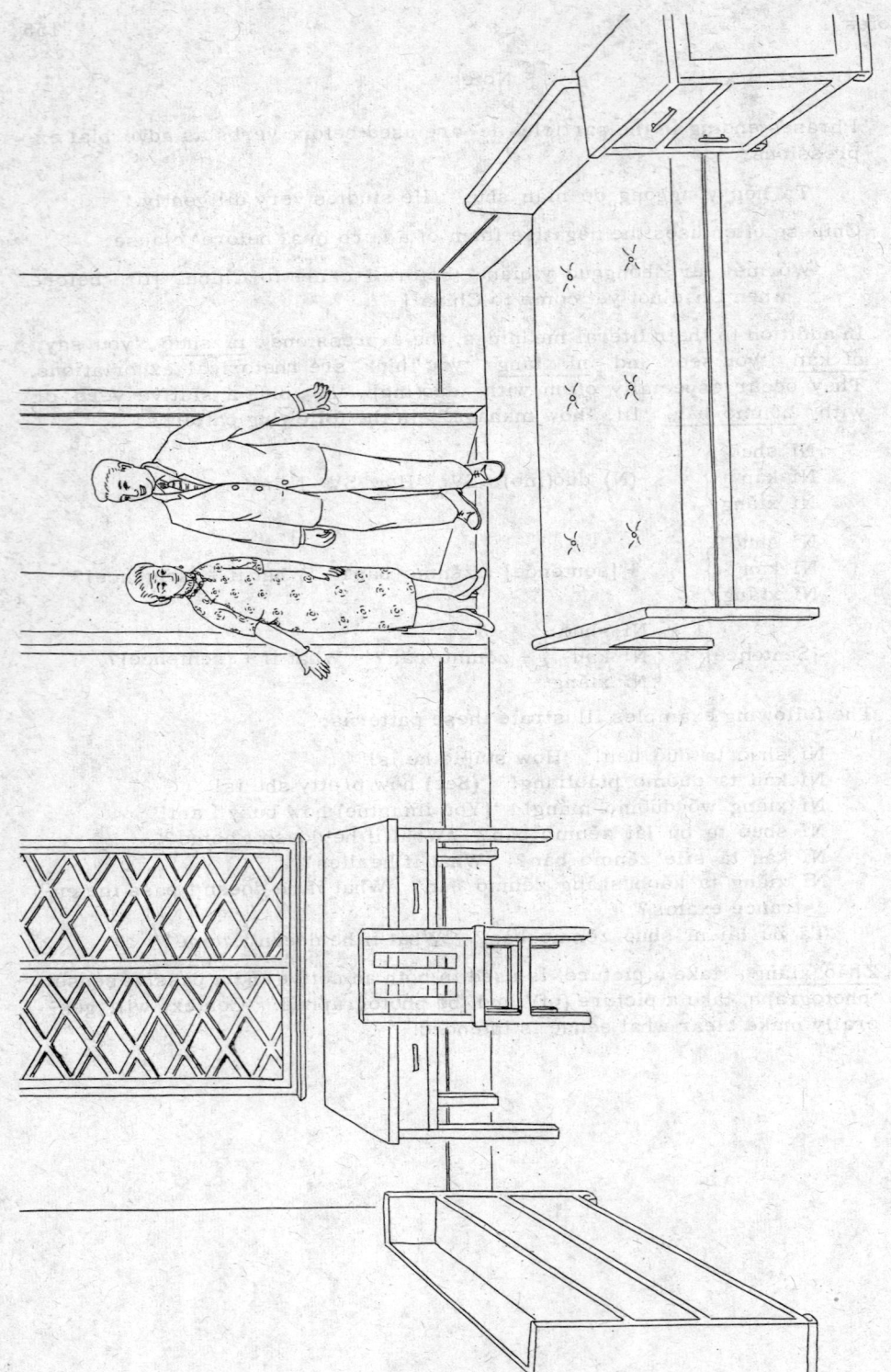

"Jiù zhèijiān."

Dì Bākè. Zū Fángzi

Huìhuà: Bái Wénshān, Gāo Měiyīng, gēn Huá Tàitai tán zū Huá jiā fángzide yíqiè wèntí.

Měi : Wénshān, dào le.

Bái : Oh, jiù zhèr a.

5 Měi : Shìde. Nǐ èn mén língr.

Wáng: Shéi ya?

Měi : Wǒ, Wáng Mā.

Wáng: Oh, Gāo Xiáojie, nín hǎo. Zěnmo hǎo jiǔ méi lái ya? Zhèiwèi shì . . . ?

10 Měi : Zhèi shi Bái Xiānsheng.

Wáng: Bái Xiānsheng, nín hǎo. Qǐng liǎngwèi jìnlai zuò ba. Wǒmen tàitai děngzhe nín ne.

Tài : Shéi ya? Shi Měiyīng a? Měiyīng, nǐ fùqin mǔqin dōu hǎo?

Měi : Hěn hǎo. Wǒ fùqin mǔqin ràng wo wèn nín hǎo. Bómǔ, wǒ gěi
15 jièshao jièshao. Zhèi shi Bái Wénshān. Zhèiwèi jiù shi Huá Tàitai.

Bái : Nín hǎo.

Tài : Bái Xiānsheng, jiúyǎng. Gāo Xiānsheng fūqī cháng gēn wo tídao ni.

20 Měi : Bómǔ, nín jiu jiào ta Wénshān ba.

Tài : Nà zěnmo hǎo yìsi ne?

Bái : Wǒ shi wǎnbèi. Nín jiu jiào wǒ míngzi déle.

Tài : Wáng Mā qī chá!

Wáng: Láile.

25 Měi : Bómǔ, wǒ mǔqin jīntian zǎochen yǐjing gēn nín tōngguo diànhuà le.

Tài : Shìde. Ta shuō ràng Bái Xiānsheng lái kàn fángzi.

Měi : Shì. Suóyi wǒ fùqin mǔqin ràng wǒ dài ta lái le. Guānyu fángzide yíqiè wèntí ne, nín jiù gēn ta tán ba. Ta Zhōngguo huà shuōde
30 hěn hǎo. Nín shuō shénmo tā dōu dǒng. Nín jiu gēn ta shuō déle.

Tài : Hǎo. Wǒmen xiān hē diar chá zài shuō. Lái zuòzhe zuòzhe.

157

Bái : Nín tài kèqi. Xièxie nín.

Měi : Bómǔ, nín zěnmo hái yùbei zènmo duō diǎnxin ne? Wǒmen chūlai yǐqián chīguo záodiǎn lái de.

35 Tài : Zài chī diar me.

Měi : Chībuxià le.

Tài : Bái Xiānsheng chī diar.

Bái : Wǒ yě chībǎo le. Xièxie nín. Nín tài kèqi, tài fèi shì le.

Tài : Zuòxia tán. Nǐmen bù chī diǎnxin wǒmen hē chá.

40 Bái : Guānyu zhèige fángzi. . . .

Tài : Guānyu zhèige fángzi de shìqing a, wǒ xiǎng Gāo Tàitai yǐjing gēn ni shuōguo le, shì bu shi? Dàgàide qíngxing tā yǐjing gàosu nǐ le. Nǐ zhīdao, zuì jìn wǒde èr érzi sǐle, wǒ xīnli hěn nánguò.

Bái : Shìde. Gāo Tàitai gàosu wǒ le. Hěn kěxī. Nín yě bié tài nánguò
45   le.

Tài : Wǒmen jiā rénkǒu hěn jiǎndān. Wǒ dà érzi měitiān shàng xué qu. Wǒmen fūqī liǎngge měitiān chūqu. Huá Xiānsheng shi ge gōngchéngshī. Hěn máng. Yǒude shíhour chūqu dào hěn yuǎnde dìfang qù zuò shì, wǒmen jiu bù huílai. Yǒude shíhour jiù zhùzai
50   wàibiar. Suóyi jiu xiǎng zhǎo ge qīngnián rén, gēn wǒde zhèige háizi zuòzuo bàr. Wǒ jiu qǐng Gāo Xiānsheng bāng wo jièshao qīngniánde péngyou lái zhù. Nǐ yíge rén shì bu shi?

Bái : Shìde. Wǒ lái niàn shū. Wǒ gēn Gāo Xiānsheng shuō le, yàoshi zhù sùshè, yǒude shíhou juéde bù zěnmo fāngbian, suóyi háishi
55   zìjǐ zhǎo yìjiān fángzi zhù. Gāo Xiānsheng jiu gàosu wo nín fǔshang yǒu yìjiān fángzi kéyi ràng wo zhù.

Tài : Nǐ xiān kànkan nèijiān fángzi duì ni héyòng bù héyòng. Fàntīng kètīng me, nǐ suíbiàn yòng yàoshi nǐ qǐng kè shénmode. Nǐ shi Gāo jiade péngyou yě jiu shi wǒmende péngyou. Wǒ kàn nǐ zhèige
60   rén yě hěn hǎo. Fǎnzhèng wǒ gen wǒ xiānsheng yě cháng bu zài jiā.

Bái : Xièxie nín. Wǒ hái yào kànkan ma?

Tài : Dāngránde. Nǐ yīnggāi kànkan.

Bái : Hǎo. Wǒ kànyikàn.

65 Tài : Jiù zhèijiān.

Bái : Hěn hǎo zhè fángzi. Fángzi hěn dà ya.

Tài : Chuáng, shū jiàzi, xiězìtái shénmode nǐ yàoshi xǐhuan nǐ jiu yòng. Pūgai, chuáng dānzi wǒmen dōu yǒu. Nǐ bú bì mǎi.

Bái : Na hǎo jíle. Wǒ shi zuò fēijī lái de. Wǒ méi dài pūgai. Nín
70   jiègei wǒ yòng wǒ jiu bú bì mǎi le.

Tài : Shì a. Nǐ bié mǎi le.

Bái : Qǐng wèn, nín zhe fángzū zěnmo suàn ne?

Huìhuà 159

75 Tài : Wǒ gāngcái bu shi shuō le ma? Nǐ shi Gāo jiade péngyou yě jiu shi wǒmende péngyou. Nǐ zhù sùshè duōshao qián jiu gěi wo duōshao qián déle. Wǒ bú shi wèile qián. Wǒ zhǔyàode shi zhǎo yíge héshìde rén lái zhù gěi wǒ nèige háizi zuò bàr. Liǎngge qīngnián rén zài yíkuàr tántan, yíkuàr bícǐ yánjiu yánjiu gōngke.

Bái : Wǒ hěn xièxie nín. Wǒ zhùzai nín fǔshang qǐng nín duō zhàoying.

Tài : Wǒ érzide niánji dàgài gēn nǐ chàbuduō. Nǐ jīnnian duó dà le?

80 Bái : Wǒ èrshisì le.

Tài : Bǐ wǒ dà érzi xiǎo yísuì. Hái yǒu. Wǒmen zhèige lǎomāzi hěn hǎo. Tā yě hěn huì zuò shì. Nǐ bānlai yǐhòu wa, ta kéyi gěi ni xǐ yīfu shōushi wūzi. Ta zuò fàn yě bú cuò. Rúguǒ nǐ chīzhe yǒu shénmo bù hé nǐde kǒuwèi de shíhou nǐ zhíguǎn shuō huà. Bié
85 kèqi. Ta yě kéyi gěi ni mǎimai dōngxi shénmode. Nǐ měiyuè jīngtiē ta yìdiǎr qián jiù shì le.

Bái : Nín kàn wǒ yīngdāng gěi ta duōshao qián?

Tài : Suíbiàn gěi ta jǐkuài qián. Nǐ měitiān sāndùn fàn dōu zài jiā chī ma? Nǐ záodiǎn chī shénmo?

90 Bái : Wǒ záodiǎn chī kǎo miànbāo, kāfēi, huòzhe yǒude shíhou qǐng yòngren gěi wǒ jiān ge jīdàn huòshi chǎo ge jīdàn. Zhōngfàn wǒ xiǎng zài xuéxiào huòshi zài wàibiar chī yìdiǎr. Wǎnfàn wǒ zài jiā chī.

Tài : Gěi nǐ dān kāi ne háishi gēn wǒmen yíkuàr chī ne?

95 Bái : Suí nín hǎo le. Nín juéde zěnmoyàng fāngbian? Wǒ wúsuǒwèi.

Tài : Zěnmozhe hǎo le: Wǒmen zài jiā ne, wǒmen dàjiā zài yíkuàr chī rènao. Yàoshi wǒmen bú zài, nǐ gēn wǒ érzi nǐmen liǎngge rén yíkuàr chī hǎo bu hǎo?

Bái : Hǎojíle. Fàn qián wǒ yíge yuè yīnggāi gěi duōshao?

100 Tài : Fàn bú bì gěi qián le ba.

Bái : Nà zěnmo chéng? Nǎr néng ràng nín tiāntiān qǐng kè ya? Bú shi óu'ěrde chī yícì. Nín bié kèqi.

Tài : Nènmo děng dào yuè dǐ wǒ suànyisuàn nǐ yīngdāng fēntān duōshao jiù gěi duōshao déle.

105 Bái : Méi shénmo shǒuxu ma?

Tài : 'Méi shénmo shǒuxu. Zhèrde guīju shi shàngqī jiāo zū.

Bái : Xiànzài wǒ bǎ fángzū jiāogei nín.

Tài : Máng shénmo? Ni bānguolai zài shuō me.

Bái : Xiān gěi nín ba.

110 Tài : Nǐ shénmo shíhou bānlai ya?

Bái : Wǒ dǎsuan míngtian shàngwǔ jiù bānlai. Kéyi ma?

Tài : Kéyi. Huítóu wǒ ràng Wáng Mā gěi ni dásao dásao. . . . Wáng

Lesson Eight

115　　　　　Mā lái! Bái Xiānsheng míngtian jiu bānlai le. Nǐ bāng ta shōushi wūzi, xǐxi yīfu, zuò záodiǎn. Zhōngfàn tā zài wàibiar chī. Wǎnfàn zài jiā chī, gēn wǒmen yíkuàr chī. Línglingsuìsuìde shìqing nǐ duō bāng Bái Xiānsheng yìdiǎr máng.

Wáng: Shì, tàitai.

Bái : Wáng Mā, wǒ lái gěi ni tiān máfan.

Wáng: Nǎrde huà ne. Nín jiào wo zuò shénmo shì, nín zhíguǎn fēnfu.

120　Bái : Xièxie ni. Huá Tàitai, wǒmen xiànzài zǒu le.

Měi : Huá Bómǔ, wǒ mǔqin shuōle shénmo shíhou qǐng nín gēn Huá Bóbo dào wǒmen jiā wár qu.

Tài : Hǎo. Wǒ gēn nǐ mǔqin tōng diànhuà hǎo le.

Bái : Wǒ míngtian shàngwǔ shénmo shíhou bānlai hǎo ne, nín shuō?

125　Tài : Suíbiàn jǐdiǎn zhōng dou kéyi.

Bái : Wǒ míngtian shàngwǔ shídiǎn zuǒyou bānlai ba?

Tài : Hǎode.

Bái : Dájiǎo nín. Zàijiàn.

Tài : Zàijiàn.

130　Měi : Zàijiàn.

Shēng Zì gēn Xīn Yúfǎ de Jùzi

1.0. (5) èn　　press (with finger or palm) (TV)
         ènhuài　break by pressing
　1.1. Ta yí èn jiù bǎ nèizhāng xiǎo zhuōzi ènhuài le.
2.0. (5) líng(r)　bell (N)
         dǎ líng　ring bell (by striking)
         èn líng　ring bell (by pressing)
　2.1. Bié shuō huà le. Yǐjing dǎ líng shàng kè le.
　2.2. Nǐ tīng. Shì bu shi yǒu rén èn mén língr?
3.0. (7) Mā　(title for married woman servants)

Shēng Zì gēn Xīn Yǔfǎ de Jùzi

3.1. Wǒmen jiāde Zhāng Mā zhēn hǎo. Zài wǒmen jiā yǐjing zuòle shíwǔnián le.

4.0. (14) bómǔ   aunt (specifically, father's older brother's wife) (N) (Note 1)

4.1. Zuótian wǒ zài lùshang yùjian Zhāng Bómǔ le.

5.0. (21) hǎo yìsi   have the nerve (to do something), be right (to do something) [lit. good meaning]

bù hǎo yìsi   not have the nerve to, be diffident about, be embarrassed to

5.1. Tā qǐng kè. Wǒ hǎo yìsi bú qù ma?

5.2. Wǒ bù hǎo yìsi ràng nǐ qǐng kè.

5.3. Ràng ni yíge rén ná qián wǒmen zěnmo hǎo yìsi ne?

6.0. (22) bèi   generation (M)

wǎnbèi   younger generation [lit. late generation]

zhǎngbèi   older generation [lit. grown generation]

6.1. Tā bǐ wo dà yíbèi.

6.2. Wǒ shi tāde wǎnbèi.

6.3. Tā hái shi wǒ fùqinde zhǎngbèi ne.

6.4. Wǒmen zhèi yíbèi rén niàn shūde jīhui bǐjiāo duō.

7.0. (33) yùbei   prepare (V) [lit. beforehand prepare]

7.1. Tiānqi lěng le. Wǒmen yào yùbei dōngtiande yīfu le.

7.2. Tā zhèi jǐtiān máng jíle. Tā yùbei chū guó le.

7.3. Nǐde dōngxi dōu yùbeihǎo le ma?

8.0. (50) qīngnián   youth (N)

qīngnián rén   youth, young person (about 18-30)

(Nán) Qīngnián Huì   YMCA

Nǚ Qīngnián Huì   YWCA

8.1. Qīngnián rén yīngdāng nǔlì niàn shū.

8.2. Nán Qīngnián Huì lí Nǚ Qīngnián Huì hěn jìn.

8.3. Yánjiu Zhōngguo wénxué Xīn Qīngnián nèiběn zázhì hěn yǒu bāngzhù.

9.0. (57) héyòng   be suited to one's use, be suitable (SV) [lit. suit use]

9.1. Nǐ kàn zhèixie jiāju dōu héyòng ma?

10.0. (60) fǎnzhèng   anyway, anyhow (MA)

10.1. Tā yào qǐng kè jiu ràng ta qǐng ba. Fǎnzhèng tā yǒu qián.

11.0. (67) xiězìtái   writing desk (N) [lit. write characters table]

11.1. Zhèige xiězìtái mài duōshao qián?
12.0. (68) pūgai   bedding   (N)
  12.1. Tiānqi tài lěng le. Nǐde pūgai tài shǎo le.
13.0. (68) dānzi   sheet, list, bill   (N)
  chuáng dānzi   bed sheet
  kāi dānzi   make a list
  13.1. Zuótian wǎnshang dào fànguǎr qù chī fàn huǒji bǎ dānzi xiěcuò le. Wǔkuài qián xiěchéng wǔshikuài qián le.
  13.2. Wáng Mā zhēn gānjing. Tiāntiān gěi wǒ huàn chuáng dānzi.
  13.3. Nǐ xiǎng mǎi de dōngxi kāi dānzi méi you?
14.0. (76) héshì   fit, fitting, suitable, congenial   (SV)   [lit. suit shape]
  14.1. Zuótian mǎi de nèijiàn yīfu chuānzhe bù héshì. Wǒ děi qù huàn.
15.0. (77) bǐcǐ   mutually, reciprocally, each other   (AD)
  Bǐcǐ bǐcǐ   (the compliment) is mutual, same to you
  15.1. Wǒmen liǎngge rén yīngdāng bǐcǐ bāng máng.
  15.2. Oh, Wáng Xiānsheng, wǒ zǎo jiu yīnggāi kàn nín lai, kěshi tài máng le. . . . Bǐcǐ bǐcǐ.
16.0. (77) gōngke   course, subject of instruction, studies   (N) (measure: mén, mér)   [lit. service lesson]
  16.1. Nǐde gōngke máng bu máng?
  16.2. Jīntian wǒ bù chūqu. Wǒde gōngke tài máng le.
  16.3. Nǐ zài dàxué niàn jǐmén gōngke?
  16.4. Wǒ duì Wáng Jiàoshòu jiāo de Zhōngguo lìshǐ nèimér gōngke yìdiǎr yě méi xìngqu.
  16.5. Zhèiběn shūli měi dì liùkè shi yíge wénxi gōngke.
17.0. (78) zhàoying   take care of, look after   (TV)
  17.1. Nèige háizi tài xiǎo le. Qǐng nǐ duō zhàoying ta.
18.0. (79) niánji   age (in years)   (N)   [lit. year record]
  18.1. Kàn yàngzi tāde niánji bǐ wǒ xiǎode duō.
  18.2. Tā duó dà niánji?
19.0. (81) lǎomāzi   married woman servant, maid   (N)
  19.1. Tāmen jiā yǒu jǐge lǎomāzi?
20.0. (82) bān   move   (TV)
  bān jiā   move, change residence
  20.1. Zhèige zhuōzi tài dà le. Kǒngpà yíge rén bù néng bān.
  20.2. Wǒ jīnnian bānle sāncì jiā le.

Shēng Zì gēn Xīn Yúfǎ de Jùzi 163

20.3. Tāde jiā bāndao Shànghǎi qu le.
20.4. Qǐng ni bǎ xiězìtái bāndao shūfángli qu.
21.0. (84) kǒuwèi taste, preference as to food (N) [lit. mouth flavor]
21.1. Měige rénde kǒuwèi dōu bù yíyàng.
22.0. (84) hé to suit (V)
22.1. Wáng Mā zuòde cài hěn hé wǒde kǒuwèi.
23.0. (84) zhíguǎn just (MA) [lit. only manage]
23.1. Yǒu shénmo wèntí ni zhíguǎn shuōchulai.
24.0. (86) jīngtiē give extra (as, pay or assistance) (V), extra pay, assistance, gratuity (N)
24.1. Wǒmen gōngsī měinián dōu lìngwài jīngtiē wǒmen yìdiǎr qián.
24.2. Xuéxiào gěi nǐ de jīngtiē shi duōshao qián?
25.0. (86) jiù shì le and that'll do, that's all there is to it
25.1. Nǐ bǎ wǔkuài qián gěi ta jiù shì le.
26.0. (88) dùn (measure for meals)
26.1. Wǒ měitiān chī liǎngdùn fàn.
27.0. (91) jiān fry (in slightly greased pan) (V)
27.1. Wǒ hěn xǐhuan chī jiān jiǎozi.
28.0. (91) jīdàn (chicken) egg (N)
      chǎo jīdàn scrambled eggs
      jīdàn tāng egg-drop soup
28.1. Wǒ měitiān zǎochen chī kǎo miànbāo chǎo jīdàn.
28.2. Wǒmen yào ge jīdàn tāng, hǎo bu hǎo?
29.0. (91) huòshi . . . huòshi either . . . or
29.1. Nǐmen shuōhǎo huòshi nǐ qù huòshi tā qù.
29.2. Wǒ huòshi jīntian huòshi míngtian zǒu.
30.0. (91) zhōngfàn wǔfàn lunch (N) [lit. middle food]
30.1. Sāndiǎn le dou. Wǒ hái méi chī zhōngfàn ne.
31.0. (94) dān only, singly, alone (AD)
31.1. Nǐmen xiān zǒu ba. Wǒ lìngwài dān qù.
32.0. (94) kāi fàn serve up a meal (VD) [lit. open food]
32.1. Fǔshang jǐdiǎn zhōng kāi fàn ne?
33.0. (95) suí follow (V)
      suí A de yìsi follow A's idea
      suí A (de) biàn follow A's convenience

suí A hǎo le   do what A likes

33.1. Suí nǐde yìsi wǒmen chī shénmo.

33.2. Qù bu qù suí nǐde biàn.

33.3. Wǒmen zuò chuán háishi zuò huǒchē? . . . Suí nǐ hǎo le.

34.0. (95) wúsuǒwèi   make no difference, not matter

34.1. Chī Zhōngguo fàn chī wàiguo fàn wǒ dōu wúsuǒwèi.

35.0. (96) yíkuàr V rènao   be entertaining, be sociable to V together

35.1. Wǒmen zài yíkuàr hē chá rènao.

36.0. (101) chéng   be O.K., be all right, be satisfactory, (that'll) do   (V)

36.1. Láojià nǐ huílai de shíhou gěi wǒ dài běn shū chéng bu chéng?

36.2. Zhèijiàn shì wǒ zěnmo bàn chéng ma?

36.3. Lǎo ràng 'nǐ qǐng kè zěnmo chéng?

37.0. (101) nǎr   where? how? why? (rhetorical)   (Note 2)

nǎr chéng   how will it do?

nǎrde huà   not at all, something which shouldn't be said; nonsense!

37.1. Nǐ yíge rén zuò hěn duō shì nǎr chéng?

37.2. Nín shuō nǎrde huà ne. Zhè shi wǒ yīngdāng zuò de me.

37.3. Nǐ bǎ ta gěi ènhuài le. Wǒ shàng nǎr qu mǎi qu?

37.4. Méi yǒu mài de. Wǒ nǎr mǎidezháo?

37.5. Nèijiàn shì nǎr néng ta yíge rén zuò?

38.0. (102) ǒu'ěr   occasionally, once in a while, by chance   (MA)

38.1. Zhōngguo fàn wǒ bù zěnmo xǐhuan chī, kěshi ǒu'ěr yě chī yícì.

38.2. Wǒ zuótian zài fēijīchǎng ǒu'ěr yùjian ta le.

39.0. (103) dǐ   end (TW)

dǐxia   bottom (PW)

(zài) A dǐxia   under A

dào dǐ   to the end, after all

yuè dǐ   end of the month

nián dǐ   end of the year

39.1. Wǒ yuè dǐ jiu yǒu qián le.

39.2. Tā bǎ nèijiàn shì cóng tóur dào dǐ gēn wǒ shuōle yícì.

39.3. Nǐ dào dǐ bān jiā bù bān jiā?

39.4. Nǐ zhǎo de zázhì zài zìdiǎn dǐxia.

39.5. Zhuōzi dǐxia yǒu shénmo?

Shēng Zì gēn Xīn Yúfǎ de Jùzi   165

40.0. (103) fēntān   pay as one's share   (V) [lit. divide apportion]
    40.1.   Zhèicì lǚxíng měi rén fēntān duōshao qián?
41.0. (105) shǒuxu   (formal) procedure, process, method   (N) [lit. hand succeed]
    41.1.   Xuéxiàode shǒuxu nǐ bàn le méi you?
    41.2.   Chū guó de shǒuxu hěn máfan.
42.0. (106) guīju   custom, customary rules and regulations   (N); be observant of the rules   (SV) [lit. rule pattern]
    42.1.   Nèige fànguǎrde guīju shi bú yào xiǎofèi.
    42.2.   Nèige háizi hěn guīju.
43.0. (106) qī   period of time   (N)
    dào qī   reach the end of a specified period of time
    guò qī   pass the end of a specified period of time, become overdue
    shàng qī   beginning of a period
    xià qī   end of a period
    43.1.   Wǒ děi bān jiā yīnwei wǒde fángzi dào qī le.
    43.2.   Yǐjing guòle qī le. Nǐ zěnmo hái bu jiāo qián?
    43.3.   Wǒmen zhèr zū fángzi dōu shi shàng qī gěi qián.
    43.4.   Zài Měiguo zuò shì dōu shi xià qī gěi qián.
44.0. (106) jiāo zū   pay rent   (VO) [lit. deliver rent]
    44.1.   Wǒ zhù de fángzi shi měiyuè jiāo yícì zū.
45.0. (112) dásao   clean up   (TV) [lit. hit sweep]
    45.1.   Qǐng nǐ bǎ zhèijiān wūzi dásao dásao.
46.0. (115) língsui   miscellaneous, fragmentary   (SV) [lit. remnant fragment]
    46.1.   Wǒ jīntian zuò de shi língsuide shìqing.
47.0. (115) línglingsuìsuì   very fragmentary   (Note 3)
    guīguijūjū   very punctilious
    tòngtongkuàikuài   very happy
    47.1.   Tāde qián línglingsuìsuì dōu yòngwán le.
    47.2.   Tā měitiān guīguijūjūde zuò shì.
    47.3.   Wǒmen zuótian zài nèr tòngtongkuàikuàide wárle yìtiān.
48.0. (118) tiān   add, increase   (TV)
    tiānshang   add
    tiān qián   increase the money
    48.1.   Yàoshi qián bú gòu nǐ zài tiānshang diar.

48.2.   Nèige dōngxi zài tiān liǎngkuài qián jiù kéyi mǎi le.
49.0. (119) fēnfu   give instructions or commands (to) (V) [lit. order command]
49.1.   Nǐ yǒu shénmo shìqing fēnfu wǒde háizi qù zuò.
50.0. (122) bóbo   uncle, father's older brother (N) (Note 1)
50.1.   Wáng Bóbo lái le! Nín qǐng jìnlai.
51.0. (126) zuǒyòu   approximately, more or less (after numbers) [lit. left right]
51.1.   Wǒ kàn ta hǎoxiang sānshi zuǒyòu.
52.0. (127) hǎode   O.K., fine
52.1.   Hǎode. Wǒ jīntian wǎnshang yídìng lái.
53.0. (128) dájiǎo   disturb, inconvenience (said politely by visitor on leaving)
53.1.   Wǒ zǒu le. Bù duō dájiǎo nín le.

Wēnxi Jùzi

1. Tā niánnianqīngqīngde jiù sǐ le.
2. Nǐ chuān nèitào yīfu héshì bù héshì?
3. Suí nǐde biàn nǐ xiǎng shàng nǎr qù wǒmen jiù shàng nǎr qù.
4. Wǒ bǎ suǒyǒude jiāju dōu jiègei ta yòng le.
5. Fángdōng shuō nǐ zhù lǘguǎn duōshao qián jiù gěi ta duōshao qián.
6. Nèige dìfang hěn píng'ān. Nǐ zhíguǎn qù.
7. Nǎrde huà ne. Wǒ yīngdāng de me.
8. Suíbiàn ni xiě zì niàn shū dōu kéyi.
9. Tā ràng wǒ qù. Wǒ zěnmo hǎo yìsi bú qù ne?
10. Wǒ bǎ suóyǒude gōngke dōu yùbeihǎo le.
11. Diànshì huài le méi guānxi. Fǎnzhèng wǒ yě bù xǐhuan kàn.
12. Wǒmen èrshinián bú jiàn le. Jiànzhao yǐhou bǐcǐ dōu bú rènshi le.
13. Wǒmen xuéxiàode gōngke shuǐzhǔn tígāo le, suóyi mángde bùdéliǎo.

14. Wǒ bān jiā de shíhou nǐ kéyi bāng wǒ máng ma?
15. Míngtian dào nèr qù huòshi nǐ qù huòshi wǒ qù xiànzài wǒmen shuōhǎo.
16. Nèige háizi tài xiǎo le. Ràng ta yíge rén chūqu nǎr chéng ne?
17. Nǐde fángzi shénmo shíhou dào qī?
18. Wǒ ràng wǒ dìdi jiào ni shi gēge.
19. Fēnfu Wáng Mā jīntian wǎnshang yǒu kèren, duō zuò diar fàn.
20. Zhèige lùyīnjī ni kànle bàntiān. Dào dǐ mǎi bu mǎi?

Dāndú Tánhuà

    Wǒ gēn Měiyīng dàole Huá jia. Huá jiade lǎomāzi Wáng Mā gěi wǒmen kāide mén. Jìnqu yǐhòu jiànle Huá Tàitai. Měiyīng gěi wǒmen jièshao le. Huá Tàitai hěn kèqi. Kàn yàngzi yǒu sìshijǐsuì. Gèzi bù hěn gāo, bú pàng bú shòu. Wǒ xiǎng ta niánqīng de shíhou yídìng hěn piàoliang.

5   Huá Tàitai jiào lǎomāzi gěi wǒmen qī chá bìngqiě hái gěi wǒmen yùbeile diǎnxin. Wǒ gēn Měiyīng chīde hěn bǎo cái chūqu de. Nǎr néng chīdexià ne?

    Wǒmen hēzhe chá tándào fángzide wèntí. Huá Tàitai shuō tāde èr érzi sǐle yǐhòu tā xīn lǐtou hěn nánguò. Tā shuō ta zhèjiān fángzi zūgei
10 bié ren zhù zhǔyàode yuányīn shì gěi tāde dà érzi zuò bàr. Nèijiān fángzi hěn dà. Huá jia hěn jiǎngjiu, suóyi tāmende jiāju dōu hěn hǎo. Huá Tàitai hái shuō kètīng fàntīng wǒ suíbiàn yòng. Búdàn zhèxie érqiě lián pūgai dōu bú yòng wǒ zìjǐ yùbei.

    Tándao fángzū Huá Tàitai shuō wǒ shi Gāo jiade péngyou zhù sùshè
15 duōshao qián jiù ràng wǒ gěi ta duōshao qián. Yòu tándao chī fàn de wèntí. Kāishǐ ta shuō chī fàn bú bì gěi qián le. Zěnmo néng nènmo bàn ne? Wǒ zhīdao Huá Tàitai zhè shi yíjù kèqi huà. Hòulái tā shuō dào yuè dǐ dàjiā fēntān hǎo le.

Zhèige shíhou Huá Tàitai yòu bǎ Wáng Mā jiàochulai fēnfu ta wǒ
bānqu yǐhòu ràng ta gěi wo xǐ yīfu, shōushi wūzi, shénmode. Wáng Mā
yě hěn hǎo. Huá Tàitai shuō yàoshi fàn bù hé wǒde kǒuwèi de shíhou,
jiào wǒ gàosu tāmen. Wǒ shi shénmo dōu néng chī. Wǒ xiǎng méi you
shénmo bù hé wǒ kǒuwei de.

Wǒ xiǎng zǎo yìdiar bānlai suóyi mǎshàng wǒ jiù juédìngle míngtian
shàngwǔ bānlai.

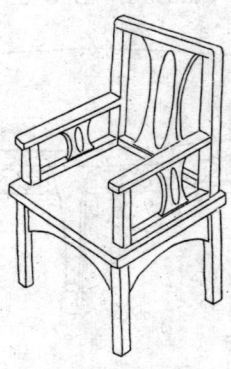

Wèntí

1. Wáng Mā shi Huá jia de shénmo rén?
2. Měiyīng kànjian Huá Tàitai ta xiān shuō shénmo?
3. Měiyīng wèi shénmo ràng Huá Tàitai jiào Bái Xiānsheng shi Wénshān?
4. Huá Tàitai shuō bù hǎo yìsi jiào Bái Xiānsheng de míngzi Bái Xiānsheng shuō shénmo?
5. Wèi shénmo rénjia yùbeile diǎnxin Bái Xiānsheng Gāo Xiáojie tāmen liǎngge rén dōu bù chī?
6. Huá Tàitai shuō tāde èr érzi sǐle tā zěnmoyàng?
7. Huá Tàitai shuō tāmen jiālǐde rén duō bu duō?
8. Huá Xiānsheng shi zuò shénmo shì de?
9. Wèi shénmo ta cháng bú zài jiā?
10. Huá Tàitai xīwang bǎ fángzi zūgei shénmo rén zhù?
11. Bái Xiānsheng wèi shénmo bù xǐhuan zhù sùshè?
12. Bái Xiānsheng shi lái kàn fángzi. Ta wèi shénmo Huá Tàitai jiào ta kàn fángzi ta yòu shuō "Wǒ hái yào kànkan ma?"
13. Huá Tàitai shuō dōu gěi ta shénmo yòng?
14. Lǎomāzi shi shéi? Lǎomāzi shi zuò shénmo de?
15. Bái Xiānsheng shuō ta zǎodiǎn dōu chī shénmo?

Dialogue

16. Huá Tàitai shuō chī fàn bú bì gěi qián le. Bái Xiānsheng shuō shénmo?
17. Bái Xiānsheng zài Huá jia chī fàn ta shénmo shíhou cái gěi qián ne? Gěi duōshao qián?
18. Bái Xiānsheng gēn Wáng Mā shuō ta láile gěi ta tiān máfan. Wáng Mā dōu shuō shénmo?
19. Zǒu de shíhou Měiyīng gàosu Huá Tàitai shénmo?
20. Bái Xiānsheng shénmo shíhou bāndao Huá jia qu?
21. Yàoshi nǐ yǒu fángzi chūzū rénjia lái kàn fángzi, nǐ yīnggāi gēn rénjia shuō shénmo?
22. Yàoshi yíwèi bǐ nǐ niánji lǎo de rén jiào ni shi xiānsheng, nǐ yīnggāi shuō shénmo kèqi huà?
23. Yàoshi yǒu liǎngge péngyou tāmen bú rènshi kěshi nǐ dōu rènshi ni yīngdāng zuò shénmo?
24. Yàoshi nǐ kànhǎole yìjiān fángzi nǐ xiǎng zū, nǐ yào wèn fángdōng duōshao qián nǐ zěnmo wèn?
25. Yàoshi nǐ zūhǎole fángzi le nǐ yīngdāng gēn fángdōng shuō shénmo kèqi huà?
26. Yàoshi nǐde fángdōng yǒu yòngren ta bāngzhe nǐ zuò shì nǐ gēn tā shuō shénmo kèqi huà?
27. Yàoshi nǐ wèn fángdōng fàn qian duōshao, fángdōng yàoshi gēn nǐ kèqi shuō bú yào qián, nǐ zěnmo shuō?
28. Yàoshi nǐ yǒu fángzi yǒu rén lái zū nǐ shuō shénmo?
29. Yàoshi nǐde fángzi zūgei bié ren le, nǐ dōu gàosu nǐde yòngren shénmo?
30. Nǐ dào rénjia jiā lǐtou qu dānwu rénjia hěn duō shíhou nǐ zǒu de shíhou yīngdāng shuō shénmo kèqi huà?

        Dialogue: Vincent White and Gao Meiying discuss with Mrs. Hua everything [lit. all questions] pertaining to renting a room in the Hua household.

Mei : Vincent, we've arrived.
White: Oh, this is it.
Mei : Yes. Ring the bell.
Wang : (from inside) Who is it?
Mei : It's me, Wang Ma.
Wang : Oh, Miss Gao, how are you? How come you haven't come for so long? This gentleman is . . . ?
Mei : This is Mr. Vincent White.
Wang : Mr. White, how are you? Please come in and sit down. Mrs. Hua [lit. our Mrs.] is waiting for you.

Lesson Eight

Tai : Who is it? It's Meiying? Meiying, are your father and mother well?

Mei : Very well. They asked me to give you their best. Auntie, let me introduce you. This is Vincent White. This is Mrs. Hua.

White: How do you do.

Tai : Mr. White, pleased to meet you. Mr. and Mrs. Gao have often spoken to me about you.

Mei : Auntie, just call him Vincent.

Tai : How can I do that?

White: I'm of a younger generation. Just call me by my given name.

Tai : Wang Ma, make some tea!

Wang : Coming.

Mei : Auntie, my mother already phoned you this morning?

Tai : Yes. She said she was having Mr. White come see the room.

Mei : Yes. So my parents had me bring him. You take up everything about the room with him. He speaks Chinese very well. He understands everything you say. You can just talk to him.

Tai : Fine. Let's first have some tea and then we'll talk. Come and sit down.

White: You're too kind. Thank you.

Mei : Auntie, why have you prepared so many refreshments? We had breakfast before we left.

Tai : But have a bit more.

Mei : I can't [eat it down].

Tai : Mr. White, have a little.

White: I'm also full. Thank you. You're too kind, you've put yourself out too much.

Tai : Let's sit and talk. If you're not having anything to eat let's have some tea.

White: About this room . . .

Tai : Regarding [the matter of] the room, I guess Mrs. Gao has already spoken to you, isn't that so? She's already told you the general situation. You know, very recently my second son died and I've been very sick at heart.

White: Yes. Mrs. Gao told me. It's very sad. [Don't keep on being too anguished.]

Tai : Our family [population] is very small [lit. simple]. My older son goes to school [every day] and my husband and I go out every day. Mr. Hua is an engineer. He's very busy. Sometimes we go out to quite distant places to work, and then we don't come back (for a while). Sometimes we just live out. So I thought of finding a young man to be a companion

Dialogue

to my son. I asked Mr. Gao to introduce me to a young friend who might come and live here. You're by yourself, aren't you?

White: Yes. I've come to study. (As) I said to Mr. Gao, if I live in a dormitory I think it won't be so convenient at times, so it would be better if I found a room for myself. Then Mr. Gao informed me that in your home there was a room which you might let me have.

Tai : First look and see if the room suits you. The dining room and the living room you can use as you please if you have guests and so on. Since you're a friend of the Gaos' you're also a friend of ours. And I see you're a nice person. Anyway my husband and I are often not at home.

White: Thank you. Do I still need to look at it?

Tai : Of course. You should [look at it].

White: All right [I'll look at it].

Tai : This is it.

White: Very nice, this room. It's quite large.

Tai : The bed, bookcases, writing desk, and so on you can use if you like them. Bedding and bed sheets we have, so you don't need to buy them.

White: That's excellent. I came by plane and didn't bring any bedding. If you let me use them, I won't have to buy any.

Tai : Yes. Don't buy any.

White: Could you tell me how much the room is?

Tai : Didn't I just say that since you're a friend of the Gaos' you're a friend of ours? Just give us whatever it would be if you lived in the dormitory. I'm not (doing this) for the money, but chiefly to find a suitable person to come and keep my son company. You two young people can talk together and do your studying together.

White: I'm very grateful to you. When I live in your home please consider me one of the family [lit. look after me].

Tai : My son is probably about the same age as you are. How old are you [this year]?

White: I'm twenty-four.

Tai : A year younger than my [elder] son. There's something else. This maid of ours is very good. She's also very competent in doing things. After you move in, she can wash clothes and take care of the room for you. She also cooks pretty well. Whenever there's something that doesn't suit your taste just speak up. Don't be polite. She can also buy things for you and so on. Each month just give her a little extra money.

White: How much do you think I should give her?

Tai : As you wish, give her a few dollars. Will you have all three meals at home? What do you have for breakfast?

White: For breakfast I have toast and coffee, or sometimes I'll ask the servant to fry or scramble an egg for me. (At) lunch (time) I think I'll have a bite at school or outside. Dinner I'll eat at home.

Tai : Shall we serve you by yourself or will you eat with us?

White: Whatever you like. What do you think would be convenient? It doesn't matter to me.

Tai : Then let's do it this way: If we're at home, it'll be more sociable for all of us to eat together. If we're not here you and my son can eat together, all right?

White: Fine. How much shall I give for meals each month?

Tai : You don't need to pay for meals.

White: How will that do? How can I let you have me as a guest every day? It's not having an occasional meal. Don't be polite.

Tai : In that case at the end of the month I'll figure up how much you should give as your share, and you just give that much.

White: There aren't any special regulations?

Tai : No. The custom here is to pay rent at the beginning of the (rental) period.

White: I'll give you the rent now.

Tai : What's the hurry? We can take care of it after you've moved in.

White: Let me give it to you now.

Tai : When will you move in?

White: I plan to move in tomorrow morning. May I?

Tai : Yes. In a moment I'll have Wang Ma clean the room for you. . . . Wang Ma, come! Mr. White is moving in tomorrow. You help him by taking care of the room, washing his clothes, and getting breakfast. He'll have lunch outside. Dinner he'll have at home, with us. You help Mr. White with various things.

Wang : Yes Ma'am.

White: Wang Ma, I've come to add to your work.

Wang : Not at all. Whatever you want me to do, just tell me.

White: Thank you. Mrs. Hua, we'll leave now.

Mei : Aunt Hua, my mother said that sometime she will invite you and Uncle Hua to visit us.

Tai : Fine. I'll give your mother a ring.

White: Mrs. Hua, what time tomorrow morning may I move in? [You tell me.]

Tai : Any time that's convenient for you will do.

White: What if I move in [tomorrow morning] about 10:00?

Tai : Fine.

Sentences for New Words and Grammar

White: Sorry to have troubled you. Goodbye.
Tai : Goodbye.
Mei : Goodbye.

Sentences for New Words and Grammar

1.1. As soon as he pressed on that little table he broke it.
2.1. Stop talking. The bell has already rung for class.
2.2. Listen. Is someone ringing the doorbell?
3.1. Our Zhang Ma is very good. She's already worked fifteen years in our home.
4.1. I met Aunt Zhang on the street yesterday.
5.1. He's invited (me to be his) guest. Would it be right for me not to go?
5.2. I'm embarrassed to have you ask me as a guest.
5.3. Would it be right for us to let you pay all by yourself?
6.1. He's a generation older than I am.
6.2. I'm a generation below him.
6.3. After all he's a generation before my father.
6.4. We of our [lit. this one] generation have greater opportunities to study.
7.1. The weather's turned cold. We must get our winter clothes ready.
7.2. He's been terribly busy these days. He's preparing to go abroad.
7.3. Have you gotten all your things ready?
8.1. Young people should work hard at studying.
8.2. The YMCA is close to the YWCA.
8.3. The journal New Youth is a great help in studying Chinese literature.
9.1. Do you think all this furniture is suitable?
10.1. If he wants to be the host, let him. Anyway he has the money.
11.1. How much does this writing desk sell for?
12.1. The weather has become too cold. You have too little bedding.
13.1. Yesterday evening when I went to the restaurant to eat the waiter made a mistake on my bill. He wrote $5 as $50.
13.2. Wang Ma is really clean. She changes the sheets on my bed every day.
13.3. Have you made a list of the things you are going to buy?
14.1. That garment I bought yesterday doesn't fit. I must go exchange it.
15.1. We two should help each other.
15.2. Oh, Mr. Wang, I should have come long ago to see you, but I've been too busy. . . . I too (should have seen you).

16.1. Are you busy with your studies?
16.2. I'm not going out today. I'm too busy with my studies.
16.3. How many courses do you take at the university?
16.4. I'm not at all interested in that Chinese history course of Professor Wang's.
16.5. In this book every sixth lesson is a review lesson.
17.1. That child's very young. Please look after him more.
18.1. From his appearance he's considerably younger than I am.
18.2. How old is he?
19.1. How many maidservants are there in their home?
20.1. This table is too big. I'm afraid one person can't move it.
20.2. I've moved [my home] three times this year.
20.3. He's moved to Shanghai.
20.4. Please move the writing desk into the study.
21.1. Everyone's taste is different.
22.1. Wang Ma's cooking suits my taste.
23.1. If you have any questions just speak out.
24.1. Our company gives us a little extra money every year.
24.2. How much money does the assistance given to you by the school amount to?
25.1. Give him five dollars and that'll do.
26.1. I eat two meals a day.
27.1. I like [to eat] fried dumplings very much.
28.1. I eat toast and scrambled eggs every morning.
28.2. Let's have an order of egg-drop soup, O.K.?
29.1. Make up your minds whether you are going or he is going.
29.2. I'm leaving either today or tomorrow.
30.1. It's already three. I haven't had lunch yet.
31.1. You go ahead. I'll go by myself [separately].
32.1. When is dinner served in your home?
33.1. We'll eat whatever you feel like.
33.2. Go or not as you see fit.
33.3. Shall we go by boat or by train? . . . As you like.
34.1. It makes no difference to me whether we eat Chinese or foreign food.
35.1. It's (more) sociable if we have tea together.

Sentences for New Words and Grammar 175

36.1. When you come back please bring me a book, O.K.?
36.2. Will it do if I handle this matter this way?
36.3. How will it do to have you always be the host?
37.1. How will it do for just you to do a lot of work?
37.2. You're talking nonsense. This is something I should do, of course.
37.3. You've broken it [by pressing]. Where shall I go to buy (another)?
37.4. No one sells it. Where is it possible for me to buy it?
37.5. How can he take care of that matter by himself?
38.1. I'm not very fond of [eating] Chinese food but I occasionally eat it [once].
38.2. I met him by chance at the airport yesterday.
39.1. I'll have money at the end of the month.
39.2. He spoke to me [once] of that matter in detail [lit. from beginning to end].
39.3. After all are you moving or not?
39.4. The magazine you're looking for is under the dictionary.
39.5. What's under the table?
40.1. How much money does each person pay as his share on this trip?
41.1. Did you go through the school procedures?
41.2. The red tape in going abroad is a nuisance.
42.1. The custom at that restaurant is no tipping.
42.2. That child is very observant of the rules.
43.1. I have to move because the time for (which I've rented) my room is up.
43.2. It's overdue. How come you haven't paid?
43.3. When we rent rooms here payment is always made at the beginning of the (rental) period.
43.4. In America, payment is always made at the end of the period of work.
44.1. I pay rent once a month for the house where I live.
45.1. Please clean up this room.
46.1. I'm doing odds and ends of chores today.
47.1. He used up his money bit by bit.
47.2. He works punctiliously every day.
47.3. We amused ourselves very happily there for a day yesterday.
48.1. If there isn't enough money, add a bit.
48.2. You can buy that thing if you add a couple more dollars.
49.1. If you have anything (that needs doing) tell my youngster to go do it.

50.1. Uncle Wang [you've come]! Please come in.

51.1. I think he seems to be about thirty.

52.1. O.K. I'll certainly come this evening.

53.1. I'm leaving. I won't trouble you any further.

Review Sentences

1. He died very young.
2. Does that suit fit you?
3. Wherever it pleases you to go, we'll go.
4. I lent all the furniture to him (to use).
5. The landlord says just give him as much money as you pay in staying at the hotel.
6. That area is very peaceful. Just (don't worry and) go (there).
7. Nonsense. I should, of course.
8. You can write characters or study, as you wish.
9. He's asked me to go. How do I have the nerve not to go?
10. I've finished preparing all my lessons.
11. It doesn't matter if the television is out of order. I don't care to watch it anyhow.
12. We hadn't seen each other for twenty years. When we met we didn't recognize each other.
13. The level of the courses in our school has been raised, so I'm terribly busy.
14. When I move can you help me?
15. Let's decide now whether you go or I go there tomorrow.
16. That child is very small. How can you let him go out by himself?
17. When does the rental period for your house end?
18. I'll have my younger brother address you as 'older brother.'
19. Tell Wang Ma that we're having guests this evening and to cook more food.
20. You've looked at this tape recorder for a long time. After all are you buying it or not?

Notes

1. The term bóbo refers to one's father's older brother, and bómǔ to the wife of one's father's older brother. The corresponding English words 'uncle' and 'aunt' are of course less specific in meaning. These terms are

also applied to friends of the same generation as one's father who are not blood relatives; in addition, they are frequently used as polite forms of address to such relatives and friends.

2. The word <u>nǎr</u>—literally 'where?'—is used in rhetorical questions: <u>nǎr yǒu</u>? 'where is there?' (implying that there isn't), <u>nǎr néng</u> 'how is it possible?' (implying that it is not possible), and so on. The expression <u>nǎrde huà</u> 'talk (which exists) where?' implies that no such talk should be uttered. It is about equivalent to 'Nonsense!' as spoken in reply to a sentence such as 'Sorry to trouble you.'

3. Stative verbs composed of two syllables A B are reduplicated in the form A A B B to convey an intensive and rather lively flavor:

> Nǐ kàn nèixiē xiǎo háizi nènmo gāogāoxìngxìngde wár. 'See how happily the children are playing.'

"Tā duìyu chuān yīfu bù zěnmo jiǎngjiu.... Huá Tàitai chuānde hěn jiǎngjiu."

Dì Jiǔkè. Tán Yì Jiā Rén

Huìhuà: Bái Wénshān gēn Gāo Měiyīng líkai Huá jia yǐhòu, zài lùshang tán Huá jia měi yíge rén.

Bái: Měiyīng, wǒmen xiān chī fàn qu, hǎo bu hǎo?

Měi: Nǐ è le ma?

5 Bái: Wǒ bú è, wǒ pà nǐ è. Wǒ zǎoshang chīde tài duō le, dào xiànzài yìdiǎr yě méi è ne.

Měi: Wǒ yě bú è.

Bái: Bù chī fàn wǒmen dào nǎr qu ne? Kàn diànyǐngr shíhou yòu bú duì.

10 Měi: Wǒ tíyì wǒmen jiù zài lùshang liūda liūda.

Bái: Hǎo. Aiya! Zāogāo! Méi dài zhàoxiàngjī lai. Jīntian tiānqi zènmo hǎo, wǒmen yīnggāi zhàozhao xiàng.

Měi: Wǒ zài jiā zǒu de shíhour yě méi xiángqilai. Yǐhòu zài zhào ba.

Bái: Měiyīng, Huá Tàitai rén hěn hǎo. Bù zhīdào Huá Xiānsheng shi zěnmoyàng yíge rén?

15

Měi: Huá Bóbo rén hǎo jíle. Píqi cái hǎo ne, duì shéi dōu tǐng héqide, cónglái bù fā píqi. Tā duì rén de tàidu zhēn hǎo.

Bái: Yǒu duó dà suìshu le?

Měi: Gēn Huá Bómǔ chàbuduō, dàgài wǔshisuì zuǒyòu. Zhōngděng gèzi, bù gāo bù ǎi de, dàgài yǒu wǔchǐ bā-jiǔcùn nènmo gāo.

20

Bái: Nǐ shuōde shi Yīngchǐ háishi Zhōngguochǐ? Xiànzàide chǐ hěn duō— yǒu Yīngchǐ, Zhōngguochǐ, gōngchǐ.

Měi: Wǒ shuōde shi Yīngchǐ.

Bái: Nènmo gēn Gāo Xiānsheng chàbuduō gāo le?

25 Měi: Wǒ fùqin bǐ ta ǎi yìdiǎr. Tā bǐ wǒ fùqin pàng yìdiǎr. Tāde ěrduo yǒu yìdiǎr máobing. Tīng bu dà qīngchu.

Bái: Tā yǒu yìdiǎr lóng ma?

Měi: Tā yǒu yìdiǎr lóng. Kěshi yǒude shíhou nǐ gēn ta shuō huà tā xiǎng biéde shìqing, jiù méi zhùyì. Bú yàojǐnde shìching tā suísuibiànbiàn mámahūhū de. Tā duìyu chuān yīfu bù zěnmo jiǎngjiu. Yīfu búlùn zěnmo zāng, tā yě bú zhīdao huàn. Bìděi Huá Bómǔ ràng ta huàn tā cái huàn ne.

30

Bái : Huá Tàitai chuānde hěn jiǎngjiu.

Měi : Huá Bóbode xié pòde bùdéliǎo cái mǎi xīnde. Tóufa lǎo yě bù shū. Méimao hěn zhòng.

Bái : Nǐ zěnmo zhīdaode zènmo qīngchu wa?

Měi : Dāngrán le. Wǒ fùmǔ gēn Huá Bóbo Huá Bómǔ shì lǎo péngyou le. Suóyi wǒmen dōu chángcháng jiàn miàn.

Bái : Tāmen liǎngge érzi shi zěnmoyàngde rén?

Měi : Liǎngge érzi zhǎngde dōu hěn hǎo, hěn jiànkāng yě hěn cōngming.

Bái : Dōu hěn jiànkāng èr érzi zěnmo huì sǐle ne!

Měi : Jiù shì ne. Tā hūrán jiù bìng le. Bú dào liǎngtiān jiu sǐle.

Bái : Èr érzi sǐle zhēn kěxī.

Měi : Dà érzi gēn tā fùqin yíyàng yě shi jìnshiyǎn, dài yǎnjìngr. Liǎngge érzi dōu shi gāo gèr.

Bái : Yǒu wǒ zěnmo gāo ma?

Měi : Gēn nǐ chàbuduō, dōu yǒu liùchǐ gāo. Tāmen liǎngge rénde jiǎo dōu hěn dà, mǎi xié dōu děi dìngzuò. Méi yǒu tāmen nènmo dàde chǐcun.

Bái : Gēn wǒ yíyàng. Wǒ zài Zhōngguo mǎi xié yě shi děi dìngzuò.

Měi : Tāmen dōu xǐhuan yùndong. Gēbei hěn cū, tuǐ hěn cháng, shǒu hěn dà, shǒu zhítou yě hěn cháng, gēbeishang dōu shi máo. Nǐ shuō xiàng bu xiàng wàiguo rén?

Bái : Nǐ shuō de zhèige yàngzi zhēn xiàng wàiguo rén.

Měi : Er érzi píqi hěn hǎo, xiàng Huá Bóbo. Hěn xǐhuan kāi wánxiào.

Bái : "Hǎo rén bù cháng shòu."

Měi : Tā sǐle yǐhou, Huá Bómǔ nánguòde bùdéliǎo, tiāntiār kū. Wǒ mǔqin tiāntiār qu quàn ta.

Bái : Tā xiànzài zěnmoyàng?

Měi : Xiànzài hǎode duō le. Nǐ bānguoqu, yàoshi tā zài jiā de shíhour, duō zhǎo jīhui gēn Huá Bómǔ tántan, miǎnde ta lǎo xiǎng érzi.

Bái : Dà érzi píqi zěnmoyàng?

Měi : Dà érzi píqi yǒu yìdiǎr jí. Shì ge jí xìngzi.

Bái : Bù zhīdào ta duì bié ren zěnmoyàng? Yàoshi wǒ jiānglái zhùzai tāmen fǔshang xiāngchùde bù hǎo le zěnmo bàn?

Měi : Bú huì de. Tā jiù shi jí xìngzi. Tā duì péngyou hěn hǎo. Jí xìngzi shi ta duì shénmo shìqing dōu xǐhuan kuài diar zuò, bìng bú shi duì rén fā píqi.

Bái : Dà érzi jiào shénmo míngzi?

Měi : Jiào Huá Xuéxīn.

Shēng Zì gēn Xīn Yúfǎ de Jùzi

Bái: Huá wǒ zhīdao, shi Zhōnghuá de Huá. Xué shi bu shi xuéwen de xué? Kěshi xīn shi něige xīn zì ne?

Měi: Jiù shi xīn jiù de xīn.

75 Bái: Oh, wǒ zhīdao le. Ta míngzide yìsi shi xué xīnde dōngxi, duì bu duì?

Měi: Duìle.

Bái: Huá Tàitai zhǎngde hěn niánqīng. Nǐ kàn ta hǎoxiang sānshijǐ suì.

Měi: Shì a, ta suīrán chàbuduō wǔshisuì le, kěshi kànbuchulái—pífu yòu bái yòu xì, xiǎo zuěr dà yǎnjing, gāo bízi, hěn hēide tóufa.

80 Bái: Nǐ shuō gāo bízi hǎo kàn!

Měi: Dāngrán le. Gāo bízi duómo hǎo kàn ne!

Bái: Na bu chéngle yáng guǐzi le? Nǐ shuō wǒde bízi hǎo kàn ma? Rénjia dōu jiào wo Dà Bízi.

Měi: Ànzhe Zhōngguo rénde kànfa, gāo bízi piàoliang.

85 Bái: Zhèi shi Zhōngguo rén gēn wàiguo rén de kànfǎ bù yíyàng. Wǒ rènwei bízi tài gāo le, bù hǎo kàn.

Měi: Wǒ yě méi shuō bízi tài gāo le hǎo kàn. Yàoshi yìchǐ duō gāo de bízi, dāngrán yě bù hǎo kàn le. Děi gāode hé biāozhǔn.

Bái: Měiyīng, nǐ cāi shéide bízi zuì biāozhǔn?

90 Měi: Wǒ bù zhīdào.

Bái: 'Nǐde bízi zuì biāozhǔn. Bù gāo bù ǎi. Wǒ rènwei nǐde bízi zuì piàoliang.

Měi: Bié xiā shuō le. Aiya! Zǒudào nǎr lai le? Wǒmen yìbiār shuō huà, yìbiār liūda, bùzhībùjuéde zǒuchu zhènmo yuǎn lai le. Nǐ 95 shuō yǒu jǐlǐ lù le?

Bái: Zǒuchu hěn yuǎn le. Nǐ lèi le ba. Wǒmen xiān qu chī fàn qu. Zhèr fùjìn yǒu fànguǎr ma?

Měi: Yǒu yíge Guǎngdong fànguǎr. Cài hái bú cuò.

Bái: Wǒmen qù chī Guǎngdong cài hǎo bu hǎo?

100 Měi: Hǎo wa.

Shēng Zì gēn Xīn Yúfǎ de Jùzi

1.0. (5) zǎoshang   morning   (TW)   [lit. early on]

   1.1. Wǒ měitiān zǎoshang qīdiǎn zhōng qǐlai.

2.0. (10) tíyì (shuō)   suggest, make a motion (AV); suggestion, motion (N) [lit. raise discuss]

   2.1. Tā zài huìshang tíyì zhōngxué jiàoyu shuǐzhǔn yào tígāo.

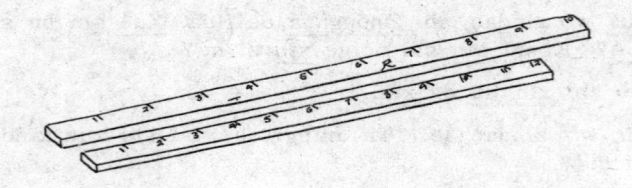

2.2. Wǒ fǎnduì tāde tíyì.
3.0. (10) liūda (take a) stroll (IV)
   3.1. Wǒmen liūda liūda ba.
   3.2. Wáng Xiānsheng bú zài jiā. Chūqu liūda qule.
4.0. (14) bù zhīdào I don't know (Note 1)
   4.1. Wǒ xiǎng xià xīngqī qǐng nín chī fàn. Bù zhīdào nín yǒu gōngfu méi you?
   4.2. Wǒ dǎsuan ràng tā jiāo wǒ niàn Zhōngwén. Bù zhīdào tāde xuéwen zěnmoyàng?
5.0. (16) píqi   temper, temperament (N) [lit. disposition air]
          fā píqi   lose [lit. emit] one's temper, get angry
          píqi dà   quick to anger
   5.1. Tā hǎo jíle. Yìdiǎr píqi yě méi yǒu.
   5.2. Wáng Xiānsheng chángcháng duì rén fā píqi.
   5.3. Nèige rén xuéwen hǎo, jiù shi píqi dà.
6.0. (16) tǐng, dǐng very extremely (AD)
   6.1. Ta nèige rén tǐng hǎo. Duì rén kèqi jíle.
   6.2. Wǒ xiǎng shìjièshang tā shì dǐng hǎode yíge rén.
7.0. (16) héqi congenial, easy to get along with (SV) [lit. harmony air]
   7.1. Tā gēn shéi shuō huà dōu nènmo héqi.
8.0. (17) cónglái bù/méi never
   8.1. Wǒ cónglái bù chuān hóng yīfu.
   8.2. Tā cónglái méi kànguo diànyǐngr.
9.0. (17) tàidu manner, bearing, attitude (N) [lit. behavior rule]
   9.1. Nǐ duì xuésheng de tàidu yīnggāi gǎiyigǎi.
   9.2. Tā duì wǒ de tàidu hěn huài.
10.0. (18) suìshu(r) age (N) [lit. year number]
   10.1. Wáng Dàifu duó dà suìshu le?
   10.2. Nǐ cāi tāde suìshu yǒu duó dà.
11.0. (19) děng(de)   class (of), degree (of), grade (of) (M)

Shēng Zì gēn Xīn Yúfǎ de Jùzi   183

		tóuděng(de)	first class [lit. head class]
		shàngděng(de)	first class, upper class
		gāoděng(de)	first class, high class
		zhōngděng(de)	middle class, average
		xiàděng(de)	lower class

11.1.   Èrděng huǒchē piào duōshao qián?

11.2.   Zhèitiáo chuán yígòng yǒu jǐděng? . . . Yǒu sānděng—tóuděng, èrděng, sānděng.

11.3.   Wǒmen bú zhù shàngděngde lǚguǎn. Wǒmen zhù zhōngděngde yīnwei shàngděngde tài guì le.

11.4.   Wǒmen zhèrde piào zhǐ yǒu gāoděng gēn zhōngděngde, méi yǒu sānděngde.

12.0. (20)   ǎi   short (of stature) (SV)

12.1.   Ta zhǎngde hěn piàoliang, jiù shi tài ǎi le.

13.0. (20)   chǐ   foot (M) (Note 2)

Zhōngguochǐ   Chinese foot [= 14.1 English inches]

Yīngchǐ   English foot

gōngchǐ   meter [lit. common foot]

13.1.   Yì gōngchǐ yǒu sān Yīngchǐ duō.

13.2.   Yīngchǐ bǐ Zhōngguochǐ xiǎo.

14.0. (20)   cùn   inch (M) (Note 2)

14.1.   Zhōngguochǐ yìchǐ shi shícùn.

14.2.   Yì gōngchǐ shi yìbǎi gōngfēn.

15.0. (20)   A yǒu B (nènmo) SV   A is SV by B amount (Note 3)

15.1.   Wáng Xiānsheng yǒu liùchǐ èrcùn nènmo gāo.

16.0. (25)   ěrduo ear (N)

16.1.   Zhōngguo rén shuō dà ěrduo hǎo.

17.0. (26)   máobing   defect, trouble (N)

chū máobing   develop a defect

17.1.   Wǒde yǎnjing yǒu máobing. Kàn duōle shū jiu bù shūfu.

17.2.   Wǒde chē chū máobing le. Zěnmo kāi yě bu zǒu le.

18.0. (26)   qīngchu   clear (SV) [lit. clear distinct]
            kànqīngchu   see clearly
            kàndeqīngchu able to see clearly
            kànbuqīngchu unable to see clearly

kànde hěn qīngchu　　see very clearly
kàn bu dà qīngchu　　not see very clearly
qīngqingchúchǔ　　very clear

18.1. Wǒde huà nǐ tīngqīngchu le ma?
18.2. Nǐ zuòzai nèr kàndeqīngchu ma?
18.3. Nǐ xiěde zì wǒ kànbuqīngchu.
18.4. Nǐ zuòzai zhèr jiù kéyi tīngde hěn qīngchu.
18.5. Xiānsheng, nǐ xiě de zì wǒ kàn bu dà qīngchu.
18.6. Ta bǎ dānzi kāide qīngqingchúchǔde.

19.0. (27) lóng　　deaf (SV)
lóngzi　deaf person (N)

19.1. Qǐng ni zài shuō yíbiàn. Wǒ yǒu diar lóng.
19.2. Tā shi ge lóngzi. Nǐ gēn ta shuō huà ta tīngbujiàn.

20.0. (30) mǎhu, māhu　careless, absent-minded
mámahūhū, māmahūhū　careless, absent-minded

20.1. Nèige rén zuò shì hěn mǎhu.
20.2. Tā nèige rén lǎo shi nènmo māmahūhūde.

21.0. (30) búlùn, wúlùn　no matter [lit. not discuss]

21.1. Búlùn gēn shéi tā dōu nènmo héqi.
21.2. Wúlùn něitiān dōu kéyi.

22.0. (34) xié　shoe (N)

22.1. Wǒde xié chuānzhe bù héshì.

23.0. (34) pò　　break, tear; broken, torn
dǎpò　　break (by striking)
chuānpò　wear out

23.1. Wǒde màozi pòle. Děi mǎi xīnde.
23.2. Wǒde yīfu dōu chuānpò le.
23.3. Shéi bǎ zhèige bōlibēi dǎpò le?

24.0. (34) tóufa　hair on the head　(N) [lit. head hair]

24.1. Yǒu hěn duō wàiguo rén tóufa shi huángde.

25.0. (34) shū　comb (V)
shūzi　comb (N) (measure: bǎ)

25.1. Nǐ bǎ tóufa shūyishū.
25.2. Zhèibǎ shūzi shi péngyou sòng wǒ de.

Shēng Zì gēn Xīn Yúfǎ de Jùzi   185

26.0. (35) méimao eyebrow (N)
  26.1. Yǒude Zhōngguo rén xiǎng méimao zhòng cōngming.
27.0. (40) jiànkāng healthy (SV) [lit. strong robust]
  27.1. Wǒ mǔqīn súirán hěn lǎo le kěshi hěn jiànkāng.
28.0. (44) -shi   -sighted
            jìnshi(yǎn)   near-sighted
            yuǎnshi(yǎn) far-sighted
  28.1. Wǒde yǎnjing yǒu diar jìnshi.
  28.2. Yuǎnshiyǎn néng kàn yuǎn bù néng kàn jìn.
29.0. (44) yǎnjìngr eyeglasses (N) [lit. eye mirror]
  29.1. Yuǎnshiyǎn jìnshiyǎn dōu děi dài yǎnjìngr.
30.0. (47) jiǎo (a person's) foot (N) (measure: zhī)
  30.1. Wǒde jiǎo chuān zhèizhǒng xié bù shūfu.
31.0. (48) dìng arrange for, contract for, fix (a time), subscribe to (TV)
            dìng piào   reserve tickets
            dìng bào(zhǐ)   subscribe to a newspaper
            dìng yíge shíhou   fix a time (to do something)
            dìng ge rìzi   fix a day (to do something)
            dìngzuò (arrange to) have made
  31.1. Jīntian kàn diànyǐngr děi xiān dìng piào, yàoburán mǎibuzháo piào.
  31.2. Wǒ xiǎng dìng yíge yuè Zhōngwén bàozhǐ.
  31.3. Wǒmen shénmo shíhou qu kàn ta xiān dǎ diànhuà gēn ta dìng ge shíhòu.
  31.4. Shénmo shíhou qu lǚxíng? Xiànzài xiān dìng ge rìzi.
  31.5. Wǒ xiǎng dìngzuò yítào yīfu. Nǐ shuō něige pùzi zuòde hǎo?
32.0. (49) chǐcun (linear) size (N) [lit. inch foot]
  32.1. Nǐde xié duó dà chǐcun? ... Wǒ chuān shíhào bàn.
33.0. (51) gēbei, gēbo arm (N) (measure: zhī)
  33.1. Wǒmen bǐyibǐ wǒmen liǎngge rén shéide gēbo cháng?
34.0. (51) cū coarse, crude, rough, roughly built (SV)
  34.1. Tāmen xiànzài yòng de zhǐ dōu shi hěn cūde.
35.0. (51) tuǐ leg (N) (measure: tiáo)
  35.1. Tāde zuǒ tuǐ yǒu yìdiǎr máobing, suóyi zǒu lù bù fāngbian.
  35.2. Tā yìtiáo tuǐ cháng yìtiáo tuǐ duǎn.

36.0. (51) shǒu   hand   (N)   (measure: zhī)
    36.1. Nǐ cāi wǒ zhèizhī zuǒ shǒu lǐtou yǒu shénmo?
37.0. (52) zhítou   finger   (N)
    shǒu zhítou   fingers
    jiǎo zhítou   toe
    37.1. Tāde shǒu zhítou yòu cū yòu duǎn.
    37.2. Nǐde nèige jiǎo zhítou zěnmo huài de?
38.0. (52) máo(r)   body hair, fur, wool, feather   (N)
    38.1. Nǐ nèitiáo gǒude máor zhēn piàoliang.
39.0. (55) wánxiào   joke, prank   (N)
    kāi wánxiào   crack jokes, play pranks, kid
    A gēn B kāi wánxiào   A plays a joke on B
    39.1. Wǒ dìdi lǎo gēn wǒ kāi wánxiào.
40.0. (56) shòu   long life, span of life; birthday   (N)   (Note 4)
    wàn shòu   long life
    40.1. Zhù nín wàn shòu.
    40.2. Míngtian Wáng Jiàoshòu zuò shòu.
41.0. (57) kū   cry
    kūqilai   burst into tears
    41.1. Bié kū le.   Kū yě méi yòng.
    41.2. Nèige háizi bù zhīdào wèi shénmo ta hūrán kūqilai le.
42.0. (58) quàn   calm, soothe   (TV); urge, (try to) persuade   (V)
    42.1. Ta kūle bàntiān le.   Zěnmo quàn yě quànbuhǎo.
    42.2. Nǐ quàn ta yǐhòu duō yònggōng niàn shū.
43.0. (63) jí   impatient, nervous, excitable, excited, upset, angry   (SV)
    43.1. Tāde píqi hěn jí.
    43.2. Mànmārde zuò me.   Nǐ jí shénmo?
    43.3. Ta bù xǐhuan rénjia gēn ta kāi wánxiào. Yì gēn ta kāi wánxiào ta jiu jíle.
44.0. (63) xìngr, xìngzi   disposition, character, nature   (N)
    jí xìngzi   (person of) impatient disposition
    màn xìngzi   (person of) easy-going disposition
    44.1. Ta xìngr hěn jí.
    44.2. Ta búlùn shénmo shì dōu xiǎng kuài zuòwán.   Ta xìngzi jí.
    44.3. Gēge gēn dìdi píqi bú yíyàng.   Gēge shi jí xìngzi, dìdi shi màn xìngzi.

Shēng Zì gēn Xīn Yúfǎ de Jùzi   187

45.0. (65) (xiāng)chù   get along with someone   (IV)   [lit. mutually dwell]
            (xiāng)chùbùlái   unable to get along with (someone)
            (xiāng)chùdelái   able to get along with (someone)
  45.1. Wǒ gēn ta xiāngchùde hěn hǎo.
  45.2. Wǒmen liǎngge rén chùde bú cuò.
  45.3. Tā píqi hěn tèbié. Wǒ gēn ta chùbulái.
  45.4. Wǒmen liǎngge rén bǐcǐ xiāngchùbulái.
46.0. (78) pí(fu)   skin, leather   (N)
            dǎ pí   skin, peel   (VO)   [lit. hit skin]
  46.1. Wǒde píbāo hěn guì yīnwei shi pí zuò de.
  46.2. Wǒ xiàtiān xǐhuan yóuyǒng, suóyi pífu hěn hēi.
  46.3. Zài zhèr chī shuǐguǒr zuì hǎo shi dǎ pí.
47.0. (79) xì   fine, thin, delicate; detailed, minute   (SV)
  47.1. Zhèiběn shūde zhǐ hěn xì.
  47.2. Wǒ méi tīng míngbai. Nǐ zài xì shuō yícì.
  47.3. Nèige zì nǐ niàncuò le. Nǐ zài xìxìde kànyikàn.
48.0. (79) zuǐ, zuěr   mouth   (N)
  48.1. Nèige háizi zuǐli yǒu shénmo?
  48.2. Tā nǚ'er xiǎo zuěr dà yǎnjing, zhēn hǎo kàn.
49.0. (79) bízi   nose   (Note 5)
  49.1. Tāde bízi zěnmo le? . . . Pènghuài le.
50.0. (82) yáng   ocean (in compounds, often means 'from beyond the ocean')
            Dà Xī Yáng   Atlantic Ocean   [lit. great west ocean]
            Běi Bīng Yáng   Arctic Ocean   [lit. north ice ocean]
            Nán Bīng Yáng   Antarctic Ocean   [lit. south ice ocean]
            yángchē   ricksha
            yánghuǒ   matches
            Xīyáng   Occident
  50.1. Nǐ zuòguo yángchē méi you?
  50.2. Xīyáng rén hěn xǐhuan lǚxíng.
  50.3. Měiguode dōngbiar shi Dà Xī Yáng.
  50.4. Xiànzài pēnshèjī kéyi yìzhíde cóng Yīngguo jīngguo Běi Bīng Yáng dào Zhōngguo.
51.0. (82) guǐ   devil, evil spirit   (Note 6)
            guǐzi   outsider, foreigner (term of abuse)
            yáng guǐzi   foreign devil

51.1. Nǐ xìn yǒu guǐ ma?

51.2. Zhōngguo rén jiào wàiguo rén shi yáng guǐzi.

52.0. (84) àn, ànzhe, ànzhào   according to, by the (hour, day, etc.)

   52.1. Àn nǐ zènmo yì shuō tāmen liǎngge rén xiāngchùde hěn bù hǎo wa.

   52.2. Ànzhe nǐde yìsi zhèijiàn shìqing nǐ kàn yīnggāi zěnmo bàn?

   52.3. Nèijiàn shìqing wǒ wánquán ànzhào tāde yìsi qu zuò de.

   52.4. Wǒ zuò shì, tāmen shi àn zhōngdiǎn gěi wǒ qián.

53.0. (84) kànfǎ   view, opinion, way of looking at   (N)

   53.1. Nǐde kànfǎ gēn tāde kànfǎ chàbuduō.

   53.2. Wǒde kànfǎ tāde bìng hǎobuliǎo.

54.0. (86) rènwei   be of the opinion that, believe, regard (V) [lit. recognize as]

   54.1. Wǒ rènwei wǒ zhèi bèizi yě xuébuhuì Hànzì le.

55.0. (88) biāozhǔn   example, (normal) standard (N); be standard (SV) [lit. mark exact]

   biāozhǔn yǔ   standard language

   biāozhǔn yīn   standard pronunciation

   A ná B zuò biāozhǔn   A takes B as a model

   55.1. Wáng Gōngchéngshī gài de fángzi bù hé biāozhǔn.

   55.2. Běijīng huà shi Zhōngguo huà de biāozhǔn yǔ.

   55.3. Tā shuō de huà dào shi biāozhǔn yīn.

   55.4. Wáng Xiānsheng yòng shénmo zuò biāozhǔn gài nèisuǒr fángzi?

56.0. (94) bùzhībùjuéde   unconsciously, without realizing it

   56.1. Shíhou guòde zhēn kuài. Bùzhībùjuéde yòu shi xiàtiān le.

   56.2. Wáng Xiānsheng hěn néng zuò shì. Nǐ bùzhībùjuéde tā bǎ shìqing jiù dōu zuòhǎo le.

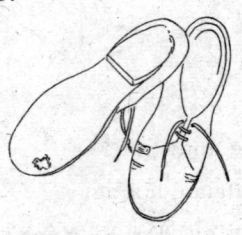

Wénxi Jùzi

1. Nǐ jiǎoshang chuān de pí xié shì bu shi Měiguo huò?

2. Wǒ xiǎng qǐng ni chī Zhōngguo fàn. Bù zhīdào nǐ xǐhuān chī bù xǐhuān chī?

Dāndú Tánhuà

3. Zhèitiáo lù zhǐ yǒu bànlǐ cháng.
4. Wǒ bù hǎo yìsi gēn ta kāi wánxiào.
5. Wǒ děi yùbei gōngke le yīnwei kuài yào kǎoshì le.
6. Fǎnzhèng nǐ yě méi shì. Wǒmen qu liūda liūda ba.
7. Tā shuō tā gēn nǐ dìng yíge shíhou. Dào dǐ dìng le méi you?
8. Wǒ dìng de xié, chǐcun bú duì le. Wǒ děi qù huàn.
9. Wǒ fǎnduì nǐ zhèige tíyì.
10. Tā nèizhǒng bànfǎ wǒ rènwei bú duì.
11. Wǒde yǎnjing yǒu diar jìnshi, xūyào dài yǎnjìngr le.
12. Tāmen zuò de dōu hěn hé biāozhǔn, yīnwei tāmen shi zhuānménjiā.
13. Wǒ wéile niàn bóshi suóyi dào Zhōngguo lái.
14. Wǒ mǎi xié méi yǒu wǒ zènmo dàde. Fēiděi dìngzuò bù kě.
15. Zuótian jìgei wǒ dìdi yìběn dǐng hǎode gùshi shū.
16. Tā bǎ wǒ yíqiède shìqing dōu gěi wo bànde hěn qīngchu.
17. Wǒ děi zuò qiánbiar, miǎnde wǒ tīngbuqīngchǔ.
18. Zuótian wǒ yǐjing gēn ta tōngguo diànhuà le.
19. Wǒ yǐjing gēn Wáng Xiānsheng yuēhǎole xiàwǔ wǒmen yíkuàr qu dìngzuò yīfu.
20. Yì gōngchǐ shi duōshao gōngfēn nǐ hái jìde ba?

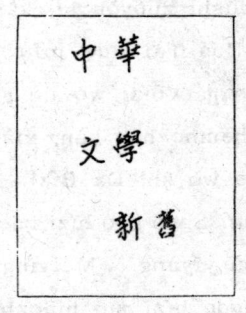

Dāndú Tánhuà

    Wǒ gēn Měiyīng líkai Huá jia zhèng shi chī fàn de shíhou. Kěshi wǒmen dōu bú è. Měiyīng tíyì shuō zài lùshang liūda yìhuěr. Jīntian tiānqi hǎode hěn. Kěxī méi dài zhàoxiàngjī lai gěi Měiyīng zhàozhao xiàng a.

5   Wǒmen liǎngge rén liūdazhe jiù tánqi Huá Xiānsheng zhè yì jiā rén lai le. Měiyīng gàosu wǒ tāmen měi yíge rén de píqi gēn zhǎng de yàngzi.

Měiyīng shuō Huá Xiānsheng píqi hěn hǎo, cónglái bù fā píqi. Wúlùn duì shéi dōu shi tǐng héqi de. Wǒ wèn Měiyīng Huá Xiānsheng yǒu duó dà niánji. Tā shuō yǒu wǔshí zuǒyòu. Zhōngděng gèzi—bù gāo bù ǎi, gēn Gāo Xiānsheng chàbuduō, bǐ Gāo Xiānsheng pàng.

Měiyīng shuō Huá Xiānsheng duìyú chuān yīfu shénmode yìdiǎr yě bù jiǎngjiu. Yīfu zāngde bùdéliǎo yě bú huàn, pí xié pòle yě bù mǎi, tóufa lǎo yě bù shū.

Wǒ yòu wèn Měiyīng guānyu tāmen liǎngge érzi de yíqiè. Měiyīng gàosu wǒ liǎngge rén gèzi dōu hěn gāo, chàbuduō yǒu liùchǐ gāo. Měiyīng shuō liǎngge érzi dōu hěn jiànkāng. Wǒ jiù xiǎngle tāmen dōu hěn jiànkāng zěnmo èr érzi huì sǐle ne.

Měiyīng shuō liǎngge érzide shǒu jiǎo dōu hěn dà. Hái shuō tāmen dōu xǐhuan yùndong, suóyi gēbo hěn cū, shǒu hěn dà, jiǎo yě hěn cháng, mǎi xié dōu děi dìngzuò, méi yǒu tāmen nènmo dà de chǐcun.

Měiyīng yòu shuō tāmen liǎngge rénde píqi. Ta shuō dà érzi shi ge jí xìngzi kěshi tā duì rén hěn hǎo. Èr érzide píqi hǎoxiang Huá Xiānsheng, cónglái yě bù fā píqi. Měiyīng shuō ta sǐle Huá Tàitai fēicháng nánguò. Měiyīng xīwang wǒ bānguoqu yǐhòu cháng zhǎo jīhui gēn Huá Tàitai tántan.

Huá Tàitai suīrán wǔshi zuǒyòu le, kànqilai hǎoxiang sānshijǐsuìde yàngzi. Měiyīng shuō Huá Tàitaide pífu yòu bái yòu xì, gāo bízi, dà yǎnjing. Měiyīng yì tídào gāo bízi wǒ jiù gēn Měiyīng shuō xiàohuar le. Wǒ shuō gāo bízi yǒu shénmo hǎo kàn, xiàng yáng guǐzi yíyàng. Yǒude péngyou kāi wánxiào jiào wǒ shi Dà Bízi. Měiyīng shuō tài gāole yě bù hǎo kàn, yào hé biāozhǔn. Shuō gāo bízi hǎo kàn zhèi shi Zhōngguo rénde kànfǎ, gēn wàiguo rén bù yíyàng. Měiyīng cháng shuō tāde bízi tài ǎi. Kěshi wǒ rènwei Měiyīngde bízi zuì biāozhǔn, bù gāo bù ǎi de, hěn hǎo kàn de. Měiyīng hěn yǒu yìsi. Wǒ yì shuō ta piàoliang jiù shuō wǒ xiā shuō.

Wǒmen liǎngge rén yìbiār liūdazhe yìbiār shuō huà, bùzhībùjuéde zǒuchu hěn yuǎn le. Wǒ xiǎng Měiyīng dàgài hěn lèi le. Wǒmen jiù zài fùjìnde yíge Guǎngdong fānguǎr qu chī fàn xiūxile yìhuěr.

Wèntí

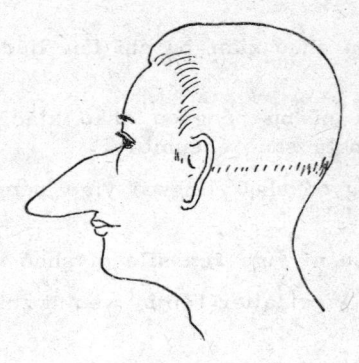

Wèntí

1. Bái Wénshān shuō qǐng Měiyīng qù chī fàn. Wèi shénmo tāmen xiān méi qù ne?
2. Měiyīng tíyì bù chī fàn dào nǎr qu?
3. Bái Wénshān shuō jīntian tiānqi zěnmo hǎo yīnggāi zuò shénmo?
4. Tāmen wèi shénmo méi zhào xiàng ne?
5. Měiyīng gēn Wénshān shuō Huá Xiānshengde píqi zěnmoyàng?
6. Tā shuō Huá Xiānsheng yǒu duó dà suìshu? Yǒu duó gāo?
7. Nǐ zhīdao yì gōngchǐ shì duōshao gōngfēn ma? Zhōngguo chǐ dà háishi Yīngguo chǐ dà?
8. Huá Xiānsheng duìyu chuān yīfu jiǎngjiu ma?
9. Huá jiā liǎngge érzi de píqi dōu yíyàng ma? Qǐng nǐ shuōshuo tāmen liǎngge rén de yàngzi.
10. Tāmen mǎi xié mǎidezháo mǎibuzháo? Wèi shénmo mǎibuzháo?
11. Tāmen liǎngge érzi dōu xǐhuan zuò shénmo?
12. Qǐng ni shuōshuo dà érzide míngzi shi shénmo yìsi.
13. Èr érzi sǐle yǐhòu Huá Tàitai zěnmoyàng?
14. Huá Tàitai zěnmo piàoliang qǐng nǐ shuōyishuō.
15. Huá Tàitai yǒu duó dà suìshu le? Kànqilai xiàng duó dà niánji?
16. Wénshān gēn Měiyīng zǒude yuǎn bu yuǎn?
17. Měiyīng wèi shénmo ràng Wénshān bānguoqu yào cháng gēn Huá Tàitai tántan?
18. Měiyīng zài lùshang liūdale bàntiān tā lèi le méi you?
19. Wénshān shuō rénjia dōu jiào ta shi shénmo?
20. Nǐ zhīdao Zhōngguo rén jiào wàiguo rén shi shénmo?
21. Yàoshi nǐ gēn nǐ nǚ péngyou yíkuar chūqu dàole chī fàn de shíhou nǐ zěnmo bàn?

22. Yàoshi nǐ nǚ péngyou shuō xiān bu chī fàn liūda nènmo yìhuěr nǐ hái qǐng bu qǐng ta le?
23. Yàoshi nǐ xiǎng gěi nǐ nǚ péngyou zhào xiàng kěshi nǐ wàngle dài zhàoxiàngjī le nǐ gēn ta shuō shénmo?
24. Nǐ yào gàosu nǐ péngyou shuō lìngwài yíge péngyoude píqi hěn hǎo nǐ zěnmo shuō?
25. Yàoshi yǒu rén gàosu nǐ yíge rén sǐle nǐ shuō shénmo?
26. Yàoshi nǐ rènshi de yíge tàitai rénjia wèn ni zhǎngde shénmo yàngzi nǐ zěnmo gàosu ta?
27. Yàoshi bié rén wèn nǐ nǐde péngyoude píqi zěnmoyàng nǐ zěnmo huídá?
28. Yàoshi nǐde jiǎo tài dàle mǎibuzháo xié nǐ yīnggāi zěnmo bàn?
29. Yàoshi nǐ shi jìnshiyan zěnmo bàn?
30. Yàoshi bié rén hěn nánguò nǐ yīnggāi zuò shénmo?

Dialogue: After Vincent White and Gao Meiying leave the Hua home, they chat along the way about each member of the Hua family.

White: Meiying, let's go eat [first], shall we?

Mei : Are you hungry?

White: No, but I'm afraid you might be. I ate too much this morning, and I'm not the least bit hungry [up to now].

Mei : Neither am I.

White: If we don't eat where shall we go? It's not the right time for seeing a movie either.

Mei : I suggest we just stroll a while [on the road].

White: Fine. Oh gosh, I didn't bring my camera. It's such nice weather today we should take some pictures.

Mei : I didn't think of it either when we were at home. We'll take some later.

White: Meiying, Mrs. Hua is very nice [as a person]. What sort of person is Mr. Hua?

Mei : Uncle Hua is an awfully fine person. He has a nice disposition, gets along very well with everybody, and never gets angry. His attitude toward people is really nice.

White: How old is he?

Mei : About the same as Aunt Hua, perhaps fifty or so. He's of medium height, neither tall nor short, probably five feet eight or nine inches.

White: Are you speaking of English or Chinese feet? There are many (different) feet nowadays— English feet, Chinese feet, meters.

Mei : I mean English feet.

Dialogue

White: Then he's about as tall as Mr. Gao?

Mei: My father is a little shorter than he is. He's a little stouter than my father. There's something wrong with his ears. He doesn't hear clearly.

White: Is he a little deaf?

Mei: A little. But sometimes when you talk to him he's thinking of something else and doesn't notice. In unimportant things he's very absent-minded. He's not particular about his clothes. He doesn't remember [lit. know] to change his clothes no matter how soiled. Aunt Hua has to remind him to change.

White: Mrs. Hua is very particular in her dress.

Mei: Uncle Hua buys new shoes only when his are all worn out. He is always neglecting to comb his hair, and he has bushy [lit. heavy] eyebrows.

White: How come you know them so well?

Mei: [Of course.] My parents are old friends of Uncle Hua and Aunt Hua, so we all see (each other) frequently.

White: Their two sons, what about them [lit. what sort of persons]?

Mei: Both were* well-developed, healthy, and smart.

White: It's strange that though both were healthy, the second son passed away.

Mei: Yes indeed. He became ill very suddenly and died in less than two days.

White: His death was really tragic.

Mei: The older son, like his father, is near-sighted and wears glasses. Both sons were tall.

White: As tall as I am?

Mei: Just about. Both were six feet tall. Both of them had big feet and had to have their shoes made to order. They couldn't find their size.

White: Like me. When I buy shoes in China I also have to have them made to order.

Mei: Both of them liked to exercise. They had brawny arms, long legs, big hands, long fingers, and hair all over their arms. Don't you think they sound like foreigners?

White: The way you describe them they surely do resemble foreigners.

Mei: The second son had an awfully nice disposition, like Uncle Hua. He liked to kid around.

White: "The good don't live long."

---

* In Chinese the same verb can be used in speaking of both the living older son and the deceased younger son. Here and elsewhere below, several Chinese verbs have been rendered in the past tense, since English verbs must show tense; this results in a clumsy rendition of the tenseless Chinese forms.

Mei   : After he died, Aunt Hua was heartbroken and wept day in day out. My mother went every day to comfort her.

White: How is she now?

Mei   : She's a lot better now. After you move in, when she's at home take every opportunity you can to talk with Aunt Hua so as to take her mind off her son.

White: What's the eldest son like [in temperament]?

Mei   : He's rather impatient [in temperament]. He's an intense person.

White: What's he like toward other people? What if we don't get along [later] when I go to live at their home?

Mei   : That can't be. He's just of an intense nature. Toward friends he's very nice. His being an intense person means he wants to do everything in a hurry, not that he gets into a temper with people.

White: What's the older son's name?

Mei   : [He's called] Hua Xuexin.

White: Huá I know; it's the Huá [China] in Zhonghuá [China]. Isn't Xué the xué [study] in xuéwen [learning]? But which word xīn is the xīn?

Mei   : It's the xīn in xīn jiù [new old].

White: Oh, I get it. His name means 'study new things,' right?

Mei   : Right.

White: Mrs. Hua seems [lit. has grown to be] very young. She appears to be thirty-odd.

Mei   : Yes, although she's about fifty, you can't tell it—white and delicate skin, small mouth and big eyes, a high nose, very black hair.

White: Are you saying that a high nose is attractive?

Mei   : Of course. A high nose is so attractive!

White: Doesn't that make one a foreign devil? Do you think my nose is attractive? People call me Big Nose.

Mei   : According to the Chinese point of view, a high nose is beautiful.

White: On this, Chinese and foreign views differ. I believe that if a nose is too high it's ugly.

Mei   : But I didn't say too high a nose is attractive. If it's over a foot long of course it's ugly. It must be [only so high as to accord with the] normal.

White: Meiying, guess who has the most perfect [lit. standard] nose?

Mei   : I don't know.

White: Your nose is perfect, neither high nor low. I believe you have the most attractive nose.

Mei   : Quit your kidding. My! Where have we walked to? We've been talking

Sentences for New Words and Grammar 195

and walking and without realizing it have come all this way. How many miles do you suppose it's been?

White: We've walked [out] quite a distance. You must be tired. Let's go eat [first]. Is there a restaurant nearby?

Mei : There's a Cantonese restaurant. (Their) food's not bad.

White: How about our [going and] having some Cantonese food?

Mei : Fine.

Sentences for New Words and Grammar

1.1. I get up at seven o'clock every morning.

2.1. He made a motion in the meeting that the level of middle school education be raised.

2.2. I'm opposed to his suggestion.

3.1. Let's take a stroll.

3.2. Mr. Wang is not at home. He's gone out for a walk.

4.1. I'd like to ask you to dinner next week. Would you be free?

4.2. I'm planning to have him teach me Chinese. How is he as to scholarship?

5.1. He's very nice. He's not at all bad-tempered [lit. He has no temper at all.]

5.2. Mr. Wang often gets angry at people.

5.3. That man is very learned, only he has a bad temper.

6.1. He's a very nice person. He's awfully courteous [to people].

6.2. I think he's the nicest person in the world.

7.1. He's that congenial whoever he talks to.

8.1. I never wear red [clothes].

8.2. He's never seen a movie.

9.1. You should change your attitude toward students.

9.2. His attitude toward me is very bad.

10.1. How old is Dr. Wang?

10.2. How old do you guess he is?

11.1. How much is a second-class railway ticket?

11.2. How many classes are there [in all] on this boat? . . . There are three classes—first, second, and third.

11.3. We don't stay at first-class hotels. We stay at middle-class ones because first-class ones are too expensive.

11.4. Our tickets here include only first and middle class, no third class.

12.1. She's grown to be very attractive, only she's too short.

13.1. One meter is more than three English feet.

13.2. The English foot is smaller than the Chinese foot.

14.1. The Chinese foot has [lit. is] ten (Chinese) inches [to the foot].

14.2. A meter is a hundred centimeters.

15.1. Mr. Wang is six feet two inches tall.

16.1. Chinese say big ears are nice.

17.1. There's something wrong with my eyes. After I've read a lot they're uncomfortable.

17.2. Something's gone wrong with my car. No matter how I try I can't get it to go.

18.1. Did you hear distinctly what I said?

18.2. Can you see clearly sitting there?

18.3. I can't see clearly the characters you're writing.

18.4. If you sit here you can hear very clearly.

18.5. Sir, I can't see [very clearly] the characters you've written.

18.6. He wrote out the list very very clearly.

19.1. Please say it again. I'm a little deaf.

19.2. He's [a] deaf [person]. When you talk to him he can't hear.

20.1. That person is very careless in doing things.

20.2. He [that man] is always so absent-minded.

21.1. He's always very agreeable no matter who he's with.

21.2. Any day will do.

22.1. My shoes don't fit [in wearing].

23.1. My hat is torn. I must buy a new one.

23.2. My clothes are all worn out.

23.3. Who smashed this glass?

24.1. There are a lot of foreigners who have blond hair.

25.1. Comb your hair.

25.2. This comb was sent to me by a friend.

26.1. Some Chinese think heavy eyebrows (mean a person) is intelligent.

27.1. Although my mother is very old she's very healthy.

28.1. I'm a little near-sighted.

28.2. People who are far-sighted can see far but not close.

Sentences for New Words and Grammar

29.1. (People who are) far-sighted or near-sighted all have to wear glasses.

30.1. My feet are uncomfortable when I wear this kind of shoes.

31.1. To see the movie today you must first reserve tickets. Otherwise you can't buy them.

31.2. I want to subscribe to a Chinese newspaper for one month.

31.3. Let's first call him and fix a time when to go see him.

31.4. When shall we make the trip? Let's decide on a day now.

31.5. I'm going to have a suit [of clothes] made. Tell me what store will do the best job.

32.1. What size are your shoes? . . . I wear ten and a half.

33.1. Let's see [lit. compare] which of us two has the longer arms.

34.1. The paper they're using now is all very coarse.

35.1. There's something wrong with his left leg, so walking is difficult [lit. inconvenient].

35.2. He has one long leg and one short one.

36.1. Guess what I have in my left hand?

37.1. His fingers are thick and stubby.

37.2. How did you damage that toe?

38.1. Your dog's hair is really beautiful.

39.1. My younger brother is always playing jokes on me.

40.1. I wish you a happy birthday.

40.2. Tomorrow Professor Wang is celebrating his birthday.

41.1. Don't cry. Crying's no use.

41.2. I don't know why that child suddenly began to cry.

42.1. He cried for a long time. No matter how I tried I couldn't comfort him.

42.2. Urge him to study harder hereafter.

43.1. [In temperament] he's very impatient.

43.2. Do it slowly. What's your rush?

43.3. He doesn't like people to kid him. As soon as you start kidding him he gets sore.

44.1. By nature he's very impatient.

44.2. No matter what [matter] it is he wants to finish it quickly. He's impatient by nature.

44.3. Older and younger brother are unlike in temperament. The older brother is impatient [in nature], the younger brother easy-going [in nature].

45.1. I get along very well with him.

45.2. The two of us get along pretty well together.

45.3. His temperament is pretty odd. I can't get along with him.

45.4. The two of us don't get along with each other.

46.1. My suitcase is very expensive as it's made of leather.

46.2. I like to swim in the summer, so my skin gets quite tan [lit. dark].

46.3. If you eat fruit here it would be best to peel (it).

47.1. The paper in this book is very thin.

47.2. I didn't get (what you said). Say it once more.

47.3. You've read that character wrong. Look at it again carefully.

48.1. What does that child have in his mouth?

48.2. His daughter has a little mouth and big eyes, really pretty.

49.1. What's happened to his nose? . . . It's broken.

50.1. Have you ridden in a ricksha?

50.2. Westerners are very fond of traveling.

50.3. East of the United States is the Atlantic Ocean.

50.4. Now planes can go straight from England to China via the Arctic Ocean.

51.1. Do you believe that there are evil spirits?

51.2. Chinese call foreigners foreign devils.

52.1. According to what you say (I gather that) the two of them get along very badly together.

52.2. In your opinion how (do you think) this matter should be handled?

52.3. I [went and] handled that matter entirely in accordance with his ideas.

52.4. They pay me by the hour for my work.

53.1. Your viewpoint is about the same as his.

53.2. In my opinion, his illness cannot be cured.

54.1. I believe I can never master Chinese characters [in my lifetime].

55.1. The houses built by [Engineer] Wang are substandard [lit. not in accordance with the standard].

55.2. Pekingese is the standard language of China [lit. of Chinese].

55.3. His speech is the standard pronunciation, though.

55.4. What did Mr. Wang have as the model in putting up that building?

56.1. Time has passed quickly. Before we know it, it's summer again.

56.2. Mr. Wang is very capable [in doing things]. Before you know it, he's completed the job.

Review Sentences

1. Are the leather shoes you're wearing [on your feet] American [goods]?
2. I'd like to invite you to have some Chinese food. Do you like it?
3. This road is only half a mile long.
4. It would be embarrassing for me to kid around with him.
5. I must prepare my lessons as we will soon have exams.
6. Anyway you don't have anything to do. Let's go take a walk.
7. He said he would fix a time with you. Did he do so after all or not?
8. The shoes I ordered are the wrong size. I must go exchange them.
9. I'm opposed to this suggestion of yours.
10. I'm of the opinion that his [this] way of doing things is incorrect.
11. My eyes are a little near-sighted and I need to wear glasses.
12. What they do is all in accordance with the standard, since they're specialists.
13. I've come to China to study for my Ph.D.
14. When I buy shoes they don't have my size. I absolutely have to have them made to order.
15. Yesterday I sent my younger brother a very nice story book.
16. He handled all my affairs for me very well [lit. clearly].
17. I must sit in front or I won't hear clearly.
18. I [already] spoke with him on the phone yesterday.

19. I've [already] made an appointment with Mr. Wang for us to go together in the afternoon to arrange to have some clothes made.

20. I suppose you still remember how many centimeters there are in a meter?

Notes

1. The expression bù zhīdào '(I) don't know' introducing a question makes it less blunt and more polite:

   Bù zhīdào nǐ shénmo shíhou yǒu gōngfu bǎ zhèige zuòyizuò. 'When will you have time to do this?'

2. The Chinese system of linear measurement includes cùn 'inch,' chǐ 'foot,' and lǐ 'mile,' equal respectively to about 1.41 English inches, 1.41 English feet, and 1/3 of an English mile. To specify that the Chinese system of measurement is being used, one can say Zhōngguocùn 'Chinese inch,' Zhōngguochǐ 'Chinese foot,' and Zhōngguolǐ 'Chinese mile.' The forms for specifying the English system are Yīngcùn 'English inch,' Yīngchǐ 'English foot,' and Yīnglǐ 'English mile.' The metric system is widely used for scientific purposes: the forms include gōngfēn 'centimeter,' gōngchǐ 'meter,' and gōnglǐ 'kilometer.'

3. To specify how long (cháng), wide (kuān), high (gāo), or big (dà) something is, one uses the pattern [noun] yǒu [dimension] (nènmo) SV: Or, if the stative verb is specified elsewhere in the context, it is sufficient to say [noun] yǒu [dimension]:

   Zhèige zhuōzi yǒu bā chǐ nènmo cháng. 'This table is eight feet (long).'

4. In China, where old age is traditionally much respected, the term shòu 'long life' or 'birthday (of an older person)' is widely used. In speaking of a person of forty years or more one might say:

   Tā míngtiān zuò shòu. 'He is celebrating his birthday tomorrow.'

   In speaking of a younger person the corresponding form would be:

   Tā míngtiān guò shēngri. 'He is celebrating [lit. passing] his birthday tomorrow.'

   One can say to an older person:

   Zhù nín wàn shòu. 'I wish you a long life [of 10,000 years].'

   The character for shòu is frequently displayed as a sort of good-luck charm. The word also appears in a popular saying:

   Hǎo rén bù cháng shòu. 'Good people don't live long (but the unworthy do).'

5. Meiying's description of Mrs. Hua presents a widely held Chinese concept of female beauty. Note particularly the reference to gāo bízi 'high nose.' Such a nose, in contrast to a flat one, was considered beautiful even before the advent of Westerners with their prominent noses.

6. The word guǐ 'evil spirit, devil' is included in a derived form, guǐzi, which refers in a derogatory fashion to an outsider, not only from abroad but also from outside one's own locality. Yáng guǐzi specifically refers to a 'foreign devil' (i.e., non-Chinese). It has been taken up by Westerners as a humorous designation for themselves, as in the sentence:

> Tiān bú pà, dì bú pà, jiù pà yáng guǐzi shuō Zhōngguo huà. 'I'm not afraid of heaven or earth, but just of foreign devils speaking Chinese.'

"Nǐmen zhèrde shēngyi hěn hǎo wa."

Dì Shíkè. Chī Fànguǎr

Huìhuà: Bái Wénshān gēn Gāo Měiyīng zài yíge Guǎngdong fànguǎr chī zhōngfàn.

Huǒ: Liǎngwèi lái le!
Bái: Yǒu zuòr ma?
5 Huǒ: Nín jǐwèi?
Bái: Jiù liǎngge rén.
Huǒ: Yǒu. Nín qǐng, nín qǐng.
Bái: Wǒmen jiù zài zhèr zuò ba?
Měi: Hěn hǎo.
10 Huǒ: Nín kàn càidār. Wǒ gěi nín qī chá qu.
Bái: Hǎo. . . .
Huǒ: Nín yào dāo chā ma?
Bái: Xièxie ni, wǒ yòng kuàizi. Nǐmen zhèrde shēngyi hěn hǎo wa.
Huǒ: Kě bu shì ma! Yí dào zhōumò jiu zènmo mángde bùdéliǎo.
15 Bái: Měiyīng, qǐng nǐ diǎn cài. Guǎngdong cài wǒ bú dà dǒng, wǒ bú huì diǎn.
Měi: Nǐ kànzhe càidār suíbiàn diǎn yíge.
Bái: Láojià. Wánquán nǐ diǎn déle.
Měi: Wǒmen yào yíge zhá dà xiā, yíge chǎo qīngcài. Yào shénmo chǎo
20 qīngcài ne? Nǐ chī kǔ guā bu chī?
Bái: Wǒ bú dà xǐhuan chī. Nǐ ne?
Měi: Wǒ yě bù zěnmo xǐhuan. Tài kǔ le. Nènmo wǒmen yào yíge niú ròu chǎo làjiāo. Tāng ne, lái yíge huótuǐ dōnggua tāng. Chī fàn.
Bái: Huǒji, gěi wǒmen lái zhèi liǎngge cài. Zài lái yìdiǎr kāishuǐ.
25 Huǒ: Shì, xiānsheng.
Měi: Wǒmen xiān chī yìdiǎr diǎnxin. Huǒji, xiān lái yìdiér páigu yìdiér qiāncéng gāo. Zài bǎ yán gēn hújiāomiàr nálai.
Huǒ: Shi, xiáojie.
Bái: Zěnmo, xiān chī diǎnxin?

203

30 Měi: Guǎngdong fànguǎr suíshí dōu yǒu diǎnxin. Nǐ chángchang zhèige páigu hěn hǎo chī.

Bái: Páigu hěn hǎo chī a.

Měi: Guǎngdong chīde yǒu míng. Nǐ zhīdao ma? "Chīzai Guǎngzhōu."

Bái: Zhōngguo fàn gè yǒu gè de hǎo.

35 Měi: Yě kéyi zènmo shuō.

Bái: Zhōngguo rén dōng nán xī běi de kǒuwèi dōu bù yíyàng.

Měi: Súyǔ shuō: "Nán tián, běi xián, dōng là, xī suān."

Bái: Yìsi jiù shi shuō nánfāng rén xǐhuan chī tiánde, běifāng rén xǐhuan chī xiánde, dōngbiar rén xǐhuan chī làde, xībiar rén xǐhuan chī
40 suānde, shì bu shi?

Měi: Qíshí yě bù yídìng. Xiàng Húnán Sìchuān bìng bú shi Zhōngguode dōngbù. Rén dōu xǐhuan chī làde. Dōu chī làjiāo chīde hěn lìhai.

Bái: Wǒ yě shi xǐhuan chī làde.

Měi: Nǐ shi Húnán rén shi Sìchuān rén?

45 Bái: Nǐ bù zhīdào ma, wǒ fùqin mǔqin, yíwèi shi Húnán rén, yíwèi shi Sìchuān rén.

Měi: Guàibude nǐ ài chī làde ne!

Bái: Měiyīng, nǐ rènwei nǎrde cài hǎo chī?

Měi: Bú shi hǎo chī bù hǎo chī de wèntí, shì gè rén kǒuweide wèntí.

50 Bái: Zhōngguo rén duìyú chī kě zhēn jiǎngjiu.

Měi: Zuò Zhōngguo cài kéyi shuō shi yìzhǒng yìshu.

Bái: Zhēn shi yìzhǒng yìshu. Nǎrde cài yě bǐbuliǎo.

Měi: Hái yǒu. Zuò Zhōngguo cài bú xiàng Xī cài zuóliao dōu yídìng de, fènliang dōu děi liángchulai. Zhōngguo cài quán píng jīngyan.
55 Dàshifu zuò cài yòng zuóliao méi yǒu liáng fènliang de.

Bái: Kěshi hěn zhǔn.

Měi: Zuò Zhōngguo cài zuì yàojǐnde shi shíhoude chángduǎn. Yàoshi chúzi zuò cài dōu děi liáng fènliang nǎr láidejí ya?

Bái: Zěnmo láibují ne?

60 Měi: Bǐrú shuō chǎo cài yào huǒ dà, chǎode kuài. Yǒude dōngxi shǎowēi duō chǎo yíxiàr jiù bù hǎo chī le.

Bái: Zuò Zhōngguo fàn kě 'zhēn bù róngyi.

Měi: Qíshí yě bújiànde nán.

Bái: Zěnmo yì shuō nǐ xiànzài hěn huì zuò fàn le?

65 Měi: Yě méi you. Búguò cháng kàn mǔqin zuò, shǎowēi zhīdao yìdiǎr jiù shì le.

Bái: Nǐ duì zuò fàn yǒu xìngqu ma?

Shēng Zì gēn Xīn Yúfǎ de Jùzi

Měi: Wǒ dàoshi bù tǎoyàn zuò fàn.

Bái: Zhōngguo rén chī fàn de xíguan shì bu shi dōu yíyàng?

70 Měi: Xiān chī fàn hòu hē tāng dōu shi yíyàng de. Bù yíyàngde shi běifāng rén xǐhuan chī miàn. Tāmen ná jiǎozi miàn dàng fàn chī. Nánfāng rén ná jiǎozi miàn zuò diǎnxin, zhèngshì chī fàn shi chī mǐ fàn.

Bái: Jīntiande cài bú cuò. Wǒmen lái diar shénmo tián diǎnxian ne?

Měi: Wèn huǒji dōu yǒu shénmo.

75 Bái: Huǒji, nǐmen dōu yǒu shénmo tián diǎnxin?

Huǒ: Yǒu liánzǐ gēng, júzi gēng.

Bái: Lái liǎngge júzi gēng. Měiyīng, júzi gēng kéyi ba?

Měi: Kéyi.

Bái: Fàn chīwánle wǒmen dào nǎr qu wárwar qu?

80 Měi: Yǐjing sāndiǎn le. Wǒmen huíqu ba. Nǐ míngtian zǎochen jiù bānzǒu le. Huíqu gēn fùqin liáoliao tiār. Wǎnshang bú shi hái yǒu kèren ma?

Bái: Zǎo yìdiǎr huíqu yě hǎo. Wǒmen gǎi tiān zài wár qu.

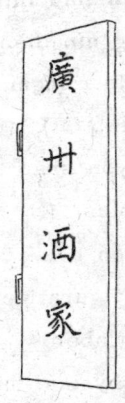

Shēng Zì gēn Xīn Yúfǎ de Jùzi

1.0. (4) zuòr   place (i.e., seat, table, etc.) (N)
         dìng zuòr   reserve a place (seat, table, etc.), make reservations
   1.1. Jīntian wǎnshang qu chī fàn wǒmen děi xiān dìng ge zuòr.
2.0. (12) dāo, dāor, dāozi   knife (N) (measure: bǎ)
   2.1. Zhèibǎ dāo bù gānjing.
   2.2. Chī shuǐguǒr yòng xiǎo dāor dǎ pí.
   2.3. Zhōngguo rén zuò fàn yòng dāozi. Chī fàn bú yòng dāozi.
3.0. (12) chā(zi)   fork (N)
         dāo chā   knife and fork

3.1. Zhōngguo rén chī diǎnxin yǒude shíhou yòng chāzi.

3.2. Yòng dāo chā róngyi háishi yòng kuàizi róngyi?

4.0. (13) shēngyi (commercial) business [lit. life meaning]

4.1. Qǐng wèn, nín shi zuò shénmo shēngyi de?

5.0. (14) zhōumò week end (N)

    běn zhōumò this week end

    shàng, xià (yíge) zhōumò last, next week end

5.1. Běn zhōumò wǒmen qù lǚxíng.

5.2. Shàng yíge zhōumò wǒmen jiā qǐng kè.

5.3. Xià liǎngge zhōumò wǒ kěnéng dōu bú zài jiā.

6.0. (15) diǎn read or select from a list, count off (TV)

    diǎn míng call a roll

    diǎn cài select courses from a menu

    diǎndào A de míngzi call A's name

6.1. Bié shuō huà. Lǎoshī diǎn míng le.

6.2. Zhāng Xiānsheng, qǐng nín diǎn cài.

6.3. Xiānsheng diǎndào nǐde míngzi le. Nǐ méi tīngjian ma?

7.0. (19) zhá fry (usually in deep fat) (TV)

7.1. Yǒu duō shi zhá de, yǒu shǎo shi jiān de.

8.0. (19) qīngcài fresh vegetables (N) [lit. green vegetable]

8.1. Duō chī qīngcài duì rén hěn yǒu hǎochu.

9.0. (20) kǔ bitter (literal and figurative), hard (SV)

    kǔgōng hard physical labor

    zuò kǔgōng do hard physical labor

    chī kǔ suffer [lit. eat bitter]

    kǔ wèr bitter taste

9.1. Zěnmo zhèige cài shi kǔ wèr de?

9.2. Tā zuò de shi kǔgōng. Yì tiān zuòdao wǎn.

9.3. Tā hěn néng chī kǔ.

10.0. (20) guā melon (N)

    dōnggua winter melon

    xīgua watermelon [lit. Western melon]

    huánggua cucumber [lit. yellow melon]

10.1. Wǒ hěn xǐhuan hē dōnggua tāng.

Shēng Zì gēn Xīn Yǔfǎ de Jùzi 207

10.2. Xīgua shi xiàtiande shuǐguǒ.
10.3. Zhū ròu chǎo huánggua shi feīcháng hǎo chī de cài.
11.0. (23) làjiāo peppers (N) [lit. hot pepper]
11.1. Làjiāo chǎo jī fēicháng hǎo chī.
12.0. (23) huǒtuǐ ham (N) [lit. fire leg]
12.1. Zhōngguo huǒtuǐ gēn Měiguo huǒtuǐ wèr bù yíyàng.
13.0. (24) kāishuǐ boiled [lit. opened] water
 shāo kāishuǐ boil [lit. roast] water
 shuǐ kāi le water has boiled
13.1. Wǒmen yào hē chá. . . . Hǎo, wǒ qu shāo kāishuǐ qu.
13.2. Shuǐ kāi le méi you? . . . Hái méi you ne.
14.0. (26) diér plate, dish (M, N)
 diézi plate, dish. (N)
14.1. Wǒ yào yìdiér tián diǎnxin.
14.2. Zuótian wǒ péngyou sòng wǒ liǎngge diézi. Hěn piàoliang.
15.0. (26) páigu spareribs (N) [lit. lined-up bones] (Note 1)
15.1. Zhá páigu hóng shāo páigu dōu shi cài, bú shi diǎnxin.
16.0. (27) gāo cake
 qiāncéng gāo thousand-layer cake (Note 1)
 jīdàn gāo cake made with eggs
16.1. Nǐ chīguo qiāncéng gāo ma?
16.2. Jīdàn gāo yǒu liǎngzhǒng. Yìzhǒng shi diǎnxin, yìzhǒng shi cài.
17.0. (27) yán salt (N)
17.1. Zuò jī tāng bú fàng jiàngyóu, jiù fàng yán.
18.0. (27) hújiāomiàn, hújiāomiàr (ground) pepper (N)
18.1. Nǐ zài fàng yìdiǎr hújiāomiàr jiù hǎo chīde duō le.
19.0. (30) suíshí at any time desired (MA) [lit. follow time]
19.1. Zhèrde gōnggòng qìchē hěn fāngbian. Suíshí dōu yǒu.
20.0. (30) cháng taste (TV)
20.1. Qǐng ni chángchang zhèige càide wèr zěnmoyàng?
20.2. Wǒ chángbuchūlái nèige càide wèr hǎo bu hǎo.
21.0. (33) Guǎngzhōu Canton (PW) (Note 2)
21.1. Guǎngzhōu fànguǎr yǒu hěn duō tèbiéde diǎnxin.
22.0. (34) gè each, every (Note 3)

	gèzhǒng gèyàngr(de) all kinds (of)
	gèshi gèyàngr(de) all sorts (of)
	gè rén each person
	gègè(r) each, every
22.1.	Gè rénde xìngqu bù yíyàng.
22.2.	Gètào yīfude yàngzi dōu bù yíyàng.
22.3.	Nèige dà gōngsī lǐtou mài gèshǐ gèyàngrde nǚrén yīfu.
22.4.	Wáng Xiáojie xǐhuan dài shǒushi. Tā gèzhǒng gèyàngrde shǒushi dōu yǒu.
22.5.	Tāmen jǐge rén gègède kànfǎ bù yíyàng.
23.0. (34)	gè V gè de each V's his own (Note 3)
	gè yǒu gè de N each has his own N
23.1.	Jīntian wǒmen shéi yě bié qǐng kè. Gè chī gè de.
23.2.	Tāmen liǎngge rén gè yǒu gède chángchu.
24.0. (37)	súyǔ proverb (N) [lit. common saying] (Note 4)
24.1.	Gè guó dōu yǒu gè guóde súyǔ.
25.0. (37)	xián salty (SV)
25.1.	Cài bú yào zuòde tài xián le.
26.0. (37)	là (peppery) hot (SV)
26.1.	Wǒ zuì xǐhuan chī làde.
27.0. (41)	Sìchuān Szuchwan (province) [lit. four streams]
27.1.	Wǒ zài Sìchuān zhùguo bānián.
28.0. (42)	-bù section (Note 4)
	dōngbù, xībù, nánbù, běibù, zhōngbù eastern, western, southern, northern, central section
28.1.	Zhōngguo zhōngbùde tiānqi méi yǒu běibù nènmo lěng.
29.0. (42)	lìhai severe, serious, extreme, powerful (SV) [lit. severe harm]
29.1.	Zhèrde dōngxi guìde lìhai.
30.0. (47)	guài blame (TV)
	bú guài don't blame; no wonder (that)
	guàibude no wonder (that)
	nán guài hard to blame; no wonder (that)
30.1.	Tā chē huài le. Bú guài tā lái wǎn le.
30.2.	Oh, Wáng Xiānsheng bìng le. Guàibude zuótian ta méi lái ne.
30.3.	Tā kǎode bù hǎo.... Nán guài ta. Tā bìng le.

Shēng Zì gēn Xīn Yǔfǎ de Jùzi   209

31.0. (51) yìshu   art (N) [lit. art skill]
           yìshujiā   artist
   31.1.   Tā shi yíwèi hěn yǒu míng de dà yìshujiā.
32.0. (53) zuóliao(r) ingredients; spices [lit. make materials]
   32.1.   Zhèige cài dōu fàng shénmo zuóliaor?
33.0. (54) fènliang   quantity (N) [lit. portion measure]
   33.1.   Zhèige fènliang gòu bu gòu?
34.0. (54) liáng   measure (out) (TV)
   34.1.   Nǐ liángyiliáng zhèizhāng zhuōzi yǒu duó cháng?
35.0. (54) píng   be due to, because of (V)
   35.1.   Tā shū niàn de nènmo hǎo bìng bú shi ta cōngming shi píng ta yònggōng.
36.0. (55) dàshifu   chef, cook (N) [lit. great master person]
   36.1.   Wǒ jiāde dàshifu jiù huì zuò Guǎngdong cài.
37.0. (57) chángduǎn   length (N) [lit. long short] (Note 5)
           kuānzhǎi   width   (N) [lit. wide narrow]
           kuàimàn   speed   (N) [lit. fast slow]
           dàxiǎo   size   (N) [lit. big little]
           gāo'ǎi   height (N) [lit. tall short]
           lěngrè   temperature (N) [lit. hot cold]
           yuǎnjìn   distance (N) [lit. far near]
           qīngzhòng   weight (N) [lit. light heavy]
           pàngshòu   weight (N) [lit. fat thin]
   37.1.   Nǐ liángliang zhèizhāng shūzhuōde chángduǎn.
   37.2.   Zhèige zhuōzide kuānzhǎi bú gòu.
   37.3.   Tāmen liǎngge rén zuò shìde kuàimàn chàbuduō.
   37.4.   Wǒmen liǎngge rén jiǎode dàxiǎo dōu yíyàng.
   37.5.   Nèige xiáojie hěn piàoliang, jiù shi gāo'ǎi bù hé biāozhǔn.
   37.6.   Nǐ juéde zhèige wūzide lěngrè zěnmoyàng?
   37.7.   Wǒ zhǎo fángzi zuì yàojǐnde shi zhùyì tāde yuǎnjìn.
   37.8.   Qǐng ni bǎ zhèi liǎngge lùyīnjīde qīngzhòng bǐyibǐ.
   37.9.   Tāde pàngshòu zhèng hé biāozhǔn.
38.0. (58) chúzi   chef, cook (N)
   38.1.   Nǐmen jiā chúzi cài zuòde zhēn bu cuò.
39.0. (58) láidejí   be able to do something within an indicated period [lit. come able attain]

láibují   be unable to do something within an indicated period [lit. come unable attain]

39.1. Nǐ sāndiǎn zhōng dào chē zhàn yídìng láidejí.

39.2. Nèige fànguǎrde shēngyi zhēn hǎo. Sānge dàshifu chǎo cài dōu láibují.

40.0. (60) huǒ fire (N)

diǎn huǒ   light a fire

40.1. Jiān jīdàn bú yào tài dàde huǒ.

40.2. Bié ràng xiǎo háizi diǎn huǒ.

41.0. (60) shāowēi, shāowēi slightly (AD) [lit. slight minute]

41.1. Ta hěn cōngming, jiù shi bú yònggōng. Yàoshi shǎowēi yònggōng yídìng kǎode hěn hǎo.

42.0. (61) xià(r)   time, times (M) (Note 6)

yíxiàr   once; a moment

42.1. Wǒ dǎle shíjǐxiàr mén yě méi rén kāi.

42.2. Nǐ gēn ta shuō yíxiàr, wǒ zǒu le.

42.3. Bú yào gěi wǒ qī chá. Wǒ zuò yíxiàr jiù zǒu!

43.0. (63) bújiànde   by no means certain, not necessarily [lit. not see get]

43.1. Jīntian yào xià yǔ. . . . Bújiànde ba.

44.0. (65) bú guò   not exceed

búguò   only, it's just that (MA)

44.1. Tāde gèzi bú guò wúchǐ sìcùn.

44.2. Nǐ Zhōngguo huà shuōde hěn hǎo wa. . . . Bù hǎo, búguò wǒ cháng shuō jiù shì le.

44.3. Kàn tāde yàngzi tā búguò yǒu èrshijǐsuì.

45.0. (68) tǎoyàn   annoying, boring, distasteful; be annoyed (with), be bored with (SV)

45.1. Wǒ zuì tǎoyàn nèige háizi le. Tā lǎo kū.

45.2. Tā shuō huà wǒ hěn tǎoyàn.

45.3. Tā shuō de huà hěn tǎoyàn. Yìdiǎr yìsi dōu méi yǒu.

46.0. (71) dàng   (take) as or for (V)

A ná ba B dàng(zuò) C   A (mis)takes B as C

46.1. Tā duì wǒ tài hǎo. Tā bǎ wǒ dàng tāde dìdi yíyàng.

46.2. Wǒ ná yán dàng táng le.

46.3. Wǒ bǎ tā dàngzuò tā dìdi le.

47.0. (72) zhèngshì   formally, officially, properly (AD)

Wēnxí Jùzi 211

47.1. Wǒmen xuéxiào sānhào cái zhèngshì shàng kè ne.
48.0. (72) mǐ rice (grain) (N) (Note 7)
   48.1. Zhōngguo rén nánfāng rén chī mǐ, běifāng rén chī miàn.
49.0. (76) liánzǐ lotus seeds (N)
   49.1. Zài Měiguo liánzǐ hěn shǎo chīdezháo.
50.0. (76) gēng soup (usually sweet) (N)
   50.1. Liánzǐ gēng shi táng gēn liánzǐ zuòde.
51.0. (76) júzi orange, tangerine (N)
      júzi shuǐ orange juice
   51.1. Wǒ měitiān zǎoshang hē yìbēi júzi shuǐ.
52.0. (81) tiār weather (N)
      tán tiār chat
   52.1. Tiār hěn hǎo. Wǒmen chūqu wárwar.
   52.2. Méi shì. Wǒmen tán tiār ne.
53.0. (81) liáo chat
      liáo tiār chat
   53.1. Nǐ yǒu gōngfu ma? Wǒmen liǎngge rén liáoliao.
   53.2. Nǐmen liǎngge rén zěnmo lǎo liáo tiār bú niàn shū wa?
54.0. (83) gǎi shíhou change the time (VO)
      gǎi (yíge) shíhou some other time (MA)
      gǎi rìzi change the day or date (VO)
      gǎi (yì)tiān some other day (MA)
   54.1. Jīntian wǎnshang nèige huì gǎile shíhou le, gǎi bādiǎn zhōng kāi le.
   54.2. Wǔdiǎn zhōng wǒ yǒu shì. Gǎi yíge shíhou dào nín nèr qù hǎo bu hǎo?
   54.3. Wǒmen dìng de shi jīntian qu lǚxíng. Yīnwei tiānqi bù hǎo gǎi rìzi le.
   54.4. Zhèige gǎi tiān zài shuō. Wǒmen xiān zuò biéde.

Wēnxí Jùzi

1. Zhèige zhōumò wǒmen xuéxiào kāi yùndong huì.
2. Yīnwei míngdārshang méi yǒu wǒde míngzi, suóyi lǎoshī méi diǎn wǒde míng.
3. Ta hěn néng chī kǔ. Suīrán méi qián ta háishi hěn gāoxìng.

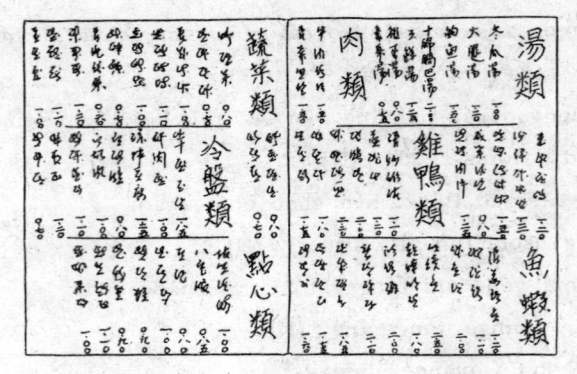

4. Gěi wǒ lái yìdiér làjiāo chǎo zhū ròu.
5. Měiguo diànyǐngryuàn mǎile piào suíshí dōu kéyi jìnqu kàn.
6. Nǐ chángchang zhèige shīzi tóu shì bu shi tài xián le?
7. Wǒmen gè rén zǒu gè rén de. Shéi yě bié děng shéi.
8. Zhōngguo dōngběibùde tiānqi lěngde bùdéliǎo.
9. Xiànzài Zhōngguode rénkǒu duōde lìhai.
10. Oh, tā qù liū bīng qu le. Guàibude ta méi lái ne!
11. Lái, wǒmen liángliang zhèijiān wūzi yǒu duōshao chǐ cháng duōshao chǐ kuān.
12. Wǒ zhèicì bān jiā quán píng Wáng Xiānsheng bāng máng le.
13. Fēijī yào qǐ fēi le. Nǐ mǎshàng zǒu hai láidejí.
14. Qǐng nǐ shǎowēi děng yìhuěr. Ta jiù lái.
15. Wáng Xiānsheng lái le, ta zuò yíxiàr jiù zǒu le.
16. Cóng Sān Yǒu Shūdiàn dào wǒ jiā bú guò sānlǐ lù.
17. Nǐmen dōu tǎoyàn ta, wǒ kàn ta hái bú cuò.
18. Zuótian wǒ nácuòle shū. Wǒ ná lìshǐ shū dàng Yīngwén shū le.
19. Ta jīntian wǎnshang wèi wǒ qǐng kè, yìsi shi dàjiā zài yíkuàr liáoliao tiār.
20. Míngtian wǒmen xuéxiào zhèngshì kāi huì.

Dāndú Tánhuà

Wǒ gēn Měiyīng zǒude hěn lèi le. Zhèige shíhou yě juéde yǒu diar è le. Wǒmen liǎngge rén jiù zai fùjìnde yíge Guǎngdong fànguǎr qu chī fàn. Zhèige fànguǎrde shēngyi hǎo jíle. Chī fàn de kèren duōde bùdéliǎo, yīnwei dàxué kuài shàng kè le, bìngqiě jīntian yòu shi zhōumò. Gè dìfangde
5 xuésheng dōu lái le.

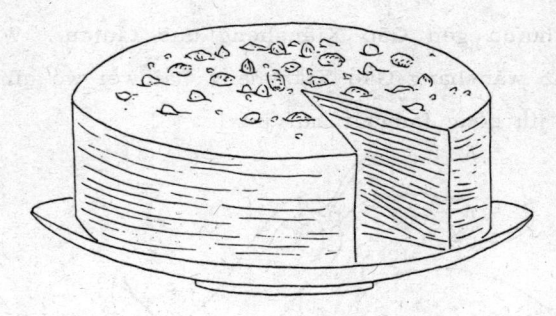

Huǒji bǎ càidār náguolai yǐhòu wǒ yíkàn shàngbiar dōu shi tèbiéde cài míngzi. Wǒ jiù qǐng Měiyīng diǎn cài. Měiyīng diǎn liǎngge cài yíge tāng. Tā diǎn de shi niú ròu chǎo làjiāo, zhá dà xiā, huǒtuǐ dōnggua tāng. Ta diǎnwánle yǐhòu jiù jiào huǒji xiān ná diǎnxin lai chī. Guǎngdong fànguar suíshí dōu yǒu diǎnxin. Wǒmen chī fàn yǐqián chī de shi páigu gēn qiāncéng gāo. Chī fàn yǐhòu yòu chīle yíge tián diǎnxin júzi gēng.

Huǒji kàn wo shi ge wàiguo rén wèn wo yào dāo chā bú yào. Qíshí wǒ kāishǐ chī Zhōngguo fàn de shíhou xiān xué yòng kuàizi. Yàoshi chī Zhōngguo fàn yòng dāo chā búdàn bu hǎo chī érqiě bù hǎo kàn. Rúguǒ chī wàiguo fàn yòng kuàizi chī nǐ shuō hǎo kàn bu hǎo kàn?

Chīzhe fàn de shíhou Měiyīng jiù gēn wǒ tánqilai Zhōngguo rén chī fàn de xíguan gēn gè dìfang rénde kǒuwei bù yíyàng shénmode. Měiyīng shuō Guǎngdong chīde jiǎngjiu. Tā shuō súyǔ shuō: "Chīzai Guǎngzhōu."

Wǒ háishi xǐhuan chī běifāng cài. Wǒ chī Guǎngdong cài lǎo juéde tāmen fàngde zuóliaor bú gòu. Yǒu rén shuō zuò Guǎngdong cài zhùyì cài yuánlai de wèr, běifāng cài chī de dōu shi zuóliaor de wèr. Nǎrde cài hǎo chī shi gè rén kǒuwei de guānxi.

Wǒ hěn xǐhuan chī làde. Měiyīng gēn wǒ kāi wánxiào shuō nǐ shi nǎrde rén zěnmo ài chī làde? Wǒ gēn ta shuō wǒ fùmǔ shi Húnán rén gēn Sìchuān rén. Wǒ hěn xǐhuan chī miàn fàn, xiàng mántou, jiǎozi, miàn, shénmode.

Zhōngguo rén chī fàn hòu hē tāng. Měiguo rén chī fàn xiān hē tāng. Zhè shi Zhōngguo rén gēn wàiguo rén chī fàn de xíguanshang bù yíyàng. Zhōngguo fàn hǎo chī shi hǎo chī, kěshi zuòqilai fèi de shíhou tài duō le. Měiyīng zhèi sānnián lǐtou duìyu zuò fàn tā dǒngde hěn duō le.

Wǒ hěn xīwang gēn Měiyīng zài yíkuàr duō tántan, suóyi wǒ xiǎng gēn Měiyīng dào nǎr qu wárwar qu. Kěshi Měiyīng shuō shíhou yǐjing bù zǎo

le, ràng wǒ huíqu gēn Gāo Xiānsheng duō tántan. Wǒ xiǎng yě duì. Bìngqiě jīntian wǎnshang Gāo Xiānsheng hái wèi wǒ qǐngle jǐwèi kèren.
35 Suóyi wǒmen jiu cóng fànguǎr huí jiā le.

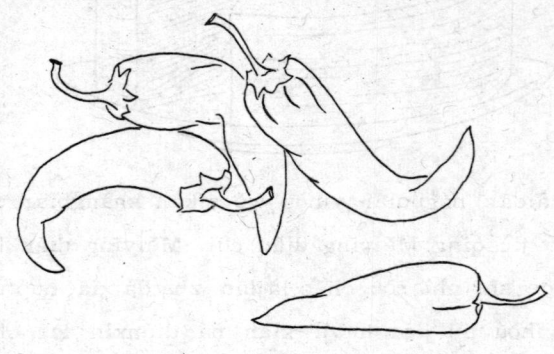

Wèntí

1. Bái Wénshān gēn Gāo Měiyīng tāmen liǎngge rén zài nǎr chī de fàn?
2. Bái Wénshān juéde zhèige fànguǎrde càidār zěnmoyàng?
3. Chī Guǎngdong fànguǎr gēn běifāng fànguǎr yǒu shénmo bù yíyàng?
4. Quán Zhōngguo rénde kǒuwei dōu yíyàng ma? Qǐng nǐ shuōyishuō Zhōngguo dōng xī nán běi gè dìfangde rén tāmen dōu xǐhuan chī shénmo wèr?
5. Guānyu chī, Zhōngguo yǒu jù súyǔ zěnmo shuō?
6. Měiyīng gēn Wénshān tāmen liǎngge rén chī de shénmo diǎnxin?
7. Zhèige fànguǎrde huǒji shuō tāmen shénmo shíhou zuì máng?
8. Měiyīng duì zuò fàn yǒu xìngqu ma?
9. Nánfāng rén běifāng rén chī fàn bù yíyàngde shi shénmo?
10. Nánfāng rén ná shénmo dàng fàn chī?
11. Zuò Zhōngguo fàn zuóliaor yǒu yídìngde fènliang ma?
12. Zhōngguo dàshifu zuò cài tāmen méi you yídìngde fènliang. Tāmen zěnmo zhīdao fàng duōshao zuóliaor ne?
13. Měiyīng diǎnde shénmo cài?
14. Bái Xiānsheng wèn Měiyīng nǎrde cài hǎo chī Měiyīng zěnmo huídá ta?
15. Měiyīng duì zuò Zhōngguo fàn tā zěnmo dǒng nènmo duō?
16. Nǐ xǐhuan chī Zhōngguo cài ma? Nǐ xǐhuan chī nǎrde cài?
17. Wénshān gēn Měiyīng chīwánle fàn yǐhòu yào tiān diǎnxin. Huǒji shuō tāmen zhèr dōu yǒu shénmo tián diǎnxin?
18. Tāmen liǎngge rén chīde shénmo tián diǎnxin?
19. Měiyīng gēn Wénshān chīwánle fàn yòu dào biéde dìfang qù le méi you? Tāmen wèi shénmo bú dào biéde dìfang qù le?

Dialogue

20. Měiyīng shuō huí jiā qu zuò shénmo?
21. Yàoshi nǐ qu chī fànguǎr tāmen hěn máng nǐ shuō shénmo?
22. Yàoshi huǒji kàn ni shì ge wàiguo rén tā wèn ni yào bu yào dāo chā nǐ zěnmo huídá ta?
23. Zhōngguo dōng xī nán běi chī de kǒuwei bù yíyàng tāmen yǒu yíge súyǔ. Nǐ huì shuō ma?
24. Yàoshi nǐ péngyou tā hěn dǒng zuò fàn de fázi nǐ yīngdāng gēn ta shuō shénmo?
25. Chīwánle fàn gēn huǒji yào tián diǎnxin nǐ zěnmo yào?
26. Yàoshi nǐ chī fànguǎr qu, chá dōu hēwánle ni hái xiǎng hē, ni gēn huǒji shuō shénmo?
27. Yàoshi nǐ gēn péngyou yíkuàr qu chī fàn chīwánle yǐhòu tā shuō dào biéde dìfang qu kěshi nǐ bù xiǎng qù le nǐ zěnmo shuō?
28. Nǐ xǐhuan chī làjiāo ma? Làjiāo shi qīngcài háishi shuǐguǒr ne?
29. Nǐ zhīdao shénmo shi zuóliaor ma?
30. Zhōngguo rén gēn wàiguo rén chī fàn de xíguan yǒu shénmo bù yíyàng?

Dialogue: Vincent White and Gao Meiying have lunch in a Cantonese restaurant.

Huo : How do you do [lit. you two have come].

White: Do you have room [lit. seats]?

Huo : How many (are) you?

White: Just two.

Huo : Yes. This way, please [lit. you please, you please].

White: (to Meiying) Shall we sit here?

Mei : Fine.

Huo : Here's [lit. look at] the menu. I'll go get [lit. steep] some tea.

White: Fine. . . .

Huo : Would you like a knife and fork?

White: Thanks, I'll use chopsticks. Your business [here] is really good.

Huo : Isn't that so! We're rushed like this on week ends.

White: Meiying, please choose [lit. read off] the dishes. I don't know [lit. understand] much about Cantonese food, so I can't choose.

Mei : (Just) choose anything you like from the menu.

White: Excuse me. You do all the choosing [and have done with it].

Mei : Let's have a fried [big] shrimp and a fried [fresh] vegetable. What [fried fresh] vegetable shall we have? Do you eat bitter melon?

White: I don't much care for it. How about you?

Mei : I'm not so crazy about it either. It's too bitter. Then let's have beef with fried peppers. As to soup, let's have a ham-and-winter-melon soup, and rice.

White: Waiter, bring us these two dishes. And bring us some more [boiled] water (to add to the teapot).

Huo : Yes sir.

Mei : Let's have a little appetizer first. Waiter, first bring a plate of spare-ribs and a plate of thousand-layer cake. Also bring salt and pepper.

Huo : Yes, Miss.

White: What, do we have dessert first?

Mei : In Cantonese restaurants you eat it any time. See how good these spare-ribs are.

White: They [lit. the spareribs] are delicious.

Mei : Cantonese food is famous. You know: "Eat in Canton."

White: With Chinese food, each (area) has its good (points).

Mei : That's true too [lit. also can say so].

White: The tastes of Chinese in north and south, east and west, are not the same.

Mei : The proverb says, "South—sweet, north—salty, east—peppery, west—sour."

White: This means that Southerners like to eat sweet things, Northerners like to eat salty things, Easterners like to eat peppery things, and Westerners like to eat sour things, doesn't it?

Mei : Actually it's not necessarily so. (Places) like Hunan and Szuchuan are not in the eastern part of China, (but) everyone (there) likes to eat hot (things). When they eat peppers they eat them terrifically hot.

White: I also like to eat hot (things).

Mei : Are you Hunanese or Szuchuanese?

White: Didn't you know, one of my parents was Hunanese and the other Szuchuanese.

Mei : No wonder you like your food hot!

White: Meiying, what [lit. where] food do you think is the most delicious?

Mei : It's not a question of delicious or not delicious but a matter of individual taste.

White: Chinese are really particular in their eating.

Mei : Cooking Chinese food [you can say] is an art.

Dialogue

White: It really is an art. No other food can compete with it.

Mei : And Chinese food is not like Western food with fixed ingredients and amounts that have to be measured out. Chinese food depends entirely on experience. None of the cooks measure out quantities for the ingredients they use in cooking.

White: But they're very precise.

Mei : The most important thing in cooking Chinese food is the length of time. If cooks [in cooking] had to measure out quantities how could they get (things ready) on time?

White: Why couldn't they?

Mei : Fried things, for example, require that the fire be hot and that the frying be done fast. Some things if [slightly] fried a moment too long would no longer taste good.

White: Cooking Chinese food is really not easy.

Mei : Actually it's not necessarily hard.

White: From what you say, you must be very good at cooking by now.

Mei : I'm not though. It's just that I often watch my mother cook and have learned a bit, that's all.

White: Are you interested in cooking?

Mei : In any case I'm not bored with it.

White: Aren't Chinese all more or less alike in their eating habits?

Mei : They're all the same in eating the main course [lit. rice] first and then having soup. What's different is that Northerners like to eat wheat products. Dumplings and noodles they take as the main course. Southerners take dumplings and noodles as appetizers. As a main course they eat rice.

White: This food isn't bad. What [sweet] dessert shall we have?

Mei : Ask the waiter what there is.

White: Waiter, what [sweet] desserts do you have?

Huo : We have lotus soup and orange soup.

White: Bring two orange soups. Meiying, will orange soup do?

Mei : Yes.

White: After we've finished eating where shall we go [to have fun]?

Mei : It's already three o'clock. Let's go back. You're moving away tomorrow morning. (You might) go back and chat with my father. And there are going to be guests tonight, aren't there?

White: I don't mind [lit. it's also all right] going back a little sooner. We'll go have fun some other day.

Sentences for New Words and Grammar

1.1. (When we) go out to dinner tonight we have to make a reservation [first].

2.1. This knife isn't clean.

2.2. When you eat fruit, peel it with a little knife.

2.3. Chinese use knives in cooking but not in eating.

3.1. Chinese sometimes use forks for eating desserts.

3.2. Is it easier to use knife and fork or chopsticks?

4.1. May I ask, what business are you in?

5.1. This week end we're going on a trip.

5.2. Last week end we had guests at our home.

5.3. It's possible that I won't be home for either of the next two week ends.

6.1. Don't talk. The teacher is calling the roll.

6.2. Mr. Zhang, won't you please select the dishes [from the menu]?

6.3. The teacher called your name. Didn't you hear (him)?

7.1. (Something cooked with) lots of oil is zhá-fried, with little oil is jiān-fried.

8.1. Eating lots of vegetables is very good for [lit. has benefits for] people.

9.1. How come this dish has a bitter taste?

9.2. What he does is hard physical labor. He works all day until late.

9.3. He can endure a lot.

10.1. I'm very fond of [drinking] winter-melon soup.

10.2. Watermelons are a summer fruit.

10.3. Pork and fried cucumbers are an unusually savory dish.

11.1. Peppers and fried chicken are [exceptionally] delicious.

12.1. Chinese ham and American ham don't taste alike.

13.1. Let's have some tea. . . . O.K., I'll go boil some water.

13.2. Has the water boiled? . . . Not yet.

14.1. I'd like a [plate of sweet] dessert.

14.2. Yesterday my friend sent me two plates. (They're) very attractive.

15.1. Fried spareribs and red-cooked spareribs are both main dishes, not appetizers.

16.1. Have you ever eaten thousand-layer cake?

16.2. There are two kinds of cake made with eggs. One kind is a dessert, one is a main dish.

17.1. In making chicken soup you don't use [lit. put down] soy sauce. You just use salt.

Sentences for New Words and Grammar

18.1. It'll be a lot tastier if you put in a little more pepper.

19.1. The buses here are very convenient. There's one any time you want.

20.1. Please see [lit. taste] how this [flavor] is.

20.2. I can't judge [lit. taste out] whether that dish tastes good or not.

21.1. Cantonese restaurants have a lot of special desserts.

22.1. Every person's interests are different.

22.2. Every suit is different in style.

22.3. That big store sells all styles and varieties of women's clothes.

22.4. Miss Wang likes to wear jewelry. She has all sorts and varieties.

22.5. Each of them [lit. of them few persons] has a different viewpoint.

23.1. Today let's none of us be host. Let's go Dutch [lit. each eat each's].

23.2. Each [of the two men] has his good [lit. long] points.

24.1. Each country has its own proverbs.

25.1. The food should not be made too salty.

26.1. I like to eat hot (things) best.

27.1. I lived in Szuchuan for eight years.

28.1. The weather in central China is not as cold as that in the north.

29.1. Things here are frightfully expensive.

30.1. His car broke down. No wonder he was late.

30.2. Oh, Mr. Wang got sick. No wonder he didn't come yesterday.

30.3. He did badly on the exams. . . . No wonder. He was sick.

31.1. He's a very famous [great] artist.

32.1. What [ingredients] do you put into this dish?

33.1. Is this [quantity] enough?

34.1. Measure how long this table is.

35.1. The reason why he does so well in his studies is by no means that he's bright but that he works hard.

36.1. Our cook can only cook Cantonese dishes.

37.1. Measure the length of this desk.

37.2. This table isn't wide enough.

37.3. Those two men work at about the same speed.

37.4. Our feet are the same size.

37.5. That girl is very attractive. The only thing is, her height is below average [lit. not up to standard].

37.6. What do you think of the temperature of this room?

37.7. In looking for a house the most important thing I consider is its distance (from school, stores, etc.).

37.8. Please compare the weight of these two tape recorders.

37.9. His weight is exactly normal.

38.1. Your cook is really not bad [lit. dishes cooks really not bad].

39.1. You can certainly make it to the station by three o'clock.

39.2. That restaurant's business is really good. They can't keep up even with three chefs cooking [lit. frying the dishes].

40.1. In frying eggs you don't want too hot a fire.

40.2. Don't let the children light a fire.

41.1. He's very bright. It's just that he's not studious. If he'd work a bit he'd certainly do well on the exams.

42.1. I banged on the door a dozen [lit. ten-odd] times but still no one opened it.

42.2. Tell him [lit. say to him once] that I'm leaving.

42.3. Don't make any tea for me. I'll (just) sit a moment [and then leave].

43.1. (It looks as if) it's going to rain today. . . . I don't know about that.

44.1. He's not more than five feet four inches tall.

44.2. You speak Chinese well. . . . No, it's just that I talk all the time [lit. often], that's all.

44.3. From his appearance he's only twenty-odd.

45.1. I'm most annoyed with that child. He's always bawling.

45.2. When he talks I get very bored.

45.3. What he says is very boring. It's of no interest at all.

46.1. He's awfully nice to me. He treats [lit. takes] me as if I were his younger brother.

46.2. I mistook the salt for the sugar.

46.3. I mistook him for his younger brother.

47.1. Our school formally starts classes on the third of the month.

48.1. (Among) the Chinese, the southerners eat rice and the northerners eat (things made of) flour.

49.1. In America one can rarely get to eat lotus seeds.

50.1. Lotus-seed soup is made with sugar and lotus seeds.

51.1. I drink a glass of orange juice every morning.

52.1. The weather's very nice. Let's go and have some fun.

52.2. We don't have anything to do. We're just talking.

53.1. Do you have time? Let's the two of us have a chat.

53.2. How come you two are always talking and not studying?

54.1. The time of that meeting this evening has been [changed. It has been] changed to eight o'clock.

54.2. I'll be busy at five o'clock. How about my going to your place at some other time?

54.3. The trip had been set for today. Since the weather's bad the date has been changed. We'll go on Saturday.

54.4. We'll take care of [lit. speak of] this some other day. Let's do something else first.

Review Sentences

1. This week end our school is having an athletic meet.
2. My name wasn't on the list, so the teacher didn't call my name.
3. He can take a lot [lit. quite can eat bitterness]. Although he doesn't have any money he's still quite content.
4. Bring me a plate of peppers and fried pork.
5. In America after you've bought your ticket at the [movie] theater you can go in any time and see (the movie).
6. [Taste and] see if this lion's head is too salty.
7. Let's each go on his own. We won't wait for each other [lit. who will not wait for whom].
8. The weather in the northeastern section of China is terribly cold.
9. China's population is now tremendous.
10. Oh, (so) he's gone skating. No wonder he didn't come.
11. Come, let's measure the length and width [in feet] of this room.
12. My moving recently depended entirely on Mr. Wang's help.
13. The plane's about to leave. If you go quickly you can still make it.
14. Please wait a moment. He'll be right in.
15. Mr. Wang came, sat for a while, and then left.
16. From the Three Friends' Bookstore to my home is not more than three miles.
17. You all are annoyed with him, but I don't think he's so bad.
18. Yesterday I took the wrong book. I took the history book by mistake in place of the English book.
19. He invited some guests this evening in my behalf. The idea is for all of us to get together and talk.
20. Tomorrow our school will have a formal meeting [lit. formally open a meeting].

Notes

1. The word <u>diǎnxin</u> is often used to mean 'dessert,' but it actually refers to any light snack. It includes appetizers eaten before a meal (such as <u>páigu</u> 'spareribs,' which are most often steamed in Cantonese cooking and fried, in one way or another, in Northern cooking); it also includes <u>qiāncéng gāo</u> 'thousand-layer cake' (made from suet and eight or ten thin layers of dough, the whole being steamed). The word <u>tián</u> 'sweet' is used before <u>diǎnxin</u> to specify a dessert.

2. <u>Guǎngzhōu</u> 'Canton' is a more specific designation for the city than is <u>Gwǎngdong</u>, which is properly the name of Kwangtung Province as a whole but is loosely applied to Canton also as the chief city of the province. <u>Chīzài Guǎnzhōu</u> 'Eat in Canton' is part of a popular saying that goes as follows:

   Shēngzài Hángzhōu. 'Be born in Hangchow' (because it is so beautiful).
   Chuānzai Sūzhōu. 'Get your clothes in Soochow' (because of its outstanding silk goods).
   Chīzai Guǎngzhōu. 'Eat in Canton' (because of its fine food).
   Sǐzai Liǔzhōu. 'Die in Liuchow (in Kwangsi)' (because it produces excellent wood for coffins).

3. The syllable <u>gè</u> 'each, every' is used before measures:

   gèzhǒng(de)   'every kind (of)'
   gèyàngr(de)   'every sort (of)'
   gèzhǒng gèyàngr(de)   'all kinds and varieties (of)'

   It also occurs before nouns:

   gè dì(fang)   'every place'
   gè rén   'every person'

   <u>Gè</u> is also used as a pronoun:

   Gè yǒu hǎochu.   'Each has (its) advantage.'

   <u>Gè</u> is reduplicated to form <u>gègè</u> 'each, every,' as in the phrase <u>gègè rén</u> 'every person, each person.'

   <u>Gè</u> 'each' and <u>gède</u> 'of each' (or <u>gè rén</u> 'each person' and <u>gè rénde</u> 'each person's') occur in the pattern <u>gè V gède</u>, as in

   Gè mǎi gède.   'Each buys his own.'
   Gè qù gède.   'Each goes on his own.'

4. Proverbs and popular sayings in Chinese generally have a fixed form which often does not conform to ordinary grammatical patterns and vocabulary usage. This is illustrated by the contrast between Meiying's citation of the proverb pertaining to Chinese regional food preferences and Vincent's amplification. Note also in the latter that 'south' and 'north' are respectively <u>nánfāng</u> and <u>běifāng</u>, whereas 'east' and 'west' are respectively <u>dōngbiar</u> and <u>xībiar</u>. <u>Xīfāng</u> is conventionally the Occident, the West, and <u>Xīfāng ren</u> is a Westerner. <u>Dōngfāng</u> 'the East' is applied to the Orient as a whole, and <u>Dōngfāng rén</u> to an Oriental. Regions of a country can also be specified with the syllable <u>bù</u> 'region,' as in <u>nánbù</u> 'southern region,' <u>xībù</u> 'western region,' <u>zhōngbù</u> 'central region.'

Notes   223

5. Abstract nouns expressing measurements (size, weight, etc.) are formed by joining stative verbs of opposite meaning, e.g.:

    chángduǎn 'length' [lit. long short]

6. The measure xià or xiàr 'time, times' is used after verbs:

    Dǎ ta liǎngxiàr. 'Hit him a couple of times.'

    Yíxiàr also means 'for a while':

    Nǐ děng yíxiàr. 'Wait a moment.'

7. The word mǐ refers to uncooked rice. Mǐ fàn, or simple fàn, is cooked rice. Thus according to context fàn is either food in general, the staples or main course of a meal, or specifically cooked rice, the chief food for many Chinese. Similarly, miàn is either wheat products in general or specifically noodles. The expression Nǐ chī fàn chī miàn asks whether one wants to eat rice or something made of wheat flour.

"Aiyou, shíhour bù zǎo le."

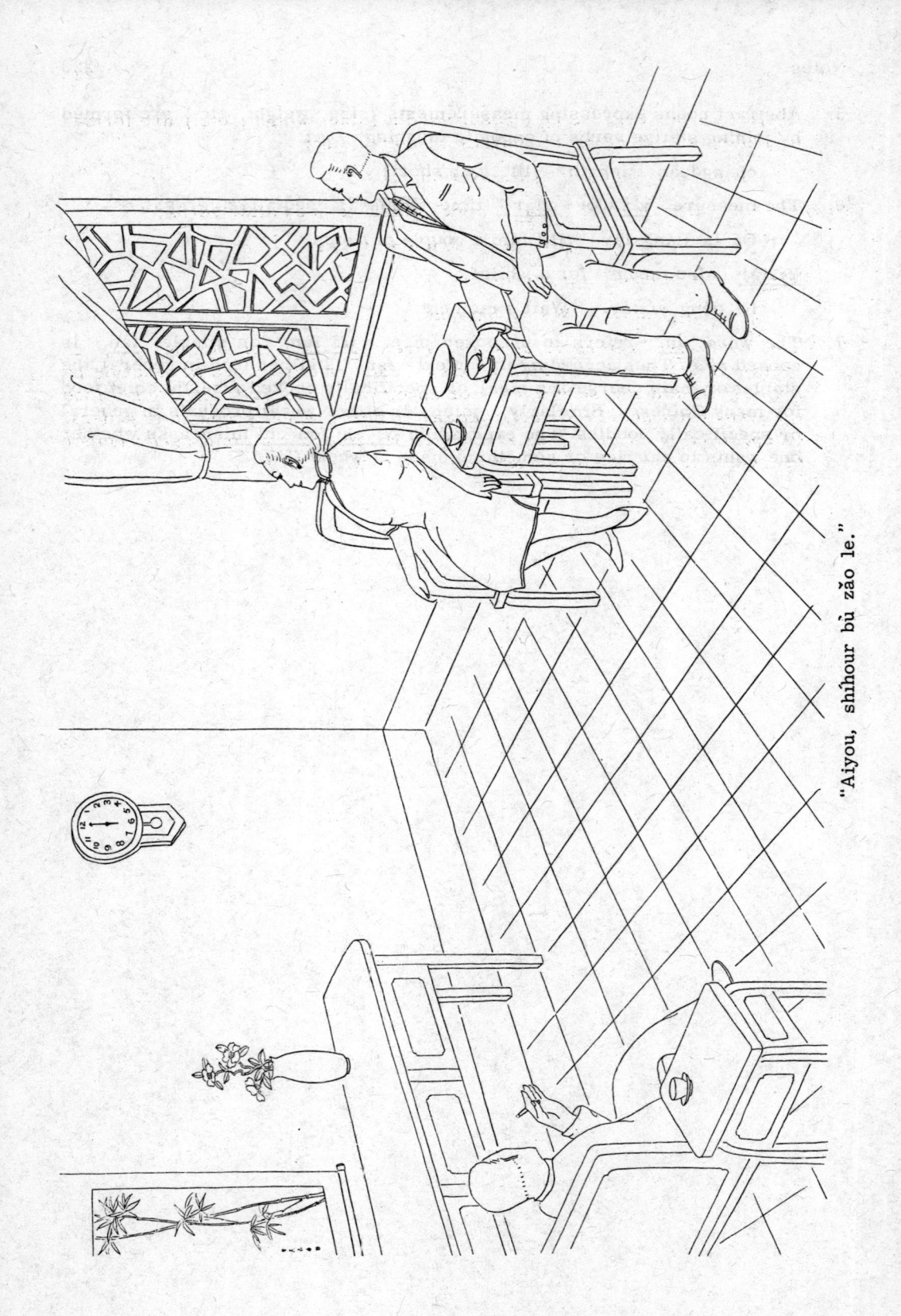

Dì Shíyīkè.   Tán Jiā Shì

Huìhuà: Bái Xiānsheng huídao Gāo jiā yǐhòu gēn Gāo Xiānsheng Gāo Tàitai xián tán.

Gāo: Wénshān, huílai le.
Bái: Gāo Xiānsheng, huílai le.
5 Gāo: Zěnmoyàng, fángzi mǎnyì ba?
Bái: Fángzi hěn hǎo. Dìdiǎn hěn ānjing, érqiě nèijiān wūzi xiàtiān yídìng hěn liángkuai. Huá Tàitai rén yě hǎo. Tā hěn yuànyi wǒ qu zhù.
Gāo: Shǒuxu dōu bànhǎo le ma?
10 Bái: Méi shénmo shǒuxu. Wǒ bǎ fángzū yǐjing jiāogei Huá Tàitai le. Wǒ gēn Huá Tàitai shuōhǎole míngtian jiu bānguoqu.
Gāo: Máng shénmo? Zài zhèr duō zhù jǐtiān me.
Bái: Xièxie nin. Zǎo diar bānguoqu zhǔnbèi zhǔnbèi guānyu xuéxiào de gōngke yíquè wèntí.
15 Gāo: Lí shàng xué hái zǎozhe ne.
Bái: Yě bù zǎo le. Wǒ xiǎng háishi zǎo diar bān. Lǎo zài fǔshang máfan Gāo Tàitai xīn lǐtou yěshi bù ān.
Gāo: Na dào méi shénmo. Wǒ nèiren tā shi hěn huānying nǐ zài zhèr zhù de. Xiāngxìn nǐ zhùzai Huá jiā nǐmen néng xiāngchǔde hěn hǎo. Nǐ
20 zhùzai nèr wǒmen yě fàng xīn.
Bái: Huá Tàitai duì wǒ kèqi yě shi chòng nín liǎngwèide miànzi.
Gāo: Yě bú shi. Tā rén 'shi nènmo hǎo. Huá Xiānsheng gēn wǒ shi tóngxiāng. Wǒmen cóng xiǎo zài yíkuàr zhǎngdà de. Wǒmen hái yǒu diar qīnqi de guānxi ne.
25 Bái: Huá Xiānsheng yě shi Hángzhou rén ne?
Gāo: Shìde. Huá jiā shì ge dà jiātíng, jǐbèi rén dōu zhùzai yíkuàr.
Bái: Wǒ zhīdao Zhōngguo yǐqián shi dà jiātíng zhìdu. Xiànzài ne?
Gāo: Xiànzài chàbuduō dōu zǔzhi xiǎo jiātíng le. Wǒ xiǎo de shíhou Huá Xiānshengde zǔfù zúmǔ dōu hěn xǐhuan wǒ, dài wǒ gēn tāde sūnzi
30 sūnnüér yíyàng.
Bái: Nín shuō de shi hěn duō nián yǐqián de shìqing le.

	Gāo:	Kě bu shì ma, jǐshi 'nián le. Rìzi guòde zhēn kuài. Wǒmen zhèi yíbèi dōu chéngle lǎotóur le!
	Bái:	Huá Tàitai shi nǎrde rén ne?
35	Gāo:	Ta yě shi Hángzhou rén. Huá Xiānsheng yǒu yíge gēge liǎngge jiějie. Tāmen dìxiong jiěmèi dōu hěn yǒu běnshi.
	Tài:	Wénshān huílai le. Fángzi shuōtuǒ le ma?
	Bái:	Jiángtuǒ le. Hěn yùnqi. Fángzi hěn hǎo.
	Tài:	Chī diar diǎnxin ba.
40	Bái:	Xièxie nin. Wǒmen cái chīwán fàn.
	Tài:	Nènmo wǒ gěi nǐmen qī diar chá lai.
	Bái:	Gāo Tàitai, jīntian wǎnshang dōu shi shéi lái ya?
	Tài:	Dōu shi nǐ rènshi de jǐge péngyou—Qián Xiānsheng fūqī, Máo Xiānsheng fūqī, hái yǒu Máo jia de sānge xiǎo háizi.
45	Bái:	Wǒ jìde tāmen yuánlái yǒu liǎngge háizi.
	Tài:	Qùnian yǒu shēngle yíge nán háizi. Oh, hái yǒu Qián jiade qīnqi Wáng 'dà gūniang. Tā cái cóng xiāngxia lái.
	Bái:	Jīntian wǎnshang rén hěn duō, yòu gòu nín mángde le.
50	Tài:	Méi shénmo. Měiyīng a, xiànzài hěn néng bāng wǒde máng le. Aiyou, shíhour bù zǎo le. Nǐ gēn Gāo Xiānsheng hē chá liáoliao. Wǒ gēn Měiyīng dào chúfáng qu yùbei fàn.
	Bái:	Zhēnshi máfan nín.
	Gāo:	Wénshān, nǐ dìdi mèimei dōu hěn dà le ba?
	Bái:	Kě bu shì ma. Dìdi gèzi gēn wǒ yíyàng gāo le. Bǐ wǒ pàng yìdiǎr.
55	Gāo:	Niàn dàxué le méi you?
	Bái:	Jīnnian gāozhōng bìyè le, kěshi hái méi juédìng ne. Tíqi wǒ zhèige dìdi lai, wǒmen liǎngge rénde píqi wánquan xiāngfǎn. Tā duì niàn shū wa, yìdiǎr xìngqu yě méi yǒu. Chéngji hěn bù hǎo.
	Gāo:	Na jiānglái zěnmo bàn ne?
60	Bái:	Kěshi ta lìngwài yǒu yìzhǒng běnshi. Jiā lǐtou rènhé dōngxi huài le—bǐrú shuō diànshì, diàndēng, bīngxiāng, huòzhě jiāju shénmode huàile—tā dōu néng xiūli.
	Gāo:	Tā jìrán duì zhèi fāngmian yǒu xìngqu ràng ta xué zhuānkē me.
	Bái:	Tā kěnéng shàng zhuānkē xuéxiào.
65	Gāo:	Mèimei niàn zhōngxué le ma?
	Bái:	Mèimei chūzhōng jīnnián bìyè le. Zhèi xuéqī niàn gāo zhōng-yī le. Mèimei xǐhuan yīnyuè chàng gēr.
	Gāo:	Nǚ háizi xué yīnyuè bú cuò.
	Bái:	Mèimei yǒu yīnyuè tiāncái. Jiānglái yéxǔ xué yīnyuè.

Shēng Zì gēn Xīn Yǔfǎ de Jùzi 227

70 Gāo: Nǐ fùmǔ hěn yǒu fúqi.

   Bái: Tíqi fùmǔ, jiàoyang wǒmen yě hěn xīnkǔ. Yóuqíshi mǔqin. Búdàn yào guǎn jiā érqiě hái jiāo shū.

   Gāo: Nǐ fùqin yě shi jiàoyuán, shì bu shi?

   Bái: Fùmǔ yuánlái 'dōu shi jiàoyuán. Mǔqin shēngle wǒmen dìxiong
75   jiěmèi yǐhòu, jiù bú zuò jiàoyuán le. Kěshi yǒu yìnián wǒ fùqin bìngde hěn lìhai, bìngle hěn jiǔ. Qǐngle háojǐge yīsheng, chīle hěn duō yào, suóyi yīyào fèi huāle hěn duō. Wǒmende shēnghuó hěn kǔ. Méi fázi. Mǔqin yòu qu jiāo shū, zēngjiā yìdiǎr shōuru.

   Gāo: Zènmo yǐ shuō nǐ mǔqin 'shi hěn xīnkǔ.

Shēng Zì gēn Xīn Yǔfǎ de Jùzi

1.0. (5) mǎnyì be satisfied (with or about) (TV) [lit. full idea]

   1.1. Wǒ zuò de shìqing tā hěn mǎnyì.

   1.2. Wǒ duì nèige fángzi hěn mǎnyì, duì nèixiē jiāju bù mǎnyì.

2.0. (6) dìdiǎn location, site, place, address (N) [lit. place dot]

   2.1. Zhèige dìdiǎn bú cuò. Mǎi dōngxi shàng xuéxiào dōu fāngbian.

   2.2. Fǔshangde dìdiǎn zhēn hǎo. Gōnggòng qìchē diànchē dōu cóng nèr jīngguò.

3.0. (6) ānjing quiet, calm, silent, peaceful (SV) [lit. peace quiet]

   3.1. Yǐjing shàng kè le. Qǐng nǐmen ānjing yìdiǎr.

   3.2. Zhèr hěn ānjing. Dōu shi zhùzhái.

4.0. (7) liáng (uncomfortably) cool, chilly, cold (SV)

         liángkuai (comfortably) cool (SV)

   4.1. Tā xǐhuan yòng liáng shuǐ xǐ zǎo.

   4.2. Zhèrde tiānqi xiàtiān hěn liángkuai.

5.0. (7) yuànyi be willing (that), like to (AV) [lit. willing idea]

   5.1. Wǒ bú yuànyi dāndú yíge rén qu chī fànguǎr.

   5.2. Nǐ fùmǔ yuànyi ràng nǐ dào Zhōngguo qu niàn shū ma?

6.0. (13) zhǔnbèi   prepare (to), get ready (to), intend to (V) [lit. exact ready]

 6.1. Kuài yào kǎoshì le. Zhǔyào de gōngke wǒ dōu děi zhǔnbei.

 6.2. Kāi huì de yíqiè dōu zhǔnbeihǎo le.

 6.3. Wǒ zhǔnbei líkai zhèr.

7.0. (15) lí A + time expression   It's . . . before A.

 7.1. Lí shàng kè hái yǒu duōshao shíhou?

 7.2 Wǒmen kuài yìdiǎr zǒu. Lí qǐ fēi jiù yǒu shífēn zhōng le.

 7.3. Lí dōngtian hái zǎozhe ne. Nǐ gànmá jiù mǎi dōngtiande yīfu le?

 7.4. Nǐ xiànzài jiù è le! Lí chī fàn hái zǎozhe ne.

8.0. (17) bù ān   uneasy, restless [lit. not peaceful] (Note 1)

 8.1. Tā kāi chē kāide tài kuài le. Tā yì kāi chē wǒ xīnli jiu bù ān.

9.0. (19) xiāngxìn   believe, trust (TV), believe that, be convinced that (AV) [lit. mutual believe]

 9.1. Wǒ hěn xiāngxìn Wáng Xiānsheng.

 9.2. Wǒ xiāngxìn zhèrde jiàoyu shuízhǔn yídìng hěn gāo.

10.0. (21) chòng   face toward, be oriented toward (TV), facing (a direction) (CV)

 10.1. Zhōngguo rén xiǎng dà mén chòng nán zuì hǎo.

 10.2. Tāde fángzi shi chòng xī gàide.

 10.3. Tāmen duì wǒ hǎo dōu shi chòng nínde miànzi.

11.0. (23) tóngxiāng   of the same district (Note 2)

 11.1. Wáng Xiānsheng gēn wǒ shi tóngxiāng.

12.0. (24) qīnqi   relatives (N)

 12.1. Wǒ bú shi zhèrde rén suóyi wǒ zhèr méi qīnqi, zhǐ yǒu péngyou.

 12.2. Zhāng Xiānsheng gēn Wáng Xiānsheng tāmen shi qīnqi.

13.0. (26) jiātíng   family (N) [lit. family hall]

 13.1. Tā yǒu hěn hǎode yíge jiātíng.

14.0. (27) zhìdu   system (N) [lit. regulate order]

 14.1. Nèige xuéxiàode zhìdu gēn biéde xuéxiào bù yíyàng.

15.0. (28) zǔzhi   organize (V), organization (N)

 15.1. Wǒmen zǔzhi yíge xuésheng huì.

 15.2. Zhèige zǔzhi shéi guǎn?

16.0. (29) zǔ-   grandparent

  zǔfù   father's father, (paternal) grandfather

  zúmǔ   father's mother, (paternal) grandmother

Shēng Zì gēn Xīn Yúfǎ de Jùzi

              zǔfùmǔ   father's parents, (paternal) grandparents
              wài zǔfù   mother's father, (maternal) grandfather
              wài zúmǔ   mother's mother, (maternal) grandmother
              wài zǔfùmǔ   mother's parents, (maternal) grandparents

16.1.   Wǒde zǔfù hěn zǎo jiù sǐ le.
16.2.   Tāde wài zúmǔ niánji hěn lǎo le.
17.0. (29)   dài   treat <u>or</u> deal with people (V)
              A dài B hǎo   A treats B well
17.1.   Wǒ zǔfùmǔ dài wǒ fēicháng hǎo.
18.0. (29)   sūn-   grandchild
              sūnzi   grandson
              sūnnüer   granddaughter
18.1.   Wǒde zúmǔ yígòng yǒu qíge sūnzi jiǔge sūnnüer.
19.0. (33)   lǎotóur, lǎotóuzi   old man, graybeard (N) [lit. old head] (Note 3)
19.1.   Nèige lǎotóur hěn héqi.
20.0. (36)   dìxiong, xiōngdì (older and younger) brothers (N)
              xiōngdi   younger brother (note neutral tone)
20.1.   Nèi liǎngwèi Wáng Xiānsheng shi dìxiong.
20.2.   Nǐmen xiōngdì jǐge?
20.3.   Wǒ xiōngdi shísìsuì.
21.0. (36)   jiěmèi sisters (N)
21.1.   Tāmen jiěmèi liǎngge zhǎngde yíyàng.
22.0. (36)   běnshi ability, capacity (N)
22.1.   Wǒ kě méi nǐ nènmo dàde běnshi. Shénmo dōu huì zuò.
23.0. (37)   -tuǒ satisfactory, successful
              bàntuǒ manage successfully (RV)
              shuōtuǒ reach agreement by talking (RV)
              zuòtuǒ finish doing (RV)
              zūtuǒ succeed in renting (spoken by tenant) (RV)
23.1.   Nèijiàn shìqing wǒ yǐjing bàntuǒ le.
23.2.   Mài duōshao qián shuōtuǒ le méi you?
23.3.   Yīfu dōu zuòtuǒ le. Shénmo shíhou qu ná dōu kéyi.
23.4.   Nèige fángzi méi zūtuǒ. Ràng bié rén gěi zūqu le.
24.0. (38)   jiǎng discuss, explain (V)

	jiǎngdao	reach (a point) in discussion (V)
	jiǎng huà	speak, lecture (VO)
	jiǎnghuà	lecture (N)
	jiángtuǒ	reach agreement by talking (RV)

24.1. Wǒmen zhèng jiǎngdao nǐ nǐ jiù lái le.
24.2. Xiànzài qǐng Wáng Jiàoshòu jiǎng huà.
24.3. Nèige diànshì jiǎngtuǒ le. Yìbǎikuài qián tā mài le.
24.4. Tāde lìshǐ jiǎnghuà hěn shòu huānying.

25.0. (38) yùnqi   luck (good or bad) (N), lucky (SV)

25.1. Wǒde yùnqi zhēn hǎo. Yí dào zhèr mǎshàng jiù yǒu shì zuò.
25.2. Wǒ hěn yùnqi néng yùjian nín.

26.0. (46) shēng   bear (offspring), give rise to, produce, make (TV) (Note 4)
shēng bìng   get sick

26.1. Zuótian wǎnshang Wáng Tàitai shēngle ge nán háizi.
26.2. Zhōngguo rén shēng xiǎo háizi péngyou dōu shi sòng jǐ gēn jīdàn shénmode.
26.3. Qián jǐtiān tā shēng bìng le.

27.1. (47) gūniang   unmarried girl or woman (this term is especially used in the North) (N)

27.1. Wáng èr gūniang sānshijiǔsuì le hái méi jiēhūn ne.

28.0. (47) xiāngxia   country (vs. city) (N)
xiāngxia rén   country people

28.1. Zhùzai xiāngxia bǐ zhù chéng lǐtou ānjing.
28.2. Xiāngxia rénde shēnghuó bǐ chéng lǐtou rénde shēnghuó jiǎndān.

29.0. (48) A gòu V (de)   there's enough A to V
A gòu SV (de)   A is sufficiently SV
A gòu B V (de) (le)   A is enough for B to V
A gòu B SV (de) (le)   A is so much that B is SV

29.1. Fàn gòu chīde ma?
29.2. Fàn gòu rède ma?
29.3. Zhèixiē shìqing tài duō. Zhēn gòu wǒ zuòde.
29.4. Zènmo duō de cài hái bú gòu nǐ chīde ma?
29.5. Zènmo duō de shìqing zhēn gòu nín lèi le.
29.6. Wǒmen lái le gòu nín máng de.

30.0. (50) aiyou!   My! Oh dear! Gosh! (Note 5)

Shēng Zì gēn Xīn Yúfǎ de Jùzi

30.1. Aiyou! Qídiǎn duō le. Wǒ hái méi zuò wǎnfàn ne.
31.0. (56) tíqi A (lai) speaking of A, if one mentions A
31.1. Tíqi nèijiàn shì lai tā jiù bu gāoxìng.
32.0. (57) xiāngfǎn be opposites (V) [lit. mutually oppose]

A gēn B xiāngfǎn A and B are opposites, A is the opposite of B

32.1. Zhèige wèntí nǐ kàncuò le. Nǐ dáde gēn wèntí wánquán xiāngfǎn.
32.2. Wáng Xiānsheng gēn Wáng Tàitai tāmen liǎngge rénde píqi xiāngfǎn.
33.0. (58) chéngji achievement, record, grade (N) [lit. accomplished work]
33.1. Wǒ zhèicì kǎoshì de chéngji bù zěnmo hǎo.
34.0. (60) rènhé any whatever
34.1. Tā duì rènhé rén cónglái bù fā píqi.
34.2. Zhāng Xiānsheng hěn xǐhuan zuò shì. Rènhé shìqing tā dōu zìjǐ qu zuò.
35.0. (61) bǐrú (shuō) if, even if, for example [lit. compare like]
35.1. Nèiběn shū zhēn hǎo. Bǐrú nǐ bù mǎi wǒ yě mǎi.
35.2. Míngtiande yùndong huì bǐrú shuō xià yǔ wǒ kě jiù bú qù le.
35.3. Tā xué Zhōngwén xuéde gè fāngmian dōu hǎo, bǐrú sìshēng, qīngzhòngyīn, fāyīn, shénmode.
35.4. Bǐrú nǐ bú qù wǒ yě yào qù.
36.0. (61) dēng light, lamp (N)

diàndēng electric light

kāi dēng light or turn on a light

36.1. Diàndēng huài le. Děi zhǎo rén xiūli.
36.2. Wèi shénmo zènmo hēi le hái bu kāi dēng?
37.0. (61) bīngxiāng refrigerator, icebox (N)
37.1. Qǐng nǐ bǎ shuǐguǒr fàngzài bīngxiāngli.
38.0. (63) jìrán since, because (MA) [lit. since so]
38.1. Jìrán méi qián wèi shénmo yào mǎi hǎo jiāju?
39.0. (63) zhuānkē special course of study; specialized or technical school (N)
39.1. Wǒ zhōngxué bìyè yǐhòu dǎsuan xué zhuānkē.
39.2. Zhè yídài yǒu hěn duō zhuānkē xuéxiào.
40.0. (66) chūzhōng lower middle school (corresponding to junior high school) (N) [lit. beginning middle (school)]
40.1. Yīnwei tāmen jiā méi qián ta chūzhōng bìyè jiu bú niàn shū le.
40.2. Wǒ dìdi jīnnian cái niàn chūzhōng-yī.

Lesson Eleven

41.0. (66) xuéqī   semester   (N)   [lit. study period]

shàng xuéqī   first semester

xià xuéqī   second semester

41.1. Yīnwei wǒ bìngle shàng xuéqī wǒ méi niàn shū.

41.2. Xià xuéqī wǒ dǎsuan niàn zhuānkē xuéxiào.

42.0. (67) yīnyuè   music   (N)   [lit. sound music]

yīnyuè huì   concert

yīnyuèjiā   musician

42.1. Jīntian wǎnshang jiǔdiǎn zhōng Yuǎn-Dà yǒu yīnyuè huì.

42.2. Wǒ zài diànshìshang kànjianguo nèiwèi yīnyuèjiā.

43.0. (67) chàng   sing   (V)

43.1. Wǒ hěn xǐhuan tīng ta chàng.

44.0. (67) gē, gēr   song   (N)

44.1. Nèige gūniang chàng gēr chàngde zhēn hǎo.

45.0. (69) tiāncái   talent, genius   (N)   [lit. heaven talent]

A yǒu B tiāncái   A has a talent for B, A is talented in B

A (duì) B yǒu tiāncái   A has a talent for B, A is talented in B

45.1. Tā hěn yǒu yǔyán tiāncái.

45.2. Wǒ mèimei chàng gēr zhēn yǒu tiāncái.

46.0. (70) fùmǔ   parents   (N)   [lit. father mother]

46.1. Wǒde fùmǔ dōu zài nèige fángwār lǐtou zuò shì.

47.0. (70) fúqi   blessings, good fortune, happiness   (N)

47.1. Nèige lǎotóur zhēn yǒu fúqi. Sūnzi sūnnüer dōu duì ta fēicháng hǎo.

48.0. (71) yǎng   raise (family, animals, flowers)   (TV)

yǎng jī   raise chickens

yǎng jiā   support a family

jiàoyǎng   raise and educate

48.1. Wǒmen zài xiāngxia zhù de shíhou yǎngle hěn duō jī.

48.2. Nǐ zhuàn nènmo duō qián gànmá bù qu lǚxíng? . . . Wǒde qián děi yǎng jiā.

48.3. Jiàoyǎng háizi bú shi róngyi shì.

49.0. (71) xīnkǔ   wearying, toilsome, wearied by hard toil   (SV)   [lit. toil bitter]

xīnkǔ, xīnkǔ   thanks (for putting yourself to so much trouble)

Shēng Zì gēn Xīn Yúfǎ de Jùzi   233

            N hěn xīnkǔ   N is wearied from hard toil
            V hěn xīnkǔ   doing V is bitterly hard

49.1.   Tā jiàoyǎng tāde háizi hěn xīnkǔ.

49.2.   Tāmende yòngrén hěn xīnkǔ.

50.0. (75) zuò be (in the role of) (TV) [lit. make]

50.1.   Tā méi yǒu zuò jiàoyuán de běnshi.

51.0. (76) hǎojǐ a good many (M) [lit. good few]

51.1.   Wǒ hǎojǐ nián méi chī Zhōngguo fàn le.

51.2.   Tā jiā wǒ qùguo hǎojǐ cì le.

52.0. (76) yīsheng physician, doctor; Dr., M.D.; (also, a title) (N)

52.1.   Wǒ zǔfù bìngde hěn lìhai. Qǐngle liǎngwèi yīsheng lái kàn bìng.

52.2.   Wáng Yīsheng shi zài Yīngguo niàn shū de.

53.0. (77) yào medicine (N)

            chī yào take [lit. eat] medicine

53.1.   Tāde bìng méi guānxi. Yì chī yào jiù hǎo le.

53.2.   Zhèige yào měi sìge zhōngtóu chī yícì.

54.0. (77) huā spend (V)

            huā qián spend money

            huāguāng spend all one's money

54.1.   Zhèi xuéqī mǎi shū dàgài yào huā duōshao qián?

54.2.   Tā jīntian dào bǎi huò gōngsī mǎi dōngxi bǎ wǔshikuài qián dōu huāguāng le.

55.0. (77) fèi expenses, bills

            xuéfèi tuition

            diànfèi electric bill

            xiūli-fèi repair bills

            yīyào-fèi medical expenses

            huā . . . fèi pay . . . bill, spend money on . . . expenses

55.1.   Wǒ jīnnian jiāole liǎngqiānkuài qián de xuéfèi.

55.2.   Wǒmen měiyuè jiāo yícì diànfèi.

55.3.   Tā gēge huì xiūli jiāju. Tāmen jiā bú bì huā xiūlǐ-fèi.

55.4.   Tāmen jiāde rén cháng bìng, suóyi měinián yīyào-fèi huāde bù shǎo.

56.0. (77) shēnghuó living conditions, existence, life (N), live (V) [lit. born live]

shēnghuó-fèi living expenses

56.1. Tā zuì jìnde shēnghuó bú tài hǎo yīnwei tā méi zuò shì.
56.2. Wǒmende shēnghuó-fèi yuè lái yuè yòngde duō.
56.3. Wǒ yíge yuè liǎngbǎikuài qián bú gòu shēnghuó.
57.0. (78) shōurù take in income (TV), income (N) [lit. receive enter]
57.1. Wǒ měi yuède shōurù bú gòu wǒ jiā de shēnghuó-fèi.

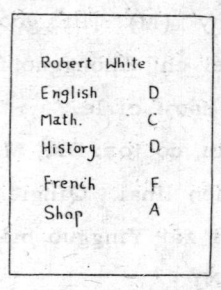

```
Robert White
English    D
Math.      C
History    D
French     F
Shop       A
```

Wēnxi Jùzi

1. Zhèige zhíwu wǒ hěn mǎnyì.
2. Wǒ yuànyi zhù ānjìng yìdiǎr de dìfang.
3. Nèijiàn shìqing shuōtuǒ le méi you?
4. Jīntian Zhāng Jiàoshòu de jiǎnghuà jiǎngde fēicháng hǎo.
5. Wǒ měiyuè wǔshíkuài qián bú gòu yòng de.
6. Rènhé zázhì wǒ dōu xǐhuan kàn.
7. Wǒ zhēn bù hǎo yìsi ràng nǐ huā hěn duō qián.
8. Láidejí. Shíhou zǎode hěn.
9. Duìbuqǐ. Qǐng nín shǎowēi děngyiděng.
10. Wáng jiade zǔfùmǔ ba wǒ dàngzuò tāmen zìjǐde sūnzi yíyàng.
11. Ànzhe nǐde yìsi zhèijiàn shìqing nǐ shuō zěnmo bàn?
12. Tā hái zài niàn xiǎoxué ne. Wǒ rènwei tā yǐjing chūzhōng bìyè le ne.
13. Wúlùn nǐ zěnmo shuō wǒ yě bú yuànyi qù.
14. Wǒ cónglái yě méi zhùguo xiāngxia.
15. Tā suīrán bú yuànyi lái kěshi bù hǎo yìsi bù lái.
16. Nèijiàn shìqing hěn nán bàn. Fēiděi nǐ qù bàn bù kě.
17. Tāmen bù zàncheng dà jiātíng zhìdu.
18. Wǒ duì chàng gēr méi shénmo tiāncái. Búguò wǒ hěn xǐhuan chàng jiù shì le.
19. Wǒ bìngle, dānwule yíge xuéqī.
20. Wǒ hěn máng. Wǒ xiànzài zhǔnbèi kǎoshì ne.

Dāndú Tánhuà

Wǒ gēn Měiyīng huí jiā yǐhòu, Gāo Xiānsheng hěn guānxīnde wèn wǒ fángzi mǎnyì ma. Wǒ bǎ fángzi yǐjing zūtuǒ de yíqiè qíngxing dōu gàosule Gāo Xiānsheng. Wǒ gēn Gāo Xiānsheng shuō míngtian jiù bānguoqu. Gāo Xiānsheng shuō ràng wǒ zài tā fǔshang duō zhù xie rìzi. Wǒ yào zǎo
5 bān de yuányīn yǒu liǎngge. Dì yī, wǒ bú yuànyi lǎo zài Gāo jia máfan Gāo Tàitai. Dì èr, lí shàng kè méi yǒu jǐtiān le. Wǒ děi zhǔnbèi zhǔnbèi gōngke bìngqiě yě děi dào dàxué qu kànkan jiānglái shàng kè de yìxiē shìqing.

Wǒde fángdōng Huá Tàitai tā yě shi Hángzhou rén. Yuánlái Huá
10 Xiānsheng gēn Gāo Xiānsheng shi tóngxiāng, yě shi qīnqi. Guàibude duì wǒ nènmo kèqi ne. Shi chòngzhe Gāo Xiānsheng Gāo Tàitai liǎngge rénde miànzi. Wǒ yùnqi bú cuò. Nèijiān fángzi hěn hǎo. Wǒ yí kàn jiù hěn mǎnyì. Hěn róngyi jiù bǎ fángzi zūtuǒ le.

Gāo Xiānsheng shuō Huá jia shi ge dà jiātíng, jǐbèi rén dōu zhùzai
15 yíkuàr. Gāo Xiānsheng shuō ta xiǎode shíhou Huá Xiānshengde zǔfùmǔ dōu hěn xǐhuan ta, dài ta xiàng tāmende sūnzi sūnnüér yíyàng hǎo. Gāo Xiānsheng shuō dào zhèr, yòu shuō cóngqián shi háizi, xiànzài chéngle lǎotóur le.

Dà jiātíng yǒu hǎochu yǒu duǎnchu. Hǎochu shi kéyi bícǐ bāngzhu.
20 Duǎnchu shi—bǐrú shuō yíge jiātíngli niánqīngde rén gēn lǎo rén dàjiā dōu zhùzai yíkuàr—niánqīngde rén gēn lǎo rén kànfǎ bù yíyàng. Rìzi jiǔ le hěn róngyi dàjiā xīnli bú tòngkuai.

Gāo Tàitai tīngjian wǒ huílai cóng chúfáng yě dào kètīng lái le, yào gěi wǒmen zuò diǎnxin. Wǒ shuō wǒmen cái chīwán fàn.

25   Gāo Xiānsheng jīntian wǎnshang wèi wǒ qǐngle jǐwèi péngyou. Wǒ bù zhīdào dōu yǒu shéi. Wǒ wèn Gāo Tàitai dōu shi shéi lái. Gāo Tàitai shuō jiù shi Qián Xiānsheng, Qián Tàitai, Máo Xiānsheng, Máo Tàitai, hái yǒu Máo jiade sānge háizi. Lìngwài hái yǒu yíwèi cái cóng xiāngxia lái de Wáng 'dà gūniang. Zhèi jǐwei kèren lǐtou chúle Wáng 'dà gūniang yǐwài
30 wǒ dōu rènshi, kéyi shuō yě dōu shi wǒde hǎo péngyou.

Máo jia yuánlái yǒu liǎngge háizi. Wǒ huí guó yǐhòu tāmen yòu shēngle yíge háizi. Tāmen nèi liǎngge dà háizi zhǎngde hěn kě ài. Zhèige xiǎo háizi yídìng zhǎngde yě bú cuò.

Wǒ jìde cóngqián yǒu yícì wǒmen qù lǚxíng qu yùjian Máo jia yì
35 jiā rén yě qù le. Nèi liǎngge háizi hěn pàng, pífu hěn bái, dà yǎnjing, hěn yǒu yìsi. Wǒ hěn xǐhuan nèi liǎngge háizi. Liǎngge háizi xiànzài kànjian wǒ dàgài bú rènshi wǒ le.

Gāo Xiānsheng wèn wǒ dìdi mèimei tāmen niàn shū de qíngxing. Wǒ gàosu Gāo Xiānsheng dìdide běnshi shi xiūli gèzhǒng dōngxi. Wǒmen
40 jiāde dōngxi huàile bú bì huā qián zhǎo rén xiūli. Kěshi niàn shū de chéngji tài huài le. Duìyú niàn shū yìdiǎr xìngqu yě méi yǒu. Mèimei shū niàn de bú cuò érqiě duì yīnyuè chàng gēr zhèi fāngmian yě yǒu tiāncái.

Gāo Xiānsheng shuō wǒ fùmǔ yǒu fúqi. Biérén yě zhènmo shuō,
45 kěshi wǒ xiǎng wǒde fùmǔ shi tài xīnkǔ le.

Wèntí

1. Bái Xiānsheng tā mǎnyi Huá jiade nèijiān fángzi ma?
2. Tā gēn Gāo Xiānsheng shuō nèijiān fángzi zěnmo hǎo?
3. Bái Wénshān shuō míngtian jiù bān, Gāo Xiānsheng shuō shénmo?
4. Wénshān wèi shénmo yào zǎo diar bān?

Wèntí

5. Gāo Xiānsheng shuō Wénshān zhùzai Huá jia zěnmoyàng?
6. Wénshān shuō Huá Tàitai wèi shénmo duì ta kèqi?
7. Gāo Xiānsheng shuō ta gēn Huá jia dōu yǒu shénmo guānxi?
8. Zhōngguo cóngqiánde jiātíng shi shénmo zhìdu? Huá jia yǐqián shi shénmo yàngde jiātíng?
9. Gāo Xiānsheng shuō tā xiǎode shíhou Huá jia shéi dài ta zuì hǎo? Dài tā xiàng shéi yíyàng?
10. Gāo Xiānsheng shuō ta zìjǐ xiànzài chéngle shénmo le? Nǐ xiǎng tā shuōde duì ma?
11. Gāo Xiānsheng shuō Huá jiade dìxiong jiěmèi jǐge dōu zěnmoyàng?
12. Máo jia bú shi yǒu liǎngge háizi ma? Wèi shénmo Gāo Tàitai gàosong Bái Wénshān tāmen yǒu sānge háizi ne?
13. Gāo jia jīntian wǎnshang hái qǐngle Qián jia de qīnqi. Shi shéi? Ta cóng nǎr lái?
14. Wénshān shuō ta dìdi xiànzài gāo bu gāo?
15. Bái Xiānsheng shuō ta dìdide píqi gēn tā xiāngfǎn. Qǐng nǐ shuōyishuō zěnmo gēn ta xiāngfǎn.
16. Bái Xiānsheng shuō ta dìdi yǒu shénmo běnshi?
17. Wénshān shuō dǎsuan ràng ta dìdi niàn shénmo xuéxiào?
18. Bái Xiānshengde mèimei chúle niàn shū yǐwài hái xǐhuan shénmo? Tā yǒu shénmo tiāncái?
19. Gāo Xiānsheng shuō Wénshānde fùmǔ zěnmoyàng?
20. Bái Xiānshengde mǔqin shēngle tāmen dìxiong jiěmèi yǐhòu jiù bú zuò jiàoyuán le. Wèi shénmo yòu qu zuò jiàoyuán?
21. Yàoshi nǐde péngyou qu kàn fángzi huílai nǐ yīngdāng wèn tā shénmo?
22. Rúguǒ nǐ zhǎo fángzi nǐ xīwang dìdiǎn zěnmoyàng, fángzi zěnmoyàng?
23. Bǐrú péngyou jiā lǐtou yǒu hěn duō kèren hěn máng nǐ gēn ta shuō shénmo?
24. Yàoshi nǐ dìdi bù hǎohāor niàn shū, péngyou wèn ni nǐ zěnmo shuō ne?
25. Rúguǒ péngyou gàosu nǐ tāmen dìxiong jiěmèide qíngxing, tā yě yǒu fùmǔ, ni yīnggāi shuō shénmo?
26. Bǐrú yǒu rén shuō nǐ fùmǔ yǒu fúqi nǐ zěnmo huídá?
27. Nǐde péngyou zhùzai nǐ jiā chūqu, xiàwǔ huílai le nǐ yīnggāi zuò shénmo?
28. Nǐ shuōyishuō yàoshi sānbèi rén zài yíkuàr zhù dōu shi shénmo rén?
29. Yàoshi péngyoude péngyou dài nǐ hěn hǎo nǐ gēn zhèige péngyou zěnmo shuō?
30. Bǐrú péngyou zhùzai nǐ jiā shuō ta yào bānzǒu le nǐ shuō shénmo?

Lesson Eleven

Dialogue: After Mr. White returns to the Gao home he chats with Mr. and Mrs. Gao.

Gao: You're back, Vincent.

White: Yes, Mr. Gao.

Gao: Well, are you satisfied with the room?

White: The room is fine. It's a very quiet location, and the room is sure to be quite cool in the summer. And Mrs. Hua is a very nice person. She's quite willing for me to go live (there).

Gao: Have you taken care of all the formalities?

White: There weren't any formalities. I've already paid the rent to Mrs. Hua. She and I have agreed that I'm to move tomorrow.

Gao: What's your hurry? Stay here a few more days.

White: Thank you, (but I think) I'll move over early and get everything ready for classes at school.

Gao: It's still quite a while before classes start.

White: It's not so early. I still think it would be better to move in soon. And I don't feel right [lit. in (my) mind I'm not at rest] to be causing Mrs. Gao (so much) trouble by staying on and on.

Gao: But that's nothing. My wife is delighted to have you stay here. I'm convinced when you live at the Huas' you will get along very well together. And we'll be easier in our minds (to know that) you'll be living there.

White: Mrs. Hua is nice to me because of you. [lit. Mrs. Hua's being polite to me is due to your face.]

Gao: Actually that's not so. She _is_ such a nice person. Mr. Hua and I come from the same region. We grew up together (from childhood). Also we're distantly related.

White: So Mr. Hua is also from Hangchow?

Gao: Yes. The Huas were a big family, with several generations living together.

White: I know China used to have the big-family system. What about now?

Gao: Now almost everyone has taken to [lit. organized] the small family. When I was young Mr. Hua's grandfather and grandmother were both quite fond of me and treated me the same as their grandchildren.

White: You're speaking of things of a good many years ago.

Gao: Yes indeed, of several decades ago. Time certainly goes fast. We of my generation have all become graybeards.

White: Where does Mrs. Hua come from?

Gao: She's also from Hangchow. Mr. Hua has one older brother and two older sisters. They [lit. brothers and sisters] are all very talented.

Dialogue

Tai: Vincent, you're back. Is it all fixed up about the room?

White: Yes. I'm very lucky. The room is very nice.

Tai: Will you have a bite?

White: (No,) thanks. We've just finished eating.

Tai: Then I'll make some tea for you.

White: Mrs. Gao, who's coming this evening?

Tai: They're all people [lit. friends] you know—Mr. and Mrs. Qian [lit. Qian husband and wife], Mr. and Mrs. Mao, and the Maos' three children.

White: I remember them as having only [lit. originally] two children.

Tai: Last year they had another son. Oh, and there's also a relative of the Qians, the eldest of the unmarried Wang girls. She's just come from the country.

White: You'll have too much to do with so many people coming this evening.

Tai: It's nothing. Meiying is a great help by now. Oh dear, it's getting late. You and Mr. Gao have some tea and talk. Meiying and I are going to the kitchen to prepare dinner.

White: This really is an imposition for you.

Gao: Vincent, I take it your younger brother and sister are [lit. have become] quite big?

White: Yes indeed. My [younger] brother is as tall as I. He's a little heavier [lit. fatter] than I.

Gao: Has he gone to college?

White: He graduated from high school this year, but he hasn't made up his mind yet (as to what to do). Speaking of my younger brother, we're completely opposite in temperament. He hasn't the slightest interest in [studying] books. His (school) record is pretty bad.

Gao: So how's he going to manage?

White: [But] he has a different sort of ability. Anything that breaks down at home—for example, the television, the electric lights, the refrigerator, the furniture, and so on—[when they break down] he can fix them all.

Gao: Since he's interested in this sort of thing, have him take a special course.

White: It's possible that he'll attend a special school.

Gao: Does your younger sister go to middle school?

White: Sis graduated from junior high and this semester will be in the first year of senior high. She likes music and singing.

Gao: It's a good idea for girls to study music.

White: Sis is musically inclined. Perhaps she'll study music [in the future].

Gao: Your parents are fortunate.

White: Speaking of my parents, raising and educating us has been pretty hard. Especially for Mother. Not only does she have to run the house, but she also teaches.

Gao : Your father's also a teacher, isn't he?

White: My parents were both teachers to begin with. After we children were born [lit. after mother bore us brothers and sisters], she stopped teaching. But one year my father became desperately ill and was sick for a long time. He had a number of doctors and took a lot of medicine, so that we spent a tremendous amount on medical expenses. [Our] life became pretty hard. There was nothing to do but for Mother to take up teaching again so as to add to our income.

Gao : From what you say, it certainly was hard for your mother.

Sentences for New Words and Grammar

1.1. He's very satisfied with my work.

1.2. I'm quite satisfied with the house, but not with the furniture.

2.1. This locality isn't bad. It's convenient for shopping and going to school.

2.2. The location of your home is really nice. Buses and streetcars pass by there.

3.1. Class has begun. Please be quieter.

3.2. It's very quiet here. It's all residences.

4.1. He likes to bathe in cold water.

4.2. The weather here is very cool in summer.

5.1. I don't like to go eat in a restaurant all by myself.

5.2. Are your parents willing to let you go to China to study?

6.1. Exams are coming soon. I must get ready for my most important courses.

6.2. Everything's ready for the meeting.

6.3. I'm getting ready to leave here.

7.1. How much time is there still before class?

7.2. Let's hurry. It's just ten minutes before the plane takes off.

7.3. It's still quite a while before winter. Why are you buying winter clothes now?

7.4. You're hungry now! It's still quite a while before dinner.

8.1. He drives too fast. I'm uneasy whenever he drives.

9.1. I trust Mr. Wang completely.

9.2. I'm convinced the educational level here is certainly quite high.

10.1. Chinese think that it's best for a building [lit. big door] to face south.

Sentences for New Words and Grammar

10.2. His house was built facing west.

10.3. The fact that they're nice to me is all due to you.

11.1. Mr. Wang and I are from the same region.

12.1. I'm not a native of this place so I don't have any relatives here, just friends.

12.2. Mr. Zhang and Mr. Wang are relatives.

13.1. He has a very nice family.

14.1. The system in that school is different from other schools.

15.1. We're organizing a student association.

15.2. Who's in charge of this organization?

16.1. My [paternal] grandfather has long since passed away.

16.2. His [maternal] grandmother is very advanced in age.

17.1. My [paternal] grandparents treat me awfully nicely.

18.1. My [paternal] grandmother has seven grandsons and nine granddaughters in all.

19.1. That old man is very pleasant.

20.1. Those two Mr. Wangs are brothers.

20.2. How many brothers are there in your family?

20.3. My younger brother is fourteen years old.

21.1. The two sisters have grown to be alike.

22.1. But I don't have as much ability as you do. You can do anything.

23.1. I've already finished up that matter.

23.2. Have you reached agreement on how much it is to sell for?

23.3. The clothes are finished. You can go get them any time.

23.4. I didn't succeed in renting that house (as a tenant). It was rented by someone else.

24.1. You came just as we were talking about you.

24.2. Now let's ask Professor Wang to speak.

24.3. We've reached agreement on that television set. He'll sell it for $100.

24.4. His history lectures were very well received [lit. received welcome].

25.1. My luck's really good. I no sooner get here than I get a job (immediately).

25.2. I'm very lucky to have (been able to) run into you.

26.1. Yesterday evening Mrs. Wang gave birth to a boy.

26.2. When Chinese have children, friends send them chickens, eggs, and so on.

26.3. He fell sick a few days ago.

27.1. The second Wang girl is thirty-nine years old and still hasn't married.

28.1. Living in the country is quieter than living in the city.

28.2. The life of country people is simpler than that of people in the city.

29.1. Is there enough food to eat?

29.2. Is the food hot enough?

29.3. There are too many [of these] things to be done. I certainly have plenty to do.

29.4. So much food and it still isn't enough for you?

29.5. Having so many things to do is enough to tire you out.

29.6. Our coming makes too much work for you.

30.1. Oh my gosh! It's after seven and I still haven't fixed dinner.

31.1. If (you) mention that matter he becomes unhappy.

32.1. You read this question wrong. What you answered is the complete opposite of the question.

32.2. Mr. and Mrs. Wang are opposites in temperament.

33.1. My grades on this exam weren't so good.

34.1. He never loses his temper with anyone.

34.2. Mr. Zhang likes to do things. Any sort of job he does himself.

35.1. That book is excellent. If you don't buy it, then I will.

35.2. (As for) tomorrow's athletic meet, if it rains I certainly am not going.

35.3. In studying Chinese he does well in all aspects: (as for example) tones, stress, pronunciation, etc.

35.4. Even if you don't go, I'm going.

36.1. The light won't work [lit. has gone bad]. (We) have to find a person to fix it.

36.2. Since it's so dark, why haven't you turned on the light?

37.1. Please put the fruit in the refrigerator.

38.1. Since you don't have any money, why do you insist on buying good furnishings?

39.1. After graduating from middle school I plan to take a special course.

39.2. In this area there are a lot of specialized schools.

40.1. Because their family doesn't have any money, after graduating from lower middle school he'll stop school.

40.2. My younger brother has started first year of lower middle school just this year.

41.1. Because I was sick I didn't study last semester.

Sentences for New Words and Grammar

41.2. Next semester I plan to study in a specialized school.

42.1. This evening at nine there's a concert at Far Eastern.

42.2. I saw that musician on television.

43.1. I love to listen to him sing.

44.1. That girl sings very nicely.

45.1. He has considerable talent for languages.

45.2. My younger sister has real talent for singing [songs].

46.1. My parents both work in that restaurant.

47.1. That old man is really blessed. His grandsons and granddaughters are extraordinarily good to him.

48.1. When we lived in the country we raised a lot of chickens.

48.2. (Since) you earn so much why don't you go on a trip? . . . My money has to support the family.

48.3. Educating and raising children is no easy task.

49.1. He had a very hard time raising and educating his children.

49.2. Their workers are worn out from hard toil.

50.1. He doesn't have the ability to be a teacher.

51.1. I haven't had Chinese food for a good many years.

51.2. I've been to his home a good many times.

52.1. My [paternal] grandfather was seriously ill. Two doctors were asked to attend him.

52.2. Dr. Wang studied in England.

53.1. His sickness is nothing. As soon as he has some medicine he'll recover.

53.2. Take this medicine once every four hours.

54.1. About how much will I have to spend on books this semester?

54.2. Today in shopping at the department store he spent all his $50.

55.1. This year I paid out $2,000 in tuition.

55.2. We pay the electricity bill once a month.

55.3. His older brother knows how to fix furniture. Their family doesn't have to spend any money on repair bills.

55.4. The people in that family often get sick so they spend a lot on medical expenses each year.

56.1. Life hasn't been too good for him recently, as he hasn't been working.

56.2. We have to spend [lit. use] more and more on living expenses.

56.3. Two hundred dollars a month isn't enough for me to live on.

57.1. My monthly income is inadequate for my family's living expenses.

Review Sentences

1. I'm very satisfied with this job.
2. I'd like to live in a quieter place.
3. Did you reach agreement on that business?
4. Professor Zhang lectured unusually well today.
5. Fifty dollars a month isn't enough for me [to use].
6. I like to read all sorts of magazines.
7. I'm very embarrassed to have you spend a lot of money (on me).
8. We'll make it. There's lots of time [lit. time is quite early].
9. I'm sorry. Please wait just a little.
10. The grandparents in the Wang family regard me as their grandson.
11. In your opinion how should this matter be handled?
12. He's still in elementary school. I thought he had graduated from lower middle school.
13. No matter what you say, I'm not willing to go.
14. I've never lived in the country.
15. Although he doesn't like to come he would be embarrassed not to [come].
16. That business is very hard to handle. It's absolutely necessary that you go take care of it.
17. They don't approve of the big-family system.
18. I have no talent for singing. I just like to sing, that's all.
19. I was sick and lost a semester.
20. I'm very busy. I'm getting ready for my exams now.

Notes

1. The word <u>ān</u> 'peaceful' is not used as an independent verb in the affirmative, but only in the negative expression <u>bù ān</u> 'uneasy, restless.'

2. The expression <u>tóngxiāng</u> (lit. same district) depending on the context refers to people either of the same province or, more narrowly, of the same town or village.

3. The expression <u>lǎotóur</u> or <u>lǎotóuzi</u> (lit. old head) has somewhat the same range of use as 'old man' in English. It can refer literally to an elderly man, and may also be used by a wife to refer to her husband or by a son to refer to his father ('my old man') regardless of the man's actual age. The second usage is informal but lacks the slangy or disrespectful connotation of the corresponding English.

Notes 245

4. The verb <u>shēng</u> means 'be born,' as:

    Tā shēngzai Shànghǎi. 'He was born in Shanghai.'

It also means 'bear' or 'have (a child)':

    Tā tàitai yòu shēngle yíge háizi. 'His wife bore another child.'
    Tāmen yòu shēngle yíge háizi. 'They had another child.'

5. The exclamation <u>aiyou</u> expresses dismay. It is more restricted in scope than <u>aiya</u> (see page 63), which is an expression of either surprise or dismay.

Dì Shí'èrkè. Wēnxi

Lesson Contents

A. Substitution Frames (pp. 246-248)

    I. Nǐ zěnmo zhīdao . . . ? (pp. 246-247)

    II. Nǐ wèi shénmo . . . ? (pp. 247-248)

B. Exercise in Tonal Distinctions (p. 248)

C. Exercise in Homonyms (p. 249)

D. Synonyms and Antonyms (p. 250)

    I. Synonyms (p. 250)

    II. Antonyms (p. 250)

E What's the Connection? (p. 251)

F. Narratives and Dialogues (pp. 251-255)

A. Substitution Frames

(For an explanation of these Frames see Lesson 6, p. 123)

I. Nǐ zěnmo zhīdao . . . ?

(7) 1. yǒu rén èn língr
    2. tā liūchuqu le
    3. shùlínzi dōu kǎnwán le
    4. tā zhùzai wǒ duìmiàr
    5. zhèitiáo lù xī tóur méi fángzi
    6. nèr rénkǒu hěn duō
    7. tā xūyào zhèiběr shū
    8. nerde qíngxing bù hǎo
    9. tā bù nǔlì zuò shì
    10. zhuōzi dǐxia yǒu dōngxi

(8) 1. fàn hai méi yùbeihǎo ne
    2. chuáng dānzi shi xīn mǎi de
    3. nèige xuéxiàode shǒuxu hěn máfan
    4. tā nián dǐ chū guó
    5. tāmen lǎomāzi hěn gānjing
    6. tā yǐjing bān jiā le
    7. wǒ gōngke tài máng
    8. tā shi qīngnián rén
    9. tā shi wǒde wǎnbèi

(9) 1. tā yǒu liùchǐ gāo
    2. tā tiāntian zài shùlínzi lǐtou liūda
    3. tā zuǒ shǒu yǒu liùge zhítou
    4. tā duì wǒ tàidu bù hǎo

Substitution Frames

    5. tāmen xiāngchùde bù hǎo
    6. tā shi ge lóngzi
    7. tā jìnshiyǎn

    8. wǒ qìchē chūle maóbing
    9. tā cónglái bù fā píqi

(10) 1. tā wàngle dìng zuòr
    2. tā bù liáng fènliang
    3. hújiāomiàr méi le
    4. tā bù xǐhuan chī xīgua
    5. nèige cài bú gòu xián

    6. tā xǐhuan chī làde
    7. dōngbu bǐ xību hǎo
    8. tā néng chī kǔ
    9. tā búguò yǒu wǔkuài qián

(11) 1. nèisuǒr fángzi méi diàndēng
    2. bīngxiāngli méi bīngkuàr
    3. tā niàn zhuānkē
    4. tāde chéngji tài huài
    5. tā bù mǎnyì nèige dìdiǎn
    6. tā bù néng zuò shùxuéjiā

    7. tā xià xuéqī bú niàn shū
    8. tā niàn chūzhōng-èr
    9. tā yǒu shùxué tiāncái
    10. tāde yùnqi bù hǎo
    11. tā yǒu nèizhǒng běnshi

II. Nǐ wèi shénmo . . . ?

(7) 1. huàn yīfu
   2. dānwu nènmo duō shíhou
   3. xūyào nènmo duō qián
   4. bù nǔlì niàn shū

   5. jìgei ta nǐde xiàngpiār
   6. bù xǐhuan yóuyǒng
   7. cháng yòng zìláishuǐ bǐ

(8) 1. bù hǎo yìsi wèn ta
   2. bú zhù Nǚ Qīngnián Huì
   3. bú yùbei gōngke
   4. bú ràng lǎomāzi mǎi pūgai

   5. yìtiān jiù chī liǎngdùn fàn
   6. bú yuè dǐ jiāo zū
   7. bú ànzhe guīju zuò
   8. yìtiān dásao jǐcì wūzi

(9) 1. mǎi sāndèng piào
   2. jìnshiyǎn bú dài yǎnjìngr
   3. shuō tāde bízi bù hǎo kàn

   4. lǎo gēn ta fā píqi
   5. cónglái bù shū tóufa
   6. gēn ta xiāngchùde bù hǎo

(10) 1. měi zhōumò qu lǚxíng
    2. bù dǎ ta yíxiàr
    3. shuō tāmen shēngyi bù hǎo

    4. bú fàng zuóliaor
    5. bú qù shāo shuǐ
    6. bù xǐhuan qù Guǎngzhōu

(11) 1. bù xiāngxìn ta
    2. gēn nǐ qīnqi chùde bù hǎo

    3. chóng běi gài fángzi
    4. bù gěi fùmǔ xiě xìn

5. bú yuànyi zhù nèige dìdiǎn
6. shuō tāmen píqi xiāngfǎn
7. háojǐtiān méi lái
8. shuō tāde chéngji bù hǎo
9. bù zhǎo ānjing yìdiǎr de fángzi
10. bù gēn jiěmèi yíkuàr qù
11. bù qǐng Wáng Bóshi jiǎng huà
12. bù yuànyi mǎi zhèige xiězìtái
13. shuō "Aiyou'
14. shuō hē liáng shuǐ bù hǎo

B. Exercise in Tonal Distinctions

The following pairs of expressions are distinguished solely by differences in tone. Sometimes an expression has more than one meaning: thus in the first pair, xì means both 'drama' and 'department of instruction.' Identify the expressions in each pair and use them in sentences to illustrate their differences in meaning. If you have difficulty identifying an expression, look it up in the Glossary and Index of this volume or of Beginning Chinese (BC).

(Numbers in parentheses indicate the lesson in this volume in which the expression occurred as a new term. This information is added so that the material can be reviewed after the appropriate lesson, if desired, rather than waiting until this review lesson.)

1. xì (7), xī (BC)
2. shù (7), shū (BC)
3. kǎn (7), kàn (BC)
4. kē (7), kè (BC)
5. zhuān (7), zhuàn (7)
6. bīng (7), bìng (BC)
7. hǎi (7), hái (BC)
8. bèizi (7), bēizi (BC)
9. niánji (8), niánjí (BC)
10. bān (8), bàn (BC)
11. hé (8), hē (BC)
12. jiān (8), jiàn (BC)
13. ǎi (9), ài (4)
14. xié (9), xiě (BC)
15. cū (9), cù (BC)
16. shǒu (9), shóu (5)
17. xì (9), xī (BC)
18. tǐng (9), tīng (BC)
19. dǐng (9), dìng (9)
20. jiāo (9), jiào (BC)
21. jí (9), jī (BC)
22. yáng (9), yàng (BC)
23. dāo (10), dào (BC)
24. chā (10), chá (BC)
25. kǔ (10), kū (9)
26. guā (10), guà (BC)
27. yán (10), yān (4)
28. liáng (10), liǎng (BC)
29. huǒ (10), huó (BC)
30. gēng (10), gèng (BC)
31. júzi (10), jùzi (BC)
32. ān (11), àn (9)
33. dēng (11), děng (BC)
34. chàng (11), cháng (BC)
35. gē (11), gè (10)
36. yǎng (11), yàng (BC)
37. huā (11), huà (BC)
38. fèi (11), fēi (1)

39. shēng (11), shèng (BC)
40. fúqi (11), fūqī (5)
41. gēr (11), gèr (1)
42. liáng (11), liàng (5)

C. Exercise in Homonyms

Use each of the following homonyms (expressions having the same sound but different meanings) to compose sentences which clarify the differences in meaning. (Numbers in parentheses indicate the lesson in this volume where the expression first occurred in the given meaning.)

1. zì
   (a) self (7)
   (b) character (BC)
2. chéng
   (a) O.K. (8)
   (b) city (BC)
3. tiān
   (a) add (8)
   (b) day (BC)
4. jiān
   (a) fry (8)
   (b) room (4)
5. děng
   (a) class (9)
   (b) wait (for) (BC)
6. dān
   (a) alone (8)
   (b) bill (BC)
7. qī
   (a) to steep (8)
   (b) seven (BC)
8. shū
   (a) to comb (9)
   (b) book (BC)
9. máo
   (a) hair (9)
   (b) dime (BC)
10. shòu
    (a) long life (9)
    (b) thin (1)
    (c) endure (5)
11. xì
    (a) fine (9)
    (b) drama (7)
    (c) department (7)
12. cháng
    (a) taste (9)
    (b) often (BC)
13. diǎn
    (a) read from a list (10)
    (b) to light (4)
14. gāo
    (a) cake (10)
    (b) tall (BC)
15. píng
    (a) due to (10)
    (b) level (3)
16. xián
    (a) salty (10)
    (b) idle (3)
17. xià
    (a) time(s) (10)
    (b) below; descend (BC)
18. liáng
    (a) cool (11)
    (b) measure (10)
19. dài
    (a) treat (11)
    (b) section (3)
20. yào
    (a) medicine (11)
    (b) want (BC)
21. shēng
    (a) bear (11)
    (b) tone (BC)

D. Synonyms and Antonyms

The following exercise reviews expressions which have either similar meanings or opposite meanings (in at least one but not always in all meanings of each expression). In most cases the expressions belong to the same part of speech and have the same grammatical function. Occasionally they do not, and therefore cannot be used interchangeably in the same position in a sentence. Compose sentences for each pair of expressions that will demonstrate their meanings. (Numbers in parentheses indicate the lesson in this Unit in which one or both expressions occurred for the first time.)

I. Synonyms

(7) bànfa, fázi
    fēi . . . bùkě, yídìng yào

(8) xiězìtái, xiězìzhuō
    wúsuǒwèi, suíbiàn
    chéng, kéyi
    zuǒyòu, chàbuduō

(9) tǐng, dǐng
    suìshu, niánji
    búlùn, wúlùn

(10) liáo tiār, tán tiār
    dàshifu, chúzi
    diér, diézi
    nán guài, guàibude

(11) gūniang, xiáojie
    zhǔnbèi, yùbei
    yīsheng, dàifu
    shuōtuō, jiángtuō
    dìxiong, xiōngdì
    bǐrú shuō, bǐfang shuō
    bǐrú, yàoshi

II. Antonyms

(7) fǎnduì, zàncheng
    yǒu bànfa, méi fázi
    fēi . . . bù kě, bú bì
    xìng'er, kěxi
    chūntian, qiūtian
    dōngtian, xiàtian

(8) zhǎngbèi, wǎnbèi
    dān, yíkuàr

(9) cū, xì
    gāo, ǎi
    kū, xiào
    zǎoshang, wǎnshang
    jí xìngzi, màn xìngzi

(10) tǎoyàn, yǒu yìsi
    zhèngshì, suíbiàn
    láidejí, láibují
    jīntian, gǎi tiān
    xiànzài, gǎi shíhou

(11) lǎotóur, qīngnián rén
    xiāngxia, chéng lǐtou
    huā qián, zhuàn qián

Narratives and Dialogues   251

E. What's the Connection?

In a Chinese sentence or two, describe the actual or possible relationship between the people or things named by the following pairs of words. (Numbers in parentheses refer to the lessons where the expressions first appeared.)

(7) páizi, gǒu
    dàlǐtáng, xìju
    shù, yèzi
    yóuxichǎng, háizimen
    bùjǐng, xìju
    jiàoyu, xuéxiào
    liū bīng, liūbīngchǎng
    cǎisè xiàngpiār, zhào xiàng

(8) língr, shēngyin
    bóbo, bómǔ
    zhǎngbèi, wǎnbèi
    xiězìtái, shūfáng
    pūgai, shuì jiào
    lǎomāzi, yòngren
    zhōngfàn, jīdàn

(9) gōngchǐ, gōngfēn
    lóngzi, ěrduo
    xié, jiǎo
    shūzi, tóufa
    yǎnjing, yǎnjìngr
    zhítou, shǒu
    bízi, wèr
    yáng guǐzi, wàiguo rén

(10) liánzǐ, júzi
    mǐ, miàn
    páigu, qiāncéng gāo
    dāozi, chāzi
    yìshujiā, huàr
    dàshifu, chúfáng
    huótuǐ, zhū
    diézi, diǎnxin
    qīngcài, làjiāo
    yán, zuóliaor
    hújiāomiàr, jiàngyóu
    kāishuǐ, huǒ

(11) zǔfù, zúmǔ
    sūnzi, sūnnüer
    dìxiong, xiōngdì
    jiějie, mèimei
    dìxiong, jiějie
    gūniang, xiáojie
    bīngxiāng, niú nǎi
    fùmǔ, háizi
    yīsheng, yào
    shōurù, jīngtiē
    yīnyuè, shēngyin
    fūqī, péngyou

F. Narratives and Dialogues

I

    Wǒde zǔfù rénjia dōu jiào ta shi Zhāng Lǎotóur. Jīnnian yǐjing bāshiyīsuì le. Kěshi ta hěn jiànkāng. Tāde tóufa méimao dōu shi báide. Wúlùn shénmo tā dōu néng chī. Zhuānmén xǐhuan chī zhá de dōngxi.

Suírán tāde niánji nènmo lǎo le, háishi xǐhuan gēn rénjia kāi wánxiào shuō xiàohua shénmode.

Wǒ fùqin tāmen yígòng dìxiong sìge rén, suóyi wǒ zǔfù yǒu shíjǐge sūnzi sūnnüer.

Yǒu yìtiān ta tíyì shuō yào gēn wǒmen yíkuàr qu lǚxíng. Wǒmen dàjiā dōu rènwei tā tài lǎo le, zǒubuliǎo hěn duō de lù. Nǐ cāi zěnmozhe? Tā bǐ wǒmen niánqīng rén zǒude hái kuài ne.

Bùzhībùjuéde zǒuchu sānlǐ lù le. Wǒmen shuō: "Zǔfù wa. Nín yídìng tài lèi le ba? Yào bu yào xiūxi yìhuěr?" Nǐ cāi tā shuō shénmo? "Suí nǐmende yìsi. Wǒ wúsuǒwèi. Wǒ zhèi bèizi yě bù dǒng shénmo jiào lèi." Ràng ta zènmo yì shuō wǒmen niánqīng rén dōu bù hǎo yìsi le. Wǒmen háishi wàng qián liūda. Zǒudào yíge shùlínzi lǐtou, tā yìshí gāoxìng le chàngqi gēr lai le. Tā chàngde gēr hěn hǎo tīng. Wǒmen pà tā tài lèi le, suóyi zài shùlínzi lǐtou shǎowēi zuòle yìhuěr. Yīnwei shi xiàtian tiānqi hěn rè. Shùlínzi lǐtou hěn liángkuai.

Tā yòu gěi wǒmen shuō gùshi. Tā shuōle hěn duō ta xiǎo de shíhour de shìqing.

Zǔfù shuō tā fùmǔ zhǐ shēng ta yíge rén, xiànzài tā yǒu zènmo duō de sūnzi sūnnüer. Tā shuō: "Jiānglái nǐmen dōu jiéhūn yǐhòu, zǔzhile jiātíng, dōu shēngle háizi nǐ qiáo wǒmen xìng Zhāng de gāi yǒu duōshao rén!"

II

Wǒmen jiāde lǎomāzi liùshijǐ suì le. Shì yíge xiāngxia rén. Méi niànguo shū, yíge zì yě bú rènshi. Tāde jìxing hěn bù hǎo. Yàoshi wǒmen bú zài jiā, yǒu rén dǎ diànhuà zhǎo wǒmen, tā yídìng bǎ rénjia xìng shénmo gěi jìcuò le. Tā jiù yǒu yìzhǒng běnshi—zuò mántou zuòde fēicháng hǎo. Kěshi zuòde cài dōu bù hé wǒmende kǒuwei, suóyi chàbuduō dōu shi mǔqin zuò fàn. Yàoshi mǔqin yǒude shíhou chūqule óu'ěrde jiào ta zuò yícì fàn wǒmen shéi dōu bù chī. Kěshi tā yǒu tāde chángchu—mǔqin fēnfu tāde shìqing tā dōu ànzhe mǔqinde yìsi qù zuò, bìngqiě tā yě hěn xǐhuan wǒmen. Wǒmen wúlùn zěnmo máfan ta, tā yě bù fā píqi. Suīrán tā zuò shì bù zěnmo hěn hǎo, kěshi huà yòu shuōhuílai le, wǒmen jiā rén hěn duō, měitiān shōushi wūzi xǐ yīfu hái yǒu hěn duō línglingsuìsuìde shìqing yě gòu tā mángde le.

Tā gāng cóng xiāngxia lái de shíhou yǒu yíge xiàohuar: Yǒu yícì wǒ fùqin chōu yān zhǎobuzháo yánghuǒ le. Wǒmen lǎomāzi shuō: "Nín zěnmo bú zài dēngshang diǎn ne?" Wǒmen xiāngxia rén diǎn huǒ dōu
15 shi zài dēngshang. Fùqin pà ta zài diàndēngshang diǎn huǒ, gàosu ta diàndēngshang bù néng diǎn huǒ.

III

Shíhou guòde hěn kuài. Bùzhībùjuéde yǐjing yòu shi dōngtiān le.

Wǒ hěn xǐhuan liū bīng. Yí dàole dōngtian, wǒ jiu gēn péngyoumen yíkuàr chángchang dào liūbīngchǎng qu liū bīng. Yǒu yícì yǒu jǐge tóngxiāng tāmen xuéxiào fàngjià de shíhour, dào wǒmen jiā lái le. Wǒ qǐng tāmen
5 qù kàn liūbīng de. Yīnwei wǒde lǎo jiā shi nánfāng dōngtian bú tài lěng méi yǒu bīng, suóyi tāmen méi kànjianguo bīng. Tāmen kànle yǐhòu juéde hěn yǒu yìsi.

Tāmen yě xiǎng liū. Tāmen jìrán xiǎng liū zhǐ hǎo ràng tāmen liū le. Kěshi liū bīng bú shi yìhuěr jiù xuéhuìle de. Wǒmen liūle liǎngge
10 duō zhōngtóu tāmen hěn xǐhuan. Wǒ xiǎng fǎnzhèng jīntian shi xīngqītiān, wǒ yě méi shì, duō wár yìhuěr méi guānxi.

Tóngxiāng wèn wo shénmo shíhou kéyi zǒu? Wǒ gàosu tāmen suíshí dōu kéyi zǒu. Zǒu de shíhou tóngxuéde chòngzhe wǒde miànzi yào qǐng wǒde tóngxiāng qu chī wǎnfàn. Wǒ shuō bù hǎo yìsi; wǒmen yíkuàr qu
15 chī fàn kěshi gè chī gède, shéi yě bié qǐng kè. Wǒmen chīwánle bǎ **zhàng dān** nálai dàjiā fēntān.

IV

Wǒ dìdi shi hěn xǐhuan yùndong de nán háizi, suóyi hěn jiànkāng— gēbo hěn cū, tuǐ hěn cháng, pífu hěn hēi.

Liū bīng yóuyǒng rènhé yùndong tā dōu xǐhuan. Duìyu gōngke shi mámahūhū. Tā zuì tǎoyàn niàn shū le. Jiānglái yéxǔ shi yíge zuì yǒu
5 míng de yùndongyuán. Suīrán wǒ gēn ta píqi xiāngfǎn, kěshi wǒmen dìxiong liǎngge bǐcǐ xiāngchùde hěn hǎo.

Yǒu shíhou wǒ quàn ta shǎo yùndong duō yònggōng. Tā zuǐ lǐtou zhíguǎn shuōzhe: "Hǎode, hǎode," kěshi tā háishi bú niàn shū.

Tā cháng gēn wǒ shuō: "Gēge, wǒ zànchéng gè xuéxiào guānyu yùndong
10 de shuízhǔn yào tígāo. Xuéxiàode zhìdu yào gǎibiàn, shǎo niàn shū duō
yùndong." Nǐ shuō wǒ dìdi shuō de huà kě xiào bu kě xiào?

V

    Zhāng: Oh, Lǎo Wáng lái le, qǐng zuò.

    Wáng : Nǐ zuótian shàng nǎr qu le? Wǒ láile liǎngcì nǐ dōu bú zài jiā.

    Zhāng: Duìbuqǐ, wǒ qu kàn fángzi.

    Wáng : Kàntuǒ le ma?

5 Zhāng: Méi you. Wǒ rènwei nèige fángzide chángduǎn, kuānzhǎi dōu bú
héshì, dìdiǎn yě bù hǎo.

    Wáng : Zhèrde fángzi hěn nán zhǎo.

    Zhāng: Yǒude shíhou wǒ yě hěn máodùn. Yǒude shíhou xiǎng zhǎo hǎo
yìdiǎr de fángzi, ānjing yìdiǎr de dìdiǎn. Yǒude shíhou yòu xiǎng
10 zhǎo piányi yìdiǎr de.

    Wáng : Zhǎo fángzi bú shi yíjiàn róngyide shìqing.

    Zhāng: Zhèi jǐtiān zhǎo fángzi zhǎode wo zhēn xīnkǔ.

    Wáng : Mànmārde zhǎo me.

    Zhāng: Shìde.

15 Wáng : Zàijiàn le. Wǒ yào zǒu le.

    Zhāng: Máng shénmo?

    Wáng : Wǒ dájiǎo ni bàntiān le. Bìngqiě yě gāi chī fàn le.

    Zhāng: Xiànzài cái wǔdiǎn zhōng, lí chī fàn hái zǎozhe ne.

VI

    Huá : Nǐ shàng nǎr qu?

    Wàn: Wǒ kàn wǒ nǚ péngyou qu.

    Huá : Nǐ zhèi jǐtiān zěnmo tiāntiar kàn nǚ péngyou qu?

    Wàn: Tā zhèi jǐtiān bìngle.

5 Huá : Lǎo tīng ni tídao nǐde nǚ péngyou. Yǒu jīhui nǐ gěi wo jièshao
jièshao wǒ qiáoqiao.

    Wàn: Hàode. Shuō shízàide wǒde nǚ péngyou zhēn bú cuò.

    Huá : Zěnmo bu cuò? Nǐ shuō gei wǒ tīngting.

    Wàn: Hǎo. Tā shi yíge hěn cōngmingde nǚ háizi.

10 Huá : Zhǎngde piàoliang bú piàoliang ne?

Narratives and Dialogue   255

Wàn: Wǒ kàn shi hěn piàoliang. Búdàn piàoliang érqiě rén hǎo jíle.
       Píqi tèbié hǎo. Wǒ bǎ ta yíqiède qíngxing gàosu ni.

Huá: Nǐ shuō ba.

Wàn: Wǒ xiān gàosu ni tā zhǎngde yàngzi—gāo bízi, dà yǎnjing, huáng
15   tóufa. Wúchǐ wǔcùn gāo, bú pàng yě bú shòu. Rúguǒ zài pàng
       yìdiǎr jiù juéde tài pàng le, yàoshi shòu yìdiǎr yòu juéde tài shòu
       le.

Huá: Zènmo yì shuō nǐde nǚ péngyou gāo'ǎi pàngshòu zhèng hé biāozhěn.

Wàn: Kéyi nènmo shuō. Wǒ zài gàosu ni tā shi zěnmoyàngr yíge rén.
20 Huá: Hǎo.

Wàn: Tāde dìxiong jiěmèi hěn duō. Tāde fùmǔ wèile shēnghuó hěn xīnkǔ.
       Wǒde nǚ péngyou yí xiàle kè jiù bāngzhe tā mǔqin zuò língsuide
       shì.

Huá: Shénmo jiào língsui shì?

25 Wàn: Bǐrú shuō shōushi wūzi, bāngzhe ta mǔqin shōushi jiāhuo, shénmode.

Huá: Yàoshi hái yǒu zhèiyàngde nǚ háizi nǐ yě gěi wǒ jièshao yíwèi.

Wàn: Wǒ tīngshuo nǐ yǒu nǚ péngyou.

Huá: Nǎr yǒu a? Tāmen xiā shuō.

Wàn: Bújiànde ba?

30 Huá: Zhēnde méi yǒu. Nǐ zhíguǎn gěi wǒ jièshao jiù shì le.

UNIT III

"Měiyīng, nǐ kàn xiǎo māor—mī, mī, mī."

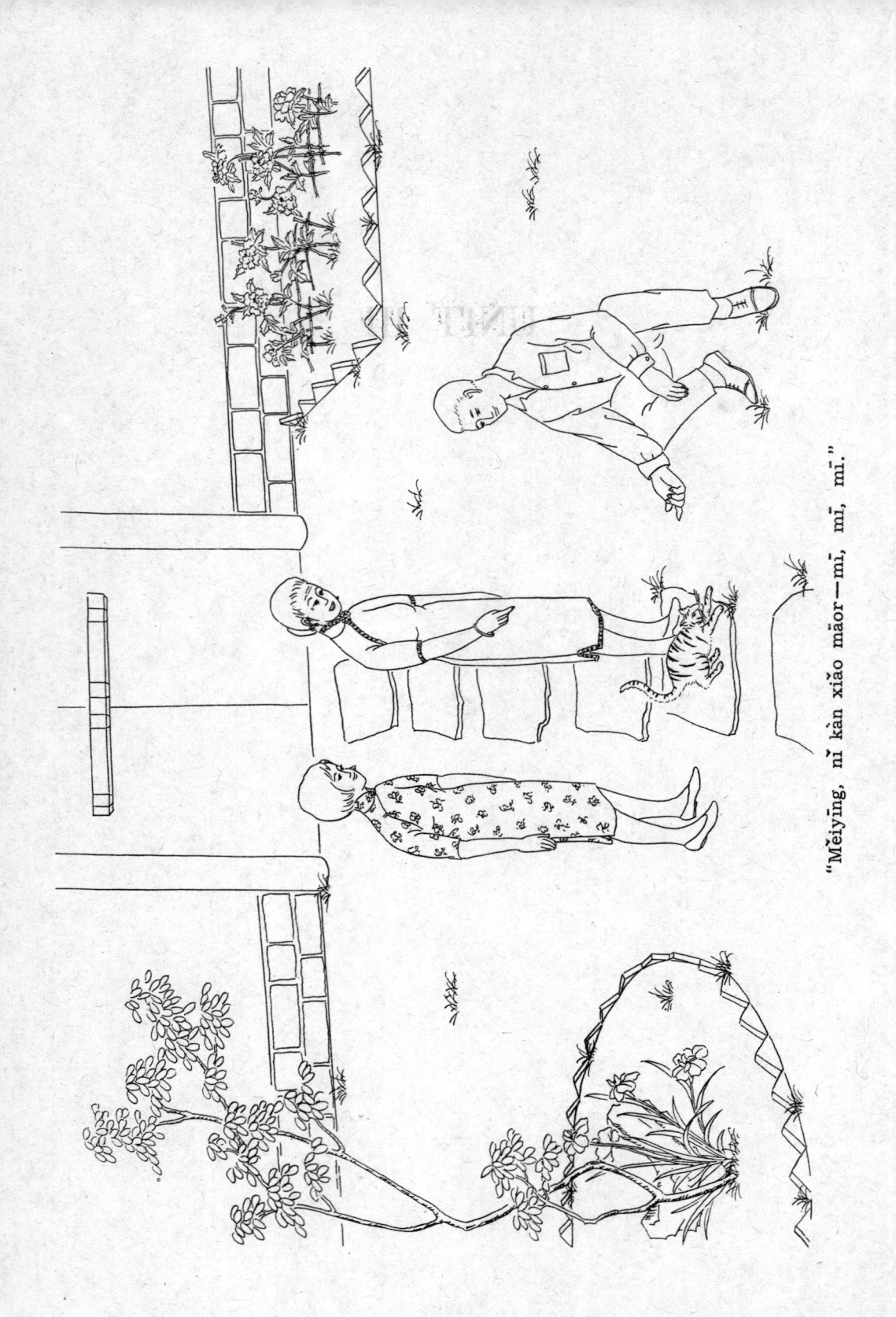

Dì Shísānkè. Bān Jiā

Huìhuà: Bái Xiānsheng bāndào Huá jia yǐhòu, Huá Tàitai dài ta kànkan fángzi.

Měi : Zěnmo jiàole zènmo bàntiān méi rén kāi mén ne?

Bái : Dàgài méi tīngjian, yàoburán jiù shi mén língr huài le.

5 Měi : Nǐ zài èn liǎngxiàr shìshi kàn.

Wáng: Lái le, lái le. Shéi ya?

Měi : Wáng Mā, wǒ.

Wáng: Oh, Gāo Xiáojie Bái Xiānsheng lái le. Shì bu shi ènle bàntiān mén língr le? Yīnwei wǒ zài chúfáng xǐ jiāhuo zìláishuǐ xiǎng
10   de shēngyin tǐng dà.

Měi : Méi you, ènle yìhuěr.

Wáng: Wǒ bāng nín dīlou xiāngzi.

Bái : Xièxie ni bāng wǒ ná biéde. Xiāngzi tài zhòng le. Wǒ zìjǐ ná.

Wáng: Bái Xiānsheng zhēn kèqi. Xiáojie, jīntian zǎochen wǒ qīdiǎn zhōng
15   jiù qu mǎi cài qu le.

Měi : Gànmá nènmo zǎo wa?

Wáng: Wèizhe zǎo diar huílai děngzhe Bái Xiānsheng a.

Měi : Nǐ qiáo Wáng Mā duó huānying ni. Tàitai zài jiā ma?

Wáng: Zài jiā. Xiānsheng gēn dà shàoye chūqu le. Shuō yìhuěr jiù
20   huílai.

Tài : Bái Xiānsheng Měiyīng lái le.

Měi : Lái le. Bómu zǎo.

Bái : Nín zǎo.

Tài : Bái Xiānsheng, Huá Xiānsheng yīnwei yǒu yíge yuēhui, chīle zǎodiǎn
25   jiù chūqu le. Tā ràng wǒ gēn nǐ shuō yìshēngr, tā shīyǐng duìbuqǐ.
    Tā shuō tā yìhuěr jiù huílai.

Bái : Huá Xiānsheng tài kèqi.

Tài : Xuéxīn ne, qù qí mǎ qu le. Tā zǒu de shíhou shuō nǐ lái yǐqián
    tā yídìng huílai. Bù zhīdào wèi shénmo hái méi huílai ne. Dàgài
30   tā yě kuài huílai le. Wǒ zuótian gàosu ta Bái Xiānsheng zhùzai
    wǒmen zhèr, gēn tā zhùzai xiāngfáng, tā gāoxìngde bùdéliǎo.

Bái : Huá Tàitai, nín jiào wǒ Wénshān déle. Bié jiào wǒ Bái Xiānsheng.

Tài : Yǐhòu wǒ zhēnde jiào nǐ míngzi le?

259

Bái : Nín yīnggāi jiào wǒ míngzi.

35 Wáng: Bái Xiānsheng Gāo Xiáojie hē chá. Liǎngwèi chī diǎnxin le ma?

Měi : Chīguo le, Wáng Mā.

Bái : Jiānglái máfan Wáng Mā de dìfang duōzhe ne.

Wáng: Nín yǒu shénmo shì zhǐguǎn fēnfu wo.

Bái : Huá Tàitai, zhe fángzi shèjì de zhēn hǎo wa.

40 Tài : Zhe dōu shi Huá Xiānsheng zìjǐ shèjì de. Wǒmen zhèige fángzi wàibiāo wánquán shi Zhōng shì de. Huá Xiānsheng gěi rénjia gài de fángzi shífēnzhī jiǔ dōu shi Xī shì de, kěshi zìjǐ zhù ne, tā xǐhuan Zhōng shìde fángzi.

Bái : Wǒ yě xǐhuan Zhōngguo fángzi.

45 Tài : Zhe fángzi wàibiāo shi Zhōng shìde, kěshi lǐtou ne—bǐfang shuō chúfáng, cèsuǒ, xǐzǎofáng—dōu shi Xī shìde. Nǐ kàn yuànzi tǐng dà. Kěshi fángzi bù duō. Yīnwei wǒmen rénkour shǎo, bù xūyào hěn duō de fángzi. Wǒ gēn Huá Xiānsheng zhù de zhèi sānjiān shi zhèngfáng.

50 Bái : Nín zhèi shi běi fáng ba.

Tài : Shìde. Nǐ gēn Xuéxīn zhù de shi xī xiāngfáng. Dōng xiāngfáng shi chúfáng gēn Wáng Māde wūzi. Wǒmen zhèi shi sānhér fáng.

Bái : Shèjìde zhēn hǎo.

Tài : Huá Xiānsheng ta xǐhuan zhòng huār. Yì yǒu kòngr huòshi xiūxi
55 de rìzi jiù zài yuànzi lǐtou zhòng huār.

Bái : Huār zhēn bù shǎo.

Tài : Wǒ lǎo shuō ta: "Yǒu gōngfu xiūxi xiūxi, hǎo bu hǎo?"

Bái : Zhòng huār shi yìzhǒng xiāoqiǎn, yě kéyi shuō shi yùndong.

Tài : Wénshān, nǐ kànkan wǒmende fángzi.

60 Bái : Hǎo.

Tài : Zhèijiān shi wǒ gēn Huá Xiānshengde wòfáng.

Bái : Nín bùzhide zhēn hǎo.

Tài : Nǎr a, luànqibāzāo. Wǒ yě méi gōngfu shōushi wūzi. . . . Zhèijiān shi Huá Xiānshengde shūfáng.

65 Bái : Huá Xiānsheng shū zhēn duō.

Tài : Shì a. Xiànzàide jiànzhu fāngfǎ chángchang gǎibiàn, suóyi děi cháng kàn xīn shū. Tāde shū dà bùfen shi guānyu jiànzhu de shū. Zhèxie shū dōu shi jǐwèi zài wàiguo de péngyou cóng wàiguo jìlai de.

70 Bái : Nín zhè fángzi pū de dōu shi dìbǎn. Zhōngguo fángzi chàbuduō dōu shi yòng zhuān pū dì.

Tài : Huá Xiānsheng shuō zhuān pū dì cháoshī, suóyi pū de dìbǎn.

Huìhuà

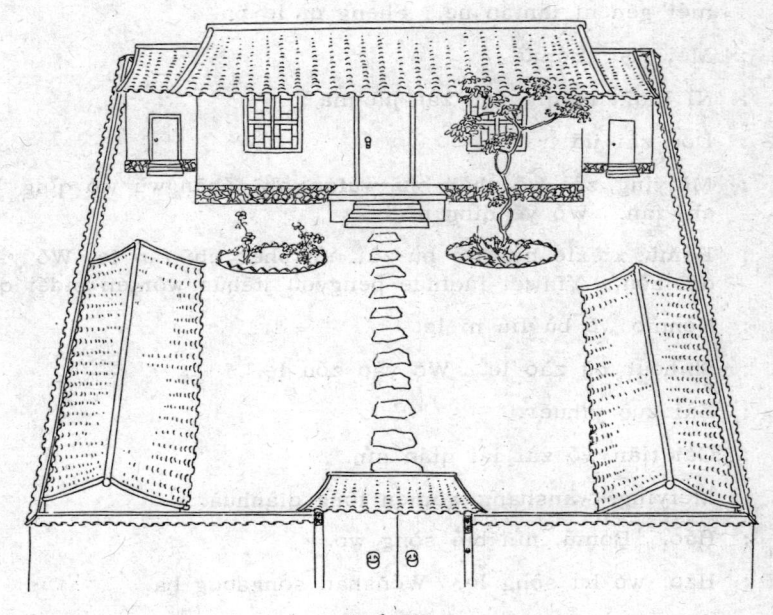

Huá jia

Bái : Měiyíng, ni kàn xiǎo māor—mī, mī, mī. Zhèizhī māo hěn féi.

Tài : Zhèizhī māo zhěng shí'èrbàng zhòng. Wǒmen yǎngle wǔnián duō le. Nǐ yě xǐhuan māo ma?

Bái : Wǒ zuì xǐhuan māo le. Wǒmen jiā yě yǒu xiǎo māor.

Tài : Zhèr láoshu hěn duō, suóyi bìděi yǎng māo. Nǐ kàn zhèige shi xízǎofáng.

Bái : Bùzhide zhēn hǎo. Yì kāi mén duìmiàn qiángshang jiù shi yíge dà jìngzi.

Tài : Wǒmen měijiān wūzide mén dōu néng zìdòng guānshang. . . . Nèijiān shi Xuéxīnde wūzi. Zhèijiān shi nǐ zhù de.

Bái : Zhèijiān wǒ zuótian kànguo le.

Tài : Chúfáng yě shi Xī shì de. Zhōngguo zào shi yòng zhuān zào de, shāo méi. Wǒmen yòng diànzào. Huá Xiānsheng shuō yòu gānjing yòu fāngbian. Zhèige xiǎo wūzi shi duī dōngxi de.

Bái : Zhèr yǒu yíliàng zìxingchē.

Tài : Zhè shi wǒ èr érzi de. Dìxiong liǎngge yí rén yí liàng zìxingchēr. Xuéxīnde qíchuqu le. Zhèliàng jiānglái nǐ qí ba. Fǎnzhèng gēzhe yě méi yòng.

Bái : Hǎo jíle.

Tài : Nǐ shàng xuéxiào láihuí bu shi fāngbian diar?

Bái : Xièxie nín.

95	Tài :	Měiyīng a, wǒ zhǐ gùzhe gēn Wénshān shuō huà le. Bómǔ hái méi gēn nǐ tántan ne. Shēng qì le ba.
	Měi :	Méi you, Bómǔ.
	Tài :	Nǐ fùqin mǔqin dōu zài jiā ma?
	Měi :	Dōu zài jiā.
100	Tài :	Měiyīng, zài wǒ zhèr chī wǔfàn, ah. Zhōngwǔ wǒ qǐng Wénshān chī fàn. Wǒ yě qǐng nǐ.
	Měi :	Bómǔ, xièxie nín, wǒ bù zài nín zhèr chī fàn le. Wǒ yìhuěr jiù děi zǒu. Yīnwei fùqinde péngyou jiēhūn wǒmen bìděi qu dàoxǐ.
	Tài :	Nènmo wǒ bù liú nǐ le.
	Měi :	Shíhour bù zǎo le. Wǒ yào zǒu le.
105	Tài :	Zài zuò yìhuěr.
	Měi :	Gǎi tiān wǒ zài lái qiáo nín.
	Bái :	Měiyīng, wǎnshang wǒmen tōng diànhuà.
	Měi :	Hǎo. Bómǔ, nín bié sòng wo.
	Tài :	Hǎo, wǒ bú sòng le. Wénshān sòngsong ba.
110	Měi :	Bómǔ, zàijiàn.
	Tài :	Zàijiàn, Měiyīng. Lái wár, ah.
	Měi :	Hǎo.

Shēng Zì gēn Xīn Yúfǎ de Jùzi

1.0. (3) jiào (mén) call for a door to be opened (by knocking, ringing a bell, etc.) (VO)

    1.1. Kuài kāi mén qu. Yǒu rén jiào mén ne.

2.0. (5) shì   try (V)

    shìshi (kàn) try and see (V)

    2.1. Zhèige diǎnxin zhēn hǎo chī. Nǐ chī diar shìshi.

    2.2. Nèige gōngzuò hěn nán. Bù zhīdào wǒ néng bù néng zuò. Wǒ shìshi kàn.

Shēng Zì gēn Xīn Yúfǎ de Jùzi   263

3.0.   (9)   xiǎng   sound, make a noise (IV)

    3.1.   Wàibiar shénmo xiǎng? Nǐ tīngjian méi you?

    3.2.   Zhèige língr bù hěn xiǎng.

4.0. (12)   dīlou   lift, carry (in the hand, with the arm hanging down at one's side) (TV)

    4.1.   Nèige lìfū yíge rén néng dīlou liǎngzhī dà xiāngzi.

    4.2.   Zhèige píbāo tài dà le. Wǒ ke dīloubuliǎo.

    4.3.   Qǐng nǐ bǎ dǎzìjī dīloudao shūfáng qu.

    4.4.   Gěi wǒ bǎ shǒutíxiāng dīloudao wàitou qu.

5.0. (13)   xièxie   please . . . (Note 1)

    5.1.   Xièxie ni bǎ dáhuǒjī dìgei wǒ.

6.0. (19)   shàoye   young gentleman, (someone else's) son (polite form) (N)

    6.1.   Nín yǒu jǐwèi shàoye ya?

7.0. (25)   shēng(r)   occurrence (M) [lit. sound] (Note 2)

    7.1   Nǐ kànzhe diar. Lǎoshī láile gàosu wǒmen yìshēngr.

    7.2   Qǐng nín gēn Wáng Xiānsheng shuō yìshēngr wǒ yào zǒu le.

    7.3   Duō jiào ta liǎngshēng.

8.0. (25)   shīyíng   be out when someone calls (IV) [lit. lose welcome]

    8.1.   Duìbuqǐ, zuótian nín dào wǒ nèr qù wǒ shīyíng le.

9.0. (28)   mǎ   horse (N) (also a surname)

           mǎchē   horse-drawn vehicle

    9.1.   Mǎ Xiānshengde èr shàoye yě shi yīsheng ma?

    9.2.   Cóngqiánde rén dōu shi zuò mǎchē.

10.0. (28)   qí   ride (astride) (TV, CV)

    10.1.   Wǒ xiǎode shíhou hěn xǐhuan qí mǎ.

    10.2.   Tā shi qí mǎ dào nèr qù de.

11.0. (31)   xiāngfáng   side unit of a house   (N) (Note 3)

    11.1.   Tā zhù dōng xiāngfáng, wǒ zhù xī xiāngfáng.

12.0. (39)   shèjì   design, plan (N, V) [lit. establish plan]

           shèjì A de yàngzi   to design A

           shèjì V A   plan or design [the V-ing of] A

    12.1.   Zhèige xiězìzhuōde yàngzi shi wǒ shèjì de.

    12.2.   Nèige fángzide shèjì duì wǒmen bù héyòng.

    12.3.   Tāde zhíwu shi shèjì qìchēde yàngzi.

    12.4.   Tā zuì xǐhuan shèjì gài fángzi.

Lesson Thirteen

- 13.0. (41) wàibiǎo   surface, outside   (N)   [lit. outside form]

    wàibiǎo(shang)   on the surface, superficially

    - 13.1. Zhèisuǒ fángzi wàibiǎo kànzhe hěn bù cuò.
    - 13.2. Nǐ kàn tā wàibiǎoshang zhǎngde hěn cōngming, qíshí ta hěn bèn.

- 14.0. (42) zhī   of   (Note 4)

    A fēnzhī B   B of A parts, B/A   (Note 4)

    - 14.1. Tāde bìng hěn zhòng. Tā huó de xīwang zhǐ yǒu bǎifēnzhī yī.

- 15.0. (46) cèsuǒ   toilet, rest room   (N)   [lit. toilet room]

    nán cèsuǒ   men's room

    nǚ cèsuǒ   ladies' room

    - 15.1. Nán cèsuǒ zài lóuxià, nǚ cèsuǒ zài lóushàng.

- 16.0. (46) yuànzi   courtyard   (N)

    - 16.1. Tāmen yuànzili yǒu hěn duō dà shù.
    - 16.2. Zhèisuǒr fángzi dào bú cuò. Kěxī yuànzi tài xiǎo le.

- 17.0. (49) zhèngfáng   main unit in a house   (N)   (Note 3)

    - 17.1 Chòngzhe dà mén de fángzi jiào zhèngfáng.

- 18.0. (52) hé(r)   (measure for detached parts of a dwelling)   (Note 3)

    sānhé(r) fáng   three-unit house

    sìhé(r) fáng   four-unit house

    - 18.1. Wǒmen jiā zhù de shi sìhér fáng. Nánfáng, běifáng, dōngfáng, xīfáng dōu yǒu.

- 19.0. (54) zhòng   plant, grow, raise   (TV)

    zhòng cài   raise vegetables

    - 19.1. Nèige dà gōngyuánli zuì jìn zhòngle hěn duōde méigui.
    - 19.2. Wǒ zǔfù zài yuànzili zhòngle hěn duōde cài.

- 20.0. (54) huā(r)   flower   (N)

    - 20.1. Wǒmen yuànzide huār zhēn hǎo kàn. Yǒu hóng huār, huáng huār, bái huār.

- 21.0. (54) kòngr   free time, leisure time   (N)

    - 21.1. Tā hěn xǐhuan kàn diànshì. Yǐ yǒu kòngr tā jiù kàn.

- 22.0. (57) shuō   admonish, reprove   (V)

    A shuō, ràng B V   A admonishes B to V

    - 22.1. Bié lǎo shuō ta.
    - 22.2. Lǎoshī cháng shuō, ràng wǒmen duō yònggōng.

- 23.0. (58) xiāoqiǎn   pastime, hobby, pleasurable activity   (N)

Shēng Zì gēn Xīn Yúfǎ de Jùzi

23.1. Wǒmen zhèige zhōumò zuò shénmo xiāoqiǎn ne?

23.2. Wǒde xiāoqiǎn jiù shi tīngting yīnyuè kànkan diànshì shénmode.

24.0. (61) wòfáng bedroom (N) [lit. lie room]

24.1. Zuótian wǒ kàn de nèisuǒ fángzi zhēn bú cuò. Shì Xī shìde, yǒu ge dà yuànzi, yǒu kètīng fàntīng, hái yǒu liǎngge dà wòfáng.

25.0. (62) bùzhi arrange, fix up, set up (TV) [lit. spread arrange]

25.1. Xuéxiào yào kāi huì le. Wǒmen děi bǎ dàlǐtáng bùzhi bùzhi.

25.2. Ta hěn huì bùzhi fángzi. Nǐ kàn tā jiā lǐtou bùzhide duómo piàoliang.

26.0. (66) jiànzhu erect, build, construct (TV) [lit. construct build]

jiànzhushī architect (also used as title)

jiànzhuxué architecture

26.1. Zhèige dà lóu cái jiànzhule yìnián.

26.2. Ta fùqin shi ge jiànzhushī.

26.3. Xué jiànzhuxué bìděi shùxué hǎo.

27.0. (67) dà bùfen greater part, majority

27.1. Zhèi shi wǒ shūde yíbùfen. Dà bùfen dōu zài jiā lǐtou ne.

28.0. (70) pū spread out over (something), lay down; cover (V) (Note 5)

pū chuáng make a bed

bǎ A pūzai B spread A over B

yòng A pū B put A on B, cover B with A

28.1. Wǒmen jiā suīrán yǒu lǎomāzi, kěshi měitiān dōu shi wǒ zìjǐ pū chuáng.

28.2. Wáng Mā, qǐng nǐ bǎ nèige xīn dānzi pūzai chuángshang.

28.3. Bié yòng jiù dānzi pū chuáng.

28.4. Nǐ yào bu yào pū xīn dānzi?

29.0. (70) dìbǎn (wooden) floor (N) [lit. floor wood]

pū dìbǎn lay down a wooden floor

29.1. Zhōngguo fángzi pū dìbǎn de hěn shǎo.

30.0. (71) zhuān brick (N) (measure: kuài)

pū zhuān lay bricks

30.1. Jiànzhu Zhōng shì fángzi yòng zhuān de duō.

30.2. Tā yíge zhōngtóu néng pū jǐshikuài zhuān.

31.0. (71) dì ground, soil, land, floor (N)

zhòng dì till the soil, farm

pū dì   cover the floor
yíkuài dì   a plot of land

31.1. Wǒmen shi xiāngxia rén. Wǒ fùqin zhòng dì.
31.2. Wǒde gōngzuò shi gěi rénjia yòng zhuān pū dì.
31.3. Nèi yíkuài dì kéyi zhòng hěn duō qīngcài.
32.0. (72) cháoshī   damp   (SV)
32.1. Wǒ bù xǐhuan zhèige dìfang. Tiānqi cháoshīde lìhai.
33.0. (73) (xiǎo) māo(r)   cat   (N) (measure: zhī)
33.1. Wǒ mèimei hěn xǐhuan māo. Wǒmen jiā yǎngle sānzhī xiǎo māor.
34.0. (73) mī, mī, mī   here kitty, kitty, kitty!   (Note 6)
34.1. Zhōngguo rén jiào xiǎo māo lái jiào mī, mī, mī.
35.0. (73) féi   fat (of animals), rich (of soil)   (SV)
35.1. Wǒ bù xǐhuan chī féi ròu.
35.2. Nǐmen zhèrde dì hěn féi.
36.0. (74) zhěng   all, whole, entire; precisely, exactly
36.1. Wǒ zhěng yìnián méi kànjian tā le.
36.2. Xiànzài zhěng shí'èrdiǎn zhōng.
36.3. Jīnnian tā zhěng èrshisuì.
37.0. (74) bàng   pound   (M)
37.1. Zuótian wǒ mǎi liǎngbàng zhū ròu, dǎsuan zuò shīzi tóu.
38.0. (77) láoshu   mouse, rat   (N) (measure: zhī)
38.1. Zhōngguode xīnánbù láoshu zuì duō.
39.0. (80) jìngzi   mirror   (N)
39.1. Wǒ wūzide qiángshang guàzhe yíge dà jìngzi.
40.0. (81) zìdòng   automatic   (SV) [lit. self move]
40.1. Xianzài hěn duōde dōngxi dōu shi zìdòngde.
41.0. (81) guān   close [something]; be closed
guānshang   close (up)
guān dēng   turn off a light
41.1. Nèige bǎi huò gōngsī yīnwei bú zhuàn qián guān mén le.
41.2. Xièxie ni bǎ chē mén guānshang.
41.3. Nǐ zěnmo náwánle chīde bù bǎ bīngxiāng mén guānshang ne?
41.4. Nǐ cóng wūzili chūlai de shíhour bié wàngle guān dēng.
42.0. (84) zào   stove   (N)

Shēng Zì gēn Xīn Yúfǎ de Jùzi

diànzào   electric stove

42.1. Wǒmen jiāde zào shi Zhōng shì de.

42.2. Diànzào yòu fāngbian yòu bu zāng, kěshi zuò Zhōngguo fàn bú zěnmo hǎo yòng.

43.0. (84) zào   make, build, construct   (TV)

43.1. Nèisuǒ fángzi zàode hěn hé biāozhǔn.

43.2. Suóyǒu Wáng Jiànzhushī shèjì zàode fángzi dōu hěn piàoliang.

43.3. Tāmen jiā rén duō, suóyi zàole yìsuǒr hěn dàde fángzi.

44.0. (85) méi   coal   (N)

méi zào   coal-burning stove

shāo méi   burn coal

44.1. Yòng méi zào hěn zāng. Chúfángde qiáng shénmode dōu shi hēi de.

44.2. Wǒmen jiā měi yíge yuè shāo méi shāode hěn duō. Yíge yuè yào shāo wǔbǎibàng méi.

45.0. (86) duī   accumulate, pile up, store   (V); pile, heap, group   (N)

45.1. Zhuōzishang nèiduī dōngxi shi shéide?

45.2. Dōngtian le. Shù yèzi dōu luòxialai le. Yuànzili duīle yìduī shù yèzi.

45.3. Nǐ qiáo nèiduī rén zuò shénmo ne?

45.4. Bǎ zhèixiē dōngxi duīzai bìchúli.

46.0. (87) liàng   (measure for vehicles)

46.1. Nèige tíngchēchǎng tíngle wǔbǎi duō liàng qìchē.

47.0. (87) zìxíngchē(r)   bicycle (N) (measure: liàng) [lit. self travel vehicle]

47.1. Wǒ fùqin shuō yàoshi dìdi kǎo dì-yī tā sòng ta yíliàng zìxíngchē.

48.0. (88) yí(ge)rén yí . . .   one . . . per person

48.1. Wǒmen dìxiong jiěmèi wǔge rén. Wǒ fùqin yíge rén sòng wǒmen yìzhī xīn gāngbǐ.

49.0. (89) gē   put, place   (TV)

49.1. Mā, wǒ bǎ dǎzìjī gēzai nǎr a?

49.2. Zhèige cài bú gòu xián. Zài gē diar yán.

49.3. Wǒ jīntian è le. Dào jiā yǐhòu gēxia shū mǎshàng jiù chī fàn le.

50.0. (92) láihuí   going and coming, round trip   [lit. come return]

láihuí piào   round-trip ticket

50.1. Qǐng wèn, dào Niǔyue zuò qìchē láihuí yào duōshao shíhou?

50.2. Dào Shànghǎi de fēijī piào láihuí duōshǎo qián?

50.3. Wǒ mǎi liǎngzhāng dào Niǔyuē qù de láihuí piào.

51.0. (94) (zhǐ) gù, gùde, gùzhe   think of, consider, be preoccupied with (V)

gùbude   unable to consider, can't manage

51.1. Wǒ zhǐ gùle niàn shū le. Tā lái le wǒ dōu bù zhīdào.

51.2. Kuài yào kǎoshì le. Mángde lián fàn wǒ dōu gùbude chī le.

51.3. Tā zhǐ gùzhe gēn nèiwèi piàoliang xiáojie shuō huà le. Wǒ jiàole tā bàntiān tā dōu méi tīngjiàn.

51.4. Wǒ máng jíle. Nǎr gùde kàn xì?

52.0. (95) qì   angry (SV); anger, bad temper   (N)

qìsi   be terribly angry [lit. die of anger]

shēng qì   become angry

52.1. Jīntian kǎoshì kě zhēn bǎ wǒ gěi qìsi le. Yǒu yíge wèntí wǒ zěnmo xiǎng yě xiǎngbuqǐlái le.

52.2. Tāde píqi zhēn hǎo. Wúlùn zěnmo shuō ta tā yě bù shēng qì.

52.3. Wǒ kàncuòle tímu. Wǒ qìde yào sǐ.

53.0. (99) ah   (exclamation)   (Note 7)

53.1. Wǒ chūqu le. Nǐmen hǎohǎor niàn shū, ah.

53.2. Míngtian xiàwǔ sāndiǎn zhōng wǒ qǐng ni hē chá, ah.

54.0. (102) dàoxǐ   congratulate   (V)

A gěi B dàoxǐ   A congratulates B

54.1. Zhāng Xiānshengde érzi jīntian jiéhūn. Wǒmen děi gěi tā dàoxǐ qu.

55.0. (103) liú   keep, reserve, hold on to; detain, keep behind, leave behind (V)

liúbuzhù   unable to detain

55.1. Wǒ yìhuěr jiù huílai. Yàoshi Wáng Xiáojie láile liú tā zài zhèr chī fàn.

55.2. Tā yídìng yào zǒu. Zěnmo liú yě liúbuzhù ta.

55.3. Yòngbuliǎo shíkuài qián. Nín liú wǔkuài qián jiù gòu le.

56.0. (108) sòng   see someone off   (TV)

56.1. Bié sòng wǒ le. Nín qǐng huíqu ba.

56.2. Zàijiàn, wǒ bú sòng nín le

56.3. Duìbuqǐ wǒ lái wǎn le yīnwei sòng yíge péngyou shàng fēijī.

56.4. Bié sòng, bié sòng. . . . Na wǒ jiù bú sòng nǐ le. Zàijiàn, zàijiàn.

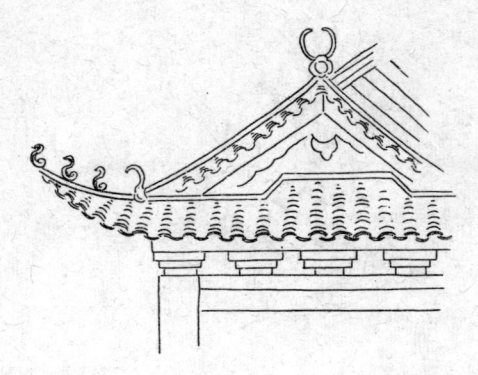

Wēnxi Jùzi

1. Lǎoshī, zhèige jùzi wǒ bú huì niàn. . . . Nǐ shìshi kàn me.
2. Zhèige dàlǐtáng shèjìde zhēn hǎo. Suíbiàn zuòzai nǎr dōu tīngde qīngchu kànde qīngchu.
3. Nǐ qiáo zhèige biǎode wàibiāo hěn hǎo, kěshi zǒude yìdiǎr yě bù zhǔn.
4. Wǒmen fángzi hòutoude nèikuài dì zhòngle bù shǎode qīngcài.
5. Wǒ yìtiān mángde yào sǐ. Yìdiǎr kòngr yě méi yǒu.
6. Tāde běnshi shì zhuānmén huì bùzhì fángzi.
7. Wǒ dà bùfende xíngli jiāo chuán yùnzǒu le.
8. Tā zhěng nián yě bú kàn yícì diànyǐngr.
9. Chūlai jìnqu qǐng ni guān mén.
10. Nèi liǎngge háizi kūde tǐng lìhai. Wǒ gěi tāmen yíge rén yíge júzi cái bù kū le.
11. Qǐng wèn ni zhèizhāng zhuōzi gē nǎr a?
12. Tā mángde bùdéliǎo. Nǎr gùde kàn diànyǐngr a?
13. Tā fēi zǒu bù kě. Zěnmo liú yě liúbuzhù ta.
14. Tā dǎsuan jiānglái qízhe zìqìngchē lǚxíng quán guó.
15. Jīnnian zhèrde rénkǒu zēngjiāle bǎifānzhī shíwǔ.
16. Zhèikuài dì jiānglái yào jiànzhu èrshi duō céngde gāo lóu.
17. Wǒ bàba shì zhòng dìde.
18. Nǐ kàn nèige xiǎo shānshang xīn zàole yìsuǒr Xī shìde xiǎo fángzi.
19. Huǒchē zhàn duīle hěn duō huò. Bù zhīdào shì wǎng nǎr yùn de.
20. Nín qǐng huíqu ba. Bié sòng wǒ le.

Dāndú Tánhuà

　　Wǒ jīntian shídiǎn zhōng jiù cóng Gāo jia dào Huá jia le. Háishi Měiyīng kāizhe Sān Yǒu Shūdiànde chē sòng wǒ lái de. Dàole Huá jia yǐhòu, wǒmen jiàole bàntiānde mén, méi rén lái kāi mén. Wǒ xiǎng shi méi tīngjian huòzhě mén língr bù xiǎng le. Yòu ènle yìhuěr. Wáng Mā
5　lái kāi mén le. Tā shuō zìláishuǐde shēngyīn hěn dà. Tā wèn wǒmen èn mén língr hǎo jiǔ le. Wǒmen bù hǎo yìsi shuō ènle bàntiān mén língr le, Měiyīng shuō ènle yìhuěr. Wáng Mā shuō yào gěi wǒ dīlou dà píbāo, kěshi wǒ bù néng ràng nǚ yòngrén ná nènmo zhòng de dōngxi.

　　Wǒmen jiànle Huá Tàitai tā kèkeqīqīde shuō Huá Xiānsheng yīnwei
10　yǒu yuēhui chūqu le, mǎshàng jiù huílai, Huá Xuéxīn qù qí mǎ qu le.

　　Huá Tàitaide niánji bǐ wǒ dàle jǐshisuì, kéyi shuō shi yíwèi zhǎngbèi. Lǎo jiào wo Bái Xiānsheng zhēn bù hǎo yìsi. Jīntian wǒ yòu gēn ta shuō yǐhòu qǐng tā jiào wǒde míngzi.

　　Jīntian Huá Tàitai dài wǒ kànkan tāmende fángzi. Tāmen zhèige
15　fángzi shèjìde kě zhēn bú cuò. Wǒ hěn xǐhuan Huá Xiānshengde shūfáng. Shū jiàzishang fàngzhe hěn duōde shū, qiángshang guàzhe hěn duō fángzi xiàngpiār.　Bùzhīde hǎojíle.

　　Huá Tàitai shuō zhèisuǒ fángzi dōu shi Huá Xiānsheng shèjì de.

　　Huá jiade fángzi wàibiǎo shi Zhōng shìde, kěshi lǐtou wa, chúfáng,
20　xǐzǎofáng, shénmode dōu shi Xī shìde. Zhōngguo fángzi chàbuduō dōu shi sānhér fáng sìhér fáng. Huá jiade fángzi shi sānhér fáng. Shénmo jiào sānhér fáng ne? Jiù shi yǒu zhèngfáng, dōng xī liǎngbiār yǒu xiāngfáng. Qiánmiar méi yǒu fángzi, shi qiáng. Wǒ gēn Huá Xuéxīn zhù xī xiāngfáng. Yuànzi lǐtou zhòngle hěn duōde huār.　Tāmende fángzi hái yǒu yíge

Wèntí

25 hǎochu—dì dōu shi yòng dìbǎn pū de. Chàbuduō Zhōngguo fángzi dōu shi yòng zhuān pū dì.

Zài duī dōngxi de xiǎo fángzi lǐtou wǒ kànjian yíliàng zìxingchē. Huá Tàitai shuō shi tā èr érzide. Tā shuō yǐhòu jiào wǒ qí. Huá Tàitai shuō de shíhou wǒ bù zhīdào wǒ yīnggāi zěnmo shuō. Wǒ xiǎng Huá Tàitai yí
30 kànjian zhèiliàng zìxingchē, yòu xiǎng tāde érzi le. Yàoshi wǒ qí zhèiliáng zìxingchē zēngjiā tāde nánguò nǐ shuō zěnmo bàn? Yǐhòu wǒ shi qí hǎo ne, háishi bù qí hǎo ne?

Huá jia yǎngle yíge hěn kě ài de xiǎo māor. Hěn féi hěn dà. Huá Tàitai shuō yīnwei láoshu tài duō suóyi yǎng yìzhī māo.

35 Jīntian Gāo Xiānshengde péngyou jiēhūn. Gāo jia quán jiā dōu děi qù dàoxǐ qu. Suóyi Huá Tàitai liú Měiyīng zài zhèr chī wǔfàn, Měiyīng bù zài zhèr chī, tā bìděi huíqu gēn tā fùmǔ yíkuàr qu dàoxǐ. Wǒ xīn lǐtou hěn xīwang tā bù zǒu, zài zhèr chī fàn, kěshi méi fázi. Wǒ bǎ tā sòng dào mén kǒur.

Wèntí

1. Bái Xiānsheng gēn Gāo Xiáojie dàole Huá jia, tāmen jiào mén shi zěnmo jiào de?
2. Bái Wénshān shuō shi wèi shénmo méi rén kāi mén?
3. Wáng Mā kāi mén yǐhòu xiān wèn tāmen shénmo?
4. Yīnwei shénmo Wénshān Měiyīng jiàole bàntiān mén Wáng Mā méi tīngjian?
5. Wáng Mā yào bāng Bái Xiānsheng zuò shénmo?
6. Bái Xiānsheng ràng ta zuò le ma? Wèi shénmo?
7. Wáng Mā zǎochen jǐdiǎn zhōng qu mǎi cài? Tā wèi shénmo nènmo zǎo qu mǎi cài?
8. Wénshān gēn Měiyīng dàole Huá jia de shíhou shéi zài jiā shéi chūqu le?

9. Huá Xiānsheng chūqu zuò shénmo? Tā ràng Huá Tàitai gàosu Bái Wénshān shénmo?
10. Shéi shi dà shàoye? Tā chūqu gànmá qu le?
11. Wénshān bāndào Huá jia yǐhòu, tā zhùzai něijiān fángzi lǐtou?
12. Bái Wénshān wèi shénmo bù ràng Huá Tàitai jiào tā Bái Xiānsheng ne?
13. Wénshān shuō Huá jiade fángzi zěnmoyàng? Huá Tàitai shuō tāmende fángzi shi shénmo yàngde?
14. Huá Tàitai shuō Huá Xiānsheng gěi bié rén zào fángzi dōu shi zào shénmo yàngde?
15. Huá Tàitai shuō tāmende fángzi wàibiāo shi Zhōng shìde, lǐtou dōu shi shénmo fángzi shi Xī shì de?
16. Huá Tàitai shuō wèi shénmo tāmen yǒu hěn dà de yíge yuànzi kěshi zhǐ gài jǐjiān fángzi?
17. Huá Tàitai shuō Huá Xiānsheng xǐhuan zuò shénmo xiāoqiǎn?
18. Huá Xiānshengde shū duō bù duō? Tāde shū dōu shi guānyu něi yìfāngmiàn de shū?
19. Zhōng shì fángzi yòng shénmo pū dì? Xī shì fángzi yòng shénmo pū dì? Zhuān pū dì yǒu shénmo duǎnchu?
20. Zhōngguo rén yàoshi kànjian xiǎo māor jiào xiǎo māor zěnmo jiào? Měiguo rén zěnmo jiào?
21. Huá Tàitai dài Bái Wénshān kàn nèijiān duī dōngxi de xiǎo fángzi de shíhou, Wénshān kànjian shénmo le?
22. Huá Tàitai ta wèi shénmo méi gēn Měiyīng shuō huà?
23. Huá Tàitai liú Měiyīng chī fàn Měiyīng wèi shénmo bú zài nèr chī?
24. Yàoshi yǒu nǚrén shuō yào bāng nǐ dīlou dōngxi nǐ shuō shénmo?
25. Yàoshi nǐ zhīdao yíge péngyou jīntian dào nǐ jiā lái kěshi nǐ yǒu shì chūqu le, nǐ yīngdāng gàosu jiā lǐtoude rén gēn nèiwèi péngyou shuō shénmo?
26. Yàoshi yíwèi bǐ nǐ niánji dà de rén jiào ni Xiānsheng nǐ yīnggāi shuō shénmo?
27. Yíge péngyou qǐng nǐ kànkan tā jiāde fángzi nǐ kànwán yǐhòu shuō shénmo?
28. Yàoshi yíge péngyou kànwanle nǐde fángzi shuō ni bùzhide hǎo nǐ yīngdāng shuō shénmo kèqi huà?
29. Rúguǒ nǐ dào péngyou jiā qu nǐ yào zǒu le péngyou liú ni zài zuò yìhuěr nǐ zěnmo shuō?
30. Nǐ dào péngyou jiā qu péngyou chūlai sòng ni, nǐ shuō shénmo?

Dialogue

Dialogue: After Mr. White moves to the Huas' home, Mrs. Hua shows him around the house.

Mei : How come we've rung for so long without anyone answering the door?

White: Perhaps they didn't hear. Otherwise the door bell must be out of order.

Mei : Try ringing a couple more times.

Wang: (calling from inside) Coming, coming! Who is it?

Mei : Wang Ma, it's me.

Wang: Oh, Miss Gao, Mr. White, you're here. Did you ring the bell for a long time? I was doing the dishes in the kitchen and the running water made quite a noise.

Mei : No, we rang for just a little while.

Wang: (to Mr. White) I'll help you carry the suitcase.

White: Please help me with something else. The suitcase is too heavy. I'll take it myself.

Wang: You are very kind. Miss, I went shopping for food at seven this morning.

Mei : Why so early?

Wang: So I could come back early and wait for Mr. White.

Mei : (to Mr. White) You see how much Wang Ma welcomes you. (To Wang Ma) Is Mrs. (Hua) home?

Wang: Yes. Mr. (Hua) and the [older] young gentleman have gone out. (They) said they'd be back shortly.

Tai : Mr. White, Meiying, you're here.

Mei : Yes. Good morning, Auntie.

White: Good morning.

Tai : Mr. White, Mr. Hua went out right after breakfast, as he had an appointment. He asked me to tell you that he's sorry to have missed you. He said he'll be back shortly.

White: Mr. Hua is too kind.

Tai : As for Xuexin, he's gone horseback riding. When he left he said he would be back before you came. I don't know why he hasn't returned yet. Most likely he'll be back soon. When I told him yesterday that you [lit. Mr. White] were going to live here at our place, that you would live with him in the side unit, he was awfully pleased.

White: Mrs. Hua, call me Vincent. Don't call me Mr. White.

Tai : Shall I really call you by your given name [hereafter]?

White: You should [call me by my given name].

Wang: Mr. White, Miss Gao, have some tea. Have you had breakfast?

Mei : Yes, Wang Ma.

White: (to Wang Ma) I'll be troubling you quite a bit in the future.

Wang : If you have anything to be done, just tell [lit. command] me.

White: (to Mrs. Hua) Mrs. Hua, this house is quite nicely laid out.

Tai : This was all designed by Mr. Hua. On the outside our house is all Chinese style. Nine-tenths of the houses that Mr. Hua builds for other people are (in the) Western style, but for himself he likes a Chinese-style house.

White: I like Chinese houses too.

Tai : On the outside this house is Chinese style, but the inside—for example, the kitchen, toilet, and bathroom—is all Western style. (As) you see, the garden is quite large, but we don't have many rooms. There are just a few of us, and we don't need many [rooms]. These three rooms that Mr. Hua and I occupy are the main unit.

White: They're northern rooms, aren't they?

Tai : Yes. The ones that you and Xuexin occupy are the western side-unit. The eastern side-unit is the kitchen and Wang Ma's room. Ours is a three-unit house.

White: It's really well laid out.

Tai : Mr. Hua likes to raise flowers. Whenever he has leisure or it's a holiday [lit. day of rest] he's out in the garden tending to his flowers.

White: There certainly are lots of flowers.

Tai : I keep telling him he should rest when he's free.

White: Raising flowers is a pastime, and you can also say it's exercise.

Tai : Vincent, take a look around our house.

White: Fine.

Tai : This room is Mr. Hua's and my bedroom.

White: You've arranged it very nicely.

Tai : No, it's helter-skelter, and I don't have time to fix up the room. . . . This is Mr. Hua's study.

White: Mr. Hua has a lot of books.

Tai : Yes. Building techniques nowadays are always changing, so he has to read new books constantly. The majority of his books are concerned with building. These books were all sent him [from abroad] by several friends who were abroad.

White: Your floors are all of wood. [lit. This house of yours what it's covered with is entirely wooden flooring.] Almost all Chinese houses have brick flooring [lit. use bricks cover ground].

Tai : Mr. Hua says brick [covered] floors are damp, so he has wood flooring.

Dialogue

White: Meiying, look at the cat. Here, kitty, kitty, kitty! This cat is very fat.

Tai : This cat weighs exactly twelve pounds. We've had it for over five years. Do you like cats too?

White: Yes, I do. We also have a cat at home.

Tai : There are a lot of mice here, so we have to have a cat. [You see] here is the bathroom.

White: It's nicely arranged. As soon as you open the door there's a big mirror on the wall opposite.

Tai : The doors in every room all close automatically. . . . That room is Xuexin's. This is the one you'll have.

White: This one I saw yesterday.

Tai : The kitchen is also Western style. Chinese stoves are made of brick and burn coal. We use an electric stove. Mr. Hua says it's clean(er) and (more) convenient. This small room is for storing things.

White: There's a bicycle here.

Tai : This belonged to my second son. The two brothers each had a bicycle. Xuexin's is [being ridden] out. This one you (can) ride hereafter. Anyhow, there's no use in its (just) lying here.

White: That's fine.

Tai : Wouldn't going back and forth to school be more convenient with a bicycle?

White: Yes. Thank you.

Tai : Meiying, I've been preoccupied with talking to Vincent. I haven't spoken with you yet. (Jokingly) Are you angry?

Mei : No, Auntie.

Tai : Are your father and mother both at home?

Mei : Yes.

Tai : Meiying, have lunch here, do. I'm inviting Vincent for lunch, and you, too.

Mei : Auntie, thanks, but I can't have lunch with you. I'm leaving in a moment. A friend of Father's is getting married, so we have to go offer our congratulations.

Tai : Then I won't insist [lit. detain you].

Mei : Time's getting on. I must leave.

Tai : Sit a while longer.

Mei : Some other day I'll see you again.

White: Meiying, I'll call you this evening.

Mei : Good. Auntie, don't see me off.

Tai : All right, I won't [see you off]. Vincent, you do so.

Mei : Goodbye, Auntie.

Tai : Goodbye, Meiying. Be sure you come again [lit. come have fun].

Mei : Yes.

Sentences for New Words and Grammar

1.1. Hurry up and go open the door. There's someone at the door [lit. calling at the door].

2.1. This dessert is really delicious. Try some.

2.2. That job is pretty hard. I don't know if I can do it. I'll try it and see.

3.1. What's making a noise outside? Did you hear it?

3.2. This bell doesn't make much noise.

4.1. That porter can carry two big suitcases by himself.

4.2. This suitcase is too big. I certainly can't carry it.

4.3. Please carry the typewriter to the study.

4.4. Carry the suitcase outside for me.

5.1. Please hand me the lighter.

6.1. How many sons do you have?

7.1. You watch a while. If the teacher comes, give us a bit of warning.

7.2. Please tell Mr. Wang I'm leaving.

7.3. Call him a couple more times.

8.1. I'm sorry to have missed you when you went to my place yesterday.

9.1. Is Mr. Ma's second son also a doctor?

9.2. People in the past always rode horse-drawn vehicles.

10.1. When I was young I liked to ride horses very much.

10.2. He went there on horseback.

11.1. He lives in the eastern unit, and I [live] in the western.

12.1. [The style of] this writing table was designed by me.

12.2. The plan of that house does not suit our needs.

12.3. His job is designing cars.

12.4. He enjoys designing [the building of] houses most.

13.1. This house seems very nice on the outside.

13.2. To look at him he seems superficially [to have grown] to be very intelligent. Actually he's quite stupid.

Sentences for New Words and Grammar

14.1. His illness is very serious. I think he has only a one-per-cent chance [lit. hope] of living.

15.1. The men's room is downstairs, the ladies' room upstairs.

16.1. They have a lot of big trees in their courtyard.

16.2. This house isn't bad after all. [But] it's a pity the courtyard is too small.

17.1. The rooms facing the main gate are called the main unit.

18.1. Our family lives in a four-unit house. There's a southern unit, a northern unit, an eastern unit, and a western unit.

19.1. Very recently they planted a lot of roses in the big park.

19.2. My grandfather planted a lot of vegetables in the courtyard.

20.1. The flowers in our courtyard are really beautiful. There are red flowers, yellow flowers, and white flowers.

21.1. He likes watching television very much. Whenever he has time he watches it.

22.1. Don't be reproving him all the time.

22.2. The teacher is constantly admonishing us to work harder.

23.1. What [pleasurable activity] shall we do this week end?

23.2. My pastime is to listen to music and watch television.

24.1. That house I saw today was not at all bad. It was Western style, had a big courtyard, and had a living room, dining room, and two bedrooms.

25.1. School's about to have an assembly. We must fix up the assembly hall.

25.2. She is very good in fixing up the house. You see how attractively arranged her house is.

26.1. This big building has been up [lit. erected] for just a year.

26.2. His father is an architect.

26.3. To study architecture you must be good in mathematics.

27.1. These are some of my books. The majority of them are in my home.

28.1. Although we have a maid at home I make the beds myself every day.

28.2. Wang Ma, please put [lit. spread] the new sheet on the bed.

28.3. Don't put the old sheets on the bed.

28.4. Do you want to use [lit. spread] the new sheets?

29.1. Very few Chinese homes have [lit. spread] wooden floors.

30.1. For the most part bricks are used in building Chinese-style houses.

30.2. He can lay several dozen [lit. several tens of] bricks in one hour.

31.1. We're country people. My father farms.

31.2. My job is making brick floors [for people].

31.3. It's possible to grow a lot of vegetables on that plot of land.

32.1. I don't like this place. The weather's terribly damp.

33.1. My younger sister likes cats. We have [lit. raise] three cats at home.

34.1. In calling cats, Chinese say 'Mi, mi, mi.'

35.1. I don't like to eat meat with a lot of fat on it.

35.2. Your land here is very fertile.

36.1. I haven't seen him for exactly one year.

36.2. It's now exactly twelve o'clock.

36.3. He's [exactly] twenty years old this year.

37.1. Yesterday I bought two pounds of pork with the idea of making lion's head.

38.1. Rats are most numerous in the southwestern part of China.

39.1. There's a big mirror hanging on the wall in my room.

40.1. A lot of things now are automatic.

41.1. That department store has closed up because it wasn't making money.

41.2. Please close the car door.

41.3. Why don't you close the refrigerator door after you've finished taking out food?

41.4. When you leave the room don't forget to turn off the light.

42.1. The stove in our home is Chinese style.

42.2. Electric stoves are convenient and not dirty, but they're not very good [to use] in making Chinese food.

43.1. That house was built exactly according to specifications [lit. standard].

43.2. All the houses that Architect Wang designs [to be built] are very attractive.

43.3. There are a lot of people in their family. They built a huge house.

44.1. [Using] a coal stove is very dirty. The kitchen walls and so on are all black.

44.2. Our family burns a lot of coal each month: [we burn] five hundred pounds [of coal a month].

45.1. Whose is that pile of things on the table?

45.2. It's winter. The leaves from the trees have all fallen. There's a pile of leaves heaped up in the courtyard.

45.3. Look, what's that group of men doing?

45.4. Store these things in the closet.

46.1. There are over five hundred cars parked in that parking lot.

47.1. My father says that if my younger brother comes out first in the exam he'll present him with a bicycle.

Review Sentences

48.1. We are five brothers and sisters. My father gave each of us a new pen.

49.1. Mom, where shall I put the typewriter?

49.2. This dish isn't salty enough. Put in some more salt.

49.3. I was hungry today. I had dinner as soon as I put down my books [lit. after I got home I put down my books and immediately had dinner].

50.1. Could you tell me how long the round trip to New York is by car?

50.2. How much is a plane ticket to Shanghai round trip?

50.3. I'd like two round-trip tickets to New York.

51.1. I was preoccupied with studying and wasn't aware that he had come.

51.2. We're about to have exams. I'm so busy I can't even manage to eat.

51.3. The only thing he can think of is talking with that pretty girl. I called to him for a long time but he didn't hear.

51.4. I'm terribly busy. How can I think of going to see a play?

52.1. We had exams today. I was all burned up. There was one question that I couldn't remember (the answer for) no matter how I tried.

52.2. He has a very nice disposition. No matter how you reprimand him he doesn't get angry.

52.3. I misread a question on the exam. I'm as angry as can be.

53.1. I'm going out. **Study hard, mind you.**

53.2. I'm inviting you to tea tomorrow afternoon at three. Do come.

54.1. Mr. Zhang's son is getting married today. We have to go congratulate him (i.e. Mr. Zhang).

55.1. I'll be back in a moment. If Miss Wang comes have her stay and eat.

55.2. He insists on leaving. No matter how you try you can't get him to stay.

55.3. It won't take $10. Leave $5 and that will be enough.

56.1. Don't see me off. Please go back.

56.2. Goodbye. I won't see you off.

56.3. I'm sorry to have been late; (as) I was seeing a friend off at the plane.

56.4. Please don't see me off. . . . All right [I won't]. Goodbye.

Review Sentences

1. Teacher, I can't read this sentence. . . . Try it [and see].

2. This auditorium is well planned. No matter where you sit you can hear and see everything.

3. [You see] this watch is very nice on the outside, but it is [lit. goes] not at all accurate.

4. We've planted quite a few vegetables in that plot of land behind our house.
5. I'm terribly busy all day long. I don't have any free time at all.
6. His ability lies in [his being especially good at] arranging rooms.
7. Most of my baggage I turned over to the boat for shipment.
8. He never goes to the movies once all year long.
9. Please close the door when you go out and come in.
10. Those two children were crying [terribly] and didn't stop crying until I gave each one an orange.
11. [May I ask] where shall I put this table?
12. He's awfully busy. How can he think of seeing a movie?
13. He insists on leaving. No matter how I try I can't get him to stay.
14. In the future he plans to travel over the whole country by bicycle.
15. This year the population here has increased fifteen per cent.
16. In the future a tall building of over twenty stories will be erected on this plot of land.
17. My father is a farmer.
18. [You see] recently a small Western-style house was built on that little hill.
19. A lot of goods were piled up at the railroad station. I don't know where they're being transported to.
20. Please go back. Don't see me off.

Notes

1. Xièxie 'thank' is used to express thanks <u>before</u> as well as <u>after</u> an action. In the former usage it expresses thanks for an anticipated action:

    Xièxie nǐ bǎ zìdiǎn dìgei wǒ. 'Thank you (in advance) for handing me the dictionary,' i.e. 'Please hand me the dictionary.'

2. Shēng(r) 'sound' with a preceding number is used after a verb for 'say' and related meanings to tell how many times the utterance is said:

    Wǒ jiào ta liǎng sānshēng, kěshi tā méi tīngjian. 'I called him two or three times, but he didn't hear.'

    When the number is yī 'one,' however, the expression most often means something like 'just . . . ' rather than 'once' or 'one time':

    Nǐ jiào ta yìshēngr. 'Call him.'
    Nǐ zǒu yǐqián gàosu wo yìshēngr. 'Let me know before you go.'

3. The layout of the Hua home as described in the Dialogue and shown on the accompanying chart (p. 261) is typical for a Chinese-style house. The house consists of detached units (hé) around a central courtyard, the whole

being enclosed by high walls. Entrance to the house is through a gate (mén) leading to the central courtyard (yuànzi). At the end of the courtyard, directly opposite the gate, is the main section of the house (zhèngfáng), consisting of three rooms (jiān): the combined living room (kètīng) and dining room (fàntīng), the bedroom (wòfáng) of Mr. and Mrs. Hua, and Mr. Hua's study (shūfáng). To the left and right are side rooms (xiāngfáng). Those on the left as one faces the main apartment comprise a two-bedroom unit, the boys' rooms. The unit on the right contains the kitchen (chúfáng) and the maid's room. As the Huas' home is oriented, the main rooms face south. The boys have the rooms on the western side of the courtyard, so that they get the morning sun and avoid the hot afternoon sun. The northwest corner contains the combined toilet and bathroom. The northeast corner has a storage room.

4. The particle zhī in literary Chinese has many of the same functions as the subordinating particle de in spoken Chinese. In speech, it occurs in a number of fixed usages. One of these is to express fractions in the form A fēnzhī B, lit. 'B (out) of A parts' or 'B/A':

    sānfēnzhī yī   'one-third, 1/3'
    shífēnzhī sān   'three-tenths, 3/10'
    bǎifēnzhī sìshijiǔ   'forty-nine one-hundredths, 49/100, 49 per cent'

5. Chinese, like other languages, has conventional representations for animal sounds: corresponding to 'bow wow' (or 'arf arf' or the like), for example, is Chinese wāng wāng. A cat's miaowing is represented as mī mī mī; this is also the call used by human beings to summon cats.

6. The verb pū 'spread, cover' takes two kinds of objects—the thing covered, or the covering itself:

    pū zhuōzi   'cover the table'
    pū dānzi   'spread out the sheets'

7. The exclamation ah at the end of a sentence spoken to friends or inferiors indicates a command, suggestion, or statement with which the hearer is expected to comply or agree:

    Hǎohāorde niàn shū, ah. 'Study hard, you.'
    Wǒ qu qī chá, ah. 'I'll go make some tea [and no doubt you approve of this].'
    Nǐ zhèi shì dì-èrcì lái Zhōngguo le, ah. 'This is your second trip to China, I see.'

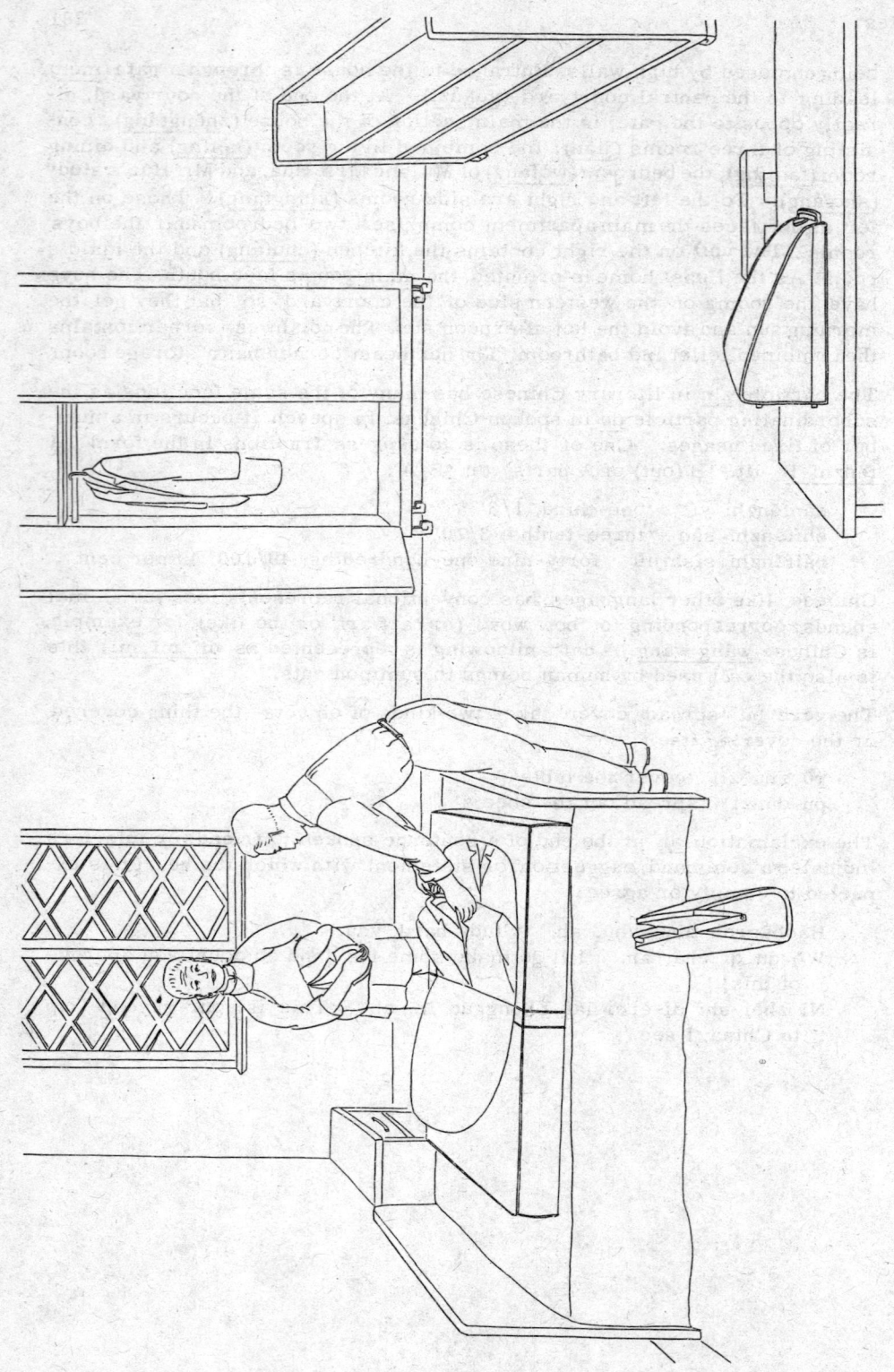

"Wǒ shi Héběi Shěng Sānhé Xiàn de rén."

Dì Shísìkè. Gēn Yòngren Tán Huà

        Huìhuà: Bái Xiānsheng gēn Wáng Mā yìbiār shōushi dōngxi yìbiār tán huà.

Wáng: Bái Xiānsheng, lái, nín jiāogei wo. Wǒ lái gěi nín shōushi.

Bái : Xièxie ni. Jiānglái měitiān dōu děi máfan ni.

5 Wáng: Yīnggāide. Nín yǒu shénmo shì zhíguǎn shuō. Oh. nín yǒu gāi xǐ de yīshang méi yǒu?

Bái : Wǒ yǒu yíjiàn chènshān jǐtiáo shǒujuàr liǎngshuāng wàzi. Wǒ zìjǐ xǐ. Nǐ jiù bǎ wǒ nèijiàn chènshān xíxi déle.

Wáng: Gànmá nín zìjǐ xǐ ya? Nín dōu jiāogei wǒ déle. Yìhuěr chīwánle
10   fàn xiàwǔ jiù gěi nín xǐchulai le.

Bái : Wáng Mā, nǐ zài Huá zhái jǐnián le?

Wáng: Wǒ zài zhèr èrshi duō nián le.

Bái : Nǐ jīnnian duó dà suìshu le?

Wáng: Wǒ ya, wǔshiwǔ le. Wǒmen xiāngxia rén chī kǔ, suóyi zhǎngde
15   lǎo. Nín qiáo wǒ hǎoxiang liù-qīshísuì le.

Bái : Bú xiàng liù-qīshí.

Wáng: Wǒde niánji gēn wǒmen tàitai chàbuduō. Nín qiáo wǒmen tàitai zhǎngde duó niánqīng a.

Bái : Nǐ shi nǎr de rén ne?

20 Wáng: Wǒ shi Héběi Shěng Sānhé Xiàn de rén.

Bái : Nǐ jiā lǐtou dōu yǒu shénmo rén ne?

Wáng: Wǒ yǒu liǎ érzi yíge nǚ'er. Érzi qǔle xífer le dou. Nǚ'er yě chūjià le. Hái yǒu liǎngge sūnzi liǎngge sūnnüer.

Bái : Nǐ hěn yǒu fúqi de. Nǐ zhàngfu ne?

25 Wáng: Wǒ zhàngfu zǎo sǐ le.

Bái : Nǐ érzi gēn nǐ nǚxu dōu zuò shénmo shì a?

Wáng: Wǒ dà érzi zài gōngchǎng zuò gōng. Èr érzi zài tiělùshang dāng gōngren, xiūli tiělù de. Wǒ nǚxu yuánlái shi lā chē de. Xiànzài zài zhe chéng lǐtou dēng sānlúnchē. Wǒ nǚ'er zhùde lí zhèr bù
30   yuǎn.

Bái : Nǐ érzi tāmen bú zài zhèr ma?

283

	Wáng:	Tāmen bú zài zhèr. Hai, Bái Xiānsheng, tíqi cóngqián wǒ yǎnghuo wǒ zhèi jǐge érnǚ ya, kě zhēn bù róngyi.
	Bái :	Nǐ zhàngfu běnlái shi zuò shénmo de?
35	Wáng:	Wǒ zhàngfu běnlái shi nóngrén, shi zhòng dì de. Gēn Rìběn rén dǎ zhàng de shíhour tā dāng bīng dǎ zhàng qule. Dì yīcì shòu shāng le. Hǎole yǐhòu yòu qu dǎ zhàng, ràng dírén gěi shā le.
40	Bái :	Wǒ fùqin zài Dì Èrcì Shìjiè Dàzhàn de shíhou yě qù dāng bīng qu le. Tā suīrán dǎle bù shǎo cìde zhàng, kěshi tā méi shòu shāng.
	Wáng:	Nèige shíhour nín fùqin yídìng hěn niánqīng ba.
	Bái :	Xiāngdāng niánqīng. Búguò èrshijǐsuì. Jù shuō Zhōngguo Kàngzhàn de shíhou sǐle bù shǎode rén.
45	Wáng:	Kě bu shì ma. Nèige shíhour nín qiáo wǒ yíge nǚrén, jiāli yòu qióng yòu méi běnshi. Dàizhe jǐge háizi. Nín shuō duó bù róngyi ya.
	Bái :	Zhēnshi bù róngyi.
50	Wáng:	Nèige shíhour, wǒde háizi dōu xiǎo. Jiāli zūle rénjia jǐmǔ dì, děi gěi rénjia zūqian. Méi fázi. Cūnzilide rén quàn wǒ dào chéng lǐtou bāng gōng zhèng yìdiǎr qián.
	Bái :	Nǐde háizi shéi guǎn ne? Dì zěnmo zhòng ne?
	Wáng:	Wǒ yǒu ge qīnqi gēn ta xífer. Wǒ jiù ràng tāmen dào wǒ jiā lǐtou lái lián guǎn háizi dài zhòng dì.
55	Bái :	Wǒ hěn pèifu ni. Xiànzài nǐ érnǚ dōu zhǎng dà le kéyi yǎnghuo nǐ le.
	Wáng:	Nǎr a? Tāmen gè rén gù gè rén de shēnghuó. Miánmianqiángqiāng dōu gāng gòu chī. Bái Xiānsheng, nín jiā lǐtou yǒu jǐge yòngren ne?
	Bái :	Lián yíge yě méi yǒu.
60	Wáng:	Zěnmo? Nín jiā lǐtou bú yòng yòngren ne?
	Bái :	Měiguode gōngqián gāo. Pǔtōngde jiātíng yòngbuqǐ yòngren.
	Wáng:	Nín kèqi ne. Nín jiā lǐtou nǎr néng yòngbuqǐ yòngrén ne?
	Bái :	Shì zhēnde.
65	Wáng:	Gěi rénjia zuò yòngren hěn kǔ wa. Měitiān zǎo qǐ wǎn shuì, yì tiān zuòdào wǎn. Dànshi wǒmen zhǔrén duì wǒ shi lìwài. Tāmen xiànglái bú ràng wǒ wǎn shuì. Chīwán wǎnfàn yì shōushiwánle jiù ràng wǒ shuì jiào qu.
70	Bái :	Wǒ tīng péngyou shuōguo Huá Xiānsheng Huá Tàitai tāmen shi zuì hǎode rén. Nǐde gōngzuò tāmen dāngrán yě hěn mǎnyì le, suóyi tāmen dài nǐ hǎo.
	Wáng:	Tāmen dài wǒ zhēn hǎo. Nín hái méi qiáojian wǒmen xiānsheng ne? Dāi huèr xiānsheng huílai nín qiáo tā gēn tàitai yíyàng nènmo héqi.

Shēng Zì gēn Xīn Yúfǎ de Jùzi

    Bái : Xiānsheng gēn shàoye wǒ dōu méi jiànzhao.

75 Wáng: Dàigài yìhuěr jiù huílai le.

    Bái : Wáng Mā, nǐ qù zuò biéde shì ba. Wǒ zìjǐ shōushi.

    Wáng: Nín zìjǐ shōushi? Na wǒ zuò fàn qu. Wǒ bǎ nínde wūzi yòu dǎsaole yícì. Nín qiáo wǒ bǎ chuānghu cāde duó gānjing.

    Bái : Bōli cāde zhēn liàng.

80 Wáng: Bái Xiānsheng, nín zǎochen shénmo shíhour qǐlai ya?

    Bái : Wǒ qīdiǎn zhōng jiù qǐlai.

    Wáng: Bādiǎn zhōng chī zǎodiǎn chéng ma?

    Bái : Kéyi.

    Wáng: Yīnwei shàoye yě shi qīdiǎn zhōng qǐlai chàbuduō bādiǎn chī
85   zǎodiǎn. Nǐmen liǎngwèi yíkuàr chī hǎo bu hǎo?

    Bái : Hǎojíle. Wǒmen jièzhe chī zǎodiǎn de jīhui kéyi tántan.

    Wáng: Yǒu rén èn mén língr. Duōbàr shi xiānsheng gēn shàoye huílai le.

               Shēng Zì gēn Xīn Yúfǎ de Jùzi

1.0. (3) lái   come now, let   (Note 1)

    1.1. Wǒ lái. Tài zhòngle. Nǐ nábuliǎo.

    1.2. Tàitai, lái, wǒ gěi nín dǐlou.

2.0. (6) yīshang   clothes, clothing   (N)   (measure: jiàn, tào)

    2.1. Jīntian tiānqi tài lěng. Nǐ duō chuān diar yīshang.

3.0. (7) chènshān   shirt   (N)   (measure: jiàn)

    3.1. Zhèijiàn chènshān liǎngkuài liùmáo qián.

4.0. (7) shǒujuàr   handkerchief   (N)   (measure: tiáo)   [lit. hand silk]

    4.1. Wǒ wàngle dài shǒujuàr le.

    4.2. Qǐng ni bǎ zhèi liǎngtiáo shǒujuàr gěi wo xíxi.

5.0. (7) shuāng   pair   (M)

Lesson Fourteen

    5.1.   Wǒde xié huài le. Wǒ děi mǎi yìshuāng xīnde le.

6.0. (7) wàzi   socks, stocking (measures: zhī, shuāng)

    6.1.   Tā gěi wǒ mǎile liǎngshuāng wàzi.

    6.2.   Nèishuāng wàzi pò le yìzhī. Bù néng zài chuān le.

7.0. (11) zhái   residence (N)

            Wáng zhái   the Wang residence

    7.1.   Wài, zhèr shi Wáng zhái. Nín zhǎo shéi shuō huà?

8.0. (20) shěng   province (in China), state (in America) (M)

            Dōngsānshěng   Manchuria [lit. east three provinces]

    8.1.   Wǒmen nèishěng jīnnian jiù méi xià yǔ.

    8.2.   Dōngsānshěng zài Zhōngguode dōngběibù.

9.0. (20) hé   river (N) (measure: tiáo)

            Huáng Hé   Yellow River

            Hénán   Honan (province)

            Héběi   Hopeh (province)

    9.1.   Wǒmen dōngtian zài héshang liū bīng, xiàtian zài héli yóuyǒng.

    9.2.   Zhōngguo běibù yǒu yìtiáo dà hé jiào Huáng Hé.

    9.3.   Héběi Shěng zài Huáng Héde běibiar. Hénán Shěng zài Huáng Héde nánbiar.

10.0. (20) xiàn   district, county (M)

            Sānhé Xiàn   (lit. Three Rivers District; known for its female servants)

    10.1.   Měi yìshěng lǐtou qǔxiāole jǐge xiàn.

    10.2.   Sānhé Xiàn shi Zhōngguo běibùde yíge xiǎo xiàn.

11.0. (22) liǎ   two (Note 2)

    11.1.   Wáng Mā, qǐng nǐ ná liǎ diér lai.

    11.2.   Wǒmen liǎ rén yíkuàr qu hǎo bu hǎo?

12.0. (22) qǔ   marry (of a man) (TV)

            qǔ tàitai   marry, take a wife

    12.1.   Tā zènmo dàde suìshu le zěnmo hái bu qǔ tàitai?

13.0. (22) xífu, xífer   daughter-in-law; wife (N)

    13.1.   Tā érzi jīnnian dōngtian qǔ xífer.

14.0. (23) jià, chūjià   marry (of a woman) (IV)

            jiàgei   give in marriage to

            jiàchuqu   (leave home to) get married

Shēng Zì gēn Xīn Yúfǎ de Jùzi   287

    14.1.   Wǒ nǚ'er qùnian jiù jiàchuqu le.
    14.2.   Wáng jia èr xiáojie jiàgei Zhāng jia sān shàoye le.
    14.3.   Xià xīngqī wǒ mèimei chūjià.
15.0. (24) zhàngfu   husband (N)
    15.1.   Zhāng Mā huí jiā le yīnwei ta zhàngfu bìngde hěn lìhai.
16.0. (26) nǚxu   son-in-law (N)
    16.1.   Tīngshuō Wáng Tàitai gēn ta nǚxu xiāngchùde bù hǎo.
17.0. (27) tiělù   railroad (N) (measures: tiáo, lǐ) [lit. iron road]
    17.1.   Zènmo dà yíge shěng jiù yǒu yìbǎi duō lǐ tiělù.
    17.2.   Cóng Shànghǎi dào Nánjīng nèitiáo tiělù shi shénmo shíhou xiū de?
18.0. (27) gōng   (manual) work (N)
                zuò gōng   do work
                bāng gōng   work for someone
                gōngrén   worker
                gōngqián   wages
                gōngchǎng   factory
    18.1.   Nǐ shi zuò shénmo gōng de?
    18.2.   Wǒ érzi shi gěi rénjia pū zhuān de gōngren.
    18.3.   Wǒmende gōngqián shi àn yuè ná.
    18.4.   Nèige gōngchǎng lǐtou yǒu yìqiān duō rén zuò gōng.
    18.5.   Tā shi gěi Zhāng jia bāng gōng de.
19.0. (27) dāng   serve as, be (TV)
    19.1.   Tā gēge zài fànguǎr dāng chúzi.
20.0. (28) lā   pull, tow (TV)
    20.1.   Wǒ bú zàncheng rén lā chē.
    20.2.   Wǒde chē bù zǒu le. Qǐng bǎ nǐde chē kāilai bāng wǒ lādào chéng lǐtou qu.
21.0. (28) V O de   one who V O (Note 3)
                lā chē de   ricksha puller
                zhòng dì de   farmer
    21.1.   Lā chē de hěn xīnkǔ.
    21.2.   Wǒmen jiā jǐbèi rén dōu shi zhòng dì de.
22.0. (29) dēng   press with foot, step on, pedal (TV)
    22.1.   Zhèizhāng huàr wǒ děi dēngzhe yǐzi guà.
23.0. (29) sānlúnchē   pedicab (N) (measure: liàng) [lit. three wheels vehicle]

23.1. Dēng sānlúnchē méi yǒu lā chē nènmo xīnkǔ.
24.0. (32) yǎnghuo   support, feed (people)   (TV) [lit. raise life]
    24.1. Tā yǎnghuo wǔge rén.
    24.2. Wǒde qián děi yǎnghuo wǒde fùmǔ.
25.0. (33) érnǔ   sons and daughters
    25.1. Tāde érnǔ dōu zhǎng dà le.
26.0. (35) nóngrén   farmer   (N)
    26.1. Zhōngguo rén shì bu shi sìfēnzhī sān shi nóngrén?
27.0. (36) zhàng   battle, war   (N)
        dǎ zhàng   fight, wage war
    27.1. Zhōngguo gēn Rìběn dǎle bānián zhàng.
28.0. (36) bīng   soldier   (N)
        dāng bīng   be a soldier, serve as a soldier
    28.1. Dǎ zhàng de shíhou qīngniánde nánrén dōu děi qù dāng bīng.
29.0. (37) shāng   wound, injury   (N)
        shòu shāng   be wounded, be injured
        pèngshāng   injure by running into
        shāng fēng   catch cold [lit. wound wind]
    29.1. Zuótian yǒu yíliàng qìchē chū shì le. Chē lǐtou wǔge rén dōu shòu shāng le.
    29.2. Wǒ dìdi kāi chē bù xiǎoxin pèngshāngle yíge rén.
    29.3. Nǐ shāng fēng le ma?
    29.4. Wǒ zhèi liǎngtiān yǒu diar shāng fēng.
30.0. (37) dírén   enemy   (N) [lit. oppose person]
    30.1. Dírén dōu pǎo le.
31.0. (37) shā   kill   (TV)
    31.1. Kèren hěn duō. Děi duō shā jǐzhī jī.
32.0. (38) -zhàn   battle, war
        dàzhàn   great war
        Shìjiè Dàzhàn   World War
        Kàngzhàn   War of Resistance (name used by Chinese for 1936–1945 war against Japan) [lit. resist war]
    32.1. Wǒ zhèi yíbèizi jīngguo liǎngcì dàzhàn le.
    32.2. Dì Yīcì Shìjiè Dàzhàn shi yī jiǔ yī sì nián dào yī jiǔ yī bā nián.
    32.3. Zhōngguo gēn Rìběn dǎ zhàng jiào Kàngzhàn.

Shēng Zì gēn Xīn Yúfǎ de Jùzi

33.0. (42) xiāngdāng   suitable, suited (SV); rather, fairly (AD) [lit. mutual should]
    33.1.   Wǒ zuò nèige shìqing duì wǒ bù zěnmo xiāngdāng.
    33.2.   Zhèiběn zìdiǎn xiāngdāng hǎo.
34.0. (42) jù   according to (CV)
    jù shuō   it is said that, they say
    34.1.   Jù wǒ zhīdao tā shi méi qián.
    34.2.   Jù shuō Wáng Xiānsheng bìngde hěn lìhai.
35.0. (45) qióng   poor, impoverished (SV)
    35.1.   Wǒ zhèi jǐtiān qióngde bùdéliǎo. Nǎr yǒu qián kàn diànyǐngr a?
36.0. (48) mǔ   (Chinese) acre (M) (= 1/6 English acre)
    36.1.   Wǒmen jiā nèi jǐmǔ dì dōu zhòng de shi shuǐguǒ
37.0. (49) cūn(zi)   village (N)
    Wáng Jia Cūn   Wang Family Village
    37.1.   Wǒmen cūnzi lǐtou chàbuduō dōu zhòng cài.
    37.2.   Wǒ shi Wáng Jia Cūnde rén.
38.0. (50) zhèng   earn money by working
    38.1.   Tā měiyuè zhèng qián bù duō.
39.0. (53) lián A dài B   both A and B
    39.1.   Wǒ lián chī fàn dài zuò chē měiyuè yòng bù shǎode qián.
    39.2.   Tā xué Zhōngwén xuéde hěn kuài, yīnwei ta měitiān lián tīng lùyīn dài shàng kè.
    39.3.   Wǒ lián guówén dài lìshǐ dōu kǎode bù hǎo.
40.0. (54) pèifu   admire, respect (TV)
    40.1.   Wǒ zhèi yíbèizi jiù pèifu Mǎ Jiàoshòu.
41.0. (56) miǎnqiǎng   reluctant, forced (SV), urge, compel, force (V) [lit. enough force]
    41.1.   Zuótiān kāi huì tā qùde hěn miǎnqiǎng.
    41.2.   Wǒ bù yuànyi zuò. Nǐ bù néng miǎnqiǎng wǒ ya.
    41.3.   Wǒ méi qián le. Jīntiān miánmianqiángqiǎng ba fángzū jiāo le.
42.0. (57) A gāng gòu (B) V   A is just enough (for B) to V
    A B gāng gòu V   A is just enough for B to V
    42.1.   Nǐ zuò de fàn bù duō bù shǎo, gāng gòu wǔge rén chī.
    42.2.   Zhèige fàn wǒmen sānge rén gāng gòu chī.
    42.3.   Shíhòu gāng gòu dào huǒchē zhàn.

43.0. (61) pǔtōng   common, ordinary   (SV) [lit. universal general]

pǔtōng huà   general language (i.e. no particular dialect)

43.1. Zhèizhǒng diànshì bú shì tèbié hǎo de, shì pǔtōng de.

43.2. Nèige pùzide jiāju tài guì le. Bú shì pǔtōng jiātíng kéyi mǎi de.

43.3. Pǔtōng huà shi suóyǒude Zhōngguo rén dōu dǒngde yǔyán.

44.0. (61) -qǐ   (postverb in resultative verbs)   (Note 4)

yòngbuqǐ   can't (afford to) use

mǎibuqǐ   can't (afford to) buy

niànbuqǐ   can't (afford to) study

kànbuqǐ   can't (afford to) see; look down upon

44.1. Tā kànbuqǐ wo. Tā yǐwei wǒ bu zhīdào ne.

44.2. Wǒmen jiā kě yòngbuqǐ yòngren.

44.3. Wǒ nǎr mǎideqǐ qìchē?

44.4. Nèige háizi yīnwei jiā lǐtou qióng niànbuqǐ shū. Zhōngxué hái méi bìyè ne jiù bú niàn shū le.

44.5. Wǒ jīntian méi qián. Kànbuqǐ diànyǐngr.

5.0. (65) dànshi   but, however   (MA)

45.1. Nǐ qù kéyi, dànshi děi zǎo diar huílai.

46.0. (65) zhǔrén   master   (N)

46.1. Nèitiáo gǒu yǒu zhǔrén méi you?

47.0. (65) lìwài   exception   (N) [lit. rule outside]

lìwài(de) bànfa   exceptional measure

A (shi) lìwài   A is an exception

47.1. Zhèijiàn shì děi yòng lìwàide bànfa.

47.2. Wǒmende gōngqián dōu yíyàng. Zhí yǒu nǐ shi lìwài.

48.0. (66) xiànglái   hitherto   (AD) [lit. toward come]

xiànglái bù/méi   never

48.1. Wǒ xiànglái méi tīngquo xì.

49.0. (72) dāi   stay (temporarily)

dāi (yì)huěr   stay awhile, wait a moment; take your time; presently

dāizhe   be unoccupied, be unemployed

49.1. Qù niàn shū qu. Bié zài zhèr dāizhe.

49.2. Máng shénmo? Zài dāi yìhuěr.

49.3. Rénjia dōu hěn máng. Nǐ bié dāizhe. Zuò shì a.

50.0. (78) chuānghu   window   (N) [window door]

50.1. Wǒ nèijiān wūzi yǒu liǎngge dà bōli chuānghu.
51.0. (78) cā   rub, scrape, polish, clean   (TV)
         cā gānjing   wipe clean
   51.1. Nǐ qiáo nǐde xié duómo zāng a. Děi cāca le.
   51.2. Chīwánle fàn děi bǎ zhuōzi cā gānjing.
52.0. (86) jièzhe   by means of, making use of, using, thanks to
   52.1. Wǒ jièzhe fàngjià de jīhui dào Zhōngguo lǚxíngle yícì.
   52.2. Jièzhe zhèi jǐtiān bù shàng kè yǒu gōngfu. Wǒ děi shōushi wūzi.
53.0. (87) duōbàn(de), duōbàr(de), yìduōbàr(de), duōyíbàr(de)   most of, the majority of; most likely, perhaps [lit. most half]
   53.1. Wǒ duōbànde shū dōu shi guānyú yǔyán de shū.
   53.2. Tā měitiān duōyíbàrde shíhou dōu shi zài xuéxiào.
   53.3. Tā duōbàr bù lái le.

Wēnxí Jùzi

1. Lǎo Wáng zài zào dǎzìjī de gōngchǎng lǐtou zuò gōng.
2. Zài Měiguo de Zhōngguo fànguǎr dāng dàshifu zhèng qián hěn duō.
3. Qǐng nǐ bǎ nèibǎ yǐzi lādao zhèibiar lai.
4. Wǒ zhèng de qián děi yǎnghuo wǒde fùmǔ.
5. Wǒ zuì pèifu Zhāng Xiānsheng. Tā zhēn yǒu běnshi.
6. Wǒ shāng fēng yǐjīng hǎoxiē rìzi le. Hái méi hǎo ne.
7. Tāde Zhōngguo huà shuōde xiāngdāng liúli.
8. Jù bàozhǐshang shuō zhèi jǐtiān hěn duō qìchē chū shì.
9. Wǒmen jiāde Wáng Mā měitiān lián xǐ yīshang dài zuò fàn, zènmo duō rén zhēn gòu ta máng de le.
10. Nǐ yàoshi bù xǐhuan chī bié miánqiǎng chī.
11. Wǒ kě chībuqǐ kǎo yāzi.
12. Tā duì shéi dōu bù hǎo. Duì nǐ hǎo shi lìwài le.

13. Wáng Jiàoshòu zhēn hǎo. Xiànglái bù shuō rén.
14. Lái, wǒ bāng nǐde máng. Fǎnzhèng wǒ dāizhe ne.
15. Wǒ jièzhe zhèige jīhui gěi tā jiē fēng.
16. Wǒde wúxiàndiàn duōbàr ràng wǒ dìdi gěi náqu le.
17. Xià xīngqīliù Lǎo Wáng yào qǔ tàitai le.
18. Zhèi jǐtiānde xiāoxi bù hǎo. Jù shuō yòu yào dǎ zhàng le.
19. Zuótian Wáng Xiānshengde qìchē chū shì le. Tāde tuǐ shōu shāng le.
20. Duìbuqǐ, wǒ jīntian kě bù néng qǐng kè. Wǒ zhèi diar qián gāng gòu wǒ yíge rén chī de.

Dāndú Tánhuà

Wǒ gēn Huá Tàitai tánle yìhuěr, jiù dào wǒ nèijiān wūzi qù, xiǎng bǎ dōngxi shōushi shōushi. Wǒ bǎ xiāngzi dǎkai le. Zài zhèige shíhou Wáng Mā yě jìnlai le. Tā xiǎng wǒ jìnlai yídìng yào shōushi dōngxi. Tā shi lái bāng wǒde máng, bìngqiě wèn wǒ yǒu gāi xǐ de yīfu méi yǒu. Wǒ
5 jiù bǎ jīntian zǎochen huànxialai de chènshān, wàzi, hái yǒu jǐtiáo shǒujuàr jiāogei Wáng Mā le. Wǒ xiǎng wàzi shǒujuàr wǒ zìjǐ xǐ, kěshi Wáng Mā tā bú ràng wǒ xǐ.

Wáng Mā shì yíge wǔshijǐsuìde rén. Gèzi bù gāo, hěn shòu, tóufa dōu bái le. Wǒ wènwen tā jiā lǐtoude qíngxing. Tā gàosu wǒ hěn duō
10 guānyú tā zhàngfu érnǚ de shìqing.

Yuánlái tā zhàngfu shì ge nóngrén. Zhōngguo gēn Rìběn dǎ zhàng de shíhou tā zhàngfu qù dāng bīng dǎ zhàng, ràng dírén gěi shā le. Tā shuō ta jiāli hěn qióng, dì shi zū rénjia de, háizi yòu hěn xiǎo. Méi fázi, zhǐ hǎo dào chéng lǐtou, gěi rénjia bāng gōng zhèng diar qián yǎnghuo
15 jǐge háizi.

Xiànzài tāde érnǚ yǐjing zhǎng dà le. Érzi jiéhūn le, nǚ'er yě chūjià le, érqiě érzi nǚxu dōu yǒu gōng zuò. Wǒ gēn ta shuō érnǚ dōu néng yǎnghuo tā le. Tā shuō tāmen zhèngde qián bù duō, miánmianqiángqiāng

Wèntí

gè rén gāng gòu chī de. Tā shuōwánle wǒ yì tīng wǒ hěn pèifu tā yíge
xiāngxia nǔrén, méi xuéwen, jiā lǐtou yòu méi qián, gěi rénjia bāng gōng,
bǎ érnü dōu yǎng dà le. Érqiě Zhōngguode gōngrén qián zhèngde hěn
shǎo. Zhēnshi bù róngyi.

Wáng Mā hái wèn wo jiā lǐtou yǒu jǐge yòngren. Wǒ gàosu ta wǒmen
jiā lián yíge yòngrén yě méi yǒu, tā bú xìn, tā xiǎng wǒ jiā lǐtou yídìng
hěn yǒu qián. Qíshí wǒmen bú shi yǒu qián de rén, nǎr yòngdeqǐ rén ne.
Wáng Mā zhēn yǒu yìsi.

Tā hái tándao guānyu zhǔren duì gōngren de wèntí. Tā shuō tāde
zhǔrén duì ta hǎo, nà shi lìwài de. Tā yìbiār gēn wǒ shuōzhe yìbiār
bāngzhe wǒ guà yīfu. Wǒ pà ta yīnwei bāngzhe wǒ dānwule biéde shìqing.
Wǒ shuō ràng tā zuò biéde shì qu, bú bì bāngzhe wǒ. Yǐjing dào zuò fàn
de shíhou le. Tā shuō nènmo tā jiù zuò fàn qu.

Wèntí

1. Bái Xiānsheng dào ta nèijiān wūzi qu le. Wáng Mā yě jìnlai le. Tā gēn Bái Xiānsheng shuō shénmo?
2. Wáng Mā wèn Bái Xiānsheng yǒu gāi xǐ de yīshang méi you. Bái Xiānsheng yǒu méi yǒu? Tā dōu yǒu shénmo gāi xǐ de?
3. Wáng Mā shuō shénmo shíhou gěi ta xǐ?
4. Wáng Mā shuō tāmen xiāngxia rén wèi shénmo zhǎngde lǎo?
5. Wáng Mā shuō wèi shénmo Huá Tàitai bǐ ta zhǎngde niánqīng?
6. Wáng Mā shi nǎr de rén?
7. Tā shuō ta érzi gēn ta nǚxu dōu shi zuò shénmo de?
8. Wáng Mā yǒu zhàngfu méi you? Tā zhàngfu shi zuò shénmo de? Zěnmo sǐ de?
9. Wáng Mā wèi shénmo gěi rénjia dāng yòngren?
10. Tā qù gěi rénjia dāng yòngren, jiā lǐtou shéi guǎn háizi zhòng dì ne?
11. Bái Xiānsheng shuō tāde érnü dōu dàle kéyi yǎnghuo tā le. Wáng Mā shuō shénmo?

12. Wáng Mā wèn Bái Xiānsheng jiā lǐtou yǒu jǐge yòngren. Bái Xiānsheng shuō shénmo?
13. Wáng Mā wèi shénmo bú xìn Bái Xiānsheng jiāli méi yǒu yòngren?
14. Wáng Mā shuō gěi rénjia zuò yòngren hěn kǔ, yèli shuìde hěn wǎn, kěshi tāde zhǔrén duì ta zěnmoyàng ne?
15. Wáng Mā shuō Huá Tàitai shénmo shíhou ràng ta shuì jiào?
16. Wáng Mā gàosu Bái Xiānsheng tā bǎ nèijiān wūzi zěnmo shōushi le?
17. Wáng Mā wèi shénmo wèn Bái Xiānsheng bādiǎn chī záodiǎn chéng ma?
18. Bái Xiānsheng yuànyi gēn dà shàoye yíkuàr chī záodiǎn ma? Wèi shénmo?
19. Huá zháide mén líng xiǎng nǐ cāi shéi huílai le?
20. Yàoshi nǐde péngyou huòzhe fángdōngde yòngren yào bāngzhe nǐ shōushi dōngxi, nǐ gēn ta shuō shénmo kèqi huà?
21. Nǐ gēn péngyoude yòngren tán huà yīnggāi tán shénmo?
22. Yàoshi yǒu rén gàosu ni tā yǒu érnǚ hái yǒu sūnzi, sūnnüer, shénmode ni shuō shénmo?
23. Yàoshi yíge nǚrén gàosu ni tā jiā lǐtou yǒu háizi kěshi tā děi chūqu zuò shì nǐ yīnggāi gēn ta shuō shénmo?
24. Yàoshi yíge nǚrén jiā lǐtou yòu qióng yòu méi běnshi hái yào yǎnghuo érnǚ, nǐ gēn ta shuō shénmo ne?
25. Yàoshi nǐ jiāli méi yǒu yòngren bié rén wèn ni yǒu jǐge yòngren, nǐ zěnmo huídá?
26. Yàoshi nǐ zhùzai rénjia jiā lǐtou yòngrén shuō ràng nǐ gēn tāmen jiāli rén yíkuàr chī zǎofàn nǐ yuànyi ma?
27. Nǐ shi yíge Měiguo xuésheng. Yàoshi měitian gēn yíge Zhōngguo xuésheng zài yíkuàr chī fàn yǒu shénmo hǎochu?
28. Yàoshi fángdōng yòngrén gàosu nǐ tā bǎ nǐde wūzi shōushi gānjing le, nǐ shuō shénmo kèqi huà?
29. Yàoshi péngyoude yòngren bāng nǐde máng, nǐ pà ta yǒu biéde shì nǐ gēn ta shuō shénmo?
30. Yàoshi yíge yòngren gēn nǐ shuō zhǔren dài ta hǎo, nǐ shuō shenmo?

Dialogue: Mr. White and Wang Ma chat while putting away things.

Wang : Mr. White, come now, hand (your things) to me. Let me put (them) away for you.
White: Thank you. Hereafter I'll be giving you (additional) work every day.
Wang : But you must. If you have something that needs doing, just speak up. Oh, do you have any clothes that need washing?

Dialogue

White: I have a shirt, a few handkerchiefs, and a couple of pairs of socks. I'll wash the handkerchiefs and socks myself. You just wash the shirt.

Wang: Why wash them yourself? Give them all to me. In a while after [finishing eating] lunch I'll wash them out for you in the afternoon.

White: Wang Ma, how long have you been in the Hua family?

Wang: I've been here over twenty years.

White: How old are you [this year]?

Wang: Me? I'm fifty-five. We country people have it hard and so age a lot. You see that I look like sixty or seventy.

White: You don't look it.

Wang: I'm about the same age as our lady. You see how young-looking she is.

White: Where are you from?

Wang: I'm from Sanhe District in Hopeh Province.

White: What family have you?

Wang: I have two sons and a daughter. Both sons are married. My daughter is also married. I also have two grandsons and two granddaughters.

White: You're very fortunate. What about your husband?

Wang: My husband died a long time ago.

White: What do your sons and son-in-law do?

Wang: My older son works in a factory. The second son is a worker on the railroad; he does repair work [on the railroad]. My son-in-law was originally a ricksha-puller. Now he works a pedicab in this city. My daughter lives not far from here.

White: Your sons aren't here?

Wang: No, they're not. My, Mr. White, speaking of raising these children [in the past], it certainly wasn't easy.

White: What did your husband used to do?

Wang: My husband was [originally] a farmer [was one who worked the land]. At the time of the fighting with the Japanese he served as soldier [and went to fight]. The first time (in battle) he was wounded. After recovering he went into battle again and was killed by the enemy.

White: My father also was [lit. went to serve as] a soldier in World War II. Although he fought in quite a few battles he wasn't wounded.

Wang: At that time your father must have been very young, I suppose.

White: He was rather young, just twenty-odd. I understand that a lot of people died in China during the War of Resistance.

Wang: I should say so. At that time, you see, I was alone [lit. I one woman]. Our family was poor and I had no (special) ability. I had several children. You can imagine how difficult it was.

White: It certainly was.

Wang: At that time my children were all small. Our family rented a few acres of land [belonging to other people for which we had to pay rent to others]. There was no help for it. The people in the village urged me to go into the city to work and earn some money.

White: Who took care of your children? How was the land farmed?

Wang: There was a relative and his wife that I had come to my home and look after the children and work the land.

White: I admire you. Now your children are all grown up and can support you.

Wang: Not at all. Each of them is concerned with his own living. With a lot of effort they barely manage to get enough to eat. Mr. White, how many servants do you have in your home?

White: None.

Wang: What, you don't have servants in your home?

White: American wages are high. Ordinary families can't afford to have servants.

Wang: You're being polite. How can your family not afford to have servants?

White: That's the truth.

Wang: Being a servant [for people] is pretty hard. You get up early and go to bed late, working all day long. But our masters are exceptional [lit. are an exception toward me]. They never make me stay up late. After [finishing eating] dinner as soon as everything's done, I'm allowed to go to bed.

White: I hear [friends say] that Mr. and Mrs. Hua are very nice people. And of course they're very satisfied with your work, so they treat you well.

Wang: They treat me very well. You still haven't seen Mr. Hua [lit. our gentleman]? He'll return presently and you'll see he's as agreeable as our lady.

White: I haven't seen either the father [lit. the gentleman] or the son.

Wang: Probably they'll be back in a moment.

White: Wang Ma, you go do your other work. I'll arrange things myself.

Wang: You will? Then I'll go do the cooking. I've swept your room once more. See how clean I've made [lit. rubbed] the windows.

White: The glass [has been cleaned so that it] really shines.

Wang: Mr. White, when do you get up in the morning?

White: [I get up] at seven.

Wang: Will it do to have breakfast at eight?

White: Yes.

Wang: Because the young gentleman also gets up at seven and has breakfast about eight. The two of you can eat together, can't you?

White: Yes. Fine. We can use the opportunity [of having breakfast] to talk.

Wang: There's someone ringing the bell. Most likely it's the master and the young gentleman returning. (She leaves.)

Sentences for New Words and Grammar

1.1. Let me. It's too heavy. You can't lift it.
1.2. Come, Madame, I'll carry it for you.
2.1. The weather's too cold today. Put on some more clothes.
3.1. This shirt is $2.60.
4.1. I forgot to bring a handkerchief.
4.2. Please wash these two handkerchiefs for me.
5.1. My shoes are worn out. I must buy a pair of new ones.
6.1. He bought two pairs of socks for me.
6.2. One sock [of this pair] is worn out. It can't be worn any more.
7.1. Hello, this is the Wang residence. Who do you want to talk to?
8.1. It hasn't rained in our province this year.
8.2. Manchuria is in the northeastern part of China.
9.1. We skate on the river in winter, and swim in the river in summer.
9.2. In the northern part of China is a large river called the Yellow River.
9.3. The province of Hopeh is north of the Yellow River. The province of Honan is south of the Yellow River.
10.1. Several districts have been eliminated in each province.
10.2. Sanhe District is a small district in the northern part of China.
11.1. Wang Ma, please bring a couple of plates.
11.2. How about the two of us going together?
12.1. How come he hasn't got married yet despite his age?
13.1. His son is getting married this winter.
14.1. My daughter was married last year.
14.2. The second daughter in the Wang family was married [off] to the third son in the Zhang family.
14.3. My younger sister is getting married next week.
15.1. Zhang Ma returned home because her husband is seriously ill.
16.1. I hear Mrs. Wang doesn't get along well with her son-in-law.
17.1. (Although it's) such a large province (it) has only a hundred-odd miles of railroad.
17.2. When was the railroad from Shanghai to Nanking built?

18.1. What (kind of) work do you do?
18.2. My son [is a worker who] lays bricks [for people].
18.3. Our wages are [received] by the month.
18.4. There are over a thousand workers [working] in that factory.
18.5. She works for the Zhang family.
19.1. His older brother is a cook in the restaurant.
20.1. I don't like to see [lit. I don't approve of] men pulling rickshas.
20.2. My car won't go. Please drive your car over and help me tow it into the city.
21.1. Ricksha pullers do very exhausting work.
21.2. Our family has been farmers for several generations. [lit. Several generations of people in our family have all been farmers.]
22.1. I have to step on a chair to hang this picture.
23.1. Pedaling a pedicab isn't as exhausting as pulling a ricksha.
24.1. He supports five people.
24.2. My money is needed to [lit. My money must] support my parents.
25.1. His sons and daughters are all grown up.
26.1. Is it true that three-fourths of the Chinese are farmers?
27.1. China fought [with] Japan for eight years.
28.1. When there's war all young men must serve as soldiers.
29.1. Yesterday there was an automobile accident. All five people in the car were injured.
29.2. My younger brother, in (a moment of) carelessness while driving, ran into a man and injured him.
29.3. Have you caught cold?
29.4. I've had a bit of a cold these past two days.
30.1. The enemy has all fled.
31.1. There are a lot of guests. We must kill a few more chickens.
32.1. I've been through two world wars in my lifetime.
32.2. World War I was from 1914 to 1918.
32.3. The fighting between China and Japan is called the War of Resistance.
33.1. The work I do isn't very well suited to me.
33.2. This dictionary is rather good.
34.1. So far as I know he doesn't have any money.
34.2. They say Mr. Wang is seriously ill.
35.1. I'm quite broke these days. How would I have money to see a movie?

Sentences for New Words and Grammar

36.1. Those few acres of ours are all planted in fruit.
37.1. In our village almost everyone grows vegetables.
37.2. I'm from [lit. I'm a person of] Wang Family Village.
38.1. He doesn't earn much [a month].
39.1. I spend [lit. use] quite a bit of money each month on both food [lit. eating food] and transportation [lit. sitting a car].
39.2. He is learning Chinese very fast because every day he [both] listens to recordings and goes to class.
39.3. I did badly in the exams in both Chinese and history.
40.1. I've admired Professor Ma all my life.
41.1. He went very reluctantly to the meeting that was held yesterday.
41.2. I don't want to do it. You can't force me.
41.3. I don't have any more money. I barely managed to pay the rent today.
42.1. The food you've prepared isn't (too) much or (too) little, just enough for five people [to eat].
42.2. The food is just enough for the three of us [to eat].
42.3. There's just enough time to get to the station.
43.1. This [kind of] television set isn't especially good, it's an ordinary one.
43.2. The furniture in that store is too expensive. It's beyond the reach of [lit. It's not purchasable by] ordinary families.
43.3. The general language is a language that all Chinese understand.
44.1. He looks down on me and thinks I don't know it.
44.2. Our family certainly can't afford to have [lit. use] servants.
44.3. How can I afford to buy a car?
44.4. That child can't afford to study because his family is poor. He stopped studying before graduating from middle school.
44.5. I don't have any money. I can't afford to see a movie today.
45.1. You can go (out) but you must come back early.
46.1. Does that dog have a master?
47.1. This matter requires exceptional measures.
47.2. Our wages are all the same. You're the only exception.
48.1. I've never seen a Chinese opera.
49.1. Go study. Don't hang around here.
49.2. What's your hurry? Stay a while longer.
49.3. Everyone else is very busy. Don't be idle. Do some work.
50.1. That room of mine has two big glass windows.

51.1. Look how dirty your shoes are. You must polish them.

51.2. After you finish eating you must wipe the table [clean].

52.1. I'm making use of [the opportunity of] the vacation to make a trip to China.

52.2. Thanks to our not having classes these past few days I have some free time. I must put my room in order.

53.1. The majority of my books are [books which are] concerned with linguistics.

53.2. Most of the time [every day] he's in school.

53.3. Most likely he's not coming.

Review Sentences

1. Old Wang works in a typewriter factory [lit. a factory making typewriters].
2. [Being] a cook in a Chinese restaurant in America earns a lot of money.
3. Please drag that chair over [to] here.
4. The money I earn is needed to support my parents.
5. I admire Mr. Zhang very much. He's really able.
6. I've had a cold for quite a few days [already]. I haven't got over it yet.
7. His Chinese is rather fluent.
8. According to the newspapers, there have been quite a few automobile accidents the past few days.
9. Our Wang Ma washes and cooks every day, and with so many people it certainly keeps her busy.
10. If you don't like to eat it don't force yourself.
11. I certainly can't afford to eat roast duck.
12. He is disagreeable toward everyone. His being nice to you is an exception.
13. Professor Wang is really nice. He never reprimands people.
14. Come, I'll help you. In any case I have nothing to do.
15. I'll take this opportunity to give him a welcome party.
16. My radio has probably been taken away by my younger brother.
17. Next Saturday Old Wang is getting married.
18. The news these days is bad. They say there'll be war again.
19. Yesterday Mr. Wang's car was in an accident. His leg was injured.
20. I'm sorry, I really can't be host today. The little money I have is just enough for me alone to eat.

Notes

1. The verb <u>lái</u> 'come' is used as an offer of help. For example, if someone is about to pick up a suitcase, you might call out one of the following:

    Wǒ lái, wǒ lái.   '(Let) me come (do it).'
    Ràng wǒ lái (ná).   'Let me [come] (carry it).'
    Wǒ lái (ná).   'I'll do it.'   [lit. I'll come (carry it)].

    After a word of direct address, <u>lái</u> means something like 'come now':

    Xiānsheng, lái, ràng wǒ zuò.   'Come now, sir, let me do it.'

2. <u>Liǎ</u> 'two' is a colloquial Peking expression equivalent to standard <u>liǎngge</u>.

3. A person who regularly performs a particular activity can be designated by the pattern   V O de   'one who V's O':

    xǐ yīfu de   'one who washes clothes'
    kāi chē de   'one who drives'
    zuò fàn de   'one who cooks'
    lā chē de   'one who pulls a ricksha [lit. vehicle]'

    Some of these phrases have become specific terms for occupations:

    lā chē de   'ricksha puller'

    For stylistic considerations, this construction may be used in preference to the specific designation for an occupation, as in the following example:

    Wǒmende liǎngge lǎomāzi, yíge shi xǐ yīfu de, yíge shi zuò fàn de.
    'Of our two maids, one [is the one who] washes and one [is the one who] cooks.'

    <u>Zuò fàn de</u> is used instead of <u>chúzi</u> or <u>dàshīfu</u> 'cook' (i.e. 'one who cooks as an occupation') in order to parallel the construction of <u>xǐ yīfu de</u>, 'one who does washing,' for which there is no specific term.

4. The postverb <u>qǐ</u> 'begin' is used to form resultative compounds meaning 'can(not) afford':

    chuānbuqǐ   'can't afford to wear'
    mǎideqǐ   'can afford to buy'
    kànbuqǐ   'can't afford to see'

    (<u>Kànbuqǐ</u> has the additional meaning 'look down upon.')

"Wǒ xǐhuan gài lóu."

Dì Shíwǔkè.　Gēn Gōngchéngshī Tán Huà

   Huìhuà: Huá Xiānsheng gēn Bái Xiānsheng liǎngge rén tán gōngcheng.

Tài: Nǐ huílai le. Wǒ gěi nǐmen jièshao jièshao. Zhèi shi Bái Wénshān Xiānsheng. Zhèi jiù shi Huá Xiānsheng.

5　Huá: Bái Xiānsheng, duìbuqǐ, shīyíng le, yīnwei wǒ yǒu ge yuēhui bù néng bú qù.

Bái: Huá Xiānsheng, nín kèqi. Wǒ dào fǔshang lái dájiǎo nín. Jiānglái qǐng nín duō zhǐjiào.

Huá: Zhùzai yíkuàr jiù shi yìjiā rén. Bìngqiě wǒ gēn Lǎo Gāode guānxi,
10　dàgài Lǎo Gāo yě gàosuguo ni. Bú shi wàiren.

Bái: Gāo Xiānsheng gēn wǒ tánguo nín.

Huá: Nǐ zhèi shi dì èrcì lái Zhōngguo le, ah.

Bái: Shìde. Wǒ yǐqián zài zhèr niàn shū laizhe.

Huá: Tīngshuō nǐde Zhōngguo xuéwen hěn hǎo. Lǎo Gāo cháng kuājiǎng
15　ni.

Bái: Nǎr a. Gāo Xiānsheng kèqi ne.

Huá: Zěnmoyàng, Zhōngguode shēnghuó xíguan nǐ guòdeguàn ma?

Bái: Guòdeguàn. Bìngqiě wǒ duì Zhōngguode wénhuà xiāngdāng xǐhuan.

Huá: Bái Xiānsheng, nǐ è le ba?

20　Bái: Wǒ bú è. Nín yǐhòu jiào wo Wénshān ba.

Huá: Hǎo. dàjiā yǐhòu bú kèqi.

Bái: Nín shàoye yě kuài huílai le ba?

Huá: Kuài huílai le. Tā jiào Xuéxīn. Nǐ yǐhòu jiào ta Xuéxīn.

Bái: Huá Xiānsheng, nín měitiān dōu hěn máng ba?

25　Huá: Kě bu shì ma. Měitiān děi qù kàn gōngcheng. Wǒmen hái yǒu ge gōngchéng xuéhuì. Měi lǐbài jùhui yícì. Zhèrde gōngchéngshī chàbuduō dōu cānjiā zhèige huì.

Bái: Nín yídìng zàole hěn duōde fángzi le ba. Nín duì něizhǒng gōngcheng zuì yǒu xìngqu?

30　Huá: Wǒ duì gài zhùzhái, gōngyù, xuéxiào, lǚguǎn yǒu xìngqu. Huàn ju huà shuō jiù shi wǒ xǐhuan gài lóu. Duìyu xiū tiělù, xiū gōnglù, zào qiáo zhèi jǐzhǒng gōngchéng méi xìngqu.

303

Bái: Gāo Xiānsheng shuō nín shì liú Fà de.

Huá: Shìde, wǒ shi Kàngzhàn yǐqián cóng Fàguo huílai de. Nèige shíhou wǒ zài Huáběi yídài zuò shì. Gàile jǐsuǒr Zhōngguo běifāngde sìhé fángzi.

Bái: Nín dōu dàoguo Huáběi shénmo dìfang?

Huá: Zhōngguo xīběibù wǒ dàoguo de dìfang bù shǎo. Nèige shíhou wǒ gěi zhèngfǔ zuò shì. Wǒ shi xiū gōnglù. Wǒ yě dàoguo Ménggǔ, Xīnjiāng, Xīzàng. Zhèixie dìfang gēn Zhōngguo nèibù bù tóng, xiàng Ménggǔ, yǒu shāmò dìdài, shi yíge dà píngyuán.

Bái: Zhèxie dìfang wǒ dōu méi qùguo.

Huá: Jiānglái yǒu jīhui gèchu qu kànkan qu.

Bái: Nín yě zài nánfāng zuòguo gōngcheng ma?

Huá: Wǒ zài Sūzhou Hángzhou gàiguo bù shǎode fángzi. Shànghǎi yě gàiguo jǐchù fángzi. Kàngzhànde shíhou wǒ zài Sìchuān.

Bái: Cháng Jiāng yídàide jiànzhu gēn Huáběi yídàide bù yíyàng ba?

Huá: Yǒu diar bù tóng. Bǐfang shuō Shànghǎi gài fángzi ba, chàbuduō dōu shi dà lóu. Zhùzhái yě dōu shi Xī shì de. Běifāng chàbuduō dōu shi zào sìhér fángzi.

Bái: Nín xǐhuan shénmo yàngde fángzi?

Huá: Wǒ xǐhuan Zhōng Xī hébì de fángzi. Jiù shi bàn Zhōng bàn Xī de yàngzi. Zài Zhōngguode Xīfāng rén xǐhuan zhèizhǒng yàngzi de fángzi. Wūdǐng shi Zhōng shì de, mén gēn chuānghu dōu shi Xī shìde. Huáqiáomen yě xǐhuan zhèizhǒng yàngzide fángzi. Yǐqián wǒ gěi Huáqiáo gēn wàiguo rén gàiguo bù shǎo zhèizhǒng yàngzide fángzi.

Bái: Nín zhèisuǒ fángzi shèjìde duó hǎo a.

Huá: Zhèige fángzi wǒ shi ná ta zuò shìyan. Méi àn guīju, suíbiàn zào de.

Bái: Nín suíbiàn zàode dōu zènmo hǎo, ba Ōuzhou de chángchu gēn Yàzhōu de chángchu dōu hézai yíkuàr le.

Huá: Nǐ shuōde hǎo. Wǒ xǐhuan Ōuzhou de jiànzhu shi xǐhuān tāmen yòng de cáiliao gēn jiànzhu de fāngfǎ. Yóuqíshi dà lóu dōu shi yòng gāng tiě. Xiànzàide jiànzhu bǐjiào jiēshi. Yǐqián cháng fāshēng fángzi tāle de shìqing.

Bái: Zuì jìn nín gài shénmo yàngde fángzi ne?

Huá: Zuì jìnde gōngcheng shi gài gōngyù fángzi, yǒu cǎodì, huāyuár, pēnshuǐchí, xiǎo tíngzi shénmode. Wǒ shūfángli yǒu ge móxíng yìhuěr nǐ kànkan.

Bái: Nín duì gōngcheng xiāngdāng yǒu jīngyan le.

Huá: Jīngyan tánbushàng, búguò díquè gàile bù shǎode fángzi le.

Bái: Nín zài Fàguo yídìng cānguānle bù shǎode xīn shìde jiànzhu ba?

Shēng Zì gēn Xīn Yúfǎ de Jùzi

75 Huá: Duìle. Wǒ zài Fàguo bìyè de qiánhòu a, cānguānle bù shǎode dà xiǎo gōngcheng. Bìngqiě yě děi cānjiā gōngzuò—zhè yě shi wǒmen gōngcheng xì gōngkede yíbùfen.

Bái: Nín yě kànguo biéde guójiāde jiànzhu ma?

Huá: Wǒ bìyè yǐhòu, yě dào biéde guójiā qu kànle yìdiǎr, xiàng Yīngguo, Déguo, wǒ dōu qùguo le. Ránhòu jīngguo Éguo cóng Xībólìyǎ tiělù
80 zuò huǒchē huílai de.

Bái: Oh, nín shi jīngguo Sūlián nèibiar huílai de. Nín Zhōngguo wàiguo zǒu de dìfang zhēn duō. Wǒ hěn xiànmu nín.

Shēng Zì gēn Xīn Yúfǎ de Jùzi

1.0. (8) zhǐjiào   give me your views, instruct me (IV) [lit. point teach]
   1.1. Yǐhòu qǐng nín chángcháng zhǐjiào.
   1.2. Wǒ xiě de zhèiběn shū nín kànle yǐhòu qǐng nín zhǐjiào.

2.0. (10) wàiren   outsider, stranger (i.e. not a member of a family)
   2.1. Zhèijiàn shíqing wàiren shéi yě bù zhīdào wa.

3.0. (13) V laizhe   V-ing (Note 1)
   3.1. Tā lái de shíhou wǒ chī fàn laizhe.
   3.2. Zuótian wǎnshang nǐ gěi wǒ dǎ diànhuà de shíhou, wǒ zhèng gēn jǐge péngyou liáo tiār laizhe.

4.0. (14) kuājiǎng   praise, flatter [lit. flatter encourage]
   4.1. Jīntian lǎoshī kuājiǎngle ta bàntiān.

5.0. (17) V. guàn   accustomed to V-ing (RV)
   5.1. Xīyáng yīnyuè wǒ xiànzài tīngguàn le, yě bú cuò.
   5.2. Wǒ chīguànle Zhōngguo fàn le. Nín bú bì gěi wǒ tèbié yùbei le.
   5.3. Nǐ zài zhèr zhùdeguàn ma?
   5.4. Máobǐ wǒ lǎo yě yòngbuguàn.

6.0. (26) xuéhuì   (professional) association, society (N)·[lit. study meeting] huìyuán   member of a professional association

6.1.   Jīntian wǎnshang bādiǎn zhōng lìshǐ xuéhuì kāi huì.

6.2.   Nǐ shì bu shi Zhōngwén Xuéhuìde huìyuán ne?

7.0. (26) lǐbài week (N) [lit. ceremony worship]

7.1.   Jīntian lǐbàijǐ le?

7.2.   Wǒmen lǐbàisān niàn lìshǐ. Lǐbàisì gànmá ne?

8.0. (26) jù meet together

jùhui meet together

jùzai yíkuàr meet together

8.1.   Lǐbàitiān wǒmen dàjiā jùyijù.

8.2.   Wǒmen guò jǐtiān děi jùhui jùhui.

8.3.   Nǐ kàn hěn duō rén dōu jùzai yíkuàr gànmá?

9.0. (27) cānjiā participate in, attend (TV) [lit. participate add]

9.1.   Zuótian nèige huì nǐ cānjiā le ma?

9.2.   Wǒmen xià lǐbài qu lǚxíng nǐ cānjiā bu cānjiā?

10.0. (30) gōngyù, gōngyù fángzi   apartment house (N) [lit. public dwelling]

10.1. Wáng Xiānsheng zhù de shi gōngyù fángzi.

11.0. (30) huàn jù huà shuō in other words

11.1. Nèige háizi kǎoshì de chéngji hěn bù hǎo. Huàn jù huà shuō jiù shi tā shū niànde tài zāogāo le.

12.0. (31) gōnglù highway (N) [lit. public road]

12.1. Měiguode gōnglù xiūde zhēn hǎo.

13.0. (32) qiáo bridge (N) (measure: zuò)

13.1. Cóng hé xī dào hé dōng tāmen dǎsuan yào zào yízuò dà qiáo.

14.0. (33) liú study abroad (V)

liú Měi study in America

liúxué study abroad

liúxuéshēng person who has studied abroad, returned student

14.1. Zhāng Dàifu shi liú Měi de.

14.2. Wǒ zài Rìběn liúxué de shíhou jiù rènshi ta le.

14.3. Cái dào wàiguo de liúxuéshēng dōu hěn xiǎng jiā.

15.0. (33) Fà(guo), Fǎ(guo) France (PW)

Fàwén, Fǎwén French (language and literature)

15.1. Wáng Xiáojie shi yíge Fàguo liúxuéshēng, suóyi tāde Fàwén hěn hǎo.

Shēng Zì gēn Xīn Yúfǎ de Jùzi

16.0. (35) Huáběi   North China
            Huánán   South China
            Huáxī   West China
            Huádōng   East China
            Huázhōng Central China

16.1. Huáběi yídài chángcháng bú xià yǔ.
16.2. Huánánde shānshuǐ hěn piàoliang.
16.3. Huáxī Dàxué zài Sìchuān.
16.4. Huádōng jiùshi Zhōngguode dōngbù.
16.5. Huázhōngde tiānqi bù lěng bú rè.

17.0. (39) zhèngfǔ government (N)
17.1. Jù bàozhǐshang shuō zhèngfǔ yào bǎ zhèige bànfǎ gǎibiàn le.
17.2. Zhèngfǔ zuì jìn wèi qióng rén gàile bù shǎo de sùshè.

18.0. (39) Měng, Ménggǔ Mongolia (PW)
18.1. Ménggǔ rén chī mǎ nǎi.

19.0. (40) Xīnjiāng Sinkiang (PW) [lit. new frontier]
19.1. Xīnjiāng Shěng zài Zhōngguode xīběibù.

20.0. (40) (Xī)zàng   Tibet (PW) [lit. west Tibet]
           (Xī)zàngwén Tibetan (language and literature)
20.1. Shìjiè zuì gāode shān zài Xīzàng.
20.2. Měng-Zàng liǎngge dìfang gè yǒu gède yǔyán.
20.3. Měngwén, Zàngwén, tā dōu yánjiuguo.

21.0. (40) (Zhōngguo) nèibù, (Zhōngguo) nèidì China proper, interior of China (within the Great Wall)
21.1. Zhōngguo nèibùde rénkǒu zuì duō.
21.2. Nèidì rén hěn shǎo dào Xīzàng, Ménggǔ.

22.0. (40) tóng   same
           bù tóng   not the same, different
           tóngxué   (be) fellow students (N, V)
           tóngxué huì   alumni association
           tóngyàng   similar (V)
           tóngxìng   have the same surname (V)
           tóngnián   the same year (AD)
           tóngxiāng   be from the same region (V)
           tóngshì   have the same occupation (V)

tóngsuì   be of the same age   (V)

22.1. Tāmen fūqī liǎngge rénde píqi bù tóng.
22.2. Wǒmen liǎngge rén cóng xiǎode shíhou jiù tóngxué.
22.3. Bìng bú shi suóyǒude xuéxiào dōu shi tóngyàngde zhìdu.
22.4. Tā yě xìng Wáng. Wǒmen liǎngge rén tóngxìng.
22.5. Wǒ gēn tā shi tóngnián shēng de.
22.6. Xià lǐbàiwǔ xiàwǔ sāndiǎn zhōng wǒmen kāi tóngxiāng huì.
22.7. Wǒmen dōu zài hángkōng gōngsī zuò shì. Wǒmen shi tóngshì de.
22.8. Nǐ gēn wǒ tóngsuì.
22.9. Wǒmen Liú Měi Tóngxué Huì měi yíge yuè kāi yícì huì.

23.0. (41) shāmò   desert   (N)   [lit. sand desert]
23.1. Ménggǔ duōbàr shi shāmò.

24.0. (41) dìdài   district, region, area   (N)   [lit. earth belt]
24.1. Nǐmen dào xīběi qu lǚxíng dàoguo shāmò dìdài méi you?

25.0. (41) píngyuán   plain   (N)   [lit. level plain]
25.1. Huáng Hé yídài shi píngyuán.

26.0. (43) chù   place   (M)
        gèchù   everywhere
        chùchù   everywhere
        dàochù   everywhere

26.1. Tā zài liǎngchù jiāo shū.
26.2. Fángzi wǒ kànle jǐchù. Dōu bù héshì.
26.3. Zhōngguo dōng nán xī běi gèchù chī dōngxi de kǒuwèi dōu bù tóng.
26.4. Měiguo chùchù yǒu Zhōngguo fànguǎr.
26.5. Xīzàng dàochù dōu yǒu gāo shān.

27.0. (47) jiāng   large river   (N) (also, a surname)

        Jiāngběi, Jiāngnán (names of areas respectively north and south
            of lower Yangtze)

        Jiāngxi Kiangsi (province)

        Cháng Jiāng Yangtze River [lit. long river]

27.1. Jiāngběi shi yíge dìfangde míngzi, yě shi jiāngde běibiār.
27.2. Jiāngnán shi Shànghǎi fùjìnde dìfang.
27.3. Wǒ yǒu ge qīnqi shi Jiāngxi rén.
27.4. Wǒ gēn Jiāng Xiānsheng shi tóngxué.

Shēng Zì gēn Xīn Yúfǎ de Jùzi   309

28.0. (52)   hébì   side by side [lit. join wall]
             Zhōng Xī hébì   a mixture of Chinese and Western
             Zhōng wài hébì   part Chinese [and] part foreign
  28.1.   Tāmende fángzi shi Zhōng Xī hébì.
  28.2.   Wáng jia kètīngde jiāju shi Zhōng wài hébì de.
29.0. (53)   Xīfāng   Occident, the West   (PW)
             Dōngfāng   Orient, the East   (PW)
  29.1.   Dōngfāngde wénhuà bǐ Xīfāngde wénhuà lǎode duō.
30.0. (54)   wūdǐng   roof   (N)   [lit. room top]
  30.1.   Nèige lǚguǎn wūdǐngshang jiù shi fànguǎr.
31.0. (55)   Huáqiáo   overseas Chinese (i.e. Chinese living abroad)   (N)
  31.1.   Zài Měiguode Huáqiáo duōbàr dōu shi Guǎngdong rén.
32.0. (59)   shìyan   experiment   (N)   [lit. try examine]
             zuò shìyan   do an experiment
             ná/yòng A zuò shìyan   use A as an experiment, experiment with A
  32.1.   Měi lǐbài wǒmen zuò liǎngcì shìyan.
  32.2.   Ta yòng zhèixie cáiliao zuò shìyan.
33.0. (61)   Ōu(zhou)   Europe   (PW)
             Xī-Ōu   Western Europe   (PW)
  33.1.   Ōuzhou wénhuà zài Zhōngguo lìshǐshang yě hěn zhòngyào.
  33.2.   Fàguo shi Xī-Ōude guójiā.
34.0. (62)   Yǎ, Yǎzhou, Yǎxiyǎ   Asia   (PW)
             Ōu-Yǎ   Eurasia, Europe and Asia
             Dōng-Yǎ   East Asia
             Yǎzhou Xuéhuì   Association for Asian Studies
  34.1.   Ōu-Yǎ Hángkōng Gōngsī zuì jìn zàole yíge xīn fēijī.
  34.2.   Dōng-Yǎ Xuéhuì xià lǐbài kāi sāntiān huì.
  34.3.   Yǎzhou Xuéhuì míngnián zài nǎr kāi huì?
  34.4.   Nèige zázhìde míngzi shi Xīn Yǎxiyǎ.
35.0. (62)   hé-   (put) together; jointly
             héqilai   put together
             hézai yíkuàr   put together
             hémǎi   buy jointly
             héyòng   use jointly
             hézuò   work together, cooperate

35.1. Bǎ liǎngge zhuōzi héqilai.

35.2. Bǎ jī gēn làjiāo hézai yíkuàr chǎo.

35.3. Wǒmen liǎngge rén hézai yíkuàr chī, hǎo bu hǎo?

35.4. Wǒmen liǎ rén hémǎile yíliàng qìchē.

35.5. Nǐmen dàjiā kéyi héyòng zhèiběn zìdiǎn.

35.6. Tāmen liǎngge rén bù néng hézuò, yīnwei tāmen xiāngchùde bù hǎo.

35.7. Wǒ gēn Jiāng Xiānsheng hézuò xiě yìběn shū.

36.0. (64) cáiliao(r) material (N) [lit. material material]

36.1. Zuò wàiguo nǔrén yīfu bíjiǎo zuò Zhōngguo nǔrén yīfu yòng de cáiliaor duō.

37.0. (65) gāng steel (N)

37.1. Zào dà qiáo duōbàr yòng gāng.

38.0. (65) tiě iron (N)

38.1. Zhèige zhuōzi bù róngyi huài. Shi tiě zuò de.

38.2. Jiànzhu fángzi, zào chuán, gēn zào qìchē dōu děi yòng gāng tiě.

38.3. Zhōngguo méi tiě dōu bù shǎo.

39.0. (65) jiēshi solid, strong, well built (SV)

39.1. Wǒmen bù mǎi zhèige fángzi. Zhèige fángzi gàide bù jiēshi.

39.2. Nǐ kàn nèige háizi zhǎngde duó jiēshi.

40.0. (65) fāshēng happen, occur, take place, come about (IV) [lit. emerge born]

40.1. Nǐ tīngting wàimiar fāshēng shénmo shìqing le? Zěnmo zěnmo luàngqibāzāo de?

40.2. Qíguài zěnmo huì fāshēng zhèizhǒng shìqing ne?

40.3. Jīntian yǒu yíjiàn shìqing fāshēng le.

41.0. (66) tā collapse

tādeliǎo able to collapse

tābuliǎo unable to collapse

tāxiaqu, tāxialai collapse

41.1. Nièige fángzi bù jiēshi. Kuài tā le.

41.2. Zhèige dà lóu zàode hěn jiēshi. Yídìng tābuliǎo.

41.3. Dàlǐtángde wūdǐng tāxialai le. Sǐle bù shǎode rén.

42.0. (68) huāyuár, huāyuánzi flower garden (N)

42.1. Wǒ jiā hòubiar yǒu yíge xiǎo huāyuár.

43.0. (68) cǎodì lawn, meadow (N) [lit. grass land]

Shēng Zì gēn Xīn Yúfǎ de Jùzi

43.1. Měiguo fángzide qiánmiar chàbuduō dōu yǒu cǎodì.
44.0. (69) pēnshuǐchí fountain (N) [lit. jet water pool]
44.1. Pénshuǐchí hǎo kàn shi hǎo kàn, kěshi yòng de shuǐ tài duō.
45.0. (69) tíngzi pavilion (N)
45.1. Hángzhou Xī Hú lǐbiar yǒu jǐge xiǎo tíngzi.
46.0. (69) móxíng (three-dimensional scale) model (N)
46.1. Gài fángzi yǒude shíhou děi xiān zuò yíge móxíng.
46.2. Nèige dà zhuōzishang jiù shi jiānglái wǒmen sùshède móxíng.
47.0. (72) -shàng (postverb in resultative verbs) (Note 2)
 tándeshàng able to speak of, worth mentioning
 kànbushàng can't stand the sight of, look down on
47.1. Tā tánbushàng yǒu qián. Bú guò chī fàn bù chéng wèntí jiù shì le.
47.2. Nǐ jiǎnzhíde xiā shuō. Wǒ nǎr tándeshàng yǒu xuéwen ne?
47.3. Hǎode wǒ mǎibuqǐ. Huàide wǒ kànbushàng.
48.0. (72) díquè, dìquè really, truly (MA)
48.1. Nèige fànguǎrde cài díquè hǎo.
48.2. Wǒ zhīdao. Díquè yǒu zènmo yíjiàn shì.
49.0. (73) cānguān visit, observe, inspect, make a tour of inspection [lit. participate inspect]
49.1. Míngtian wǒmen dào yíge xuéxiào qu cānguān.
49.2. Wǒ zài Ōuzhou cānguānle bù shǎo zuì xīn shìde jiànzhu.
50.0. (74) qiánhòu front and rear, before and after, before or after
50.1. Fángzi qiánhòu dōu yǒu cǎodì.
50.2. Tā dào Zhōngguo liǎngcì le. Tā qiánhòu zhùle yǒu èrshinián le.
51.0. (77) guójiā state, nation, country (N) [lit. country family]
51.1. Nǐ shuō Ōuzhou Yǎzhou zuì dà de guójiā dōu shi něiguó?
52.0. (79) Dé(guo) Germany (PW)
 Déwén German (language and literature)
52.1. Tā zài Déguo liúxué liùnián.
52.2. Déwén xuéqilai bù tài nán.
53.0. (79) ránhòu afterward (MA) [lit. thus rear]
53.1. Wǒ xiān dào nǐ nèr qu, ránhòu zài dào Zhāng jia qu.
54.0. (79) Ē(guo), Éguo, È(guo) Russia (PW) (Note 3)
 Ēwén, Éwén, Èwén Russian (language and literature)

Zhōng-Ē, Zhōng-É, Zhōng-È Chinese-Russian, Sino-Russian

54.1. Qǐng wèn, nǐ dǒng Ēwén ma?

54.2. Zhèiběn Zhōng-Ē zìdiǎn xiànzài nǎr yě mǎibuzháo.

55.0. (79) Xībólìyǎ   Siberia   (PW)

55.1. Xībólìyǎ zhèitiáo tiělù shi cóng Ēguo tōngdào Zhōngguo.

56.0. (81) Sū(lián)   Soviet Union, USSR (Note 3)

Zhōng-Sū   Sino-Soviet

Sū-Ē, Sū-É, Sū-È   Soviet Russia

56.1. Sūlián yíbàn zài Ōuzhou yíbàn zài Yǎzhou.

56.2. Tā yánjiu Zhōng-Sūde guānxi.

56.3. Nǐ qùguo Sū-Ē ma?

57.0. (82) xiànmu   envy   (TV) [lit. envy admire]

57.1. Tā rén zhǎngde piàoliang, shū niànde hǎo, suóyi hěn duō rén xiànmu ta.

Wēnxi Jùzi

1. Wǒ jiàole bàntiānde mén. Nǐ zěnmo bù kāi ya? ... Wǒ shuì jiào laizhe. Wǒ méi tīngjian.

2. Tā bú shi liú Yīng de, shi liú Měi de.

3. Wǒmen liǎngge rénde píqi wánquán bù tóng.

4. Zhèige xiāngzi suǒdeshàng suǒbushàng?

5. Jiù shi wǒ bānzǒu de qiánhòu ta bānlai de.

6. Nǐ bìděi cānjiā nèige huì.

7. Xiū qiáo shi yìzhǒng zhuānméndé gōngcheng.

8. Tā zhěngge lǐbài dōu méi dào xuéxiào qu le.

9. Jù shuō nèige lùkǒurshang jiānglái yào yǒu liǎngge jǐngchá.

10. Wǒ lián chī fàn dài zhù fángzi yíge yuè děi yìbǎi wǔshikuài qián.

11. Wǒ měiyuè zhèng de qián gāng gòu wo yíge rén yòng.

Dāndú Tánhuà

12. Zhǎngbèi zuò shàngzuòr.
13. Tā zuì jìn kǎoshì de chéngji bù tài hǎo.
14. Yìnián yǒu liǎngge xuéqī—yǒu shàng xuéqī gēn xià xuéqī.
15. Nǐ shuō ta huì shuō Zhōngguo huà? Bújiànde ba?
16. Qíng nǐ ba nèige cài shāowēi duō fàng yìdiǎr yán.
17. Wǒ děi dìng yìběn Zhōngwén zázhì.
18. Wǒ tíyì zánmen qu chī Guǎngdong fànguǎr.
19. Nǐ chū guó de shǒuxu bànhǎo le mei you?
20. Tāde zhíwu shi gànmá?

Dāndú Tánhuà

Wáng Mā zhèng gēn wǒ shuōzhe huà ne, tīngjian mén líng xiǎng. Wáng Mā shuō dàgài shi xiānsheng huílai le. Zhēnshi Huá Xiānsheng huílai le. Zhèige shíhou wǒ yě dào kètīng qu le.

Wǒ yí kàn Huá Xiānsheng zhǎng de yàngzi gēn Měiyīng shuō de yìdiǎr
5 yě bú cuò. Zhèige shíhou Huá Tàitai lái gěi wǒmen jièshao. Huá Xiānsheng hěn kèqi, yě hěn héqi. Tā shuō yīnwei tā gēn Gāo Xiānshengde guānxi, suóyi kàn wǒ shi zìjǐ rén yíyàng. Érqiě hái wèn wo Zhōngguode shēnghuó wǒ guòdeguàn ma. Wo xīnli xiǎng: "Zhōngguode shēnghuó wǒ tài xǐhuan le. Gāncuì nín jiù ba wǒ kànzuo Zhōngguo rén déle."

10 Wǒ wèn Huá Xiānsheng duì něizhǒngde jiànzhu yǒu xìngqu. Tā shuō ta xǐhuan gài lóu. Tā bù xǐhuan xiū qiáo xiū gōnglù. Kěshi tā zài Zhōngguode xīběibù yě xiūguo gōnglù. Nèige shíhou shi gěi zhèngfǔ zuò shì. Huá Xiānsheng quán Zhōngguo qù de dìfang kě zhēn bù shǎo. Tā qùguo Zhōngguode Ménggǔ, Xīnjiāng, Xīnzàng. Sūzhou, Hángzhou, Shànghǎi tā
15 zào de fángzi bù shǎo. Zhèi dōu shi Cháng Jiāng dìdài.

Huá Xiānsheng duì jiànzhu shi xiāngdāng yǒu jīngyan. Tīng ta yì shuō ta díquè gàile bù shǎode fángzi. Tā xiànzài gài de shi yíchù gōngyù

fángzi, yǒu cǎodì, pēnshuǐchí, tíngzi, shénmode. Huá Xiānsheng shuō yìhuěr ràng wǒ kàn móxíng. Tā yě shuō gěi Huáqiáo zàole bù shǎode
20 Zhōng Xī hébì de fángzi. Ta tèbié xǐhuan zhèyàngde fángzi. Guàibude tāde fángzi shi bàn Zhōng bàn Xīde yàngzi ne. Huá Xiānsheng shuō tāde fángzi shi gàizhe wár.

Huá Xiānsheng shi liú Fà de. Fàguode yìshu shì xiāngdāng yǒu míng. Wǒ xiāngxìn tā shèji de fángzi dōu hěn piàoliang de.

25 Tā shuō ta huí guó de shíhou yě dào Yīngguo Déguo qu kànle yikan, ránhòu jīngguo Xībólìyǎ tiělù zuò huǒchē huílai de. Wǒ tīng Huá Xiānsheng shuō ta qùguo hěn duō dìfang, wǒ hěn xiànmu. Bú zhīdào jiānglái néng bu néng wǒ yě yǒu jīnui dào gèchù lǚxíng.

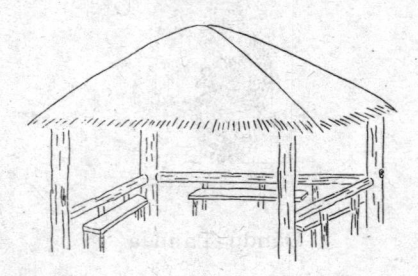

Wèntí

1. Huá Xiānsheng huílai yǐhòu Huá Tàitai gěi Bái Wénshān jièshao, Huá Xiānsheng duì Bái Wénshān shuō shénmo?
2. Huá Xiānsheng gēn Bái Xiānsheng shuō kèqi huà Bái Xiānsheng zěnmo huídá de?
3. Huá Xiānsheng zěnmo zhīdao Bái Xiānshengde xuéwen hěn hào?
4. Huá Xiānsheng wèn Bái Xiānsheng duìyu Zhōngguode shēnghuó xíguan zěnmoyàng? Bái Xiānsheng zěnmo huídá?
5. Huá Xiānsheng duì Bái Xiānsheng shuō tā hěn máng. Tā dōu máng shénmo?
6. Huá Xiānsheng shuō ta duì něizhǒng gōngcheng yǒu xìngqu? Tā shuō ta duì niězhǒng gōngcheng méi xìngqu?
7. Huá Xiānsheng shi zài něiguó niàn shū de? Tā huílai xiān zài nǎr gài fángzi ne?
8. Qǐng ni shuōyishuō xīběibù ta dàoguo nǎr a?
9. Nǐ zhīdao nǎr shi shāmò dìdài?
10. Nánfāng Huá Xiānsheng dōu zài nǎr gàiguo fángzi?
11. Shànghǎi yídài gài fángzi gēn Huáběi yídài you shénmo bu tóng?

Dialogue

12. Huá Xiānsheng xǐhuan shénmo yàngde fángzi?
13. Shénmo jiào Zhōng-Xī hébì de fángzi?
14. Shénmo rén xǐhuan Zhōng-Xī hébì de fángzi? Nǐ ne?
15. Bái Xiānsheng shuō Huá Xiānsheng de fángzi shèjìde hǎo, Huá Xiānsheng shuō shénmo?
16. Huá Xiānsheng zuì jìn gài shénmo yàngde fángzi ne? Tā shuō tā yìhuěr ràng Bái Xiānsheng kànkan shénmo?
17. Bái Xiānsheng shuō Huá Xiānsheng duì gōngcheng yǒu jīngyan, Huá Xiānsheng zěnmo huídá ta?
18. Bái Xiānsheng gēn Huá Xiānsheng shuō Huá Xiānsheng ta yídìng zài Fàguo cānguānle bù shǎode xīn shìde jiànzhu, Huá Xiānsheng zěnmo shuō? Tā bìngqiě shuō zài shénmo shíhou cānguān de?
19. Bái Xiānsheng shuō Huá Xiānsheng gài de fángzi bǎ shénmo hézai yíkuàr le?
20. Gāng tiě shi zuò shénmo yòng de?
21. Yàoshi nǐ dì yícì kànjian yíwèi zhǎngbèi nǐ yīnggāi gēn tā shuō shénmo huà?
22. Rúguǒ yǒu yíwèi péngyou jièshao yíge rén lái nǐ jiā zhù, tā yàoshi gēn nǐ hěn kèqi nǐ yīnggāi gēn ta shuō shénmo?
23. Yàoshi yǒu rén shuō nǐde xuéwen hěn hǎo nǐ yīnggāi shuō shénmo?
24. Yàoshi yíge zhǎngbèi jiào ni shi xiānsheng nǐ yīnggāi zěnmo shuō?
25. Yàoshi nǐ dì yícì kànjian yíge gōngchéngshī nǐ yīnggāi wèn ta shénmo?
26. Yàoshi nǐ yùjian yíwèi gōngchéngshī, ta shuō ta zàole bù shǎode fángzi le, nǐ yīnggāi gēn ta shuō shénmo kèqi huà?
27. Yàoshi yǒu rén gàosu nǐ bié rén cháng kuājiǎng nǐ, nǐ zěnmo huídá?
28. Yàoshi yǒu rén shuō nǐ duì yíjiàn shì yǒu jīngyan nǐ shuō shénmo?
29. Yàoshi nǐ chūqule nǐ huílai kànjian yǒu péngyou zài zhèr ne, nǐ yīnggāi shuō shénmo kèqi huà?
30. Yàoshi yǒu rén gēn nǐ shuō ta zài wàiguo xué jiànzhu nǐ yīnggāi wèn ta shénmo?

      Dialogue: Mr. Hua and Mr. White discuss building.

Tai : (to Mr. Hua) You're back. Let me introduce you. This is Mr. Vincent White. This is Mr. Hua.

Hua : Mr. White, I beg your pardon for not being here when you came. I had an appointment which I couldn't break.

White: (ceremoniously) Mr. Hua, you're too kind. My coming to your home is an added burden for you. In the future please give me the benefit of your advice.

Hua : (seeking to be informal) Our living together makes us one family. Moreover, no doubt [Old] Gao has told you of my relationship to him. (You and I) aren't strangers.

White: Mr. Gao has spoken to me about you.

Hua : This is your second trip to China, isn't it?

White: Yes. I've studied here before.

Hua : I hear your knowledge of China is very good. [Old] Gao is always praising you.

White: Oh, no. Mr. Gao is being polite.

Hua : Well, have you grown accustomed to Chinese life and ways?

White: Yes, I have. Moreover, I like Chinese culture very much.

Hua : Mr. White, are you hungry?

White: No, I'm not. Hereafter just call me Vincent.

Hua : Good. Hereafter we won't be formal.

White: Your son is coming back soon?

Hua : Yes. His name is Xuexin. Call him Xuexin [from now on].

White: Mr. Hua, I take it you're very busy every day?

Hua : Yes, indeed. Every day I have to go out and watch construction work. Also we have a building association. We get together once every week. Almost all (construction) engineers belong to this association.

White: You must have put up a lot of buildings. What kind of construction are you interested in?

Hua : I'm interested in [building] dwellings, apartments, schools, hotels. In other words I'm just interested in [erecting] buildings. I'm not interested in the construction of railroads, highways, bridges, and so on.

White: Mr. Gao says you studied in France.

Hua : Yes. I returned from France before the War of Resistance. At that time I worked in the North China area. I built several four-unit houses (typical) of the northern part of China.

White: What places have you been to in North China?

Hua : I've been to quite a few places in the northwestern part of China. At that time I was working for the government. I was building highways. I've also been to Mongolia, Sinkiang, and Tibet. These places are different from China proper. Mongolia, for example, has a desert area and is a big plain.

White: I haven't been to any of these places.

Hua : Later if you have a chance (you should) go everywhere [and look].

White: Did you also do construction work in the South?

Dialogue

Hua : I built quite few houses in Soochow and Hangchow. I also put up a few [places of] buildings in Shanghai. During the War of Resistance I spent some time in Szuchuan.

White: Building in the Yangtze region and in the North China region is not the same, I suppose?

Hua : There's some difference. For example, [in building] in Shanghai, it's almost entirely tall buildings. [Residences] also are all in Western style. In the North it's almost entirely a matter of [building] four-unit houses.

White: What kind of buildings do you like?

Hua : I like buildings that are a mixture of Chinese and Western, that are half Chinese and half Western in style. Westerners in China like this style of building. The roofs are Chinese style, the doors and windows are all Western style. Chinese from overseas also like this sort of building. In the past I put up quite a few buildings of this sort for overseas Chinese and foreigners.

White: Your home is very nicely laid out.

Hua : I did this as an experiment. I didn't follow rules, but built it as I pleased.

White: You've done very well [in building as you please], combining the best [lit. the advantages] of Europe and Asia.

Hua : You've put it well. What I like in European construction is the materials they use and the building methods. Especially big buildings, in all of which steel and iron are used. Present-day construction is stronger. In the past it often happened that buildings collapsed.

White: What kind of structures have you been putting up recently?

Hua : My most recent construction has been [the building of] apartment houses with lawns, flower gardens, fountains, little pavilions, and so on. In my study is a small model that you can see in a moment.

White: You've had quite a bit of experience in construction.

Hua : The experience isn't anything to boast about, but I have actually put up quite a few buildings.

White: In France you must have observed a good deal of new-style building.

Hua : You're right. Before and after graduating in France, I observed a good deal of construction, both large and small. Moreover, we [also] had to take part in construction—it was [also] a part of our studies in the department of construction.

White: Did you also see construction in other countries?

Hua : After graduating, I went to other countries for a look around. I went to both England and Germany, for example. Afterward I came back by train via Russia along the trans-Siberian railway.

White: Oh, you came back by way of the Soviet Union. You certainly have been to a lot of places in China and abroad. I envy you.

Lesson Fifteen

Sentences for New Words and Grammar

1.1. Hereafter please advise me often.

1.2. After you've read this book that I've written, please give me your views.

2.1. No outsiders know about this matter.

3.1. When he came I was eating.

3.2. When you phoned me yesterday evening I was just having a chat with some friends.

4.1. Today the teacher praised him for a long time.

5.1. I've grown accustomed to [hearing] Western music, and it's not bad.

5.2. I've become used to [eating] Chinese food. You don't need to prepare anything especially for me.

5.3. Can you get used to living here?

5.4. I'll never be able to get used to a Chinese writing brush.

6.1. The history association is having a meeting this evening at eight o'clock.

6.2. Are you a member of the Chinese Language Association?

7.1. What day of the week is today?

7.2. We're having [lit. studying] history on Wednesday. What do we do on Thursday?

8.1. Let's all of us get together on Sunday.

8.2. We should get together in a few days.

8.3. Look, what are all those people doing, gathering together?

9.1. Did you attend that meeting yesterday?

9.2. We're going on a trip next week. Are you joining (us)?

10.1. Mr. Wang lives in an apartment house.

11.1. The results of that youngster's examination were very bad. In other words, he made quite a mess of his studies.

12.1. American highways are very well built.

13.1. They plan to build a big bridge from the west (bank) of the river to the east (bank) [of the river].

14.1. Dr. Zhang studied in America.

14.2. I became acquainted with him when I was studying [abroad] in Japan.

14.3. Students who have just come abroad to study all get quite homesick [lit. all think much of home].

15.1. Miss Wang has studied in France [lit. is a returned student from France], so her French is very good.

16.1. Droughts are frequent in the North China area.

16.2. The scenery in South China is very beautiful.

Sentences for New Words and Grammar

16.3. West China University is in Szechuan.

16.4. East China is simply the eastern part of China.

16.5. The weather in Central China is neither cold nor hot.

17.1. According to the newspapers, the government is going to change this procedure.

17.2. Quite recently the government has built a lot of dormitories for poor people.

18.1. Mongolians drink mare's milk [lit. eat horse's milk].

19.1. Sinkiang Province is in the northwestern part of China.

20.1. The world's highest mountains are in Tibet.

20.2. [The two regions of] Mongolia and Tibet each have their own language.

20.3. He's studied both Mongol and Tibetan.

21.1. The population is greatest in China proper.

21.2. People from China proper rarely go to Tibet and Mongolia.

22.1. The [two of them] husband and wife are different in temperament.

22.2. The two of us were schoolmates when we were young.

22.3. It isn't true by any means that all schools have the same system.

22.4. His surname is also Wang. The two of us have the same surname.

22.5. He and I were born in the same year.

22.6. Next Friday at 3:00 P.M. we're having a meeting of people from the same district.

22.7. We all work in the airplane company. We're fellow workers.

22.8. You and I are the same age.

22.9. Our American Alumni Association has one meeting each month.

23.1. Most of Mongolia is a desert.

24.1. When you traveled in the northwest, did you reach the desert area?

25.1. The Yellow River region is a plain.

26.1. He teaches in two places.

26.2. I looked at houses in several places. They were all unsuitable.

26.3. Everywhere in China—east, south, west, north—tastes in eating [things] differ.

26.4. There are Chinese restaurants everywhere in America.

26.5. Everywhere in Tibet there are high mountains.

27.1. Jiangbei is the name of a region, and also means 'north of the river.'

27.2. Jiangnan is the area near Shanghai.

27.3. I have a relative who's a native of Kiangsi.

27.4. Mr. Jiang and I are schoolmates.

28.1. Their house is a mixture of Chinese and Western styles.

28.2. The living room furnishings in the Wang home are partly Chinese and partly foreign.

29.1. Oriental civilization is much older than Western civilization.

30.1. There's a restaurant on the roof of that hotel.

31.1. Most [overseas] Chinese in America are Cantonese.

32.1. We make two experiments each week.

32.2. He's experimenting with these materials.

33.1. European civilization is also very important in Chinese history.

33.2. France is a country in Western Europe.

34.1. Very recently the Eurasian Aircraft Company built a new plane.

34.2. The East-Asia Association will hold a three-day meeting next week.

34.3. Where is the Association for Asian Studies meeting next year?

34.4. The name of that journal is New Asia.

35.1. Put the two tables together.

35.2. Fry the chicken and peppers together.

35.3. How about the two of us putting (our food) together to eat?

35.4. The two of us bought a car jointly.

35.5. All of you can use this dictionary together.

35.6. The two of them aren't able to cooperate, as they don't get along well together.

35.7. Mr. Jiang and I are working together in writing a book.

36.1. More material is used in making foreign women's clothes than Chinese women's clothes.

37.1. Steel is used in building the majority of big bridges.

38.1. This table cannot be damaged easily. It's made of iron.

38.2. It's necessary to use iron and steel in putting up buildings, building ships, and making automobiles.

38.3. China has quite a bit of coal and iron.

39.1. We're not buying this house. It isn't strongly built.

39.2. See how strong that youngster is [lit. has grown to be].

40.1. Listen, what's the noise [happening] outside? How come there's such a disturbance?

40.2. Isn't it odd that such a thing could happen?

40.3. Something came up today.

Review Sentences

41.1. That building isn't strong. It's going to collapse soon.

41.2. That big building is very strongly built. It certainly can't collapse.

41.3. The roof of the auditorium caved in. Quite a few people [were killed].

42.1. There's a little flower garden in the rear of my home.

43.1. There are lawns in front of almost all American homes.

44.1. Fountains are nice-looking, to be sure, but they use too much water.

45.1. There are several small pavilions in West Lake, Hangchow.

46.1. Sometimes in erecting buildings it's necessary first to make a scale model.

46.2. On that big table is the scale model of our future dormitory.

47.1. He doesn't have any money to speak of, but there's no problem about eating.

47.2. You're simply talking nonsense. I don't have any knowledge to speak of.

47.3. Good ones I can't afford to buy. Bad ones I can't stand.

48.1. The food in that restaurant is really good.

48.2. I know. There actually is such a thing.

49.1. Tomorrow we go to visit a school.

49.2. In Europe I observed a good deal of building in the latest style.

50.1. There are lawns both in front and in back of the house.

50.2. He's been to China twice. Altogether [lit. before and after] he's lived (there) twenty years.

51.1. Tell me which are the largest countries in Europe and Asia.

52.1. He studied in Germany six years.

52.2. German isn't too bad [to study].

53.1. First I'll go to your place, and afterward I'll go to the Zhangs'.

54.1. May I ask, do you understand Russian?

54.2. This Chinese-Russian dictionary can't be bought anywhere now.

55.1. The trans-Siberian railway goes from Russia to China.

56.1. The Soviet Union is half in Europe and half in Asia.

56.2. He's doing research on Sino-Soviet relations.

56.3. Have you ever been to Soviet Russia?

57.1. He's attractive in person, and good in his studies, so a lot of people envy him.

Review Sentences

1. I knocked [lit. called] at the door for a long time. How come you didn't open it? . . . I was sleeping. I didn't hear (you).

2. He didn't study in England, but in America.
3. The temperaments of the two of us are entirely different.
4. Can this trunk be locked?
5. Just around the time [lit. before or after] I moved away, he moved in.
6. You must attend that meeting.
7. Building bridges is a specialized kind of construction work.
8. He hasn't been to school the whole week.
9. They say in the future there will be two policemen at that intersection.
10. I need $150 a month for [both] food and lodging.
11. The money I earn each month is just enough for my own use.
12. The older people will sit in the seat of honor.
13. The results of his most recent exams are not too good.
14. A year has two semesters—the first semester and the second semester.
15. You say he can speak Chinese? Not really?
16. Please put a little more salt in that dish.
17. I must subscribe to a Chinese journal.
18. I propose we go eat Cantonese food.
19. Have you taken care of all the formalities for going abroad?
20. What is he responsible for doing?

Notes

1. The two-syllable particle <u>laizhe</u> is used at the end of a sentence. It is usually applied to events of the recent past and adds a somewhat lively effect to the sentence:

    Tā lái de shíhou nǐ zuò shénmo laizhe? 'What were you up to when he came?'

2. The syllable <u>shàng</u> is used as a postverb in resultative verbs:

    Wǒ chuānbushàng hǎo yīfu. 'I can't afford to wear nice clothes.'
    Zuò yítào yīfu sāntiān zuòbushàng. 'You can't make a suit of clothes in three days.'
    Shuōbushàng tā jīntian bù lái le ba. 'I can't say (for sure but it seems that) he's not coming today.'

Notes 323

3. The syllable <u>ē</u> or <u>è</u> in the words for 'Russia' (Ēguo, Èguo) represents the first syllable of the Mongol word for 'Russia': the name entered Chinese via Mongolia. In <u>Sūlián</u> 'Soviet Union,' the first syllable <u>sū</u> represents (by sound) the first syllable of <u>Soviet</u>. <u>Lián</u> is short for <u>liánméng</u>, which means 'union.'

"Wǒ jiào Huá Xuéxīn... Wǒ jiào Bái Wénshān."

Dì Shíliùkè. Tán Xué

Huìhuà: Huá Xuéxīn Bái Wénshān jiàn miàn yǐhòu liǎngge rén tán bǐcǐ yánjiu de qíngxing.

Xué: Bàba.
Huá: Lái, nǐmen liǎngge rén rènshi rènshi.
5 Xué: Wǒ jiào Huá Xuéxīn.
Bái: Wǒ jiào Bái Wénshān.
Huá: Nǐ zěnmo zěnmo wǎn cái huílai ya?
Xué: Zìxingchērde jiāopí lúnzi huài le. Xiūli zìxingchēr qu le.
Huá: Zài nǎr huài de?
10 Xué: Cóng máchǎng chūlai zǒule jǐbù chē lúnzi méi qì le. Fāxiàn chē lúnzishang yǒu ge dòng.
Huá: Chē lúnzishang zěnmo huì yǒu dòng le ne?
Xué: Bù zhīdào ne. Máchǎng fùjìn yě méi yǒu xiūchēchǎng. Wǒ bǎ chē yìzhíde tuīdào hěn yuǎn le, cái yǒu yíge xiūchēchǎng.
15 Huá: Guàibude nǐ zěnmo wǎn cái huílai.
Xué: (duì Bái Wénshān) Duìbuqǐ zǎo láile ba?
Bái: Láile yìhuěr le. Nǐ hěn máng a.
Xué: Jīntian běnlái méi shì. Wǒ xué qí mǎ ne. Yīnwei jiāo qí mǎ de jiàoshī míngtian yǒu shì, jiào wǒ tíqián yìtiān jīntian qu xué.
20 Bái: Nǐ zài nǎr qí mǎ?
Xué: Jiù zài Yuǎn-Dàde hòutou, lí zhèr yǒu sān sìlǐ lù. Zǒu, qǐng dào wǒde wūzi qu tántan.
Bái: Cānguan cānguan nǐde wūzi.
Xué: Nǐ kànle wǒde wūzi yídìng xiàohua wo. Luànqībāzāo, zāngde hěn.
25 Bái: Bié kèqi. Bǐcǐ, bǐcǐ.
Xué: Wǒ xiāngxìn nǐde wūzi yídìng bǐ wǒde gānjingde duō.
Bái: Jiānglái wǒmen liǎngge rén bǐsài hǎo bu hǎo?
Xué: Bǐsài gānjing háishi bǐsài zāng ne?
Bái: Dāngrán bǐsài gānjing le. . . . . Ēi! Nǐde wūzi bìng bú tài zāng me.

30	Xué:	Mǔqin gàosu wǒ nǐ jīntian bānlai, zuótian wǎnshang shǎoweide shōushile yíxiàr.
	Bái:	Xièxie ni, yīnwei wǒ lái nǐ hái tèbié shōushi wūzi.
	Xué:	Nǐde Zhōngguo huà shuōde zènmo hǎo. Zài nǎr xué de?
	Bái:	Wǒde Zhōngguo huà shi zài Měiguo niàn zhōngxué de shíhou xué
35		de. Yīnwei wǒ xǐài Zhōngguode wénhuà, suóyi zài dàxué jiù xuǎnle Zhōngguo wénxué gēn yǔyánxué zhèi liǎngmén gōngke le.
	Xué:	Nǐ dì yícì lái kěxi wǒmen méi jīhui jiàn miàn, fǒuzé wǒmen zǎo jiu rènshi le.
	Bái:	Kě bu shì ma.
40	Xué:	Nǐ zhèicì lái háishi niàn shū ma?
	Bái:	Shì. Yīnwei jījīnhuì gěile wǒ yíge jiǎngxuéjīn. Wǒ zhèicì lái jiù shi yòng zhèbǐ jiǎngxuéjīn lái de.
	Xué:	Nǐ dédào de jiǎngxuéjīn shi yíbùfen háishi quán bùfen ne?
	Bái:	Shi quánbùde. Shēnghuófèi, lǚfèi, xuéfèi dōu bāokuò zài nèi.
45	Xué:	Zhèige jiǎngxuéjīn shi zěnmo yìzhǒng xìngzhi de?
	Bái:	Shi ràng xuésheng yánjiu Zhōnguo wénhuà. Kǎoshì zài tóu shímíng yīnèi de yǒu, shímíng yǐwài de méi yǒu.
	Xué:	Nǐ háishi yánjiu wénxué gēn yǔyánxué ma?
	Bái:	Wǒ zhèicì hái shì. Bìngqiě wèi zuò bóshi lùnwén zháozhao zīliào.
50		Tīng Měiyīng shuō nǐ yě niàn bóshi ne?
	Xué:	Qíshí bóshi bu bóshi dào méi duō dà guānxi. Xīwang duō zhīdao yìdiǎr dōngxi.
	Bái:	Nǐ shi xué lìshǐ de a?
	Xué:	Shì.
55	Bái:	Nǐ yánjiu gǔdài-shǐ háishi jìndài-shǐ ne?
	Xué:	Wǒ yánjiu jìndài-shǐ. Wǒ yánjiu Qīng Cháo dào Xīnhài Gémìng de lìshǐ.
	Bái:	Nǐ shi yíwèi shǐxuéjiā ya.
	Xué:	Nǎr gòudeshàng shǐxuéjiā ya.
60	Bái:	Zuì jìn Yuǎn-Dà shì bu shi chénglìle yíge Lìshǐ Yánjiu Yuàn?
	Xué:	Zuì jìn chénglìle liǎngyuàn—yíge Lìshǐ Yánjiu Yuàn, yíge Guówén Yǔyán Yángjiu Yuàn.
	Bái:	Guówén Yǔyán Yánjiu Yuànde yuànzhǎng shi shéi ya?
	Xué:	Shi Mǎ Jiàoshòu.
65	Bái:	Mǎ Jiàoshòu hěn hǎo. Gè dìfangde fāngyán tā dōu yǒu yánjiu. Cóngqián wǒ zuì xǐhuan shàng tāde kè le.
	Xué:	Nǐ rù xué de shǒuxu dōu bànhǎo le ma?

Shēng Zì gēn Xīn Yúfǎ de Jùzi

Bái: Zài Měiguo yǐjing xiě xìn jiēqiàhǎo le. Zài méi kāi·xué yǐqián děi dào xuéxiào qù yícì.

70 Xué: Nǐ jīntian xiàwǔ yǒu shì méi yǒu?

Bái: Wǒ méi shì. Nǐ yǒu shì ma?

Xué: Méi shì. Nǐ duì kàn yùndong huì yǒu xìngqu méi yǒu?

Bái: Wǒ hěn xǐhuan kàn.

Xué: Nènmo chīwánle fàn wǒmen qù kàn zúqiú bǐsài qu.

75 Bái: Nǎr a? Shi shéi gēn shéi?

Xué: Jīntian shi Yuǎn-Dà gēn Lián-Dà zúqiú bǐsài. Yùndong huì zuótian yǐjing kāile yìtiān le. Jīntian shi dì èrtiān le.

Bái: Zhè shi qiūjì yùndong huì ma?

Xué: Shìde. Yuǎn-Dà měinián zài kāi xué yǐqián zhàolìde kāi qiūjì
80 yùndong huì.

Bái: Nǐ shuō de nèige Lián-Dà shì bu shi Kàngzhànde shíhou nèige Xīnán Liánhé Dàxué ne?

Xué: Bú shi dāngchū Kàngzhànde shíhou nèige Xīnán Lián-Dà. Nèige Lián-Dà shi Qīnghuá, Běi-Dà, Yānjīng—bú duì, Yānjīng shi sīlì de.
85 Xīnán Lián-Dà dōu shi guólì dàxué zǔzhi de. Hái yǒu shénmo dàxué, wǒ jìbuqīngchu le. Wǒ shuō de zhèige Lián-Dà zhǐshi yòng lián dà liǎngge zì zuò xuéxiàode míngzi.

Bái: Jīntiānde yùndong huì jǐdiǎn zhōng kāi?

Xué: Xiàwǔ sāndiǎn zhōng. Wǒmen chīwánle fàn qù zhèng hǎo.

Shēng Zì gēn Xīn Yúfǎ de Jùzi

1.0. (8) jiāopí   rubber (N) [lit. gum skin]

   jiāopí xié   rubbers, galoshes (N)

  1.1. Dǎ zhàng de shíhou jiāopí zuò de dōngxi hěn nán mǎi.

  1.2. Xià yǔ le. Chūqu de shíhou bié wàngle chuān jiāopí xié.

2.0. (8) lúnzi   wheel (N)

   (jiāopí) lúnzi   tire

2.1. Tāmen zào de shi liùge lúnzide huǒchē.

2.2. Yíge zìxingchēde jiāopí lúnzi duōshao qián?

2.3. Wǒde qìchē lúnzi huàile yíge. Wǒ děi qù huàn.

3.0. (10) máchǎng   riding stable   (N)   [lit. horse arena]

   páomáchǎng   racecourse, racetrack   [lit. run horse arena]

3.1. Wǒ měitiān zǎochen dào máchǎng qu xué qí mǎ.

3.2. Nèige páomáchǎng xiànzài gǎichéng yùndongchǎng le.

4.0. (10) bù   step, pace   (M)

   yíbùyíbù(de)   step by step

4.1. Lí zhèr méi duó yuǎn. Yì chū mén kǒur zǒu jǐbù jiù dào le.

4.2. Jiàoyu shuǐzhǔn yào yíbùyíbùde tígāo.

5.0. (10) qì   air, atmosphere, gas   (N)

   méiqì   (coal) gas

   kōngqì   air, atmosphere   [lit. empty air]

5.1. Wǒde zìxingchēde lúnzi méi yǒu qì le.

5.2. Wǒmen jiā yòng de shi méiqì lúzi.

5.3. Zhèijiān wūzide kōngqì tài huài le. Qǐng ni bǎ chuānghu kāikai.

6.0. (10) fāxiàn   discover (that); appear   (V)   [lit. emit appear]

6.1. Wǒ zuótian cái fāxiàn wǒde shū zai tā ner.

6.2. Zuì jìn zhè yídài fāxiàn yìzhǒng qíguàide bìng.

7.0. (11) dòng   hole, cavity, core   (N)

   nòng ge dòng   make a hole

   shān dòng   cave

7.1. Nǐ kàn nèige qiángshang yǒu ge dòng. Shi shéi nòng de?

7.2. Kàngzhànde shíhou tāmen bǎ gōngchǎng bāndao shān dòng lǐtou qu le.

8.0. (13) xiūchēchǎng   place for repairing vehicles (e.g. bicycle repair shop, service station)   [lit. repair vehicles arena]

8.1. Nǐ néng bu néng bǎ wǒde chē lādào xiūchēchǎng?

9.0. (14) tuī   push   (TV)

   tuīkai   push open   (RV)

9.1. Nǐ gànmá tuī wǒ ya?

9.2. Qǐng nǐ bǎ zhèige mén tuīkai.

10.1. (19) jiàoshī   instructor   (N)   [lit. teach person]

   10.1. Wáng Xiānsheng shi yóuyǒng jiàoshī.

Shēng Zì gēn Xīn Yúfǎ de Jùzi

11.0. (19) tíqián   update, advance, move an event to a time earlier than originally scheduled [lit. lift front]
  11.1. Mǎ Jiàoshòude jiǎnghuà yào tíqián bànge zhōngtóu.
  11.2. Yīnwei yào kāi huì le wǒmen tíqián bàndiǎn zhōng xià kè.
  11.3. Nèige fēijī tíqián qǐ fēi shífēn zhōng.
  11.4. Jīntiande wǎnfàn wǒmen tíqián chī hǎo bu hǎo?
  11.5. Sìdiǎn bànde lìshǐ kè tíqiándào sāndiǎn zhōng.

12.0. (24) xiàohua, xiàohuo   laugh at   (TV)   [lit. laugh speech]
  12.1. Wǒ xiěde bù hǎo. Qǐng ni bié xiàohua wo.

13.0. (27) bǐsài   compete in   (V), competition, game, contest (N) [lit. compare compete]

  bǐsài (kàn) + sentence   have a competition to see . . .

  bǐsài V (O), yǒu V (O) bǐsài   compete in V-ing, have a competition in V-ing

  13.1. Wǒmen liǎngge rén bǐsài shéi pǎode zuì kuài.
  13.2. Míngtian wǒmen xuéxiào bǐsài dǎ zì.
  13.3. Běi Hú nèige liūbīngchǎng xià lǐbài yǒu liū bīng bǐsài.
  13.4. Nǐ dǎsuan cānjiā chàng gēr bǐsài ma?
  13.5. Zhōngguode shùxué bǐsài shi zài nǎr kāishǐ de?

14.0. (35) xǐài   have pleasure in, be fascinated with   (TV)   [lit. joy love]
  14.1. Wáng Xiānsheng hěn xǐài wénxué.
  14.2. Wǒ duìyu yìshu fēicháng xǐài.

15.0. (35) xuǎn   choose, select, elect, vote for   (TV)

  xuǎnshang   elect to an office   (RV)

  15.1. Xià xuéqī wǒ dǎsuan niàn sìmén gōngke. Wǒ xuǎn lìshǐ, shùxué, Yīngwén, Zhōngwén.
  15.2. Zhèicì nǐ kàn Lǎo Wáng xuǎndeshàng xuǎnbushàng?

16.0. (37) fǒuzé(de huà)   otherwise, or else   (MA)   [lit. not then]
  16.1. Yàoshi nǐmen dōu qù wǒ jiu qù. Fǒuzéde huà wǒ jiu bú qù le.

17.0. (41) jījīn   grant, gift of money (to an institution)   (N)   [lit. foundation gold]

  jījīn huì   foundation

  jiàoyu jījīn   grant for educational purposes

  17.1. Nèige dàxué zuì jìn dédào de jījīn shi wèile yánjiu yuánzǐ-néng.
  17.2. Yánjiu Zhōngguo yǔyán de qián shi zhèngfǔ gěi de háishi jījīn huì gěi de?

17.3. Zhāng Lǎo Tàitaide qián wánquán zuòle jiàoyu jījīn le.
18.0. (41) jiǎng   reward (V, N)

        dé jiǎng   obtain an award, win a prize

        jiǎngjīn   monetary award, prize, grant (to an individual) (measure: bǐ)

        jiǎng xué   encourage scholarship (by means of grants)

        jiǎngxuéjīn   award, scholarship, fellowship (measure: bǐ)

18.1. Nèige háizi měicì kǎoshì dōu dé jiǎng.

18.2. Zuì jìn ta yòu dédào jiǎngjīn le.

18.3. Tā wèile jiǎng xué bǎ zìjǐde qián dōu sònggei jījīn huì le.

18.4. Tā shi dédàole jiǎngxuéjīn cái chū de guó.

19.0. (42) bǐ (measure for funds)

        yìbǐ qián   a fund, an amount of money

        yìbǐ shōurù   an income, a source of income

19.1. Zhèi yìbǐ qián shi wèile gài túshūguǎn yòng de.

19.2. Tā bǎ chē màile suóyi dédàole yìbǐ shōurù.

19.3. Nǐ zhèibǐ jiǎngxuéjīn shi něige jījīn huì gěi de?

20.0. (43) (A) quánbù   the whole (of A), all (of A) [lit. whole section]

        quánbù(de) A   the whole (of) A, all (of) A, the total A

        quánbù xuésheng   the whole student body

20.1. Tāde xuéfèi gēn shēnghuó fèi quánbù shi tā zìjǐ zuò shì zhuànlai de.

20.2. Wǒmen xuéxiào jīntian quánbù xuésheng dōu qu lǚxíng.

21.0. (44) lǚfèi   travel expenses (N)

21.1. Cóng Zhōngguo dào Měiguo zhèibǐ lǚfèi ke zhēn bù shǎo.

22.0. (44) bāokuò   include (V)

        A bāokuò zai (B) lǐtou   A is included (in B)

22.1. Zhèi yìbǎikuài qián shénmo dōu bāokuòle.

22.2. Mǎi shū de qián yě bāokuò zai xuéfèi lǐtou ma?

23.0. (44) nèi   inside, interior (more literary and abstract than lǐ)

        Nèi Měng, Nèi Ménggǔ   inner Mongolia

        Nèi-Wài Ménggǔ   Inner and Outer Mongolia

23.1. Bāokuò nǐ zài nèi yǒu shíge rén le.

23.2. Wǒ zhèicì lǚxíng huāle yìbǎi kuài qián, chī fàn bu zài nèi.

23.3. Yǒu Nèi-Wài Ménggǔ. Nèi Ménggǔ shi Zhōngguode yìbùfen.

Shēng Zì gēn Xīn Yúfǎ de Jùzi 331

24.0. (45) xìngzhi   nature, property, attribute (N) [lit. nature substance]
   24.1. Zhèi liǎngzhǒng cáiliaode xìngzhi bù tóng.
25.0. (46) míng   name in a list   (M)
          V dì . . . (míng)   to rank . . . in an activity
   25.1. Dānzishang dì sānmíng shi nǐ.
   25.2. Wǒ dìdi zhèicì kǎo dì yīmíng.
26.0. (47) yǐnèi   within, inside
          A zài B yǐnèi   A is within B
   26.1. Nèiběn shū shíkuài qián yǐnèi wǒ jiu mǎi.
   26.2. Chī fàn zuò chē dōu bāokuò zài liùshikuài qián yǐnèi.
27.0. (47) yǐwài   outside, apart from
          zài B yǐwài   be apart from A
          chúle A yǐwài   besides A, apart from A
   27.1. Mǎi shū zài xuéfèi yǐwài.
   27.2. Wǒ míngtian wǎnshang qǐngde kèren chúle Wáng Xiáojie gēn nǐ yǐwài méi bié ren.
28.0. (49) lùnwén   essay, article   (N) [lit. discuss writing]
          bóshi lùnwén   Ph.D. thesis
   28.1. Wǒ zhèi jǐtiān mángzhe xiě lùnwén ne.
   28.2. Wǒde bóshi lùnwén hái méi xiěwán ne.
29.0. (49) zīliào   (written) materials   [lit. resources materials]
   29.1. Wǒ zhǔnbèi xiě yìběn shū. Wǒ zhèng zài zhǎo zīliào ne.
30.0. (51) N bù N   whether N or not   (Note 1)
   30.1. Gōngchéngshī bù gōngchéngshī dào méi guānxi. Wǒ shi duì jiànzhu yǒu xìngqu.
   30.2. Wǒ shi wúsuǒwèi bóshi bù bóshi. Wǒ jiùshi xīwang duō niàn yìdiǎr shū.
   30.3. Qián bu qián de shìqing dào hěn xiǎo. Tā ba wǒde lùyīnjī nònghuài le yīngdāng gàosu wo.
31.0. (51) méi (yǒu) duó dà N   not have much N, there isn't much N
   31.1. Méi yǒu duó dà shíhou ta jiù lái le.
   31.2. Nǐ qù bu qù méi duó dà guānxi.
32.0. (55) gǔ   ancient (SV)
          gǔrén   the ancients, people of antiquity
          gǔ shíhou   ancient times
          shànggǔ   (high) antiquity, earliest times

		zhōnggǔ	middle antiquity, the Middle Ages
32.1.		Wǒmen yào zhīdao gǔrénde shìqing jiù děi niàn lìshǐ.
32.2.		Gǔ shíhou rénmen chuān de yīfu gēn xiànzài bù tóng.
32.3.		Zhōngguo shànggǔde shíhou jiù yǐjing yǒule hěn hǎode wénhuà le.

33.0. (55) dài   generation (M)

(shí)dài   (historical) period, age [lit. time generation]
gǔdài   antiquity
jìndài   recent times, modern (period)
gǔdài-shǐ   ancient history
jìndài-shǐ   modern history
shànggǔ shídài antiquity
zhōnggǔ shídài middle antiquity, middle ages
yídàiyídài(de)   generation by generation

33.1. Xiànzài shi yuánzǐ shídài.
33.2. Jìndàide jiànzhu gēn gǔdàide bù tóng.
33.3. Wǒ shi yánjiu gǔdài-shǐ de.
33.4. Lìshǐ shi lìshǐjiā yídàiyídàide xiěxialai de.
33.5. Wǒ kàn shànggǔ shídàide yìshu bǐ zhōnggǔde hǎo.
33.6. Nèige fángzi shi zhōnggǔ shídàide yàngzi.

34.0. (56) cháo   dynasty (M)

Hàn Cháo   Han Dynasty (B.C. 206–270 A.D.)
Qīng Cháo   Ch'ing Dynasty (1644–1911)

34.1. Zhōngguo zuì hòu de nèi yìcháo jiào shénmo míngzi?
34.2. Nǐ zhīdao zài Hàn Cháode shíhou Zhōngguo yǒu duōshao rénkǒu?
34.3. Qīng Cháo yígòng yǒu èrbǎi duō niánde lìshǐ.

35.0. (56) xīnhài   47th year in a cycle   (Note 2)

xīnhài nián   1911

35.1. Wǒ gēge shi xīnhài nián shēng de.

36.0. (56) gémìng   revolt (V), revolution (N) [lit. change fate]

Xīnhài Gémìng   Revolution of 1911

36.1. Nèige dìfang suīrán yǐjing gémìng le háishi gēn yǐqián yíyàng.
36.2. Gémìng nèinián tāmen pǎodào wàiguo qu le.
36.3. Xīnhài Gémìng fāshēng zài yī jiǔ yī yī nián.

37.0. (58) shǐxuéjiā = lìshǐjiā   historian (N)

37.1. Zhāng Jiàoshòu shi zuì yǒu míng de shǐxuéjiā.

Shēng Zì gēn Xīn Yúfǎ de Jùzi

38.0. (59) gòudeshàng (shi) able to qualify (as)

gòubushàng (shi) unable to qualify (as)

38.1. Ta gòubushàng shǐxuéjiā.

38.2. Wǒ nǎr gòudeshàng shi wénxuéjiā ya?

39.0. (60) chénglì establish [lit. succeed establish]

39.1. Zài wǒmen nèige xiàn lǐtou chénglìle yíge dàxué.

39.2. Gémìng yǐhòu jiù chénglìle yíge xīn zhèngfǔ.

40.0. (60) yuàn (official) body, branch of government, institute (M)

Wǔ Dà Yuàn five main branches (of the government of the Republic of China) (Note 3)

Kǎoshì Yuàn examination branch (of the government)

yánjiu yuàn research institute, graduate school

40.1. Liǎngyuàn dōu qǔxiāo le.

40.2. Kǎoshì Yuàn shi Wǔ Dà Yuàn de yíbùfen.

40.3. Wǒ bìyè yǐhòu zài dào yánjiu yuàn qu yánjiu.

41.0. (63) zhǎng head, director, leader

yuànzhǎng director of an institute

xiàozhǎng principal (of a school), president (of a university)

cūnzhǎng village head

xiànzhǎng district leader

41.1. Bù zhīdào zhèiwèi xīn yuànzhǎngde xuéwen zěnmoyàng?

41.2. Wǒmen xiàozhǎng cái cóng Ōuzhou huílai.

41.3. Cūnzhǎng guǎn quán cūnzide shìqing.

41.4. Zhèiwèi xiànzhǎng bu shi běn dì rén.

42.0. (65) fāngyán dialect [lit. region language]

42.1. Zhōngguo dōngnánbùde fāngyán hěn duō.

43.0. (67) rù enter (V) (more literary than jìn)

rù xué enter school, matriculate

rùkǒu(chù) entrance

43.1. Nèige háizi shíwǔsuì jiu rùle dàxué le.

43.2. Tā dìdi yǐjing shíqīsuì le hái méi rù zhōngxué ne.

43.3. Nèige dà mén jiù shi yùndong huìde rùkǒuchù.

44.0. (68) jiēqià(hǎo) negotiate, discuss (and reach agreement) (V)

A gēn B jiēqià(hǎo) C A negotiates with B on C

A bǎ C gēn B jiēqià(hǎo) A negotiates with B on C

44.1. Wǒ zài diànhuà lǐtou gēn Zhāng Xiàozhǎng jiēqiàle nèijiàn shìqing.

44.2. Wǒ yǐjing bǎ nèijiàn shìqing gēn ta jiēqiàhǎo le.

44.3. Zhèijiàn shìqing qǐng nǐ gēn ta jiēqià yíxià, hǎo bu hǎo?

45.0. (74) zúqiú   soccer, football   (N)   [lit. foot ball]

zúqiú bǐsài   soccer game, play a soccer game

45.1. Xià xīngqī wǒmen xuéxiào gēn Dì Yī Zhōngxué zúqiú bǐsài.

46.0. (76) liánhé   join with, federate with (V)   [lit. associate join]

liánhéqǐlai   join with, ally with

Liánhé Guó   United Nations

Xīnán Liánhé Dàxué   Southwest Associated University (Note 3)

Lián-Dà   Southwest Associated University

46.1. Tāmen gēn wǒmen liánhé bu liánhé dōu méi guānxi.

46.2. Wǒmen jǐge rén liánhéqǐlai gēn ta shuō zhèijiàn shìqing.

46.3. Shìjièshang chàbuduō suóyǒude guójiā dōu cānjiāle Liánhé Guó.

46.4. Xīnán Liánhé Dàxué shi Kàngzhànde shíhou chénglì de.

46.5. Xīnán Liánhé Dàxué jiǎndānde míngzi jiào Lián-Dà.

46.6. Dàjiā liánhéqǐlai zuò nèijiàn shìqing jiu róngyi.

47.0. (78) jì   season (M)

The following forms are somewhat more formal than those with tian:

chūnjì = chūntian   spring

xiàjì = xiàtian   summer

qiūjì = qiūtian   autumn

dōngjì = dōngtian   winter

47.1. Wǒmen xuéxiào měinián dōu kāi liǎngcì yùndòng huì—chūnjì yícì, chiūjì yícì.

47.2. Yí dàole xiàjì rén dōu xǐhuan dào hǎibiār qu wár.

47.3. Yìnián yǒu sìjì—chūnjì, xiàjì, qiūjì, dōngjì.

48.0. (79) zhào lì   follow tradition, follow (someone's) example (VO)   [lit. follow precedent]

zhàolì(de)   according to custom or tradition, traditionally

48.1. Nèige shìqing nǐ bù néng zhào tāde lì.

48.2. Wǒ shi zhàolìde měinián huí lǎo jiā yícì.

49.0. (83) dāngchū   formerly (MA)   [lit. at beginning]

49.1. Wǒ dāngchū yě shi xué shùxué de.

50.0. (84) Qīnghuá   Tsinghua (University) (Note 5)
   50.1.   Tā Qīnghuá bìyè de.
51.0. (84) Běijīng Dàxué   (National) Peking University   (Note 5)
          Běi-Dà   (National) Peking University
   51.1.   Tā bèi xuǎn dāng Běi-Dàde xiàozhǎng.
52.0. (84) Yānjīng, Yànjīng   Yenching (University)   (Note 5)
          Yān-Dà, Yàn-Dà   Yenching University
   52.1.   Tā shi Yānjīng Dàxué Yīngwén xì bìyè de.
   52.2.   Yān-Dà lí Qīnghuá bù yuǎn.
53.0. (84) -lì   establish
          sīlì(de)   privately established, private
          gōnglì(de)   publicly established, public
          guólì(de)   state-established, national
          shěnglì(de) province-established, provincial
   53.1.   Gōnglì dàxuéde xuéfèi méi yǒu sīlìde guì.
   53.2.   Guólì Běijīng Dàxué jiǎndānde míngzi jiào Běi-Dà.
   53.3.   Wǒ niàn Dì-Sān Gōnglì Xuéxiào.
   53.4.   Zhèr yǒu shěnglì dàxué, méi yǒu guólìde.

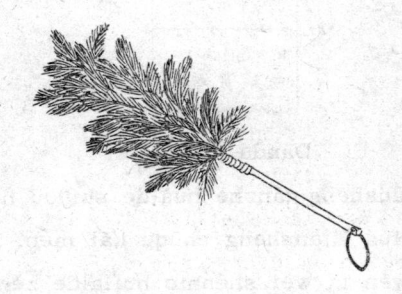

Wēnxi Jùzi

1. Jīntian wǒ cái fāxiàn wǒmen nèitiáo gǒu bìng le.
2. Wǒ fēicháng xǐài Zhōngguo gǔdàide yìshu.
3. Xuéxiào jīntiān kāi yùndong huì. Wǒmen tíqián chī wǔfàn hǎo bu hǎo?
4. Wǒmen liǎngge rén bǐsài xiě Hànzì, kàn shéi cuòde shǎo.
5. Fēiděi jījīnhùi gěi wǒ jiǎngxuéjīn wǒ cái néng niàn bóshi.
6. Nèige rénde xīn hěn hǎo. Chángcháng bǎ ta zìjǐde qián náchulai jiǎng xué.
7. Bāokuò nǐ gēn wǒ yígòng jiǔgè rén.

8. Nèitào yīfu wǔshíkuài qián yǐnèi wǒ jiù mǎi.
9. Qián bù qián dào méi duó dà guānxi. Wǒ shi xǐhuan zhèizhǒng gōngzuò.
10. Měi yíge shídài dōu yǒu gémìngde shìqing fāshēng.
11. Xīn zhèngfǔ shi něinián chénglì de?
12. Zuótiān wǒ zài diànhuà lǐtou yǐjīng gēn ta jiēqiàguo le. Tā shuō nèijiàn shìqing méi wèntí.
13. Wǒmen dàjiā liánhéqǐlai fǎnduì ta.
14. Wǒ shi zhàolìde měitiān zǎochen hē yìbēi niú nǎi.
15. Nèige dìfang fāshēng gémìng le. Dáqilai le.
16. Tā lái wǒ bu zhīdào yīnwei wǒ shuì jiào laizhe.
17. Tā shi yíge Fàguo liúxuéshēng.
18. Nèi liǎngge nǚ háizi chuānzhe tóngyàngde yīfu.
19. Wáng Xiáojiede liū bīng jìshu xiāngdāng hǎo a.
20. Wǒ lián chī fàn dài xǐ jiāhuo cái yòngle bànge zhōngdiǎr.

```
           ┌─────────────────┐
           │ MING DYNASTY    │
           │    明 朝        │
    1644   ├─────────────────┤
           │ CHING DYNASTY   │
           │    清 朝        │
           │                 │
           │                 │
    1911   ├─────────────────┤
           │ REPUBLIC        │
           │  中華民國       │
           └─────────────────┘
```

Dāndú Tánhuà

Wǒ gēn Huá Xiānsheng tánzhe huà de shíhou hūrán tīngzhe mén kǒu yǒu rén jiào mén. Huá Xiānsheng chūqu kāi mén. Shi Huá Xuéxīn huílai le. Huá Xiānsheng wèn ta wèi shénmo huílaide zènmo wǎn ne? Tā shuō zìxingchē lúnzi huài le, qù xiūli chē lúnzi.

5   Wǒ gēn Huá Xiānsheng yíkuàr chūlai de. Huá Xiānsheng ràng wǒmen liǎngge rén rènshi rènshi. Wǒ gēn Xuéxīn bícǐ dōu shuōchulai zìjǐde míngzi. Wǒ juéde Xuéxīn zhèige rén bú cuò.

    Xuéxīn jiào wǒ dào tāde wūzi qu tán. Tā gēn wǒ kèqi, shuō tāde wūzi luànqibāzāo, ràng wǒ bú yào xiàohua ta. Qíshí tāde wūzi yě bùjiànde
10 zěnmo zāng. Wǒ shuō tāde wūzi hěn gānjing. Tā shuō zuótian wǎnshang yǐjīng shōushi le.

Wèntí

Wǒmen liǎngge rén tándào xué de yìfāngmiàn, tā wèn wǒ zhèicì lái shì bu shi háishi niàn shū? Wǒ gàosu tā wo dédàole yíge jiǎngxuéjīn lái Zhōngguo yánjiu bìngqiě zháozhao zuò bóshì lùnwén de zīliào.

15 Xuéxīn shi xué lìshǐ de. Ta yánjiu jìndài shǐ jiùshi yánjiu cóng Qīng Cháo dào Xīnhài Gémìng de lìshǐ. Wǒ shuō ta shi yíwèi shǐxuéjiā, tā shuō ta gòubushàng.

Wǒ zài Měiguo de shíhou jiù zhīdao Yuǎn-Dà zuì jìn chénglìle jǐge yánjiu yuàn. Kěshi díquè chénglìle něi jǐyuàn wǒ hái bù zhīdào. Jīntian
20 wènle Xuéxīn zhīdao chénglìle Lìshǐ Yánjiu Yuàn gēn Guówén Yǔyán Yánjiu Yuàn zhè liǎngyuàn.

Xuéxīn gàosu wǒ Guówén Yǔyán Yánjiu Yuànde yuànzhǎng shi Mǎ Jiàoshòu, wǒ hěn gāoxìng. Wǒ zuì pèifu Mǎ Jiàoshòu le. Wǒ rènwei tā zhēn shi yíwèi zuì hǎo de yǔyánxuéjiā. Tā yánjiu gè dìfangde fāngyán.
25 Tā xiěle bù shǎo de guānyu yǔyán de shū.

Xuéxīn wèn wǒ duì zúqiú yǒu xìngqu méi yǒu. Tā bù zhīdào wǒ shi hěn xǐhuan yùndong de. Wǒ gàosu ta wǒ hěn xǐhuan. Ta shuō chīwánle fàn yíkuàr qù kàn Yuǎn-Dà gēn Lián-Dà zúqiú bǐsài. Wǒ yǐwéi zhèi shi qiūjì yùndòng huì ne. Xuéxīn shuō shi měinián zhàolìde zài kāi xué yǐqián
30 kāi yícì yùndong huì.

Xuéxīn shuō Lián-Dà, wǒ yǐwei shi Kàngzhànde shíhou jǐge dàxué zài xīnán zǔzhi de nèige Liánhé Dàxué ne. Xuéxīn shuō bú shi. Zhèige dàxué shi yòng <u>lián hé</u> liǎngge zì zuò xuéxiàode míngzi.

Wèntí

1. Huá Xiānsheng gěi Xuéxīn kāikai mén. Huá Xiānsheng gēn tāde érzi shuō shénmo?
2. Xuéxīn wèi shénmo huílai wǎn le?
3. Xuéxīn zěnmo zhīdao tāde chē lúnzi huài le?

4. Wèi shénmo Xuéxīn bù zài jiā děngzhe Wénshān?
5. Xuéxīn qǐng Wénshān dào tāde wūzi qu tán, Wénshān shuō shénmo?
6. Xuéxīn shuō tāde wūzi luànqibāzāo, Wénshān shuō shénmo? Nǐ zhīdao tā shuō de nèijù huàde yìsi ma?
7. Xuéxīn wèi shénmo zuótian wǎnshang shōushi wūzi?
8. Wénshān shuō tā wèi shénmo yào xuǎn Zhōngguo wénxué gēn yǔyánxué zhèi liǎngmén gōngke ne?
9. Xuéxīn shuō tāmen yǐqián zěnmo méi rènshi ne?
10. Wénshān zhèicì lái Zhōngguo niàn shū shi shéi gěi tā qián?
11. Zhèibǐ qián dōu bāokuò shénmo zài nèi?
12. Bái Wénshān lái niàn shū ta hái lái zuò shénmo?
13. Xuéxīn zuì jìn yánjiu shénmo lìshǐ? Tā cóng nǎr yánjiu dào nǎr a?
14. Yuǎn-Dà zuì jìn chénglìle jǐyuàn? Shi něi jǐyuàn?
15. Wénshānde rù xué shǒuxu shi zài nǎr bàn de?
16. Xuéxīn shuō chīwánle fàn gēn Wénshān qu gànmá?
17. Zhèicìde zúqiú bǐsài shi shéi gēn shéi?
18. Wèi shénmo yào kāi zhèige yùndòng huì?
19. Yǐqiánde Lián-Dà shi něi jǐge dàxué zǔzhide? Wèi shénmo yào zǔzhi nèige Lián-Dà?
20. Qǐng ni shuōyishuō zhèige Lián-Dà gēn yǐqián de Lián-Dà yǒu shénmo bù tóng?
21. Yàoshi nǐ chūqu le hěn jiǔ cái huílai nǐ bàba gěi nǐ kāi mén ta yídìng shuō shénmo?
22. Yàoshi yǒu yíge rén zài zhèr biéde rén shuō ràng nǐ gēn ta rènshi rènshi, nǐ yīnggāi shuō shénmo?
23. Yàoshi péngyou shuō qǐng ni dào tāde wūzi qu, nǐ shuō shénmo?
24. Rúguǒ nǐ dào péngyoude wūzi qu nǐ péngyou shuō tāde wūzi tài zāng, nǐ yīnggāi shuō shénmo?
25. Yàoshi péngyou shuō nǐ méi lái yǐqián ta tèbié bǎ wūzi shōushile yíxià, nǐ yīnggāi shuō shénmo kèqi huà?
26. Yàoshi yíge péngyou dì yīcì lái nǐ méi jiànguo ta, tā dì èrcì lái nǐ gēn ta jiàn miàn le, nǐ yào shuō shénmo?
27. Yíge rén shuō ta shi yánjiu lìshǐ de nǐ yīnggāi shuō shénmo?
28. Yàoshi nǐ xiǎng yuē yíge péngyou qu kàn yùndong huì nǐ bu zhīdào tā xǐhuan bù xǐhuan, nǐ yīnggāi zěnmo wèn ta?
29. Yàoshi nǐ yòng jiǎngxuéjīn niàn shū nǐ yào gàosu nǐde péngyou, nǐ yīnggāi zěnmo shuō?
30. Yàoshi yíge péngyou shuō qǐng nǐ kàn yùndong huì, nǐ shuō shénmo?

Dialogue

Dialogue: After Hua Xuexin and Vincent White meet, the two discuss their mutual interests [lit. situations of mutual research].

Xue : (Hi,) Dad.

Hua : Come, you two get acquainted.

Xue : My name is Hua Xuexin.

White: My name is Vincent White.

Hua : How come you're so late in returning?

Xue : The tire on my bicycle went flat [lit. bad]. I had to go fix it [lit. the bicycle].

Hua : Where was this?

Xue : The tire went flat after I'd gone a few steps from the riding stable. I discovered that there was a hole in the tire.

Hua : How could the tire spring a leak?

Xue : I don't know. And there was no repair place near the riding stable. I had to push the bike [straight for] a long distance before I got to a repair place.

Hua : No wonder you got back so late.

Xue : (to Vincent White) I'm sorry. You came some time ago?

White: I came a while ago. I suppose you're very busy?

Xue : Originally I didn't have anything to do today. I'm taking riding lessons [lit. studying riding a horse]. Since my instructor is busy tomorrow, he had me advance it a day and go today.

White: Where do you ride?

Xue : Behind Far Eastern, three or four miles from here. Come on, let's go to my room to talk.

White: I'd like to see your room.

Xue : When you see my room you'll be sure to laugh at me. It's a mess, and it's filthy.

White: Don't apologize. Mine is too. [lit. It's mutual.]

Xue : I'm sure your room is [certainly] a lot cleaner than mine.

White: Hereafter let's [us two persons] have a competition, O.K.?

Xue : Shall we compete for cleaner or dirtier?

White: [Compete for cleaner, naturally.] . . . Hey! Your room isn't too dirty.

Xue : Mother told me you were moving over today, so last night I tidied up the room a bit.

White: Thanks for doing the special clean-up job on your room (just) because of my coming.

Xue : You speak Chinese so well. Where did you learn it?

White: I learned it [lit. my Chinese was learned] when I was studying in high school in America. Since I'm fascinated with Chinese culture, in college I elected the two fields of Chinese literature and linguistics.

Xue: It's too bad that the first time you came to China we didn't have a chance to meet, otherwise we would have known each other long ago.

White: That's so.

Xue: Are you here to study this trip too? [lit. Your coming this time is also for (the purpose of) studying?]

White: Yes. (I'm able to come) because a foundation gave me a fellowship. I've come this time on the fellowship. [lit. My coming this time is precisely a matter of coming on this fellowship.]

Xue: Is the fellowship you got partial or complete?

White: It's a full one. Living expenses, travel expenses, and tuition are all included.

Xue: What kind of fellowship is it?

White: It's for students to study Chinese civilization. It's given to those who are in the top ten in an examination [and not to those outside the ten].

Xue: Are you still studying literature and linguistics?

White: Yes. In addition I'm searching for material to do a Ph.D. thesis. I hear from Meiying that you're also studying for the Ph.D.?

Xue: Actually it doesn't matter much (whether I study for) the Ph.D. or not. I just hope to know more.

White: You're studying history?

Xue: Yes.

White: Are you studying ancient or modern history?

Xue: [I'm studying] modern history. I'm studying history from the Ch'ing Dynasty to the 1911 Revolution.

White: So you're a historian.

Xue: I don't deserve that title.

White: Hasn't Far Eastern recently set up a History Research Institute?

Xue: It's recently set up two institutes—a History Research Institute, and a National Language and Linguistics Research Institute.

White: Who's the head of the National Language and Linguistics Research Institute?

Xue: Professor Ma.

White: Professor Ma's very good. He's done research on dialects everywhere. I used to like attending his classes very much.

Xue: Have you taken care of all the formalities for entering school?

Sentences for New Words and Grammar

White: I negotiated everything [already] when I was in America. Before classes start I have to make a visit to the school.

Xue : Are you busy this afternoon?

White: No. Are you?

Xue : No. Are you interested in watching athletic contests?

White: [I like to watch] very much.

Xue : Then after we've eaten let's go see a soccer game.

White: Where? Who's playing?

Xue : Today it's [a soccer game] between Far Eastern and Associated University. Yesterday was the first day of the athletic contests. Today is the second day.

White: Is this a fall athletic meet?

Xue : Yes. Far Eastern traditionally has a fall athletic meet before school opens.

White: Is the Associated University you spoke of the Southwest Associated University of the time of the War of Resistance?

Xue : No. That Associated University comprised Tsinghua, Yenching—no, Yenching was a private university. Southwestern Associated University was organized entirely by national universities. There were some other universities that I'm not clear about. The Associated University I'm speaking of simply used the characters lián and dà as the name of the school.

White: When does the game start today?

Xue : At three [in the afternoon]. If we go after we eat it'll be just right.

Sentences for New Words and Grammar

1.1. In wartime things made of rubber are very hard to buy.

1.2. It's raining. When you go out don't forget to wear your rubbers.

2.1. They manufacture six-wheeled trucks.

2.2. How much is a bicycle tire?

2.3. One of the tires on my car has gone flat. I must go change it.

3.1. Every morning I go to the riding stable to learn riding.

3.2. That racetrack has now been converted into an athletic field.

4.1. It's not far from here. As soon as you go out the door and walk a few steps you'll be there.

4.2. The educational level must be raised step by step.

5.1. My bicycle tire has gone flat.

5.2. What we use at home is a gas stove.
5.3. The air in this room is awful. Please open the window.
6.1. I discovered only yesterday that my book was at his place.
6.2. A [kind of] strange disease has appeared in this area recently.
7.1. Look, there's a hole in that wall. Who made it?
7.2. During the War of Resistance they moved the factories into caves.
8.1. Can you tow my car to the service station?
9.1. What are you pushing me for?
9.2. Please push open this door.
10.1. Mr. Wang is a swimming instructor.
11.1. Professor Ma's lecture will be advanced half an hour.
11.2. Because we're having an assembly we've advanced (the time for) leaving class by half an hour.
11.3. The time of departure for that plane has been put ten minutes earlier.
11.4. How about eating dinner earlier today?
11.5. The 4:30 history class has been advanced to 3:00.
12.1. I write badly. Please don't laugh at me.
13.1. Let's have a race to see who runs faster.
13.2. Tomorrow our school is having a typing contest.
13.3. The skating rink at North Lake is having a skating contest next week.
13.4. Are you planning to enter the singing contest?
13.5. Where did the Chinese mathematical competitions originate?
14.1. Mr. Wang is fascinated with literature.
14.2. I take a great deal of pleasure in art.
15.1. Next semester I plan to take four courses. I'm electing history, mathematics, English, and Chinese.
15.2. Do you think Wang will be elected this time?
16.1. I'll go if you all go. Otherwise I won't [go].
17.1. The grant which that university received recently is for research in atomic energy.
17.2. Was the money for research in Chinese linguistics given by the government or by a foundation?
17.3. Old Mrs. Zhang's wealth has all gone into grants for educational purposes.
18.1. That youngster wins a prize on every examination.
18.2. He received another grant recently.

Sentences for New Words and Grammar   343

18.3. In order to encourage scholarship he presented all of his [own] wealth to a foundation.

18.4. He went abroad after receiving a fellowship.

19.1. This fund is to be used for building a library.

19.2. He obtained some money by selling his car.

19.3. Which foundation gave you this fellowship?

20.1. He himself earns all of his tuition and living expenses by working.

20.2. The whole student body in our school is going on a trip today.

21.1. [These] travel expenses from China to America certainly aren't small.

22.1. This hundred dollars includes everything.

22.2. Is the money for buying books also included in the tuition?

23.1. Including you there are ten people.

23.2. On this trip I spent $100, not including [eating] food.

23.3. There are Inner and Outer Mongolia. Inner Mongolia is part of China.

24.1. These two [kinds of] materials have different characteristics.

25.1. The third name on the list is yours.

25.2. This time my younger brother ranked first on the exam.

26.1. If that book is less than $10 I'll buy it.

26.2. Food and transportation are both included in the $60.

27.1. The cost of [lit. buying] books is separate from tuition.

27.2. (As for) the guests I'm inviting tomorrow evening, there are no others besides Miss Wang and you.

28.1. These (past) few days I've been busy writing an article.

28.2. I still haven't finished writing my Ph.D. thesis.

29.1. I'm getting ready to write a book. I'm just (in the process of) gathering material.

30.1. (Whether I become) an engineer or not actually doesn't matter. It's only that I'm interested in building.

30.2. I'm not concerned with (whether I become) a Ph.D. or not. I just hope to study more.

30.3. Actually the (matter of whether or not I have to spend) money is quite secondary [lit. quite small]. He should have told me that he damaged my tape recorder.

31.1. He will come before long.

31.2. Whether you go or not doesn't matter much.

32.1. If we want to know about [matters of] people of ancient times we must study history.

32.2. The clothes that people wore in antiquity are not the same as (those of) today.

32.3. Even [lit. Already] in the earliest times China had a wonderful civilization.

33.1. This [lit. now] is the atomic age.

33.2. Modern building is different from that of antiquity.

33.3. I studied ancient history.

33.4. History is written down by historians generation by generation.

33.5. I think the art of high antiquity is superior to that of the medieval period.

33.6. That building is in the style of the Middle Ages.

34.1. What's the name of China's last dynasty?

34.2. Do you know what the population of China was during the Han dynasty?

34.3. The Ch'ing Dynasty had [altogether] a history of over two hundred years.

35.1. My older brother was born in the xīnhài year [i.e. 1911].

36.1. Although that place has had a revolution it's still the same as before.

36.2. In the year of the revolution they fled abroad.

36.3. The xīnhài revolution occurred in 1911.

37.1. Professor Zhang is a very famous historian.

38.1. He can't qualify as a historian.

38.2. How can I qualify as a man of letters?

39.1. A university has been established in our county.

39.2. After the revolution a new government was established.

40.1. The two (government) bodies have been eliminated.

40.2. The examination branch is one [lit. part] of the five great branches (of government).

40.3. After I graduate I'll go do further research in graduate school.

41.1. What's this new head of the institute like as a scholar?

41.2. Our principal has just returned from Europe.

41.3. The village head manages things in the entire village.

41.4. This district leader is not a local man.

42.1. There are a lot of dialects in the southeastern part of China.

43.1. That youngster entered college at fifteen years of age.

43.2. His younger brother is already seventeen but he hasn't entered middle school yet.

43.3. That big gate is the entrance to the athletic field.

Review Sentences

44.1. I reached an agreement with President Zhang on the phone regarding that matter.

44.2. I've already reached an agreement with him on that matter.

44.3. How about your taking up this matter with him?

45.1. Next week our school is playing No. 1 Middle School in soccer.

46.1. It doesn't matter whether they join with us or not.

46.2. Let's talk to him about this matter together.

46.3. Almost all countries of the world have become members of [lit. participated in] the United Nations.

46.4. Southwest Associated University was established at the time of the War of Resistance.

46.5. The abbreviated name for Southwest Associated University is Lian-Da.

46.6. If everyone joins together to handle that matter it'll be easy.

47.1. Our school holds athletic meets twice each year—once in the spring and once in the autumn.

47.2. As soon as summer comes everyone wants to go have fun at the seashore.

47.3. One year has four seasons—spring, summer, autumn, winter.

48.1. You cannot follow his example in that matter.

48.2. I customarily return to my old home once each year.

49.1. I [too] used to study mathematics.

50.1. He graduated from Tsinghua.

51.1. He was elected president of Peking University.

52.1. He graduated from Yenching University in the English department.

52.2. Yenching University was not far from Tsinghua.

53.1. Tuition in state[-established] universities isn't as much [lit. expensive] as in private ones.

53.2. The abbreviated name for National Peking University is Bei-Da.

53.3. I'm studying in Public School No. 3.

53.4. There's a provincial university here, not a national one.

Review Sentences

1. I discovered just today that that dog of ours is sick.

2. I love ancient Chinese art.

3. (Our) school is holding an athletic meet today. How about having lunch early?

4. Let's [the two of us] have a contest to see who makes fewer mistakes in writing Chinese characters.

5. I can study for the Ph.D. only if a foundation gives me a fellowship.

6. That man is very kind-hearted. He's always giving his own money to encourage education.

7. (There are) nine people altogether including you and me.

8. I'll buy that suit if it's less than fifty dollars.

9. The (amount of) money is of no great concern. It's that I like this sort of work.

10. There are [affairs of] revolutions [occurring] in every historical period.

11. What year was the new government established?

12. I reached an agreement with him [already] yesterday on the phone. He says there's no problem about that matter.

13. Let's all of us join together to oppose him.

14. I customarily drink a glass of milk every morning.

15. A revolution has broken out in that place. Fighting has begun.

16. I wasn't aware that he came, as I was sleeping.

17. He has studied in France.

18. Those two girls are wearing the same clothes.

19. Miss Wang is rather good at skating [lit. Miss Wang's skill in skating is rather good].

20. I took only half an hour to eat and do the dishes.

Notes

1. The pattern <u>N bù N</u> 'N not N' in which the adverb <u>bù</u> 'not' is preceded and followed by the same noun, is alternative to the pattern <u>V N bù V N</u>, where the <u>V</u>'s represent a verb whose meaning is determined by the noun:

    Bóshi bù bóshi wǒ wúsuǒwèi. <u>or</u>
    Dé bóshi bù dé bóshi wǒ wúsuǒwèi.
      'Whether or not I get a Ph.D. makes no difference to me.'
    Zhèijiàn shì bú shi qián bù qián de wèntí. <u>or</u>
    Zhèijiàn shì bú shi gěi qián bù gěi qián de wèntí.
      'This [matter] isn't a question of [whether or not to give] money.'

2. There are several systems for naming years in Chinese. One system is based on sixty-year cycles. The years are designated by a set of sixty two-character combinations: for example, <u>xīnhài</u> is No. 47. Applied to the cycle that started in 1864, No. 47 designates 1911 (1864 + 47). The revolution of the <u>xīnhài nián</u> (1911), which was led by Sun Yatsen, toppled the Ch'ing Dynasty and established the Republic of China. The year 1912 is reckoned as the first year of the Republic.

Notes

3. The government of the Republic of China consists of five branches: executive, legislative, and judicial (as in the United States), plus the examination and control branches.

4. After Japan invaded China in 1937, several public universities in Japanese-occupied territory joined forces to establish Xīnán Liánhé Dàxué 'Southwest Associated University' as a refugee university in Szuchuan Province. The best known of the group were Tsinghua University and Peking University. (The Lian-Da mentioned by Xuexin in the dialogue is fictitious.)

"Tiě Tóu jiā yóu!"

Dì Shiqīkè. Kàn Zúqiú Bǐsài

Huìhuà: Huá Xuéxīn Bái Wénshān liǎngge rén zài yùndongchǎng tán huà.

Bái: Yùndongchǎng kě zhēn bù xiǎo wa.

Xué: Qùnian cái gàihǎo de. Néng róng wǔwàn duō rén.

5 Bái: Tīngshuō Yuǎn-Dà zuì jìn hěn zhòngshì tǐyù de.

Xué: Duìle. Cānjiā Quán Guó Yùndong Huì, Yuǎn-Dàde xuǎnshǒu zuì duō. Qùnian Quán Guó Yùndong Huì, Yuǎn-Dà déle báxiàng guànjūn.

Bái: Zhēn bú cuò.

Xué: Yóuqishi zúqiú duì zhēn yǒu zīge cānjiā Shìjiè Yùndong Huì le.

10 Bái: Wǒ zhīdao Yuǎn-Dà zúqiú cháng gēn biéde xuéxiào bǐsài. Biéde qiúlèi yě cháng bǐsài ma?

Xué: Chúle zúqiú yǐwài, hái yǒu lánqiú, wǎngqiú, bīngbāngqiú, yě cháng gēn biéde xuéxiào bǐsài.

Bái: Nǐ duì gèzhǒng yùndong dōu néng ba?

15 Xué: Dōu dǒng diar, kěshi wǒ zuì xǐhuan zúqiú gēn lánqiú. Wǒ tīngshuō Měiguo shìde zúqiú gēn Zhōngguode tīfǎ bù tóng.

Bái: Yǒu hěn dàde fēnbié.

Xué: Bàozhǐshang cháng yǒu guānyú Měiguo zúqiú bǐsài duìyuán shòu shāng de xiāoxi. Měiguo shì de zúqiú kéyi shuō shi yìzhǒng tài
20 jīliède yùndong.

Bái: Wǒ xiǎode shíhou hěn xǐhuan zúqiú. Mǔqin bú zàncheng, shuō qiānwàn bié tī zúqiú, wànyī shòule zhòng shāng zěnmo bàn? Suīrán mǔqin zěnmo shuō, kěshi yǒude shíhou wǒ hái qù tī.

Xué: Nǐ xǐhuan shénmo yùndong?

25 Bái: Wǒ zuì xǐhuan sàipǎo, dǎ wǎngqiú gēn dǎ bàng qiú.

Xué: Nǐ pǎo chángtú háishi pǎo duǎntú?

Bái: Wǒ pǎo yì Yīnglǐ.

Xué: Pǎo duōshao shíhou?

Bái: Wǒ pǎo sìfēn líng jiúmiǎo.

30 Xué: Chéngji bú huài ya.

Bái: Wǒ niàn zhōngxué dàxué de shíhou dōu cānjiāguo sàipǎo bǐsài.

349

Xué: Wǎngqiú wǒ yǒude shíhou yě dǎ. Něitiān wǒmen liǎngge rén dǎda.

Bái: Hǎode. Wǒ hǎo jiǔ méi dǎ le. Wǒ yǒu hěn hǎode wǎngqiú pāizi zài xíngli lǐtou ne. Jǐge xīngqī cái néng yùndào ne.

35 Xué: Wǒ yǒu. Wǒ jiègei ni.

Bái: Kǒngpà wǒ bú shi nǐde duìshǒu. Wǒ dǎbuguò ni.

Xué: Wǒ dǎde bìng bù hǎo. Péi ni wárwar. Shéi shū shéi yíng méi guānxi.

Bái: Yuǎn-Dà gēn Lián-Dà něiduì tīde zuì hǎo wa?

40 Xué: Dāngrán Yuǎn-Dà tīde hǎo le. Yuǎn-Dà zúqiú duì lǐtou yǒu liǎngge tīde zuì hǎo de duìyuán. Yíge jiào Wáng Wénhuá de, wàihàor jiào Xiǎo Láohur. Yíge jiào Zhāng Dōngshēng de. Wàihào Tiě Tóu. Qián jǐtiān Xiǎo Láohur liànxi qiú shòu shāng le. Bù zhīdào tā jīntian néng bu néng chū chǎng.

45 Bái: Nènmo jīntian méi bǎwo yídìng yíng.

Xué: Wēixiǎn. Shéi shū shéi yíng bù gǎn shuō.

Bái: Qiúduìde zhìfú hěn pàoliang a.

Xué: Yuǎn-Dà shi hóng yùndong-yī, Lián-Dà shi lǜ yùndong-yī, dōu shi huī duǎnkù.

50 Bái: Yuǎn-Dàde duìyuán gèzi dōu bù hěn gāo. Duìzhǎng shi shéi?

Xué: Xiǎo Láohur.

Bái: Wèi shénmo jiào Xiǎo Láohur?

Xué: Tíqilai hěn yǒu yìsi. Wǒ niàn Yuǎn-Dà sìniánjí de shíhour, Xiǎo Láohur cái jìn dàxué. Tā niánji hěn xiǎo, gèzi hěn ǎi, pǎode hěn
55 kuài, tīqi qiú lai xiāngdāng xiōngměng, suóyi dàjiā dōu jiào ta Xiǎo Láohur.

Bái: Nǐ tīng qiúchǎng de guānzhòng dōu shi gěi Yuǎn-Dà zhùwēi, dōu hěn yōnghu Yuǎn-Dà.

Xué: Guānzhòng dà duōshù shi gēn Yuǎn-Dà yǒu guānxi de.

60 Bái: Guàibude dōu gěi Yuǎn-Dà zhùwēi ne.

Xué: Nǐ kàn kàntáishang rén dōu mǎn le. Yǒu hěn duō rén méi zuòr. Zhànzhe kàn ne.

Bái: Kě bu shì ma. Xìng'er wǒmen láide zǎo.

Xué: Xiànzài yào kāishǐ le. Yuǎn-Dà jiā yóur!

65 Bái: Yuǎn-Dà tīde hǎo.

Xué: Lián-Dà tīde yě bú cuò.

Bái: Háishi Yuǎn-Dà tīde hǎo.

Xué: Lǎo Zhāng jiā yóur!

Bái: Nǐ kàn Yuǎn-Dà tījìnqu yíge le.

Shēng Zì gēn Xīn Yúfǎ de Jùzi

70 Xué: Xiànzài yī bǐ líng.

Bái: Lián-Dàde duìzhǎng tīde fēicháng hǎo.

Xué: Tā gēn Lǎo Zhāng tīde chàbuduō hǎo.

Bái: Duìle. Tīde zhēn bú cuò.

Xué: Zāogāo! Yuǎn-Dà fàngui le.

75 Bái: Gěi rénjia jīhui le.

Xué: Jīntian Yuǎn-Dà tīde bǐ yǐqián chàde hěn duō.

Bái: Zāogāo! Lián-Dà tījìnqu yíge le.

Xué: Xiànzài píngle—yī bǐ yī. Wēixiǎn, wēixiǎn.

Bái: Nǐ kàn zhèicì shéi shū shéi yíng?

80 Xué: Bù gǎn shuō. Xiǎo Láohur méi shàng chǎng.

Bái: Zuì hǎode xuánshǒu bu shàng chǎng, guānxi hěn dà.

Xué: Xiànzài zhēn jǐnzhāng. Liǎngduì dōu nènmo mài lìqi. Fēnbuchū shéi hǎo shéi huài.

Bái: Kuài wán le. Hái méi fēnchu shéi shū shéi yíng.

85 Xué: Xiǎo Láohur shàng le! Yǒu xīwang.

Bái: Bù chéng wèntí le. Yídìng shi Yuǎn-Dà le.

Xué: Nǐ kàn Xiǎo Láohur gēn Lǎo Zhāng liánluode duó hǎo.

Bái: Zhēnde.

Xué: Xiǎo Láohur jiā yóur!

90 Bái: Tiě Tóu jiā yóu!

Xué: Lián-Dà wǔhào dǎo le! Xiǎo Láohur chènzhe jīhui ba qiú tīgei Lǎo Zhāng le.

Bái: Nǐ kàn Lián-Dà nèige shǒu mén de yě bú ruò ya.

Xué: Nǐ kàn, Xiǎo Láohur pǎodao Tiě Tóu qiántou qu le. Ēi! Tījìn
95 qiúmén qu le! Yuǎn-Dà yíngle!

Bái: Jīntian zhèichǎng qiú zhēn zhíde kàn.

Xué, Bái: Zī bēng pā,

Zī bēng pā.

Yuǎn-Dà qiúduì

100 Rā, rā, rā!

Shēng Zì gēn Xīn Yúfǎ de Jùzi

1.0. (5) zhòngshì   esteem, place great store on, give serious consideration to, pay close attention to. (TV) [lit. heavy regard]

1.1. Wŏmen xuéxiào hĕn zhòngshì xuésheng xué wàiguo yŭyán.

1.2. Zuótian fāshēng de nèijiàn shìqing tā hĕn zhòngshì.

2.0. (5) tĭyù   physical culture, athletic sports [lit. body culture]

           tĭyù huì   athletic club

           tĭyùchăng   athletic field, stadium

           tĭyùguăn   gym, gymnasium

2.1. Wŏ dìdi shi xué tĭyù de.

2.2. Zhōnghuá Tĭyùchăng jīntian yŏu yìchăng zúqiú bĭsài.

2.3. Nán sùshè lí tĭyùguăn hĕn jìn.

3.0. (6) shŏu   hand, worker

           shuĭshŏu   sailor [lit. water hand]

           háoshŏu   a good hand (at something)

           xuánshŏu   able person selected from a number of others, star, champion [lit. select hand]

3.1. Zuò shì tā kĕ shi ge háoshŏu.

3.2. Zhèicìde yùndong huì wŏmen xuéxiào yŏu shíwŭwèi xuánshŏu cānjiā.

3.3. Yóuyŏng bĭsài Wáng Xiáojie năr shi Zhāng Xiáojiede duìshŏu a?

4.0. (7) xiàng   article, item, kind   (M)

           yíxiàngyíxiàngde   item by item

4.1. Nĭ cānjiā nĕixiàng yùndong?

4.2. Qĭng ni bă nèixie shìqing yíxiàngyíxiàngde dōu xiĕchulai.

5.0. (7) guànjūn   champion   (N)   [lit. head army]

           dé guànjūn   win a championship, get first place

5.1. Zuótian Quán Shēng Zúqiú Bĭsài wŏmen xuéxiào déle guànjūn.

5.2. Wáng Xiáojie liū bīng dé guànjūn.

Shēng Zì gēn Xīn Yúfǎ de Jùzi 353

6.0. (9) duì   group, body, team (M)
         yíduì bīng   detachment of soldiers
         zúqiú duì   football team
         yīnyuè duì   band, orchestra
         duìyuán   member of a team
         duìzhǎng   captain of a team

6.1. Nǐ dài nèiduì bīng xiān zǒu.
6.2. Wǒmen xuéxiào zuìjìn zǔzhile yíge yīnyuè duì.
6.3. Tā gēge shi nèige zúqiú duì de duìyuán.

7.0. (9) zīge   qualifications, standing (N) [lit. property pattern]
         A gòu zīge (V) A is qualified (to V) (V)

7.1. Tā yǎn xì de zīge hěn lǎo le. Tā yǎnle èrshi duō nián le.
7.2. Tā hěn gòu zīge zuò wǒmende lǎoshī.

8.0. (9) qiú   ball (N)
         wár qiú, dǎ qiú   play (a game involving a ball)
         qiúchǎng   ground for ball game—e.g. football field, tennis court
         qiúmén   goal (line), goal posts
         qiúduì   team
         yìchǎng qiú   a game (of ball)

8.1. Wǒ niàn zhōngxué de shíhou zuì xǐhuan wár qiú le.
8.2. Jīntian qiúchǎng rén yídìng hěn duō.
8.3. Qiúmén huài le. Děi zhǎo rén xiūli.
8.4. Zhèige xuéxiàode qiúduì xiāngdāng yǒu míng.

9.0. (11) lèi   kind (of), classification (of) (M)
          rénlèi   mankind
          tānglèi   soups (on a menu) (Note 1)

9.1. Nǐ xǐhuan kàn něilèide diànyǐngr?
9.2. Yuánzǐ-néng yīnggāi yòngzai duì rénlèi yǒu hǎochu zhei yìfāngmiàn.

10.0. (12) lán(zi)   basket (M)
           lánzi   basket (N)
           lánqiú   basketball

10.1. Zuótian Wáng Tàitai sòng wo yì lánzi shuíguǒ.
10.2. Nǐ xǐhuan wár lánqiú ma?

11.0. (12) wǎng(zi)   net (N)

yúwǎng　　fishnet

wǎngqiú　　tennis

11.1.　Wǒ hěn xǐhuan dǎ wǎngqiú. Nǐ ne?

11.2.　Nèige dǎ wǎngqiú de wǎngzi shi xīn mǎi de.

12.0. (12)　bīngbāng　ping-pong; bing-bang, bang-bang　(Note 2)

bīngbāngqiú　ping-pong

bīngbingbāngbāng(de)　bing-bang, bang-bang

12.1.　Měiguó rén duì bīngbāngqiú bù zěnmo zhòngshì.

12.2.　Nǐ tīngting wàibiar shénmo bīngbingbāngbāngde xiǎng?

13.0. (16)　tī　　kick, play a game that involves kicking　(V)

tī qiú　kick a ball, play a game in which a ball is kicked

13.1.　Nèige háizi bú niàn shū lǎo tī qiú.

14.0. (17)　'fēnbié　　　　distinguish between　(V), difference　(N)　[lit. divide other]

fēnbiédechū(lái)　able to distinguish

fēnbiébuchū(lái)　unable to distinguish

14.1.　Jù wǒ kàn nèi liǎngzhī bǐ méi duó dàde fēnbié.

14.2.　Zhèi liǎngge dōngxi zěnmo fēnbié něige shi nǐde něige shi wǒde?

14.3.　Tāmen liǎngge rén nǐ fēnbiédechū shéi shi gēge shéi shi dìdi ma?

15.0. (20)　jīliè　violent, fierce　(SV)

15.1.　Nèicìde zhàng dǎde hěn jīliè ya.

16.0. (22)　qiānwàn　by all means, without fail [lit. 1,000 10,000]

qiānwàn bù/bié　by no means, absolutely not

16.1.　Guò lù qiānwàn yào zhùyi chē.

16.2.　Nǐ ke qiānwàn bié wàngle nèijiàn shì a.

17.0. (22)　wànyī　barely likely, if by any chance　(MA) [lit. 10,000 one]

17.1.　Wǒ xiǎng wǒ yídìng lái. Wànyī wǒ bù lái wǒ dǎ diànhuà gàosu nǐ.

18.0. (25)　sài　　　　compete in, have a race　(V)

sàiqiú　　　compete in a ball game

sàipǎo　　　race on foot　(V, N)

sài (kàn) + V　compete (to see)　(V)

18.1.　Wǒmen liǎngge rén sài kàn shéi zǒude kuài.

18.2.　Nǐmen xuéxiào dōu sài shénmo qiú?

18.3.　Nǐ xǐhuan kàn sàipǎo ma?

19.0. (25)　bàng(zi)　club, bat, stick; corn, maize　(N)

Shēng Zì gēn Xīn Yúfǎ de Jùzi

     bàngzi miàn corn flour
     bàngqiú   baseball
19.1. Xiāngxia rén xǐ yīfu háishi yòng bàngzi dǎ.
19.2. Wǒmen jiā yǒu sānmǔ dì, dōu zhòng de shi bàngzi.
19.3. Měiguo rén zuì xǐhuan de yùndong shi dǎ bàngqiú.
20.0. (26) -tú   journey, road
     chángtú long distance
     duǎntú   short distance
     qiántú   future [lit. front road]
     zhōngtú midway [lit. middle distance]
20.1. Nèige háizi yòu cōngming yòu yònggōng. Jiānglái yídìng yǒu qiántú.
20.2. Zuótian wǒ kāi chē dào Niǔyue. Zǒudào zhōngtú cái fāxiàn chē lǐtou méi yóu le.
20.3. Wǎnshang dǎ chángtú diànhuà bǐjiǎo piányi.
21.0. (29) líng zero (Note 3)
21.1. Tā gēge shi yī jiǔ líng jiǔ nián shēng de.
21.2. Zhèiběn shū bú shi sānkuài èr, shi sānkuài líng èr.
21.3. Fēijī wúdiǎn líng bāfēn qǐ fēi.
21.4. Nèige chéng yuánlái zhǐ yǒu yìqiān líng wǔge rén. Xiànzài zēngjiā dào sānqiān líng wǔshí rén le.
22.0. (29) miǎo a second (M)
22.1. Kuài wán le. Zhǐ yǒu bāmiǎo zhōng le.
23.0. (33) pāizi racket, paddle (N)
23.1. Wǒde wǎngqiú pāizi shi Yīngguo huò.
24.0. (36) V-guò surpass in V-ing (RV)
24.1. Wǒ xiǎng jīntian zhèichǎng lánqiú bǐsài gāozhōng-yī yídìng sàibuguò chūzhōng-sān.
24.2. Tā dǎ zì dǎde bǐ wǒ kuài. Wǒ dǎbuguò ta.
25.0. (37) shū lose (a game, money in a bet)
25.1. Zuótian nèichǎng qiú méi shū méi yíng.
25.2. Tā dào páomǎchǎng qu chángcháng shū qián.
26.0. (41) wàihào(r) nickname (N) [lit. outside designation]
     qǐ wàihào(r) give a nickname [lit. rise nickname]
26.1. Tā nèige wàihàor hěn qíguài. Shì shéi gěi ta qǐ de?
27.0. (44) chǎng   field, arena
     chū chǎng come on the field, enter a game

		shàng chǎng	come on the field, enter a game
		wǎngqiúchǎng	tennis court

27.1. Zhèichǎng qiú Xiǎo Wáng zěnmo méi chū chǎng ne?
27.2. Jīntian yǒu liǎngge zuì hǎode duìyuán méi shàng chǎng.
27.3. Wǒ cháng dào tāmen xuéxiàode wǎngqiúchǎng qu dǎ wǎngqiú.

28.0. (45) bǎwo   security, guarantee [lit. grasp grab]
            yǒu bǎwo   certain, sure
            méi(yǒu) bǎwo   uncertain, unsure

28.1. Wǒ duì zhèicìde kǎoshì xiāngdāng yǒu bǎwo.
28.2. Zhèijiàn shìqing bàndehǎo bànbuhǎo wǒ ke méi bǎwo.

29.0. (46) wēixiǎn   dangerous, critical (SV) [lit. dangerous perilous]

29.1. Tā bìngde hěn lìhai. Xiāngdāng wēixiǎn.

30.0. (46) gǎn   dare to, venture to (V)

30.1. Zhèige dǎzìjī néng yòng jǐnián wǒ ke bù gǎn shuō.

31.0. (47) zhìfú   uniform (N) [lit. make clothes]

31.1. Zhèr xuéxiàode xuésheng yào bu yào chuān zhìfú?

32.0. (48) yùndong-yī   athletic uniform

32.1. Wǒmende yùndong-yī shi lán yīfu hēi zì.

33.0. (48) lǜ   green (SV)

33.1. Xiàtian jǐngchá chuān lǜ zhìfú.

34.0. (49) huī   gray (SV)

34.1. Huī màozi shi wǒde.

35.0. (49) kù(zi)   trousers, pants (N) (measure: tiáo)
            duǎnkù   shorts

35.1. Nǐ zhèitiáo kùzi zài nǎr mǎi de? Wǒ yě xiǎng mǎi yìtiáo.
35.2. Xiàtiān tiānqi hěn rè. Rén chàbuduō dōu chuān duǎnkù.

36.0. (55) xiōngměng   fierce, savage, cruel (SV)

36.1. Lǎohu gēn shīzi yíyàng xiōngměng.

37.0. (57) guānzhòng   (a watching) audience, spectators (N) [lit. watch crowd]

37.1. Nèige yǎnyuán hěn shòu guānzhòng huānyíng.

38.0. (57) zhùwēi   encourage, cheer on (V)
            gěi A zhùwēi   cheer A

38.1. Wǒmen dàjiā dōu gěi duìzhǎng zhùwēi sāncì.

39.0. (58) yōnghu   support, back up (TV) [lit. hug protect]

Shēng Zì gēn Xīn Yǔfǎ de Jùzi 357

 39.1. Suóyǒude xuésheng dōu yōnghu Wáng Xiàozhǎng.
40.0. (59) duōshù majority [lit. big number]
 40.1. Dà duōshùde rén dōu fǎnduì tāde tíyì.
41.0. (61) kàntái seats, stands, bleachers (N) [lit. look terrace]
 41.1. Nèige kàntái néng róng sānbǎi duō rén.
42.0. (61) mǎn full (SV)

    A (de) B mǎn le A is full of B

    A mǎn shi B, mǎn A shi B A is full of B, there are B every-
                where in A

    V mǎn V to capacity

 42.1. Dàlǐtángde rén yǐjing mǎn le.
 42.2. Nèi yídài mǎn shi pùzi. Méi yǒu zhùzhái.
 42.3. Qiūtian yī guā fēng, mǎn dì dōu shi shù yèzi.
 42.4. Tāde shūfáng shū dōu duīmǎn le.
43.0. (62) zhàn stand (TV)

    zhànqilai stand up

 43.1. Zuótian wǒ děng gōnggòng qìchē zhànle bàntiān chē yě méi lái.
 43.2. Nǐ zhànqilai ràng nèiwèi lǎo tàitai zuòxia.
44.0. (64) jiā add, increase, raise (V)

    jiā yóu(r) gas up; add effort, put on steam (V) [lit. add oil]
     (Note 4)

 44.1. Èr jiā sān dé wǔ.
 44.2. Zhèige tāng bú gòu xián. Zài jiā diar yán.
 44.3. Nǐde qìchē xūyào jiā yóu ma?
 44.4. Yào kǎoshì le. Wǒ děi jiā yóu yònggōng le.
 44.5. Wénshān, jiā yóu!
45.0. (70) A bǐ B A to B (where A and B are scores in a game)

    jǐ bǐ jǐ what's the score? [lit. how many to how many?]

    A bǐ B X yíng le X won by a score of A to B

    X duì Y A bǐ B the score between X and Y is A to B

 45.1. Jīntian wǔ bǐ sān Lián-Dà yíng le.
 45.2. Lián-Dà duì Yuán-Dà jǐ bǐ jǐ?
46.0. (74) fànguī break a rule, commit an error (IV) [lit. transgress cus-
       tom]

 46.1. Nèige yùndongyuán dǎ qiú lǎo fànguī.
 46.2. Tā yīnwei fànguī shòu fá le.

47.0. (78) píng — even (in a score), tied (SV)
dǎpíng — even (in a hitting game)
pǎopíng — even (in a running match)
tīpíng — even (in a kicking game)

47.1. Xiànzài jǐ bǐ jǐ? . . . Píng le.

47.2. Bàngqiú dǎdào zuì hòu, yǒude shíhou dǎpíng ma?

48.0. (82) lìqi — strength (N) [lit. strength air]
mài lìqi — exert much effort [lit. sell strength]

48.1. Tāde lìqi kě zhēn dà. Yíge rén kéyi bǎ yíliàng dà qìchē tuīzǒu.

48.2. Wǒ kàn tā duì wǒde shìqing bù zěnmo mài lìqi.

49.0. (82) jǐnzhāng — nervous, tense, excited, exciting (person or situation) (SV)

49.1. Wǒ yí kǎoshì jiu jǐnzhāng.

49.2. Zhèichǎng qiú zhēn hǎo kàn. Dǎde duómo jǐnzhāng a.

50.0. (84) fēn — divide, separate, distinguish, share; be divided into (parts), be composed of, include (V)
fēnchéng — divide into
fēngěi — share with
fēnchulai — distinguish, tell [which is which] (RV)

50.1. Zhōngxué fēn gāozhōng chūzhōng.

50.2. Něige hǎo něige huài wǒ fēnbuchūlái.

50.3. Qǐng ni bǎ zhè wǔshí rén fēnchéng liǎngduì.

50.4. Nǐ bié yíge rén chī a. Yě fēngei wǒ diar chī a.

50.5. Zuótian nèichǎng zúqiú tīpíngle. Bù fēn shū yíng.

51.0. (87) liánluo — join, connect; be in contact with, be in communication with (V) [lit. join connect]

51.1. Wǒ gēn ta hěn jiǔ jiù méi liánluo le.

52.0. (91) dǎo — turn upside down, fall over (IV)
V dǎo — V upside down, V over (TV)

52.1. Nǐ kàn nèige fángzi hěn wēixiǎn. Chàbuduō yào dǎo le.

52.2. Nèikē shù ràng dà fēng gěi guādǎo le.

53.0. (91) chèn(zhe) — avail oneself (of the circumstance that) (V)

53.1. Wǒmen yīngdāng chèn kèren hái méi lái ne, xiān shōushi shōushi wūzi.

53.2. Wǒmen chènzhe Wáng Jiàoshòu zài zhèr qǐng ta gěi wǒmen shuō jǐjù huà.

Wēnxi Jùzi

53.3. Wǒ chènzhe fàngjià de shíhou dǎsuan qu lǚxíng yícì.
54.0. (93) shǒu　　　　　　　defend, guard, keep, watch over　(TV)
　　　　　shǒu mén　　　　　guard a door, defend a goal
　　　　　shǒu mén de　　　 gatekeeper, goalie
54.1. Tā bìngde hěn lìhai. Zuótian wǎnshang wǒ shǒule tā yíyè.
54.2. Wǒmen jiā nèige shǒu mén de zài wǒmen jiā èrshi duō nián le.
55.0. (93) ruò　　　　　　　　weak, faint　(SV)
55.1. Tā cóng bìngle yǐhòu hěn ruò.
56.0. (96) zhí　　　　　　　　worth (the time, money, effort)　(SV)
　　　　　zhí A qián　　　　 worth A amount of money
　　　　　zhíqián　　　　　　be valuable
　　　　　zhí(de) V　　　　　worth V-ing
56.1. Nǐ kàn zhèizhī bǐ zhí bu zhí?
56.2. Wǒ kàn nèige qiú pāizi bù zhí wǔkuài qián.
56.3. Zuì jìn zhèrde fángzi hěn zhíqián.
56.4. Nèibù piānzi méi yìsi. Bù zhíde qù kàn.

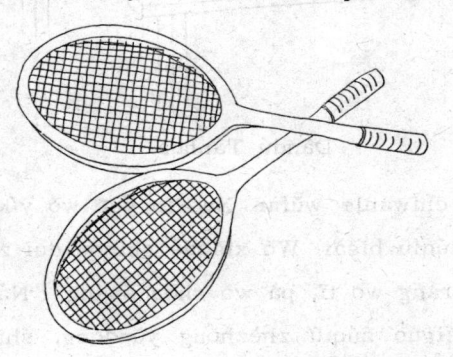

Wēnxi Jùzi

1. Dàjiā dōu hěn zhòngshi nèijiàn shìqing.
2. Qǐng nǐ bǎ càidār yíxiàngyíxiàngde gěi wǒ niànchulai.
3. Tā hěn yǒu zīge dāng lìshǐ jiàoshòu.
4. Zhōngguo huà gēn Rìběn huà yǒu hěn dàde fēnbie.
5. Zhèijiàn shìqing nǐ ke qiānwàn bié gàosu ta.
6. Wànyī chū guó de shǒuxu yàoshi bànbuhǎo, wǒ jiu zǒubuliǎo le.
7. Zǒu, wǒmen qu kàn sàipǎo de.
8. Nèijiàn shìqing wǒ ke méi bǎwo. Wǒ gēn tā shuō shìshi kàn.
9. Wǒ bù gǎn chī xiā. Yì chī jiu bìng le.
10. Suóyǒude rén dōu yōnghu ta.

11. Zhèizhāng zhǐ wǒ dōu xiěmǎn le.
12. Zhōngguo rén duōshù shi nóngrén.
13. Gōnggòng qìchēshang rén dōu mǎn le. Wǒ cóng shàng chē yìzhíde zhàndao xià chē.
14. Tāmen liǎngge rén wǒ fēnbuchūlái shéi shi jiějie shéi shi mèimei.
15. Wǒ xiě xìn gēn ta liánluo.
16. Chènzhe fàngjià de shíhou děi xiǎng fázi zhuàn diar qián.
17. Nèige xì yǎnde hǎo. Bùjǐng yě bú cuò, zhíde kàn.
18. Wǒde zúmǔ duìyu ròulèide dōngxi bù zěnmo chī.
19. Tā yǒu shuō huà de tiāncái. Shéi yě shuōbuguò ta.
20. Yuánlái nǐ méi yùbei gōngke. Guàibude zuótian kǎoshì ni jǐnzhāng ne.

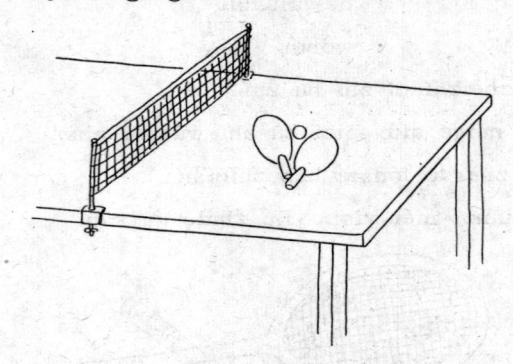

Dāndú Tánhuà

    Zài Huá jia chīwánle wǔfàn Xuéxīn yuē wǒ yíkuàr qu kàn Yuǎn-Dà gēn Lián-Dà de zúqiú bǐsài. Wǒ xiǎode shíhou duì zúqiú hěn yǒu xìngqu. Kěshi mǔqin bú ràng wo tī, pà wǒ shòu shāng. Nán guài wǒ mǔqin bú ràng wǒ tī. Měiguo zúqiú zhèzhǒng yùndong, shi yìzhǒng tài jīliède
5 yùndong.

    Yǐhòu wǒ jiu dǎ wǎngqiú bàngqiú gēn sàipǎo. Wǒ niàn zhōngxué gēn dàxué de shíhou wǒ yě shi xuéxiào lǐtoude wǎngqiú gēn sàipǎo de xuánshǒu ne. Xuéxīn wèn wǒ pǎo yì Yīnglǐ yòng duōshou shíhou. Wǒ gàosu ta wǒ pǎo sìfēn líng jiǔmiǎo. Tā shuō wǒ pǎo de chéngji bú huài. Qíshí bǐ
10 shìjiè pǎo dì-yī de hái chàde hěn yuǎn. Shìjiè pǎo dì-yī de pǎo sānfēn wǔshiqīmiǎo zuǒyòu.

    Xuéxīn shuō guò jǐtiān gēn wǒ dǎ wǎngqiú. Wǒ háishi zhēn xīwang gēn tā dǎ yìchǎng, yīnwei wǒ jǐnián dōu méi dǎ le. Zài guòqu de jǐnián lǐtou, dōu shi gēn yìxiē bú ài yùndong zhuānmén niàn shū de péngyou zài

15 yíkuàr, suóyi méi jīhui wár qiú. Qíshí qīngnián rén duì tǐyù yīnggāi zhòngshì.

Xuéxīn shi yíwèi xǐhuan yùndong de qīngnián. Tā duì tǐyù fēicháng yǒu xìngqu.

Wǒmen dào yùndongchǎng hěn zǎo. Sāndiǎn bǐsài, wǒmen liángdiǎn
20 bàn jiu dào le. Rén chàbuduō dōu mǎn le. Bú dào liǎngdiǎn sānkè de shíhou, quán yùndongchǎng jiù méi zuòr le, yǐhòu láide rén dōu děi zhànzhe kàn le.

Zhèige shíhou liǎng duìde duìyuán dōu chū chǎng le. Tāmende yùndong-yī zhēn piàoliang. Yuán-Dà shi hóngde, Lián-Dà shi lǜde.

25 Guānzhòng chàbuduō dōu yōnghu Yuán-Dà. Dōu gěi Yuán-Dà zhùwěi. Zhè liǎngduì zài kāishǐ tīde shíhou bù fēn shū yíng. Yìzhíde tīdao zuì hòu hái shi yī bǐ yī. Zài zhèige shíhou Yuán-Dàde duìyuán yǒu xiē jǐnzhāng le. Tóngshí Lián-Dà yě bú ruò. Búdàn qiúchǎngshang tīde jǐnzhāng, lián wǒmen kànde yě jǐnzhāngqilai le. Yīnwei gēn Yuán-Dà yǒu
30 guānxi, xīn lǐtou yěshi pà Yuán-Dà shū. Jù Xuéxīn shuō hěn wēixiǎn, zhèichǎng qiú hěn yǒu shū de kěnéng, yīnwei Yuán-Dà yǒu yíge zuì hǎode xuánshǒu liànxi qiú shòu shāng le, méi shàng chǎng. Kěshi zuì hòu tā chū chǎng le.

Xuéxīn gàosu wǒ Yuán-Dà nèi liǎngge duìyuánde wàihào. Yíge jiào
35 Xiǎo Láohu, yíge jiào Tiě Tóu. Xiǎo Láohu zhèige míngzide yìsi dāngrán shi shuō tā yǒu láohu nènmo xiōngměng. Tiě Tóu yídìng shi shuō tāde tóu xiàng tiě zuò de nènmo jiēshi le.

Yuán-Dàde zúqiú duì xiànglái shi yǒu míng de. Kàn zhèichǎng qiú suīrán yòngle liǎngge zhōngtóude shíhou, zhēn zhíde.

Wèntí

1. Bái Wénshān gēn Xuéxīn shuō tīngshuō Yuán-Dà zuì jìn zěnmo le?
2. Xuéxīn shuō cānjiā quán guó yùndong huì nǎrde xuánshǒu zuì duō?
3. Xuéxīn shuō qùnian Quán Guó Yùndong Huì Yuán-Dà dédao shénmo le?
4. Xuéxīn shuō Yuán-Dàde zúqiú duì kéyi zuò shénmo?
5. Bái Wénshān shuō tā zhīdao Yuán-Dàde zúqiú cháng gēn biéde xuéxiào bǐsài, bù zhīdào biéde qiú bǐsàiguo méi you. Xuéxīn zěnmo shuō?
6. Xuéxīn shuō Měiguo de zúqiú shi yìzhǒng shénmo xìngzhide yùndong? Nǐ rènwei zěnmoyàng ne? Tā shuōde duì ma?

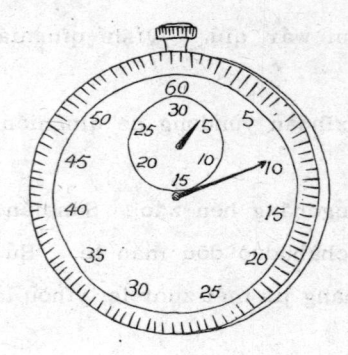

7. Wénshān xiǎode shíhou xǐhuan tī zúqiú. Tā mǔqinde yìsi zěnmoyàng?
8. Wénshān zài xuéxiào ta xǐhuan shénmo yùndong?
9. Wénshān pǎo yì Yīnglǐ yào duōshao shíhou?
10. Wénshānde wǎngqiú pāizi zài nǎr ne?
11. Xuéxīn shuō gēn Bái Wénshān dǎ wǎngqiú, Wénshān shuō kǒngpà tā zěnmo le?
12. Lián-Dà gēn Yuǎn-Dà zúqiú duìde yùndong-yī dōu shi shénmo yánse de?
13. Xuéxīn shuō wèi shénmo Wáng Wénhuá wàihào jiào Xiǎo Láohur ne?
14. Wénshān shuō guānzhòng duì Yuǎn-Dà zěnmoyàng?
15. Qǐng ni shuōyishuō Xiǎo Láohur gēn Tiě Tóu zěnmoyàng liánluo?
16. Zhèichǎng zúqiú shéi shū le shéi yíng le?
17. Yàoshi yǒu péngyou wèn ni shuō "Nǐ duì gèzhǒng yùndong dōu néng ba?" ni zěnmo huídá?
18. Yàoshi nǐde xīn péngyou ta néng dǎ qiú ni shuō shénmo?
19. Yàoshi péngyou gàosu ni tā sàipǎo yòng duōshao shíhou nǐ shuō shénmo?
20. Yàoshi yíge péngyou tā huì dǎ wǎngqiú nǐ shuō shénmo?
21. Yàoshi yíge péngyou shuō xiǎng péi ni dǎ qiú nǐ shuō shénmo?
22. Yàoshi nǐ gēn péngyou shuō nǐ xiǎng péi ta dǎ qiú, tā shuō tā bú shi nǐde duìshǒu, nǐ shuō shènmo?
23. Yàoshi nǐ zài qiúchǎng gěi qiúduì zhùwēi nǐ yòng shénmo huà?
24. Yàoshi péngyou gēn nǐ shuō tā néng sàipǎo ni shuō shénmo ne?
25. Yàoshi nǐ yuē péngyou dǎ wǎngqiú, ta méi yǒu wǎngqiú pāizi, nǐ yīnggāi zuò shénmo?
26. Yàoshi nǐ kàn sàiqiú qu duìyuánmende yùndong-yī hěn piàoliang, nǐ gēn péngyou shuō shénmo?
27. Yàoshi nǐ kàn qiú kànwán le ni rènwéi hěn mǎnyì nǐ shuō shénmo?
28. Yàoshi péngyou wèn nǐ nǐde xuéxiào yǒu jǐzhǒng yùndong nǐ zěnmo huídá?

Dialogue

29. Qǐng nǐ shuōyishuo Měiguó shìde zúqiú gēn Yīngguo shìde zúqiú dōu yǒu jǐge duìyuán? Nǐ zhīdao lánqiú, bàngqiú, wǎngqiú dǎ de shíhou dōu xūyào jǐge rén?
30. Shénmo qiú yòng bàngzi dǎ? Pāizi ne?

    Dialogue: Hua Xuexin and Vincent White talk in the stadium.

White: The stadium is really pretty big.

Xue : It was finished just last year. It can hold over 50,000 people.

White: I hear Far Eastern has been paying a lot of attention to physical culture recently.

Xue : You're right. Far Eastern has the most stars participating in the All-China Athletic Meets. At last year's [All-China Athletic] Meet, Far Eastern got eight firsts.

White: Not bad!

Xue : The soccer team in particular can qualify to participate in the Olympics.

White: I know Far Eastern often competes with other schools in soccer. Does it [often] compete in other kinds of ball (games)?

Xue : [Apart from soccer,] it often competes [with other schools] in basketball, tennis, and ping-pong.

White: I suppose you're good in all kinds of sports?

Xue : I know something about them all, but I like soccer and basketball best. I understand American-style football is different from the Chinese way of playing.

White: There's quite a difference.

Xue : The papers carry frequent news of injuries to players in American football. American-style football [one can say] is too rough a sport.

White: When I was younger I used to like football a lot. Mother didn't approve and said I absolutely mustn't play football, fearing I might suffer a serious injury [lit. if by one chance in 10,000 suffered a serious injury how manage?] Sometimes I went and played just the same, though.

Xue : What kind of sports do you like?

White: I like running and tennis best of all.

Xue : What distance did you run? [lit. Did you run long distance or short distance?]

White: I ran the mile.

Xue : What did you do it in?

White: I ran it in 4:09.

Xue : Not bad [a record].

White: I ran [lit. participated in running competitions] when I was [studying] in both high school and college.

Xue : I also play tennis sometimes. Let's [the two of us] play some day.

White: Fine. I haven't played for a long time. I have an excellent tennis racket in my baggage. It'll be a few weeks before it arrives.

Xue : I have (some rackets). I'll lend you (one).

White: I'm afraid I'm no match for you. I can't beat you.

Xue : I don't play at all well. I'll play with you for the fun of it. It doesn't matter who wins and who loses.

White: Which team is better, Far Eastern or Associated University? [lit. Far Eastern and Associated University which team plays better?]

Xue : Far Eastern [plays better] of course. In the Far Eastern team there are two crack players [lit. team members who play best]. One is (called) Wang Wenhua. His nickname is Little Tiger. (The other) one is [called] Zhang Dongsheng. His nickname is Iron Head. A few days ago Little Tiger was injured while practicing [ball]. I don't know if he'll be able to play [lit. come out onto the field] today.

White: Then there's no certainty of their winning?

Xue : (There's) danger (of their not winning). There's no saying [lit. don't dare say who'll lose and] who'll win.

White: The [team] uniforms are pretty sharp.

Xue : Far Eastern is red [athletic clothes], and Associated is green [athletic clothes]. They both have gray shorts.

White: The Far Eastern players aren't very tall [in size]. Who's the captain?

Xue : Little Tiger.

White: Why is he called Little Tiger?

Xue : [Speaking of that, it's very interesting.] When I was a senior in Far Eastern, Little Tiger had just entered the university. He was quite young and short in stature, ran like a streak, and played ferociously, so everyone called him Little Tiger.

White: Just hear how the whole stadium is cheering Far Eastern. The crowd is giving it a lot of support.

Xue : The majority of the spectators are connected with Far Eastern.

White: No wonder they're all cheering for it.

Xue : [You see that] the seats are all filled [with people]. A lot of people don't have seats. They're [watching] standing up.

White: Yeah. It's lucky that we came early.

Xue : They're going to start now. Come on, Far Eastern! . . .

White: Far Eastern is playing better.

Xue : Associated isn't playing badly either.

Dialogue

White: Far Eastern is playing better, though.

Xue : Come on, Zhang!

White: Look, Far Eastern has kicked one in.

Xue : That makes it 1-0.

White: Associated's captain is playing awfully well.

Xue : He's just about as good as Zhang.

White: Yeah. He's not bad.

Xue : Darn. Far Eastern has fouled.

White: That gives the others a chance.

Xue : Far Eastern is way off its game today.

White: Darn! Associated has kicked one in.

Xue : That makes it a tie—1-1. [Dangerous, dangerous.]

White: Who do you think will win [and who lose] now?

Xue : I daren't say. Little Tiger isn't in the game.

White: It makes a big difference not having the best star.

Xue : It's very tense now. Both teams are pouring it on so. You can't tell which is better [lit. who's good who's bad].

White: It'll soon be over. There's no winner yet. [lit. Still hasn't distinguished who loses who wins.]

Xue : Little Tiger's come into the game! There's hope.

White: There's no longer any question. It's Far Eastern for sure.

Xue : Look at how well meshed Little Tiger and Zhang are.

White: (They) really (are).

Xue : Come on, Little Tiger!

White: Come on, Iron Head!

Xue : Associated's No. 5 is down. Little Tiger is right there [lit. has seized the chance] and has booted the ball to Zhang.

White: That Associated goalie is no slouch.

Xue : Look at Little Tiger sprint ahead of Iron Head. Hey! He's kicked it in! Far Eastern's won!

White: This game today was sure worth seeing.

Xue, White: Siss boom bah,

    Siss boom bah,

    Far Eastern, Far Eastern,

    Rah, rah, rah!

Sentences for New Words and Grammar

1.1. Our school sets great store by students studying foreign languages.

1.2. He's paying close attention to what happened yesterday.

2.1. My younger brother is studying physical culture.

2.2. There's a soccer game at the China Stadium today.

2.3. The men's dorm is very close to the gym.

3.1. He's really a good hand at doing things.

3.2. Our school has fifteen stars participating in this athletic meet.

3.3. Miss Wang is no match for Miss Zhang in swimming.

4.1. What [item of] sport are you taking part in?

4.2. Please write out that matter item by item.

5.1. Our school won the championship in yesterday's All-State Football Contest.

5.2. Miss Wang got first prize in skating.

6.1. You take that detachment of troops and go ahead.

6.2. Our school has recently organized a band.

6.3. His older brother is a member of that football team.

7.1. His standing as an actor goes far back [lit. is quite old]. He's acted for over twenty years.

7.2. He is quite well qualified to be our teacher.

8.1. When I was studying in middle school I liked playing ball games best of all.

8.2. There certainly are a lot of people at the ball field today.

8.3. The goal posts are broken. We must find someone to fix them.

8.4. This school's ball team is quite famous.

9.1. What kind of movies do you like [to see]?

9.2. Atomic energy should be used in [this aspect of] benefiting mankind.

10.1. Yesterday Mrs. Wang sent me a basket of fruit.

10.2. Do you like to play basketball?

11.1. I like to play tennis very much. How about you?

11.2. That tennis net is new. [lit. That net for playing tennis is newly bought.]

12.1. Americans don't have such a high regard for ping-pong.

12.2. Listen, what's making that banging noise outside?

13.1. That youngster is always playing ball instead of studying.

14.1. How do we tell which of these two things is yours and which is mine?

Sentences for New Words and Grammar 367

14.2. In my opinion there isn't much difference between those two pens.

14.3. Can you make out which of the two men is the older brother and which is the younger brother?

15.1. The war was very fiercely fought.

16.1. In crossing the road you must be sure to watch out for cars.

16.2. By all means don't forget that matter.

17.1. I think I'm coming [for sure]. If by any chance I don't come I'll call and tell you.

18.1. Let's [the two of us] have a race to see who walks faster.

18.2. What ball games does your school compete in?

18.3. Do you like to watch foot races?

19.1. Country people still wash clothes by beating (them).

19.2. Our family has three acres of land, all planted in corn.

19.3. The favorite sport of Americans is [playing] baseball.

20.1. That youngster is both bright and hard-working. He'll certainly have a future [hereafter].

20.2. Yesterday I drove to New York. I got halfway and [then and only then] discovered I was out of gas.

20.3. It's cheaper to make long-distance telephone calls in the evening.

21.1. His older brother was born in 1909.

21.2. This book isn't $3.20, it's $3.02.

21.3. The plane takes off at 5:08.

21.4. That city [originally] had only 1005 persons. Now it has increased to 3050.

22.1. (The game) will soon be over. There are only eight seconds left.

23.1. My tennis racket is of British make.

24.1. I think the sophomores [lit. first year of upper middle school] can't possibly beat the freshmen [lit. third year of lower middle school] in today's basketball game.

24.2. She types faster than I do. I can't beat her.

25.1. Nobody won that ball game yesterday [lit. That game yesterday didn't win didn't lose].

25.2. He's always losing money at the race track.

26.1. That nickname of his is pretty odd. Who gave it to him?

27.1. How come Little Wang hasn't come into the game [lit. into the field in this game]?

27.2. Two of the best members of the team haven't come into the game today.

27.3.	I often go to the courts at their school to play tennis.
28.1.	I feel rather confident about this exam.
28.2.	I have no assurance, however, as to whether this matter can be managed successfully or not.
29.1.	He's very seriously ill. It's pretty critical.
30.1.	I don't dare say how many years this typewriter can be used.
31.1.	Do the students here at school have to wear uniforms?
32.1.	Our athletic uniforms are blue [clothes] with black letters.
33.1.	In summer the police wear green uniforms.
34.1.	The gray hat is mine.
35.1.	Where did you buy these trousers? I'd like to buy a pair too.
35.2.	In summer the weather is very hot. Almost everyone wears shorts.
36.1.	Tigers and lions are equally fierce.
37.1.	That actor was warmly welcomed by the crowd.
38.1.	We all gave three cheers for the captain of the team.
39.1.	All the students are supporting President Wang.
40.1.	The vast majority of people are opposed to his suggestion.
41.1.	That stand can accommodate 300-odd people.
42.1.	The auditorium is already full [of people].
42.2.	That area is full of stores. There are no residences.
42.3.	In the fall the wind blows and the ground is covered with leaves from the trees.
42.4.	His study is piled full of books.
43.1.	Yesterday I stood for a long time waiting for a bus, but none came.
43.2.	Stand up and let that old lady sit down.
44.1.	Two plus three is five.
44.2.	This soup isn't salty enough. Add a little more salt.
44.3.	Does your car need [to add] gas?
44.4.	We're about to have exams. I must put on some steam and work hard.
44.5.	Come on, Vincent!
45.1.	Associated University won today by a score of five to three.
45.2.	What's the score between Associated and Far Eastern Universities?
46.1.	That player is always breaking the rules [in playing ball].
46.2.	He was penalized for breaking the rules.
47.1.	What's the score now? . . . It's tied.

Review Sentences

47.2. Do baseball games sometimes end in a tie?

48.1. He sure has a lot of strength [though]. He can push a big car by himself.

48.2. I think he doesn't put [so] much effort into my business.

49.1. As soon as I take a test I get tense.

49.2. This ball game is a beaut [lit. really good to see]. It's [played so that it's] so exciting.

50.1. Middle school is divided into upper middle school and lower middle school.

50.2. I can't tell which is good and which is bad.

50.3. Please divide these fifty people into two groups.

50.4. Don't eat it all by yourself. [Divide and] give me a little to eat too.

50.5. Yesterday the football game was played to a draw. [There was no dividing into losing and winning.]

51.1. I haven't had any connection with him for quite a long time.

52.1. Look at how dangerous that house is. It's [almost] about to topple over.

52.2. That tree was blown over by a big wind.

53.1. We should take advantage of the fact that the guests haven't arrived yet and put the room in order [first].

53.2. We're availing ourselves of Professor Wang's being here to ask him to give us a few words.

53.3. I plan to take advantage of vacation time to take a trip.

54.1. He was seriously ill. Yesterday evening I watched over him the whole night.

54.2. That gatekeeper [at our home] has been at our home for over twenty years.

55.1. He's been quite weak since he took sick.

56.1. Do you think this pen is worth (the money)?

56.2. I don't think that racket is worth five dollars.

56.3. Homes here have recently become quite valuable.

56.4. That movie is uninteresting. It's not worth going to see.

Review Sentences

1. Everyone is placing a great deal of emphasis on that matter.

2. Please read the menu for me item by item.

3. He has ample [lit. very much has] qualifications to be a history professor.

4. There are great differences between Chinese and Japanese.

5. Don't you by any means tell him about this matter.
6. If by any chance I can't meet the requirements [lit. can't manage the procedures] for going abroad, I won't be able to leave.
7. Let's go. We're going to see a race.
8. I can't guarantee that matter, though. I'll talk to him and see.
9. I don't dare eat shrimp. As soon as I eat it I get sick.
10. Everyone supports him.
11. I've filled [lit. written full] this sheet of paper.
12. The majority of Chinese are farmers.
13. The bus was full [of people]. I had to stand all the way [lit. straight] from (the time I) got on the bus to (when I) got off [the bus].
14. [Of those people] I can't tell which is the older sister and which is the younger sister.
15. I'm in touch with him by letter.
16. I have to think of a way to earn some money during vacation [lit. taking advantage of the time of vacation].
17. That play is well acted, and the scenery is quite good. It's worth seeing.
18. My grandmother doesn't eat much meat [lit. things of the meat category].
19. He has a talent for speaking. Nobody can outtalk him.
20. You didn't [originally] prepare your lessons. No wonder you tensed up on the exam yesterday.

Notes

1. Chinese menus list food by lèi 'categories': tānglèi 'soups,' diǎnxinlèi 'desserts,' and so on.

2. The syllables bīngbāng represent the loanword 'ping-pong,' and also a banging sound. In the latter usage, the word occurs most often in the reduplicated form bīngbingbāngbāng. The game of ping-pong or table tennis, which in the United States is hardly considered even a secondary sport, ranks high among the competitive sports in China. The Chinese have produced some of the world's best players.

3. Líng 'zero' is used in the following ways:

   (a) In numbers in telephone style, like any other digit:

   yī jiǔ líng yī   'one nine zero one'

   (b) In dollar-and-cent expressions, before the expression for cents (but only for amounts of less than ten):

   wǔkuài líng èr   '$5.02'

Notes

(c) In time expressions, optionally before the minute expression (if it is under ten):

yìdiǎn (líng) yìfēn   '1:01'

(d) In numbers having a zero (e.g. 103, 1003, 10,003), between the first and last units:

yìbǎi líng sān   '103'
yìqiān líng sān   '1003'
yíwàn líng sān   '10,003'

4. The expression jiā yóu(r), literally 'add oil,' is used colloquially in the same way as the English expressions 'put on steam,' 'step on the gas,' 'step on it.' It is a common exhortation to athletes, equivalent to English 'Come on, [So-and-so]!'

Dì Shíbākè. Wēnxi

Lesson Contents

A. Substitution Frames
   I. Nǐ wèi shénmo . . . ? (pp. 372-374)
   II. Tā zài nǎr . . . ? (p. 374)
   III. Tāde . . . zài nǎr? (pp. 374-375)
   IV. . . . duōshao qián? (pp. 375-376)

B. Exercise in Tonal Distinctions (p. 376)

C. Exercise in Homonyms (pp. 376-377)

D. Exercise in Extended Meanings (pp. 377-378)

E. Narratives and Dialogues (pp. 378-381)

A. Substitution Frames

(See Lessons 6 and 12 on techniques for using these exercises.)

I. Nǐ wèi shénmo . . . ?

(13)
1. jiào mén
2. bǎ mén guānshang
3. bù xǐhuan zhèngfáng
4. tiāntiān méi kòngr
5. bù mǎi láihuí piào
6. tiāntiān shuō ta
7. gēn ta shēng qì
8. bù xǐhuan Déwén
9. pà lǎoshu
10. xǐhuan féi māo
11. bú shìshi kàn
12. ná chōu yān zuò xiāoqiǎn
13. bú qù zuò shìyàn
14. fēi pū dìbǎn bu kě
15. bù xǐhuan zhòng dì
16. sòng ta dào huǒchēzhàn
17. bú qù gěi ta dàoxǐ
18. bú zhù dōng xiāngfáng
19. zhěng nián méi zuò shì

(14)
1. pèifu ta
2. bù duō dāi yìhuěr
3. bǎ chuānghu kāikai
4. dào Wáng zhái qu
5. méi shuō shòu shāng le
6. bǎ gǒu gěi shā le
7. duì tā lìwài
8. bú huàn yīshang
9. mǎile nèi jǐmǔ dì
10. miánqiǎng ta

Substitution Frames

11. bù qǔ xíner
12. yào lā chē
13. kànbuqǐ ta

14. bù xǐhuan dāng bīng
15. bú zhèng diar qián

(15)
1. nènmo kuājiǎng ta
2. bù gēn tā hézuò
3. shuō ta shi wàirén
4. shuō tāmen tóngsuì
5. cānguān xuéxiào
6. zuòzai cǎodìshang
7. bù jīngguo Ménggu
8. shuō ta shi Huáqiáo
9. nènmo xǐhuan shāmo dìdài
10. bú zuò Xībólìyǎ tiělùde huǒchē

11. xiǎng dào Sūlián qu
12. bù gěi zhèngfǔ zuò shì
13. bǎ móxíng ènhuài le
14. xiǎng lǚxíng Xīnjiāng
15. měi lǐbàitiān yě nènmo máng
16. shuō ta shi Jiāngxi rén
17. xǐhuan Dōngfāng wénhuà
18. bu xǐhuan dào Yǎzhōu qu
19. shuō pēnshuǐchí lǐtou méi shuǐ le
20. nènmo xǐhuan Xīfāng wénhuà

(16)
1. zhǎo xiūchēchǎng
2. xiàohua ta
3. xǐài gǔdài shǐ
4. dōngjì bú niàn shū
5. méi dé jiǎng
6. zhù shān dòng
7. shuō yuànzhǎng méi xuéwen
8. bú niàn Běi-Dà
9. dào pǎomáchǎng qu
10. tuībukāi mén

11. tíqián xià kè yíkè zhōng
12. shuō tā gòubushàng shǐxuéjiā
13. xuǎnle nèitào yīfu
14. méi gēn ta jiēqiàhǎo le
15. shuō ta méi duō dà běnshi
16. nènmo xǐhuan zhōnggǔ jiànzhu
17. bú zài Liánhé Guó zuò shì
18. bǎ jiǎngxuéjīn dōu huā le
19. duì Hàn Cháo wénhuà méi xìngqu
20. bù gěi jījīn huì xiě xìn

(17)
1. nènmo jǐnzhāng
2. bú chènzhe zhèige jīhui qù
3. yào jiè wǒde zhìfú
4. shuō ta bú gòu zīge
5. zhòngshi nèijiàn shìqing
6. bú jiègei ta nǐde páizi
7. bù xǐhuan wár qiú
8. nènmo mài lìqi
9. zhànzai nèr
10. bú shàng chǎng

11. bù gǎn shuō
12. shuō wǒde yùndong-yī bù zhíqián
13. duì tǐyù méi xìngqu
14. shuō méi bǎwo kǎo dì-yī
15. gěi ta zhùwēi sāncì
16. shuō tāmen méi fēnbié
17. yì dǎ qiú jiù fànguī
18. bǎ shū fēnchéng liǎngduī
19. shuō qiānwàn bié mǎi
20. bù gěi ta qǐ wàihàor

21. bú shi tāde duìshǒu
22. yōnghu tā zuò xiàozhǎng
23. pǎodào zhōngtú jiu bù pǎo le
24. dǎ nèige shǒu mén de

II. Tā zài nǎr . . . ?

(13)
1. qí mǎ
2. zhòng huār
3. zào fángzi
4. duī dōngxi
5. pū chuáng
6. mǎide zhèiliàng chē

(14)
1. mǎi chènshān
2. guà yīshang
3. zuò gōng
4. shòu shāng le
5. dǎguo zhàng
6. ràng rén gěi shā le
7. yǒu jímǔ dì
8. qǔ de tàitai

(15)
1. liúguo xué
2. xiǎng gài tíngzi
3. jiànguo shāmò
4. chīguànle Zhōngguo fàn
5. zhù gōngyù
6. xiūli gōnglù
7. mǎide yīfu cáiliaor

(16)
1. zhǎo lùnwén zīliào
2. bǐsài dǎ zì
3. chénglì xuéxiào
4. fāxiàn zhèijiàn shì
5. kànjianguo zúqiú bǐsài
6. yánjiu fāngyán
7. rù xué

(17)
1. zuò lánqiú jiàoshī
2. mǎide zhèitiáo kùzi
3. tī qiú
4. gēn nǐ dǎ wǎngqiú
5. dǎguo bàngqiú
6. gěi qiúduì zhùwēi
7. chīguo bàngzi miàn
8. dāng shǒu mén de
9. shūle nènmo duō qián

III. Tāde . . . zài nǎr?

(13)
1. mǎ
2. xiǎo māor
3. jìngzi
4. zìxingchē
5. shàoye
6. wòfáng

(14)
1. shǒujuàr
2. wàzi
3. zhàngfu
4. xífer
5. nǔxu
6. zhǔrén

Substitution Frames 375

(15) 1. Fǎwén shū
 2. Ōuzhou dìtú
 3. Fàguo péngyou
 4. tóngxué
 5. gōngyù móxíng
 6. Yīng-Měng zìdiǎn
 7. huāyuár

(16) 1. shànggǔ lìshǐ shū
 2. jiāopí lúnzi
 3. qí mǎ jiàoshī
 4. méiqì zào
 5. fāngyán zìdiǎn

(17) 1. zhìfú
 2. yùndong-yī
 3. wǎngqiú pāizi
 4. shuíguǒ lánzi
 5. kùzi
 6. lǜ chènshān
 7. huī yīfu

IV. . . . duōshao qián?

(13) 1. yìbàng niú ròu
 2. nǐde mǎ
 3. wǒfángde jiāju
 4. yòng zhuān pū dì
 5. xiǎo jìngzi
 6. yíliàng zìxingchē
 7. láihuí piào
 8. nín shàoyede nèitào yīfu
 9. jiànzhu yìsuǒr xiǎo fángzi
 10. yìzhī māo

(14) 1. yíjiàn chènshān
 2. yìshuāng wàzi
 3. nèitào yīshang
 4. yìtiáo shǒujuàr
 5. cā wǒmen suóyǒude chuānghu
 6. lián zhuōzi dài yǐzi
 7. yǎnghuo érnǚ yìnián
 8. yíliàng sānlúnchē
 9. zhǔrénde qìchē
 10. xiāngdāng hǎode biǎo

(15) 1. gài fángzi de cáiliaor
 2. xiūli wūdǐng
 3. zhèběn Hàn-Zàng zìdiǎn
 4. xiū yìlǐ gōnglù
 5. cānjiā Yǎzhou Xuéhui
 6. bíjiào jiēshide zhuōzi
 7. tiě zuò de yǐzi
 8. zào zhèige tíngzi
 9. nǐde nèiběn Fǎwén shū
 10. yíge lǐbàide yīyào-fèi

(16) 1. cóng zhèr dào Niǔyue de lǚfèi
 2. méiqì zào
 3. jiāopí lúnzi
 4. kàn zúqiú bǐsài
 5. sīlì dàxué xuéfèi
 6. guólì dàxué xuéfèi

7. zhèiběn gǔdài lìshǐ shū
8. nǐ dédàode jiǎngxuéjīn
9. Wáng Xiàozhǎngde xīn qìchē

(17) 1. yítào zhìfú
2. yìtiáo duǎnkù
3. yìbàng bàngzi miàn
4. yíge bàngqiú bàngzi
5. nǐde yùndong-yī
6. xiūli qiúmén
7. bīngbāngqiúde pāizi
8. wǎngqiúde wǎngzi
9. duìyuánde zhìfú yítào
10. qiúduìde zhìfú yígòng

B. Exercise in Tonal Distinctions

Only pairs belonging to the same part of speech are given below. Numbers in parentheses indicate the lesson in which the term first occurred. BC refers to Beginning Chinese. Make up sentences illustrating the use of each item.

1. qí (13), qī (4)
2. yuànzi (13), yuánzǐ (5)
3. huār (13), huàr (BC)
4. guān (13), guǎn (5)
5. liú (13), liǔ (7)
6. xiǎng (13), xiàng (BC)
7. mǎ (13), mā (BC)
8. qǔ (14), qù (BC)
9. dāi (14), dài (11)
10. děng (14), děng (BC)
11. lā (14), là (1)
12. tī (17), tí (BC)
13. pāizi (17), páizi (7)
14. mǎn (17), màn (BC)
15. dǎo (17), dào (BC)
16. shǒu (17), shòu (5)
17. zhí (17), zhǐ (5)

C. Exercise in Homonyms

Make up sentences illustrating the use of each item in each of its meanings.

1. xiǎng (a) resound (13)
            (b) think (BC)
2. méi   (a) coal (13)
            (b) not (BC)
3. zào   (a) stove (13)
            (b) build (13)
4. gē   (a) put (13)
            (b) song (11)
5. huā   (a) flower (13)
            (b) spend (11)
6. zhī   (a) of (13)
            (b) (measure for pens) (BC)
7. zhuān (a) brick (13)
            (b) special (7)
8. dì   (a) ground (13)
            (b) (ordinalizing prefix) (BC)
9. liàng (a) (measure for vehicles) (13)
            (b) bright (5)

Exercise in Extended Meanings

10. bīng   (a) soldier (14)
           (b) ice (7)
11. dēng   (a) step on (14)
           (b) lamp (11)
12. hébì   (a) side by side (15)
           (b) why must? (4)
13. hé   (a) together (15)
           (b) river (14)
           (c) unit (13)
14. qiáo   (a) bridge (15)
           (b) look (2)
15. gāng   (a) steel (15)
           (b) just now (BC)

16. bù   (a) step (16)
           (b) section (10)
17. bǐ   (a) fund (16)
           (b) compare (BC)
           (c) pen (BC)
18. xiàng   (a) item (17)
           (b) resemble (BC)
19. duì   (a) group (17)
           (b) toward (BC)
           (c) correct (BC)
20. jiā   (a) add (17)
           (b) home (BC)
21. shū   (a) lose (17)
           (b) comb (9)
           (c) book (BC)

D. Exercise in Extended Meanings

This exercise lists a number of verbs each with two different objects. The change of object involves a semantic shift which is reflected in a change in the English translation of the verb:

     chī Zhōngguo fàn   'eat Chinese food'

     chī Zhōngguo fànguǎr   'eat in a Chinese restaurant'

Compose sentences illustrating the use of each verb plus each object.

13. (a) jiào   mén
              rén
     (b) shuō   huà
              ta
     (c) pū   chuáng
              zhuān
     (d) zhòng   huār
              dì
     (e) shēng   qì
              háizi
     (f) sòng   nǐ
              shū

14. (a) bāng   nǐ
              gōng
     (b) dēng   sānlúnchē
              yǐzi
     (c) cā   xié
              zhuōzi

15. (a) liú   Měi
              ta
16. (a) nòng   dòng
              xíngli
    (b) niàn   Qīnghuá
              jìndài-shǐ

17. (a) dǎ   qiú
              zì
              pí
    (b) chū   chǎng
              guó
    (c) shàng chǎng
              kè
    (d) jiā   yán
              yóu

E. Narratives and Dialogues

I

　　Zuótian wǒ mǎile yìxiē shuíguǒ, cóng Zhōngshān Lù huí jiā. Zài gōnggòng qìchēzhàn děng chē. Děngle yǒu bànge duō zhōngtóu. Yīnwei děng chē de rén tài duō le, yě méi néng shàngqu. Zhèige shíhou duōbàr shi xuésheng huí jiā. Méi fázi. Ránhòu yòu dào diànchēzhàn qu děng
5 chē. Rén háishi hěn duō. Zhēn qìsi wǒ le. Nǐ qiáo wǒ dīlouzhe yì lánzi shuíguǒ. Nǐ shuō gāi duómo zhòng a. Xìng'er wǒ yùjian Lǎo Wáng le. Ta kāizhe chē cóng zhèr zǒu, kànjian wǒ le. Lǎo Wáng shuō: "Lái, wǒ sòng nǐ huíqu." Tā jiu bǎ wǒ sònghuí jiā qu le. Fǒuzéde huà bù zhīdao yào děng duōshao shíhou ne.

II

　　Wǒde péngyou Zhāng Xiānsheng suīrán tā bú shi ge gōngchéngshī kěshi ta hěn huì shèjì gài fángzi. Tāde fángzi wàibiǎo shi Xī shìde, lǐtou dà bùfende jiāju shi Zhōng shìde. Bùzhīde fēicháng piàoliang. Suóyǒude mén quánbù shi zìdòng de. Xízǎofáng gēn cèsuǒ dōu shi zuì
5 xīn shìde. Nèige fángzi qiánhòu dōu yǒu kòng dì, shi wèile kōngqi hǎo.

III

　　Wǒ shēngzai Zhōngguode běibù. Xiànglái dōu zhùzai běifāng, suóyi nán fāngde shēnghuó xíguàn wǒ yìdiǎr yě bù xǐhuan. (Huàn ju huà shuō jiù shi wǒ wánquán bù xǐhuan nánfāngde shēnghuó xíguan.) Kěshi méi fázi. Kàngzhàn fāshēngle yǐhòu—jiu shi gēn Rìběn dǎ zhàng de shíhou—

Narratives and Dialogues 379

5 chàbuduō rénmen dōu wǎng Zhōngguode xīnánbù Sìchuān pǎo. Wǒmen zài Sìchuān kǔde bùdéliǎo. Zhùde fángzi hěn huài, érqiě nèige dìfang hěn zāng, lǎoshu hěn duō, kōngqì yòu cháoshī. Kěshi méi fázi. Yàoshi bù zǒu wànyī ràng dírén gěi dǎsi le nǐ shuō zěnmo bàn?

Nèige shíhou yīnwei lǎoshu tài duō suóyi jiā litou yǎngle yìzhī xiǎo
10 māo. Zhèizhī māo zhēn hǎo kàn. Tāde máo shi huīde, yǎnjing hěn dà. Nǐ yí jiào mī mī ta jiù gēn nǐ yào chīde. Bù jiǔ ta hūrán bìng le. Zhǎo dàifu kàn yě méi kànhǎo. Méi jǐtiān jiu sǐle. Wǒmen dàjiā dōu hěn nánguò.

IV

Zuótian wǒ qù kàn sàiqiú de qu le. Shi yìchǎng zúqiú bǐsài. Zhèi liǎngduìde xuánshǒu dōu shi tīde zuì hǎo de. Érqiě yǒu yíduì shi shàngcì Quán Guó Yùndong Huìde zúqiú guànjūn. Suóyi zhèichǎng qiú zài qián yíge xīngqī piào jiu dōu màiguāng le. Wǒ dàole qiúchǎng hái chà bànge
5 zhōngtóu cái kāishǐ bǐsài ne. Kěshi rén jiu dōu zuòmǎn le. Kàntáishang hái yǒu bù shǎode rén zhànzhe.

Méi yǒu duó jiǔ liǎngduìde duìyuán dōu chū chǎng le. Zài kāishǐ bǐsàide shíhou tīde bù zěnmo jǐnzhāng. Bǐsàile yìhuěr kāishǐ shì líng bǐ líng. Bù fēn shū yíng. Hòulái yī bǐ líng le. Zhèige shíhou qiúyuánmen dōu
10 hěn mài lìqi tīde xiāngdāng xiōngměng. Kàntáishang de guānzhòng ye jǐnzhāng qǐlai le. Zuì hòu háishi píng le—yī bǐ yī. Zhèi liǎngduì tīde dōu bú ruò, suóyi méi shū yíng.

Zúqiú zhèizhǒng yùndong shi yìzhǒng tài jīliède yùndong, xiāngdāng wēixiǎn. Chángcháng yǒu rén bèi tī shòu shāng hěn zhòng. Duìyu qiúlèi
15 wǒ bù zànchéng wár zúqiú. Wànyī yīnwei yùndong shòule zhòng shāng, nǐ shuō duómo bù zhíde.

V

Yǒu yícì wǒ yǒu yíge zuì dàde lǚxíng bāokuò Huáběi Huázhōng zài nèi. Jiùshi lǚxíng quán Zhōngguo. Bǎ quánguóde dìfang dàochù dōu qùguo le. Wo xiān dào Cháng Jiāng yídài. Cháng Jiāngde shānshuǐ hěn piàoliang. Hángzhou Sūzhou wǒ yě dōu qùguo le. Ránhòu wǒ yòu dào Huázhōng
5 Huáběi yídài. Huázhōng shi Zhōngguode zhōngbù. Tiānqi hěn hǎo, bù

lěng bú rè. Huáběi shi Zhōngguode běibù, zài Huáng Héde běibiār. Dà bùfen shi píngyuán.

Wǒ ba quán guó nèidì dōu qùguole yǐhòu wǒ yòu dào Ménggǔ, Xīnjiāng, Xīzàng zhèixiē dìfang qu le. Zhèixiē dìfang rénde shēnghuó xíguan yíqiè gēn nèidì wánquán bù tóng. Nèige shíhou Zhōngguo xīběibùde tiělù gōnglù dōu hěn shǎo, suóyi yǒude dìfang bìděi qí mǎ.

VI

Zuótian xiàwǔ sāndiǎn zhōng yǒu yíge fēijī chū shì le. Zài qǐ fēi de bànge zhōngtóu yǐnèi hái yǒu diànhuà. Yǐhòu jiu méi liánluo le. Yìzhíde dào xiàwǔ qīdiǎn zhōng yě méi xiāoxi. Jù shuō shi yīnwei tiānqi bù hǎo de guānxi suóyi chū shì le.

VII

Wáng : Lǎo Zhāng, jǐtiān bú jiàn le. Nǐ shàng nǎr qu le?

Zhāng: Wǒ nǎr yě méi qù ya. Wǒ jièzhe fàngjià de jīhui zài jiā niàn shū laizhe.

Wáng : Bùdéliǎo. Nǐ zhèicì yídìng kǎo dì yìmíng. Bié rén fàngjià de shíhou dōu jùzai yíkuàr wárwar shénmo de. Nǐ zài jiā lǐtou yíge rén niàn shū, zhēn shi hǎo xuéshang.

Zhāng: Tánbushàng hǎo xuésheng bù hǎo xuésheng de. Jīnnian jiù bìyè le. Yàoshi kǎode bù hǎo nǐ shuō duómo zāogāo?

Wáng : Nǐ díquè shi ge hǎo xuésheng.

Zhāng: Nǐ bié xiā shuō le.

Wáng : Yìhuěr wǒmen liǎngge rén yíkuàr qu chī wǎnfàn, ah.

Zhāng: Kěshi shéi ye bié qǐng kè.

Wáng : Wǒ qǐng nǐ. Wǒmen yíge rén yíge chǎo miàn.

Zhāng: Hǎo ba, yīnwei jīntian wǒ méi qián. Xiàcì wǒ zài qǐng nǐ.

VIII

Wáng Xiānsheng:

Zuótian shīyíng. Xièxie nín lái. Yīnwei yǒu diar yàojǐn de shì suóyi chūqu le.

Nín fēnfu wǒ bǎ wǒde lǎo jiā Sān Hé Xiànde qíngxing xiěchulai. Wǒ zǎo yǐjing bǎ ta xiéhǎo le. Yǐhòu rúguǒ nín ràng wǒ zuò shénmo, fēnfu yìshēngr jiù shì le. Xiànzài wǒ bǎ wǒ xiě de Sān Hé Xiànde qíngxing jìgei nín. Qǐng nín zhǐjiào.

Narratives and Dialogues

Wǒ shi Héběi Shěng Sānhé Xiàn Zhāng Jia Cūn de rén. Wǒmende cūnzi shi yíge hěn xiǎo hěn qióng de cūnzi. Rén dōu kǔ jíle. Yǒu qián de hěn shǎo, yě kéyi shuō shi méi yǒu. Niànguo shū de rén yě bù duō. Chàbuduō dōu shi zhòng dì de. Kěshi měi jiā zhòng de dì yě bù duō. Dìli zhòng de dōngxi gāng gòu chī. Nánrén chūqu zuò shì, dōu shi dāng gōngrén gēn lā chē de. Nǚrén hěn duō chūqu gěi rénjia dāng lǎomāzi de. Shuōqilai wǒmen cūnzilide nǚrén chūqu gěi rénjia dāng lǎomāzi kě zhēn kǔ. Suīrán tāmen yǒu háizi dànshi wèile shēnghuó yě gùbude háizi le. Háizi cóng xiǎode shíhou méi yǒu fùmǔde jiàoyu, suóyi háizimende qiántú xiāngdāng wēixiǎn. Cóng Kàngzhàn fāshēng wǒ jiu líkai Sānhé Xiàn le. Bù zhīdao zhèixiē nián lǐtou wǒmen cūnzi lǐtoude qíngxing zěnmoyàng le.

Xīwang bù jiǔ jiàn miàn. Zhù Hǎo.

        Zhāng Dōngshēng
           jiǔyue qīhào

IX

Wáng: Jīntian Jiāng Xiānshengde nǚ'er chūjià. Ni qù bu qu dàoxǐ?

Zhāng: Wǒ bù xiǎng qù yīnwei wǒ tài máng.

Wáng: Nǐ gànmá nènmo máng a?

Zhāng: Yīnwei wǒ gēn yíge jījīn huì yào yíge jiǎngxuéjīn. Zhàolì yǒu yíge kǎoshì suóyi wǒ bìděi yònggōng.

Wáng: Shi zěnmo yíge bànfa ne?

Zhāng: Kǎoshì wǔmíng yǐnèi yǒu, wǔmíng yǐwèi méi xīwang.

Wáng: Zhèige jiǎngxuéjīn shi shénmo xìngzhi?

Zhāng: Shi gěi yánjiu yuàn de xuésheng.

Wáng: Tīngshuō Lǎo Wàn yě cānjiā zhèige kǎoshì le.

Zhāng: Yàoshi ta cānjiā wǒ jiu méi xīwang le. Tāde niánji yòu dà tāde xuéwen yòu hǎo.

Wáng: Tā dōu dāngle zǔfù le, hébì cānjiā zhèizhǒng kǎoshì ne?

Zhāng: Tā shi Yānjīngde háishi Qīnghuáde wǒ jìbuqīngchu le. Dāngchū wǒ niàn chūzhōng tā jiù dāng jiàoshòu le.

Wáng: Bù zhīdào tāmen nèige shídái yǒu jiǎngxuéjīn méi yǒu?

Zhāng: Na wǒ kě bù zhīdào le.

Wáng: Tā duó dà niánji le?

Zhāng: Dàgài wǔshi duō le. Hǎoxiàng shi Xīnhài Gémìngde shíhou shēng de.

UNIT IV

"Wǒ shi nǐ bàba."

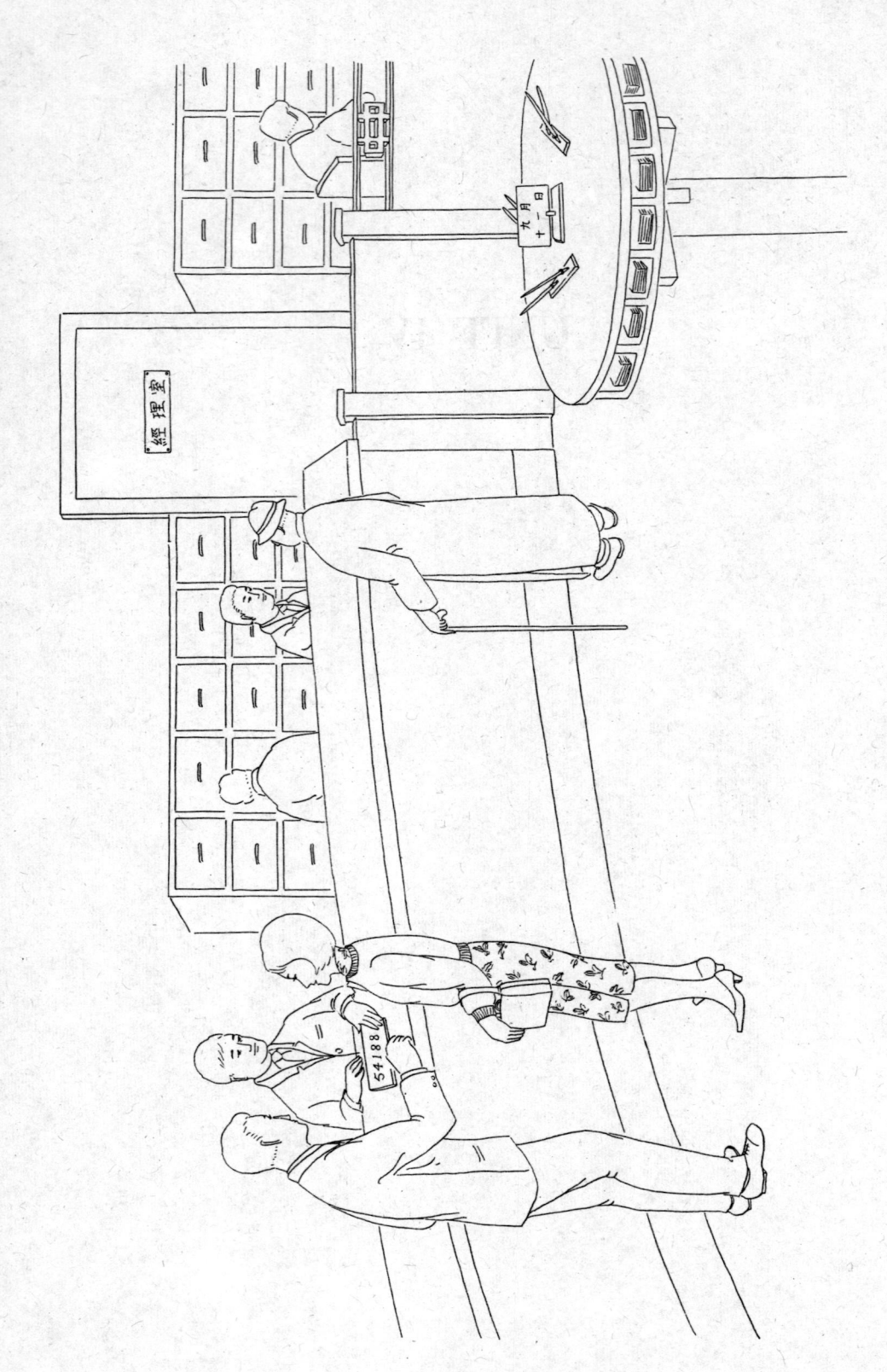

Dì Shíjiǔkè. Dào Yínháng

Huìhuà: Bái Wénshān gēn Gāo Měiyīng zǎochen jiǔdiǎn zhōng jiàn miàn liǎngge rén xiān dào yínháng ránhòu qù mǎi dōngxi.

Bái : Měiyīng, zǎo.

Měi : Zǎo. Nǐ zǎo jiu lái le ba?

5 Bái : Wǒ chà yíkè zhōng jiǔdiǎn dào zhèrde. Zěnmozhe, Měiyīng, shì bu shi dào yínháng?

Měi : Suí nǐ le. Wǒ jīntian shàng bàntiān zǒngshi péi nǐ de.

Bái : Wǒmen xiān dào yínháng hòu qu mǎi dōngxi. Zhèrde yínháng jídiǎn zhōng bàn gōng?

10 Měi : Píngcháng dōu shi jiǔdiǎn zhōng bàn gōng. Nǐ xiǎng dào něige yínháng qu cún kuǎn?

Bái : Wǒ zhèng yào wèn nǐ ne. Nǐ shuō něige yínháng hǎo?

Měi : Guójì Shāngyè Yínháng gēn Nónggōng Yínháng hái yǒu Zhōngyāng Tǔdì Yínháng bǐjiào kě kào, yǒu xìnyong, shi sānjiā dà yínháng.
15 Wǒ fùqin gēn Guójì Shāngyè Yínháng yǒu láiwǎng.

Bái : Na wǒmen dào Guójì Yínháng qu.

Měi : Hǎo ba. Yínháng pángbiār yǒu yíge bǎi huò gōngsī. Jiàqian bǐjiào piányi. Bìngqiě yòu jìn. Wǒmen dào nèr qu mǎi kéyi shěng shíjiān.

20 Bái : Guójì zài nǎr?

Měi : Jiù zài Shìchǎng Jiē me. Nèitiáo jiē dōu shi yínháng gēn dà gōngsī. . . .

Bái : Yǐjing dào le. Kànjian páizi le. Shàngmian xiězhe Shìchǎng Jiē.

Měi : Dà jiē hěn róngyi zhǎo.

25 Bái : Wǒ yòng lǚxíng zhīpiào qu kāi hù bu zhīdào xíng bu xíng?

Měi : Shuōbudìng tāmen hái ràng ni bǎ lǚxíng zhīpiào xiān huànchéng xiànkuǎn cái néng kāi hùr ne.

Bái : Wǒmen dào yínháng shìshi kàn.

Měi : Yéxǔ tāmen jiu gěi ni huànchéngle dāngdìde qián.

30 Bái : Nǐ zhīdao bù zhīdào zhèr yínhángde shǒuxu?

Měi : Wǒ zài yínháng méi bànguo shǒuxu. Wǒ bú dà qīngchu. Dàgai jiùshi tián biǎo shénmode. Wǒmen wènwen hángyuán jiu zhīdao le.

	Bái :	Měiyīng, nǐ shuō ni méi dào yínháng bànguo shǒuxu. Nènmo nǐde qián dōu gēzai nǎr le?
35	Měi :	Xiàohuar. Wǒ bù gōngzuò, méi xīnshui, nǎr lái de qián?
	Bái :	Dào le. Zènmo xǔduō rén. Dàgài wǒmen děi děng hěn jiǔ.
	Měi :	Méi guānxi.
	Bái :	Nǐ zuò yìhuěr hǎo bu hǎo?
	Měi :	Wǒ bu lèi. Wǒmen zhàn yìhuěr déle. . . .
40	Bái :	Xiànzài gāi wǒ le. (Duì hángyuán:) Qǐng wèn, kāi hù dōu yǒu shénmo shǒuxu?
	Yuán:	Nín xiān tián kāihù shēnqǐng biǎo. Biǎoshang yào tián xìngmíng, zhíyè, zhùzhǐ.
	Bái :	Wǒ yòng lǚxíng zhīpiào kāi hù kéyi ma?
45	Yuán:	Kéyi shi kéyi, kěshi wǒmen děi gěi nín xiān huànchéng dāngdìde xiànkuǎn. Bù néng yòng Měijīn cún kuǎn.
	Bái :	Nèige wǒ míngbai. Fǎnzhèng wǒ zài běndì yòng me.
	Yuán:	Nín yígòng shi duōshao qián?
	Bái :	Sānbǎi wǔshikuài qiánde lǚxíng zhīpiào.
50	Yuán:	Hǎode. Qǐng nín xiān tián biǎo. Gěi nín zhèizhāng shēnqǐng biǎo. Qǐng nín xiànzài jiu tiánhǎo. Yàoshi nín yǒu shénmo bù liáojiě de, qǐng zhèiwèi xiáojie tì nín tián ye kéyi. Kěshi bìxū nín zìjǐ qiān zì.
	Bái :	Hǎo ba. Wǒ xiǎng tián biǎo hěn jiǎndān. Méi shénmo wèntí. . . .
55		Tiánhǎo le. Gěi ni.
	Yuán:	Qǐng nín děngyiděng. Wǒ děi nádào jīnglǐ bàngōngshǐ qu qiān zì.
	Měi :	Hángyuán bu zhīdao nǐde Zhōngguo xuéwen nènmo hǎo. Tā xiǎng yídìng děi wǒ tì ni tián.
	Yuán:	Qǐng nín bǎ lǚxíng zhīpiào jiāogei wo.
60	Bái :	Zhèi shi sānbǎi wǔshikuài qián. Qǐng ni diǎnyidiǎn.
	Yuán:	Bú cuò. Nín yígòng shi sānbǎi wǔshikuài qiánde Měijīn lǚxíng zhīpiào. Qǐng nín xiànzài bǎ měi yìzhāng dōu qiānshang míng.
	Bái :	Hǎode.
	Yuán:	Gěi nín, zhèi shi zhīpiào bù. Qǐng nín shōuhǎo. Bié diū le.
65	Bái :	Wǒ zhòngyàode dōngxi dàoshi bú huì diū de.
	Měi :	Nǐde hàomǎr hěn róngyi jì.
	Bái :	Zěnmo róngyi jì?
	Měi :	"Wǒ shi nǐ bàba."
	Bái :	Zhèi shi zěnmo huíshì a?
70	Měi :	Nǐ bù míngbai ma? Xiángxiang.

Shēng Zì gēn Xīn Yúfǎ de Jùzi

  Bái : Wǒ tài bèn. Wǒ xiǎngbuchūlái.
  Měi : Nǐde hàomǎr bu shi wǔ sì yī bā bā ma?*
  Bái : Oh, yuánlái shi 'zènmo huíshì. (Duì hángyuán:) Wǒ xiànzài qǔ yìdiar qián.
75 Yuán: Nín kāi yìzhāng zhīpiào ba.
  Bái : Wǒ qǔ wǔshikuài qián.
  Yuán: Nín yào dà piàor háishi yào xiǎo piàor?
  Bái : Wǒ yào sānzhāng shíkuàide, èrshizhāng yíkuàide.
  Měi : Nǐ gànmá yào zènmo duō yíkuàide ne?
80 Bái : Xiǎo piàor yòngchu duō. (Duì hángyuán:) Zàijiàn.
  Yuán: Xièxie nin. Gǎi tiān jiàn.

Shēng Zì gēn Xīn Yúfǎ de Jùzi

1.0. (2) yín(zi) silver (N)
  1.1. Zhèixiē shǒushi shi yínzi zuòde.
2.0. (2) háng line of business or activity (M)
    yínháng bank
    wàiháng (be) an outsider with respect to job or profession, (be) an amateur
    nèiháng (be) an insider with respect to job or profession, (be) a professional
    hángyuán bank clerk, teller
  2.1. Wǒmen zhèiháng zhèng qián hěn shǎo.

---

*Chinese, like other people, delight in play on words, illustrated here by Meiying's suggestion for a mnemonic aid to memorizing a number by using the rough similarity in sounds between these sequences:

 Wǒ shi nǐ bàba. 'I am your father.'
 Wǔ sì yī bā bā. '5-4-1-8-8.'

2.2.	Wǒ xiànzài dào yínháng qu ná qián.		
2.3.	Wǒ duì dǎ wǎngqiú shi wàiháng.		
2.4.	Tā zuò zhèige gōngzuò shì ge nèiháng.		
2.5.	Tā cóngqián zài Zhōngguo Yínháng dāngguo shíniánde hángyuán.		

3.0. (7) shàng bàntiān   forenoon, morning (TW)
        xià bàntiān   afternoon
        shàng(ge) xīngqī   last week
        shàng shàng(ge) xīngqī   week before last
        xià(ge) xīngqī   next week
        xià xià(ge) xīngqī   week after next
        shàng(ge) yuè   last month
        shàng shàng(ge) yuè   month before last
        xià(ge) yuè   next month
        xià xià(ge) yuè   month after next

   3.1.   Wǒ měitiān shàng bàntiān niàn shū, xià bàntiān tīng lùyīn.
   3.2.   Tā xià xīngqī dào Rìběn qu, xià xiàge xīngqī jiù huílai.
   3.3.   Tā shàng yuè zài Yīngguo, shàng shàngge yuè zài Měiguo.

4.0. (7) zǒng(shi)   always, without exception (AD)
   4.1.   Zhèige zì wǒ zǒng bú huì niàn.
   4.2.   Wǒ zǒngshi zǎochen liùdiǎn zhōng jiu qǐlai.

5.0. (9) bàn gōng   work (in an office) (VO) [lit. manage public]
   5.1.   Tā zuótian bànle shíge zhōngtóude gōng.

6.0. (10) píngcháng   ordinary, normal (SV), ordinarily (AD) [lit. level constant]
   6.1.   Nǐ shuō Lǎo Wáng hěn yǒu tiāncái. Qíshí tā hěn píngcháng.
   6.2.   Píngcháng wǒ měitiān wǎnshang dōu shi shíyīdiǎn zhōng shuì jiào.

7.0. (11) cún   deposit (money), store (TV)
   7.1.   Nǐde qián zài něige yínháng cúnzhe?
   7.2.   Wǒmende jiājù duōbàr cúnzài yíge qīnqide jiāli.

8.0. (11) kuǎn   funds (N) (measure: bǐ)
        cún kuǎn   deposit money (in a bank) (VO)
        cúnkuǎn   a deposit in a bank, funds deposited in a bank
   8.1.   Nèibǐ kuǎn nǐ xiǎng cúnzai něige yínháng?
   8.2.   Tīngshuō tā zài wàiguó yínháng yǒu hěn duōde cúnkuǎn.

9.0. (13) guójì   international

Shēng Zì gēn Xīn Yúfǎ de Jùzi

     guójì guānxi   international relations
- 9.1.   Wǒ zhuānmén yánjiu Qīng Cháo shídàide guójì guānxi.
- 10.0. (13)   shāng-   commerce, trade
  -       shāngrén   businessman, merchant
  -       shāngkē   business course (in school)
- 10.1.   Tā jiā jǐdài dōu shi shāngrén.
- 10.2.   Wǒ yuánlái shi niàn shāngkē de.
- 11.0. (13)   -yè   enterprise
  -       shāngyè   commerce, trade
  -       nóngyè   farming, agriculture
  -       gōngyè   industry
- 11.1.   Wǒmen xuéxiàode xuésheng sānfēnzhī yī shì niàn nóngyè de. Niàn shāngyè de hěn shǎo.
- 11.2.   Měiguo gēn Éguo shi shìjièshang zuì dàde gōngyè guójiā.
- 12.0. (13)   nónggōng   farmers and workers; agriculture and industry (Note 1)
- 12.1.   Wǒmen xuéxiào hěn zhòngshì nónggōng liǎngxì.
- 13.0. (13)   zhōngyāng   center, middle part (N) [lit. center middle]
  -       zhōngyāng zhèngfǔ   central government
- 13.1.   Zhōngyāng zhèngfǔ shi něinián chénglì de?
- 14.0. (14)   tǔdì   territory, land (N) [lit. soil land]
- 14.1.   Zhèrde tǔdì dà bùfen zhòngde shi shuǐguǒ.
- 15.0. (14)   kào(zhe)   lean on, depend on, be due to; border on, be located by; veer in a certain direction (V)
  -       kě kào   reliable, dependable
  -       kàodezhù   reliable, dependable
  -       kàobuzhù   unreliable, undependable
- 15.1.   Tā bù zěnmo cōngming. Tāde chéngji hǎo quán kào ta yònggōng.
- 15.2.   Tā zuò shì xiāngdāng kě kào.
- 15.3.   Nǐ gěi wǒ jièshao de nèige yòngren kàodezhù ma?
- 15.4.   Wáng Xiānsheng kào hǎibiār zàole yìsuǒr fángzi.
- 15.5.   Tā kào jījīnhuìde jiǎngxuéjīn cái néng niàn dàxué.
- 15.6.   Zài Zhōngguo qìchē kào něibiār zǒu?
- 16.0. (14)   xìnyong   trustworthiness (V) [lit. believe use]
  -       yǒu xìnyong   be trustworthy
- 16.1.   Nǐ bǎ qián jiāogei Wáng Xiānsheng ba. Tā xiāngdāng yǒu xìnyong.

Lesson Nineteen

17.0. (14) jiā   (measure for households and business establishments) (Note 2)

17.1. Tāmen liǎngjiā shi hǎo péngyou.

17.2. Wǒmen cūnzili jiù yǒu èrshijiā rén.

17.3. Nǐ kàn nèr yǒu yìjiā dà gōngsī. Wǒmen dào nèr qu mǎi.

18.0. (15) láiwǎng   social or business relations, coming and going, contacts (N) [lit. come toward]

18.1. Wǒ bú rènshi ta. Wǒ gēn ta méi láiwǎng.

19.0. (17) páng   other, others; side
     páng rén   other people
     páng mén   side door
     pángbiār   vicinity, neighborhood, side
     pángtīng   audit (a lecture), sit in on
     pángtīngshēng   auditor

19.1. Nǐ zìjǐ zuò. Bié lǎo kào páng rén.

19.2. Shàng kè de shíhou zuò zài wǒ pángbiār de jiù shi Lǎo Wáng a.

19.3. Wǒ xià xīngqī dǎsuan pángtīng Zhōngguo jīngji-shǐ.

19.4. Wáng Jiàoshòu jiǎng Hàn Cháo lìshǐ de shíhou yǒu hěn duōde pángtīngshēng.

20.0. (17) jià(r), jiàqian   price (N) [lit. price money]
     jiǎng jiàr, jiǎng jiàqian   haggle, bargain (VO) [lit. discuss price]
     dìngjià   fixed price

20.1. Nèiběn dà zìdiǎn hěn hǎo, kěshi jiàqian tài guì le.

20.2. Zhèr mǎi dōngxi jiǎng jiàqian ma? . . . Bù. Zhèr mǎi dōngxi shi dìngjià.

21.0. (18) shěng   save (on), economize (on)   (V)
     shěng qián   save money, economize
     shěngshíhou   save time

21.1. Wǒ děi shěng qián le. Wǒ měiyuè zhuànde qián bú gòu shēnghuó.

21.2. Yǐjing qīdiǎn le. Wǒmen wèile shěng shíhou zuò gōnggòng qìchē qù ba.

22.0. (19) shíjiān   (period of) time (N)
     dìng shíjiān   fix a time, make an appointment
     shěng shíjiān   save time

22.1. Guānyu zhèijiàn shì wǒmen liǎngge rén dìng ge shíjiān tányitán.

22.2. Wèile shěng shíjiān ni háishi zuò fēijī qù.

23.0. (21) shìchǎng   market (place)   (N) [lit. market area]

Shēng Zì gēn Xīn Yúfǎ de Jùzi

23.1. Jīntian wǒmen dào nèige xīn shìchǎng mǎi dōngxi qu.

24.0. (21) jiē   street (N)

    jiē kǒu(r)   entrance to a street, intersection

24.1. Jīntian jiēshang chē hěn duō.

24.2. Zhōnghuá Yínháng zài zhèige jiē kǒurde dì yījiā jiù shì.

25.0. (25) zhīpiào   check (N) [lit. pay ticket]

    kāi zhīpiào   write a check, make out a check

    lǔxíng zhīpiào   traveler's check

25.1. Wǒ gěi nǐ kāi yìzhāng zhīpiào kéyi ma?

25.2. Lǔxíng zhīpiào quán shìjiè dōu néng yòng.

26.0. (25) hù   account in a bank (N)

    kāi hù   open an account

26.1. Qǐng nǐ kànkan wǒde hùli hái yǒu duōshao qián?

26.2. Wǒ děi dào yínháng qu kāi ge hù.

27.0. (25) xíng   do, be all right, be satisfactory (V)

27.1. Nín kàn zhèige wèntí wǒ zènmo dá xíng ma?

28.0. (27) xiànkuǎn   cash (N) [lit. now funds]

28.1. Wǒ méi xiànkuǎn le. Wǒ děi kāi zhāng zhīpiào dào yínháng qù ná.

29.0. (29) dāng   at (time or place)

    dāngdì (de)   of a locality, district; local

    dāngzhōng   center of, middle of

    dāng A de miàn(shang)   in the presence of A

    dāngshí   at that (very) moment, (right) then, then and there

29.1. Dāngdìde rén chàbuduō dōu shi nóngrén.

29.2. Zhànzai dāngzhōngde nèiwèi shi Wáng Xiáojie.

29.3. Nèijiàn shì wǒ dāngzhe Zhāng Xiānshengde miàn shuō de.

29.4. Wǒ gēn ta jiè èrshikuài qián. Tā dāngshí jiu gěi wǒ le.

30.0. (32) biǎo   form, blank, chart, table

    shíjiān biǎo   time table

    gōngke biǎo   course schedule

    chéngji biǎo   report card

30.1. Qǐng ni kànkan fēijīde shíjiān biǎo. Dào Niǔyue de fēijī shénmo shíhou qǐ fēi?

30.2. Nǐde gōngke biǎo jiègei wo kànkan hǎo bu hǎo?

30.3. Jīntian wǒ fùqin kànle wǒde chéngji biǎo hěn bu gāoxìng, yīnwei wǒ kǎo de chéngji bú tài hǎo.

31.0. (32) tián   fill out (a form)   (V)

tiánmǎn   fill out (a form) completely

31.1. Qǐng nǐ bǎ zhèizhāng biǎo tíanyitián.

31.2. Nèizhāng biǎo dōu tiánmǎn le.

32.0. (35) xīnshui   salary (N) [lit. firewood water]

32.1. Wǒ měige yuède xīnshui bú gòu wǒ yíge rén yòng.

33.0. (35) lái A   get [lit. come] A   (Note 3)

(wǒ) nǎr lái de A?   Where would I get any A?

N shi nǎr láide A?   Where did N get A?

33.1. Zuótian wǒ mángde yào sǐ. Wǒ nǎr lái de gōngfu qu kàn diànyǐngr a?

33.2. Lǎo Wáng mǎile xīn qìchē le. Qíguài. Tā nǎr lái de qián?

34.0. (36) xǔduō(de) N   a great many N   [lit. very many]

34.1. Yìhuěr wǒmen tántan. Wǒ yǒu xǔduōde shìqing yào gàosu ni.

35.0. (42) shēnqǐng   apply, make a request (to a superior) (V) [lit. report ask]

shēnqǐng biǎo   application blank

kāihù shēnqǐng biǎo   application form to open an account at a bank

35.1. Wǒ yǐjing gēn nèige dàxué shēnqǐngle míngnián chūntian rùxué.

35.2. Qǐng ni bǎ zhèizhāng kāihù shēnqǐng biǎo tíanyitián.

36.0. (42) xìngmíng   name (N) [lit. surname, given name]

36.1. Wúlùn tián shénmo biǎo dōu děi tián xìngmíng.

37.0. (43) zhíyè   job, occupation, profession (N) [lit. duty enterprise]

37.1. Zhèige dìfang hěn bu róngyi zhǎo zhíyè.

38.0. (43) zhùzhǐ   address (N) [lit. dwell site]

zhùzhǐ shi (or zài) nǎr?   What's your address?

38.1. Wǒ yǐjing bān jiā le. Wǒ bǎ xīnde zhùzhǐ xiěgei ni.

39.0. (46) jīn   gold (N), (also, a surname)

jīnzi   gold (N)

Jiùjīnshān   San Francisco [lit. old gold mountain] (Note 4)

Měijīn   American currency

39.1. Gāng tiě bǐ jīnzi de yòngchu dà.

39.2. Jīn Xiānsheng zuò de chuán wǔyue qīhào dào Jiùjīnshān.

39.3. Zhōngguo rén jiào Měiguo qián shi Měijīn.

Shēng Zì gēn Xīn Yúfǎ de Jùzi

40.0. (51) liáojiě   understand (TV) [lit. finish explain]
  40.1. Xiānsheng, zhèige zì wǒ bu liáojiě tāde yìsi.
41.0. (52) tì   for, on behalf of, as a substitute for (CV)
  41.1. Nǐde shìqing tài duō le. Wǒ tì ni qu mǎi shū ba?
42.0. (52) bìxū   need, require (V) [lit. must need]
  42.1. Jīntian nèige yuēhui wǒ bìxū qù.
43.0. (53) qiān   sign (V)
    qiān míng   sign one's name
    qiān zì   sign one's name
  43.1. Shéi zàncheng, shéi qiān míng.
  43.2. Nǐ gěi wo de nèizhāng zhīpiào nǐ wàngle qiān zì le.
44.0. (56) jīngli   manage (V) [lit. traverse consider]
    jīnglǐ   manager (N)
  44.1. Tā nèige fànguǎr jīnglide hěn hǎo.
  44.2. Zuò nèige gōngsīde jīnglǐ bú shi róngyi shì.
45.0. (56) -shǐ, -shì   room
    bàngōngshǐ, bàngōngshì   office
    yánjiushǐ, yánjiushì   research room, seminar room
    kèshǐ, kèshì   classroom
  45.1. Xiàozhǎng qǐng ni dào bàngōngshǐ qu.
  45.2. Wáng Jiàoshòude jiǎnghuà zài dì bā kèshǐ.
46.0. (64) bù(zi)   notebook, ledger (N)
    zhīpiào bù   checkbook
    diǎn míng bùzi   attendance book
  46.1. Zěnmo diǎn míng bùzishang méi yǒu wǒde míngzi?
  46.2. Wǒde zhīpiào bù làzai jiā lǐtou le.
47.0. (64) shōu   receive, accept, collect (TV)
    shōuxia   accept and keep
    shōuhǎo   receive and retain carefully, take good care of
  47.1. Mā, nín bǎ wǒde shū shōuzai nǎr le?
  47.2. Jīntian shēngyi bù hǎo. Méi shōu duōshao qián.
  47.3. Zhèi diar xiǎo lǐwu qǐng nín shōuxia.
  47.4. Nǐ bǎ huǒchē piào shōuhǎo le ma?
48.0. (64) diū   lose (TV)
  48.1. Zhèi shi dà ménde yàoshi. Nǐ qiānwàn bié diū le.

48.2. Zuótian wǎnshang wǒmen jiā diū dōngxi le.
49.0. (65) zhòngyao   important (SV) [lit. heavy important]
49.1. Tā búlùn zěnmo zhòngyaode shìqing yě shi nènmo mámahūhū de.
50.0. (66) hàomăr   (identification) number (N) [lit. number sign]
       diànhuà hàomăr   telephone number
       qìchē hàomăr   license plate
50.1. Nǐde diànhuà hàomăr shi duōshao?
51.0. (69) (yì)huí shì a matter [lit. one occasion affair]
       zěnmo (yì)huí shì   What sort of matter? What's up?
       zěnmo/nènmo (yì)huí shì   such a matter, such a thing
51.1. Nǐ xiā shuō. Méi nènmo yìhuí shì.
51.2. Zěnmo yìhuí shì? Tā kū shénmo?
51.3. Yuánlái shi 'zěnmo yìhuí shì.
52.0. (73) qǔ   take out, withdraw, fetch (TV)
       qǔchu   take out
       qǔhuí   take back
52.1. Wǒ dào huǒchē zhàn qu qǔ xíngli.
52.2. Nǐde qián qǔchulai le méi you?
52.3. Lǎo Zhāng ba wǒde shū jièqu hǎo jiǔ le. Wǒ děi bǎ shū qǔhuilai.
53.0. (77) piào(r), piàozi (money) bill (N) (measure: zhāng)
53.1. Zhèizhāng piàozi pòde tài lìhai. Bù néng yòng le.
53.2. Wǒ ba dà piàor huàchéng xiǎo piàor.
54.0. (80) -chu   (noun suffix) (see Beginning Chinese, Lesson 22, Note 5)
       yòngchu   use (N)
       huàichu   disadvantage, harm
       chángchu   advantage, good point
54.1. Yuánzǐ-néngde yòngchu hěn duō.
54.2. Nǐ zěnmo zuò hǎochu duō huàichu shǎo.
54.3. Měi yíge rén gè yǒu gède chángchu.

Wēnxi Jùzi

1. Wǒ bù xǐhuan yān wèr kěshi tā zǒng chōu yān.
2. Wǒ kàn bàozhǐ zhuānmén kàn guójì xīnwén.
3. Zhōngyāng Yínháng jiù shi guójiā yínháng.

Dāndú Tánhuà

4. Tā kàozhe xiūli qìchē shēnghuó.
5. Wǒmen liǎngjiā chángcháng láiwǎng.
6. Zhànzai ta pángbiārde jiù shi Bái Xiānsheng.
7. Huǒchēde shíjiān dào le. Wǒ děi zǒu le.
8. Shuōbudìng ta jīntian bù lái le.
9. Lǎo Wáng zhēn shi ge xiūli wúxiàndiàn de zhuānménjiā. Wǒde wúxiàndiàn huài le. Ta dāngshí jiu xiūlihǎo le.
10. Qǐng ni tián rùxué shēnqǐng biǎo.
11. Wǒde zhíyè shi jiāo shū.
12. Zhèijiàn shìqing wǒ bù zěnmo liáojiě. Qǐng ni wèn pángrén ba.
13. Yíqiè rùxué de shǒuxu wánquan shi tā tì wǒ bàn de.
14. Shǒushi bú shi bìxū mǎi de.
15. Wǒ shàng lǐbài jìgei nǐ yìfēng xìn. Nǐ shōudào le méi you?
16. Zuótian wǒ diūle yìzhī yuánzǐ bǐ.
17. Zhèicìde kǎoshì hěn zhòngyào. Yàoshi kǎode bù hǎo jiù bù néng bìyè.
18. Zuótian nǐ gēn Lǎo Wáng shi zěnmo yìhuí shì? Qǐng ni gàosu wo.
19. Wǒ yìhuěr dào yínháng qu qǔ diar qián.
20. Dào wàiguo fànguǎr qu chī zhōngfàn yòu shěng shíjiān yòu shěng qián.

Dāndú Tánhuà

    Wǒ gēn Měiyīng yǐjīng zài diànhuà lǐtou yuēhǎo, qǐng ta jīntian shàng bàntian péi wǒ xiān dào yínháng ránhòu zài qu mǎi dōngxi. Jīntian hěn máng. Xià bàntian gēn Xuéxīn yuēhǎo le, wǒmen liǎngge rén yíkuàr qu cānguān xuéxiào. Wǒ chà yíkè jiǔdiǎn zhōng jiu dàole gēn Měiyīng yuēhǎo
5 de dìdiǎn, děngzhe ta. Zhěng jiǔdiǎn zhōng Měiyīng jiu láile. Zhèiwèi xiáojie zhēn yǒu xìnyong—shuō shénmo shíhou jiù shi shénmo shíhou.

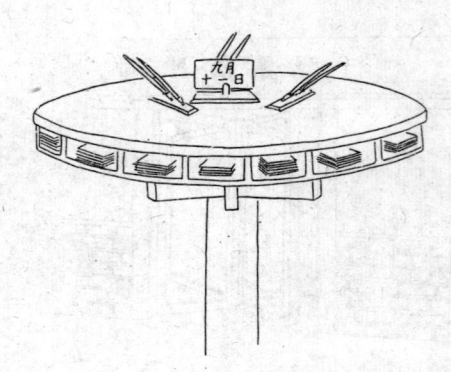

Wǒ wèn Měiyīng něijiā yínháng bǐjiào kě kào. Měiyīng shuōle jǐjiā yínháng. Wǒ juédìng dào Guójì Shāngyè Yínháng qu kāi hù. Wǒde qián shi zài Měiguo mǎide lǚxíng zhīpiào. Wǒ yòng lǚxíng zhīpiào qu kāi hù,
10 bǎ qián cúnzai yínháng. Yòng duōshao qǔ duōshao.

Dàole yínháng wǒ wèn Měiyīng dōu yǒu shénmo shǒuxu? Měiyīng shuō ta bú dà qīngchu, tā méi cúnguo qián. Wǒ wèn ta qián dōu zài nǎr gēzhe? Tā shuō ta nǎr lái de qián ne?

Yínhángde shǒuxu dàoshi bù máfan—zhǐ shi tián yìzhāng kāihù
15 shēnqǐng biǎo jiù kéyi le. Nèizhāng shēnqǐng biǎoshang, jiù tiánshang xìngmíng, zhùzhǐ, zhíyè, shénmode.

Yīnwei wǒ shi Měijīn zhīpiào, suóyi bìxū huànchéng dāngdìde qián cái néng cún kuǎn. Yínháng tì wǒ huàn le. Shǒuxu bànhǎole yǐhòu, hángyuán gěi wo le yìběn zhīpiào bù. Měiyīng yí kàn wǒde zhīpiào hàomǎr,
20 tā shuō "Wǒ shi nǐ bàba." Tā yì shuō wǒ méi míngbai shi zěnmo yìhuí shì. Hòulái ta gàosu wǒ wo cái míngbai.

Wǒ ba kāi hù de shǒuxu bànhǎole yǐhòu, tóngshí yòu qǔchule wǔshikuài qián. Lián mǎi dōngxi dài chī fàn dōu děi yòng qián. Yìhuěr mǎi dōngxi ye děi Měiyīng tì wǒ kàn. Wǒ duì mǎi nǚren dōngxi shi wàiháng. Gěi
25 mǔqin gēn mèimei mǎi dōngxi wǒ nǎr mǎidehǎo ne?

Wèntí

1. Bái Wénshān jǐdiǎn zhōng jiù dào tā gēn Měiyīng yuēhǎo nèige dìfang qu děng Měiyīng?
2. Wénshān wèn Měiyīng shì bu shi dào yínháng, Měiyīng shuō shénmo?
3. Wénshān gēn Měiyīng shuō xiān dào nǎr hòu dào nǎr?
4. Wénshān wèn Měiyīng yínháng jǐdiǎn zhōng bàn gōng, Měiyīng gàosu ta jǐdiǎn zhōng?

Wèntí

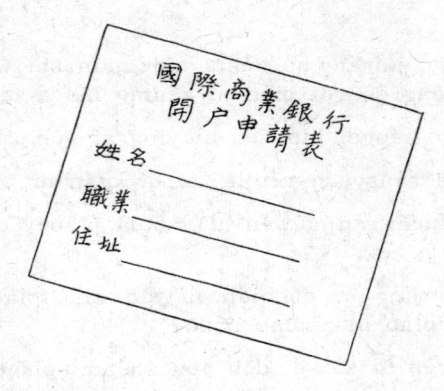

5. Wénshān wèn Měiyīng něige yínháng bǐjiǎo kě kào. Měiyīng zěnmo gàosu ta? Tāde qián cúnzai nǎr le?
6. Guójì yínháng zai něitiáo jiēshang? Nèitiáo jiē dōu shi zuò shénmo de?
7. Wénshān zěnmo zhīdao dàole Shìchǎng Jiē le?
8. Wénshān yòng shénmo qián qu kāi hù?
9. Měiyīng shuō lǚxíng zhīpiào néng kāi hù ma? Wénshān shuō shénmo?
10. Wénshān wèn Měiyīng zhīdao bù zhīdào yínhángde shǒuxu. Měiyīng zěnmo huídá ta?
11. Měiyīng shuō yíge dà bǎi huò gōngsī zài nǎr? Wèi shénmo yào dào nèijiā dà bǎi huò gōngsī qu mǎi?
12. Bái Xiānsheng dàole yínháng wèn hángyuán cún kuǎn dōu yǒu shénmo shǒuxu, hángyuán zěnmo huídá ta?
13. Nǐ zhīdao bù zhīdào kāihù shēnqǐng biǎoshang dōu yào tián shénmo?
14. Wénshān wèn hángyuán yòng lǚxíng zhīpiào kāi hù kéyi bu kéyi, hángyuán zěnmo shuō?
15. Wénshān yígòng yǒu duōshao qiánde lǚxíng zhīpiào?
16. Hángyuán wèi shénmo shuō Wénshān yǒu shénmo bù liáojiě de qǐng Měiyīng gěi ta tián?
17. Bái Wénshān ba lǚxíng zhīpiào jiāogei hángyuán wèi shénmo hái ràng ta diǎnyidiǎn?
18. Měiyīng kànle Wénshānde zhīpiào bù yǐhòu tā duì Wénshān shuō shénmo?
19. Wénshān kāile hù cún kuǎn yǐhòu tā qǔ qián méi you? Tā qǔle duōshao qián?
20. Wénshān wèi shénmo yào nènmo duō xiǎo piào?
21. Yàoshi nǐ gēn yíge péngyou yuēhǎole zài yíge dìfang jiàn miàn, tā bǐ nǐ xiān dào de, nǐ jiànle ta nǐ yīnggāi shuō shénmo?
22. Yàoshi yíge wàiguo péngyou qǐng ni péi ta qu mǎi dōngxi, nǐ zěnmo bàn? Yīnggāi dào nǎr qu mǎi?
23. Yàoshi nǐ dào yìjiā yínháng ni xiǎng kāi hù, nǐ gēn hángyuán shuō shénmo?
24. Bǐrú shuō nǐ shi hángyuán yǒu rén lái kāi hù nǐ yīnggāi zuò shénmo?

25. Yàoshi nǐ dào yíge yínháng qu kěshi nǐde qián shi wàiguo qián hángyuán shuō bìxū huànchéng dāngdì qián ni zěnmo huídá ta?
26. Yàoshi nǐ bǎ qián jiāogei bié ren nǐ yīnggāi gēn rénjia shuō shénmo?
27. Rúguǒ nǐ shi yíge hángyuán rénjia lái qǔ qián nǐ wèn rénjia shénmo?
28. Yàoshi nǐ qù qǔ kuǎn rénjia wèn nǐ yào dà piào yào xiǎo piào nǐ zěnmo shuō?
29. Yàoshi nǐ dào yínháng qù qǔ qián ni yào xiǎo piào rénjia wèn ni wèi shénmo yào xiǎo piào ni zěnmo shuō?
30. Yàoshi yǒu rén wèn ni kāi hù dōu yǒu shénmo shǒuxu, nǐ zěnmo huídá?

Dialogue: Vincent White and Gao Meiying meet at nine o'clock in the morning and the two of them go first to the bank and afterward to shop.

White : Good morning, Meiying.

Mei : Good morning. I suppose you got here some time ago?

White : I got here at a quarter of nine. Well, Meiying, shall we go to the bank?

Mei : Whatever you want. This morning is all yours [lit. today forenoon I'm entirely accompanying you].

White : Let's first go to the bank and then go shopping. When do the banks here (start to) do business?

Mei : Ordinarily [they all do business] at nine o'clock. What bank are you thinking of going to [to deposit money]?

White : I was just going to ask you. Which bank do you think is best?

Mei : The Bank for International Trade, the Bank for Agriculture and Industry, and the Central Land Bank are all [comparatively] reliable [and trustworthy]. They're [three] big banks. My father does business with the Bank for International Trade.

White : Then let's go to the International Bank.

Mei : O.K. There's a department store next to the bank. The prices are relatively low [lit. cheap]. Moreover it's close. We can save time if we go there to shop.

White : Where's the International?

Mei : On Market Street. The whole of that street is banks and stores. . . .

White : Here we are. I see the (street) sign. (On it is written) Market Street.

Mei : The main streets are easy to find.

White : I wonder if it will do to open an account with traveler's checks?

Mei : Perhaps they'll let you change the traveler's checks into cash and then you'll be able to open an account.

Dialogue

White : Let's go to the bank and see.

Mei : Perhaps they'll change the traveler's checks into local currency.

White : Do you know how banking is conducted here?

Mei : I've never had anything to do with [procedures at] banks. I'm not very clear about them. Let's ask a teller [and then we'll know].

White : Meiying, you say you haven't done business at a bank. Then where do you put your money?

Mei : Are you kidding? I don't work, and don't have a salary, so where would I get any money?

White : Here we are. There are so many people. Most likely we'll have quite a wait.

Mei : It doesn't matter.

White : Would you like to sit down for a while?

Mei : I'm not tired. We can just stand for a while. . . .

White : It's my turn now. (To the teller:) Could you tell me what the procedure is in opening an account?

Teller: You first fill out an application blank [to open an account]. Fill in your name, occupation, and address [on the application blank].

White : Am I allowed to open an account with traveler's checks?

Teller: You're allowed to, all right, but we first have to convert them into local currency. You can't make a deposit with American currency.

White : I understand that. In any case I'm using (the money) locally.

Teller: How much money do you have [in all]?

White : Three hundred fifty dollars in traveler's checks.

Teller: All right. Fill out the form first, please. Here's an application blank [to open an account]. Please fill it out now. If there's something you don't understand, it will be all right to ask this young lady to fill it out for you. But you have to sign it yourself.

White : O.K. I think it'll be a simple matter to fill out the form. There's no problem. . . . I've finished filling it out. Here it is.

Teller: Please wait (a moment). I must take it to the manager's office to be signed.

Mei : The clerk doesn't know your Chinese [learning] is so good. He thinks I [certainly] had to fill it out for you.

Teller: Please hand me the traveler's checks.

White : Here's [lit. this is] $350. Please check it.

Teller: Correct. You have [in all] $350 in American money in traveler's checks. Now please sign your name to each (of the checks).

White : O.K.

Teller: Here, this is your checkbook. Please take good care of it. Don't lose it.

White: I'm not likely to lose something that's important.

Mei: Your (account) number is easy to remember.

White: How so?

Mei: "I am your papa."

White: What's that?

Mei: Don't you get it? Think.

White: I'm too stupid. I can't figure it out.

Mei: Isn't your number 5-4-1-8-8?

White: Oh, so that's it! (To the teller:) I'd like to take out a little money.

Teller: Make out a check.

White: I'd like to have $50.

Teller: Do you want large [bills] or small bills?

White: I'd like three tens and twenty ones.

Mei: What do you want so many ones for?

White:: The small bills are more useful. (To the teller:) Good-bye.

Teller: Thank you. See you again [some other day].

Sentences for New Words and Grammar

1.1. These (pieces of) jewelry are made of silver.

2.1. We make very little money in our line of business.

2.2. I'm going to the bank now to get some money.

2.3. I'm an amateur when it comes to tennis.

2.4. He's a professional in [doing] this work.

2.5. He used to be teller in the Bank of China for ten years.

3.1. Every day I study in the morning and listen to recordings in the afternoon.

3.2. He's going to Japan next week, and will return the week after next.

3.3. Last month he was in England, and the month before that in America.

4.1. I can never read this character.

4.2. I always get up at six in the morning.

5.1. He worked in the office for ten hours yesterday.

6.1. You say Wang is very talented. Actually he's quite ordinary.

6.2. Ordinarily I go to sleep at 11:00 every night.

Sentences for New Words and Grammar 401

7.1. In what bank is your money deposited?

7.2. Most of our furniture is stored in a relative's home.

8.1. In what bank are you thinking of depositing that money?

8.2. I hear he has a lot of money [lit. deposits] in foreign banks.

9.1. I'm concentrating on the study of the international relations of the Ch'ing Dynasty.

10.1. All of his family have been merchants for several generations.

10.2. I originally took [lit. studied] a business course.

11.1. A third of the students in our school are studying agriculture. Very few are studying business.

11.2. America and Russia are the two biggest industrial states in the world.

12.1. Our school gives much attention to agriculture and industry.

13.1. In what year was the central government established?

14.1. The major part of the land here is planted to fruit.

15.1. He's not very intelligent. His good record is all due to his working hard.

15.2. He's quite reliable in doing things.

15.3. Is that servant you introduced to me reliable?

15.4. Mr. Wang built a house near the seashore.

15.5. He can study at the university only because of the fellowship from the foundation.

15.6. What side [of the street] do cars go on in China?

16.1. Turn the money over to Mr. Wang. He's quite trustworthy.

17.1. The two families are good friends.

17.2. There are only twenty families [of people] in our village.

17.3. [You see] there's a big store [lit. company]. Let's go there to shop.

18.1. I don't know him. I have no dealings with him.

19.1. Do it yourself. Don't always depend on others.

19.2. The one who sits next to me in class is Wang.

19.3. Next semester I plan to audit Chinese economic history.

19.4. When Professor Wang lectures on the history of the Han Dynasty there are a lot of auditors.

20.1. That big dictionary is very good, but the price is too high [lit. **expensive**].

20.2. Do you bargain here when buying things?... No. Prices are fixed [in buying things here].

21.1. The money I earn each month isn't enough to live on.

21.2. It's already 7:00. In order to save time let's take a bus.

22.1. Let's [the two of us] fix a time to discuss this matter.

22.2. In order to save time it would be better for you to take a plane.

23.1. Today let's go shopping in that new market.

24.1. There are a lot of cars on the streets today.

24.2. The Bank of China is [precisely] the first building in this block.

25.1. Can I give you a check?

25.2. Traveler's checks can be used throughout the world.

26.1. Please see how much money is left in my account.

26.2. I must go to the bank to open up an account.

27.1. Do you think it will do for me to answer this question in this way?

28.1. I don't have any cash. I must make out a check and go get some money at the bank.

29.1. The people in this locality are almost all farmers.

29.2. The one standing in the middle is Miss Wang.

29.3. I spoke of that matter in the presence of Mr. Zhang.

29.4. I borrowed twenty dollars from him. He gave it to me then and there.

30.1. Please look at the plane schedule. When does the plane for New York take off?

30.2. Let me have a look at your course schedule, will you?

30.3. My father was pretty unhappy today when he saw my report card, as my exam grades weren't too good.

31.1. Please fill out this form.

31.2. That form is all filled out.

32.1. My monthly salary isn't enough for one person [to use].

33.1. Yesterday I was terribly busy. When would I have had the time to go see a movie?

33.2. Wang has bought a new car. It's strange. Where did he get the money?

34.1. We'll talk in a moment. I have a lot of things to tell you.

35.1. I've already applied to that university to enter next spring.

35.2. Please fill out this application form for opening an account.

36.1. No matter what forms you fill out you have to fill in your name.

37.1. It's not at all easy to find a job in this area.

38.1. I've [already] moved. I'll give you my new address.

39.1. Iron and steel have more uses than gold.

39.2. Mr. Jin's boat reaches San Francisco on May 7th.

39.3. Chinese call American money 'American gold.'

40.1. Sir, I don't understand the meaning of this character.

Review Sentences

41.1. You have too many things (to do). How about my going to buy the books for you?

42.1. I have to go to that appointment today.

43.1. Whoever approves, sign up.

43.2. You forgot to sign your name to that check you gave me.

44.1. He manages that restaurant well.

44.2. Being the manager of that company isn't an easy job.

45.1. The principal asks you to go to the office.

45.2. Professor Wang's lecture is in Classroom 8.

46.1. How come my name isn't on the attendance book?

46.2. I left my checkbook at home.

47.1. Mom, where did you put [lit. collect] my books?

47.2. Business wasn't good today. We didn't take in much money.

47.3. Please accept this little gift.

47.4. Did you take good care of the railway tickets?

48.1. This is the key to the main door. Don't by any means lose it.

48.2. Last night our family lost some things (through theft).

49.1. No matter how important the matter he's still absent-minded.

50.1. What's your phone number?

51.1. You're talking nonsense. There's no such thing.

51.2. What's up? What's he crying about?

51.3. So *that's* what's up.

52.1. I'm going to the railroad station to fetch my baggage.

52.2. Did you withdraw your money?

52.3. Zhang borrowed my book a good while ago. I must get it back.

53.1. This bill is too worn. It can't be used any more.

53.2. I changed the big bills into small bills.

54.1. Atomic energy has a lot of uses.

54.2. If you do it this way there will be many advantages and few disadvantages.

54.3. Every person has his good points.

Review Sentences

1. I don't like the smell of tobacco but he's always smoking.

2. When I read the newspapers I look especially at the international news.

3. The Central Bank is the state bank.
4. He makes his living by repairing automobiles.
5. Our two families have frequent contacts.
6. The one standing beside him is Mr. White.
7. It's time for the train (to leave). I must go.
8. Perhaps he won't come today.
9. Wang is certainly a specialist in fixing radios. My radio broke down and he fixed it right then and there.
10. Please fill out the school application blank.
11. My profession is teaching.
12. I don't much understand this business. Please ask someone else.
13. He took care of all the registration [lit. enter school] procedures for me.
14. You don't need to buy jewelry.
15. I sent you a letter last week. Did you receive it?
16. I lost a ball-point pen yesterday.
17. This exam is very important. If you do badly you can't graduate.
18. What was up between you and Wang yesterday? Please tell me.
19. In a little while I'm going to the bank to withdraw some money.
20. It'll save time and money to go eat at a foreign restaurant.

Notes

1. The two-syllable expression nónggōng is an abbreviation for two separate pairs of terms: (a) nóngrén 'farmers' and gōngrén 'workers'; (b) nóngyè 'farming' and gōngyè 'industry.' Whether nónggōng means 'farmers and workers' or 'agriculture and industry' must be determined from the context.

2. Jiā 'home' with or without a following noun is used as a measure for households or families, as well as business establishments:

    Sānjiā rén dōu pǎodào chéng lǐtou qu le. 'The three families [of people] have fled into the city.'
    Sānjiā shi hǎo péngyou. 'The three families are good friends.'
    Zhèijiā yínháng hěn kě kào. 'This bank is very reliable.'

3. The word lái 'come' in its causative sense of 'cause to come' was encountered in Lesson 21 of Beginning Chinese (p. 377) and in Lesson 5 of the present work (p. 108). It also has the causative meaning in the pattern N shi nǎr lái de A? 'Where did N get A?' and in rhetorical questions with nǎr (Lesson 8, Note 2):

    Nǐ shi nǎr láide zhèiběn shū? 'Where did you get this book?'

(Wǒ) nǎr lái de A. 'Where would I get any A?'
Wǒ nǎr lái de gōngfu lǚxíng? 'Where would I get the time to go on a trip?'

4. San Francisco has two Chinese names. One is an approximation of the sound (Sānfánshì). The other, dating from the Gold Rush days when Chinese were first brought in to work in California, is made up of three syllables meaning Old Gold Mountain (Jiùjīnshān). Originally the name was simply Jīnshān (Gold Mountain), but later jiù 'old' was prefixed to distinguish San Francisco from the Australian City of Melbourne (Xīnjīnshān 'New Gold Mountain').

"Duōshao qián yìmǎ?"

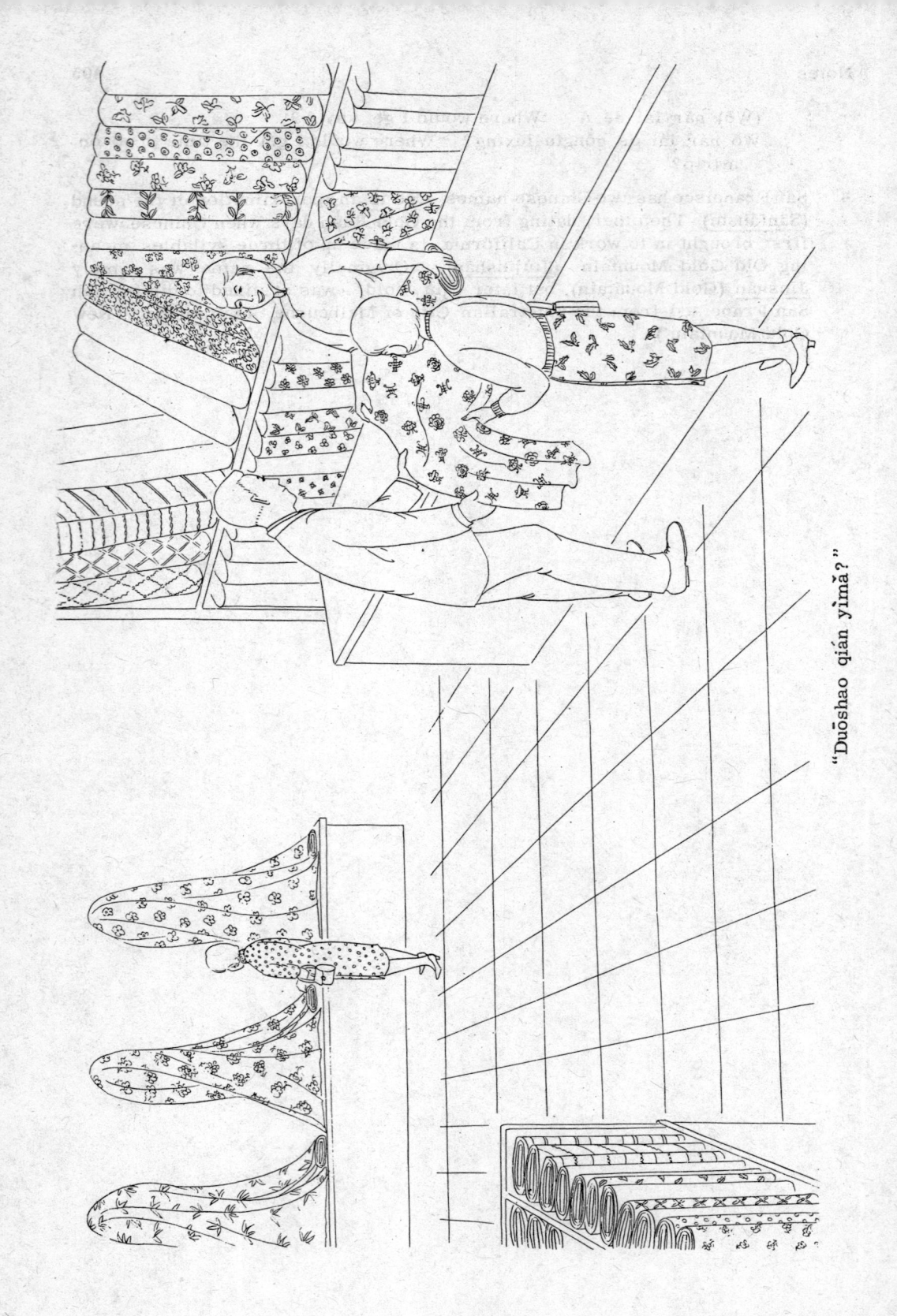

Dì Èrshíkè. Mǎi Dōngxi

Huìhuà: Měiyīng péi Wénshān zài bǎi huò gōngsī gěi jiāli rén mǎi dōngxi.

Bái : Zhèige bǎi huò gōngsī zhēn bù xiǎo a. Jiù shi nèitiān cóng fēijīchǎng dào fǔshang qù kànjian de nèige?

5 Měi : Shìde.

Bái : Wǒ jìde wǒ zǒu de nèinián zhèr jiu kāishǐ gài fángzi ne.

Měi : Shì a, dà qiánnian kāi de.

Bái : Wǒ kàn bàozhǐshang tiāntian yǒu tāmende guǎnggào.

Měi : Dāngrán děi dēng guǎnggào le. Yàoburán shéi zhīdao ne?

10 Bái : Xuānchuán shi hěn yàojǐn de.

Měi : Zhèi jǐtian tāmen dà jiǎn jià. Mǎi dōngxi dǎ bāzhé.

Bái : Wǒ hěn xǐhuan Zhōngguo nèixiē jiù shìde shìchǎng. Wǒ shàngcì zài zhèr de shíhou cháng dào Dōng Chéng Shìchǎng qu.

Měi : Jiù shìde shìchǎng zěnmo hǎo ne?

15 Bái : Zhōngguo jiù shìde shìchǎng yìtiáo jiēshang zhuān mài yìzhǒng dōngxi. Bǐfang shuō mài chóuduàn de zhuānmén mài chóuduàn. Mài gǔdǒng de zhuānmén mài gǔdǒng.

Měi : Nǐ cháng zài nèr mǎi dōngxi ma?

Bái : Wǒ xǐhuan qu kànkan. Bìngqiě zhèxie pùzi dōu shi suísuibiànbiànde. Nǐ yí dào nèr qu hǎoxiàng dàole péngyoude jiā lǐtou
20 yíyàng. Nèixiē zuò mǎimai de hěn kèqide zhāodai nǐ. Gēn tāmen tántan hěn yǒu yìsi.

Měi : Wǒ xǐhuan dào dà gōngsī qu mǎi dōngxi. Bú bì gēn tāmen jiǎng jiàr. Érqiě yí jìnqu chī, hē, chuān, dài mǎi shénmo dōu yǒu.

25 Bái : Wǒ rènwei dà gōngsī méi yìsi, gēn zài Měiguo yíyàng.

Měi : Cóngqián Dōng Chéng Shìchǎng nǐ cháng qù le?

Bái : Shìde. Shàngcì zài zhèr de shíhou cháng qu. Yǐhòu yǒu gōngfu hái děi qù kànkan.

Měi : Xiànzài méi yǐqián nènmo rènao le.

30 Bái : Zhèige bǎi huò gōngsī nǐ cháng lái ma?

Měi : Chàbudō yì liǎngge xīngqī zǒng lái yícì. Péi mǔqin lái kànkan. Yìhuěr nǐ dōu mǎi shénmo? Shì bu shi gěi fùqin, mǔqin, dìdi, mèimei dōu mǎi?

407

35	Bái :	Shìde. Nǐ shuō wǒ mǎi shénmo hǎo ne? Duō xiè nǐ bāng wǒ xiángxiang. Lǎoshi shuō, wǒ duì mǎi dōngxi shi wàiháng.
	Měi :	Nǐ mǎi rènhé dōngxi dōu wàiháng ma?
	Bái :	Dāngrán le!
	Měi :	Nǐ mǎi shū ke bú wàiháng ba!
	Bái :	Wǒ duì mǎi nǚrén dōngxi shízài wàiháng.
40	Měi :	Yǒu hěn duō wàiguo tàitai xǐhuan chuān Zhōngguo qípáor. Bù zhīdào nǐ mǔqin xǐhuan bu xǐhuan?
	Bái :	Duìle. Mǔqin kànjian Gāo Tàitai xiàngpiār ta kànjian Gāo Tàitai chuān de qípáor, mǔqin hěn xǐhuan. Gāncuì gěi ta mǎi jiàn qípáor.
45	Měi :	Wǒ zànchéng Měiguo tàitai chuān qípáor, zuì piàoliang le. Zuì hǎo ni gěi ta mǎi jiàn qípáor liǎor. Mǎi de qípáor chuānzhe bù yídìng héshì. Nǐ mǔqin huì zuò qípáor ma?
	Bái :	Tā zuì huì zuò yīfu le. Yàoshi yǒu yàngzi wǒ xiǎng tā huì zuò.
	Měi :	Wǒ dào xiǎngqilai nǐ mèimeide lǐwu le. Tā xǐhuan yīnyuè. Gěi ta mǎi ge píba hǎo bu hǎo?
50	Bái :	Hǎojíle. Tā yídìng xǐhuan tán.
	Měi :	Gěi nǐ fùqin mǎi shénmo ne?
	Bái :	Gěi tā mǎi ge suànpan.
	Měi :	Měiguo mǎibuzháo suànpan ma?
	Bái :	Mǎi shi mǎidezháo búguò méi hǎode.
55	Měi :	Gěi ni dìdi mǎi shénmo?
	Bái :	Wǒ xiǎngbuchūlái gěi ta mǎi shénmo. Zhànshí bù mǎi. Guò liǎngtiān zài shuō ba.
	Měi :	Wǒmen xiān dào èrlóu mǎi yīliàor qu. Nǐ mǎi chóuzi shi mǎi duànzi?
60	Bái :	Chóuduàn zhèige cér wǒ dǒng, yàoshi jiào wo fēnbié shénmo shi chóuzi shénmo shi duànzi, wǒ ke bù zhīdào. Chóuzi hǎo shi duànzi hǎo?
	Měi :	Chóuzi báo yìdiǎr. Duànzi bǐjiào hòu, érqiě jiàqian guì.
	Bái :	Hái yǒu rénzào sī shì bu shi?
65	Měi :	Rénzào sī bù jiēshi. Háishi zhēn sī hǎo.
	Bái :	Zhēn sīde yīliào duōshao qián yíjiàn?
	Měi :	Wǒmen wènwen màihuòyuán.
	Yuán:	Liǎngwèi mǎi shénmo?
	Měi :	Nǐ ná zuì hǎode duànzi wǒmen kǎnkan.
70	Yuán:	Nín yào shénmo yánshar de?
	Měi :	Duìle. Nǐ mǔqin xǐhuan shénmo yánshar de?

Huìhuà 409

    Bái : Suíbiàn něizhǒng yánse dōu kéyi. Wǒ mǔqin bù xǐhuan chuān shēnde. Tā xǐhuan chuān qiǎn de. Tiāo qiǎn diar de jiù shi le. Yào piàoliang yìdiǎrde wèide shi wǎnshang chūqu yìngchou chuān.

75 Yuán: Nín kàn zhèi jǐduàn zěnmoyàng?

    Měi : Wénshān nǐ kàn zhèiduàn hěn hǎo kàn. Qiǎn lán de dài xiǎo hóng huār.

    Bái : Zhēn bú cuò. Duōshao qián yíjiàn?

    Yuán: Wǒmen lùn mǎ mài.

80 Bái : Duōshao qián yìmǎ?

    Yuán: Èrshikuài qián yìmǎ.

    Bái : Yíjiàn qípáor duōshao mǎ?

    Yuán: Yào sānmǎ.

    Bái : Liáng sānmǎ ba.

85 Yuán: Gěi nín zhuāng hézi ma?

    Bái : Bú bì. Wǒ jìchuqu.

    Yuán: Sānmǎ yígòng liùshikuài. Gěi nín dǎ bāzhé. Liù bā sìshibā. Shōu nín wǔshikuài, zhǎo nín liǎngkuài qián.*

    Měi : Wǒmen mǎi pǐba gēn suànpan qu ba. Nǐ hái mǎi biéde dōngxi
90 ma?

    Bái : Hái děi mǎi xìnzhǐ, xìnfēngr, fēngjǐng míngxìnpiàr, shénmode.

    Měi : Nǐ shì bu shi bǎ bāoguǒ jīntian jìchuqu?

    Bái : Děng bǎ wǒ dìdide lǐwu mǎile yǐhòu yíkuàr jìchuqu. Kěshi wǒ jīntian yě děi qù jì guàhào xìn. Shùnbiàn hái děi mǎi yóupiào
95 yóujiǎn. Míngtian méi gōngfu jiù děi hòutian mǎi le.

    Měi : Yóuzhèngjú lí zhèr bù yuǎn. Xiànzài diànbàojú yě bāndao yóuzhèngjú pángbiār le.

    Bái : Shì ma?

    Měi : Shì de.

100 Bái : Měiyīng, wǒmen mǎiwánli dōngxi chī fàn qu. Chī fàn yǐhòu wǒmen yíkuàr qu cānguān xuéxiào, hǎo bu hǎo? Hái yǒu Xuéxīn. Wǒ zuótian gēn ta yuēhǎole jīntian xiàwǔ sìdiǎn zhōng wǒmen yíkuàr qù.

    Měi : Duìbuqǐ. Wǒ jīntian xiàwǔ děi dào yīyuàn qu kàn yíwèi péngyou.

105 Bái : Yào bu yào wǒ sòng ni dào yīyuàn qu?

---

* 'A discount of 20 per cent' is expressed in Chinese as 'an 80-per-cent price of the original.' The clerk's mental arithmetic can be summarized approximately as follows: 60 × 80 per cent equals 6 × 8, or 48; 50 − 48 equals 2.

Měi : Bú bì. Wǒ zìjǐ qù déle.

Bái : Nènmo wǒ jiu dào lǐfǎguǎn qu jiánfǎ qu.

Měi : Duìle. Wǒ qiáo nǐ zhè fǎ yě gāi jiǎn le.

Bái : Wǒ háishi méi dòngshēn de shíhou chàbuduō liǎngge xīngqī yǐqián
110 lǐ de fà ne. Měiyīng, wǒ èsile. Nǐ yídìng yě èle. Wǒmen xiànzài qu chī fàn qu ba.

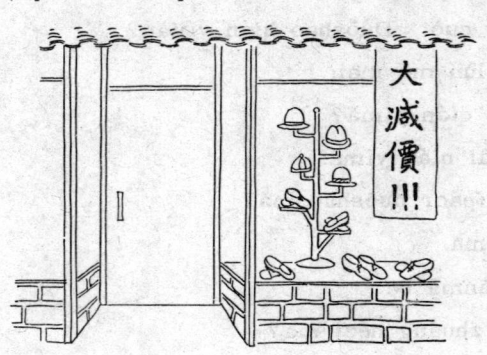

Shēng Zì gēn Xīn Yúfǎ de Jùzi

1.0. (7) dà qiántian   three days ago (TW) (Note 1) [lit. big front day]

       dà qiánnian   three years ago (TW) (Note 1) [lit. big front year]

1.1. Wǒ dà qiántian jiù dào xuéxiào bànle rùxué shǒuxu le.

1.2. Wǒ shi dà qiánnian zài dàxué bìyè de.

2.0. (9) dēng   publish, cause to be published, publish something in (V)

       dēng bào   publish something in a newspaper

       dēng guǎnggào   publish an ad or notice

       dēngchulai   publish

       dēngzai   publish in

2.1. Zuótian Lǎo Wáng qìchē chūshì. Jīntian dēngbào le.

2.2. Zhāng Xiáojie jiéhun zài bàozhǐshang dēng guǎnggào le.

2.3. Jīntian bàozhǐshang dēngle hěn duōde tǐyù xīnwén.

2.4. Nèjiàn shìqing dēngzài něizhāng bàozhǐshang le?

3.0. (10) xuānchuán   spread information, advertise, publicize, propagandize (V); propaganda, advertising (N)

3.1. Nèige diànyǐngr bù zěnmo hǎo, kěshi xuānchuánde hěn lìhai.

3.2. Zuò shēngyi bìxū xuānchuán.

3.3. Lǎo Wáng lǎo gěi wo xuānchuán shuō wǒ hěn yǒu tiāncái.

3.4. Tā xiànzài zuò guówài xuānchuán gōngzuò.

Shēng Zì gēn Xīn Yúfǎ de Jùzi   411

4.0. (11) jiǎn   reduce, decrease, lessen
          jiǎn jià   reduce prices, hold a sale
          jiǎnjià   Sale! [announcement or placard]
          jiánshǎo   reduce, decrease, lessen (by so much)
          jiǎnqu   take away, reduce (by so much)
  4.1.   Xiànzài gè bǎi huò gōngsī dōu jiǎnjià.
  4.2.   Nèige pùzi chuānghushang xiězhe DÀ JIǍNJIÀ!
  4.3.   Yīnwei dǎ zhàng de guānxi zhèrde rénkǒu jiánshǎole yībàn.
  4.4.   Wǒde xīnshui búdàn méi jiā, érqiě měi yuè gěi wo jiǎnqule
          shíwǔkuài qián.
5.0. (11) zhé(kòu)   discount (N) [lit. reduce, deduct] (Note 3)
          dǎ zhé(kòu)   give a discount, receive a discount
          dǎ $\frac{100-X}{10}$ zhé   give a discount of X per cent
  5.1.   Tāmen xuānchuán dà jiǎn jià, kěshi zhékòu bú dà.
  5.2.   Nǐ mǎi dǎzìjī dǎ zhékòu le ma?
  5.3.   Jīntian wǒmen dà jiǎn jià, quánbùde dōngxi dǎ liùzhé.
6.0. (16) chóu(zi)   silks, silk goods (N)
  6.1.   Tā zuì xǐhuan chuān chóuzi yīfu le.
7.0. (16) duàn(zi)   satin (N)
          chóuduàn   silks and satins
  7.1.   Duànzide jiàqian bǐjiāo guì.
  7.2.   Zhōngguode chóuduàn shìjièshang shi yǒu míng de.
8.0. (17) gúdǒng   antique, relic, curio (N) [lit. old curio]
  8.1.   Měiguo yǒu hěn duōde gúdǒng pùzi.
9.0. (21) mǎimai   trade, business; business establishment [lit. buy, sell]
          zuò mǎimai   be in business
          mǎimai rén, zuò mǎimai de   merchant
  9.1.   Yí dào zhōumò fànguǎrde mǎimai dōu bú cuò.
  9.2.   Wǒmen jiā jǐdài dōu shi zuò mǎimai de.
10.0. (21) zhāodai   entertain, be hospitable to (TV) [lit. hail treat]
          zhāodàishǐ, zhāodàishì   waiting room, reception room
  10.1.   Wáng Xiānsheng yào cóng Rìběn lái le. Tā láile yǐhòu wǒ děi
          zhāodai zhāodai ta.
  10.2.   Fēijī hái méi lái ne. Wǒmen xiān zài zhāodàishǐ zuò yìhuěr.

11.0 (34) duō xiè   many thanks
   11.1   Duō xiè nín dào wǒ zhèr lái.
12.0 (35) lǎoshi   honest, steady, frank
   12.1.   Nèige rén yòu lǎoshi yòu kě kào.
   12.2.   Lǎoshi shuō tā bù zěnmo cōngming. Jiù shi yònggōng.
13.0. (40) qípáor   Chinese-style gown (measure: jiàn) [lit. banner gown]
         (Note 5)
   13.1.   Zhōngguo nǚrénde qípáor yòu piàoliang yòu shěng cáiliaor.
14.0. (45) (yī)liào(r)   dress material
       yíjiàn yīliàor   material for a gown
   14.1.   Wáng Xiáojie yào jiēhūn le. Wǒ sòng ta yíjiàn yīliàor.
   14.2.   Zhèijiàn qípáor liàor duōshao qián?
15.0. (49) píba   Chinese four-stringed guitar (N)
   15.1.   Píbade shēngyin hěn hǎo tīng.
16.0. (50) tán   play (by plucking or touching with the fingers) (TV)
   16.1.   Wǒ mèimei hěn xǐhuan tán píba.
17.0. (52) suànpan   abacus (N) [lit. calculate platter]
   17.1.   Zhōngguo jiù shìde pùzi xiànzài suàn zhàng háishi yòng suànpan.
18.0. (56) zhànshí   temporary (SV), temporarily, for the time being (AD) [lit. shortly time]
   18.1.   Wǒ háishi yào zhǎo fángzi. Wǒ zhànshí zài Wáng zhái zhù jǐtiān.
19.0. (56) guò (plus TW)   after (CV)
   19.1.   Wǒ hǎoxiē rìzi méi kànjian Lǎo Wáng le. Guò jǐtiān wǒ děi qu kànkan ta qu.
20.0. (63) báo   thin (of things)
   20.1.   Zhèige yīliàor tài báole. Dōngtian chuān yídìng bù nuǎnhuo.
21.0. (63) hòu   thick (of things), close (of relationships) (SV)
   21.1.   Zhèizhāng zhǐ tài hòu le. Bié yòng ta xiě hángkōng xìn.
   21.2.   Zhèige fángzi gàide zhēn jiēshi. Nǐ kàn qiáng duómo hòu.
22.0. (64) rénzào   artificial, man-made [lit. man make]
   22.1.   Zhèige bīng kéyi chī. Shi rénzào de, shì yòng gānjing shuǐ zào de.
23.0. (64) sī   (raw) silk
       rénzào sī   rayon
   23.1.   Jǐqiān nián yǐqián Zhōngguo jiù yǒule sī le.
   23.2.   Zhèijiàn yīliào shi zhēn sīde, bú shi rénzào sīde.

Shēng Zì gēn Xīn Yúfǎ de Jùzi

24.0. (67) màihuòyuán   sales clerk [lit. sell goods person]
    24.1.   Tā zài Dà Huá Gōngsī dāng màihuòyuán.
25.0. (73) shēn   deep (water, color), profound (ideas) (SV)
    25.1.   Zhèitiáo hé lǐtoude shuǐ hěn shēn.
    25.2.   Shēn yánsede qiáng bù róngyi zāng.
26.0. (73) qiǎn   light (color), shallow (water), simply expressed (ideas) (SV)
    26.1.   Tā xiě nèiběn shū xiěde hěn qiǎn, kěshi yìsi hěn shēn.
27.0. (73) tiāo   pick, select, choose (TV)

          tiāode tài lìhai   be too choosy
    27.1.   Wǒ sòng ni yíjiàn yīliàor. Qǐng ni zìjǐ qu tiāo.
    27.2.   Tā wúlùn mǎi shénmo dōngxi dōu tiāode hěn lìhai.
28.0. (74) wèide shi   because, in order to, so as to
    28.1.   Wǒ měitian zǎochen liùdiǎn zhōng qǐlai wèide shi duō zuò yìdiǎr shì.
    28.2.   Wǒ zhùzai zhèrde yuányin wèide shi lí xuéxiào jìn yìdiǎr.
29.0. (74) yìngchou   socialize, discharge one's social responsibilities (toward someone), undertake a social engagement (V), social engagement (N)
    29.1.   Wǒ zuì bù xǐhuan chūqu yìngchou.
    29.2.   Tāde yìngchou tài duō le. Měitiān dōu děi chūqu.
30.0. (75) duàn, duàr   segment of, section of, portion of (M)
    30.1.   Zhōngshān Lù xītóu zhèi yíduàn lù bù píng.
    30.2.   Wǒ zuótian kànle jǐduàr Zhōngguo lìshǐ gùshi. Hěn yǒu yìsi.
31.0. (79) lùn   discuss (TV), by (CV)

          lùndào   get to in a discussion
    31.1.   Mǎi zhèizhǒng cáiliaor lùn chángduǎn shi lùn qīngzhòng?
    31.2.   Wǒmen hái méi lùndào nèige wèntí ne.
32.0. (79) mǎ   yard (M)
    32.1.   Zuótian wǒ mǎile jǐmǎ yīliàor, hěn piányi.
33.0. (85) zhuāng   pack (TV), hold (IV)

          zhuāngmǎn   pack full
          zhuāngbuxià   unable to hold
    33.1.   Qǐng ni bǎ yīfu dōu zhuāngzai xiāngzili.
    33.2.   Wǒde shǒutíbāo zhuāngbuxià le. Dōu zhuāngmǎn le.
34.0. (85) hé(r), hézi   (small) box (N, M)

34.1. Yìhér táng duōshao qián?

34.2. Zhèige hézi lǐtou yǒu shénmo?

35.0. (88) zhǎo — give change (V)

35.1. Zuótian mǎi dōngxi qu màihuòyuán ba qián zhǎocuò le. Wǒ gěi ta wǔkuài qián. Yīnggāi zhǎo wo yíkuài jiǔmáo qián, tā zhǎole wo yíkuài èrmáo qián.

36.0. (91) xìnzhǐ — stationery, letter paper (N)

36.1. Zhèizhǒng xìnzhǐ yìhér liǎngkuài sān.

37.0. (91) xìnfēng(r) — envelope (N)

37.1. Qǐng ni gěi wo yíge xìnfēng.

38.0. (91) fēngjǐng — scenery, view (N) [lit. wind view]

38.1. Nǐ qiáo zhèrde fēngjǐng duómo piàoliang.

39.0. (91) míngxìnpiàr — post card (N) [lit. open letter card]

39.1. Jì míngxìnpiàr bǐ jì xìn piányi.

40.0. (92) bāoguǒ — parcel, package (N) [lit. wrap wrap]

40.1. Zuótian wǒ wǎng jiāli jìle yíge bāoguǒ.

41.0. (94) guàhào — register (V) [lit. hang number]

guàhào xìn — registered letter

41.1. Zhèifēng xìn guàhào duōshao qián?

41.2. Guàhào xìn bú huì diū.

42.0. (94) shùn(zhe) — follow (V); with, in accordance with, along (CV)

shùnbiàn — at the same time (as some other activity)

42.1. Nǐ shùnzhe zhèitiáo lù yìzhíde wǎng běi zǒu jiu dào le.

42.2. Gēn tā hézuò bù róngyi. Wúlùn shénmo shìqing dōu děi shùnzhe tāde yìsi.

42.3. Nǐ dào shūdiàn qù de shíhou qǐng ni shùnbiàn tì wǒ mǎi běn shū.

43.0. (94) yóupiào — postage stamp (N) [lit. postal ticket]

43.1. Qǐng wèn cóng zhèr jìdào Měiguode xìn yào tiē duōshao yóupiào?

44.0. (95) yóujiǎn — aerogram, (single-sheet) air letter (N) [lit. postal abridge]

44.1. Jì yóujiǎn bǐ jì hángkōng xìn piányide duō.

45.0. (95) hòutian — day after tomorrow (TW) [lit. rear day]

hòunian — year after next (TW) [lit. rear year]

dà hòutiān — three days from now (Note 2)

45.1. Wǒ hòutian dào xiāngxia qu kàn péngyou.

Shēng Zì gēn Xīn Yúfǎ de Jùzi

45.2.   Wǒ hòunian dàxué cái bìyè ne.
45.3.   Wǒ dà hòutian qu bàifang Wáng Xiānsheng.
46.0. (96) -jú   office
            jǐngchájú   police station
46.1.   Zhèr lí jǐngchájú méi duó yuǎn.
47.0. (96) yóuzhèngjú   post office (N) [lit. postal administration office]
47.1.   Wǒ děi dào yóuzhèngjú qu mǎi yóupiào.
48.0. (96) diànbào   telegram (N) [lit. electric report]
            dǎ diànbào   send a telegram
            diànbàojú   telegraph office
48.1.   Wǒ děi gěi Wáng Xiānsheng dǎ diànbiào, qǐng ta míngtian xiàwǔ dào fēijīchǎng qu jiē wo.
48.2.   Diànbàojú zài Shìchǎng Jiē.
49.0. (107) lǐ   put in order (TV)
            lǐfǎ   cut the hair, get a haircut [lit. arrange hair]
49.1.   Nǐ bǎ zhèiduī shū lǐyilǐ.
49.2.   Wǒde tóufa tài cháng le. Jīntian bìděi qu lǐfǎ le.
50.0. (107) -guǎn   establishment
            lǐfǎguǎn   barber shop
            zhàoxiàngguǎn   photographer's shop
50.1.   Wǒmen zhè fùjìn xīn kāile yíge lǐfǎguǎn.
50.2.   Wǒ xià bàntian dào zhàoxiàngguǎn qu zhào xiàng, yīnwei xuéxiào gēn wǒ yào xiàngpiār.
51.0. (107) jiǎn   cut, clip (with scissors) (TV)
            jiǎnzi   scissors (measure: bǎ)
            jiánfǎ   cut the hair, get a haircut
            jiǎnqu   cut off
51.1.   Wǒ bǎ zhèizhāng xiàngpiārde biār jiǎnqu kéyi ma?
51.2.   Qǐng nǐ bǎ nèibǎ dà jiǎnzi dìgei wo.
51.3.   Wǒ hǎo jiǔ méi jiánfǎ le, suóyi tóufa zènmo cháng.
52.0. (108) V O compounds   (Note 4)
52.1.   Wáng Xiānsheng jiēguo hūn méi you?
52.2.   Nèige guójiā géle jǐcì mìng le.
52.3.   Wáng Xiānsheng qùnian cái bì de yè.

416　　　　　　　　　　　　　　　　　　　　　　　　　　　　　　Lesson Twenty

52.4.　Wǒ děi xiān gěi Zhāng Xiānsheng dàoxǐ qu. Nǎr néng xǐ dōu bú dào ne?

52.5.　Nǐ kàn wǒ mángde lián fǎ dōu méi lǐ ne.

53.0. (109) dòng　　　　　move (V) (also used as postverb)

53.1.　Nǐ zhàn ner bié dòng. Wǒ gěi ni zhào zhāng xiàng.

53.2.　Wǒ lèisile. Wǒ zǒubudòng le.

53.3.　Lái, wǒ bāng ni ná. Nǐ yíge rén zěnmo nádedòng zěnmo duōde dōngxi ne?

53.4.　Wǒ yíge rén ke bānbudòng nèizhāng dà zhuōzi.

54.0. (109) shēn(zi), shēntǐ　　body (N)

　　　　　shēnshang　　　　on one's person, with one

54.1.　Wǒ mǔqinde shēnzi bù zěnmo jiēshi. Lǎo shēng bìng.

54.2.　Tāde shēntǐ hěn jiànkāng.

54.3.　Wǒ shēnshang méi qián.

55.0. (109) dòngshēn　　　start (on a trip) (V) [lit. move body]

55.1.　Tā shénmo shíhou dòngshēn dào Yīngguo qu?

Wēnxi Jùzi

1. Wǒ zuò shì shi lùn yuè ná xīnshui.
2. Tā zài bàozhǐshang dēng guǎnggào mǎi fángzi.
3. Tā hěn huì shuō huà. Tā zuò xuānchuán gōngzuò zuì héshì.
4. Zhèrde rénkǒu jiánshǎole bǎifēnzhī sānshí.
5. Dōng-Yǎ Bǎi Huò Gōngsī jīntian dà jiǎn jià. Mǎi dōngxi dǎ qīzhé.
6. Wáng Bóshi cóng wàiguó huílai le. Wǒ děi zhāodai zhāodai ta.
7. Wǒ shi zhànshí zhùzai Zhāng Jiàoshòu zhèr.
8. Nǐ gěi wǒ mǎi chènshēn de shíhou qǐng ni gěi wǒ tiāo báo yìdiǎrde miànde chuānzhe rè.
9. Wǒ měitiān wǎnshang dōu tīng wúxiàndiàn wèide shi liànxi Yīngwén.
10. Tā měitiānde yìngchou bǐ zuò shì de shíjiān hái duō.
11. Nèitiáo xīn gōnglù shi shùnzhe hǎibiār xiū de.
12. Shàng xuéqī kǎoshìwánle yǐhòu, wǒmen xuéxiào fàngle liǎngge lǐbàide jià.
13. Wǒ shàng shàng xīngqī jiēdào tāde diànbào.

Dāndú Tánhuà

14. Xiànzài nǐmen èrshige rén fēnchéng liǎngduì zhànzai liǎngbiār.
15. Nèijiàn shìqing nǐ yǒu bǎwo méi yǒu?
16. Jīntian Wáng Jiàoshòu yǒu shì, tíqián xià kè shífēn zhōng.
17. Jīntian wǒ cái fāxiàn wǒde biǎo diū le.
18. Cóng gémìng fāshēng yǐhòu tāmen jiu líkai nèr le.
19. Wǒ cónglái bù cānjiā nèizhǒng méi yìsi de yìngchou.
20. Xiǎo Wàn bǎ wǒde zìxingchē gěi nònghuài le.

Dāndú Tánhuà

Wǒ gēn Měiyīng wǒmen liǎngge rén cóng yínháng chūlai jiù dào bǎi huò gōngsī qu mǎi dōngxi. Zhèige bǎi huò gōngsī jiù zài yínháng pángbiār. Zài wǒ zǒude nèinián, jiùshi dà qiánnian le, nèige shíhou tāmen cái gài fángzi. Wǒ kàn zhèizhǒng dà gōngsī měiniánde xuānchuán fèi kě zhēn
5 bùdéliǎo. Tiāntiān bàozhǐshang dēngzhe dà zìde guǎnggào.

Tàitai xiáojiemen dōu xǐhuan dào bǎi huò gōngsī qu mǎi dōngxi. Kěshi wǒ háishi xǐhuan Zhōngguo nèixiē lǎo shì de pùzi. Yí jìnqu tāmen kèkeqīqīde zhāodai ni. Gēn ni tántan wèn ni zhèige wèn ni nàge, shénmo dōu nágei nǐ kànkan. Tāmen yìdiǎr yě bú pà máfan. Nǐ dào bǎi huò
10 gōngsī, tāmende tàidu jiu bu tóng le.

Jīntian shi xiǎng gěi fùmǔ gēn dìdi mèimei mǎi diǎr dōngxi jìhuiqu. Yīnwei wǒ duì mǎi dōngxi tài wàiháng le, suóyi qǐng Měiyīng lai tì wo tiāo.

Mǔqīn zài xiàngpiārshang kànjian Gāo Tàitai chuān de qípáo. Tā hěn
15 xǐhuan suóyi gēn Měiyīng wǒmen liǎngge rén juédìng gěi ta mǎi jiàn qípáo liàor. Duìyu mèimei de lǐwu Měiyīng xiǎngde hěn hǎo. Mèimei xǐài yīnyuè; gěi ta mǎi ge píba tā yídìng xǐhuan. Gěi fùqin mǎile yíge suànpan. Fùqin shi xué shùxué de, xiànzài yòu jiāo shùxué. Mǎi zhèi yílèide lǐwu shi hěn héshì.

20   Dìdide lǐwu zhēn bu róngyi mǎi. Wo xiǎngle bàntiān yě xiǎngbuchūlái.
     Dìdi zhèige rén bù xǐhuan chī yòu bù xǐhuan chuān. Měitiān xiàng ge
     gōngchǎngde gōngrén. Yì tiān bù shi xiūli zhèige jiù shi xiūli nàge.
     Nǐ shuō wǒ gěi ta mǎi shénmo ne? Měiyīng yě xiǎngbuchūlái, suóyi wǒ
     gàosu Měiyīng jīntian zhànshí bù mǎi. Guò jǐtiān zài shuō.

25   Měiyīng gěi mǔqin tiāo de yīliào hěn piàoliang. Shi zhēn sīde
     Zhōngguo duànzi de. Bǎi huò gōngsī mài yīliào yěshi lùn mǎ. Yàoshi
     dào Dōng Chéng Shìchǎng qu mǎi dàgài háishi lùn chǐ. Mǔqin xǐhuan
     chuān qiǎn yánse de yīfu. Měiyīng gěi tiāo de shi qiǎn lán duànzi, dài
     xiǎo hóng huār. Wǒ xiǎng mǔqin yídìng hěn xǐhuan zhèijiàn yīliaor. Wo
30   xiǎng mǔqin píngcháng bù chuān. Tā yídìng shi wǎnshang yǒu yìngchou
     cái chuān ne.

        Wǒ yòu mǎile jǐzhāng fēngjǐng míngxìnpiàr, jiānglái gěi péngyou xiě
     xìn yòng. Yǐhòu dào yóuzhèngjú qu jì guàhào xìn, mǎi yóupiào, yóujiǎn,
     shùnbiàn hái mǎile xìnfēng, xìnzhǐ, shénmode.

35   Yuánlái wǒ xiǎng mǎiwánle dōngxi yuē Měiyīng yíkuàr qu cānguān
     xuéxiào. Kěshi Měiyīng xiàwǔ děi dào yīyuàn qu kàn yíge shēng bìng de
     péngyou qu. Wǒ gēn Měiyīng shuō: "Jìrán nǐ bù néng gēn wǒmen yíkuàr
     qu cānguān xuéxiào, chīwánle fàn nǐ zǒule yǐhòu wǒ qu lǐfǎ." Měiyīng
     xiàozhe shuō: "Nǐde tóufa yīnggāi qu jiǎn le." Měiyīng nènmo yì shuō
40   wǒ yǒu yìdiǎr bù hǎo yìsi le. Wǒde tóufa díquè tài cháng le. Háishi
     zài dòngshēn yǐqián de jǐge xīngqī zài Měiguo jiǎn de ne.

                              Wèntí

1. Bái Wénshān shuō zhèige bǎi huò gōngsī tā shénmo shíhou kànjianguo?
2. Bái Xiānsheng shuō tā zǒu de něinián zhèige dà bǎi huò gōngsī kāi le
   méi you?
3. Wénshān shuō nèige dà gōngsī bàoshang tiāntiān yǒu guǎnggào. Měiyīng
   shuō shénmo?
4. Měiyīng shuō zhèige dà gōngsī zhèi jǐtiān dà jiǎn jià. Yàoshi mǎi dōngxi
   tāmen yòng shénmo fázi gěi nǐ jiǎn ne?
5. Wénshān xǐhuan shénmo yàngde shìchǎng? Tā cóngqián zài zhèr cháng
   dào shénmo shìchǎng qu?
6. Měiyīng wèn Wénshān jiù shì de shìchǎng zěnmo hǎo. Wénshān zěnmo
   shuō?
7. Nǐ dǒng shénmo jiào gǔdǒng ma?

Wèntí

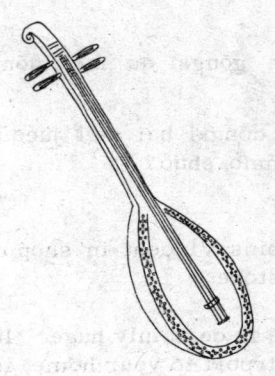

8. Wénshān shuō Zhōngguode jiù shì de shìchǎng tāmen zuò mǎimai de tàidu zěnmoyàng?
9. Měiyīng wèi shénmo xǐhuan dào dà gōngsī qu mǎi dōngxi?
10. Měiyīng shuō Wénshān mǎi shénmo bú wàiháng ne?
11. Wénshān gěi ta mǔqin mǎi de shénmo?
12. Wénshān shuō gěi tā mǔqin mǎi qípáor Měiyīng zěnmo shuō?
13. Měiyīng wèn Wénshān tā mǔqin huì zuò qípáor ma. Wénshān shuō shénmo?
14. Měiyīng shuō gěi Wénshānde mèimei mǎi shénmo?
15. Wénshān gěi ta fùqin mǎi de shénmo? Nǐ zhīdao suànpan shi zuò shénmo yòng de ma?
16. Wénshān gěi ta dìdi mǎi dōngxi méi you? Tā wèi shénmo bù gěi dìdi mǎi ne?
17. Mǎi qípáo liàor de shíhou Měiyīng wèn Wénshān mǎi chóuzi háishi mǎi duànzi. Wénshān zěnmo shuō?
18. Měiyīng shuō chóuzi gēn duànzi yǒu shénmo bù tóng?
19. Nǐ shuō rénzào sī hǎo háishi zhēn sī hǎo ne? Wèi shénmo?
20. Wénshān shuō ta mǔqin xǐhuān shénmo yánse de yīfu?
21. Wénshān shuō ta mǔqin zhèijiàn qípáor shénmo shíhou chuān?
22. Yàoshi nǐ shi yíge màihuòyuán rénjia lái mǎi dōngxi nǐ shuō shénmo?
23. Yàoshi nǐ bāngzhe péngyou qu mǎi dōngxi nǐ yīnggāi wèn péngyou shénmo?
24. Yàoshi yíge rén xǐhuan yīnyuè, nǐ sòng ta lǐwu yīngdāng sòng ta shénmo?
25. Yàoshi nǐ qu mǎi dōngxi màihuòyuán shuō gěi nǐ zhuāng hézi kěshi ni bù xiǎng zhuāng ni zěnmo shuō?
26. Yàoshi nǐ yuē péngyou péi ni qu mǎi dōngxi dàole chī fàn de shíhou ni zěnmo bàn?
27. Yàoshi nǐ xiǎng qǐng nǐde nǚ péngyou gēn nǐ yíkuàr qu cānguǎn ni zěnmo shuō?
28. Yàoshi yǒu rén yuē ni dào nǎr qù ni bú qù nǐ zěnmo huídá ta?

29. Yàoshi nǐ xǐhuan dào dà gōngsī qu mǎi dōngxi nǐ duì péngyou zěnmo shuō?

30. Yàoshi nǐ xiǎng mǎi de dōngxi hái méi juédìng ne, nǐ xiànzài bù xiǎng mǎi, ni gēn péngyou zěnmo shuō?

Dialogue: Meiying joins Vincent in shopping for his family in a department store.

White: This department store is certainly huge. It's the one we saw that day on the way from the airport to your home, isn't it?

Mei : Yes.

White: I remember that the year I left they had begun to put up a building here.

Mei : Yes, they put it up three years ago.

White: I noticed that its ads are in the newspapers every day.

Mei : Of course it's necessary to advertise. Otherwise who would know about it?

White: Publicity is very important.

Mei : The past few days they've been having a big sale. They're giving a 20-per-cent discount [in selling things].

White: I like those old-style Chinese markets. When I was here last time I frequently went to the East City Market.

Mei : What's good about old-style markets?

White: In old-style Chinese markets, on one street, only [lit. especially] one thing is sold. For example, those who sell silk and satin just sell silk and satin. Those who sell antiques just sell antiques.

Mei : Did you often buy things there?

White: I liked to go and look. Moreover these stores are all informal. When you go there it's like going to a friend's home. The merchants entertain you very politely. It's fun talking with them.

Mei : I like to go to the big companies to shop. You don't have to haggle with them. Moreover [as soon as you go in] whatever you want to buy they have—things to eat, to drink, to wear.

White: It seems to me that the big stores are no fun. It's as if you were in America.

Mei : Did you use to go to the East City Market often?

White: Yes. When I was here last time I went often. Later when I have time I must go again and look around.

Mei : It's not as animated now as it used to be.

White: Do you come often to this department store?

Dialogue

Mei : I come [almost invariably] once every week or two. I come along with my mother to look around. What are you going to buy [in a moment]? Aren't you shopping for all (your family)—father, mother, [younger] brother, and [younger] sister?

White: Yes. What do you think I should buy? I'd appreciate very much your helping me think of something. Frankly, when it comes to buying things I'm an amateur.

Mei : Are you an amateur in buying everything?

White: Of course.

Mei : But you're not an amateur when it comes to buying books!

White: I'm certainly no good at buying women's things.

Mei : A lot of foreign ladies like to wear Chinese-style gowns. Would your mother like to?

White: You've got it. When Mother saw a picture of Mrs. Gao, she saw the Chinese gown that Mrs. Gao was wearing and liked it a lot. I couldn't do better than buy her a Chinese gown.

Mei : I'm all for American ladies wearing Chinese gowns. They're very attractive. The best thing would be to buy the material [for a Chinese gown]. A ready-made one might not fit. Could your mother make a Chinese gown?

White: She's very good at making clothes. If she has a pattern I think she can make it.

Mei : I've thought of a present for your [younger] sister. She likes music. How about buying her a Chinese guitar?

White: Excellent. She will certainly like to play it.

Mei : What to buy for your father?

White: I'll buy an abacus for him.

Mei : Can't you buy abacuses in America?

White: You can buy them all right, but there aren't any good ones.

Mei : What are you going to buy for your [younger] brother?

White: I can't think what to buy for him. I won't buy anything for him now [lit. temporarily]. I'll come back to it [lit. talk again] in a couple of days.

Mei : Let's go to the second floor first to buy the material. Will you buy silk or satin?

White: I know the words for silk and satin, but if you ask me to distinguish what's silk and what's satin, I wouldn't know (how to). Which is better, silk or satin?

Mei : Silk is a little thinner. Satin is relatively thick, and the price is higher.

White: Then there's rayon, too, isn't that so?

Mei : Rayon isn't strong. Real silk is better.

White: How much would real silk material be for one (gown)?

Mei : Let's ask the clerk.

Clerk: What would you [two] like?

Mei : Let's see your best satin.

Clerk: What color do you want?

Mei : That's right. What color would your mother like?

White: Any color would do. My mother doesn't like to wear deep (colors). She likes pastels. Just pick out a light (color) and that'll do. We want something rather attractive so that she can wear it when she goes out to parties in the evening.

Clerk: What do you think of this color?

Mei : Vincent, [you see that] this piece is very pretty—light blue with little red flowers.

White: Not bad at all. How much for one (gown)?

Clerk: We sell it by the yard.

White: How much per yard?

Clerk: Twenty dollars [a yard].

White: How many yards for a Chinese gown?

Clerk: You need three yards.

White: Let's have [lit. measure] three yards.

Clerk: Shall I put it in a box for you?

White: It's not necessary. I'm sending it out.

Clerk: Three yards are sixty dollars [in all]. We'll give you a 20-per-cent discount. Six eights are forty-eight. You gave me fifty dollars, and I give you two dollars in change.

Mei : Let's go buy the guitar and the abacus. Do you have anything else to buy?

White: I also have to buy some letter paper, envelopes, scenic post cards [and so on].

Mei : Are you sending off the parcels today?

White: I'll wait until after I've bought my brother's present and send them out together. However, I still have to go send a registered letter today. At the same time I have to buy some stamps and some airmail stationery. I don't have time tomorrow (and if I don't buy them today) then I'll have to buy them the day after tomorrow.

Mei : The post office isn't far from here. Now the telegraph office has also moved alongside the post office.

White: Is that so?

Mei : Yes.

Sentences for New Words and Grammar 423

White: Meiying, after we've finished shopping let's go eat. After eating let's go [together] to visit the school, O.K.? Xuexin, too. I arranged with him yesterday that we would go together.

Mei : I'm sorry. This afternoon I have to go to the hospital to see a friend.

White: Shall I see you to the hospital?

Mei : You don't need to. I'll go by myself [and that's all].

White: In that case I'll go to the barber shop and get a haircut.

Mei : Right. I see you need a haircut.

White: I haven't had a haircut since almost two weeks before starting off. Meiying, I'm starving. You must be hungry too. Let's go eat now.

Sentences for New Words and Grammar

1.1. Three days ago I went to the school and took care of the entrance formalities.

1.2. I graduated from college three years ago.

2.1. Yesterday Wang was in an automobile accident. It was in the papers today.

2.2. There was an announcement in the paper that Miss Zhang is getting married.

2.3. There's a lot of news about physical culture in the newspaper today.

2.4. In what newspaper was that [matter] carried?

3.1. That movie wasn't so good, but it was played up terrifically.

3.2. To do business you have to advertise.

3.3. Wang is always blowing me up, saying I'm very talented.

3.4. He's now engaged in foreign propaganda work.

4.1. Every department store has reduced its prices now.

4.2. That store has the [three] big red characters for GIGANTIC SALE in the window.

4.3. The population here declined by half because of the war.

4.4. Not only has my salary not been increased, but in addition I've been cut fifteen dollars a month.

5.1. They advertise big sales, but (their) discounts aren't large.

5.2. Did you get a discount when you bought the typewriter?

5.3. We're having a big sale today. We're giving a 40-per-cent discount on everything.

6.1. She likes to wear silk [clothes] best.

7.1. [The price of] satin is relatively high.

7.2. Chinese silks and satins are world-famous.

8.1. America has a lot of antique shops.

9.1. As soon as it gets to be the week end the restaurants all do a good business.

9.2. Our family has been merchants for several generations.

10.1. Mr. Wang will be coming from Japan. After he comes I must entertain him.

10.2. The plane hasn't arrived yet. Let's go sit a while in the waiting room.

11.1. Many thanks for [your] coming here to my place.

12.1. That man is steady and trustworthy.

12.2. Frankly speaking, he's not so clever. He just works hard.

13.1. Chinese women's gowns are attractive and economical in material.

14.1. Miss Wang is getting married. I'm presenting her with material for a dress.

14.2. How much is the material for this Chinese gown?

15.1. A Chinese guitar has a very nice sound.

16.1. My younger sister is very fond of playing the Chinese guitar.

17.1. Old-style Chinese stores still use the abacus in reckoning accounts.

18.1. I still intend to find a house. I'm living at the Wangs' temporarily for a few days.

19.1. I haven't seen Wang for a good many days. After a few days I must go see him.

20.1. This dress material is too thin. If you wear it in the winter it will certainly not be warm.

21.1. This [sheet of] paper is too thick. Don't use it to write airmail letters.

21.2. This house is very strongly built. You see how thick the walls are.

22.1. This ice can be eaten. It's artificial, made from clean water.

23.1. China already had silk several thousand years ago.

23.2. This dress material is real silk, not rayon.

24.1. He's a sales clerk in the Great China Department Store.

25.1. The water in this river is quite deep.

25.2. Dark walls don't get dirty easily.

26.1. He wrote that book in simple language [lit. very simply], but the ideas are quite profound.

27.1. I'm presenting you with material for a dress. Please go pick it out yourself.

27.2. No matter what he buys he's awfully choosy.

28.1. I get up daily at six in the morning so as to get a little more work done.

Sentences for New Words and Grammar

28.2. The reason I'm living here is to be a little closer to school.
29.1. The thing I dislike most is going out and socializing.
29.2. He has too many social engagements. He has to go out every day.
30.1. The section of Sun Yatsen Avenue at the western end is very rough.
30.2. Yesterday I read several Chinese historical tales. They were very entertaining.
31.1. Do you sell this material by length or by weight?
31.2. We haven't got around to discussing that matter.
32.1. Yesterday I bought several yards of dress material. It was very cheap.
33.1. Please pack all the clothes in the trunk.
33.2. My suitcase is packed full. It can't hold any more.
34.1. How much is a box of candy?
34.2. What's in this box?
35.1. When I bought something yesterday the sales clerk gave me the wrong change. I gave him five dollars. He should have given me $1.90 in change, (but instead) he gave me $1.20.
36.1. This [kind of] stationery is $2.30 a box.
37.1. Please give me an envelope.
38.1. Look at how beautiful the scenery is here.
39.1. It's cheaper to send a post card than to send a letter.
40.1. Yesterday I sent a package home.
41.1. How much does it cost to register this letter?
41.2. Registered letters are not likely to be lost.
42.1. You follow this road straight north and you'll get there.
42.2. It's not easy to cooperate with him. You have to go along with his ideas in everything.
42.3. When you go out to the bookstore please [at your convenience] buy a book for me.
43.1. [May I ask] how much is the postage [to be put] on a letter from here to America?
44.1. Sending an air letter is cheaper than sending an airmail letter.
45.1. Day after tomorrow I'm going to the country to see a friend.
45.2. I won't graduate from college until year after next.
45.3. Three days from now I'm going to visit Mr. Wang.
46.1. It's not far from here to the police station.
47.1. I have to go to the post office to buy some stamps.

48.1. I have to send Mr. Wang a wire asking him to go to the airport to meet me tomorrow afternoon.

48.2. The telegraph office is on Market Street.

49.1. Put this pile of books in order.

49.2. My hair is too long. I have to get a haircut today.

50.1. A barber shop has recently opened near us.

50.2. In the afternoon I'm going to the photographer's, as the school has asked for my photograph.

51.1. May I clip off the edges of this photograph?

51.2. Please hand me that big pair of scissors.

51.3. My hair is so long because I haven't had a haircut for a long time.

52.1. Has Mr. Wang ever been married?

52.2. That country has had several revolutions.

52.3. Mr. Wang didn't graduate until last year.

52.4. I first have to go congratulate Mr. Zhang. It wouldn't do not to extend my congratulations.

52.5. You see I'm so busy that I haven't even had my hair cut.

53.1. Stand there and don't move. I'll take a picture of you.

53.2. I'm dead tired. I can't walk any more.

53.3. Come, I'll help you. How can you take so many things by yourself?

53.4. But I certainly can't move that big table by myself.

54.1. My mother['s body] isn't so strong. She's always getting sick.

54.2. He [lit. his body] is very healthy.

54.3. I don't have any money with me.

55.1. When does he start for England?

Review Sentences

1. In my job I'm paid by the month.
2. He put an ad in the paper to buy a house.
3. He's a fine speaker. It would be most suitable for him to do publicity work.
4. The population here has decreased by 30 per cent.
5. The East Asia Department Store is having a big sale today. They're giving a 30-per-cent discount.
6. Dr. Wang has returned from abroad. I must entertain him.
7. I'm living temporarily here at Professor Zhang's.

Notes 427

8. When you buy the shirt for me please pick out a thin one [for me] so that it won't be too hot [lit. to avoid being hot in wearing it].

9. I listen to the radio every evening in order to practice English.

10. He spends more time socializing than working. [lit. His daily socializing compared to the time in working is still more.]

11. The new highway skirts [lit. was built skirting] the seashore.

12. Last semester after exams were over our school had a two-week vacation.

13. I got a wire from him week before last.

14. You [twenty people now] divide into two groups and stand apart [lit. on two sides].

15. Can you guarantee that matter?

16. Today Professor Wang again cut short his class by ten minutes.

17. I discovered only today that I had lost my watch.

18. They left there after the revolution [developed].

19. I never go to such dull parties.

20. Little Wan has damaged my bike.

Notes

1. Substituting X for a time word for 'day,' 'week,' 'month,' or 'year,' the present and past expressions equivalent to 'this X,' 'one X ago,' 'two X's ago,' 'three X's ago' are as follows:

   This X

jīntian	'today'
jīnnian	'this year'
zhèi(ge) xīngqī	'this week'
zhèige yuè	'this month'

   One X ago

zuótian	'yesterday'
qùnian	'last year'
shàng(ge) xīngqī	'last week'
shàngge yuè	'last month'

   Two X's ago

   | qiántian | 'day before yesterday,' 'two days ago' |
   | qiánnian | 'year before last,' 'two years ago' |

shàng shàng(ge) xīngqī liǎngge xīngqī yǐqián	'week before last,' 'two weeks ago'
shàng shànge yuè liǎngge yuè yǐqián	'month before last,' 'two months ago'

Three X's ago

dà qiántian sāntiān yǐqián	'three days ago'
dà qiánnian sānnián yǐqián	'three years ago'
sānge xīngqī yǐqián	'three weeks ago'
sānge yuè yǐqián	'three months ago'

2. Future expressions, constructed in a fashion parallel to those listed in Note 1, are as follows:

One X from now

míngtian	'tomorrow'
míngnian	'next year'
xià(ge) xīngqī	'next week'
xià(ge) yuè	'next month'

Two X's from now

hòutian	'day after tomorrow,' 'two days from now'
hòunian	'year after next,' 'two years from now'
xià xià(ge) xīngqī liǎngge xīngqī yǐhòu	'week after next,' 'two weeks from now'
xià xià(ge) yuè liǎngge yuè yǐhòu	'month after next,' 'two months from now'

Three X's from now

dà hòutian	'three days from now'
dà hòunian	'three years from now'
sānge xīngqī yǐhòu	'three weeks from now'
sānge yuè yǐhou	'three months from now'

3. A discount of X per cent is stated in Chinese in terms of the amount left still to be paid, the formula being:

$$\text{dǎ } \frac{100-X}{10} \text{ zhé}$$ 'give a discount of X per cent'

Notes

Examples:
  dǎ bāzhé   'give a discount of 20 per cent'
  dǎ bāwǔzhé   'give a discount of 15 per cent'

4. The V-O (verb-object) construction is characterized by varying degrees of freedom. Some verbs take many different objects (mǎi shū 'buy books,' mǎi bǐ 'buy pens'), and some objects are used with many different verbs (mǎi shū 'buy books,' xiě shū 'write books'). In contrast to these, some verbs and objects occur only in certain fixed combinations. For example, only two or three nouns occur as objects of the verb bì 'finish,' and only a few verbs take the syllable hūn 'marriage' as object. We write as single words compounds in which the verb and object are limited in these ways.

Listed below are all the V-O compounds that have appeared in the lessons so far. With some of them (not all), the position of verb and object may be transposed, so that the object comes first, forming a topic-comment construction; these are marked with an asterisk. Sentences illustrating the separation of V and O in these compounds and the transposition of the object before the verb are given above in sentences 52.1-5, p. 415.

bàogào	'report'	jiēhūn	'get married'
bìyè	'graduate'	kǎoshì	'examine'
cānguān	'visit'	*lǐfǎ	'cut hair'
chūjià	'marry'	mǎnyì	'satisfied'
dájiāo	'trouble'	sàipǎo	'race on foot'
*dàoxǐ	'congratulate'	shīyíng	'miss'
fàngjià	'have vacation'	tǎoyàn	'dislike'
gémìng	'revolt'	tíyì	'suggest'
*guàhào	'register'	tíqián	'update'
*guǎiwār	'turn'	*yònggōng	'studious'
jiǎnchá	'inspect'	yóuyǒng	'swim'
*jiǎnfǎ	'cut hair'	zhùyì	'emphasize'

5. The Manchus, who ruled China from 1644 to 1911, were organized into qí 'banners' and hence were known also as 'banner men.' The qípáor (Dialogue, line 40), literally 'banner gown,' derives its name from the Manchus. It is a long, sheath-like gown slit at the sides.

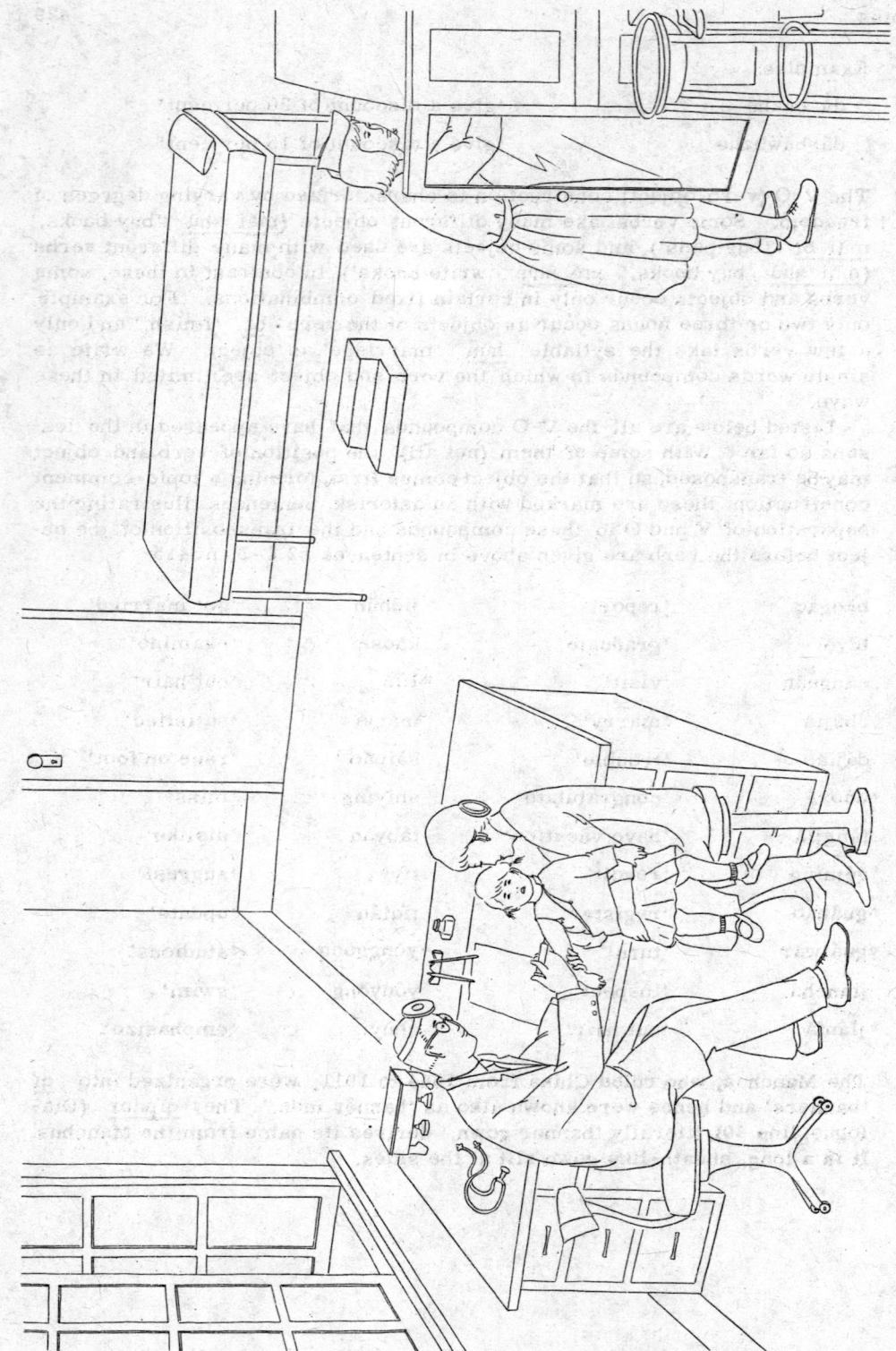

"Nǐ méi dǎguo yùfang zhēn ma?"

Dì Èrshiyīkè. Tán Shēng Bìng

Huìhuà: Měiyīng gēn Wénshān chīwánle zhōngfàn zài fànguǎr zuòzhe tán huà.

Bái: Měiyīng, nǐ dào yīyuàn kàn de nèiwèi shēng bìng de péngyou wǒ rènshi ma?

5 Měi: Nǐ jiànguo. Jiù shi nèiwèi Huáng Tàitai. Nǐ hái jìde ba?

Bái: Shì bu shi nèiwèi zuòjiā Huáng Xiānshengde tàitai?

Měi: Shìde. Jiù shi tā.

Bái: Jìde, jìde. Huáng Tàitai shi shénmo bìng a?

Měi: Wèi bìng kāidāo.

10 Bái: Nà bu shi hěn wēixiǎn de ma?

Měi: Wēixiǎn shi wēixiǎn, kěshi xiànzài yīxué jìnbù.

Bái: Yǐjing kāidāo jǐtiān le?

Měi: Yǐjing sìtiān le. Jīngguò de qíngxing hěn hǎo. Kāidāo nèitiān wǒmen dōu hěn tì ta dānxīn de. Tā dǎ de máyào zhēn shi quán shēn mázuì de. Kāidāo yǐhòu hǎojǐge zhōngtóu cái xǐngguolai.

15

Bái: Yǐjing sìtiān le, guòle wēixiǎn qī le.

Měi: Shuōqi Huáng jiā lai, zhēn dǎoméi. Qián jǐge yuè Huáng Xiānsheng chuánrǎnshang liúxíngxìng gǎnmào. Bìngle hěn jiǔ, qǐngle jǐge xīngqīde jià. Xiànzài Huáng Tàitai yòu kāidāo.

20 Bái: "Méi bìng jiù shi fú." Tándào bìng, tīngshuō Yuǎn-Dà zuì jìn chénglìle yīxué yuàn, shì bu shi?

Měi: Duìle. Chénglìle hái bu dào yìnián ne.

Bái: Zěnmoyàng?

Měi: Jù tāmen niàn yīkēde rén shuō hái bú cuò.

25 Bái: Shèbei hǎo bu hǎo?

Měi: Cái chénglì yìnián dāngrán shèbei bú huì tài wánquan de.

Bái: Wǒ jìde yǐqián wǒ zài zhèr de shíhou yīwùshǐ xiǎode kělián.

Měi: Xiànzài yǐjing kuòchōng le. Yòu tiānle liǎngwèi yīsheng, jǐwèi hùshi.

30 Bái: Yǐqiánde yīsheng hái bú cuò.

431

Měi: Yīsheng dōu hěn hǎo. Kàn bìng hěn zǐxi. Kànwánle yǐhòu hěn xiángxide jiěshi gěi ni tīng.

Bái: Wǒ jìde cóngqián yǒu yícì wǒ déle hěn lìhaide gǎnmào. Fāshāo, késou, tóu téng, sǎngzi téng, wèikǒu yě bù hǎo. Fāshāo shāode hěn lìhai. Yí shì wēndù biǎo shāodao yìbǎi líng sì dù. Bù xiǎng chī dōngxi, lǎo xiǎng tǎngzhe, shènzhìyu wǒ shénmo yě bù xiǎng zuò.

Měi: Na dàgài shi liúxíngxìng gǎnmào ba? Nǐ méi dǎguo yùfáng zhēn ma?

Bái: Méi dǎguo.

Měi: Nèige shíhou yīwùshǐ dàgài hái méi kuòchōng ne.

Bái: Nèige shíhou zhǐ yǒu yíge yīsheng yíge hùshi. Jiéguǒ wǒ děngle liǎngge zhōngtóu cái líndào wǒ. Nǐ kan tāmen mángdào shénmo chéngdu.

Měi: Bìngrén běnlái jiu bù shūfu. Děng yīsheng děngde shíjiān yì chángjiǔ gèng nánguò le.

Bái: Kě bu shì ma. Děngde wǒ hěn zháojí.

Měi: Xiànzài bǐ yǐqián kuài duō le.

Bái: Tīng shuō cǐdì yīyuàn bìng rén xiāngdāng yōngjǐ.

Měi: Shízài shi zhèizhǒng qíngxing. Yīyuàn shǎo bìngrén duō, yīyuàn měitiān dōu yǒu hěn duō rén zài nèr páiduì.

Bái: Bìngrén páiduì ye tài kělián le.

Měi: Búdàn shi páiduì, zhèrde yīyuàn zài shǒuxushang yě yǒu hěn duō bù hélǐ de.

Bái: Zěnmo bù hélǐ ne?

Měi: Bǐrú shuō guāng děng yīsheng kàn bìng kāi yàofāngr bú suàn, hái děi děngzhe ná yào. Yàofáng pèi yào de shíjiān yě shi xiāngdāng cháng. Děngde cái nǐ ne.

Bái: Cǐdì zhù yuàn de bìngrén duō ma?

Měi: Duō, měi yíge yīyuàn bìngfáng dōu shi mǎn de.

Bái: Yàoshi shēng bìng bìděi zhù yuàn zěnmo bàn ne?

Měi: Bìngrén zhù yuàn bìděi xiān dēngjì. Wǒmen yǒu yíge qīnqi shēng bìng, dēngjǐle sānge xīngqī cái yǒu bìngfáng.

Bái: Zhèrde yákē yīsheng hǎo ma?

Měi: Yákē yīsheng yǒu bu cuò de. Wǒmen jiā rènshi yíwèi yá yīsheng hěn hǎo. Zěnmo, nǐ yào zhǎo yá yīsheng ma?

Bái: Wǒde yá yǒu diar máobing. Yéxǔ jiānglái zhǎo yīsheng kànkan.

Měi: Wǒ huíqu bǎ nèiwèi yá yīshengde dìzhǐ xiěxialai jìgei ni.

Bái: Xièxie ni. Aiya, Měiyīng, shíjiān bù zǎo le. Wǒ sòng ni dào yīyuàn kàn Huáng Tàitai qu.

Shēng Zì gēn Xīn Yúfǎ de Jùzi

Měi: Ní bú bì sòng wo. Nǐ hái děi qu lǐfǎ, gēn Xuéxīn yòu yǒu yuēhui. Wǒ gù yíge sānlúnchē jiu qù le.

Bái: Nènmo wǎnshang jiàn le.

Měi: Wǎnshang jiàn.

Shēng Zì gēn Xīn Yúfǎ de Jùzi

1.0. (6) zuòjiā   writer, author (N) [lit. do house]

   1.1. Wǒ bù xǐhuan nèige zuòjiā xiěde shū.

2.0. (9) wèi   stomach

       wèikǒu   appetite [lit. stomach mouth]

       wèi bìng   stomach disorder

   2.1. Nǐde wèi bìng hěn róngyi zhì.

   2.2. Zhèi jǐtiān wǒde wèikǒu bù hǎo. Bù xiǎng chī dōngxi.

3.0. (9) kāidāo   operate (VO), operation (N) [lit. open knife]

   3.1. Tā kāile bù zhīdào jǐcì dāo le.

   3.2. Tāde wèi bìng dàgài bú bì kāidāo.

4.0. (11) yīxué   medicine (as a subject of study)

       yīxué yuàn   medical school, medical institute

   4.1. Tā duì yīxué hěn yǒu yánjiu.

   4.2. Wǒ bìyè yǐhòu dǎsuàn kǎo Yuǎn-Dà yīxué yuàn.

5.0. (11) jìnbù   advance, make progress (IV); advance, progress (N) [lit. advance step]

   5.1. Tāde Zhōngguo huà yìtiān bǐ yìtiān jìnbù.

   5.2. Tāde jìnbù hěn kuài. Wǒ shízài bǐbushàng ta.

6.0. (14) dānxīn   worried, concerned (SV) [lit. carry (a burden on) the heart]

       tì A dānxīn   be worried about A

   6.1. Tāde bìng méi wēixiǎn. Nǐ bié dānxīn.

6.2. Tā kāi chē wǒ zhēn tì ta dānxīn.
7.0. (14) má — numb (SV)
máyào — anesthetic
shàng máyào — give an anesthetic
7.1. Wǒ zhèi jǐtiān zuǒ shǒu lǎo má.
7.2. Tā shi zhuānmén shàng máyào de yīsheng.
8.0. (14) zhēn — needle, pin (N)
dǎ zhēn — give or receive an injection
dǎ máyào zhēn — inject an anesthetic
8.1. Wǒ dào Wáng Dàifu nèr qu dǎ zhēn.
9.0. (15) zuì — intoxicated
hēzuì — drink to intoxication
mázuì — anesthetize, drug, dope
quán shēn mázuì — general anesthesia
9.1. Zhèizhǒng jiǔ bú lìhai. Hē duōshao yě zuìbuliǎo.
9.2. Wáng Xiānsheng kāidāo yǐqián dǎ de shi quán shēn mázuì zhēn.
10.0. (17) dǎoméi — out of luck, unfortunate (SV)
10.1. Nǐ shuō tā duó dǎoméi. Zuótian zài lùshang bǎ xuéfèi gěi diū le.
11.0. (18) chuánrǎn — infect (with disease or bad habits) [lit. spread infect]
chuánrǎnshang — be infected (RV)
11.1. Wǒ yǐjing dǎle zhēn le. Bú huì chuánrǎn de.
11.2. Zhèi jǐtiān tóngxué shāng fēng de hěn duō, suóyi wǒ yě chuánrǎn-shang le.
12.0. (18) liúxíng — prevalent, widespread (SV)
liúxíng bìng — epidemic disease
12.1. Qián jǐnián zhèizhǒng yīfu hěn liúxíng.
12.2. Xiànzài yǒu yìzhǒng liúxíng bìng chuánrǎnde hěn kuài.
13.0. (18) -xìng — nature, quality (Note 1)
liúxíngxìng — epidemicity, epidemic nature
wēixiǎnxìng — dangerousness, dangerous quality
13.1. Zhèizhǒng bìng shi yìzhǒng liúxíngxìng de.
13.2. Zuò nèizhǒng gōngzuò wēixiǎnxìng hěn dà.
14.0. (18) gǎnmào — cold, grippe, influenza (N), have a cold, grippe, influenza (V)

Shēng Zì gēn Xīn Yúfǎ de Jùzi 435

		liúxíngxìng gǎnmào	epidemic influenza
14.1.		Wǒ zhèi jǐtiān gǎnmào le. Shēnshang hěn bu shūfu.	
14.2.		Yī jiǔ yī bā nián lúixíngxìng gǎnmào sǐ de rén fēicháng duō.	
15.0. (19)	jià		vacation
	qǐngjià		ask for leave (VO) [lit. invite vacation]
	gàojià		ask for leave (VO) [lit. inform vacation]
15.1.		Lǎoshī, jīntian xiàwǔ wǒ qǐngjià, yīnwei wǒ yǒu yàojǐn de shì.	
15.2.		Méi fàngjià yǐqián wǒ jiu gàole liǎngtiān jià le.	
16.0. (20)	fú		blessings, happiness, prosperity, good fortune (N) (Note 2)
16.1.		Zhōngguo rén xiǎng érnǚ duō shi yǒu fú.	
17.0. (24)	-kē		branch of medicine
	yīkē		medicine (in general), medical science
	nèikē		internal medicine
	wàikē		surgery [lit. outside medicine]
	xiǎo'érkē		pediatrics [lit. small child medicine]
	pífukē		dermatology
	yǎnkē		ophthalmology
17.1.		Niàn yīkē hěn xīnkǔ.	
17.2.		Tā shi wǒmen yīyuàn zuì hǎode wàikē dàifu.	
17.3.		Wǒde yǎnjing bu shūfu. Wǒ děi zhǎo yǎnkē dàifu qu kànkan.	
18.0. (25)	shèbei		equipment, furnishings (N) [lit. establish prepare]
18.1.		Nèige yóuxichǎngde shèbei zhēn bú cuò.	
18.2.		Kètīng gēn fàntīng de shèbei yígòng yìqiān duō kuài qián.	
19.0. (27)	yīwushǐ		infirmary, clinic, doctor's office [lit. medical matter room]
19.1.		Wǒmen xuéxiàode yīwushǐ jiù néng róng shíjǐge rén.	
20.0. (27)	kělián		pitiful, pitiable (SV) [lit. can pity]
20.1.		Nèige háizi zhēn kělián. Cái qīsuì fùmǔ jiu dōu sǐ le.	
21.0. (28)	kuòchōng		extend, enlarge, expand (V) [lit. enlarge fill]
21.1.		Wǒmen xuéxiào xiànzài kuòchōng le. Xià xuéqī kéyi shōu liǎngqiān xuésheng le.	
22.0. (29)	hùshi		nurse (N) [lit. protect person]
22.1.		Wǒ mèimei zhōngxué bìyè yǐhòu dǎsuan xué hùshi.	
23.0. (31)	zǐxi		careful, meticulous (SV) [lit. careful fine]

23.1. Tā zuò shì zuòde hěn zǐxi.

24.0. (32) xiángxi   paying attention to minute details (SV) [lit. detailed fine]

24.1. Qǐng ni bǎ nèijiàn shì xiángxiangxìxìde gàosu wo.

25.0. (32) jiěshì   explain (TV) [lit. unfasten release]

25.1. Wǒ juéde Wáng Jiàoshòu jiǎng shùxué jiěshìde bu qīngchu. Nǐ rènwei zěnmoyàng?

26.0. (33) (fā)shāo   have a fever (VO) [lit. emit burn]

         fārè   have a fever (VO) [lit. emit hot]

         fālěng   have chills (VO) [lit. emit cold]

26.1. Tā jīntian yǒu diar fāshāo.

26.2. Wǒ yìhuěr fālěng yìhuěr fārè.

26.3. Wáng Dàifu, wǒ shāode hěn lìhai. Bù xiǎng chī dōngxi.

27.0. (34) késou   cough (N, V)

27.1. Nǐ késou duó jiǔ le?

27.2. Zhèi shi zhǐ késou de yào. Nǐ měitian chī sāncì. Fàn qián chī.

28.0. (34) téng   hurt, ache, be sore (SV) (Note 3)

28.1. Wǒ èn nǐ zhèr téng bu téng?

28.2. Wǒ tóu bù téng le.

28.3. Wǒ jiu késou. Bù tóu téng.

29.0. (34) sǎngzi   throat (N)

29.1. Wǒ sǎngzi téng. Nǐ kànkan wǒ sǎngzi hóng le méi you.

30.0. (35) dù   degree (M)

         gāodù   height

         rèdù   temperature

30.1. Zhèr xiàtian bù hěn rè. Zuì rède shíhou yě bú dào jiǔshidù.

30.2. Wǒ xiǎng kǎo hángkōng xuéxiào, kěshi wǒde gāodù bù hé biāozhǔn.

30.3. Tāde rèdù xiàwǔ bǐ shàngwǔ zēngjiā yídù.

31.0. (35) wēn   warm (SV) (also, a surname)

         wēndù   temperature

         wēndù biǎo   thermometer

         shì wēndù biǎo   take a temperature [lit. try thermometer]

31.1. Qǐng nǐ dìgei wǒ yìbēi wēn shuǐ.

31.2. Tāde wēndù hěn gāo. Hěn wēixiǎn.

31.3. Shìguo wēndù biǎo le ma?

Shēng Zì gēn Xīn Yúfǎ de Jùzi

32.0. (36) tǎng   lie down (SV)

   32.1. Wǒ měitiān shuì jiào yǐqián tǎngzài chuángshang kàn yíge zhōngtóude shū.

   32.2. Nǐ xiān tǎngzhe xiūxi yìhuěr.

33.0. (36) shènzhìyu   even to, even so far as, culminating in [lit. extremely to at]

   33.1. Wǒ zhèi liǎngtiān yùbei kǎoshi. Mángde bùdéliǎo. Shènzhìyu lián jiào dōu bú shuì.

34.0. (38) yùfáng   take preventive measures against (V) [lit. beforehand protect]

   34.1. Wǒmen chī de dōngxi yào gānjing, yùfáng shēng bìng.

   34.2. Xiànzài nèige dìfang yǒu chuánrǎn bìng. Yàoshi nǐ qu bìděi xiān dǎ yùfáng zhēn.

35.0. (42) jiéguǒ   solution, answer (to a problem), outcome, final move (of a game), result, conclusion (N) [lit. bear fruit]

   35.1. Zuótian Lǎo Wēn qǐng wǒ chī fàn. Yīnwei wǒ tài máng jiéguǒ wǒ méi qù.

36.0. (43) lín   located near to and facing, approach, be near (TV)

          líndào N (V)   become [someone's] turn (to V)

          lín V yǐqián   just before V-ing

   36.1. Nǐ shénmo shíhou dào Yīngguo qù? ... Wǒ lín zǒu de shíhou yídìng gàosu ni.

   36.2. Xiānsheng jiào nǐde míngzi le. Líndào nǐ shuō le.

   36.3. Tā lín chū guó yǐqián dào wǒ zhèr láiguo le.

37.0. (44) chéngdu   degree, standard, quality, qualification (N) [lit. pattern degree]

   37.1. Zhèige gōngzuò tā néng zuò ma? Tā shi shénmo chéngdu?

38.0. (45) bìngrén   sick person, patient (N)

   38.1. Wǒmen yīyuàn néng róng sānbǎi wǔshi bìngrén.

39.0. (45) běnlái   originally, at first, in the first place, to start with (MA) [lit. origin come]

   39.1. Běnlái wǒ shi xué shùxué de. Yǐhòu wǒ gǎi niàn wénxué le.

40.0. (45) chángjiǔ   last a long time, be permanent (SV) [lit. long protracted]

   40.1. Tā nèige gōngzuò bú shi chángjiǔ de, shi zhànshíde.

41.0. (47) zháojí, zhāojí   worried, upset, excited, flustered (VO) [lit. suffer upset]

41.1.	Nǐ bié zháojí. Mànmārde zuò.	
41.2.	Zènmo diǎrde xiǎo shì gànmá zháo nènmo dàde jí ya?	
42.0. (49)	cǐ	this (somewhat more literary than <u>zhèi</u> or <u>zhèige</u>)
	chú cǐ yǐwài	apart from this, in addition to this
	cǐdì	this place, here
42.1.	Wǒ jiù yǒu zhèi diar qián. Chú cǐ yǐwài jiu méi yǒu le.	
42.2.	Cǐdì mài gúdǒng de pùzi zhēn bu shǎo.	
43.0. (49)	yōngjǐ	crowd together, be crowded (SV) [lit. crowd squeeze]
43.1.	Zhōumò shìchǎngde rén xiāngdāng yōngjǐ.	
44.0. (51)	páiduì	queue up, stand in line (VO) [lit. row detachment]
	pái cháng duì	form a long line
44.1.	Kàngzhànde shíhou Zhōngguo rén mǎi mǐ, dōu děi páiduì.	
44.2.	Jīntian diànyǐngryuàn mén kǒur mǎi diànyǐngr piào de rén pái cháng duì le.	
45.0. (54)	hélǐ	be fitting, seemly, appropriate, in accord with what is right (SV) [lit. agree etiquette]
45.1.	Zhèizhǒng bànfa tài bu hélǐ le.	
46.0. (56)	guāng	only, just
	guāng A bú suàn	it's not enough that A
46.1.	Wǒ měiyuè guāng chī fàn jiù děi liùshikuài qián.	
46.2.	Guāng yíge rén gěi qián bù xíng. Měi yíge rén dōu děi gěi qián.	
46.3.	Nǐ guāng huì shuō Zhōngguo huà bú suàn. Nǐ yě děi rènshi Hànzì.	
47.0. (56)	yàofāng(r)	prescription (N) [lit. medicine direction]
	kāi yàofāng(r)	write a prescription
47.1.	Gěi wǒ yàofāngr. Wǒ tì nǐ qù mǎi yào.	
47.2.	Dàifu gěi ni kāi yàofāngr le méi you?	
48.0. (57)	yàofáng	pharmacy, drugstore, dispensary [lit. medicine building]
48.1.	Zhōngguode yàofáng guāng mài yào. Měiguode yàofáng bu guāng mài yào.	
49.0. (57)	pèi	match, go with, complement (TV)
	pèi yào	compound medicines, make up a prescription
49.1.	Tā chuān yīfu hěn huì pèi yánse.	

Wēnxi Jùzi 439

    49.2. Zhāng Xiānsheng shi zài yàofáng pèi yào de.

50.0. (58) nì   bored (with), fed up (with), tired of; boring, dull (SV)

    V nì   tired of V-ing (RV)

    nìsi le   bore(d) to death

    50.1. Wǒ xǐhuan chī Zhōngguo fàn. Xiāngxìn tiāntiān chī wǒ ye bú huì nì de.

    50.2. Wǒ zuòle yíge lǐbàide huǒchē. Zhēn bǎ wǒ gěi zuònì le.

    50.3. Tā lǎo shuō nèige gùshi. Nìsi rén le.

    50.4. Wǒ chī kǎo yā yí bèizi yě chībunì.

51.0. (59) zhù yuàn   stay in a hospital (VO)

    51.1. Tā zhùle sānge yuède yuàn.

52.0. (60) bìngfáng   hospital room, ward (N) [lit. sick room]

    52.1. Zhāng Xiānsheng zhùzai dì shíqīhào bìngfáng.

53.0. (62) dēngjì   register, check in (VO) [lit. record note]

    53.1. Nǐ dēngjì le méi you? . . . Wǒ zǎo jiù dēngjì le.

    53.2. Zhèige lǚguǎn dēngjì de shǒuxu hěn jiǎndān.

54.0. (64) yá   tooth (N)

    yákē   dentistry

    yá(ke) yīsheng
    yá(ke) dàifu   } dentist

    54.1. Wǒde yá bù hǎo, cháng téng.

    54.2. Nèige yákē yīshengde yīwushǐ shi zuì xīnde shèbei.

55.0. (72) gù   employ, hire (TV)

    gùyuán   employee

    55.1. Gù qìchē měi yíge zhōngtóu duōshao qián?

    55.2. Cǐdì gù rén hěn nán.

    55.3. Tā zài nèige gōngsī dāng gùyuán.

Wēnxi Jùzi

1. Jù yīsheng shuō tāde bìng bìděi kāidāo.
2. Tāde gōngke bǐ yǐqián jìnbù hěn duō.
3. Tā kāi qìchē kāide tài kuài. Tā yì chūqu wǒ jiu tì ta hěn dānxīn.
4. Tiānqi yìhuěr lěng yìhuěr rè zuì róngyi gǎnmào.
5. Zuótian nǐ méi dào xuéxiào lái. Nǐ qǐngjià le ma?

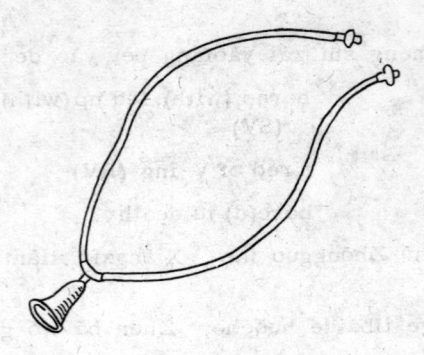

6. Nèige xiǎo xuéxiào xiànzài kuòchōng le. Néng róng liǎngqiān xuésheng.
7. Zhèige zì nǐ xiěcuò le. Qǐng ni zǐxi kànyikàn.
8. Zhèi liǎngge lìshǐ wèntí ni xiángxide dáyidá.
9. Wáng Jiàoshòu jiāo yǔyánxué gěi wǒmen jiěshìde fēicháng xiángxi.
10. Wǒ zhǐ shi tóu téng. Bìng bù fāshāo.
11. Wǒde yǎnjing téngde hěn lìhai. Wǒ děi zhǎo yǎnkē yīsheng kànkan qu.
12. Nèige háizi bìng le. Tǎngle yìtiān yě méi qǐlai.
13. Tā yònggōng yòngde shènzhìyu jiào dōu shuì bu gòu.
14. Nǐ lín dào xuéxiào yǐqián xiān dào wǒ zhèr lái yíxià.
15. Nǐ xiān bié zháojí. Wǒmen mànmārde xiǎng bànfa.
16. Jīntian nèige dà bǎi huò gōngsīde rén xiāngdāng yōngjǐ.
17. Wǒ rènwei nǐ tíyì de nèige bànfa bu hélǐ.
18. Nǐ guāng huì shuō le bù chéng. Děi ba sìshēng nòngzhǔn le.
19. Xià xuéqī wǒ děi huàn yíge xuéxiào. Zhèige xuéxiào wǒ niànnì le.
20. Lù tài yuǎn le. Wǒ děi gù chē qu.

Dāndú Tánhuà

Wǒmen zài fángwǎr chī fàn de shíhou, wǒ wèn Měiyīng dào yīyuàn qu kàn shéi qu. Měiyīng shuō jiù shi nèiwèi zuòjiā Huáng Xiānshengde tàitai, wèi bìng kāidāo. Měiyīng shuō tāmen jiā zhēn dǎoméi. Qián jǐge yuè Huáng Xiānsheng bìngle hǎoxiē rìzi, xiànzài tàitai yòu kāidāo. Rén
5 zuì hǎo shi shēntǐ hǎo bù shēng bìng, jiànkāng dì yī. Měiyīng shuō Huáng Tàitai zài kāidāo yǐqián dǎ máyào zhēn dǎ de shi quán shēn mázuì. Kāile dāo yǐhòu sìge zhōngtóu cái xǐngguolai. Péngyoumen dōu tì Huáng Tàitai dānxīn. Wúlùn shénmo bìng kāidāo dōu yǒu yìdiǎr wēixiǎnxìng.

Dāndú Tánhuà

Wǒ zài Měiguo jiu zhīdao Yuǎn-Dà chénglìle yīxué yuàn. Wǒ wèn
10 Měiyīng yīxuéyuàn zěnmoyàng. Měiyīng gàosu wǒ jù niàn yīkē de rén shuō
hái bú cuò.

Shuōdào bìngrén gēn yīkē wǒ dào xiǎngqilai cóngqián wǒ zài cǐdì shēng
bìng de yíjiàn shìqing le. Yǐqián wǒ zài Yuǎn-Dà niàn shū de shíhou,
Yuǎn-Dàde yīwùshǐ fēicháng xiǎo. Wǒ jiu gēn Měiyīng shuō, yǒu yícì wǒ
15 chuánrǎnshang zhòng gǎnmào le—tóu téng, fāshāo, késou, bìngqiě rèdù
hěn gāo. Hěn bu shūfu. Wǒ jiu dào yīwùshǐ qu le. Yīwùshǐ zhǐ yǒu
yíge yīsheng gēn yíge hùshi, érqiě nèitiān bìngrén tèbiéde duō, wǒ děngle
bàntiān yě línbudào wo. Jiéguǒ děngle chàbuduo sānge zhōngtóu cái líndào
wǒ. Měiyīng shuō xiànzài gēn yǐqiánde qíngxing bù tóng le. Yīsheng
20 hùshi dōu zēngjiā le.

Wǒ zhīdao cǐdì rénkǒu hěn duō, yīyuàn shǎo, érqiě yīsheng yě bú gòu.
Měitiān qu kàn bìng de rén xiāngdāng duō, dōu děi páiduì. Měiyīng
shuō búdàn yīsheng bú gòu, érqiě yīyuànde bànfa yě bù hélǐ. Yíge bìngrén
lián kàn bìng dài ná yào děng de shíjiān tài cháng le.
25 Wǒ yòu wèn Měiyīng cǐdì bìngrén yàoshi zhù yuàn róngyi ma? Měiyīng
shuō yàoshi bìngrén bìděi zhù yuàn, děngjǐle yǐhòu jǐge xīngqī cái néng
yǒu bìngfáng.

Zhèi liǎngtiān wǒde yá cháng téng, suóyi wǒ wèn Měiyīng cǐdì yǒu
hǎo yìdiǎr de yá yīsheng méi you. Měiyīng shuō tāmen jiā rènshi yíwèi
30 yákē yīsheng hěn hǎo.

Wǒ gēn Měiyīng zài fángguǎr zuòzhe tán huà bùzhībùjuéde yǐjing
liǎngdiǎn zhōng le. Wǒ xiǎng qu sòng Měiyīng dào yīyuàn qu kàn Huáng
Tàitai, kěshi Měiyīng shuō tā gù sānlúnchē zìjǐ qù, bú ràng wǒ sōng ta
qu. Tā zhīdao wǒ lǐfǎ yǐhòu yě méi duōshao shíjiān le. Wǒ děngzhe
35 Měiyīng zuò chē zǒule yǐhòu, wǒ jiu dào lǐfǎguǎn qu lǐfǎ.

Wèntí

1. Měiyīng shuō dào yīyuàn qu kàn péngyou. Wénshān wèn Měiyīng shénmo?
2. Nǐ zhīdao nèiwèi Huáng Tàitai tā zhàngfu shi shéi?
3. Měiyīng gàosu Wénshān Huáng Tàitai shēng de shénmo bìng?
4. Bái Wénshān shuō kāidāo shi hěn wēixiǎn de, Měiyīng shuō shénmo?
5. Měiyīng shuō Huáng Tàitai kāidāo de nèitiān tāmen hěn tì ta dānxīn. Wèi shénmo?
6. Měiyīng wèi shénmo shuō Huáng jia dǎoméi ne?
7. Nǐ zhīdao Yuǎn-Dà yǒu yīxué yuàn méi you? Chénglì duō jiǔ le?
8. Wénshān wèn Měiyīng Yuǎn-Dà de yīxué yuàn zěnmoyàng, Měiyīng shuō shénmo?
9. Měiyīng shuō xiànzài yīwushǐde dàifu dōu hěn hǎo. Qǐng ni shuōyishuō zěnmo hǎo?
10. Wénshān tā yǐqián zài zhèr déguo shénmo bìng? Qǐng ni shuōyishuō ta bìng de qíngxing.
11. Měiyīng shuō ta dàgài shi shénmo bìng?
12. Shénmo jiào yùfáng zhēn? Nǐ dǎguo méi you?
13. Wénshān shuō cóngqiánde yīwushǐ zěnmo máng?
14. Wèi shénmo xiànzài yīwushǐ bǐ yǐqián kuàide duō le?
15. Měiyīng shuō zhèrde yīyuàn yōngjǐ shi shénmo yuányīn?
16. Měiyīng shuō zhèrde yīyuàn zěnmo bu hélǐ ne?
17. Měiyīng shuō xiǎng zhù cǐdì yīyuàn de bìngfáng róngyi bu róngyi?
18. Wénshān wèi shénmo wèn cǐdì yákē yīsheng hǎo bu hǎo?
19. Měiyīng bǎ yákē yīshengde dìzhǐ gàosu Wénshān méi you? Tā shuō ta zěnmo gàosu ta?
20. Wénshān sòng Měiyīng dào yīyuàn qu méi you? Wèi shénmo Měiyīng bú ràng Wénshān sòng?
21. Yàoshi yíge rén gàosu ni yíge nǐ yě rènshi de péngyou shēng bìng, ni shuō shénmo?

Dialogue

22. Yàoshi yíge péngyou shēng bìng kāidāo, ni xīn lǐtou zěnmoyàng?
23. Yàoshi nǐ jièshao gěi péngyou yíwèi yīsheng ni shuō nèiwèi yīsheng hǎo ni zěnmo shuō?
24. Yàoshi yǒu rén gàosu ni bìngrén tài duō zài yīyuàn mén kǒur páiduì nǐ shuō shénmo?
25. Yàoshi yǒu rén cóng biéde dìfang lái tā xīwang ni jièshao yíwèi yīsheng gěi ta nǐ zěnmo shuō?
26. Yàoshi nǐ gēn péngyou zài yíkuàr péngyou yào dào biéde dìfang qu nǐ shuō shénmo?
27. Yàoshi nǐ xiǎng dào bié chu qu péngyou shuō sòng ni nǐ zěnmo shuō?
28. Qǐng ni shuō nǐ yǐqián shēng bìng de qíngxing.
29. Rén shēng bìng zuì gāode wēndù shi duōshao?
30. Yàoshi zhèige dìfang yǒu liúxíngxìng gǎnmào nǐ zěnmo bàn?

    Dialogue: Meiying and Vincent, after finishing lunch, sit and talk in the restaurant.

White: Meiying, do I know that sick person you're going to the hospital to see?

Mei : You've met her. It's [that] Mrs. Huang. Do you [still] remember her?

White: Is she the wife of Mr. Huang, the writer?

Mei : Yes. That's the one.

White: I remember. What's the matter with Mrs. Huang?

Mei : She's had an operation for a stomach disorder.

White: Isn't that a dangerous operation?

Mei : It's dangerous, yes, but medicine has progressed [now].

White: How long has it been since the operation?

Mei : [Already] four days. Everything has gone very well. We were all very much worried about her on the day of the operation. She had a general anesthetic and she didn't come out of it until quite a few hours after the operation.

White: Since four days have gone by [already], the danger period is past.

Mei : Speaking of the Huang family, they certainly have had hard luck. A few months ago Mr. Huang caught the [epidemic] flu. He was sick for a long time and asked for several weeks' leave. And now Mrs. Huang has an operation.

White: "To be well is to be lucky." Speaking of sickness, I hear Far Eastern has recently set up a medical school, is that true?

Mei : That's right. It was established less than a year ago.

White: What's it like?

Mei   :   According to the people studying medicine, it's not bad at all.

White: Is it well equipped?

Mei   :   Since it was established just a year ago, the equipment of course can't be too complete.

White: I remember when I was here before, the infirmary was pitifully small.

Mei   :   It's expanded now [already]. They've added a couple of doctors and several nurses.

White: The doctor who was there before was quite good.

Mei   :   The doctors are all very good. They examine you very meticulously. After they've finished looking you over, they explain in detail for you [to hear].

White: I remember once [in the past] I caught a terrible cold. I had a fever and a cough along with a headache and sore throat. I didn't have any appetite. The fever was terrific—[When my temperature was taken it had gone to] 104°. I didn't want to eat anything and felt like lying down all the time [to the point where] I didn't want to do anything at all.

Mei   :   That probably was the [epidemic] flu. You didn't get a [preventive] shot?

White: No.

Mei   :   At that time the infirmary probably hadn't expanded yet.

White: [At that time] there was only one doctor and a nurse. As a result, I waited a couple of hours before it came my turn to see the doctor. You see how busy they were [lit. busy to what degree].

Mei   :   Sick people don't feel well to begin with. If [in waiting for a doctor] they have to wait a long time it's even harder to bear.

White: That's so. I got pretty burned up [from] waiting.

Mei   :   It's a lot faster now than it used to be.

White: I hear the hospitals here are rather crowded.

Mei   :   [They really are.] There are too few hospitals and too many patients. A lot of people wait in line at the hospitals every day.

White: It's a pity that patients have to wait in line.

Mei   :   It's not just the standing in line. There are a lot of things that aren't right in the procedures of the hospitals here.

White: How so?

Mei   :   For example, [in addition to] waiting for a doctor to look at you and give you a prescription, you still have to wait to get the medicine. It takes quite a long time for the dispensary to fill a prescription. You get bored with waiting.

White: Are there a lot of patients in the hospitals here?

Mei   :   Yes. Every hospital has all its beds [lit. rooms] full.

White: What if you get sick and have to go to the hospital?

Sentences for New Words and Grammar 445

Mei : Before a patient enters a hospital, he has to sign up [first]. We have a relative who took sick, and there was no room until three weeks after he'd signed up.

White: How are the dentists here?

Mei : There are some [dentists] that are good. Our family knows a dentist who's very good. Why? Do you want to see a dentist?

White: There's something wrong with one of my teeth. Perhaps [later] I'll have a dentist take a look at it.

Mei : When I get back (home) I'll write down the address [of that dentist] and send it to you.

White: Thanks. Gosh, Meiying, it's getting late. I'll see you to the hospital to visit Mrs. Huang.

Mei : You don't need to. You still have to get a haircut, and in addition you have an appointment with Xuexin. I'll hire a pedicab [and then go].

White: Then I'll see you this evening.

Mei : See you this evening.

Sentences for New Words and Grammar

1.1. I don't like the books that that author writes.
2.1. Your stomach trouble will be very easy to cure.
2.2. These past few days my appetite has not been good. I don't feel like eating anything.
3.1. He's been operated on I don't know how many times.
3.2. His stomach disorder will probably not require an operation.
4.1. He's done a lot of research in medicine.
4.2. After I graduate I plan to take the exams for the medical school at Far Eastern University.
5.1. His Chinese is progressing day by day [lit. day compared to day].
5.2. His progress is very fast. I certainly can't compare with him.
6.1. His illness isn't dangerous. Don't be worried.
6.2. When he drives I certainly worry about him.
7.1. These past few days my left hand has been numb all the time.
7.2. He [is a doctor who] specializes in giving anesthetics.
8.1. I'm going to Dr. Wang's to get an injection.
9.1. This wine isn't strong. No matter how much you drink you can't get intoxicated.

9.2. Before Mr. Wang was operated on [what] he received [was] a general anesthetic.

10.1. [You say] how unlucky he is! Yesterday he lost his tuition money on the street.

11.1. I've [already] had an injection. I'm not likely to catch the disease.

11.2. These past few days a lot of my schoolmates have caught cold, so I've caught [lit. been infected by] one too.

12.1. A few years ago this style of dress was all the rage.

12.2. Now there's an epidemic [disease] of some sort that is spreading [lit. infecting] very fast.

13.1. This [sort of] disease is [one which is] of an epidemic nature.

13.2. There's a great deal of danger[ousness] in doing that sort of work.

14.1. I've had a cold these past few days. I don't feel at all well [in my body].

14.2. A tremendous number of [lit. unusually many] people died from [epidemic] influenza in 1918.

15.1. Teacher, I'd like to have the afternoon off, as I have an important matter to attend to.

15.2. Before we went on vacation I asked for two days' leave.

16.1. Chinese think that to have lots of children is to have good fortune.

17.1. Studying medicine is very arduous.

17.2. He's the best surgeon in our hospital.

17.3. My eyes are bothering me [lit. are uncomfortable]. I must find an eye specialist to look at them.

18.1. The equipment in that playground is not at all bad.

18.2. The living-room and dining-room furnishings together are over $1,000.

19.1. Our school infirmary can accommodate only ten people or so.

20.1. That child is really to be pitied. When he was only seven both his parents died.

21.1. Our school has expanded. It can accept 2,000 students next semester.

22.1. After my younger sister graduates from middle school she plans to study nursing [lit. nurse].

23.1. He does his work very meticulously.

24.1. Please tell me about that matter in detail.

25.1. I feel that when Professor Zhang lectures on mathematics he doesn't explain (things) clearly. What do you think?

26.1. He's a little feverish today.

26.2. One moment I feel feverish, and the next moment I have chills.

26.3. Dr. Wang, I'm awfully feverish, and I don't feel like eating.

Sentences for New Words and Grammar 447

27.1. How long have you been coughing?

27.2. This is [cure] cough medicine. Take it three times a day, before meals.

28.1. Does it hurt if I press [you] here?

28.2. My headache's gone.

28.3. I just have a cough. I don't have a headache.

29.1. My throat hurts. See if it's red.

30.1. It's not very hot here in the summer. At the hottest, it doesn't get up to 90 degrees.

30.2. I'd like to take the exams for aviation school, but my height is not up to standard.

30.3. His temperature went up one degree between morning and afternoon [lit. morning compared to afternoon].

31.1. Please give me a glass of warm water.

31.2. His temperature is very high. It's quite serious.

31.3. Have you taken your temperature?

32.1. Every day before going to sleep I lie in bed and read for an hour.

32.2. You lie down first and rest a while.

33.1. The past couple of days I've been preparing for exams. I've been terribly busy, so much so that I haven't even slept.

34.1. The things we eat should be clean as a precaution against disease.

34.2. There's an infectious disease in that area now. If you go (there) you must first have an inoculation.

35.1. Yesterday Wen asked me to dinner. Since I was too busy, the upshot was that I didn't go.

36.1. When are you going to England? . . . When it comes time for me to leave I'll certainly inform you.

36.2. The teacher has called your name. It's your turn to recite.

36.3. He came to my place just before going abroad.

37.1. Can he do this work? What are his qualifications?

38.1. Our hospital can accommodate 350 people.

39.1. I originally studied mathematics. Afterward, I changed to [studying] literature.

40.1. That job of his isn't permanent. It's temporary.

41.1. Don't get excited. Do it slowly.

41.2. Why are you getting so upset over such a little matter?

42.1. I have only this little money. [Apart from this] I don't have any more.

42.2. There are certainly a lot of antique shops in this place.

43.1. On week ends the markets are quite crowded.

44.1. During the War of Resistance everyone had to stand in line to buy rice.

44.2. There's a long line of people buying [theater] tickets at the theater entrance today.

45.1. This [sort of] method is quite inappropriate.

46.1. Every month I need $60 just for food [lit. to eat].

46.2. It won't do for just one person to pay. Each person should contribute.

46.3. It's not enough that you can speak Chinese. You should also know Chinese characters.

47.1. Give me the prescription. I'll go buy the medicine for you.

47.2. Has the doctor written a prescription for you?

48.1. Chinese pharmacies just sell medicine. American drugstores don't sell just medicine.

49.1. She's very good at choosing harmonious colors in clothes.

49.2. Mr. Zhang makes up prescriptions in a pharmacy.

50.1. I like [to eat] Chinese food. I believe I could eat it every day without getting tired of it.

50.2. I was on the train for a week. I really got bored with it.

50.3. He's always telling that story. It bores people to death.

50.4. I couldn't ever [lit. whole lifetime] get tired of eating roast duck.

51.1. He was in the hospital for three months.

52.1. Mr. Zhang is in [sick] room 17.

53.1. Did you register?... Yes, a long time ago.

53.2. The procedure for registering at this hotel is very simple.

54.1. My tooth's bad. It always hurts.

54.2. That dentist's office has [lit. is] the latest equipment.

55.1. How much per hour to hire a car?

55.2. It's very difficult to hire anyone in this place.

55.3. He's an employee of that company.

Review Sentences

1. According to (what) the doctor says, he will require an operation.

2. His studies have progressed a great deal [compared to the past.]

3. He drives too fast. When he goes out I worry a lot about him.

4. When the weather is cold one moment and hot the next, it's very easy to catch cold.

Notes
449

5. You didn't come to school yesterday. Did you ask for leave?
6. That little school has expanded now. It can accommodate 2,000 students.
7. You've written this character wrong. Please look at it carefully.
8. Answer these two history questions in detail.
9. In teaching linguistics Professor Wang explains in great detail for us.
10. I just have a headache. I don't [at all] have a temperature.
11. My eyes hurt terribly. I must have an eye doctor look at them.
12. That child has taken ill. He's been lying down all day without getting up.
13. He's studious to the point where he doesn't even sleep enough.
14. Just before you go to school, come to my place [first] for a while.
15. Don't get upset. We'll gradually think of a way to handle it.
16. It's rather crowded at that big department store today.
17. I'm of the opinion that the procedure you suggest is not appropriate.
18. It won't do just to be able to speak. You must make your tones correct.
19. Next semester I must change schools [lit. a school]. I'm bored with studying at this school.
20. It's too far. I must hire a car [and go].

Notes

1. The syllable xìng 'nature, quality' when used as a suffix corresponds to the English noun-forming suffix -ness: wēixiǎn 'danger,' wēixiǎnxìng 'dangerousness, danger.'

2. The syllable fú 'blessings, good fortune' is more restricted than the fuller expression fúqi; it occurs only in such fixed phrases as the popular maxim Méi bìng jiù shi fú 'To be well is to be lucky.'

3. Certain subject-verb phrases function much like a compound verb, which in turn may have its own subject:

   Nèige rén xīn hǎo. 'That man has a good heart.' [lit. 'That man heart-good.']
   Wǒ tóu téng. 'I have a headache.' [lit. 'I headache.']

   A few of these subject-verb compounds admit adverbs before their subject, as an alternative to the usual position before the verb:

   Wǒ bú tóu téng le. or Wǒ tóu bù téng le. 'My head doesn't ache anymore.'

   However, xīn hào permits adverbs only before hǎo:

   Nèige rén xīn bù hǎo. 'That man is evil-hearted.'

"Qiān Guāng Lóu sānge dà zǐ xiěde zhēn hǎo."

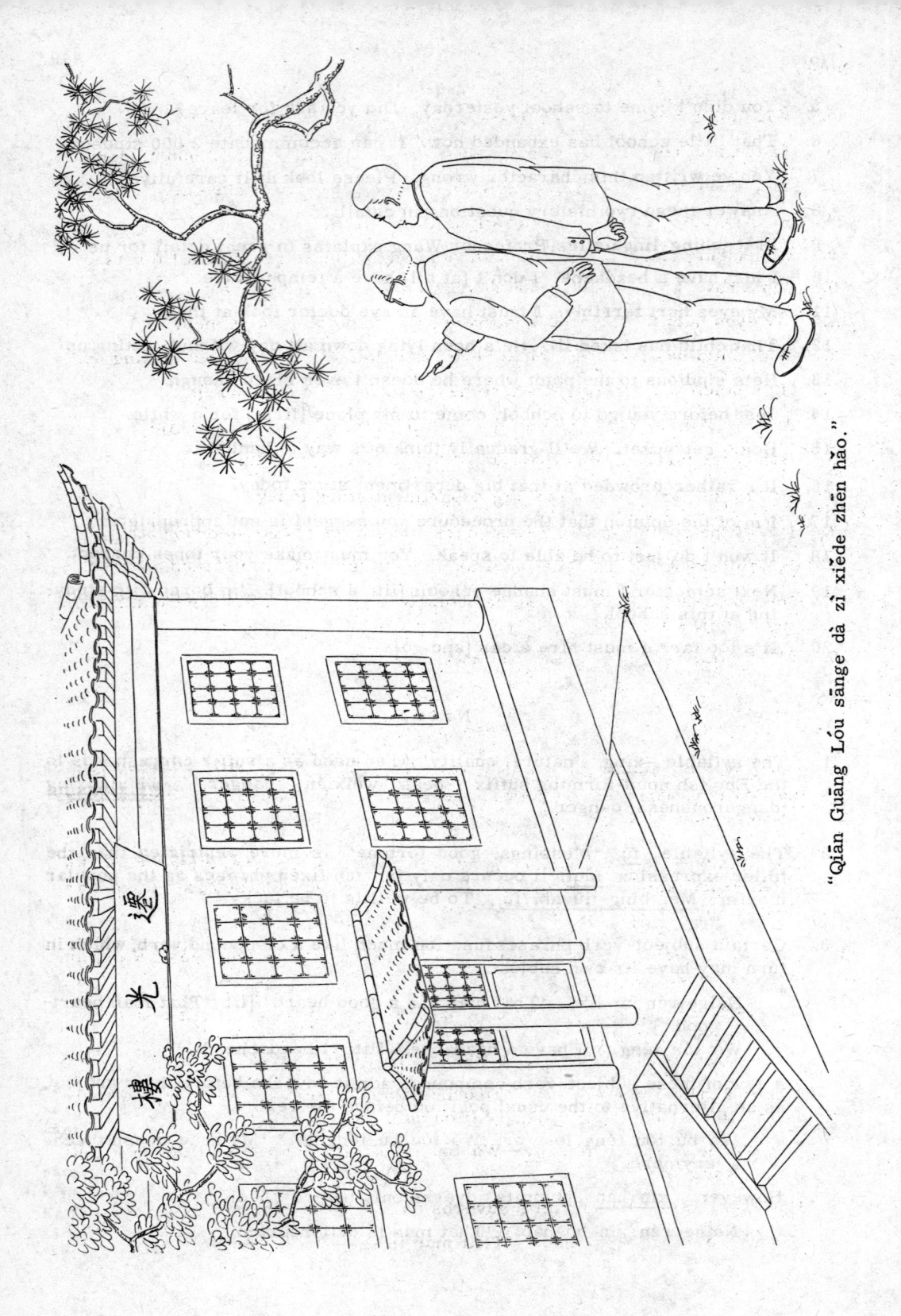

Dì Èrshi'èrkè. Cāngguān Dàxué

        Huìhuà: Wénshān gēn Xuéxīn cānguān dàxué de shíhou tán huà.

Bái: Xuéxīn! Nǐ láile hǎo jiǔ le?

Xué: Oh, nǐ lái le. Wǒ dào zhèr cái shífēn zhōng. Dōngxi dōu mǎihǎo le ma?

5 Bái: Mǎihǎo le. Nǐ yìzhíde jiù dào dàxué lái le ma?

Xué: Běnlái xiǎng qù zhǎo lìngwài yíge tóngbānde tóngxué. Hòulái yì xiǎng, méi gēn rénjia yuēhǎo, yéxǔ tā bú zài jiā. Érqiě ye méi you zhǎo ta de bìyào. Wǒ jiù méi qù. Jiù zài dàxué lǐtou gèchù zhuànzhuan.

10 Bái: Wǒ gāngcái jìn dàxué dà mén de shíhou kànjian qiángshang yǒu xuésheng rénshù tú. Zhèige xuéqī xuésheng rénshù zēngjiāle hěn duō.

Xué: Duìle. Dàxuéde xuésheng yì nián bǐ yì nián duō. . . . Zhèi jiù shi Lìshǐ Yánjiu Yuàn.

15 Bái: Ménshangde héngbiān Qiān Guāng Lóu sānge dà zì xiěde zhēn hǎo.

Xué: Nèi shì yíwèi yǒu míngde xuézhě xiě de. Míngzi yě shi nèiwèi xuézhě qǐde.

Bái: Qiān shi Sīmǎ Qiān. Guāng shi guāngróng de guāng. Qiān Guāng Lóu yìsi shi jìxu Sīmǎ Qiānde guāngróng, shì bu shi?

20 Xué: Duìle. Shì zhèige yìsi.

Bái: Wàibiǎo kànqilai Lìshǐ Yánjiu Yuàn kě zhēn bù xiǎo a.

Xué: Bú suàn xiǎo. Lǐbiande cānkǎo shū yě bù shǎo. Sōuji de gèzhǒng guānyu yánjiu lìshǐ de zīliào yě xiāngdāng fēngfù. Lóuxià chénliè de gǔwù dōu shi káogǔjiā rènwei hěn yǒu jiàzhi de. Chú cǐ yǐwài 25 hái yǒu cóng Lìshǐ Bówuyuàn jièlai de yíbùfen gǔwù, wèile gěi xuésheng yánjiu.

Bái: Zài Lìshǐ Yánjiu Yuàn yánjiu de rén duō bu duō?

Xué: Lìshǐ Yánjiu Yuàn yánjiu de fànwéi hěn dà. Jìnlái yánjiu lìshǐ de rén hěn duō.

30 Bái: Zhèi yě shi shòule shídàide yíngxiǎng. Lìshǐ Yánjiu Yuànde cānkǎo shū yǒu duōshao běn?

Xué: Cóng cángshū mùlushang kàn yǒu èrshiwànběn shū.

Bái: Suóyǒude shū dōu shi dàxué mǎi de ma?

	Xué:	Dàxué mǎile suóyǒu shū de sìfēnzhī sān. Sìfēnzhī yī shi sīrén
35		huòzhe tuántǐ juānlaide. Zài chénglì yánjiu yuàn de shíhou wèile
		mǎi shū xuéxiào quántǐ xuésheng měi rén juān wǔkuài qián.
	Bái:	Wǒ zài Měiguo de shíhou jiù zhīdao Yuǎn-Dà Lìshǐ Yánjiu Yuànde shū zuì duō.
	Xué:	Díquè bù shǎo.
40	Bái:	Yánjiu Yuàn jiànzhu de zhēn bú cuò.
	Xué:	Zhèi shi Zhōngguo jiù shìde jiànzhu.
	Bái:	Búdàn jiànzhude hǎo, érqiě huánjing yě hǎo. Díquè shi yánjiu xuéwen de hǎo dìfang.
	Xué:	Suóyi wǒ měitiān zǎochen bādiǎn duō jiu dào dàxué lái ne.
45	Bái:	Jiānglái wǒ zǎochen gēn ni yíkuàr dào dàxué.
	Xué:	Wǒmen yíkuàr qí chē lái. Wǒ jiā lǐtou hái yǒu yíliàng zìxingchē.
	Bái:	Huá Tàitai yǐjing gàosu wǒ le, shi lìngdì de.
	Xué:	Wǒmen xiànzài dào Guówén Yǔyán Yánjiu Yuàn qù kànkan qu.
	Bái:	Zài něige fāngxiang?
50	Xué:	Dōngnán jiǎorshang nèisuǒ hóng lóu jiù shi. Kànjian méi you?
	Bái:	Kànjian le. Guówén Yǔyán Yánjiu Yuànde shū duō ma?
	Xué:	Guānyu wénxué yìfāngmian de shū bǐjiǎo duō. Gúdiǎn wénxué gēn xīn wénxué de shū dōu yǒu.
	Bái:	Wàiwén shū yě yǒu ma?
55	Xué:	Hěn duō. Wénxuéde shū, jiàokēshū, zázhì, bàozhǐ, huàbào, shénmode dōu yǒu. Xiànzàide xiǎoshuōjiā xiě de xiǎoshuōr yě bù shǎo. Hái yǒu hěn duō fānyi de wénxuéde shū.
	Bái:	Kèběr dōu shi něizhǒngde kèběr?
	Xué:	Dōu shì xué wàiwénde dúběr.
60	Bái:	Zhèixie kèběr dōu shi shénmo chéngdu yòng de?
	Xué:	Chūjí dào gāojí dōu yǒu. Nǐ shuō shū quán bu quán?
	Bái:	Shū hěn quán.
	Xué:	Wèile zēngjiā xuéshengmende xìngqu yòu cóng Lìshǐ Bówuyuàn
65		jièlaile yǐqián yǒu míng de zuòjiā yíliúxialai de yuángǎor, dōu shì hěn zhēnguì de.
	Bái:	Guānyu yǔyán yìfāngmiàn de shū duō ma?
	Xué:	Bú tài duō.
	Bái:	Yánjiu yǔyán zhèizhǒng xuéwen de lìshǐ bǐjiǎo duǎn, suóyi shū yě bù hěn duō. Zhǎo cānkǎo zīliào xiāngdāng nán.
70	Xué:	Shìde. Búdàn yánjiu yuàn, jiùlián túshūguǎn yě bù duō.

Shēng Zì gēn Xīn Yúfǎ de Jùzi 453

    Bái: Dàxué jìnlái chūbǎn guānyú xuéshù de kānwu yǒu jǐzhǒng? Nèiróng zěnmoyàng?

    Xué: Jīnlái chūbǎn de kānwu yǒu sì wǔzhǒng ne. Guānyu wénxué, yǔyán, kēxué, lìshǐ de dōu yǒu.

75 Bái: Duōshao rìzi chūbǎn yícì?

    Xué: Kēxuéde shì zhōukān huòzhe bànyuèkān, wǒ jì bu qīngchu. Wénxué gen yǔyán de shi yuèkān. Lìshǐde shi jìkān. Nèiróng dōu bú cuò.

    Bái: Wǒ gēn nǐ dǎting dǎting, Yǔyán Yuèkān shi shéi zhǔbiān de?

    Xué: Shi Mǎ Jiàoshòu zhǔbiān de.

80 Bái: Mǎ Jiàoshòu zhǔbiān de yídìng hěn hǎo.

    Xué: Zhèng mén suǒzhe ne. Wǒmen cóng páng mén jìnqu.

    Bái: Lóuxià yídìng shi yánjiushì le. Nǐ kàn, hēibǎn shi xīn shìde. Shi lǜde.

    Xué: Duìle. Lóushàng shi cángshūshì. Wǒmen dào lóushàng qu.

85 Bái: Shū zhēn bù shǎo a. Wǒ xiǎng jiè yìběn shū. Bù zhīdào yǒu méi you?

    Xué: Nǐ xiǎng jiè shénmo shū?

    Bái: Zuì jìn chūbǎn yǒu zhùjiě de gǔ wénfǎ yánjiu. Shi hěn báode yíge xiǎo cèzi, méi you jǐyè.

90 Xué: Wǒ xiǎng yídìng yǒu. Wǒmen kànkan shū mùlushang yǒu méi yǒu. Biéde shū nǐ bú jiè ma?

    Bái: Wǒ hái xiǎng jiè liǎngfèr zázhì kànkan.

    Xué: Zázhì duōde hěn. Yìhuěr wǒmen cóng zhèr dào yīxué yuàn qu kànkan.

95 Bái: Wǒmen cānguān yīxué yuàn shi wàiháng a.

    Xué: Yàoburán wǒmen dào dàlǐtáng gēn tǐyùguǎn qu kànkan?

    Bái: Xiànzài shíhou yǐjing bù zǎo le. Wǒmen jiù dào tǐyùguǎn kànkan déle. Huítóu wǎnshang wǒmen hái děi cānjiā huānyíng xīnshēng wǎn huì ne.

100 Xué: Shì a.

    Bái: Nèige shíhou jiù kéyi kànjian dàlǐtáng le.

    Xué: Yě hǎo. Wǒmen tǐyùguǎn cānguānwánle huí jiā qu chī wǎnfàn ránhòu zài dào xuéxiào lái.

               Shēng Zì gēn Xīn Yúfǎ de Jùzi

1.0. (6) bān   class (in school); cast (in a play), troupe (M)

      tóngbān   (be of) the same class, (be) classmates

      yánjiubān seminar

1.1. Wǒmen xué zhōngwén nèibān yígòng yǒu shíge rén.

1.2. Wǒ gēn Lǎo Wáng tóngbān.

1.3. Wǒmen lìshǐ yánjiubān jīntian tíqián yíge zhōngtóu.

2.0. (6) hòulái   afterward (TW) [lit. rear come]

    2.1. Wǒ xiān dào túshūguǎn. Hòulái yòu dào yánjiu yuàn qu le.

3.0. (8) bìyào   essential, necessary (SV), necessity (N) [lit. must want]

         yǒu V de bìyào   have need to V

    3.1. Wǒ bú dào Wáng jia qu le yīnwei wǒ méi yǒu qù de bìyào.

    3.2. Xué Zhōngwén rènshi Hànzi yě shi bìyàode.

4.0. (9) zhuàn   rotate, turn (V)

         zhuànguolai   rotate, turn (TV)

         zhuànlái zhuànqù   mill around

    4.1. Wǒ niàn shū niànde tài lèi le. Wǒ chūqu zhuànzhuan qu.

    4.2. Bǎ yǐzi zhuànguolai chòngzhe chuānghu.

    4.3. Tāmen gànmá zài wūzili zhuànlái zhuànqù de?

5.0. (11) shù(r)   number, amount

         qiánshù   amount of money

         rénshù   number of people

    5.1. Nǐ bǎ qiánshù qiānwàn bié xiěcuò le.

    5.2. Kāi huì de shíjiān yǐjing dào le. Zěnmo láide rénshù zènmo shǎo ne?

6.0. (11) tú   illustration, chart, map (N) (measure: zhāng) (Note 1)

         xiàotú   map of a school

         chǎngtú   map of an airport

    6.1. Zhèiběn shūshangde tú hěn duō.

    6.2. Zhèizhāng tú shi wǒmende xiàotú.

7.0. (15) héngbiǎn   (horizontal) plaque (N) [lit. horizontal tablet]

Shēng Zì gēn Xīn Yúfǎ de Jùzi

7.1. Zhèige héngbiǎnshang zuì hòude nèige zì niàn shénmo?

8.0. (16) -zhě — one who, doer (Note 3)
xuézhě — scholar (N)
zuòzhě — writer, author
xīnwén jìzhě — reporter, newspaper correspondent, journalist

8.1. Bù gǎndāng. Wǒ nǎr gòudeshàng xuézhě?

8.2. Wǒ fùqin shi xīnwén jìzhě.

9.0. (18) Sīmǎ Qiān (name of a historian) (Note 2)

9.1. Sīmǎ Qiān shi Hàn Cháode shǐxuéjiā.

10.0. (18) guāngróng — glorious (SV), glory, splendor (N); be proud (of something) (SV); something to be proud of (N) [lit. light glory]

10.1. Nín jīntian dào wǒ zhèr lái wǒ fēicháng guāngróng.

10.2. Zhōngguo yǒu hěn chángde lìshǐ, bìngqiě hái yǒu hěn guāngróngde wénhuà.

11.0. (22) cānkǎo — consult, refer to (a book) (TV) [lit. participate examine]
cānkǎo shū — reference work, book to be consulted in a particular field.

11.1. Qǐng nǐ bǎ nǐ nèi jǐběn guānyu yǔyánde shū jiègei wǒ cānkǎo cānkǎo.

11.2. Zhèizhǒng xuéwende cānkǎo shū bù duō.

12.0. (22) sōu — search out, search for (TV)
sōuzháo — search successfully, find after a search (RV)

12.1. Wáng zhái diū dōngxi le. Jǐngchá dàochu qu sōu yě méi sōuzháo.

13.0. (22) sōují — search out and collect (TV)

13.1. Tā zài Húběi Shěngde jǐge cūnzili sōujile bù shǎode guānyu fāngyán de zīliào.

14.0. (23) fēngfù — abundant, rich (SV)

14.1. Zhōngguo chū de méi hěn fēngfù.

14.2. Zuótian Lǎo Wáng qǐng kè. Cài xiāngdāngde fēngfù.

15.0. (23) chénliè — exhibit, display (TV) [lit. spread arrange]
chénlièchulai — spread out for display

15.1. Wǒmen xuéxiào xià xīngqī kāi huì. Bǎ xuésheng de chéngji dōu chénlièchulai.

16.0. (24) gǔwù — relic (N) [lit. ancient object]

16.1. Yuán-Dà chénliè Hàn Cháode gǔwù. Nǐ cānguān le méi you?

17.0. (24) kǎogǔ — perform archaeological explorations (V) [lit. examine antiquity]
kǎogǔxué — archaeology

kǎogǔjiā   archaeologist
kǎogǔxuéjiā archaeologist

17.1. Tāmen dǎsuan míngnian dào Húnán qu kǎogǔ.

17.2. Tā yánjiu kǎogǔxué yǐjing yǒu sìshijǐ nián le.

18.0. (24) jiàzhi   value (N) [lit. price worth]
yǒu jiàzhi   be valuable

18.1. Nèige huàjiā huàde huàr xiànzài hěn yǒu jiàzhi.

18.2. Tā shuōde huà méi jiàzhi.

19.0. (25) bówuyuàn   natural history museum [lit. vast object court]

19.1. Cóng wàiguo jièlaile yìxiē gǔwù. Dōu chénliè zai bówuyuàn le.

20.0. (28) fànwéi   sphere(of influence or authority), scope, extent, compass (N) [lit. pattern enclose]

20.1. Nèige lǎoshī kǎoshì cónglái bù gěi wǒmen fànwéi.

20.2. Tā jiǎng dōngfāng wénhuà de fànwéi dōu bāokuò shénmo?

20.3. Zhèixiē tímu dōu zài kǎoshì de fànwéi yǐnèi ma?

21.0. (28) jìnlái   recently

21.1. Zěnmoyàng, jìnlái zuò shénmo xiāoqiǎn ne?

22.0. (30) yǐngxiǎng   influence (N, V) [lit. shadow resound]

22.1. Yàoshi débudào jiǎngxuéjīn yǐngxiǎngle wǒde qiántú.

22.2. Hǎo jiǔ bú xià yǔ le. Nóngrén hěn shòu yǐngxiǎng.

23.0. (32) cáng   accumulate, hide, store securely
cáng shū   accumulate books, store books
cángshūjiā   book collector
cángshūshǐ, cángshūshì   rooms holding books, stacks in a library

23.1. Wǒ zài Zhōngguo de shíhou cáng shū hěn duō.

23.2. Wǒmen túshūguǎn cángshūshǐde shū dōu mǎn le.

24.0. (32) mùlu   table of contents, catalogue
(cáng)shū mùlu   catalogue of stored books, card catalogue

24.1. Qǐng nǐ bǎ cángshū mùlu gěi wǒ kànkan.

24.2. Fàguo shū gēn Ēguo shū mùlu zài hòubian.

25.0. (34) sīrén   private individual

25.1. Zhèige gōngyuán yuánlái shi sīrén de huāyuánzi.

26.0. (35) tuántǐ   group, organized body, organization (N) [lit. group body]
qīngnián tuántǐ   young people's organization

26.1. Wǒmen zhèige tuántǐ yígòng yǒu liùshijǐge rén.

Shēng Zì gēn Xīn Yǔfǎ de Jùzi   457

26.2. Zhèige qīngnián tuántǐ dōu shi èrshisuì yǐnèide xuésheng.
27.0. (35) juān   donate, contribute, give, will (TV)
    27.1. Wǒ juāngeile wǒmen xuéxiào sìshibén shū.
    27.2. Nèige xiǎo xuéxiào wèile kuòchōng qǐng wǒmen juān qián
28.0. (36) quántǐ   whole body, in a body, all together
    28.1. Xià xīngqī wǒmen xuéxiào quántǐ xuésheng qu lǚxíng.
    28.2. Tā yí tíyì, quántǐ dōu fǎnduì.
29.0. (42) huánjing   environment, circumstances (N) [lit. ring place]
    29.1. Lǎo Zhāng jìnláide huánjing hěn bù hǎo.
    29.2. Zhèi yídàide huánjing zhēn hǎo. Nǐ kàn duómo ānjing a.
30.0. (47) lìng-   your (formal polite form)
        lìngxiōng   your older brother
        lìngdì   your younger brother
        lìngmèi   your younger sister
        lìngqīn   your relatives
    30.1. Zhèi diar xiǎo lǐwu shi sònggei lìngmèi de.
    30.2. Lìngqīn shénmo shíhou dào Měiguo láide?
31.0. (52) gúdiǎn   classical reference (N) [lit. ancient records]
        gúdiǎn wénxué   classical literature, classics
    31.1. Wǒ jiù xǐhuan tīng gúdiǎn yīnyuè.
    31.2. Wǒ xué Zhōngguo yǔyán xuéle sānnián cái kāishǐ xué Zhōngguo gúdiǎn wénxué.
32.0. (54) wàiwén   foreign language (N)
    32.1. Wǒ jiějie zài dàxué niàn wàiwén xì.
33.0. (55) jiàokēshū   textbook (N) [lit. teach course book]
    33.1. Zhèibén Zhōngwén jiàokēshūshangde tú huàde hěn hǎo.
34.0. (55) -bào   periodical publication [lit. newspaper]
        huàbào   pictorial magazine
        yuèbào   monthly (magazine)
        zhōubào   weekly (magazine or newspaper)
        rìbào   daily (newspaper)
        wǎnbào   evening (or afternoon) newspaper
    34.1. Nèige shūdiàn gèzhǒng huàbào dōu yǒu.
    34.2. Tā shi Zhōnghuá Rìbàode xīnwén jìzhě.

34.3. Zhèige shi yuèbào, bú shi zhōubào.

35.0. (56) xiǎoshuō(r) work of fiction, novel (N) [lit. small talk]

xiǎoshuōjiā novelist

35.1. Tā xiě de xiǎoshuōr dōu shi qíguàide gùshi.

36.0. (57) fān(yi) translate (V) [lit. invert translate]

fān(yi)chéng translate into

zuò fānyi act as translator

gěi A (zuò) fānyi translate for someone (either into or out of his language), be a translator for A

36.1. Míngtian qǐng nèiwèi Fàguo jiàoshòu lái yánjiǎng, tīngshuō shi Lǎo Wáng gěi ta zuò fānyi.

36.2. Wǒ bù dǒng ta shuōde huà. Qǐng ni gěi wo fānyi yíxiàr.

36.3. Qǐng ni bǎ zhèi jǐge Yīngwén jùzi fānchéng Zhōngwén.

37.1. (58) kèběn, kèběr textbook (N)

37.1. Nèiběn kèběr xiěde bú cuò.

38.0. (59) dú read, study

dú shū read, study

dúběn, dúběr reader

38.1. Wǒ děi gōngzuò. Wǒ méi jīhui dú shū.

38.2. Wǒmen xiān xué huìhuà kèběr, ránhòu niàn dúběr.

39.0. (61) chū first, for the first time

chūcì first time (more literary than dì yīcì)

zuì chū at (the very) first, at the (very) beginning

39.1. Wǒ chūcì dào Zhōngguo láide shíhou cái shíwǔsuì.

39.2. Wǒ zuì chū niàn kǎogǔxué de shíhou wǒ méi xìngqu.

40.0. (61) -jí rank

chūjí beginning, primary (rank)

zhōngjí intermediate (rank)

gāojí advanced (rank)

40.1. Zhōngjí kèběn bǐ chūjí kèběn shǎowēi shēn yìdiǎr.

41.0. (64) yíliú bequeath, leave, hand down (V)

41.1. Tā fùqin yíliú de qián ta dōu juāngei jījīn huì le.

42.0. (64) gǎo(r), gǎozi, yuángǎo(r) rough draft, manuscript (N) (measure: jiàn)

42.1. Wǒ xiān xiě yíge gǎozi. Qǐng ni kànkan chéng bu chéng.

Shēng Zì gēn Xīn Yúfǎ de Jùzi

42.2. Nǐ qiānwàn bié bǎ yuángǎor diū le.

43.0. (65) zhēnguì   precious, valuable (SV) [lit. precious expensive]

43.1. Jīntian bówuyuàn chénlièle yìxiē hěn zhēnguìde gǔwù.

44.0. (70) jiùlián   even (more emphatic than lián)

44.1. Nèige wèntí búdàn xuésheng bù néng huídá, jiùlián jiàoshòu yě bú huì.

45.0. (71) chūbǎn   publish (TV) [lit. emit printing-block]

45.1. Zhōngxué Zhōngwénde gāojí kèběr mǎshàng jiu chūbǎn le.

45.2. Nèiběn shū shi yī jiǔ liù sān nián chūbǎn de.

46.0. (71) xuéshù   erudition, mastery, skill (N) [lit. learn skill]

yánjiu xuéshù   do scholarly research

46.1. Zhōngguo Yǔyán Xuéhuì shi yíge yánjiu xuéshù de tuántǐ.

47.0. (71) kān   edition, issue

kānwù   periodical publication (N)

zhōukān   weekly (publication) (N)

bànyuèkān   semimonthly (publication) (N)

yuèkān   monthly (publication) (N)

jìkān   quarterly (publication) (N)

niánkān   annual (publication), yearbook (N)

47.1. Wǒmen dàxué chūbǎn de kānwù zīliào dōu hěn hǎo.

47.2. Wǒmen xuéxiào jīnniande niánkān kuài yào chūbǎn le.

48.0. (71) nèiróng   contents (N) [lit. inside contain]

48.1. Zhèiběn zázhìde nèiróng duōbàr shi guānyu jìndài lìshǐ de.

49.0. (78) dǎting   inquire

gēn A dǎting   inquire of A, ask A

49.1. Nǐ tì wǒ dǎting dǎting Wáng Jiàoshòu zhù nǎr.

49.2. Wǒ gēn nín dǎting yíxiàr dào Zhōngshān Lù qu wàng něibiār zǒu?

50.0. (78) biān   edit, compile (V)

zhǔbiān   to edit (as chief editor) (V), editor (N) [lit. chief edit]

50.1. Nǐmen xuéxiào niànde gāojí dúběr shi shéi biān de?

50.2. Zhāng Jiàoshòu zhǔbiān Zhōngguo Lìshǐ Jìkān.

51.0. (81) zhèng   main; due (before compass directions)

zhèng mén   main door, main gate

zhèng lù   main road

zhèng běi   due north

51.1. Wǒmen xuéxiàode zhèng mén chòng nán.

51.2. Dào túshūguǎn qu zǒu zhèng lù bíjiǎo yuǎn, zǒu páng lù bíjiǎo jìn.

51.3. Wàng zhèitiáo lù de zhèng běi zǒu jiù shi Běi Hú.

52.0. (82) hēibǎn   blackboard (N) [lit. black board]

52.1. Lǜ yánse de hēibǎnshang xiě zì xuésheng kànde qīngchu.

53.0. (88) zhùjiě   note (N, V) [lit. comment explain]

53.1. Nèiběn shū zhēn hǎo. Zhùjiě de hěn xiángxi.

53.2. Nǐ kàn zhùjiě dì shíwǔ jiu míngbai zhèige jùzide yìsi le.

54.0. (89) cè   numbered volume (in a set) (M) (Note 5)

cèzi   pamphlet, booklet, notebook

shǒucè   handbook, student's notebook

xuésheng shǒucè   student handbook

shàng cè   Volume I (of a set of two or three: lit. top volume)

zhōng cè   Volume II (of a set of three: lit. middle volume)

xià cè   Volume II (of a set of two); Volume III (of a set of three: lit. bottom volume)

54.1. Zhèibù shū yígòng yǒu jǐcè?

54.2. Qǐng nín zài wǒde xiǎo cèzishang qiān míng hǎo bu hǎo?

54.3. Wǒde shǒucèshang dōu xiémǎn le.

54.4. Nǐ xiángxide kànkan xuésheng shǒucè jiu zhīdao xuéxiào yíqiède guīju.

54.5. Shàng cè màiwán le. Zhǐ yǒu zhōng xià liǎngcè.

55.0. (89) yè   page (M)

55.1. Qǐng nǐmen bǎ shū dǎkai kàn dì yībǎi shísān yè.

56.0. (92) fèn, fèr   (measure for publications)

fèn   issue

56.1. Wǒ yào dìng yífèr Zhōngguo huàbào.

56.2. Zhèiběn zázhì wǔyuèfènde yǒu méi you?

57.0. (98) -shēng   (noun suffix) (Note 4)

xīnshēng   new student

liúxuéshēng   returned student

yánjiushēng   research worker, graduate student

dàxuéshēng   college student

zhōngxuéshēng middle-school student

57.1. Jīntian zhèige huì shi wèile wǒmen xīn tóngxué kāi de huānying xīnshēng wǎnhuì.

Wēnxi Jùzi 461

57.2. Nèige xuésheng dàxué yǐjing bìyè le. Xiànzài shi yánjiu yuànde yánjiushēng.
57.3. Jīnnian wǒmen xuéxiaòde xīnshēng hěn duō.
57.4. Zhèiběn dúběr zhōngxuéshēng dàxuéshēng dōu kéyi niàn.

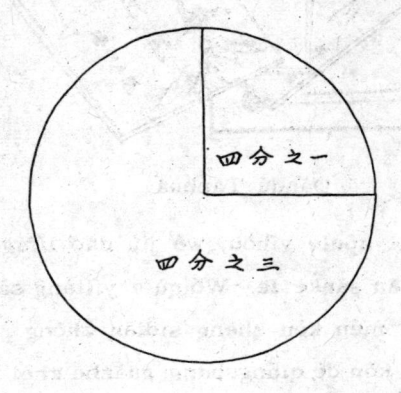

四分之一
四分之三

Wēnxi Jùzi

1. Tā shi yíge xīnwén jìzhě. Dàochù qu sōuji xīnwén zīliào.
2. Guānyu zhèige wèntí wǒ cānkǎole hěn duō shū.
3. Bówuyuàn cóng Zhōngguo jièlai de gǔwù jīntian yǐjing chénlièchulai le.
4. Mǎ Jiàoshòu xiě de shū dōu xiāngdāng yǒu jiàzhi.
5. Xiě bóshi lùnwén bú yào xiě de fànwéi tài dà.
6. Yīnwei shòule dǎ zhàng de yíngxiǎng suóyǒude dōngxi dōu hěn guì.
7. Wǒ xiǎng jiè de nèiběn shū mùlushang méi yǒu.
8. Zhāng Xiānsheng juāngei dàxué yìbǎiwànkuài qián.
9. Yīnwei wǒ jìnláide huánjing bù hǎo, suóyi wǒ bù néng jìxu niàn shū le.
10. Wǒ dǎsuan bǎ nèiběn Yīngwén xiǎoshuōr fānyichéng Zhōngwén.
11. Wǒ suóyǒude shū dōu shi wǒ fùqin yíliúxialai de.
12. Nín xiě de nèiběn chūjí kèběr shénmo shíhou chūbǎn?
13. Wǒmen dàxué nèiběn kānwu shi jìkān. Měinián chūbǎn sìcì.
14. Nèiběn shū de nèiróng xiāngdāng hǎo.
15. Qǐng ni gěi wo dǎting yíxiàr, bówuyuànde dìzhǐ zài nǎr?
16. Mǎ Jiàoshòu zuì jìn biānle yìběn Hànyǔde yúfǎ shū.
17. Xiàotúshang zěnmo méi yǒu yánjiu yuàn?
18. Zhèiběn shū méi you xiě zhùjiě de bìyào.
19. Zhāng Jiàoshòude gǔdài-shǐ yánjiubān yǒu jǐge yánjiushēng?
20. Wǒ sōujile bù shǎode zuò bóshi lùnwén de zīliào le.

Dāndú Tánhuà

Měiyīng zuò chē zǒule yǐhòu, wǒ jiu dào lǐfàguǎn qu lǐfà. Lǐwánle fà yǐhòu yǐjing sāndiǎn sānkè le. Wǒ gùle yíliàng sānlúnchē jiù dào dàxué qu le. Dàole dàxué mén kǒu zhēng sìdiǎn zhōng.

Yí jìn xiào mén kǒu de qiángshang guàzhe zhèi xuéqī xuésheng rénshù
5 bǐjiào tú. Yuán-Dàde xuésheng rénshù shi yìnián bǐ yìnián zēngjiā.

Dàole yánjiu yuàn mén kǒu kànjian Xuéxīn zài ner zhànzhe ne. Wǒ jiào ta, tā cái zhuànguo tóu lai. Wǒ wèn ta shénmo shíhou lái de. Tā shuō dào Lìshǐ Yánjiu Yuàn mén kǒu cái shífēn zhōng.

Wǒ yí kàn Lìshǐ Yánjiu Yuàn, ke zhēn bù xiǎo érqiě jiànzhude yě
10 hǎo. Mén shàngmian yǒu yíkuài dà héngbiǎn xiězhe Qiān Guāng Lóu sānge dà zì. Zì xiěde zhēn hǎo. Xuéxīn shuō shi yíwèi yǒu míng de xuézhě xiěde.

Wǒ wèn Xuéxīn Lìshǐ Yánjiu Yuànde cānkǎo shū duō bu duō. Xuéxīn shuō cānkǎo shū bu shǎo, érqiě hái chénliè hěn duō gǔwù, wèide shi yánjiu
15 lìshǐ zuò cānkǎo de. Zhèxiē gǔwù shǐxuéjiā rènwei xiāngdāng yǒu jiàzhi.

Wǒmen cóng Lìshǐ Yánjiu Yuàn chūlai, jiu dào Guówén Yǔyán Yánjiu Yuàn qù. Wǒ wèn Xuéxīn guānyu yǔyán gēn wénxué de shū duō bu duō. Xuéxīn gàosu wǒ hěn duō. Xīn wénxué gǔdiǎn wénxué de shū gēn fānyi de wàiguo yǒu míng de wénxué shū dōu yǒu. Xuéxīn shuō shū tài quán
20 le, shènzhìyu lián kèběn shénmo dōu yǒu. Bìngqiě hái yǒu cōng bówùyuàn jièlai de yìxiē yǒu míng zuòjiā yíliúxialai de yuángǎor, wèile ràng yánjiushēng zēngjiā yánjiu de xìngqu.

Wǒ zài Měiguo de shíhou jiu tīngshuō Yuán-Dà chūbǎn de xuéshù zázhì bu shǎo. Xuéxīn shuō guānyu kēxué, lìshǐ, wénxué, yǔyán de kānwu yǒu
25 sì wǔzhǒng. Yǒu jìkān, yuèkān, bànyuèkān, zhōukān. Xuéxīn shuō Wénxué

Wèntí

    Yǔyán Yuèkān shi Mǎ Jiàoshòu zhǔbiān de. Wǒ xiāngxìn nèiróng yídìng hěn hǎo. Mǎ Jiàoshòu shi yíwèi yǒu míng de xuézhě. Wǒ xiànglái jiù pèifu tā.

    Wǒmen dàole Guówén Yǔyán Yánjiu Yuàn, zhèng mén suǒzhe ne.
30 Wǒmen shi cóng páng mén jìnqu de. Jiànzhude yě hěn hǎo. Yígòng liǎngcéng lóu. Lóuxià shi yánjiushǐ, lóushàng shi cángshūshǐ. Wǒmen xiān zài yánjiushǐ kànkan. Wǒmen cānguān wánle yǐhòu, yòu dào lóushàng cángshūshǐ qù. Shū zhēn bù shǎo. Zhěngge lóushàng jǐjiān dà wūzi shūjiàzishang dōu shi mǎnde.

35   Chūlai de shíhou Xuéxīn shuō péi wǒ dào yīxué yuàn qu cānguān. Suīrán Yuán-Dàde yīxué yuàn yě hěn hǎo, kěshi wǒ méi xìngqu, érqiě wǒ shi wàiháng. Xuéxīn jiu gēn wǒ dào tǐyùguǎn qu kànkan, ránhòu wǒmen jiu yíkuàr huí jiā le.

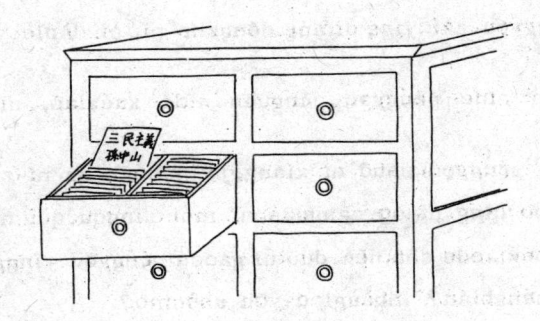

Wèntí

1. Shi Wénshān xiān dào Yuán-Dà háishi Xuéxīn xiān dào Yuán-Dà ne? Wèi shénmo?
2. Xuéxīn gàosu Wénshān ta shénmo shíhou lái de? Tā yìzhíde dōu zài zhèr ma?
3. Wénshān zài dàxué mén kǒu kànjian shénmo le, qǐng ni shuōyishuō?
4. Wénshān kànjian Lìshǐ Yánjiu Yuàn de ménshang yǒu shénmo?
5. Lìshǐ Yánjiu Yuànde ménshang xiě de shénmo zì? Nǐ zhīdao nèi sānge zìde yìsi ma?
6. Sīmǎ Qiān shi shénmo shíhou de rén? Tā shi zuò shénmo de?
7. Yuán-Dà Lìshǐ Yánjiu Yuànde shū jǐfēnzhī jǐ shi Yuán-Dà mǎi de?
8. Yuán-Dà Lìshǐ Yánjiu Yuànde shū shi nǎr lái de? Dōu shi dàxué mǎi de ma? Yígòng yǒu duōshao běn shū?
9. Yuán-Dà Lìshǐ Yánjiu Yuàn chúle shū yǐwài hái yǒu shénmo?

10. Wénshān zài nǎr jiu zhīdao Yuǎn-Dà Lìshǐ Yánjiu Yuàn de shū duō?
11. Wénshān shuō Lìshǐ Yánjiu Yuàn búdàn jiànzhude hǎo, hái yǒu shénmo hǎochu?
12. Guówén Yǔyán Yánjiu Yuàn zài dàxué lǐtou něige fāngxiàng?
13. Xuéxīn shuō guānyu wénxué yìfāngmiàn dou yǒu shénmo shū?
14. Dàxué wèile zēngjiā yánjiushēngde xìngqu cóng bówùyuàn jièlai de shénmo?
15. Guānyu yǔyán yìfāngmiàn de shū duō bu duō? Shénmo yuányīn?
16. Yuǎn-Da chūbǎn de kānwù duō bu duō? Tāmen dōu chūbǎnle něizhǒng kānwu?
17. Qǐng ni shuōyishuō Guówén Yǔyán Yánjiu Yuàn dōu yǒu shénmo shū?
18. Guówén Yǔyán Yánjiu Yuàn yǒu jǐcéng lóu? Yánjiushǐ zài nǎr? Cángshūshǐ zài nǎr?
19. Wénshān yào jiè shénmo shū?
20. Wénshān wèi shénmo bú dào yīxué yuàn qù cānguān?
21. Yàoshi nǐ péngyou zài yíge dìfang děngzhe nǐ, nǐ dàole yǐhòu yào gēn ta shuō shénmo?
22. Yàoshi nǐ péi nǐde péngyou cānguān nǐde xuéxiào, nǐ yīngdāng shuō shénmo?
23. Yàoshi nǐ gēn péngyou shuō nǐ xiǎng jiè yìběn shū nǐ zěnmo shuō?
24. Yàoshi péngyou qǐng ni qu cānguān nǐ méi xìngqu qù, nǐ zěnmo shuō?
25. Yàoshi yíge xuéxiàode shū hěn duō nǐ gàosu péngyou yīnggāi zěnmo shuō?
26. Shénmo jiào héngbiǎn? Shàngtou yǒu shénmo?
27. Qǐng nǐ shuōyishuō yíge dàxué yánjiu yuàn wèile gěi yánjiushēng yánjiu dōu yīnggāi yǒu xiē shénmo?
28. Yàoshi hēibǎn shi lǜde, nǐ shuō duì xuésheng yǒu shénmo hǎochu?
29. Yàoshi nǐ qǐng péngyou qù cānguān yíge dìfang ta bu xiǎng qu ni zěnmo bàn?
30. Qǐng ni bǎ nǐ xuéxiàode qíngxing shuōyishuō, hǎo bu hǎo?

Dialogue: Vincent and Xuexin talk as they look around the university.

White: Hi, Xuexin! Been here long?

Xue :   Oh, there you are. I got here just ten minutes ago. Did you finish your shopping?

White: Yes. Did you come straight to the university?

Xue :   At first I'd planned to go see another schoolmate [of the same class]. Afterward I got to thinking that I hadn't made an appointment with him,

Dialogue

and maybe he wouldn't be at home. Moreover, there wasn't any need to see him. So I didn't go. I've just been walking around the university [lit. turning about everywhere in the university].

White: When I entered the main gate [of the university] just now I saw [that there was] a chart of the number of students on the wall. This semester the number [of students] has increased tremendously.

Xue : You're right. The students [at the university] are increasing [lit. more] year by year. . . . This is the History Research Institute.

White: The [three big] characters Qiān Guāng Lóu on the [horizontal] plaque are very well written.

Xue : They were written by a famous scholar. The name was also thought up by him [lit. that scholar].

White: Qiān is Sīmǎ Qiān. Guāng is the guāng of guāngróng ('glory'). The idea of Qiān Guāng Lóu is 'to perpetuate the glory of Sīmǎ Qiān,' isn't it?

Xue : That's right. That's the idea.

White: From the outside the (History Research) Institute seems really big.

Xue : It's not [considered] small. And there are also quite a few [reference] books [inside]. It is also quite well supplied with all kinds of materials for the study of history [which have been searched out and collected]. The relics on display downstairs are all considered by archaeologists to be of great value. Besides this there's also a group of relics borrowed from the Museum of History for the students to do research on.

White: Are there many people doing research in the History Research Institute?

Xue : The scope of research in the [History Research] Institute is quite extensive. Recently a considerable number of people have been doing research in history.

White: This is the influence of the times. How many volumes [of reference books] does the [History Research] Institute have?

Xue : It appears from the catalogue [of stored books] that there are 200,000 volumes.

White: Were all the books bought by the university?

Xue : The university bought three-fourths of the books. One-fourth of them were contributed by individuals or organizations. When the Research Institute was established the whole student body [of the school] contributed five dollars each in order to buy books.

White: Even [when I was] in America I had heard [lit. I knew] that there were a very great number of books at Far Eastern's History Research Institute.

Xue : There certainly are.

White: The architecture of the [Research] Institute is really nice.

Xue : This is old-style Chinese architecture.

Lesson Twenty-Two

White: Not only is the architecture nice, but so are the surroundings. It certainly is a fine place for scholarly research.

Xue : So every morning a little after eight I come to the university.

White: Hereafter I'll come [to the university in the morning] with you.

Xue : We'll bicycle over together. There's another bike at [my] home.

White: Mrs. Hua has [already] told me. It's your [younger] brother's

Xue : Let's go now and look at the National Language and Linguistics Research Institute.

White: In what direction is it?

Xue : It's that red building in the southeast corner. Do you see it?

White: Yes, I see it. Does the [National Language and Linguistics Research] Institute have many books?

Xue : It has more in the field of literature. It has [books of] both classical literature and modern [lit. new] literature.

White: Are there also foreign books?

Xue : A great many. There are books on literature, textbooks, magazines, newspapers, pictorial magazines, and so on. There's also quite a bit of fiction written by present-day fiction writers. In addition there are many literary works in translation.

White: What kind of textbooks are there?

Xue : They're all readers for [studying] foreign languages.

White: At what level are they to be used?

Xue : [It has them] from elementary to advanced. Don't you think it's a full selection?

White: It certainly is.

Xue : In order to add interest for the students, they've also borrowed manuscripts left by famous writers of the past from the Museum of History. They're all very valuable.

White: Does the Institute have many books in the linguistics field?

Xue : Not too many.

White: The discipline of [research in] linguistics has a comparatively short history, so there aren't very many books in this field. It's rather difficult to find material [to consult].

Xue : Yes. Not only the [Research] Institute but even the [University] library doesn't have much.

White: How many [kinds of] scholarly journals has the university been publishing [recently]? What are they [lit. the contents] like?

Xue : There are four or five [kinds of] journals being published. There are some in literature, linguistics, science, and history.

Sentences for New Words and Grammar

White: How often do they come out?

Xue: The science one is a weekly or biweekly, I'm not sure which. The literature and linguistics ones are monthlies, and the history one is a quarterly. They're all quite good [in content].

White: [I'd like to ask you], who is the Linguistics Monthly edited by?

Xue: [It's edited by] Professor Ma.

White: If it's edited by Professor Ma, it's bound to be very good.

Xue: The main door is locked. Let's go in the side door.

White: The downstairs (rooms) must be research rooms. Look, the blackboards are the latest style. They're green.

Xue: Yes. The stacks are upstairs. Let's go there [lit. upstairs].

White: There certainly are a lot of books. I'd like to borrow one. I don't know if you have it.

Xue: What [book] would you like to borrow?

White: A recently published annotated study of ancient grammar. It's a very thin little pamphlet, with just a few pages.

Xue: I think they must have it. You don't want to borrow anything else?

White: I'd also like to borrow a couple of magazines to read.

Xue: There's a tremendous number of magazines. In a moment we'll go [from here] to have a look at the medical school.

White: But we're outsiders [when it comes to visiting a medical school].

Xue: Well then, shall we go see the auditorium and the gymnasium instead?

White: Time's getting on [now]. Let's just go look at the gym. We still have to attend the welcome party for new students [soon] this evening.

Xue: That's so.

White: We can see the auditorium at that time.

Xue: All right. After we've finished looking at the gym we'll go home for dinner and come to the university again afterward.

Sentences for New Words and Grammar

1.1. Our Chinese class has ten students [in all].

1.2. Wang and I are classmates.

1.3. Our history seminar has been advanced an hour today.

2.1. I went to the library first. Afterward I [also] went to the research institute.

3.1. I'm not going to the Wangs', as I have no need to go.

3.2. In studying Chinese it is necessary to know Chinese characters.

4.1. I've studied so much that I'm too tired. I'm going out for a few turns.

4.2. Turn the chair to face the window.
4.3. What are they milling around the room for?
5.1. Don't make a slip in writing down the amount of money.
5.2. It's [already] time for the meeting. How come so few people showed up?
6.1. This book is profusely illustrated.
6.2. This illustration is the map of our school.
7.1. How is the last character on this [horizontal] plaque read?
8.1. [I don't deserve your praise.] How can I qualify as a scholar?
8.2. My father is a newspaper correspondent.
9.1. Szu-ma Ch'ien is a Han Dynasty historian.
10.1. I'm very honored that you've come to my home today.
10.2. China has a long history and a glorious culture.
11.1. Please lend me those [several] linguistic books [to consult].
11.2. The books one can consult in this field [of learning] are not extensive.
12.1. The Wangs have lost some things. The police have searched everywhere but haven't found them.
13.1. He accumulated a lot of dialect material in several villages in Hupeh Province.
14.1. China's coal output is quite large.
14.2. Wang had guests yesterday. It was quite a feast [lit. food was rather abundant].
15.1. Our school is having a meeting next week. We're putting the students' work [lit. accomplishments] on exhibit.
16.1. Far Eastern University has an exhibit of Han Dynasty relics. Did you see it?
17.1. Next year they plan to go to Honan to carry out some archaeological work.
17.2. He's been doing research in archaeology for forty years.
18.1. The paintings done by that artist are very valuable now.
18.2. What he says is of no value.
19.1. We've borrowed some relics from abroad. They've all been put on display in the museum.
20.1. When that teacher gives an exam he never tells us what area is to be covered.
20.2. What is included in the scope of his lectures on Oriental civilization?
20.3. Are all these questions within the scope of the examination?
21.1. Well, how have you been amusing yourself recently?

Sentences for New Words and Grammar

22.1. If I can't get a scholarship, it will affect my future.
22.2. It hasn't rained for quite a while. The farmers have been much affected.
23.1. I accumulated quite a few books when I was in China.
23.2. The stacks in our library are all full [of books].
24.1. Please hand me the catalogue [of stored books] to look at.
24.2. The table of contents in French and Russian books is at the end.
25.1. This park was originally a private individual's flower garden.
26.1. This organization of ours has sixty people in all.
26.2. The young people's organization consists entirely of students up to twenty years of age.
27.1. I contributed forty books to our school.
27.2. That little school is asking us to contribute money in order to expand.
28.1. Next week the whole student body in our school is going on a trip.
28.2. As soon as he made the suggestion the whole body opposed it.
29.1. Zhang has been in very bad circumstances recently.
29.2. The surroundings in this area are really nice. See how quiet it is.
30.1. This little present is for your younger sister.
30.2. When did your relatives come to America?
31.1. I just like to listen to classical music.
31.2. I studied the Chinese language for three years before I began to study Chinese classical literature.
32.1. My older sister is studying in the foreign language department at the university.
33.1. The illustrations in this textbook are very well drawn.
34.1. That bookstore has all sorts of pictorial magazines.
34.2. He's a correspondent for the China Daily.
34.3. This is a monthly, not a weekly.
35.1. The novels he writes are all curious stories.
36.1. Tomorrow we're asking that French professor to come and lecture. I hear Wang is going to interpret for him.
36.2. I don't understand what he's saying. Please translate for me.
36.3. Please translate these [few] English sentences into Chinese.
37.1. That textbook is well written.
38.1. I have to work. I don't have the opportunity to study.
38.2. We first study a conversation textbook, and afterward we study a reader.
39.1. When I came to China for the first time, I was just fifteen years old.

39.2. When I first studied archaeology, I wasn't interested (in it).
40.1. The intermediate textbook is a little deeper than the beginning text.
41.1. He donated all the money his father left him to a foundation.
42.1. I've [first] written a rough draft. Please read it and see if it will do.
42.2. Don't by any means lose the manuscript.
43.1. Today the museum put a number of very valuable relics on exhibit.
44.1. It isn't just the students who can't answer that question. Even the professor can't.
45.1. The advanced high-school text for Chinese will be published very soon.
45.2. That book was published in 1963.
46.1. The Chinese Linguistics Association is an organization for scholarly research.
47.1. The materials our university publishes in its periodicals are all quite good.
47.2. This year's yearbook for our school will soon be published.
48.1. The contents of this journal are for the most part concerned with modern history.
49.1. Please inquire for me where Professor Wang lives.
49.2. I'd like to ask you which way to go to get to Sun Yatsen Avenue.
50.1. Who compiled the advanced reader used [lit. studied] in your school?
50.2. Professor Zhang edits the Chinese Historical Quarterly.
51.1. The main gate of our school faces south.
51.2. To get to the library, it's farther [going] by the main road than [going] by a side road.
51.3. Go due north on this road and you'll come to North Lake.
52.1. If you write [characters] on a green blackboard the students can see (more) clearly.
53.1. That book is excellent. It's annotated in great detail.
53.2. Look at note 15 and you'll understand what this sentence means.
54.1. How many volumes are there [in all] in this set of books?
54.2. Would you please sign your name in my little notebook?
54.3. My notebook is all filled up.
54.4. Read the student handbook carefully and then you'll know all the school regulations.
54.5. Volume I is sold out. We have only Volumes II and III.
55.1. Please open your books to [lit. look at] page 113.
56.1. I want to subscribe to a Chinese pictorial magazine.

Review Sentences

56.2. Do you have the May issue of this magazine?

57.1. This meeting today is a welcome [new students evening] party for our new schoolmates.

57.2. That student has already graduated from college. He's now a graduate student [in the graduate school].

57.3. This year there are a lot of new students in our school.

57.4. This reader can be studied by both middle-school and college students.

Review Sentences

1. He's a newspaper correspondent. He goes everywhere to gather news [material].
2. I've consulted a great many books on that question.
3. Today the museum put on display the antique objects borrowed from China.
4. All the books that Professor Ma writes have considerable value.
5. In writing a Ph.D. thesis, don't let the scope [of writing] be too broad.
6. Because of [the effect of] the war everything is very expensive.
7. That book I want to borrow isn't in the catalogue.
8. Mr. Zhang gave the university a million dollars.
9. I've been in straitened circumstances [lit. my circumstances haven't been good] recently, so I can't continue studying.
10. I'm planning to translate that English novel into Chinese.
11. All my books were left (to me) by my father.
12. When will that beginning textbook you've written be published?
13. That publication of our university is a quarterly. It's published four times a year.
14. [The content of] that book is quite good.
15. Please inquire for me what the address of the museum is.
16. Professor Wang has recently compiled a book on Chinese grammar.
17. How come the research institute isn't on the map of the school?
18. There is no need to write notes for this book.
19. How many graduate students are there in Professor Ma's ancient history seminar?
20. I've collected quite a bit of material for a Ph.D. thesis.

遠東大學學生人數圖

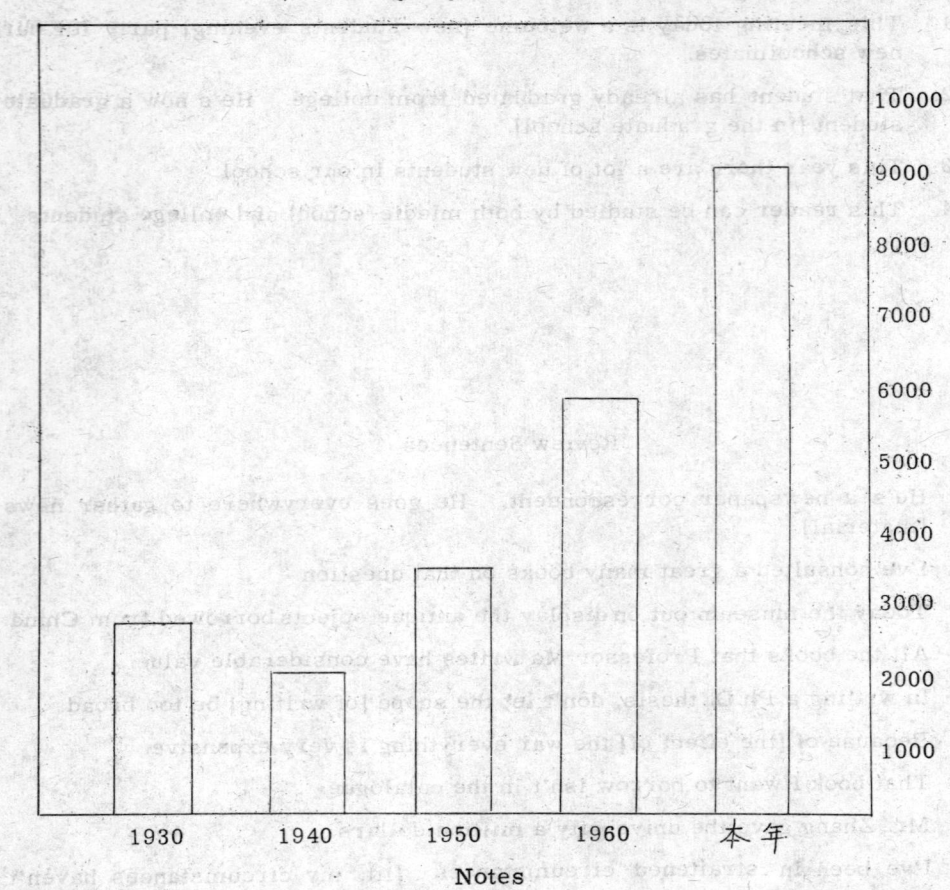

	10000
	9000
	8000
	7000
	6000
	5000
	4000
	3000
	2000
	1000

1930　1940　1950　1960　本年

Notes

1. The great majority of Chinese compounds consist of two syllables, and the original elements entering into the compound are often reduced to conform to this pattern. Here are some familiar examples:

   xuéxiào 'school'   + tú 'map'   = xiàotú 'map of a school'
   fēijīchǎng 'airport' + tú 'map'   = chǎngtú 'map of an airport'
   wǎnshang 'evening'   + huì 'meeting'   = wǎnhuì 'evening meeting, evening party'
   xīn 'new'   + xuésheng 'student' = xīnshēng 'new student'

2. Sima Qian (or Szu-ma Ch'ien in the Wade-Giles transcription; note the two-syllable surname) was born in the Han Dynasty about 145 B.C. His Shǐ Jì 'Historical Records,' a history of China from the beginnings to his own times, exerted so great an influence on Chinese historical writing that it would be natural to name a Chinese history institute building after him: Qiān Guāng Lóu is literally 'Hall of the Glory of (Sima) Qian.' It is usual Chinese practice to invite a famous scholar to name a building and write the characters for it.

Notes

3. The suffix zhě '-er, one who' is attached to certain verbs, forming nouns on the pattern of English 'teach, teacher': xué 'study,' xuézhě '(professional) scholar.'

4. From its use in the honorific title xiānsheng, literally 'first born,' the second syllable has come to be used as a noun suffix, especially in nouns referring to studying, as in xuésheng 'student,' dàxuéshēng 'college student,' and yénjiushēng 'graduate student.' Note that except in xiānsheng and xuésheng, the syllable shēng occurs with a tone.

"Shēn bēizhe huā gǔ zǒu sìfāng."

Dì Èrshisānkè. Huānyíng Xīnshēng Wǎnhuì

Huìhuà: Měiyīng, Wénshān, Xuéxīn sānge rén cānjiā Yuǎn-Dàde huānyíng xīnshēng wǎnhuì.

Měi : Xiànzài yào kāishǐ le.
Bái : Zhǔxí shi shéi ya?
5 Xué : Shi sānniánjíde, jiào Yè Wényīng.
Měi : Tā hěn huì zuò shì. Xuéxiào kāi huì shífēnzhī jiǔ shi tā zuò zhǔxí.
Zhǔ : Zhūwèi láibīn, zhūwèi tóngxué:

Jīntian wǒmen zhèige huì dàjiā dōu zhīdao shi wèile
10 shénmo kāide. Zhèige huì shi huānyíng xīnshēng wǎnhuì. Wǒmen xuéxiào jīnnian cóng gè dìfang láile hěn duō xīn tóngxué, wǒmen shi duómo gāoxìng. Dànshi wǒmen hěn cánkuì yīnwei wǒmen yě bú huì shénmo yóuxì. Búguò jiùshi biǎoshì huānyíng xīn tóngxué. Jīntian zhèige huì jiào xiōngdi wǒ** lái
15 zhǔchí. Suīrán yǐjing chóubèile jǐtiān, yídìng hái yǒu hěn duō bu zhōudaode dìfang. Qǐng zhūwèi yuánliàng. Jīntian wǎnshangde yúlè jiému dōu shi jǐwèi xīn jiù tóngxuémen dānrènde. Wǒ xiǎng yídìng hěn yǒu yìsi. Xián huà shǎo shuō. Xiànzài wǒmende jiému jiù kāishǐ. Xiān qǐng Jīn Shūwén tóngxué shuō
20 jǐwèi jiàoshòude kǒutóuyǔer.
Jīn : Zhǔxí Xiānsheng dài rén bù gōngping. Biéde tóngxué liǎngge lǐbài yǐqián dōu zhǔnbèi le, bǎ wǒ línshí zhuāshanglai.

---

* This lesson illustrates several types of Chinese humor and entertainment: (a) nicknames, (b) tongue twisters, (c) guessing characters, (d) songs, (e) comic dialogues, and (f) satire as a spoof of the academic style. See Note 1 at the end of the lesson on Chinese names, and Notes 2-7 for descriptions of each form of entertainment.

** Xiōngdi (wǒ) 'me, (your) younger brother'—a humble reference to oneself.

475

Lesson Twenty-Three

```
              Wǒ shuōyishuō wǒmen dàxué jǐwèi jiàoshòude kǒutóuyǔer.
              Yǒu yíwèi jiàoshòu yàoshi yǒu xuésheng bǎ gōngke zuòcuò le
25            huòzhe shénmo shìqing bú duì le, tā yídìng shuō, "Aiya!
              Zāogāo!" Suóyi wǒmen jiù gěi ta qǐ ge wàihào jiào "Aiya!
              Zāogāo!" Xiānsheng.  Zhūwèi tóngxué yídìng cāidezháo ta shi
              shéi.
     Bái    : Shì bu shi Máo Jiàoshòu?
30   Měi    : Shì ta.  Tā duì xuésheng hǎojíle.
     Jīn    : Hái yǒu yíwèi "Guǒrán bú cuò" Xiānsheng.  Hái yǒu yíwèi
              "Méi yǒu nàge bìyao" Xiānsheng.  Tā lǎo xiānsheng* shàng
              yìtáng kè dàgài yào shuō jǐshícì "Méi you nàge bìyào."  Yǒu
              yícì wǒ gěi ta jìzhe tā yìtáng shuōle sānshiliù cì "Méi yǒu
35            nàge bìyào."
              Oh, hái yǒu yíwèi "Hǎojíle" Xiānsheng.  Wúlùn shuō
              shénmo dōu dài "Hǎojíle." Jiānglái xiǎng fázi rang ta yùjian
              yíjiàn huàijíle de shìqing, kàn ta hái shuō bu shuō "Hǎojíle."
              Zhèi jǐwèi jiàoshòu nǐmen zhīdao shi shéi ma?  Xìng'er
40            jiàoshòumen dōu bú zài chǎng.  Zhūwèi tóngxué ke biè bǎ wǒ
              shuō de huà gàosu tāmen.  Yàoshi zhèi jǐwèi jiàoshòu zhīdaole
              wǒ xià xuéqī kěnéng bìbuliǎo yè!
     Bái    : Zhèi jǐwèi jiàoshòu wǒ dōu zhīdao shi shéi.
     Zhǔ    : Xiànzài shi ràokǒulìngr.  Qǐng Máo Shānhé tóngxué gěi wǒmen
45            shuō ràokǒulìngr.
     Máo    : Wǒ hěn jiǔ méi shuō ràokǒulìngr le.  Wǒ háishi niàn chūzhōng
              de shíhou wǒmen xuéxiào wǔshízhōu jìnián wǒ shuō de ne.
              Shān qián yǒu ge Cuī Cū-tuǐ.
              Shān hòu yǒu ge Cuī Tuǐ-cū.
50            Èr rén shān qián lái bǐ tuǐ.
              Bù zhī Cuī Tuǐ-cūde tuǐ bǐ Cuī Cū-tuǐde tuǐ cū,
              Háishi Cuī Cū-tuǐde tuǐ bǐ Cuī Tuǐ-Cūde tuǐ cū.
     Zhòng:** Zài lái yíge!  Zài lái yíge!
```

---

* Tā lǎo xiānsheng 'he the old teacher'—a polite way of referring to some-
one.

** Zhòng = guānzhòng 'audience.'

Huìhuà 477

    Māo : Chī pútao jiù tǔ pútao piér. Bù chī pútao bù tǔ pútao piér.

55 Bái : "Chī pútao" de wǒ shuōdeshànglái. "Bǐ tuǐ" de wǒ shuōbushànglái.

    Zhǔ : Wǒmen xiànzài cāi zì yóuxì. Xiànzài yǒu liǎngjù wǔyán shī cāi liǎngge zì. Cāizháole de yǒu yìdiǎr jiángpǐn. Shéi cāizháo le shéi jǔ shǒu. Wǒ xiànzài bǎ zhèi liǎngjù shī niàngei zhūwèi
60 tīng. Dì yījù shī shi:

        "Yán" biān "zhǔ" xià "yuè"

    Dì èrjù shī shi:

        Èr rén tǔshang dūn.

    Měi : Wénshān, nǐ cāidezháo ba?

65 Bái : Dì yīge wǒ cāibuzháo. Dì èrge wǒ zhīdao. Měiyīng, nǐ shuō dì yīge shi shénmo zì?

    Měi : Dāngrán wǒ zhīdao, kěshi wǒ bù shuō.

    Zhǔ : Yìhuěr qǐng cāizháole de lǐng jiǎng. Xiàmian shi biáoyǎn míngēr "Fèngyáng Huā Gǔ." Shi Wén Qīnghuá Wén Qīngwén
70 liǎngwèi tóngxué biáoyǎn.

    [Music] : Dōngdōng qiàng, dōngdōng qiàng.

        Dōngdōng qiàngdōng qiàngdōng qiàng.

    Wén
    (singing): Shuō Fèngyáng, dào Fèngyáng.

        Fèngyáng běn shì hǎo dìfang.

75   Zìcóng chūle Zhū Huángdì,

        Shínián dào yǒu jiǔnián huāng.

    [Music] : Dōngdōng qiàng, dōngdōng qiàng

        Dōngdōng qiàngdōng qiàngdōng qiàng.

    Wén
    (singing): Dàhù rénjiā mài tiándì.

80   Xiǎohù rénjiā mài érláng.

        Wǒ jiā méi yǒu érláng mài.

        Shēn bēizhe huā gǔ zǒu sìfāng.

    [Music] : Dōngdōng qiàng, dōngdōng qiàng

        Dōngdōng qiàngdōng qiàngdōng qiàng.

85 Bái : "Fèngyáng Huá Gǔ" biáoyǎnde zhēn hǎo. Yìbiār chàng yìbiār biáoyǎn hěn bù róngyi.

    Měi : Tāmen liǎngge rén shi wo tóngbān tóngxué. Hěn yǒu yǎn xì de tiāncái. Yíge shi gēge yíge shi mèimei.

90	Zhǔ	: Xiànzài zhèige jiému shi xiàngsheng. Shi Mǎ Guóyīng Huáng Néng liǎngwèi tóngxué dānrèn de.
	Huáng	: Xiànzài wǒ qǐng wèn ni, Kóngzǐ yígòng yǒu duōshao xuésheng a?
	Mǎ	: Kóngzǐ yígòng yǒu sānqiān xuésheng.
	Huáng	: Bú cuò. Nǐ zhīdao zuì hǎode xuésheng yǒu duōshao?
95	Mǎ	: Kóngzǐ zuì hǎode xuésheng yǒu qīshi'èrge.
	Huáng	: Nǐ zhīdao zhèi qīshi'èrge rén lǐtou, yǒu duōshao jiēle hūn yǒu duōshao méi jiēhūn de?
	Mǎ	: Nǐ ke wènzhu wǒ le. Shūshang méi yǒu ba.
100	Huang	: Wǒ ke zhīdao. Yǒu sānshige jiēle hūn de sìshi'èrge méi jiēhūn de.
	Bái	: Nǐ zěnmo zhīdao de?
	Huáng	: Lún Yǔ shang yǒu a:
		Guànzhě wǔ liù rén.
		Tóngzǐ liù qī rén.
105		"Guànzhě" jiù shi jiēguo hūn de. Wǔ liù sānshí. "Tóngzǐ" jiù shi méi jiēguo hūn de. Liù qī sìshi'èr. Sānshí jiā sìshi'èr zhèi bu zhěng qīshi'èrge rén ma?
	Mǎ	: Duìle. Yǒu nǐde, zhēn yǒu nǐde.
110	Měi	: Wénshān, nǐ zhīdao tāmen shuōde zhèi shi zài Sì Shū néiběn shang de?
	Bái	: Shi Lún Yǔ shang de, wǒ wàngle zài shàng Lún shang shi xià Lún shang le.
	Xué	: Néng shuō xiàngshengr de rén dōu hěn cōngming.
115	Huáng	: Wǒ zài wèn ni yíge wèntí. Nǐ zhīdao Sān Guó shang Zhūgé Liàng Zhōu Yú zhèi liǎngge rén ma?
	Mǎ	: Dāngrán zhīdao le.
	Huáng	: Nǐ zhīdao tāmen liǎngge rén de mǔqin xìng shénmo?
	Mǎ	: Zhèi wǒ kě bù zhīdào.
	Huáng	: Zhūgé Liàngde mǔqin xìng Hé, Zhōu Yúde mǔqin xìng Jì.
120	Mǎ	: Nǐ cóng nǎr zhīdao de?
	Huáng	: Zhèi shi Zhōu Yú zìjǐ shuōde. Yǒu yícì Zhōu Yú shēngqìle, tā jiù shuō le: "Jì shēng Yú, Hé shēng Liàng? Na bú shi yìsi jiù shi shuo, xìng Jì de shēng de Zhou Yú, xìng Hé de shēng Zhūgé Liàng ma?"
125	Xué	: Xiàngshengr hěn yǒu yìsi. Wǒ fùqin hěn xǐhuan tīng xiàngshengr.

Huìhuà

	Měi	:	Shuō xiàngshengr hěn nán.
	Zhū	:	Xiànzai wǒmen de yúlè jiému yǐjing wán le. Xiàmian qǐng Wáng Dàwén tóngxué yánjiǎng. Wáng tóngxué shi wǒmen
130			tóngxué lǐtou xuéwen zuì hǎo de. Měicì kǎoshì ta dōu kǎo dì-yī. Jiùlián zìdiǎn tā dōu bèixialai le, wàihàor jiào Huó Zìdiǎn. Wǒmen tīngle tāde yánjiǎng yǐhòu, duì wǒmen xué de yìfāngmiàn yídìng yǒu hěn dàde bāngzhu.
	Wáng	:	Zhǔwěi tóngxué. Jīntian wǒ suǒ jiǎngde tímu shi guānyu Chǎo
135			Dòufu. Chǎo Dòufu yě shi yìzhǒng xuéwen. Wǒ jīntian gēn nǐmen shuōyishuō Chǎo Dòufu zhèige tímu.

Guānyu Chǎo Dòufu, kéyi cóng jǐfāngmian lái jiǎng. Zhǔyàode háishi kǒuwèide wèntí. Ànzhe wǒde kànfa, wǒ rènwei Wáng Tàitai chǎode dòufu zuì hǎo. Tā suǒ chǎo de
140 dòufu, yìlái hěn hǎo chī, èrlái kànzhe yě piàoliang, zàizhě wénzhe yě hěn xiāng. Tā suǒ chǎo de dòufu yóngyuǎn méi fāshēngguo shénmo wèntí. Zhèi shi rènhé rén bù néng fǒurèn de. Jīngguo wǒ kǎolǜ de jiéguǒ chǎo dòufu bìxū cānkǎo Wáng Tàitai chǎo dòufu de fāngfǎ. Huàn jù huà shuō, yě yào tīngting
145 tā guānyu chǎo dòufu de lǐlùn. Duìyu zhèi jǐdiǎn nǐmen yào zhùyì.

Wáng Tàitai dòufu chǎo de hǎo chī, nà shi hěn míngxiǎn de shìshí. Bú shi yìzhǒng lǐlùn.

Zǒng'eryánzhi yòng jǐjù jiǎndānde huà bǎ chǎo dòufu de
150 yuánzé gàosu nǐmen. Wǒ xiāngxìn dòufu gēn jiàngyóu yǒu xiāngdāngde guānxi. Yìfāngmiàn suīrán jiàngyóu bù néng suísuibiànbiànde fàngde tài duō, kěshi lìng yìfāngmiàn yě bù néng mámahūhūde fàngde tài shǎo. (Guānyu zhèi yìdiǎn qǐng cānkǎo Wáng Dàshifu suǒ xiě de shū: <u>Chǎo Dòufu Yánjiu</u> dì
155 sìcè, dì wǔbǎi liùshisānyè, zhùjiě dì shíqī.)

Wǒ gēn nǐmen tánle bàntian Chǎo Dòufu, kěshi shìshíshang wǒ yě bú huì chǎo dòufu. Wǒ jiùshi ài chī chǎo dòufu.

Wǒ zhànshí bǎ Chǎo Dòufu de dàyì gàosu nǐmen. Děng wǒ yǒu jīhui jiànzhao Wáng Tàitai qǐng ta bǎ Chǎo Dòufu de
160 nèiróng gàosu wǒ yǐhòu, wǒ zài bǎ tāde lǐlùn xiángxìde jiěshi gěi nǐmen tīng.

Rúguǒ nǐmen duì Chǎo Dòufu yǒu shénmo wèntí, qǐng nǐmen míngtian dōu qu chī chǎo dòufu qu. Dànshi wǒ děi gěi nǐmen jiěshi qīngchu, bìng bú shì wǒ qǐng kè, shi gè chī
165 gè de. Chīwánle yǐhòu yǒu shénmo bù liáojiě de, wǒmen zài tǎolùn.

Chǎo Dòufu zhèige wèntí yě shi yíge hěn fùzá de wèntí, bùshi jǐfēn zhōng kéyi jiěshiwánle de. Shíhou dào le. Wǒmen xiàcì zài yánjiu.

170	Měi	:	Ke xiàosi wǒ le. Wǒ zhēn bù zhīdào Wáng Dàwén yǒu zhèizhǒng běnshi.
	Bái	:	Zhèiwèi yě shi nǐ tóngbān de ma?
	Měi	:	Bú shi. Wǒ bǐ ta gāo yìbān. Tāde gōngke hǎo shi zhēnde. Ta bù zěnmo xǐhuan shuō huà.

175 Zhǔ : Xiànzài wǒmende jiému dōu wán le. Kěshi wǒmen hái yǒu hěn duō shíjiān. Wǒmen hái yùbeile yìdiǎr chádiǎn. Qǐng nǐmen suíbiàn chī yìdiǎr, suíbiàn wár. Cóng míngtian kāishǐ wǒmen jiu zhèngshì shàng kè le. Méi yǒu wár de jihui le Yǐhòu jiu zài kètángli jiàn le.
180 Jīntian xièxie zhūwěi lai cānjiā wǒmen zhèige huì.

Shēng Zì gēn Xīn Yúfǎ de Jùzi

1.0. (4) zhǔ   chief, head
          dìzhǔ   landowner, landlord
          zuò zhǔ be in charge of something
  1.1. Zhèige shìqing shéi zuò zhǔ?
  1.2. Tāmen jiā shi dà dìzhǔ.

2.0. (8) zhūwěi   (term of address) (Note 8)
  2.1. Xiànzài zhūwěi yǒu shénmo tíyì méi you?
  2.2. Xièxie zhūwěi duì wǒmen zhèijiàn shìqing bāng mang.

3.0. (8) láibīn   visitors, guests (N) [lit. come guests]
  3.1. Duō xiè zhūwěi láibīn dào wǒmen xuéxiào cānguān.

4.0. (12) cánkuì   ashamed, mortified, sorry (SV)
  4.1. Wǒ hěn cánkuì zhèijiàn shì méi gěi nín bànhǎo.

5.0. (13) biǎoshi show, express, make clear (V)
          biǎoshi A duì B yìdiǎr yìsi show A's regard for B, as a token of A's regard
  5.1. Zhèi diar xiǎo lǐwu qǐng nín shōuxia biǎoshi wǒ yìdiǎr yìsi.
  5.2. Tā yǐjing gēn wǒ biǎoshìguo hěn duō cì zhèige shìqing ta bú yuànyi zuò le.

6.0. (15) zhǔchí   have charge of, direct, manage (V) [lit. chief control]
  6.1. Nèige dà huì shi shéi zhǔchí?
  6.2. Jīntiān xiàwǔ Zhāng Jiàoshòu zhǔchí de jīngji yánjiūbān gǎi xià lǐbàiwǔ le.

Shēng Zì gēn Xīn Yúfǎ de Jùzi 481

7.0. (15) chóubèi   prepare (for an activity) (V) [lit. plan prepare]
  7.1. Nèige shìqing zhēn bù róngyi. Tāmen yǐjing chóubèile yìnián le.
8.0. (16) zhōudao   thorough (SV) [lit. complete reach]
  8.1. Zuótian wǒmen qu cānguān nèige xuéxiào tāmen zhāodàide hěn zhōudao.
9.0. (16) yuánliàng   forgive, excuse, make allowances for (V) [lit. origin forgive]
  9.1. Nèijiàn shìqing wǒ zuòcuò le. Qǐng nín yuánliàng wǒ.
10.0. (17) yúlè   amusement, recreation, entertainment (N) [lit. amuse happy]
    yúlèchǎng   place of amusement
  10.1. Zhèizhǒng yúlè wǒmen Měiguo méi you.
  10.2. Zhèrde yúlèchǎng jǐdiǎn zhōng guān mén?
11.0. (17) jiému   (items on a) program, schedule (N) [lit. section item]
    jiémudān   playbill, program
  11.1. Lǎo Wáng, zhèige zhōumò yǒu shénmo jiému?
  11.2. Kànkan jiémudānshang dōu yǒu shénmo?
12.0. (17) dānrèn   assume, take on, shoulder responsibility for (V) [lit. load duty]
  12.1. Shéi dānrèn zhèige huìde zhǔxí?
13.0. (20) kǒutóu   oral, verbal, by word of mouth (N) [lit. mouth head]
    kǒutóuyǔ(r)   speech mannerism, habit of speech, pet phrase
  13.1. Nèijiàn shìqing tā kǒutóushang yǐjing shuō kéyi le.
  13.2. Zhāng jiàoshòu de kǒutóuyǔ tài duō le. Tīng le hěn tǎoyàn.
14.0. (21) gōngping   impartial, fair, just (SV) [lit. public even]
    dài rén bù gōngping   treat people unfairly
  14.1. Nèijiàn shìqing nǐ yào bànde gōngping yìdiǎr.
  14.2. Nèige jiàoyuán dài xuésheng bù gōngping.
15.0. (22) línshí   provisional, temporary, special, on a moment's notice [lit. near time]
    línshí zhèngfǔ   provisional government
  15.1. Wǒ qǐng Zhāng Xiānsheng chī fàn. Tā línshí dǎ ge diànhuà shuō bù lái le.
  15.2. Dǎ zhàng de shíhou zài nèr zǔzhīle yíge línshí zhèngfǔ.
16.0. (22) zhuā   scratch, grab (V)
  16.1. Qǐng nǐmen xiǎoxin. Zhèizhī māo zhuā rén.

Lesson Twenty-Three

16.2. Zhèige shìqing zhǎobuzháo rén zuò. Tā línshí bǎ wǒ zhuāláile.

17.0. (31) guǒrán   certainly, indeed (AD) [lit. certainly is]

17.1. Rénjia dōu shuō nèige fànguǎrde cài hǎo chī. Zuótian wǎnshang wǒ chīle yícì. Guǒrán hěn hǎo.

18.0. (33) táng   hall, room (N) (also, measure for a class at a particular time and place)

      kètáng   classroom

      jiǎngtáng   lecture hall

      yìtáng kè   one class

18.1. Wǒmen xiàwǔ sāndiǎn zhōng zài wǔhào kètáng jiàn.

18.2. Nǐmen zài jiǎngtángshang yào ānjing yìdiǎr.

18.3. Wǒ xīngqīliù yě yǒu liǎngtáng kè.

19.0. (44) rào   circle around, detour around (V)

      ràozuǐ   difficult to say [lit. circle mouth]

      ràokǒulìngr   tongue twister

      ràoyuǎn, ràoyuǎr   circuitous, roundabout

19.1. Qiántou xiū lù ne. Děi ràozhe zǒu.

19.2. Zhèige jùzi hěn ràozuǐ. Wǒ zěnmo shuō yě shuō bu liúli.

19.3. Qǐng ni gàosu wo tāmen shuōde zhèige ràokǒulìngr shi shénmo yìsi?

19.4. Cóng zhèitiáo lù zǒu tài ràoyuǎr le.

20.0. (47) zhōunian   anniversary (year) (M) [lit. cycle year]

20.1. Xià yuè shíhào wǒmen xuéxiào yìbǎi zhōunián le.

20.2. Lǐbàiliù wǒ gēn wǒ nèiren jiēhun wǔzhōunián. Wǒ qǐng nǐmen chī wǎnfàn.

21.0. (47) jìnian   commemorate, celebrate the memory of (V), commemoration (N) [lit. record ponder]

      jìniànrì   memorial day, anniversary day

      zhōunián jìniàn   anniversary celebration

21.1. Jīntian wǒmen xuéxiào jìniàn chénglìle sānbǎi zhōunián.

21.2. Míngtian shi xuéxiàode zhōunián jìniàn suóyi fàngjià yìtiān.

21.3. Jīntian shi shénmo jìniànrì?

22.0. (54) pútao   grape (N)

      pútao pí(er)   grape skin

22.1. Suóyǒude shuíguǒ wǒ zuì xǐhuan chī pútao.

23.0. (54) tǔ   spit (out) (V)

Shēng Zì gēn Xīn Yúfǎ de Jùzi   483

    23.1.   Nǐ tǔ de shíhou tǔzai shǒujuàrshang.
24.0. (57) yán word (M)
    24.1.   Qǐng wèn, yán zì zěnmo xiě?
25.0. (57) shī   poem, poetry (N)
            shīrén poet
            shījiā poet
    25.1.   Tā shī zuòde hěn hǎo.
    25.2.   Tā búdàn shi ge kēxuéjiā, érqiě yě shi ge shīrén.
26.0. (58) jiángpǐn   reward, prize (N) [lit. reward article]
            dé jiángpǐn   obtain a prize
    26.1.   Wǒ fùqin shuō yàoshi wǒ kǎo dì yī ta sòng wǒ jiángpǐn.
    26.2.   Shàng cì yùndong huì wǒmen xuéxiào déle hěn duō jiángpǐn.
27.0. (59) jǔ raise overhead (V)
    27.1.   Shéi rènshi zhèige zì? Qǐng jǔ shǒu.
28.0. (63) tǔ   earth, soil, dirt (N)
    28.1.   Zhèrde tǔ hǎo, suóyi qīngcài zhǎngde tèbié dà.
29.0. (63) dūn   crouch, squat (V)
            dūnzai dìxia   squat on the ground
    29.1.   Nèrde xiāngxia rén dōu shi dūnzai dìxia chī fàn.
30.0. (68) lǐng   receive, get, claim (V)
    30.1.   Nǐde jiángpǐn lǐng le méi you?
31.0. (68) biáoyǎn   act out, perform, demonstrate (V); performance, demonstration (N) [lit. show perform]
    31.1.   Zuótian kāi huì nèi jǐge yúlè jiému dōu biáoyǎnde hěn hǎo.
    31.2.   Xuéxiào zhōunian jìniàn dà huì yǒu wǒ mèimei biáoyǎn.
32.0. (69) mín   people
            míngē(r)   folk song
            rénmín   the people [lit. man people]
            guómín   citizen [lit. nation people]
            mínguó   republic [lit. people nation]
            Zhōnghuá Mínguó   Republic of China (Note 9)
            mínzhǔ   democracy [lit. people chief]
            mínzhǔ guó(jiā)   democratic country, democracy
    32.1.   Zhèige dìfang de míngēr hěn hǎo tīng.
    32.2.   Quán guóde rénmín dōu yōnghu ta.

Lesson Twenty-Three

    32.3.   Wǒmen dōu shi Měiguode guómín.
    32.4.   Zhōnghuá Mínguó jiǔnián jiù shi yī jiǔ èr líng nián.
    32.5.   Nèige guójiā shi yíge mínzhǔ guó.
33.0. (69) huā   figured, variegated
    33.1.   Wáng Xiáojie chuānle yíjiàn huā qípáor.
34.0. (69) gǔ   drum
                    dǎ gǔ   play a drum
    34.1.   Tā gǔ dǎde hěn hǎo.
35.0. (75) zìcóng   ever since [lit. from from]
    35.1.   Zìcóng dǎ zhàng yǐhòu ta jiù méi huí guó.
36.0. (75) huángdì   emperor (N) [lit. emperor ruler]
    36.1.   Míng Cháode huángdì xìng Zhū.
37.0. (76) huāng   suffer famine (V), famine (N)
                    huāngnián   famine year
                    huāngdì   barren ground
    37.1.   Nèige dìfang zhèi jǐnián huāngde lìhai.
    37.2.   Wǒmen nèige dìfang jīnnian shi huāngnián.
    37.3.   Nèikuài dà píngyuán wánquán shi huāngdì.
38.0. (79) -hù   household
                    dàhù   rich [lit. big] family
                    xiǎohù   poor [lit. small] family
    38.1.   Tāmen jiā zài zhèige cūnzili shi ge dàhù. Tāmen xiāngdāng yǒu qián.
39.0. (79) tiándì   farm land, fields (N) [lit. field land]
    39.1.   Wǒmen jiā zhǐ yǒu fángzi, méi you tiándì.
40.0. (82) bēi   carry on one's back (TV)
    40.1.   Sìchuānde nǚrén bēizhe háizi zuò shì.
41.0. (89) xiàngsheng(r)   comic dialogue (N) [lit. appearance sound]
    41.1.   Zuótian wǒ zài wúxiàndiàn tīngzhao xiàngshengr le.
42.0. (98) wènzhu   puzzle, nonplus, stump (V) [lit. ask stop]
    42.1.   Zuótian Lǎo Wáng bǎ wǒ gěi wènzhule. Tā wènle wǒ yíge wèntí. Wǒ zěnmo xiǎng ye xiǎngbuqǐlái.
43.0. (131) bèi   memorize, repeat from memory (V)
                    bèi shū   memorize, repeat from memory [lit. memorize book]
    43.1.   Cóngqián Zhōngguo xuésheng niàn shū měikè shū bìděi dōu bèixialai.

Shēng Zì gēn Xīn Yúfǎ de Jùzi 485

43.2. Qǐng nǐmen bú yào kàn shū. Xiànzài wǒmen yào bèi shū le.
44.0. (134) suǒ that which (Note 10)
44.1. Tā suǒ shuō de duì wǒmen hěn yǒu yòng.
45.0. (140) yìlái in the first place [lit. one come]
èrlái in the second place [lit. two come]
45.1. Wǒ kě bú qù lǚxíng. Yìlái méi gōngfu, èrlai wǒ yě méi qián.
46.0. (140) zàizhě furthermore
46.1. Wǒ kě bù mǎi chē. Yìlái tài guì, èrlái wǒ bu xūyào, zàizhě wǒ yě bú huì kāi.
47.0. (141) xiāng fragrant (SV)
47.1. Yuànzili de méigui hěn xiāng.
48.0. (141) yǒngyuǎn forever, always (AD)
48.1. Xiǎode shíhou bèi de shū yǒngyuǎn wàngbuliǎo.
49.0. (142) fǒurèn deny (V) [lit. no acknowledge]
49.1. Nèijiàn shìqing 'shì tā shuōde. Wǒ wèn ta, tā méi fǒurèn.
50.0. (143) kǎolù ponder, consider, weigh thoughtfully (V) [lit. examine plan]
50.1. Zhèijian shìqing wǒ děi kǎolù kǎolù zài huída ni.
51.0. (145) lǐlùn theory (N) [lit. reason discuss]
lǐlunshang in theory, theoretically
51.1. Tā suǒ shuō de shi yìzhǒng lǐlùn.
51.2. Zài lǐlunshang nǐ shuōde hěn duì.
52.0. (147) míngxiǎn obvious, clear (SV) [lit. bright manifest]
52.1. Nǐ dài rén bú gōngping nà shi hěn míngxiǎn de shìqing.
53.0. (148) shìshí fact (N) [lit. matter real]
shìshíshang in fact, as a matter of fact
53.1. Lǐlun shi lǐlun. Shìshí shi shìshí.
53.2. Zài lǐlùnshang shi duì de. Kěshi shìshíshang hěn nán zuòdedào.
54.0. (149) zǒng'eryánzhī in sum, in a word; after all is said and done, in the last analysis [lit. sum and say it]
54.1. Tā jiěshìle bàntiān. Zǒng'eryánzhī wǒ háishi bù dǒng.
55.0. (150) yuánzé (fundamental) principle (N) [lit. origin principle]
55.1. Nǐde shìqing yuánzéshàng méi wèntí le.
56.0. (158) dàyì general meaning, general idea, tenor (N) [lit. big meaning]
56.1. Zhèikè shūde dàyì nǐmen zhīdao ba?
57.0. (166) tǎolùn discuss formally (V) [lit. ask discuss]

57.1. Guānyu zhèige wèntí wǒmen xiànzài tǎolùn tǎolùn.
58.0. (167) fùzá   complicated, complex, intricate (SV) [lit. complex diverse]
  58.1. Nèijiàn shìqing bù róngyi bàn.   Tài fùzá le.
59.0. (176) chádiǎn   refreshments (N)
  59.1. Xuéxiàode zhōunián jìniàn hái yùbeile chádiǎn.

Wēnxi Jùzi

1. Wǒ bú huì shénmo biáoyǎn.   Wǒ juéde hěn cánkuì.
2. Zuótian ta gēn wǒ biǎoshi ta hěn bù mǎnyì Lǎo Wáng duì ta de tàidu.
3. Nèige lìshǐ yánjiubān shi Wáng Jiàoshòu zhǔchí ma?
4. Zhèr zhèng zai chóubèi kāi Shìjiè Yùndong Huì.
5. Jīntian zhāodaide bù hǎo.   Qǐng nín yuánliàng.
6. Wǒ zài nèige xuéxiào dānrèn jiāo Zhōngwén.
7. Wúlùn zuò shénmo shì yīnggāi zuòde gōngping.
8. Xiōngdi wǒ méi zīge dānrèn zhènmo zhòngyàode shìqing.
9. Zhèizhī bǐ shi wǒ bìyè de shíhou wǒ fùqin sònggei wǒ de zuò ge bìyè jìniàn.
10. Zhèige wèntí huì de jǔ shǒu.
11. Wǒmen gōngsī měiyuè sānshihào lǐng xīnshui.
12. Nèige diànyǐng piānzi de yǎnyuán biáoyǎnde zhēn hǎo.
13. Tā měitiān zǎochen bēizhe háizi qu mǎi cài.
14. Qǐng nǐmen míngtian bǎ hēibǎnshangde jùzi dōu bèixialai.
15. Nèijiàn shìqing bú shi wǒ yíge rén suǒ néng bàndedào de.
16. Nèige gōngzuò duì nǐ hěn héshì.   Nǐ bú bì kǎolǜ le.
17. Wǒ xīwang xué liùge yuè de Zhōngguo huà jiù kéyi shuōde bú cuò, dànshi shìshíshang bú nènmo róngyi ba.
18. Nèijiàn shìqing tāmen jǐge rén tǎolùnle bàntiān yě méi jiéguǒ.

Dāndú Tánhuà

19. Nèiběn shūde dàyì wǒ dōu dǒng le.
20. Tā xiěde shū wénfǎ hěn fùzá.

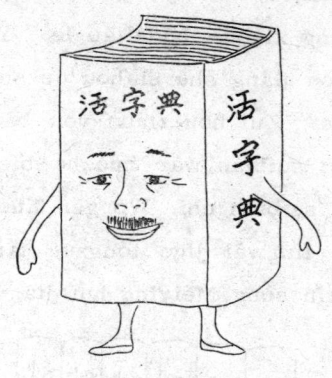

Dāndú Tánhuà

    Wǒ gēn Xuéxīn qīdiǎn sānkè jiu dào dàxué mén kǒu děngzhe Měiyīng. Děngle bú dào shífēn zhōng, Měiyīng jiu láile. Jīntian cānjiā wǎnhuì de rén hěn duō. Zhěng bādiǎn zhōng huì jiù kāishǐ le. Kāishǐ shi zhǔxí bàogào. Zhèiwèi tóngxué hěn yǒu shuō huà de tiāncái. Měiyīng shuō
5 dàxué kāi huì shífēnzhī jiǔ dōu shi tā dānrèn zhǔxí. Jīntian wǎnshangde jiému dōu shi xīn jiù tóngxué dānrèn de. Tóngxué lǐtou zhēn yǒu bù shǎo yǒu biǎoyǎn tiāncái de. Jīntian wǎnshangde jiému chàbuduō dōu shi kě xiào de.

    Wǒ hěn xǐhuan xiàngshengr. Tāmen yígòng shuōle liǎngge xiàngshengr.
10 Ràokǒulìngr yě shuōde hěn hǎo. Wǒ juéde duìyu xué Zhōngguo yǔyán de wàiguo xuésheng hěn yǒu bāngzhu. Duì liànxi fāyīn hěn yǒu yòng. Hái yǒu yíwèi tóngxué xué jiàoshòude kǒutóuyǔ. Zhōngguo jiàoshòu wàiguo jiàoshòu dōu yíyàng. Jiǎng shū de shíhou měige rén dōu yǒu tāmende kǒutóuyǔ. Hái yǒu yíge jiému shi Fèngyáng Huā Gǔ, shi Wén Qīnghuá
15 Wén Qīngwén xiōng-mèi liǎngge rén biǎoyǎn de. Tāmen chuānzhe hěn hǎo kàn de yǎn xì de yīfu. Yìbiār chàng yìbiār dǎzhe gǔ biǎoyǎn. Yòu hǎo kàn yòu hǎo tīng. Wǒ hěn xǐhuan nèige mínggē.

    Zuì hòu yíge jiému shi yíge hěn kě xiào de yánjiǎng. Zhēn bǎ rén gěi xiàosi le. Kāishǐ de shíhou zhǔxí hěn zhèngshìde bàogào shuō zuì
20 hòu shi yíge yánjiǎng, shi yíwèi xuéwen zuì hǎo de tóngxué jiǎng, duìyu dàjiā xué de yìfāngmiàn hěn yǒu bāngzhu. Wǒmen tīng de rén yǐwei shi zhēnde ne. Děngdào zhèige tóngxué chūlaile yǐhòu wǒmen hái yǐwei shi yíge zhèngshìde yánjiǎng ne. Měiyīng gēn wǒ shuō: "Wèi shénmo yào

yánjiǎng ne?" Měiyīng huà hái méi shuōwán, nèiwèi tóngxuéde tímu
25 shuōchulai le. "Jīntian wǒ suǒ jiǎng de shi Chǎo Dòufu." Zhèige tímu
tā yì shuō dàjiā yǐjing xiàode bùdéliǎo le. Yuè shuō yuè kě xiào. Tā
wánquan yòng jiàoshòu jiǎng shū shíhou de shuōfa lái shuō Chǎo Dòufu,
shuōde tài kě xiào le. Zuì hòu zhǔxí yòu bàogào shuō hái yǒu hěn duō
de shíjiān, dàjiā kéyi suíbiàn wár huòzhe bícǐ liánluo liánluo. Bìngqiě
30 yùbeide chádiǎn kéyi suíbiàn chī. Wǒ gēn Xuéxīn Měiyīng sānge rén dōu
dào cāntīng qu gēn lìngwài jǐge tóngxué tántan, chīle yìdiǎr chádiǎn.
Ránhòu wǒ gēn Xuéxīn sòng Měiyīng huí jiā.

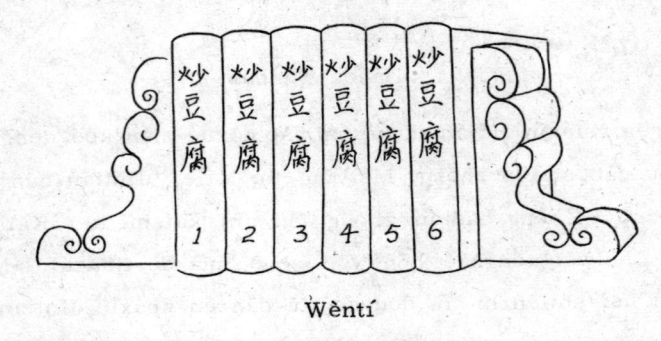

Wèntí

1. Yuǎn-Dàde huì shi wèile shénmo kāi de?
2. Zhǔxí shuō ta wèi shénmo hěn cánkuì?
3. Zhǔxí shuō wèi shénmo yào yuánliàng ta?
4. Jīntian wǎnshang de jiému dōu shi shénmo rén dānrèn de?
5. Nǐmen de jiàoshòu dōu yǒu shénmo kǒutóuyǔ? Nǐ néng shuō ma? Nǐ xuéguo tāmen ma?
6. Nǐ huì shuō ràokǒulìngr ma? Qǐng ni shìshi.
7. Cāi zì de shíhou Wénshān gēn Měiyīng shuō ta cāizhao něige le?
8. Wénshān wèn Měiyīng zhīdao bu zhīdào, Měiyīng shuō zhīdao, kěshi tā wèi shénmo bù shuōchulai ne?
9. Qǐng nǐ shuōyishuō "Fèngyáng Huā Gǔ" zhèi jǐge zìde yìsi.
10. Nǐ xǐhuan tīng xiàngsheng ma? Zhèige wǎnhuì tāmen shuōle jǐge xiàngsheng? Nǐ zhīdao tāmen shuōde xiàngsheng shi shénmo shūshang de?
11. Nǐ shìshi kàn tāmen shuō de xiàngsheng nǐ néng shuō bù néng shuō?
12. Yúlè jiému wánle yǐhòu yǒu yíge yánjiǎng, tímu shi shénmo? Nǐ shuō shi bu shi zhèngshìde yánjiǎng?
13. Zhǔxí bàogào shuō yánjiǎng de nèiwèi tóngxué wàihào jiào shénmo? Wèi shénmo jiào zhèige wàihòu ne?
14. Zhǔxí shuō tāde yánjiǎng duì dàjiā yǒu shénmo yǐngxiǎng?

Dialogue

15. Wáng Dàwén suǒ jiǎngde tímu shi shénmo? Tāde yánjiǎng nǐ tīngle yǐhòu nǐ xiào le méi you? Yàoshi nǐ xiào le qǐng wèn ni, yǒu shénmo kě xiào de?
16. Zhèiwèi tóngxué shuō Wáng Tàitai dòufu chǎode zěnmo hǎo?
17. Tā hái shuō yàoshi duì chǎo dòufu yǒu shénmo wèntí ràng zhūwèi tóngxuéde qu zuò shénmo? Shì shéi qǐng kè ne?
18. Yánjiǎng wánle yǐhòu zhǔxí shuō ràng dàjiā zuò shénmo?
19. Zhǔxí shuō zhèicì de huì wánle yǐhòu jiānglái dōu zài nǎr jiàn miàn?
20. Qǐng ni bǎ huānyíng xīnshēng wǎnhuì cóng kāishǐ dào zuì hòu jǐge jiémude míngzi shuōchulai.
21. Yàoshi kāi huì nǐ zuò zhǔxí, bàogào wánle yǐhòu yīnggāi gēn láibīn shuō shénmo kèqi huà?
22. Yàoshi nǐ cānjiā yíge huì nǐ hěn xǐhuan de jiému wán le nǐ hái xiǎng qǐng ta zài biáoyǎn yícì, nǐ zěnmo shuō?
23. Yàoshi kāi huì, zhǔxí qǐng ni línshí cānjiā yíge jiému nǐ xiān shuō shénmo?
24. Yàoshi kāi huì qǐng ni zuò zhǔxí nǐ yīnggāi shuō shénmo kèqi huà?
25. Yàoshi nǐde xuéxiào yǒu yíge huānyíng xīn tóngxué de huì nǐ shi zhǔxí, nǐ yīnggāi gēn xīn tóngxué shuō jǐjù shénmo kèqi huà?
26. Yàoshi nǐ tīngwánle huòzhě kànwanle yíge kě xiào de jiému yǐhòu, ni yīnggāi shuō shénmo?
27. Yàoshi nǐ biáoyǎn de shíhou láibīn shuō "Zài lái yíge" ni yīngdāng zuò shénmo?
28. Yàoshi nǐ zuò zhǔxí jīntian zhèige huì wárde hěn gāoxìng kěshi míngtian jiu shàng kè le ni yīnggāi shuō shénmo huà?
29. Rúguǒ yíge huì kāiwánle yǐhòu nǐ yīnggāi duì láibīn shuō shénmo?
30. Yàoshi kāi huì de shíhou yùbeile chádiǎn ni qǐng láibīn chī yīnggāi zěnmo shuō?

    Dialogue: Meiying, Vincent, and Xuexin attend the welcoming party for new students at Far Eastern University.

Mei : It's about to start [now].
White : Who's the master of ceremonies?
Xue : A junior, Ye Wenying.
Mei : He's very good at managing things. He presides over nine-tenths of the meetings at school.
Zhu : Honored guests, fellow students: You all know the reason why we are having this meeting today. This is a welcoming party for new students. We are [so] delighted that a great many new students have come to our university from all over. However, we are very sorry not to be capable of any entertainment. Nevertheless we do want to

express our welcome. I have been asked to take charge of this meeting today. Although we've been preparing for several days, there [surely] are still a great many rough spots, and I hope you will forgive them. The evening's [entertainment] program has been taken over entirely by a number of our fellow students, new and old. I'm sure it will be very enjoyable. But enough of this chatter. Let's begin now with our program.

Let's first ask [fellow student] Jin Shuwen to tell us about the catch phrases of a few of the professors.

Jin : The [Mr.] master of ceremonies is unfair. Other students have had two weeks to get ready, but he pulled me in at the last minute.

I'll mention the catch phrases of a few of the professors at our university. There's one professor who, if a student does an assignment wrong or if anything goes wrong, is sure to say, "Oh my gosh"; so we've nicknamed him Mr. "Oh my gosh." I'm sure you can guess who he is.

White : Isn't that Professor Mao?

Mei : Yes. He's wonderful toward students.

Jin : Then there's Mr. "Really pretty good." And there's also Mr. "There's no need of that." In a single class he's sure to say "There's no need of that" several dozen times. One time I recorded his saying "There's no need of that" thirty-six times in one session.

Oh, there's also Mr. "Wonderful." No matter what you say he always chimes in with "Wonderful." Some time I'm going to think of a way to have him come up against something awful and see if he still says "Wonderful."

Do you know who these professors are? Fortunately none of the professors is present. But don't any of you [fellow students] tell them what I said. If they knew I might not be able to graduate!

White : I know who all of these professors are.

Zhu : Now for a tongue twister. I'd like Mao Shanhe to say one for us.

Mao : I haven't said a tongue twister for a long time. (The last time) I said one was when I was in lower middle school, at the fiftieth anniversary of our school.

> In front of the mountian was Cui Thick-leg.
> Behind the mountain was Cui Leg-thick.
> The two men came to the front of the mountain to compare their legs.
> I don't know whether Cui Leg-thick's legs were thicker than Cui Thick-leg's,
> Or whether Cui Thick-leg's were thicker than Cui Leg-thick's legs.

Zhong : Encore! Encore!

Mao : If you eat grapes, spit out the skins. If you don't eat grapes, don't spit out the skins.

White : I can say the "eat grapes" one, but not the "compare-legs" one.

Dialogue

Zhu : Now let's play at guessing characters. [Now] there are two five-word poems to guess two characters. Winners will receive a prize. Raise your hand if you guess them. Now I'll read the two poems for you. The first poem is:

"Moon" below "chief" alongside "word."

The second poem is:

Two men sitting on the ground.

Mei : Vincent, can you guess them?

White : I can't guess the first. I know the second. Meiying, do you know [lit. say] what the first is?

Mei : Of course I know, but I won't tell.

Zhu : In a little while the winners can claim the prize. Next is a rendition of "The Flower-Drum of Fengyang," by [our two fellow students] Wen Qinghua and Wen Qingwen.

[Music] : Dōngdōng qiàng, dōngdōng qiàng.
Dōngdōng qiàngdōng qiàngdōng qiàng.

Wen : We speak of Fengyang.
(singing) Fengyang used to be a nice place,
But since the appearance of Emperor Zhu
There has been famine nine years in ten.

[Music] : Dōngdōng qiàng, dōngdōng qiàng.
Dōngdōng qiàngdōng qiàngdōng qiàng.

Wen : Rich families sell land.
(singing) Poor families sell sons.
Our family has no sons to sell.
Carrying a flower drum, we roam the four quarters.

[Music] : Dōngdòng qiàng, dōngdōng qiàng.
Dōngdòng qiàngdōng qiàngdōng qiàng.

White : They did that [lit. presented the "Flower Drum of Fengyang"] awfully well. It's not at all easy to sing and act at the same time.

Mei : They're both classmates of mine. They have a lot of theatrical ability. They're brother and sister.

Zhu : Next on the program is a comic dialogue. This will be presented by two of our schoolmates, Ma Guoying and Huang Neng.

Huang : [Let me ask you now], how many students did Confucius have in all?

Ma : [Confucius had in all] three thousand students.

Huang : Correct. How many of them were the very best students?

Ma : [The very best students of Confucius numbered] seventy-two.

Huang : Do you know, of these seventy-two, how many were married and how many were unmarried?

Ma : Now you've stumped me. I don't think the books say.

Huang	:	But I know. Thirty were married, and forty-two were not married.
Ma	:	How do you know that?
Huang	:	It's in the Analects:

> Capped, five-six persons.
> Boys, six-seven persons.

"Capped" refers to married persons; five sixes are thirty. "Boys" refers to unmarried persons; six sevens are forty-two. Aren't thirty plus forty-two exactly seventy-two?

Ma	:	Right. Score one for you.
Mei	:	Vincent, do you know where in the Four Books what they referred to occurs?
White	:	It's in the Analects, but I've forgotten whether it's in the first or second part.
Xue	:	Anyone who can do a comic dialogue is pretty smart.
Huang	:	I have another question for you. Do you know Zhuge Liang and Zhou Yu in the Three Kingdoms?
Ma	:	Of course I know them.
Huang	:	Do you know what their mothers' (maiden) names were?
Ma	:	That I don't know.
Huang	:	Zhuge Liang's mother was surnamed He. Zhou Yu's Mother was surnamed Ji.
Ma	:	How do you get to know that?
Huang	:	It was so stated by Zhou Yu himself. Once when Zhou Yu fell into a rage he said: "Since there's a Yu, why need there be a Liang?" Doesn't this mean that someone by the name of Ji gave birth to Zhou Yu, and someone by the name of He gave birth to Zhuge Liang?
Xue	:	Comic dialogues are very amusing. My father loves to listen to them.
Mei	:	It's very hard to do comic dialogues.
Zhu	:	Now the entertainment (part of the) program is finished. Next we'll ask for a lecture from a fellow student, Wang Dawen. He's the best student among us. On every exam he comes out first. He's even learned the dictionary by heart, so that he's been nicknamed the Living Dictionary. Hearing his lecture is bound to help us enormously in our studies.
Wang	:	Fellow students: The subject matter to be lectured upon by me today is concerned with Fried Beancurd. Fried Beancurd is also a field of learning. I shall engage with you today in a discussion of the topic of Fried Beancurd.*

---

* In the following passage, I have attempted to convey the feeling of the original by using an overpedantic style in the English translation.

With respect to Fried Beancurd, it is possible to approach it from various angles. The most important remains the question of taste. In my considered opinion I hold that the best beancurd is that fried by Mrs. Wang. The beancurd fried by her is, in the first place, tasty; is, in the second place, good to look upon; and is, furthermore, fragrant to the nostrils. There has never arisen any question with respect to the beancurd fried by her. This is something that cannot be denied by anyone. According to the results of my profound thinking, the frying of beancurd must have reference to Mrs. Wang's technique of frying beancurd. To put it in other words, one should give ear to her theories regarding the frying of beancurd. You must pay special attention to these points. That Mrs. Wang's beancurd is fried most appetizingly is an obvious fact. It is not just a theory.

Summarizing, I shall in a few simple sentences inform you of the principles of frying beancurd. I hold to the conviction that there is an intimate relationship between beancurd and soy sauce. Although on the one hand soy sauce cannot be individualistically added to excess, nevertheless on the other hand neither can it be thoughtlessly employed to an insufficiency. (On this point please consult the treatise written by Chef Wang: <u>Studies on Fried Beancurd</u>, Vol. IV, page 563, footnote 17.)

I have discussed Fried Beancurd with you at considerable length, but as a matter of fact I don't know how to fry beancurd. It's just that I love to eat fried beancurd.

For the time being I (shall do no more than) give you a general idea about Fried Beancurd. After I have had an opportunity to seek out Mrs. Wang and requested her to divulge to me the contents of Fried Beancurd, I shall further expound her principles to you in detail.

If you have any questions regarding Fried Beancurd, I invite you all to go have some fried beancurd tomorrow. However, I must explain to you with the utmost clarity that I am not to be host, that this is entirely a matter of Dutch treat. After you have dined, if there is anything you do not understand, we shall carry the discussions further.

The problem of Fried Beancurd is an exceedingly complex one— a problem that cannot be expounded in full in just a few minutes. The hour is now up. We shall carry our researches further next time.

Mei	:	He slays me. I didn't know that Wang Dawen had this sort of ability.
White	:	Is he a classmate of yours too?
Mei	:	No. I'm a class ahead of him. [It's really so that] he's good in his studies, [but] he's not given to talking much.
Zhu	:	Now our program is really at an end. But we still have a lot of time. We've prepared a little refreshment, and you are invited to help yourselves and join in some informal fun. Tomorrow school begins formally. There won't be any more time for fooling around. From now on we'll just see each other in the classrooms. Thank you all for joining in our party today.

Sentences for New Words and Grammar

1.1. Who's in charge of this matter?

1.2. They [lit. their family] are big landowners.

2.1. Now do you ladies and gentlemen have any suggestions?

2.2. Thank you, ladies and gentlemen, for helping us in this matter [of ours].

3.1. Many thanks [to you guests] for coming to visit our school.

4.1. I'm very sorry that I didn't succeed in taking care of this matter for you.

5.1. Please accept this little gift as a token of my regard.

5.2. He has already made clear to me many times that he is unwilling to undertake this matter.

6.1. Who's managing that big meeting?

6.2. This afternoon's economics seminar conducted by Professor Zhang has been changed to next Friday.

7.1. That matter is really very difficult. They've been preparing for it for a year already.

8.1. They received us very warmly when we visited that school yesterday.

9.1. I did that [matter] wrong. Please forgive me.

10.1. We don't have this kind of entertainment in America.

10.2. At what time do the places of amusement here close up?

11.1. Wang, what's the program for this week end?

11.2. Look and see what's on the program.

12.1. Who is [assuming the responsibility as] the chairman of this meeting?

13.1. (With respect to) that matter he has already said that it is all right.

13.2. Professor Zhang has too many pet phrases. It's a bore to listen (to him).

14.1. You must handle that matter impartially.

14.2. That professor does not treat his students impartially.

15.1. I invited Mr. Zhang to dinner but he phoned just before dinner time to say that he wasn't coming.

15.2. A provisional government was established there during the war.

16.1. Please be careful. This cat scratches [people].

16.2. It was impossible to find anyone to undertake this matter. He grabbed me at the last moment (to do it).

17.1. Everyone else says the food at that restaurant is delicious. Yesterday evening I had a meal there [lit. ate once]. It really was very nice.

18.1. We'll meet [lit. see] in Room 5 at three o'clock this afternoon.

18.2. Be a bit quieter in the lecture hall.

Sentences for New Words and Grammar 495

18.3. I also have two classes on Saturday.
19.1. The road's being fixed up ahead. You have to detour.
19.2. This sentence is a tongue twister. No matter how I try I can't say it fluently.
19.3. Please tell me what this tongue twister [that they've said] means.
19.4. It's too roundabout if you go by this road.
20.1. Next month is our school's 100th anniversary.
20.2. Saturday is my wife's and my fifth wedding anniversary. I'd like to ask you to dinner.
21.1. Today our school is celebrating the 300th anniversary of its establishment.
21.2. Tomorrow is our school's anniversary celebration so we're having a one-day holiday.
21.3. What's today the anniversary of?
22.1. Grapes are my favorite fruit.
23.1. When you spit, spit into your handkerchief.
24.1. How do you write the character yán ('word')?
25.1. His poems are very well written.
25.2. He's not only a scientist but a poet as well.
26.1. My father said that if I came out first on the exam he would give me a reward.
26.2. At the last athletic meet our school won a lot of prizes.
27.1. Who recognizes this character? Please raise your hands.
28.1. The soil is good here, so vegetables grow unusually large.
29.1. Country people there eat squatting on the ground.
30.1. Did you claim your prize?
31.1. At the assembly held yesterday the various items on the [entertainment] program were very well presented.
31.2. The big assembly for the school's anniversary celebration will include a performance by my sister.
32.1. The folk songs in this place are very nice to listen to.
32.2. The people of the whole country support him.
32.3. We're all United States citizens.
32.4. The ninth year of the Republic of China is 1920.
32.5. That nation is a democratic country.
33.1. Miss Wang wore a flowered Chinese-style dress.
34.1. He plays the drum very well.

35.1. He hasn't returned to his own country since the war.
36.1. The emperors of the Ming Dynasty were surnamed Zhu.
37.1. There's been a terrible famine in that place the past few years.
37.2. This year is a famine year in our area.
37.3. That stretch of plain is completely barren.
38.1. They are one of the rich families in our village. They're quite wealthy.
39.1. Our family has a house but no land.
40.1. The women in Szuchwan work carrying children on their backs.
41.1. I heard some comic dialogue on the radio yesterday.
42.1. Wang stumped me yesterday. He asked me a question. No matter how I tried I couldn't think (of the answer).
43.1. In the past, Chinese students [in studying] had to memorize every lesson.
43.2. Don't look at your books. We'll now recite from memory.
44.1. Everything he says is very useful for us.
45.1. I'm not going on the trip. In the first place, I don't have time, and in the second place, I don't have the money.
46.1. I'm not buying a car. In the first place, it's too expensive; in the second place, I don't need it; and furthermore I don't know how to drive.
47.1. The roses in the garden are very fragrant.
48.1. You can't ever forget the books you memorize when you are young.
49.1. That matter was spoken of by him. I asked him, and he didn't deny it.
50.1. I'll have to weigh this matter carefully before I answer you.
51.1. What he said is a [kind of] theory.
51.2. Theoretically, what you say is right.
52.1. It's obvious [lit. an obvious thing] that you don't treat people impartially.
53.1. Theory is theory. Facts are facts.
53.2. In theory that's right. But in fact, it's very difficult to carry out.
54.1. He explained it for a long time. The upshot was that I still didn't understand.
55.1. In principle there's no problem about that matter of yours.
56.1. Do you all get the general idea of this lesson?
57.1. Let's now have a discussion regarding this matter.
58.1. This matter isn't easy to handle. It's too complicated.
59.1. Refreshments have also been prepared for the school's anniversary celebration.

Notes 497

Review Sentences

1. I'm not capable of performing anything. I feel quite mortified.
2. Yesterday he made it clear to me that he is very dissatisfied with Wang's attitude toward him.
3. Is that history research seminar conducted by Professor Wang?
4. They're just preparing to hold the Olympics here.
5. I haven't entertained you well today. Please forgive me.
6. I have the task of teaching Chinese in that school.
7. Regardless of what [matter] you do, you should do it impartially.
8. I [younger brother] lack the capacity to assume responsibility for such an important matter.
9. This pen was presented to me by my father [when I graduated] as a graduation present [lit. commemoration].
10. Those who can (answer) this question raise your hands.
11. (In) our concern (we) receive (our) salary on the thirtieth of each month.
12. The actors in that movie perform very well.
13. Every morning she goes out to buy food carrying the child on her back.
14. Please memorize all the sentences on the blackboard by tomorrow.
15. That matter isn't something that can be managed by me alone.
16. That work is very well suited to you. You don't need to think about it further.
17. I had hoped that after studying Chinese for six months I could speak it pretty well, but in fact I guess it's not that easy.
18. They discussed that matter for a long time but without result.
19. I understand completely the general idea of that book.
20. He writes his books in a very complicated style [lit. grammar].

Notes

1. Chinese surnames generally consist of one syllable, but a few have two syllables. One of these is Sīmǎ, encountered in Lesson 22. Another is Zhūgé, which occurs in the comic dialogue of this lesson. If the surname has two syllables, the given name is likely to consist of one. If the surname has one syllable, the given name most often consists of two, though one-syllable given names are not uncommon. Given names generally have some special significance—often an obscure one. All the given names of student participants in the welcoming party are words that have previously appeared in the lessons. These, with their meanings, are as follows:

Shūwén	'Book Literature'
Shānhé	'Mountains and Rivers'
Qīnghuá	'Clear Splendor'
Qīngwén	'Clear Literature'
Guóyīng	'Nation Brave'
Néng	'Able'
Dàwén	'Great Literature'

Except for Néng 'Able,' all are of two syllables. Note also that the brother and sister who perform the Flower Drum song are named Qīnghuá and Qīngwén, though there is no indication in the names themselves as to which refers to the boy and which to the girl. The common element Qīng in both names shows a family relationship.

2. Nicknames in Chinese, as in English, are generally based on some real or fancied personal quality, physical or mental. We have seen instances of this in the nicknames Xiǎo Láohu 'Little Tiger' and Tiě Tóu 'Iron Head.' In this lesson we have had examples of speech mannerisms taken as surnames:

   Aiya! Zāogō! Xiānsheng   'Mr. "Oh my gosh"'

3. Tongue twisters in Chinese are much like those in English (e.g. "Stand on the stairs and say statistics"). They generally don't make much sense; the fun lies in the challenge to avoid tripping up on the difficult sounds. (Of course, Chinese tongue twisters cannot be translated into English tongue twisters, nor vice versa.) Note in the first tongue twister (and also in the character guessing game) the use of èr rén where we would in ordinary speech have liǎngge rén 'two persons,' and zhī as short for zhīdao 'know.'

4. Character-guessing games are a perennial favorite with Chinese. The two given here are relatively easy, especially if the English translations or character versions of the 'poems' are used, rather than the transcribed or spoken form. The latter form is more difficult because of the ambiguity in meanings: yán, for example, might be either 'word,' 'salt,' 'along,' or still some other word.

5. The Flower Drum song dates from the Ming Dynasty (1368-1644), the founder of which, surnamed Zhū, came from the city of Fēngyang in Anhwei province. The song is the plaint of a refugee couple, husband and wife, who are uprooted by the turmoil attending the founding of the dynasty. The song may be rendered in any of several ways—by one or two persons, with or without accompaniment. The refrain represents the sounds made by the instrumental accompaniment—a drum (played by the woman) and a gong (played by the man). If there is no accompaniment, the refrain is sung. In the refrain, the syllable dōng represents the sound of the drum, and qiàng the sound of the gong. The performers combine singing with stylized motions of the hands and body.

   There are several words in the song that are not generally used in contemporary speech:

Notes 499

   dào = shuō 'tell'

   běn = běnlái 'originally'

   érláng = érzi 'sons'

6. The two examples of comic dialogue presented in this lesson depend for their effect on a knowledge of the persons and episodes referred to, and also on how the Chinese language permits play on words. These present no problem for a Chinese audience, many of whom know their classics by heart, but extended explanations may be needed for the Western student.

  The first comic exchange has to do with a passage from the Lún Yǔ (or Lún for short), which is generally translated as Analects and forms part of the Sì Shū (Four Books), one of the earliest classics in Chinese literature. The Lún Yǔ consists of sayings attributed to Confucius and his students. In the name Kóngzǐ or Kǒngfūzǐ, latinized to Confucius, the syllables zǐ (or fūzǐ) mean 'sage,' 'master.' The quoted passage (from Book XI, Chapter XXV, 7) contains two terms that are not part of ordinary speech: (a) guànzhě, literally 'capped ones,' referring to males who at age 20 were presented with a cap as a token of their reaching manhood; and (b) tóngzǐ 'boys.' It is stretching the meaning of the terms to interpret them as referring to married men and bachelors; it is also stretching the grammar to interpret wǔ liù 'five six' as 'five sixes.' The standard translation of the passage is 'five or six young men who have assumed the cap, and six or seven boys.'

  The second comic exchange concerns a passage involving Zhūgé Liàng and Zhōu Yú, two well known figures from the Three Kingdoms period (A.D. 221–265). Sān Guó is used both as the designation of the period and as the title of a historical novel (translated into English as Romance of the Three Kingdoms) about the period. The quoted passage involves a play on the words jì and hé. Jì can be either a surname, or short for jìrán 'since.' Hé can be either a surname, or short for hébì 'why need to?' The two interpretations involve a further change or extension of meaning of shēng, which means 'give birth to' if a subject is specified, and without a subject means 'Heaven produces' or 'there is produced.' The primary meaning of the quoted passage, which is uttered by Zhōu Yú in an angry outburst against his arch rival, Zhūgé Liàng, can be rendered as follows: 'Since there has been produced a Yú, why need there be a Liàng?' Applying the second of the meanings given above for jì and hé, the passage is to be rendered: 'Jì gave birth to Yú, Hé gave birth to Liàng.' Note that the Chinese character versions of the quotations are better adapted to such plays on words than either the transcribed or translated versions, where we have to commit ourselves (by capitalization and voice of the verb) to one interpretation or the other.

7. The spoof of the academic style depends for its humor on the use of expressions more appropriate to lecture style than to the mundane topic of Chinese cookery. These terms include the following:

  (a) Suǒ before verbs, which has an effect similar to the excessive use of the passive form in some pedantic styles of English writing.

  (b) Yīlái 'in the first place,' èrlái 'in the second place,' zàizhě 'furthermore.'

(c) Zǒng'eryánzhī 'in brief,' a cliché used to introduce a summary of something stated previously.

(d) Kǎolǜ 'ponder,' lǐlùn 'theory,' míngxiǎn 'obvious,' shìshí 'fact,' yuánzé 'principle,' dàyì 'general meaning,' tǎolùn 'discuss formally,' fùzá 'complex.' These terms—cherished by the academician—unlike those above, are used in ordinary speech, though sparingly.

8. The term zhūwèi is a general greeting addressed to an audience, having about the same meaning as 'Gentlemen!' or 'Ladies!' or 'Ladies and gentlemen.' It is also combined with terms referring to groups within the audience, as: zhūwèi tóngxué 'Fellow students!'

9. Zhōnghuá Mínguó 'Republic of China' is the name given to the republican government established after the overthrow of the Ch'ing Dynasty in 1911. The whole name, or the abbreviated form Mínguó, is used in the chronological system adopted by the new government, which reckoned 1912 as its first year. Zhōnghuá Mínguó èrnián is 1913, wǔshiyínián is 1962.

10. The syllable suǒ, a somewhat literary form, occurs often in the pattern A suǒ V de B 'the B (that was) V'd by A':

   tā suǒ mǎi de shū 'the books that were bought by him.'

Dì Èrshisìkè. Wēnxi

Lesson Contents

A. Exercise in Tonal Distinctions (p. 501)

B. Review of Initial and Final Elements (pp. 501-504)

C. Brain Teasers (pp. 504-507)

D. Narratives and Dialogues (pp. 507-514)

A. Exercise in Tonal Distinctions

The following two-syllable expressions are distinguished in meaning by differences in tone. For each pair construct one or more sentences that will demonstrate clearly the differences in meaning and usage of the expressions.

1. chángtú, chǎngtú
2. dà gǔ, dǎ gǔ
3. dàhù, dà hú
4. hélǐ, héli
5. huángdì, huāngdì
6. jìniàn, jǐnián
7. jiěshì, jiěshi
8. kèshǐ, kěshi
9. lǎoshī, lǎoshi
10. shìchǎng, shíchǎng
11. shìshí, shìshi
12. tiándì, tiánde
13. xiǎohǔ, xiǎo hú
14. yàofāng, yàofáng
15. yīkē, yíkè, yìkē
16. yóupiào, yǒu piào
17. zhūwèi, zhùwēi

B. Review of Initial and Final Elements

Many elements occur repeatedly at the beginning or end of words and phrases in Chinese. Generally (as with rén 'man') they mean the same thing in every occurrence. Occasionally, however (as with dǎ 'hit'), the meanings vary according to the context. Note the common elements in the following expressions and compose sentences using these expressions.

1. dǎ
   dǎ zhé
   dǎ zhékòu
   dǎ diànbào
   dǎ zhēn

   dǎ yùfáng zhēn
   dǎ gǔ
   dǎ pí
   dǎ líng
   dǎ máyào zhēn

dǎ zì
dǎ zhàng
dǎ qiú

2. kāi
kāi chē
kāi mén
kāi huì
kāi yàofāng(r)
kāi dānzi
kāi dēng
kāi fàn
kāi hùr
kāi wánxiào
kāi zhīpiào

3. fā
fāshāo
fālěng
fārè
fā píqi

4. rán
guǒrán
dāngrán
suīrán
jìrán
hūrán

5. lái
hòulái
jiānglái
jìnlái
yǐlái
èrlái
běnlái
yuánlái

xiànglái
cónglái

6. shí
línshí
zhànshí
tóngshí
dāngshí
suíshí
yìshí

7. chu
yòngchu
huàichu
chángchu
duǎnchu
hǎochu
nánchu

8. rén
shāngren
bìngren
sīrén
shīrén
pángrén
nǔrén
nánrén
nóngrén
zhǔrén
gōngrén
wàirén

9. shēng
xīnshēng
xuésheng
xiānsheng
yánjiushēng
liúxuéshēng

Review of Initial and Final Elements

pángtīngshēng
xiǎoxuéshēng
zhōngxuéshēng
dàxuéshēng

10. shī
    lǎoshī
    gōngchéngshī
    jiànzhushī
    jiàoshī

11. shǒu
    xuánshǒu
    duìshǒu
    háoshǒu
    shuíshǒu

12. zhǎng
    duìzhǎng
    cūnzhǎng
    xiàozhǎng
    xiànzhǎng
    yuànzhǎng

13. yuán
    màihuòyuán
    duìyuán
    gùyuán
    jiàoyuán
    yùndongyuán
    màipiàoyuán
    jiāncháyuán

14. jiā
    huàjiā
    zuòjiā
    shījiā
    lìshǐjiā

    káogǔjiā
    káogǔxuéjiā
    shǐxuéjiā
    xiǎoshuōjiā
    yìshujiā
    zhuānménjiā

15. fáng
    yàofáng
    bìngfáng
    wòfáng
    chúfáng
    shūfáng
    xízǎofáng
    xiāngfáng
    zhèngfáng

16. shì, shǐ
    bàngōngshǐ
    zhāodàishǐ
    yīwushǐ
    cángshūshǐ
    yánjiushǐ
    kèshǐ

17. guǎn, guǎr
    fānguǎr
    lǐfáguǎn
    tǐyuguǎn
    túshūguǎn
    zhàoxiàngguǎn

18. chǎng
    shìchǎng
    qiúchǎng
    yùndòngchǎng
    tǐyuchǎng

503

        yúlèchǎng
        wǎngqiúchǎng
        páomǎchǎng
        gōngchǎng
        liūbīngchǎng
        mǎchǎng
        yóuxichǎng
        tíngchēchǎng

19. yuàn
        yīxué yuàn
        bówuyuàn
        yánjiu yuàn
        yīyuàn
        diànyǐngryuàn
        Kǎoshì Yuàn

20. xué
        kēxué
        yīxué
        yǔyánxué
        káogǔxué
        jiànzhuxué

        xìjuxué
        jīngjixué

21. bào
        huàbào
        rìbào
        zhōubào
        yuèbào
        wǎnbào

22. kān
        jìkān
        yuèkān
        zhōukān
        niánkān

23. kē
        yīkē
        wàikē
        pífukē
        nèikē
        yǎnkē
        xiǎo'érkē
        yákē

C. Brain Teasers

    Chinese contains many syllables having a variety of meanings. The following exercise provides practice in distinguishing phrases that contain such syllables. The phrases are presented in pairs; one element is identical in sound in both members of the pair but quite different in meaning. For example:

1. gāng gòu
2. gāng tiě

In the first, gāng 'barely' is an adverb modifying the stative verb gòu 'enough,' and the phrase means 'barely enough.' In the second, which means 'iron and steel,' gāng 'iron' and tiě 'steel' are coordinate nouns.

    The expressions below are listed according to the lesson in which one or both items occurred. The meanings of the phrases and their component syllables can be found either in the Glossary and Index, or at the first occurrence in Sentences for New Words and Grammar, or in the index of Beginning Chinese.

Brain Teasers

Lesson 19

1. jiē kǒur
   jiē rén
2. tián biǎo
   dài biǎo
3. chángcháng
   hěn cháng
4. shàng 'Shànghǎi
   'shàng shàngge yuè
5. xiànkuǎn
   cún kuǎn
6. bìxū
   bìyè
7. nóngyè
   yíyè
8. xìngmíng
   xìng Máo
9. xíngli
   xíngle
10. qǔ qián
    xìng Qián
11. hángyuán
    gōngyuán
12. bànhǎo
    bàntiān
13. bāng gōng
    nónggōng
14. zhīpiào
    mǎi piào
15. píngcháng
    píngyuán
16. yínháng
    wàiháng
17. qiān zì
    qiānwàn
18. shāngyè
    shāng fēng

Lesson 20

1. dà hòutian
   dà gūniang
2. dēng bào
   zhōubào
3. xuānchuán
   shàng chuán
4. jiǎn jià
   jiǎnchá
5. rénzào
   méi zào
6. sānhé táng
   sānhé fángzi
7. Shāndong
   shān dòng
8. tài hòu
   yǐhòu
9. qípáor
   qíshí
10. tán pǐba
    tán tiār
11. lùn mǎ
    qí mǎ
12. xìnfēng
    guā fēng
13. zhǎo qián
    zhǎo péngyou
14. yóupiào
    yǒu piào

Lesson 21

15. bāoguǒ
    shuǐguǒ
16. guójiā
    cānjiā

1. kāidāo
   kāi mén
2. wèi bìng
   wèi' shénmo
3. qǐngjià
   jiǎn jià
4. jiéguǒ
   shuǐguǒ
5. páiduì
   qiúduì
6. pèi yào
   zhòngyào
7. chángjiǔ
   hē jiǔ
8. máyào
   mǎi yào
9. zhù yuàn
   zhùzhǐ
10. késou
    kéyi
11. jìnbù
    běibù
12. gǎnmào
    gǎn shuō
13. dǎoméi
    mǎi méi
14. hēzuì
    hē shuǐ

Lesson 22

1. bìyào
   pèi yào
2. xiàotú
   xiào rén
3. xuéshù
   rénshù
4. chūbǎn
   hēibǎn
5. jiùlián
   kělián
6. lìngdì
   cǐdì
7. nèiróng
   guāngróng
8. Sīmǎ
   qí mǎ
9. dúběn
   shíběn
10. yǐngxiǎng
    nín xiǎng
11. káogǔ
    zhōnggǔ
12. xiǎoshuō
    yě shuō
13. kèběr
    kètīng
14. yíliú
    yílù
15. mùlu
    xiǎo lù

Lesson 23

1. chádiǎn
   gúdiǎn
2. lái chá
   láibīn
3. xuézhě
   zàizhě
4. dìzhǔ
   dì-jǐ
5. ràozuǐ
   ràoyuǎr
6. tiándì
   tiánde
7. kǎolǜ
   kǎo yā
8. lǐlùn
   lǐwu
9. dānrèn
   dānxīn
10. zhǔwèi
    kǒuwèi
11. tǔ piér
    tǔdì
12. míngxiǎn
    míngxìng
13. zìcóng
    zìdiǎn
14. huā gǔ
    huā qián

D. Narratives and Dialogues

I

Yǒu yíwèi jiàoshòu tāde liǎngge xuésheng yíge shi yínháng jīnglǐ yíge shi zhōngxué jiàoyuán. Zhèi liǎngge xuésheng duìyu zhèiwèi lǎoshī dōu hěn kèqi. Yǒu yìtiān—shi zhèiwèi jiàoshòu gēn tāde tàitai jiēhūn èrshi zhōunián jìniàn—zhèi liǎngge xuésheng wèile yào biǎoshi tāmen yìdiǎr
5 yìsi, dǎsuan sòng diar lǐwu. Liǎngge rén jùzài yíkuàr tǎolùn sòng diar shénmo hǎo ne?

Zhèige zhōngxué jiàoyuán shuō lǎoshī shi xuézhě, ta dǎsuan sòng lǎoshī zuì jìn chūbǎn de yìběn dà zìdiǎn. Yīnwei zhèiběn zìdiǎn nèiróng hěn fēngfù, bāokuò de fànwei hěn dà, shi hěn hòu de yìběn. Nèiběn zìdiǎn
10 shi yíwèi Yīngguo xuézhě biānde. Yíwèi Zhōngguo xuézhě bǎ tā fānyìchéng Zhōngwén. Suóyǒude zhùjiě dōu hěn xiángxi. Zhèiwèi zhōngxué jiàoyuán shuō ta rènwei zhèiběn zìdiǎn shi zuì hǎode le. Suóyi jièzhe lǎoshī jiēhūn zhōunián jìniàn sònggei lǎoshī.

Nèiwèi yínháng jīnglǐ shuō: "Gěi lǎoshī sòng lǐwu hěn nán. Ta shi
15 xuézhě, jīnzi yínzi tā dōu bù xǐhuan. Shū nǐ yǐjing juédìng sòng le. Wǒ sòng shénmo hǎo ne? Zènmozhe ba: Wǒ jiāli yǒu yíge xiǎo jiǔ bēi yě

suàn shi ge gúdǒng. Dànshi jiēhūn jìniàn, fūqī liǎngge rén dōu děi sòng. Wǒ zài sòng yíjiàn duànzi qípáo liàor."

Nèiwèi zhōngxué jiàoyuán shuō: "Nènmo nǐ sòng wǒ yě děi sòng a.
20 Kěshi wǒ méi nǐ nènmo yǒu qián. Wǒ sòng yíjiàn chóuzi qípáo liàor hǎo le."

II

Jīntiān shi sìyue èrshibáhào. Wǒ xiànzài shi zài yīyuàn lǐtou xiě zhèige rìjì. Qián liǎngge xīngqī bù zhīdào zěnmo huíshì chuánrǎnshang liúxíngxìngde chuánrǎn bìng le. Kāishǐ jiùshi yǒu diar fāshāo tóu téng. Hòulái yuè lái yuè lìhai. Zhěnggè shēntǐ bù shūfu. Sǎngzi yě téngqilaile.
5 Shāodào yìbǎi líng sān dù. Shénmo yě bu néng chī le, lián shuǐ yě bù xiǎng hē. Shènzhìyu tǎngzai chuángshang qǐbulái le.

Xìng'ér Lǎo Wáng ta yí kàn wǒde bìng yǐjing chàbuduo dàole wēixiǎnde chéngdu le, tā jiu bǎ wǒ sòngdao yīyuàn lái le. Yīsheng gěi wǒ kànwánle yǐhòu shuō wǒde bìng zhòng, bìděi zhù yuàn. Kěshi wǒ jiā de jīngji
10 qíngxing bù hǎo. Wǒ shi ge qióng xuésheng. Nǎr láide qián zhù yīyuàn? Lǎo Wáng wèi wǒde bìng dānxīn. Tā tì wǒ gēn péngyou jiè de qián. Lǎo Wáng gěi wǒ bànhǎole zhù yīyuàn de shǒuxu. Wǒ zhēn xièxie Lǎo Wáng.

Cóng nèitiān kāishǐ wǒ zài yīyuàn yǐjing zhùle liǎngge xīngqī. Xiànzài yǐjing chàbuduō wánquan hǎo le. Wǒ xiǎng liǎng sāntiān yǐnèi wǒ jiu
15 kéyi chū yīyuàn le.

Zhèige yīyuànde shèbei bu cuò. Hùshi duì bìngrén de tàidu hěn hǎo, gěi bìngrén shì wēndù biǎo dǎ zhēn shénmode dou hěn zǐxi, érqiě duì wǒmen bìngrén chī dōngxi hē shuǐ dōu zhàoyingde hěn zhōudao.

Tóng bìngfángde yíwèi qīngnián rén gēn wǒ shuō wǒmen zhù zhèige
20 yīyuàn zhēnshi yǒu fú. Zhè shi zhēn huà. Yǒude yīyuànde hùshi duì bìngrén de tàidu bù zěnmo hǎo. Kěshi zhèige yīyuàn suóyǒude hùshi dōu shi nènmo héqi. Jiùlián yīsheng yě shi dōu hěn kèqi de.

Déle. Wǒ bu wǎng xià zài duō xiě le, yīnwei wǒde bìng cái hǎo, shǒu ná bǐ xiě zì dōu yǒu diar lèi.

III

Wǒ shi yíge měiyuè kào xīnshui shēnghuó de rén. Wǒ měiyuède xīnshui shi èrbǎikuài qián. Chúle chī fàn zhù fángzi yǐwài shèngbuliǎo

hěn duō qián. Suóyi rénjia yí dào zhōumò dōu chūqu wár (bú shi lǚxíng jiùshi kàn diànyǐngr), wǒ búdàn zhèixie xiǎoqiǎn bù gǎn qù jiùlián fànguǎr
5 dou bú qù chī.

Wèi shénmo wǒ zènmo shěng qián ne? Yǒu liǎngge yuányīn. Yīlái wǒ zhèng de qián tài shǎo. Èrlái wǒ bìděi měiyuè shèngxia yìdiǎr qián; wànyī wǒ bìngle huòzhě yǒu shénmo shìqing fāshēng méi qián nǎr chéng ne?

10 Xiànzài wǒ yǒu yìbǎi duō kuài qián le. Qián zài jiā lǐtou gēzhe yàoshi diū le zěnmo bàn ne? Xiǎnglái xiǎngqù bǎ qián fàngzai yínháng bǐjiǎo hǎo. Yǒu yìtiān wǒ wèn Lǎo Zhāng shénmo yínháng bǐjiǎo kě kào. Tā shuō Zhōngyāng Tǔdì Yínháng bǐjiǎo hǎo. Tā gēn Zhōngyāng yǒu láiwǎng

Yǒu yìtiān wǒ jiu dào yínháng qu le. Wǒ wèn hángyuán cún kuǎn de
15 shǒuxu. Ta gàosu wo xiān tián shēnqǐng biǎo, bǎ xìngmíng zhíyè dōu děi xiěde qīngqingchúchǔ de. Wǒ jiu ba wǒde yìbǎi wǔshikuài qián jiāogei hángyuán. Tā gěile wo yíge xiǎo bùzi méi gěi wo zhīpiào. Wǒ wèn ta wèi shénmo bù gěi wo zhīpiào bù ne? Tā shuō qián shǎo bù gěi zhīpiào. Bìxū liǎngqiānkuài qián kāihù cái gěi zhīpiào ne. Yuánlái Zhōngguo gēn
20 Měiguo yínháng cún kuǎn de fāngfǎ bù tóng.

IV

Wǒ zài kàngzhàn de shíhou pǎodao Sìchuān. Zài Sìchuān yígòng zhùle bānián. Nèige shíhou zhèngfǔ yě bāndào Sìchuān qu le. Nèinián dàgài shi yī jiǔ sān qī nián, jiù shi Zhōnghuá Mínguó èrshiliù nián. Wǒ shi zuò chuán qù de. Wǒ zuò de nèitiáo chuán shi yíge yínháng tuántǐ zūde.
5 Suīrán chuán hěn dà kěshi rén bìng bú tài duō, suóyi yǒude shíhou kéyi zài kètīng fàntīng qu zuòyizuò. Zài nèige shíhou dàjiā dōu wǎng Sìchuān pǎo, suóyi měitiáo chuán dōu yōngjǐde bùdéliǎo. Měitiáo wǎng Sìchuān qù de chuán dou shi zhuāngmǎnle rén. Jù chuánshang de péngyou gàosu wǒ, yǒude chuánshang rén duōde lián zuòzhe de dìfang dōu méi you. Yǒude
10 rén zài chuánshang dūnzhe shuì jiào. Bìngqiě yīnwei chuán xiǎo rén duō chángcháng chuán chū shì.

Sìchuānde shānshuǐ yǒu míng. Zhōngguo gǔdàide rén shuō Sìchuānde shānshuǐ dì-yī. Yí lùshangde fēngjǐng zhēn hǎo. Shuǐ zài zhōngjiàr. Shuǐde liǎng pángbiār dōu shi shān. Zài chuánshang wǎng wài yí kàn jiu
15 hǎoxiang chuán chàbuduō jiu yào pèngle shān yíyàng. Zài wǒ suǒ zuò de

nèitiáo chuán qiánbiar yǒu yìtiáo chuán zài qiánmian zǒu. Wǒ suǒ zuòde zhèitiáo chuán yìzhíde dōu zài tā hòutou zǒu. Wǒmen tiāntiān kànzhe nèitiáo chuán zài qiántou zǒu. Yǒu yìtiān hūrán kànbujiàn zhèitiáo chuán le. Méi yǒu hǎo duō shíjiān kànjian shuǐ shàngmiàn yǒu hěn duōde dōngxi—
20　xiāngzi, hái yǒu luànqībāzāo de dōngxi. Jù shuō nèitiáo chuán chū shì de yuányin shi chuán tài xiǎo zhuāng de dōngxi gēn rén tài duō le. Nèitiáo chuán zhǐ néng róng liùbǎi rén, kěshi zuòle yìqiān sānbǎi duō rén. Bìngqiě dōu shi bān jiā de xíngli yě tài duō le. Yìqiān sānbǎi duō rén chàbuduō dōu sǐguāng le.
25　　Wǒ běnlái dàile liùjiàn xíngli, jiéguǒ xià chuán de shíhou diūle yíjiàn, shèngle wǔjiàn le. Zài xià chuán yǐqián wǒde xíngli hái yǒu liùjiàn, kěshi líndào xià chuan de shíhou zài yí kàn jiù shèngle wǔjiàn le. Xìng'er wǒ méi yǒu yǒu jiàzhí de dōngxi, bǐrú shuō gǔwù shénmode. Zhǐ shi yìdiǎr yīfu.
30　　Wǒ zài Sìchuān bìng méi yǒu qīnqi péngyou. Wǒ yòu shi chūcì dào ner, shéi yě bú rènshi. Xìng'er zài chuánshang rènshile yíwèi péngyou. Tā shi yíge zuò mǎimai de. Tā hěn bāng wǒde máng. Tā bāngzhe wǒ gù chē zhǎo lǚguǎn shénmode. Wǒ zhùde shi yìjiā xiǎo lǚguǎn. Nèrde lǚguǎnde xíguan shi měitiān gěi kèren yùbei sāndùn fàn. Měitiān zǎochen
35　liùdiǎn zhōng jiù chī zǎofàn. Sìchuān chī fàn de xíguan shi zǎodiǎn gēn zhōngfàn wǎnfàn yíyàng nènmo duō, érqiě duōshùde cài shi làde. Wǒ duì Sìchuān de shēnghuó wǒ guòbuguàn, kěshi chī de dōngxi dàoshi hěn piányi. Wǒ shi xiàtiān qù de. Nèr de tiānqi rède bùdéliǎo, jiǎnzhíde rèsǐ rén. Wǎnshang rède bù néng shuì jiào. Hái yǒu Sìchuān de dà jiē
40　xiǎo lù dōu hěn zāng. Nà shi shéi yě bù néng fǒurèn de.

V

Wǒ xiànzài shuō yíge gùshi. Cóngqián wǒ niàn chūzhōng-yī de shíhou, yíwèi jiāo guówén de lǎoshī duì xuésheng hěn bù gōngping. Tā xǐhuan de xuésheng měicì kǎoshì chéngji dōu hǎo. Tā bù xǐhuan de xuésheng chéngji dōu bù hǎo. Zhēn qíguài.
5　　Yǒu yícì shàng kè de shíhou tā wèn wǒmen yíge tèbiéde wèntí. Ta shuō: "Nǐmen zhīdao xiān yǒu jī háishi xiān yǒu jīdàn?" Zhèixiàr bǎ wǒmen dōu gěi wènzhu le. Shéi yě bù zhīdào. Lián yíge jǔ shǒu de dōu méi you.

Narratives and Dialogues

10　Tā zài kǎoshì de shíhou tāde tímu dōu shi fēicháng nán dá de, suóyi ta jiāo wǒmen de nèimén gōngke chéngji dōu bù zěnmo hǎo. Wǒmen quán bānde tóngxué huānying zhèiwèi lǎoshī de hěn shǎo.

VI

Měiwén:

　　Kǎoshì de shíhou suírán zhǐ yǒu liǎngge xīngqī méi gěi ni xiě xìn, kěshi hǎoxiang yǒu hěn duō rìzi le. Zhèicì de kǎoshì wǒ kě tài xīnkǔ le. Lǎoshi shuō wèide shi xiǎng dédào yìbǐ jiǎngxuéjīn měitiān guāng
5　niàn shū shènzhìyu lián fǎ dōu bù lǐ. Wǒ zhēnshi lèide yào sǐ. Wǒ bǐ yǐqián shòule qī bābàng. Wǒ bǎ zhèi qíngxing gàosu ni, nǐ yídìng néng yuánliàng wǒ.

　　Wǒ měitiān cóng kètáng dào sùshè cóng sùshè dào kètáng. Nǐ kàn wǒ duómo jǐnzhāng. Wǒ kǎoshì zǒngshi jǐnzhāng.

10　Zuótian wǒ kànjian Yè Jiàoshòu le, tā gàosu wǒ wǒde chéngji bú cuò, jiǎngxuéjīn hěn yǒu xīwang. Zhèi búguò shi Yè Jiàoshou kǒutóushang gàosu wǒ de. Shì bu shi zhēn néng dédào wǒ zìjǐ yìdiǎr bǎwo yě méi yǒu, yīnwei xīwang dédào de rén tài duō le.

　　Wǒ bǎ wǒde qíngxing dōu gàosu nǐ le. Zài guò yì liǎngge xīngqī
15　yǐhòu yǒu yíwèi tóngbān tóngxué huí jiā qu. Nèige shíhou wǒ kěnéng gēn ta yíkuàr dào tā jiā lǐtou qu. Tā jiā zhùzai fǔshang bù yuǎnde yíge cūnzili. Nèige shíhou wǒmen kéyi jiàn miàn le.

　　Zài wǒmen dòngshēn yǐqián wǒ xiān xiě xìn gěi ni. Oh, shàng cì wǒ yòng guàhào xìn jìgei nǐ jǐzhāng fēngjǐng míngxìnpiàr dàgài ni yǐjing
20　shōudào le, kěshi ni gěi wǒde xìnshang méi shuō.

　　Zhèrde tiānqi hěn rè. Zhèi jǐtiān chàbuduō dōu shi yìbǎi dù zuǒyòu. Běibùde tiānqi zěnmoyàng?

　　Wǒ xiǎng gēn ni dǎting yíjiàn shì. Nǐmen xuéxiào zai fàngjià de shíhou gèzhǒng kānwù bù zhīdào chūbǎn bu chūbǎn? Bìngqiě hái qǐng ni
25　bǎ wǔyue-fèn chūbǎn de Guówén Yǔyán Yuèkān xiǎng fázi zhǎo yífèr jìgei wo, yīnwei wǒ yào zhǎo yìdiǎr zīliào. Duō xiè.

　　Zhù

Hǎo

　　　　　　　　　　　　　　　　　Wàn Wényīng
30　　　　　　　　　　　　　　　　　liùyue shíjiǔ

VII

    Wàn :   Zǎo, Zhāng Jiàoshòu.

    Zhāng: Zǎo. Wàn Huáwén ni lái yǒu shì ma?

    Wàn :   Méi shì. Wǒ lái kànkan nín.

    Zhāng: Xièxie ni. Qǐng zuò qǐng zuò. Zhèi jǐtiān tiānqi tǐng rè a.

5   Wàn :   Kě bu shì ma. Rède bùdéliǎo. Zènmo rè nín hái xiě shū ma?

    Zhāng: Hai.. Bié tí le. Yuǎn-Dàde zhōunián jìniàn kān zhuā wo gěi tāmen xiě yíge lùnwén, ràng wǒ sāntiān yǐnèi jiù děi xiěchulai.

    Wàn :   Zènmo rède tiān ràng nín xiě lùnwén zhēn gòu kǔde le.

    Zhāng: Méi fázi. Wǒ néng shuō bù xiě ma? Wàn Huáwén, xià xīngqī
10   kāishǐ de nèige lìshǐ yánjiubān nǐ cānjiā le méi you?

    Wán :   Wǒ běnlái dǎsuan cānjiā de. Nèitiān wǒ qu dēngjì kěshi dēngjì biǎoshang rénshù dōu mǎn le.

    Zhāng: Zěnmo huí shì ne? Mǎn le? Wǒ jìde yǐqián méi duōshao rén cānjiā de. Zènmozhe: dào nèitiān nǐ dào kèshǐ mén kǒur děngzhe
15   wo, wǒ dài ni jìnqu.

    Wàn :   Zài něige kèshǐ?

    Zhāng: Jiù zai dàlǐtáng pángbiār nèige xiǎo kèshǐ.

    Wàn :   Xièxie nín.

    Zhāng: Nǐ xiān zuò yìhuěr. Wǒ qu qī diar chá qu.

20 Wàn :   Zhāng Jiàoshòu nín zuòzhe. Wǒ lái wǒ lái.

    Zhāng: Yě hǎo. Wǒ yě bù gēn ni kèqi le.

    Wàn :   Xuésheng zuò shì shi yīngdāngde. Zhāng Jiàoshòu qǐng hē chá.

    Zhāng: Ni zhīdao bù zhīdào lìshǐ bówuyuàn bù zhīdào cóng nǎr sōujile yìxiē gǔwù zài nèr chénlièzhe. Jù shuō shi liǎngqiān duō nián
25   yǐqián de.

    Wàn :   Wǒ bù zhīdào.

    Zhāng: Nǐ kéyi qu kànkan qu.

    Wàn :   Hǎode. Yì liǎngtiān wǒ qù. Oh, Zhāng Jiàoshòu, nín qiángshangde zhèikuài héngbiān xiě de zhēn bú huài ya.

30 Zhāng: Xiěde bu cuò ba. Xiě zì de shi wǒde yíwèi péngyou. Tā xiě le sònggei wǒ de. Xiě zhèige héngbiān de shi ge nǚrén. Tā zhàngfu jiù shi Wáng Jiàoshòu.

    Wàn :   Oh, zhèi shi Wáng Jiàoshou tàitai xiě de?

    Zhāng: Huáwén, ni jīntian yǒu shì ma?

35 Wàn :   Wǒ méi shì. Nín yǒu shénmo shì ràng wo bàn ma?

    Zhāng: Wǒ xiǎng qǐng ni gěi wo mǎi diar dōngxi qu.

Narratives and Dialogues

    Wàn   : Nín yào mǎi shénmo?

    Zhāng: Ni gěi wo mǎi wǔshige xìnfēngr yìbǎizhāng xìnzhǐ. Yào tiāo báo yìdiǎr de. Zài mǎi èrshige yóujiǎn. Hái mǎi yìbǎ jiǎnzi.

40 Wàn   : Suíbian dào něijiā mǎi dōu kéyi ma?

    Zhāng: Zuì hǎo ni dào Liánhé Shūdiàn qu mǎi. Tāmende dōngxi bǐjiāo hǎo. Yóujiǎn dāngrán dào yóuzhèngjú qu mǎi le.

    Wàn   : Liánhé Shūdiàn zai nǎr? Wǒ hái méi qùguo.

    Zhāng: Nǐ chū mén kǒur wàng běi guǎi shi yìtiáo dà lù. Shùnzhe dà lù
45   yìzhíde zǒu jiù shi diànbàojú gēn yóuzhèngjú.

    Wàn   : Diànbàojú gēn yóuzhèngjú wo zhīdao.

    Zhāng: Liánhé Shūdiàn jiù zai duìmiàr. Shūdiàn pángbiar jiù shi jǐngchájú.

    Wàn   : Wǒ zhīdao le. Wǒ mǎshàng jiù qù.

    Zhāng: Bù máng.

VIII

    Yè   : Wáng Xiānsheng láile. Wǒmen hǎo jiǔ bú jiàn le. Zěnmoyàng, zuì jìn máng shénmo ne?

    Wáng: Wǒ zhèi jǐge yuè nǎr dōu méi qù. Wǒ zài jiā xiě shū ne. Jīntian wǒ bǎ yuángǎo nálai le, qǐng nín gěi wo gǎiyigǎi.

5   Yè   : Nǐ xiě de shénmo shū?

    Wáng: Wǒ xiě de shi yìběn guānyu yǔyán de shū. Bǎ wǒ gěi xiěnì le. Yǔyán de wénfǎ xiāngdāng fùzá, hěn bu róngyi xiě. Bìngqiě cānkǎo zīliào yě hěn shǎo. Dàochu qu sōuji.

    Yè   : Wǒ xiāngxìn ni yídìng xiěde hěn hǎo.

10 Wáng: Hǎo bùgǎn shuō, fǎnzheng wǒ fèile hěn duō de shíjiān le.

    Yè   : Ni suǒ xiě de zhèiběn shū shi shénmo xìngzhide? Shi cānkǎo shū háishi jiàokēshū?

    Wáng: Wǒ xiě de shi cānkǎo shū. Wǒ suǒ xiěde dōu shi guānyu yǔyánde wèntí. Dànshi wǒ xiě de fànwéi hěn xiǎo. Wǒ zhǐ xiě píngcháng
15   yòng de wénfǎ, bù xiě lǐlùn.

    Yè   : Zhèiběn shū shi shénmo chéngdu kéyi kàndedǒng?

    Wáng: Wǒ suǒ xiě de shi wèile yánjiu Zhōngguo yǔyán de wàiguo rén yòngde. Wǒde yuánzé shi mànmār yíbùyíbùde cóng qiǎn dào shēn. Yǐhòu wǒ hái dǎsuan zài xiě yìběn gāojíde.

20 Yè   : Biān shū shi hěn xīnkǔde yíjiàn shì a.

    Wáng: Kě bu shì ma. Bìngqiě wo hái cānkǎole hěn duō wàiwénde shū, sōuji le hěn duō zīliào.

    Yè   : Wǒ xiāngxìn yídìng hěn hǎo.

25	Wáng:	Zǒng'eryánzhi shū wo shi xiě le. Zhèiběn shū lǐmian wǒ hái fānyile bù shǎo lùnwén.
	Yè :	Xiě shū de yuánzé shi zhǐ yào bǎ zīliào zháohǎo zǐxide xiěxiaqu. Wǒ xiāngxìn xiěchulai méi shénmo dà wèntí.

IX

	Zhāng:	Wai, Lǎo Wáng ma?
	Wáng :	Oh, Lǎo Zhāng. Zhèige zhōumò wǒ nǎr yě méi qù. Zài jiā dāide nìsi le. Zhèng xiǎng dǎ diànhuà gēn ni liáoliao.
	Zhāng:	Jīntian xiàwǔ ni yǒu shì méi you?
5	Wáng :	Wǒ méi shì. Yǒu shénmo jiému ma?
	Zhāng:	Jīntian xiàwǔ liǎngdiǎn zhōng shi wǒ mèimeide xuéxiào kāi shízhōunián jìniàn dà huì. Tāmen yǒu hěn duō jiému—yǒu xiàngsheng, mínge, shénmode. Wǒ mèimei yě dānrèn yíge jiému. Tāmen yǐjing chóubeile liǎngge yuè le, dàgài hái bú cuò.
10	Wáng :	Wǒ yídìng qu. Zánmen liǎngge rén shéi zhǎo shéi?
	Zhāng:	Wǒ lái zhǎo nǐ. Wǒmen huāyuánzilide pútao yǐjing shóu le. Wǒ shùnbiàn gěi ni dài diar pútao qu.
	Wáng :	Wǒ zhèng xiǎng chī pútao ne.
15	Zhāng:	Wǒ zhīdao ni hěn xǐhuan chī pútao. Lǎo Wáng a, jīntian 'wǒ hái yǒu ge jiému ne.
	Wáng :	Nǐ gànmá?
	Zhāng:	Wǒ biáoyǎn pǐba.
	Wáng :	Yìhuěr nǐde jiému yídìng shòu huānyíng.
	Zhāng:	Bù yídìng.
20	Wáng :	Hǎo, huítóu jiàn.
	Zhāng:	Liǎngdiǎn zhōng yǐqián wǒ dào nǐ ner.
	Wáng :	Huítóu jiàn.

COMPARATIVE TRANSCRIPTION TABLE
Pinyin — Yale — Wade-Giles

Pinyin	Yale	Wade-Giles
a	a	a
ai	ai	ai
an	an	an
ang	ang	ang
ao	au	ao
ba	ba	pa
bai	bai	pai
ban	ban	pan
bang	bang	pang
bao	bau	pao
bei	bei	pei
ben	ben	pen
beng	beng	peng
bi	bi	pi
bian	byan	pien
biao	byau	piao
bie	bye	pieh
bin	bin	pin
bing	bing	ping
bo	bwo	po
bou	bou	pou
bu	bu	pu
ca	tsa	ts'a
cai	tsai	ts'ai
can	tsan	ts'an
cang	tsang	ts'ang
cao	tsao	ts'ao
ce	tse	ts'e
cen	tsen	ts'en

Pinyin	Yale	Wade-Giles
ceng	tseng	ts'eng
cha	cha	ch'a
chai	chai	ch'ai
chan	chan	ch'an
chang	chang	ch'ang
chao	chau	ch'ao
che	che	ch'e
chen	chen	ch'en
cheng	cheng	ch'eng
chi	chr	ch'ih
chong	chung	ch'ung
chou	chou	ch'ou
chu	chu	ch'u
chuai	chwai	ch'uai
chuan	chwan	ch'uan
chuang	chwang	ch'uang
chui	chwei	ch'ui
chun	chwun	ch'un
chuo	chwo	ch'o
ci	tsz	tz'u
cong	tsung	ts'ung
cou	tsou	ts'ou
cu	tsu	ts'u
cuan	tswan	ts'uan
cui	tswei	ts'ui
cun	tswun	ts'un
cuo	tswo	ts'o
da	da	ta
dai	dai	tai
dan	dan	tan

515

Comparative Transcription Table

Pinyin	Yale	Wade-Giles	Pinyin	Yale	Wade-Giles
dang	dang	tang	gai	gai	kai
dao	dau	tao	gan	gan	kan
de	de	te	gang	gang	kang
dei	dei	tei	gao	gau	kao
deng	deng	teng	ge	ge	ke, ko
di	di	ti	gei	gei	kei
dian	dyan	tien	gen	gen	ken
diao	dyau	tiao	geng	geng	keng
die	dye	tieh	gong	gung	kung
ding	ding	ting	gou	gou	kou
diu	dyou	tiu	gu	gu	ku
dong	dung	tung	gua	gwa	kua
dou	dou	tou	guai	gwai	kuai
du	du	tu	guan	gwan	kuan
duan	dwan	tuan	guang	gwang	kuang
dui	dwei	tui	gui	gwei	kuei
dun	dwun	tun	gun	gwun	kun
duo	dwo	to	guo	gwo	kuo
e	e	e, o	ha	ha	ha
ei	ei	ei	hai	hai	hai
en	en	en	han	han	han
eng	eng	eng	hang	hang	hang
er	er	erh	hao	hau	hao
			he	he	he, ho
fa	fa	fa	hei	hei	hei
fan	fan	fan	hen	hen	hen
fang	fang	fang	heng	heng	heng
fei	fei	fei	hong	hung	hung
fen	fen	fen	hou	hou	hou
feng	feng	feng	hu	hu	hu
fo	fwo	fo	hua	hwa	hua
fou	fou	fou	huai	hwai	huai
fu	fu	fu	huan	hwan	huan
			huang	hwang	huang
ga	ga	ka	hui	hwei	hui

Comparative Transcription Table

Pinyin	Yale	Wade-Giles	Pinyin	Yale	Wade-Giles
hun	hwun	hun	la	la	la
huo	hwo	huo	lai	lai	lai
			lan	lan	lan
ji	ji	chi	lang	lang	lang
jia	jya	chia	lao	lau	lao
jian	jyan	chien	le	le	le
jiang	jyang	chiang	lei	lei	lei
jiao	jyau	chiao	leng	leng	leng
jie	jye	chieh	li	li	li
jin	jin	chin	lia	lya	lia
jing	jing	ching	lian	lyan	lien
jiong	jyong	chiung	liang	lyang	liang
jiu	jyou	chiu	liao	lyau	liao
ju	jyu	chü	lie	lye	lieh
juan	jywan	chüan	lin	lin	lin
jue	jywe	chüeh	ling	ling	ling
jun	jyun	chün	liu	lyou	liu
			long	lung	lung
ka	ka	k'a	lou	lou	lou
kai	kai	k'ai	lu	lu	lu
kan	kan	k'an	luan	lwan	luan
kang	kang	k'ang	lun	lwun	lun
kao	kau	k'ao	luo	lwo	lo
ke	ke	k'e, k'o	lü	lyu	lü
ken	ken	k'en	lüe	lywe	lüeh
keng	keng	k'eng			
kong	kung	k'ung	ma	ma	ma
kou	kou	k'ou	mai	mai	mai
ku	ku	k'u	man	man	man
kua	kwa	k'ua	mang	mang	mang
kuai	kwai	k'uai	mao	mau	mao
kuan	kwan	k'uan	mei	mei	mei
kuang	kwang	k'uang	men	men	men
kui	kwei	k'uei	meng	meng	meng
kun	kwen	k'un	mi	mi	mi
kuo	kwo	k'uo	mian	myan	mien

Comparative Transcription Table

Pinyin	Yale	Wade-Giles
miao	myau	miao
mie	mye	mieh
min	min	min
ming	ming	ming
miu	myou	miu
mo	mwo	mo
mou	mou	mou
mu	mu	mu
na	na	na
nai	nai	nai
nan	nan	nan
nang	nang	nang
nao	nau	nao
ne	ne	ne
nei	nei	nei
nen	nen	nen
neng	neng	neng
nong	nung	nung
nou	nou	nou
ni	ni	ni
nian	nyan	nien
niang	nyang	niang
niao	nyau	niao
nie	nye	nieh
nin	nin	nin
ning	ning	ning
niu	nyou	niu
nu	nu	nu
nuan	nwan	nuan
nuo	nwo	no
nü	nyu	nü
nüe	nywe	nüeh
pa	pa	p'a
pai	pai	p'ai

Pinyin	Yale	Wade-Giles
pan	pan	p'an
pang	pang	p'ang
pao	pau	p'ao
pei	pei	p'ei
pen	pen	p'en
peng	peng	p'eng
po	pwo	p'o
pou	pou	p'ou
pi	pi	p'i
pian	pyan	p'ien
piao	pyau	p'iao
pie	pye	p'ieh
pin	pin	p'in
ping	ping	p'ing
pu	pu	p'u
qi	chi	ch'i
qia	chya	ch'ia
qian	chyan	ch'ien
qiang	chyang	ch'iang
qiao	chyau	ch'iao
qie	chye	ch'ieh
qin	chin	ch'in
qing	ching	ch'ing
qiong	chyung	ch'iung
qiu	chyou	ch'iu
qu	chyu	ch'ü
quan	chywan	ch'üan
que	chywe	ch'üeh
qun	chyun	ch'ün
ran	ran	jan
rang	rang	jang
rao	rau	jao
re	re	je
ren	ren	jen

Comparative Transcription Table

Pinyin	Yale	Wade-Giles	Pinyin	Yale	Wade-Giles
reng	reng	jeng	shuo	shwo	shuo
ri	r	jih	si	sz	szu
rong	rung	jung	song	sung	sung
rou	rou	jou	sou	sou	sou
ru	ru	ju	su	su	su
ruan	rwan	juan	suan	swan	suan
rui	rwei	jui	sui	swei	sui
run	rwen	jun	sun	swun	sun
ruo	rwo	jo	suo	swo	so
sa	sa	sa	ta	ta	t'a
sai	sai	sai	tai	tai	t'ai
san	san	san	tan	tan	t'an
sang	sang	sang	tang	tang	t'ang
sao	sau	sao	tao	tau	t'ao
se	se	se	te	te	t'e
sen	sen	sen	teng	teng	t'eng
seng	seng	seng	ti	ti	t'i
sha	sha	sha	tian	tyan	t'ien
shai	shai	shai	tiao	tyau	t'iao
shan	shan	shan	tie	tye	t'ieh
shang	shang	shang	ting	ting	t'ing
shao	shau	shao	tong	tung	t'ung
she	she	she	tou	tou	t'ou
shei	shei	shei	tu	tu	t'u
shen	shen	shen	tuan	twan	t'uan
sheng	sheng	sheng	tui	twei	t'ui
shi	shr	shih	tun	twun	t'un
shou	shou	shou	tuo	two	t'o
shu	shu	shu			
shua	shwa	shua	wa	wa	wa
shuai	shwai	shuai	wai	wai	wai
shuan	shwan	shuan	wan	wan	wan
shuang	shwang	shuang	wang	wang	wang
shui	shwei	shui	wei	wei	wei
shun	shwen	shun	wen	wen	wen

Comparative Transcription Table

Pinyin	Yale	Wade-Giles	Pinyin	Yale	Wade-Giles
weng	weng	weng	zan	dzan	tsan
wo	wo	wo	zang	dzang	tsang
wu	wu	wu	zao	dzau	tsao
			ze	dze	tse
xi	syi	hsi	zei	dzei	tsei
xia	sya	hsia	zen	dzen	tsen
xian	syan	hsien	zeng	dzeng	tseng
xiang	syang	hsiang	zha	ja	cha
xiao	syau	hsiao	zhai	jai	chai
xie	sye	hsieh	zhan	jan	chan
xin	syin	hsin	zhang	jang	chang
xing	sying	hsing	zhao	jau	chao
xiong	syung	hsiung	zhe	je	che
xiu	syou	hsiu	zhei	jei	chei
xu	syu	hsü	zhen	jen	chen
xuan	sywan	hsüan	zheng	jeng	cheng
xue	sywe	hsüeh	zhi	jr	chih
xun	syun	hsün	zhong	jung	chung
			zhou	jou	chou
ya	ya	ya	zhu	ju	chu
yan	yan	yen	zhua	jwa	chua
yang	yang	yang	zhuai	jwai	chuai
yao	yau	yao	zhuan	jwan	chuan
ye	ye	yeh	zhuang	jwang	chuang
yi	yi	i	zhui	jwei	chui
yin	yin	yin	zhun	jwun	chun
ying	ying	ying	zhuo	jwo	cho
yong	yung	yung	zi	dz	tzu
you	you	yu	zong	dzung	tsung
yu	yu	yü	zou	dzou	tsou
yuan	ywan	yüan	zu	dzu	tsu
yue	ywe	yüeh	zuan	dzwan	tsuan
yun	yun	yün	zui	dzwei	tsui
			zun	dzwen	tsun
za	dza	tsa	zuo	dzwo	tso
zai	dzai	tsai			

GLOSSARY AND INDEX

All new items appearing in the Sentences for New Words and Grammar and in the Notes are included here. Items that appeared in the Sentences for New Words and Grammar are referred to by lesson number and sentence number: 9.13, for example, means Lesson 9, Sentence 13. Items presented in the Notes are listed by lesson number and note number: 9 N 2 means Lesson 9, Note 2.

This glossary and that in <u>Beginning Chinese</u> are mutually complementary: material appearing there is not repeated here.

The following abbreviations are used:

AD	Adverb		NU	Number
AV	Auxiliary verb		O	Object
CV	Coverb		PW	Place word
IV	Intransitive verb		RV	Resultative verb
M	Measure		SV	Stative verb
MA	Movable adverb		TV	Transitive verb
N	Noun		V	Verb

a (interjection) 1.19, 1 N 4
abbreviations of names 1 N 12
ah (exclamation) 13.53, 13 N 7
ǎi short (in stature) 9.12
ài love (to), be fond of, like (to) 4.16
aiya Oh my! Goodness! 3.50
aiyou My! Oh dear! 11.30, 11 N 5
ān see bù ān 11.8
àn according to, by (the hour, day, etc.) 9.52
ānjing quiet, calm, silent, peaceful 11.3
ànzhao according to, by (the hour, day, etc.) 9.52
ànzhe according to, by (the hour, day, etc.) 9.52

bǎ take 2.22, 2 N 4
bǎ (measure for chairs, objects with handles) 4.32
bàba papa, daddy 1.11
bǎwo security, guarantee 17.28
bǎi huò gōngsī department store 3.38
bān class (in school), cast (in a play), troupe 22.1
bān move, shift 8.20

bàn arrange, manage 5.14
bān jiā move, change residence 8.20
bàn gōng work (in an office) 19.5
bàn shì arrange a matter 5.14
bànfa way of doing something 7.17
bàngōngshǐ, bàngōngshì office 19.45
bànhǎo finish (a job) 5.14
bàntuō manage successfully 11.23
bànyuèkān semimonthly (publication) 22.47
bāng help 3.3, 3 N 1
bàng pound 13.37
bàng club, bat, stick; corn, maize 17.19
bāng gōng work for [someone] 14.18
bāng máng help 3.3
bàngqiú baseball 17.19
bàngzi miàn corn meal 17.19
báo thin 20.20
bào newspaper 2.33
bào periodical publication 22.34
bàogào report (that) 1.30, 20 N 4
bāoguǒ parcel, package 20.40
bāokuò include 16.22
bàozhǐ newspaper 2.33
bāozi stuffed steamed rolls 5.6

bàr   companion   5.30
bēi   carry on the back   23.40
bèi   memorize, repeat from memory   23.42
bèi   generation   8.6
Běi Bīng Yáng   Arctic Ocean   9.50
Běi-Dà   (National) Peking University   16.51, 16 N 4
bèi shū   memorize, repeat from memory   23.43
běibù   northern section   10.27
běifāng   the north   10 N 4
Běijīng Dàxué   (National) Peking University   16.51, 16 N 4
bèizi   lifetime   7.55
běn   oneself, one's own   2.47
běn guó   one's own country, domestic   2.47
běn dì(fang)   one's own area, native, local   2.47
běn rén   oneself   2.47
běnlái   originally, at first, in the first place, to begin with   21.39
běnshi   ability, capacity   11.22
bǐ   (measure for financial items)   16.19
bǐ — to —   (used in scores for games)   17.45
bìchú   closet   4.33
bǐcǐ   mutually, reciprocally, each other   8.15
bǐrú (shuō)   if, even if, for example   11.35
bǐsài   compete in; competition, game, contest   16.13
bǐsài (kàn) + sentence   have a competition to see . . .   16.13
bìxū   need, require   19.42
bìyào   essential, necessary; necessity   22.3
bìyè   graduate   20 N 4
bízi   nose   9.49, 9 N 5
biān   edit, compile   22.50
biǎo   form, blank, chart, table   19.30
biǎoshì   show, express, make clear   23.5
biǎoshì A duì B yìdiǎr yìsi   show A's regard for B, as a token of A's regard for B   23.5
biǎoyǎn   act out, perform, demonstrate; performance, demonstration   23.31
biāozhǔn   example, (normal) standard, be standard   9.55
biāozhǔn yīn   standard pronunciation   9.55
biāozhǔn yǔ   standard language   9.55
bīng   soldier   14.28
bīng   ice   7.44

bìng + negative   not at all   5.46
bīngbāng   ping-pong; bing-bang, bang-bang   17.12, 17 N 2
bīngbāngqiú   ping-pong   17.12
bìngfáng   hospital room, ward   21.52
bīngkuàr   ice cube   7.44
bìngqiě   moreover   3.19
bìngrén   sick person, patient   21.38
bìngsi   die of illness   5 N 2
bīngxiāng   refrigerator, icebox   11.37
bóbo   uncle, father's older brother   8.50, 8 N 1
bōli   glass (material)   3.32
bōlibēi   (drinking) glass   3.32
bómǔ   aunt, father's older brother's wife   8.4, 8 N 1
bóshi   Ph.D.   5.21
bówuyuàn   natural-history museum   22.19
bù   section   10.28, 10 N 4
bù   notebook, ledger   19.46
bù   step, pace   16.4
bù   (with nouns)   16.30, 16 N 1
bú guò   not exceed   10.43
bù ān   uneasy, restless   11.8, 11 N 1
bù hǎo yìsi   not have nerve to, diffident about, embarrassed to   8.5
bù tóng   not the same, different   15.22
bù zhīdào   (I) don't know   9.4, 9 N 2
búguò   only, it's just that   10.44
bújiànde   by no means certain, not necessarily   10.43
bùjǐng   (stage) scenery   7.33
búlùn   no matter   9.21
bùzhi   arrange, fix up, set up   13.25
bùzhībùjuéde   unconsciously, without realizing it   9.56
bùzi   notebook, ledger   19.46

cā   rub, scrape, polish, clean   14.51
cā gānjing   wipe clean   14.51
cái   merely, just, just now   1.14
cái   then   2.56, 2 N 7
cáiliao(r)   material   15.36
cǎisè   various colors   7.54
cānguān   visit, observe, inspect, make a tour of inspection   15.49, 20 N 4
cānjiā   participate in, attend   15.9
cānkǎo   consult, refer to   22.11
cānkǎo shū   reference work, book to be consulted in a particular field   22.11
cánkuì   ashamed, mortified, sorry   23.4
cáng   accumulate, hide, store securely   22.23
cáng shū   accumulate books, store books   22.23
cángshū mùlu   catalogue of stored books, card catalogue   22.24

cángshūjiā book collector 22.23
cángshūshǐ, cángshūshì rooms holding books, stacks in a library 22.23
cǎodì lawn, meadow 15.43
cè volume 22.54, 22 N 4
cèsuǒ toilet, rest room 13.15
cèzi pamphlet, booklet, notebook 22.54
céng layer, story 3.27
chā fork 10.3
chádiǎn refreshments 23.59
cháng taste 10.20
chǎng field, arena 17.27
chàng sing 11.43
Cháng Jiāng Yangtze River 15.27
chángcháng often, constantly 1.42
chángduǎn length 10.37
chángjiǔ last for a long time, be permanent 21.40
chángtú long distance 17.20
chǎngtú map of an airport 22.6, 22 N 1
cháo dynasty 16.34
chǎo jīdàn scrambled eggs 8.28
cháoshī damp 13.32
chèn avail oneself 17.53
chénliè exhibit, display 22.15
chénlièchulai spread out for display 22.15
chènshān shirt 14.3
chènzhe avail oneself 17.53
chéng become 5.31
chéng be O.K., all right, satisfactory, (that'll) do 8.36
chéng (postverb) 1.8, 1 N 2
chéngdu degree, standard, quality, qualifications 1.37
chéngji achievement, record, grade 11.33
chéngji biǎo report card 19.30
chénglì establish 16.39
chǐ foot 9.13, 9 N 2
chī kǔ suffer 10.9
chǐcun (linear) size 9.32
chòng face toward, be oriented toward, facing (a direction) 11.10
chòng N (de miànzi) because of N('s prestige) 11.10
chōu draw out; inhale, smoke 4.17
chóu silks, silk goods 20.6
chóubèi prepare (for an activity) 23.7
chóuduàn silks and satins 20.7
chóuzi silks, silk goods 20.6
chū first, for the first time 22.39
chù get along with (someone) 9.45
chù place 15.26
-chu (noun suffix) 19.54
chū chǎng come on the field, enter a game 17.27

chú cǐ yǐwài apart from this, in addition to this 21.42
chū guó go abroad, leave the country 2.42
chū máobing develop a defect 9.17
chū shì have an accident 3.46
chū zū be for rent 5.32
chùchù everywhere 15.26
chūcì first time 22.39
chúfáng kitchen 4.43
chūjí beginning, primary (rank) 22.40
chūjià marry (of a woman) 14.14, 20 N 4
chūkǒu exit (N) 1.53, 1 N 11
chūkǒuchù exit (N) 1.53, 1 N 11
chūkǒur exit (N) 1.53, 1 N 11
chūzhōng lower middle school (in China), junior high school (in the United States) 11.40
chúzi chef, cook 10.38
chuān wear 1.14
chuánrǎn infect (with disease or bad habits) 21.11
chuánrǎnshang be infected 21.11
chuáng bed 4.29
chuáng dānzi bed sheets 8.13
chuānghu window 14.50
chūnjì spring 16.47
chūntiān spring 7.22
cǐ this 21.42
cǐdì this place, here 21.42
cónglái bu never 9.8
cónglái méi never 9.8
cū crude, coarse, rough, roughly built 9.34
cūn village 14.37
cún deposit (money), store 19.7
cún kuǎn deposit money (in a bank) 19.8
cùn inch 9.14, 9 N 2
cúnkuǎn a deposit, funds deposited in a bank 19.8
cūnzhǎng village head 16.41
cūnzi village 14.37

dá answer 5.55
dà (with time expressions) 20.1, 20.45, 20 N 1, 20 N 3
dà bùfen greater part, majority 13.27
dǎ diànbào send a telegram 20.48
dǎ gǔ play a drum 23.34
dà hòutian three days from now 20.45, 20 N 3
dǎ líng ring bell (by striking) 8.2
dǎ máyào zhēn inject an anesthetic 21.8
dǎ pí to skin, peel 9.46
dà qiánnian three years ago 20.1, 20 N 1

dà qiántian   three days ago   20.1, 20 N 1
dǎ qiú   play (ball)   17.8
Dà Xī Yáng   Atlantic Ocean   9.50
dǎ zhàng   fight, wage war   14.28
dǎ zhé(kòu)   give (or receive) a discount   20.5, 20 N 2
dǎ zhēn   give (receive) an injection   21.8
dǎ zì   typewrite   2.19
dàhù   rich family   23.38
dáhuǒjī   (cigarette) lighter   4.22
dàjiā   everyone   5.42
dájiǎo   disturb, inconvenience   8.53, 20 N 4
dàlǐtáng   auditorium   7.7
dǎpíng   even score (in a hitting game)   17.47
dǎsao   clean up   8.45
dàshifu   chef, cook   10.36
dǎting   inquire (about)   22.49
dǎtōng   get through   5.51
dàxiǎo   size   10.36
dàxuésheng   college student   22.57, 22 N 6
dàyì   general meaning, general idea, tenor   23.56
dàzhàn   great war   13.32
dǎzìjī   typewriter   2.20
dāi   stay (temporarily)   14.49
dài   and   14.39
dài   belt, section (of), region (of)   3.17
dài   treat or deal with people   11.17
dài   generation, period, age   16.33
dāi (yī)huěr   stay a while, wait a moment, take your time; presently   14.49
dàifu   physician   5.49
dāizhe   be unoccupied, unemployed   14.49
dān   only, singly, alone   8.31
dāndú   alone, by oneself, by itself, by themselves   1.59
dānrèn   assume, take on, shoulder responsibility for   23.12
dànshi   but, however   14.45
dānwu   waste (time); miss (plane, etc.)   7.5
dānxīn   worried, concerned   21.6
dānzi   sheet, list, bill   8.13
dāng   at (time or place)   19.29
dāng   serve as, be   14.19
dàng   (take) as   10.46
dāng bīng   be a soldier, serve as a soldier   14.29
dāng A de miàn(shang)   in the presence of A   19.29
dāngchū   former time   16.49
dāngdì(de)   of a locality, district; local   19.29

dāngshí   at that (very) moment, (right) then, then and there   19.29
dāngzhōng   center, middle   19.29
dàngzuò   as   10.47
dāo   knife   10.2
dǎo   turn upside down, fall over   17.52
dào   on the contrary, contrary to expectations, yet   1.27
dāo chā   knife and fork   10.3
dào dǐ   to the end, after all   8.39
dào qī   reach the end of a specified period of time   8.43
dàochù   everywhere   15.26
dǎoméi   out of luck, unfortunate   21.10
dāor   knife   10.1
dàoxǐ   congratulate   13.54, 20 N 4
dāozi   knife   10.1
Dé   Germany   15.52
de   (adverbial suffix)   7.14
de   (in names of occupations)   14 N 3
dé guànjūn   win a championship, take first place   17.5
dé jiǎng   obtain an award, win a prize   16.18
dé jiǎngpǐn   obtain a prize   23.26
Déguo   Germany   15.52
Déwén   German (language and literature)   15.52
dēng   press with foot, step on, pedal   14.22
dēng   light, lamp   11.36
dēng   publish (something in)   20.2
děng   wait, after   1.31, 1 N 9
děng   class (of), degree (of), grade (of)   9.11
dēng bào   publish (something) in a newspaper   20.2
dēng guǎnggào   publish an ad or notice   20.2
dēngjì   register, check in   21.53
dǐ   end   8.39
dì   place, locality, ground   2.47
dì   ground, soil, land, floor   13.31
dìbǎn   wooden floor   13.29
dìdài   district, region, area   15.24
dìdiǎn   location, site, place, address   11.2
dìgei   pass to   5.17
dīlou   carry (in the hand, with the arm hanging down at one's side)   13.4
díquè, dìquè   really, truly   15.48
dírén   enemy   14.30
dǐxia   bottom   8.39
dìxiong   brothers   11.20
dìzhǔ   landowner, landlord   23.1
diǎn   ignite, kindle   4.21
diǎn   read or select from a list, count off   10.6

Glossary and Index 525

diǎn cài   select courses from a menu   10.6
diǎn huǒ   light a fire   10.39
diǎn míng   call a roll   10.6
diǎn míng bùzi   attendance book   19.46
diànbào   telegram   20.48
diànbàojú   telegraph office   20.48
diǎndào A-de míngzi   call A's name   10.6
diàndēng   electric light   11.36
diànfèi   electric bill   11.55
diànshì   television   4.39
diǎnxin   dessert, appetizer   10 N 1
diànzào   electric stove   13.42
diér   plate, dish   10.14
diézi   plate, dish   10.14
dǐng   very, extremely   9.6
dìng   arrange for, contract for, fix (a time), subscribe to   9.31
dìng zuòr   reserve a place, make reservations   10.1
dìngjià   fixed price   19.20
dìngzuò   (arrange to) have made   9.31
diū   lose   19.48
dòng   move   20.53
dòng   hole, cavity, cave   16.7
Dōng-Yǎ   East Asia   15.34
dōngbù   eastern section   10.27
Dōngfāng   Orient, the East   10 N 4   15.29
dōngfāng rén   an Oriental   10 N 4
dōnggua   winter melon   10.10
dōngjì   winter   16.47
Dōngsānshěng   Manchuria   14.8
dòngshēn   start (on a trip)   20.55
dōngtiān   winter   7.42
dōu   all; already   1.1, 1 N 1
dú   read, study   22.38
dù   degree   21.30
dú shū   read, study   22.38
dúběn   reader   22.38
dúběr   reader   22.38
duàn   segment, section, portion   20.30
duàn   satin   20.7
duǎnkù   shorts   17.35
duǎntú   short distance   17.20
duànzi   satin   20.7
duàr   segment, section, portion   20.30
duī   accumulate, pile up, store; a pile, heap, group   13.45
duì   group, body, team   17.6
duìmiàn, duìmiàr   opposite (place)   7.2
duìshǒu   opponent, rival, competitor; one's equal, one's match   17.3
duìyuán   member of a team   17.6
duìzhǎng   captain of a team   17.6
dūn   crouch, squat   23.29

dùn   (measure for meals)   8.26
dūnzai dìxia   squat on the ground   23.29
duó   how (used with nǐ shuō)   7.30, 7 N 3
duō xiè   many thanks   20.11
duōbàn(de)   most of [something], majority of; most likely, perhaps   14.53
duōbàr(de)   most of [something], majority of; most likely, perhaps   14.53
duómo   how (used with nǐ shuō)   7.30, 7 N 3
duōshù   majority   17.40
duōyibàr(de)   most of (something), majority of; most likely, perhaps   14.53

Ē, É, È   Russia   15.54, 15 N 3
è   hungry   4.14
Ēguo, Éguo, Èguo   Russia   15.54, 15 N 3
èsi   die of hunger   5 N 2
Ēwén, Éwén, Èwén   Russian (language and literature)   15.54
ēi   Say! Look!   4.56, 4 N 4
ěi   yeah! uh-huh   3.48, 3 N 5
èn   press (with finger or palm)   8.1
èn líng   ring bell (by pressing)   8.2
ènhuài   break by pressing   8.1
ěrduo   ears   9.16
èrlái   in the second place   23.45
érnǚ   sons and daughters   14.25
érzi   son   5.20

fá   punish, penalize   5.16
Fǎ, Fà   France   15.15
fá qián   fine, money penalty   5.16
Fǎguo, Fàguo   France   15.15
fālěng   have chills   21.26
fārè   have a fever   21.26
fāshāo   have a fever   21.26
fāshēng   happen, occur, take place, come about   15.40
Fǎwén, Fàwén   French (language and literature)   15.15
fāxiàn   discover (that), appear (that)   16.6
fān   translate   22.36
fānchéng   translate into   22.36
fǎnduì   oppose, be opposed to   7.16
fànguī   break a rule, commit an error   17.46
fàntīng   dining room   4.42
fànwéi   sphere, scope, extent, compass   22.20
fānyì   translate   22.36
fānyìchéng   translate into   22.36
fǎnzhèng   anyway, anyhow   8.10
fàng xīn   be unworried, be assured   3.47
fāngbian   convenient   3.40

fángdōng   landlord, landlady   5.43
fángdōng tàitai   landlady   5.43
fàngjià   have vacation   20 N 4
fāngxiàng   direction   1.12
fāngyán   dialect   16.42
fángzū   rent   5.54
fēi   have to, insist on   7.40
fēi   fly   1.4
féi   fat (of animals), rich (of soil)   13.35
fèi   expend (uselessly), waste   4.13
-fèi   expenses, bills   11.55
fēi . . . bù kě   absolutely have to   7.40
fēicháng   extraordinarily, unusually   3.18
fēiděi   have to, insist on   7.40
fēiguoqu   fly past   1.4
féizào   soap   4.9
fēn   divide, separate, distinguish, share, be divided into parts, be composed of, include   17.50
fèn   issue (also, measure for publications)   22.56
fēnbié   distinguish between, difference   17.14
fēnchéng   divide into   17.50
fēnchulai   distinguish   17.50
fēnfu   give instructions or commands to   8.49
fēngei   share with, give a share to   17.50
fènliang   quantity   10.33
fēntān   pay as one's share   8.40
fēnzhī   parts of   13.14, 13 N 4
fēng   wind   4.34
fēngfù   abundant, rich   22.14
fēngjǐng   scenery, view   20.38
fèr   (measure for publications)   22.56
fǒurèn   deny   23.49
fǒuzè(de huà)   otherwise, or else   16.16
fú   blessings, happiness, prosperity, good fortune   21.16, 21 N 2
fùmǔ   parents   11.46
fūqī   man and wife   5.25
fúqi   blessings, good fortune, happiness   11.47
fùzá   complicated, complex, intricate   23.58

gāi   up to, come to one's turn   4.51
gǎi   change   3.9
gài   build   3.10
gǎi rìzi   change the day or date   10.54
gǎi shíhou   change the time, some other time   10.54
gǎi tiān   some other day   10.54
gǎi yíge shíhou   some other time   10.54

gǎi yìtiān   some other day   10.54
gǎibiàn   change   3.9
gǎn   dare to, venture to   17.30
gāncuì   frank, direct, straightforward   3.45
gāncui . . . déle   would be best to . . . and have done with it   3.45
gǎndāng   be worthy, dare to   4.47
gānjing   clean   3.25
gànmá   why? what for? do what?   4.44, 4 N 2
gǎnmào   cold, grippe, influenza; have a cold, grippe, influenza   21.14
gāng   steel   15.37
gāng gòu   just enough   14.42
gāo   cake   10.16
gǎo   rough draft, manuscript   22.42
gāo'ǎi   height   10.36
gāojí   advanced (rank)   22.40
gàojià   ask for leave   21.15
gǎor   rough draft, manuscript   22.42
gǎozi   rough draft, manuscript   22.42
gē   put, place   13.49
gē   song   11.44
gè   each, every   10.22, 10 N 3
gē V gède   each does its own   10.23, 10 N 3
gè rén   each person   10.22
gēbei   arm   9.33
gēbo   arm   9.33
gèchù   everywhere   15.26
gège   each, every   10.22, 10 N 3
gēge   older brother   7.56
gémìng   revolt, revolution   16.36, 20 N 4
gèshì gèyàngr(de)   all sorts of   10.22
gèzhǒng gèyàngr(de)   all kinds of   9.22
gèzi   size (of people), (sized) person   1.18
gēng   soup (usually sweet)   10.50
gēr   song   11.44
gèr   size (of people), sized person   1.18
gōng   (manual) work   14.18
gōngchǎng   factory   14.18
gōngchéng   construction job, engineering enterprise   5.19
gōngchéngshī   engineer (also, as title)   5.19
gōngchéngxué   engineering   5.19
gōngchǐ   meter   9.13, 9 N 2
gōngfēn   centimeter   9 N 2
gōngke   course, subject of instruction, studies   8.16
gōngke biǎo   course schedule   19.31
gōnglì(de)   publicly established, public   16.53
gōnglǐ   kilometer   9 N 2

Glossary and Index

gōnglù highway 15.12
gōngping impartial, fair, just 23.14
gōngqián wages 14.18
gōngren worker 14.18
gōngsī company, concern, office 2.52
gōngyè industry 19.11
gōngyù (fángzi) apartment house 15.10
gōngzuò work 2.41
gǒu dog 3.43
gòu enough 11.29
gòu zīge be qualified 17.7
gòubushàng unable to qualify as 16.38
gòudeshàng able to qualify as 16.38
gǔ ancient 16.32
gǔ drum 23.33
gù hire, employ 21.55
gù think of, consider, be preoccupied with 13.51
gǔ shíhou ancient times 16.32
gùbudé unable to consider, can't manage 13.51
gǔdài antiquity 16.33
gǔdài-shǐ ancient history 16.33
gùde think of, consider, be preoccupied with 13.51
gúdiǎn classical reference 22.31
gúdiǎn wénxué classical literature, classics 22.31
gúdǒng antique, relic, curio 20.8
gūniang unmarried girl or woman 11.27
gǔrén the ancients 16.32
gùyuán employee 21.55
gǔwù relic 22.16
gùzhe think of, consider, be preoccupied with 13.51
guā blow 4.35
guā melon 10.10
guàhào register 20.41, 20 N 4
guàhào xìn registered letter 20.41
guài blame 10.30
guàibude no wonder (that) 10.29
guǎiwār turn a corner 3.53, 20 N 4
guān close, closed 13.41
guǎn manage 5.41
-guǎn establishment 20.50
guàn accustomed to 15.5
guān dēng turn off a light 13.41
guànjūn champion 17.5
guānshang close (up), closed (V) 13.41
guānxi connection, relationship; relevance, importance 2.8
guānxīn be concerned 3.55
guǎnzhòng p. 476, footnote
guāng only, just 21.46
guāng finished, completed 1.51
guǎnggào advertisement, announcement 7.34

guāngróng glorious, glory; be proud (of something), something to be proud of 22.10
Guǎngzhōu Canton 10.21, 10 N 2
guǐ devil, evil spirit 9.51, 9 N 5
guì expensive 3.36
guīju custom, customary rules and regulations; be observant of the rules 8.42
guǐzi outsider, foreigner 9.51, 9 N 6
guò surpass 17.24
guò + TW after 20.19
guò qī pass the end of a specified period of time 8.43
guójì international 19.9
guójì guānxi international relations 19.9
guójiā state, nation, country 15.51
guólì(de) state-established 16.53
Guólì Běijīng Dàxué National Peking University 16 N 4
guómín citizen 23.32
guǒrán certainly, indeed 23.17
guǒzi fruit 4.49
guǒzi jiàng jam, jelly 5.11

hǎi sea, ocean 7.47
hái yǒu and 2.18, 2 N 3
hǎibiār seashore 7.47
hàipà be afraid 5.44
háng line of business or activity 19.2
hángkōng aviation, air 2.51
hángkōng xiáojie airplane stewardess 2.51
hángkōng xìn air-mail letter 2.51
hángyuán bank clerk, teller 19.2
hǎo yìsi have the nerve (to do something) 8.5
Hǎode O.K., fine 8.52
hǎojǐ a good many 11.51
hàomǎr (identification) number 19.50
hǎoshǒu a good hand (at something) 17.3
hǎoxiàng resemble, seem (to) 1.25, 1 N 7
hé to suit 8.22
hé river 14.9
hé (small) box 20.34
hé (put) together, jointly 15.35
hé (measure for detached parts of a dwelling) 13.18, 13 N 3
Héběi Hopeh (province) 14.9
hébì side by side 15.28
hébì why need to? why must? 4.3
hélǐ fitting, seemly, appropriate, in accord with what is right 21.45
hémǎi buy jointly 15.35
Hénán Honan (province) 14.9

héqi   genial, easy to get along with   9.7
héqilai   put together   15.35
hér   (small) box   20.34
hér   (measure for detached parts of a dwelling)   13.18, 13 N 3
héshì   fit, fitting, suitable, congenial   8.14
hēzuì   drink to intoxication   21.9
héyòng   use jointly   15.35
héyòng   be suited to one's use   8.9
hézai yíkuàr   put together   15.35
hézi   (small) box   20.34
hézuò   work together, cooperate   15.35
hēibǎn   blackboard   22.52
hènbude   hope that, would that   1.44
héngbiān   (horizontal) plaque   22.7
hòu   thick, close   20.21
hòulái   afterward   22.2
hòunián   year after next   20.45, 20 N 3
hòutiān   day after tomorrow   20.45, 20 N 3
hù   household   23.38
hù   account in a bank   19.26
hújiāomiàn, hújiāomiàr   (ground) pepper   10.18
hūrán   suddenly   5.48
hùshi   nurse   21.22
huā   spend   11.54
huā   flower   13.20
huā   figured, variegated   23.33
Huá   China (also, a surname)   3.15, 3 N 3
huā . . . fèi   pay . . . bill, spend money on . . . expenses   11.55
huā qián   spend money   12.54
huà yòu shuōhuilai le   on the other hand   7.18
huàbào   pictorial magazine   22.34
Huáběi   North China   15.16
Huádōng   East China   15.16
huāguāng   spend all one's money   11.54
Huánán   South China   15.16
Huáqiáo   overseas Chinese   15.31
Huárén   Chinese (person)   3.15
Huáxī   West China   15.16
huāyuánzi   flower garden   15.42
huāyuár   flower garden   15.42
Huázhōng   Central China   15.16
huài   bad   3.21
huàn   change, convert   7.1
huàn ju huà shuō   in other words   15.11
huánjing   environment, circumstances   22.29
huāng   famine, suffer famine   23.37
huáng   yellow   4.10

Huáng Hé   Yellow River   14.9
huāngdì   barren ground   23.37
huángdì   emperor   23.36
huánggua   cucumber   10.10
huāngnián   famine year   23.37
huār   flower   13.20
huī   gray   17.34
huí   time, occasion   1.47
huì   meeting   3.34
huí shì   a matter   19.51
huídá   answer   5.55
huítóu   in a little while, a little later, by and by   1.55
huǒ   fire   10.39
huò   commodity, goods, product   2.37
huǒchē   train   2.53
huòchē   goods vehicle (i.e. truck or freight train)   2.37
huòchuán   freighter   2.37
huòshi . . . huòshi   either . . . or   8.29
huǒtuǐ   ham   10.12
hùr   account in a bank   19.26

jí   impatient, nervous, excitable, excited, upset, angry   9.43
-jí   rank   22.40
jì   season   16.47
jì   transmit, send   7.57
jì xìn   mail letters   7.57
jí xìngzi   (person of) impatient disposition   9.44
jìchū   send out   7.57
jīdàn   (chicken) eggs   8.28
jìde   remember   3.16
jìgěi   send to   7.57
jījīn   grant, gift of money   16.17
jījīn huì   foundation   16.17
jīliè   violent, fierce   17.15
jìmo   lonesome   1.39
jìniàn   commemorate, celebrate the memory of; commemoration   23.21
jìniànrì   memorial day, anniversary day   23.21
jìrán   since, because   11.38
jìshu   technique, skill   7.53
jìxing   memory   3.42
jìzhě   reporter   22.10
jiā   (measure for households and business establishments)   19.17, 19 N 1
jiā   add, increase, raise   17.44
jià   marry (of a woman)   14.14
jiā yóu(r)   gas up; add effort, put on steam   17.44, 17 N 4
jià   vacation   21.15
jiàchuqu   (leave home to) get married   14.14
jiàgei   give in marriage to   14.14

Glossary and Index 529

jiāhuo   tools, implements, utensils, kitchen things (pots, pans, dishes, etc.)   4.50
jiāju   furniture   5.37
jiàqian   price   19.20
jiātíng   family   11.13
jiàzhi   value   22.18
jiàzi   frame, rack   5.39
jiān   (measure for rooms in a house)   4.27
jiān   fry (in slightly greased pan)   8.27
jiǎn   cut, clip (with scissor)   20.51
jiǎn   reduce, decrease, lessen   20.4
jiàn   (measure for baggage, single pieces of clothing)   2.14
jiǎn jià   reduce prices, hold a sale   20.4
jiàn miàn   see (each other)   1.45
jiǎnchá   examine, inspect   1.52, 20 N 4
jiǎncháchù   inspection place, customs office   2.2
jiǎncháyuán   customs officer   2.1
jiánfǎ   cut hair, get a haircut   20.51, 20 N 4
jiǎnjià   Sale!   20.4
jiànkāng   healthy   9.27
jiǎnqu   take away, lessen (by so much)   20.4
jiǎnqu   cut off   20.51
jiánshǎo   reduce, decrease, lessen   20.4
jiǎnzhí(de)   simply, just   3.51
jiànzhu   erect, build, construct   13.26
jiànzhushī   architect   13.26
jiànzhuxué   architecture   13.26
jiǎnzi   scissors   20.51
jiāng   large river   15.27
jiǎng   discuss, explain, talk   11.24
jiǎng   reward   16.18
jiàng   soybean paste, jam   5.11
jiǎng huà   speak, lecture   11.24
jiǎng jiàqian   haggle, bargain   19.20
jiǎng jiàr   haggle, bargain   19.20
jiǎng xué   encourage scholarship   16.18
Jiāngběi   (place name)   15.27
jiǎngdào   reach (a point) in discussion   11.24
jiǎnghuà   a lecture   11.24
jiǎngjīn   monetary award, prize, grant   16.18
jiǎngjiu   particular, meticulous; admirable, elegant; be particular about   3.33
jiānglái   hereafter, in the future   3.39
Jiāngnán   (place name)   15.27
jiǎngpǐn   reward, prize   23.26

jiǎngtáng   lecture hall   23.18
jiǎngtuǒ   reach agreement on (by talking)   11.24
Jiāngxi   Kiangsi (province)   15.27
jiǎngxuéjīn   scholarship, fellowship   16.18
jiāo   give, hand over (to), deliver (to)   2.11
jiǎo   corner   3.26
jiǎo   feet   9.30
jiào (mén)   call for a door to be opened   13.1
jiǎo zhítou   toes   9.37
jiāo zū   pay rent   8.44
jiāogěi   give, hand over (to), deliver (to)   2.11
jiāopí   rubber   16.1
jiāopí lúnzi   tire   16.2
jiāopí xié   rubbers, galoshes   16.1
jiàoshī   instructor   16.10
jiàoyǎng   raise and educate   11.48
jiàoyu   education   7.37
jiàoyu jījīn   grant for educational purposes   16.17
jiǎor   corner   3.26
jiē   street   19.24
jiē fēng   welcome   4.45, 4 N 3
jiē kǒu(r)   entrance to a street, intersection   19.34
jiéguǒ   solution, answer, outcome, final score, result, conclusion   21.35
jiēhūn   get married   20 N 4
jiěmèi   sisters   11.21
jiému   (items on) a program, schedule   23.11
jiémudān   playbill, program   23.11
jiēqià(hǎo)   agree after discussion   16.44
jiēshi   solid, strong, well built   15.39
jiěshì   explain   21.25
jièzhe   by means of, making use of, using, thanks to   14.52
jīn   gold (also, a surname)   19.39
jìnbù   advance (N)   21.5
jìndài   recent times, modern period   16.33
jìndài-shǐ   modern history   16.33
jìnlái   recently   22.21
jìnshi(yǎn)   near-sighted   9.28
jǐnzhāng   nervous, tense, excited, exciting   17.49
jīnzi   gold   19.39
jǐngchá   policeman   3.20
jǐngchájú   police station   20.46
jīngguò   pass through, pass by, via   3.14
jīngji   economical; economics   5.34
jīnglǐ   manager   19.44

jīngli   manage   19.44
jīngtiē   give extra pay or assistance,
   extra pay, assistance, gratuity   8.24
jìngzi   mirror   13.39
jiǔ   long (time)   1.33
jiù   old   2.36
jiù   then   2.56, 2 N 7
jiù shì le   and that'll do, that's all
   there is to it   8.25
jiù xì   old-style drama   7.8
jiù (yǒu)   have only   2.9, 2 N 1
Jiùjīnshān   San Francisco   19.39,
   19 N 4
jiùlián   even   22.44
-jú   office   20.46
jǔ   raise (overhead)   23.27
jù   according to   14.34
jù   meet together   15.8
jù shuō   it is said that, they say that
   14.34
jùhuì   meet together   15.8
jùzai yíkuàr   meet together   15.8
júzi   orange, tangerine   10.51
júzi shuǐ   orange juice   10.52
juān   donate, contribute, give, will
   22.27
juédìng   decide   5.18

kāi   boiled (in reference to water)
   10.13
kāfēi   coffee   5.9
kāi dānzi   make a list   8.13
kāi dēng   light a light   11.36
kāi fàn   serve up a meal   8.32
kāi huì   hold or open a meeting   3.34
kāi hùr   open an account   19.26
kāi wánxiào   crack jokes, play pranks,
   kid   9.39
kāi yàofāng(r)   write a prescription
   21.47
kāi zhīpiào   write a check, make out a
   check   19.25
kāidāo   operate, operation   21.3
kāihù shēnqǐng biǎo   application form
   to open an account in a bank   19.35
kāishuǐ   boiled water   10.13
kān   edition, issue (of a scholarly publi-
   cation)   22.47
kǎn   chop   7.12
kàn xì   attend a play   7.8
kànfǎ   view, opinion, way of looking
   9.53
kàntái   seats, stands, bleachers   17.41
kānwù   periodical publication   22.47
Kàngzhàn   War of Resistance   14.32
kào   lean on, depend on; be due to;
   border on, be located by; veer in a
   certain direction   19.15

káogǔ   perform archaeological explora-
   tions   22.17
káogǔjiā   archaeologist   22.17
káogǔxué   archaeology   22.17
káogǔxuéjiā   archaeologist   22.17
kǎolü   ponder, consider, weigh thought-
   fully   23.50
kǎoshì   examine   20 N 4
Kǎoshì Yuàn   Examination Branch
   16.40
kē   (measure for trees)   7.15
kē   branch of medicine   21.17
kě   indeed, certainly, however   1.2
kě   (with hébì (why must?))   4.3; (with
   fēi or fēiděi (absolutely have to))
   7.40
kě   but   Lesson 4, p. 78, n.
kě   thirsty   4.12
kě bu shì ma   Isn't that so!   1.3
kě kào   reliable, dependable   19.15
kèběn, kèběr   textbook   22.37
kělián   pitiful, pitiable   21.20
kěsi   die of thirst   5 N 2
késou   cough   21.27
kètáng   classroom   23.18
kètīng   living room   4.52
kěxī   regrettable   5.23
kōng   empty   5.29
kōngqì   air   16.5
kòngr   free time, leisure time   13.21
kǒutóu   oral, verbal, by word of mouth
   23.13
kǒutóuyǔ(r)   speech mannerism, habit
   of speech, pet phrase   23.13
kǒuwèi   taste, preference as to food
   8.21
kǒuyin   accent   2.46
kū   cry, weep   9.41
kǔ   bitter, hard   10.9
kù   trousers, pants   17.35
kǔ wèr   bitter taste   10.9
kǔgōng   hard physical labor   10.9
kūqilai   burst into tears   9.41
kuā   praise, flatter   7.52
kuājiǎng   praise, flatter   15.4
kuàimàn   speed   10.36
kuān   wide, broad   3.7
kuǎn   funds   19.8
kuānzhǎi   width   10.36
kuòchōng   extend, enlarge, expand
   21.21

lā   pull, tow   14.20
là   leave (behind)   1.54
là   (peppery) hot   10.26
làjiāo   peppers   10.11
làxia   leave behind, leave out   1.54
lái   get   19.33, 19 N 3

Glossary and Index

lái   come (for the purpose of)   1.23, 1 N 6
lái   come, cause to come, invite   5 N 3
lái   come now, let   14.1, 14 N 1
lái péngyou   invite friends   5.35
láibīn   visitors, guests   23.3
láibují   unable to do [something] within an indicated period   10.38
láidejí   able to do [something] within an indicated period   10.39
láihuí   going and coming, round trip   13.50
láihuí piào   round-trip ticket   13.50
láiwǎng   social or business relations, coming and going, contacts   19.18
laizhe   (continuative suffix)   15.3, 15 N 1
lán   basket   17.10
lánqiú   basketball   17.10
lánzi   basket   17.10
lǎomāzi   married woman servant   8.19
lǎoshi   honest, steady, frank   20.12
lǎoshu   mouse, rat   13.38
lǎotóur   old man, graybeard   11.19, 11 N 3
lèi   kind (of), classification (of)   17.9
lèisi   dead tired   5 N 2
lěng   cold   4.6
lěngrè   temperature   10.36
lǐ   put in order   20.49
lǐ   A + time expression   It's . . . before A   11.7
lǐbài   week   15.7
lǐfǎ   cut hair, get a haircut   22.49, 20 N 4
lǐfáguǎn   barber shop   20.50
lìfū   porter   2.49
lìhai   severe, serious, extreme, powerful   10.29
lǐlùn   theory   23.51
lǐlùnshang   in theory, theoretically   23.51
lìqi   strength   17.48
lìwài   exception   14.47
lìwai(de) bànfa   exceptional measure   14.47
lǐwù   present, gift   2.24
liǎ   two   14.11, 14 N 2
lián   union   15 N 3
liǎn   face   4.5
lián A dài B   both A and B   14.39
Lián-Dà   Southeast Associated University   16.46, 16 N 4
liánhé   join with, federate with   16.46
Liánhé Guó   United Nations   16.46
liánheqǐlai   join with, ally with   16.46
liánluo   join, connect   17.51
liánméng   union   15 N 3
liánzǐ   lotus seeds   10.49

liáng   measure (out)   10.34
liáng   (uncomfortably) cool, chilly, cold   11.4
liàng   bright, light   5.4
liàng   (measure for vehicles)   13.46
liángkuai   (comfortably) cool   11.4
liáo   chat   10.53
liào   (dress) material   20.14
liáo tiār   chat   10.54
liáojiě   understand   19.40
liàor   (dress) material   20.14
lín   located near and facing, approach, be near   21.36
líndào N (V)   become (someone's) turn (to V)   21.36
línshí   provisional, temporary, special, on a moment's notice   23.15
línshí zhèngfǔ   provisional government   23.15
líng   zero   17.21, 17 N 3
líng   bell   8.2
líng   receive, get, claim   23.30
lìng   your   22.30
lìngdì   your younger brother   22.30
lìngmèi   your younger sister   22.30
lìngqīn   your relatives   22.30
língsuì   miscellaneous, fragmentary   8.46
lìngwài   additional(ly), separate(ly)   4.26
língr   bell   8.2
lìngxiōng   your older brother   22.30
liū   slip, slide   7.43
liú   help, reserve, hold on to; detain, keep behind, leave behind   13.55
liú   study abroad   15.14
liū bīng   skate on ice   7.45
liūbīngchǎng   skating rink   7.45
liūchulai   slip away   7.43
liūchuqu   slip away   7.43
liūda   (take a) stroll   9.3
liúli   fluent   2.38
liūxiaqu   slide down, coast, slip and fall down   7.43
liúxíng   prevalent, widespread   21.12
liúxíng bìng   epidemic disease   21.12
liúxíngxìng   epidemicity, epidemic nature   21.13
liúxíngxìng gǎnmào   epidemic influenza   21.14
liúxué   study abroad   15.14
liúxuéshēng   person who has studied abroad, returned student   15.14, 22.56, 22 N 6
lóng   deaf   9.19
lóngzi   deaf person   9.19
lóu   building of two or more stories; Restaurant (in specific names)   3.28

lóushàng   upstairs   3.28
lóuxià   downstairs   3.28
lú   stove, furnace   5.12
lúzi   stove, furnace   5.12
luànqibāzāo   at sixes and sevens, in a mess, helter-skelter   2.44
lùn   discuss; by   20.31
lùnwén   essay, article   16.28
lúnzi   wheel, tire   16.2
luò   land, drop, fall   1.13
luòxialai   drop down, land   1.13
lǜ   green   17.33
lǚfèi   travel expenses   16.21
lǚguǎn   hotel, inn   2.55
lǚxíng zhīpiào   traveler's checks   19.25
lǚxíngshè   travel bureau   2.12

Mā   (title for married woman servants)   8.3
má   numb   21.7
mǎ   yard   20.32
mǎ   horse (also, a surname)   13.9
máchǎng   riding stable   16.3
māhu, mǎhu   careless, absent-minded   9.20
māmahūhū, mámahūhū   careless, absent-minded   9.20
máyào   anesthetic   21.7
mázuì   anesthetize, drug, dope   21.9
màihuòyuán   sales clerk   20.24
mǎimai   trade, business, business establishment   20.9
mǎimai rén   merchant   20.9
mǎn   full   17.42
màn xìngzi   (person of) easy-going disposition   9.44
mántou   steamed bread rolls   4.38
mǎnyì   be satisfied (with or about)   11.1, 20 N 4
mángzhe   busy, in a hurry   1.22, 1 N 5
māo   cat   13.33
máo   body hair, fur, wool, feathers   9.38
máobing   defect, trouble   9.17
máodùn   contradictory   7.19
māor   cat   13.33
máor   body hair, fur, wool, feathers   9.38
màozi   hat   1.17
méi   coal   13.44
méi duó dà N   there isn't much N   16.31
méi le   finished   7.11
méi . . . yǐqián   before   7.29, 7 N 2
méi (yǒu) bǎwo   uncertain, unsure   17.28
méi yǒu duó dà N   there isn't much N   16.31

méi zào   coal-burning stove   13.44
méimao   eyebrows   9.26
méiqì   (coal) gas   16.5
mén   (measure for subjects of study)   8.16
Měng   Mongolia   15.18
Ménggǔ   Mongolia   15.18
mér   (measure for subjects of study)   8.16
mī   here, kitty!   13.34, 13 N 6
mǐ   (uncooked) rice, rice (grain)   10.48, 10 N 7
miǎn   avoid   5.28
miàn   face   4.48
miànbāo   bread   5.8
miǎnbuliǎo   unable to avoid   5.28
miǎnde   so as to avoid   5.28
miǎnqiǎng   reluctant, forced; urge, compel, force   14.41
miànzi   prestige, "face"   4.48
miǎo   a second   17.22
mín   people   23.32
míngē(r)   folk song   23.32
mínguó   republic   23.32
mínzhǔ   democracy   23.32
mínzhǔ guó(jiā)   democratic country, democracy   23.32
míngdān, míngdār   list of names, roster   2.5
míng   name in a list   16.25
míngpiàr   calling card   2.45
míngxiǎn   obvious, clear   23.52
míngxìnpiàr   post card   20.39
míngzi jiào   be called   7.3
móxíng   (three-dimensional scale) model   15.46
mǔ   (Chinese) acre   14.36
mùlu   catalogue, table of contents   22.24

ná   take   2.22, 2 N 4
nǎi   milk   4.37
nǎi tāng báicài   cabbage soup with milk   4.37
Nán Bīng Yáng   Antarctic Ocean   9.50
nán cèsuǒ   men's room   13.15
nán guài   hard to blame; no wonder (that)   10.29
Nán Qīngnián Huì   YMCA   8.8
nánbù   southern section   10.27
nánguò   sad, distressed   5.26
nǎr   (used in rhetorical questions)   8.37, 8 N 2
nèi   inside, interior   16.23
Nèi Měng(gǔ)   Inner Mongolia   16.23
Nèi-Wài Ménggǔ   Inner and Outer Mongolia   16.23
nèibù   interior part, China Proper   15.21

Glossary and Index   533

nèidì   interior land, China Proper   15.21
nèiháng   (be) an insider in respect to job or profession   19.2
nèikē   internal medicine   21.17
nèiróng   contents   22.48
nènmo yìhuí shì   such a matter, such a thing   19.51
nì   bored (with), fed up (with), tired of; boring, dull   21.50
nǐ shuō   you say   7.30, 7 N 3
niàn bóshi   study for the Ph.D.   5.21
nián dǐ   end of the year   8.39
nián tóur   beginning of the year   7.6
niánjì   age (in years)   8.18
niánkān   annual (publication), yearbook   22.47
niánqīng   young   1.28
niú nǎi   (cow's) milk   4.37
niú yóu   butter   5.10
nòng   handle, arrange, see to   2.43, 2 N 6
nòng ge dòng   make a hole   16.7
nónggōng   farmers and workers, agriculture and industry   19.12, 19 N 2
nóngrén   farmer (N)   14.26
nóngyè   farming, agriculture   19.11
nǔlì   strive hard   7.36
nǚ cèsuǒ   ladies' room   13.15
Nǚ Qīngnián Huì   YWCA   8.8
nǚ'er   daughter   3.56
nǚxu   son-in-law   14.16

Ōu   Europe   15.33
ou   (particle of warning)   3.41, 3 N 4
Ōu-Yà   Eurasia, Europe and Asia   15.34
ǒu'ěr   occasionally, once in a while; by chance   8.38
Ōuzhou   Europe   15.33

pái   tag, check, label   7.4
pái cháng duì   form a long line   21.44
páiduì   stand or wait in line   21.44
páigu   spareribs   10.15
pāizi   racket, paddle   17.23
páizi   tag, check, label   7.4
páng   other, others; side   19.19
pàng   fat   1.21
páng mér   side door   19.19
páng rén   other people   19.19
pángbiār   vicinity, neighborhood, side   19.19
pángtīng   audit a lecture, sit in on   19.19
pángtīngshēng   auditor   19.19
páomǎchǎng   racecourse, racetrack   16.3
pǎopíng   run neck and neck   17.47
péi   accompany(ing)   5.56

pèi   match, go with, complement   21.49
pèi yào   compound medicines, make up a prescription   21.49
pèifu   admire, respect   14.40
pēnshèjī   jet plane   1.35
pēnshuǐchí   fountain   15.44
pèng   hit, run into   3.44
pèngjian   encounter   3.44
pèngshāng   injure by running into   14.29
pèngsi   kill by running into   5 N 2
permutation   2.15, 2 N 2
pí   skin, leather   9.46
píba   Chinese guitar   20.15
píbāo   suitcase, bag   2.17
pífu   skin   9.46
pífukē   dermatology   21.17
píqi   temper, temperament   9.5
piányi   cheap   3.37
piào   (money) bill   19.53
piàor   (money) bill   19.53
piàozi   (money) bill   19.53
piér   skin   23.22
píng   level, even, smooth   3.8
píng   even (in a score)   17.47
píng   be due to   10.35
píngcháng   ordinary, normal; ordinarily   19.6
píngyuán   plain (noun)   15.25
pò   break, tear; broken, torn   9.23
pū   spread out over (something)   13.28, 13 N 5
pū chuáng   make a bed   13.28
pū dì   cover a floor   13.31
pūgai   bedding   8.12
pútao   grape   23.22
pútao pí(er)   grape skin   23.22
pǔtōng   common, ordinary   14.43
pǔtōng huà   general language   14.43
pùzi   store   3.12

qī   period of time   8.43
qī   brew, steep   4.11
qí   ride (astride)   13.10
-qǐ   (postverb in resultative verbs)   14.44, 14 N 4
qì   air, atmosphere, gas   16.5
qì   angry; anger, bad temper   13.52
qǐ fēi   take off, leave (of airplanes)   1.5
qǐ fēi(de) wǎn   take off late   1.6
qǐ wàihào(r)   give a nickname   17.26
qípáo(r)   Chinese-style gown   20.13
qíshí   actually   5.45
qìsi   be terribly angry   13.52
qíyúde   the rest, the others   2.10
qiān   to sign   19.43
Qián Guāng Lóu   Hall of the Glory of Sīmǎ Qiān   22 N 2

qiān míng   sign one's name   19.43
qiān zì   sign one's name   19.43
qiǎn   light, shallow, simply expressed   20.26
qiāncéng gāo   thousand-layer cake   10.16, 10 N 1
qiánhòu   front and rear, before and after, before or after   15.50
qiánshù   amount of money   22.5
qiántú   future   17.20
qiānwàn   by all means, without fail   17.16
qiáng   wall (of a building)   3.30
qiáo   bridge   15.13
qiáo   look (at)   2.28
qīnqi   relatives   11.12
Qīng Cháo   Ch'ing Dynasty   16.34
qīngcài   fresh vegetables   10.8
qīngchu   clear   9.18
Qīnghuá   Tsinghua (University)   16.50, 16 N 4
qǐngjià   ask for leave   21.15
qīngnián   youth   8.8
Qīngnián Huì   YMCA   8.8
qīngnián rén   youth, young person   8.8
qíngtiān   clear, clear day   1.32
qíngxing   situation   7.28
qīngzhòng   weight   10.36
qióng   poor, impoverished   14.35
qiú   ball   17.8
qiúchǎng   ground for ball game—e.g. football field, tennis court   17.8
qiúduì   team   17.8
qiūjì   autumn   16.47
qiúmén   goal, goal posts   17.8
qiūtiān   autumn   7.24
qǔ   take out, withdraw, fetch   19.52
qǔ   marry (of a man)   14.12
qù   go (purpose)   1.23, 1 N 6
qǔ tàitai   marry, take a wife   14.12
qǔ xífu   marry, take a wife   14.13
qǔchū   take out   19.52
qǔhuí   take back   19.52
qǔxiāo   get rid of, cancel, eliminate   3.22
quàn   calm, soothe; urge, (try to) persuade   9.42
quán shēn mázuì   general anesthesia   21.9
quánbù   the whole of [something]   16.20
quánbù N   the whole of N, all of N, the total N   16.20
quánbù xuésheng   the whole student body   16.20
quántǐ   whole body, in a body, all together   22.28

ránhòu   afterward   15.53

rào   circle around, detour around   23.19
ràokǒulìng(r)   tongue twister   23.19
ràoyuǎn, ràoyuǎr   circuitous, roundabout   23.19
ràozuǐ   difficult to say   23.19
rè   hot   4.7
rèdù   temperature   21.30
rènao   bustling, busy, lively, entertaining, sociable   3.13, 8.35
rènhé   any whatever   11.34
rénjia   (other) people   1.49
rénkǒu(r)   population   7.20
rénlèi   mankind   17.9
rénmín   the people   23.32
rénshù   number of people   22.5
rènwei   be of the opinion that   9.54
rénzào   artificial, man made   20.22
rìbào   daily (newspaper)   22.34
rìjì   diary (i.e. a record)   2.34
rìjìběn   diary (i.e. a book)   2.34
rìjìběr   diary (i.e. a book)   2.34
rìzi   day   4.57
róng   hold, contain, accommodate   3.49
rù   enter   16.43
rù xué   enter school, matriculate   16.43
rùkǒu(chù)   entrance   16.43
ruò   weak, faint   17.55

sài   compete in, have a race   17.18
sài (kàn) + V   compete (to see) V   17.18
sài qiú   compete in a ball game   17.18
sàipǎo   race on foot   17.18, 20 N 4
Sānhé Xiàn   (district in Hupeh)   14.10
sānlúnchē   pedicab   14.23
sǎngzi   throat   21.29
shā   kill   14.31
shāmò   desert   15.23
shāng   wound, injury   14.29
shāng-   commerce, trade   19.10
shàng   (postverb in resultative verbs)   15.47, 15 N 2
shàng + TW   last   19.3
shàng bàntiān   forenoon, morning   19.3
shàng cè   Volume I   22.54, 22 N 4
shàng chǎng   come on the field, enter a game   17.27
shāng fēng   catch cold   14.29
shàng máyào   give an anesthetic   21.7
shàng qī   beginning of a period   8.43
shàng shàng(ge) + TW   one before last   19.3
shànge + TW   last   19.3
shànggǔ   antiquity, earliest times   16.32

Glossary and Index

Shànghǎi　　Shanghai　7.47
shāngkē　　business course (in school)　19.10
shāngren　　business man, merchant　19.10
shāngyè　　commerce, trade　19.11
shàngzuò　　seat of honor　4.46
shāo　　have a fever　21.26
shāo kāishuǐ　　boil water　10.13
shāo méi　　burn coal　13.44
shāowēi, shǎowēi　　slightly　10.41
shàoye　　young gentleman, (someone else's) son (polite form)　13.6
shèbèi　　equipment, furnishings　21.18
shèjì　　design, plan　13.12
shēn　　deep　20.25
shēn　　body　20.52
shénmode　　and so forth, etc.　2.27
shēnqǐng　　apply, make a request (to a superior)　19.35
shēnqǐng biǎo　　application blank　19.35
shēnshang　　on one's body, with one　20.54
shēntǐ　　body　20.52
shènzhìyu　　even to, even so far as, culminating in　21.33
shēnzi　　body　20.54
shēng　　new, raw　1.56
shēng　　bear (offspring), give rise to, produce, make　11.26
-shēng　　(noun suffix)　22.57, 22 N 4
shěng　　province (in China), state (in America)　14.8
shěng　　save (on), economize (on)　19.21
shēng bìng　　get sick　11.26
shēng cài　　raw vegetables　1.56
shēng qì　　become angry　13.52
shēng rén　　stranger　1.56
shēng zì　　new words, vocabulary　1.56
shēnghuó　　living conditions, existence, life; live　11.56
shěnglì(de)　　province-established, provincial　16.53
shēng(r)　　occurrence　13.7, 13 N 2
shēngri　　birthday　9 N 4
shēngyi　　(commercial) business　10.4
shī　　poem, poetry　23.25
shì　　is a matter of　1.9, 1 N 3
shì　　is　2.35, 2 N 5, 4.36, 4 N 1
shì　　try　13.2
shì　　style, model, pattern, fashion　3.29
shi　　-sighted　9.28
Shǐ Jì　　Historical Records　22 N 2
shì wēndù biǎo　　take a temperature　21.31
shìchǎng　　market (place)　19.23
shídài　　(historical) period, age　16.33
shìde　　yes, that's so　2.29
shide　　(with hǎoxiàng)　1.25, 1 N 7
shījiā　　poet　23.25
shíjiān　　(period of) time　19.22
shíjiān biǎo　　time table　19.30
shìjiè　　world　2.54
Shìjiè Dàzhàn　　World War　14.32
Shìjiè Yùndong Huì　　Olympics　3.34
shīrén　　poet　23.25
shìshí　　fact　23.53
shìshi (kàn)　　try and see　13.2
shìshíshang　　in fact, as a matter of fact　23.53
shǐxuéjiā　　historian　16.37
shìyan　　experiment　15.32
shīyíng　　be out when someone calls　13.8, 20 N 4
shízài　　real, genuine, sure enough　2.40
shōu　　receive, accept, collect　19.47
shóu　　ripe; well done; well acquainted　5.51
shǒu　　hand　9.36; person　17.3
shǒu　　defend, guard, keep, watch over　17.54
shòu　　thin　1.26
shòu　　receive, suffer, endure　5.15
shòu　　long life, span of life; birthday　9.40, 9 N 4
shòu fá　　be punished　5.16
shǒu zhǐtou　　fingers　9.37
shǒu mén　　guard a door, defend a goal　17.54
shǒu mén de　　gatekeeper, goalie　17.54
shòu shāng　　be wounded, injured　14.29
shǒucè　　handbook, student's notebook　22.54
shōuhǎo　　receive and retain carefully, take good care of　19.47
shǒujin　　towel　4.8
shǒujin jiàzi　　towel rack　5.39
shǒujuàr　　handkerchief　14.4
shōurù　　take in income, income　11.57
shǒushi　　ornament　2.26
shǒutíbāo　　brief case　2.16
shǒutíxiāng　　suitcase　3.5
shōuxia　　accept and keep　19.47
shǒuxu　　(formal) procedure, process, method　8.41
shū　　to comb　9.25
shū　　lose (a game, money in a bet)　17.25
shú　　ripe; well done; well acquainted　5.51
shù　　tree　7.9

shù   number, amount   22.5
shū jiàzi   bookcase   5.39
shū mùlu   catalogue of stored books, card catalogue   22.24
shú rén   acquaintance   5.51
shūfáng   study (room)   4.28
shūfu   comfortable   5.3
shùlínzi   forest, woods   7.10
shùr   number, amount   22.5
shūzhuō   desk   4.30
shūzi   comb   9.25
shuāng   pair   14.5
shuì   sleep   4.54
shuì jiào   sleep   4.54
shuǐguǒ   fruit   4.49
shuǐshǒu   sailor   17.3
shuǐzhǔn   level   7.38
shùn   follow, with, in accordance with, along   20.42
shùnbiàn   at the same time (as some other activity)   20.42
shuō   admonish, scold   13.22
shuōtuǒ   reach agreement by talking   11.23
sī   (raw) silk   20.23
sī   shred   4.25
sǐ   die   5.24, 5 N 2
Sìchuān   Szuchwan (Province)   10.27, 10 N 2
sīlì(de)   privately established, private   16.53
Sīmǎ Qiān   Szu-ma Ch'ien   22.9, 22 N 2
sīrén   private individual   22.25
sòng   see (someone) off   13.56
sōu   search (out), search for   22.12
sōuji   search out and collect   22.13
sōuzhǎo   find after a search   22.12
Sū   Soviet Union, USSR   15.56
Sū-Ē, Sū-É, Sū-È   Soviet Russia   15.56
Sūlián   Soviet Union, USSR   15.56
sùshè   dormitory   5.33
súyǔ   proverb   10.24
suàn   reckon   21.46
suànpan   abacus   20.17
suí   follow   8.33
suíshí   at any time desired   10.19
suìshu(r)   age   9.10
sūn-   grandchild   11.18
sūnnüer   granddaughter   11.18
sūnzi   grandson   11.18
suǒ   that which   23.44, 23 N 11
suǒ   lock   2.31
suǒshang   lock   2.31
suǒzhe   be locked   2.31

tā   collapse   15.41
tāxialai   collapse   15.41
tāxiaqu   collapse   15.41

tàidu   manner, bearing, attitude   9.9
tán   play (by plucking or touching with the fingers)   20.16
tán tiār   chat   10.53
táng   hall, room (also, measure for a class at a particular place and time)   23.18
tǎng   lie down   21.32
tānglèi   soups (on a menu)   17.9
tǎolùn   discuss formally   23.57
tào   (measure for suits, sets of books)   2.30
tǎoyàn   annoying, boring, distasteful; be annoyed (with), be bored (with)   10.45, 20 N 4
téng   hurt, ache, be sore   21.28, 21 N 3
tī   kick   17.13
tì   for, on behalf of, as a substitute for   19.41
tī qiú   kick a ball, play a game that involves kicking a ball   17.13
tígāo   raise, uplift   7.39
tīpíng   even score (in a kicking game)   17.47
tíqi   speaking of, if one mentions   11.31
tíqián   update, advance, move an event to a time earlier than originally scheduled   16.11, 20 N 4
tíyì   suggest, make a motion; suggestion, motion   9.2, 20 N 4
tíyì (shuō)   suggest, make a motion   9.2, 20 N 4
tǐyù   physical culture, physical education   17.2
tǐyù huì   athletic club   17.2
tǐyùchǎng   athletic field, stadium   17.2
tǐyùguǎn   gym, gymnasium   17.2
tiān   add, increase   8.48
tián   fill out a form   19.31
tián diǎnxin   (sweet) dessert   10 N 1
tiān qián   increase the money   8.48
tiāncái   talent, genius   11.45
tiándì   farm land, fields   23.39
tiānshang   add   8.48
tiāo   pick, select, choose   20.27
tiār   weather   10.52
tiē   paste   7.58
tiě   iron   15.38
tiělù   railroad   14.17
tǐng   very, extremely   9.6
tíng   stop   3.2
tíng chē   stop or park a car   3.2
tīng xì   attend Chinese opera   7.8
tíngchēchǎng   parking lot   3.2
tíngzi   pavilion   15.45
tōng   pass through   5.52
tóng   same   15.22

Glossary and Index

tōng diànhuà put through a phone call 5.52
tóngbān (be of) the same class, (be) classmates 22.1
tòngkuai happy, content, delighted 1.41
tóngnián the same year 15.22
tóngshí at the same time 15.22
tóngshì have the same occupation 15.22
tóngsuì be of the same age 15.22
tóngxiāng of the same district 11.11, 11 N 2, 15.22
tōngxìn to correspond 1.46
tóngxìng have the same surname 15.22
tóngxué (be) fellow students 15.22
tóngxué huì alumni association 15.22
tóngyàng similar 15.22
tóu head, first 7.6
tóu téng have a headache 21 N 3
tóufa hair on the head 9.24
tóur head, front end 7.6
tú illustration, chart, map 22.6
tú journey, road 17.20
tǔ spit (out) 23.23
tǔ earth, soil, dirt 23.28
tǔdì territory, land 19.14
tuántǐ group, organized body, organization 22.26
tuī push 16.9
tuǐ leg 9.35
tuīkai push open 16.9
-tuǒ satisfactory, successful 11.23

verb-object compounds 20.52, 20 N 4

wa (interjection) 1.19, 1 N 4
wàzi socks, stockings 14.6
wài zǔfù mother's father 11.16
wài zǔfùmǔ mother's parents 11.16
wài zúmǔ mother's mother 11.16
wàibiǎo surface, outside; on the surface, superficially 13.13
wàibiǎoshang on the surface, superficially 13.13
wàiháng (be) an outsider in respect to job or profession, (be) an amateur 19.2
wàihào(r) nickname 17.26
wàikē surgery 21.17
wàirén outsider, stranger 15.2
wàiwén foreign language 22.32
wàn shòu long life 9.40, 9 N 4
wǎnbào evening (or afternoon) newspaper 22.34
wǎnbèi younger generation 8.6
wǎnhuì evening meeting, evening party 22 N 5
wánquán complete 3.31
wánxiào joke, prank 9.39

wànyī barely likely, if by any chance 17.17
wǎng net 17.11
wàng forget (to) 2.39
wǎngqiú tennis 17.11
wǎngqiúchǎng tennis court 17.27
wǎngzi net 17.11
wár qiú play (ball) 17.8
wèi for (the sake of), for (the purpose of) 7.27
wèi stomach 21.2
wèi bìng stomach disorder 21.2
wèide shì because, in order to, so as to 20.28
wèikǒu appetite 21.2
wèile for (the sake of), for (the purpose of) 7.27
wēixiǎn dangerous, critical 17.29
wēixiǎnxìng dangerousness 21.13, 21 N 1
wèizhe for (the sake of), for (the purpose of) 7.27
wēn warm (also, a surname) 21.31
wén smell, sniff (at) 4.23
wěn smooth, steady, stable 1.36
wēndù temperature 21.31
wēndù biǎo thermometer 21.31
wénjian smell 4.23
wēnxi review 1.58
wēnxi jùzi review sentences 1.58
wènzhu puzzle, nonplus, stump 23.42
wèr smell, odor, fragrance 4.24
wòfáng bedroom 13.24
Wǔ Dà Yuàn Five Main Branches (of the Nationalist Government) 16.40
Wǔ Sì Yùndòng May 4th Movement 3.4, 3 N 2
wūdǐng roof 15.30
wúlùn no matter 9.21
wúsuǒwèi make no difference, not matter 8.34
wúxiàndiàn radio 2.25
wūzi room (in a house) 1.37

xǐ wash 4.4
xì fine, thin, delicate; detailed, minute 9.47
xì department of instruction 7.32
xì drama, play 7.8
Xī-Ōu Western Europe 15.33
Xī shì Western style 3.29
xǐ zǎo take a bath 4.4
xǐài have pleasure in, be fascinated with 16.14
xībù western section 9.27
xīān porridge, gruel 5.7
Xīfāng Occident, West 10 N 4, 15.29
Xīfāng rén Westerner 10 N 4
xífer daughter-in-law 14.13

xífu daughter-in-law 14.13
xīgua watermelon 10.10
xíguan custom, habit 4.55
xìju drama, play 7.8
xìjuxué dramatics 7.8
Xīnán Liánhé Dàxué Southwest Associated University 16.46, 16 N 4
Xīzàng Tibet 15.20
Xīzàngwén Tibetan (language and literature) 15.20
xízǎofáng bathroom 4.4
Xīyáng Occident 9.50
xiā falsely, incorrectly, haphazardly 1.24
xià time, times 10.41, 10 N 6
xià bàntiān afternoon 19.3
xià cè Volume II (of two), Volume III (of three) 22.54, 22 N 4
xià qī end of a period 8.43
xià + TW next 19.3
xià xià(ge) one after next 19.3
xià yǔ be raining 1.29, 1 N 8
xiàge + TW next 19.3
xiàjì summer 16.47
xiàtian summer 7.46
xián salty 9.25
xián idle, unoccupied 3.1
xiàn district, county 14.10
xián tán carry on chitchat 3.1
xiànkuǎn cash 19.28
xiànmu envy 15.57
xiānsheng gentleman, Mr. 22 N 6
xiànzhǎng district leader 16.41
xiāng (large) box, trunk, suitcase 3.5
xiāng fragrant 23.47
xiǎng sound, make a noise 13.3
xiàng article, item, kind 17.4
xiàng likeness 7.48
xiāngchù get along with [someone] 9.45
xiāngdāng suitable, suited; rather, fairly 14.33
xiāngfǎn be opposites 11.32
xiāngfáng side unit of a house 13.11, 13 N 3
xiànglái hitherto 14.48
xiànglái bu/méi never 14.48
xiǎngniàn think of (someone) 1.43
xiàngpiār photograph 7.50
xiàngsheng(r) comic dialogue 23.40
xiángxi minute details 21.24
xiāngxia country (vs. city) 11.28
xiāngxìn believe that, be convinced that 11.9
xiāngzi (large) box, trunk, suitcase 3.5
xiǎo māo(r) cat 13.33
xiǎo'érkē pediatrics 21.17
xiǎohù poor family 23.38

xiàohua, xiàohuo laugh at 16.12
xiāoqiǎn pastime, hobby, pleasurable activity 13.23
xiǎoshuō(r) fiction, novel 22.35
xiǎoshuōjiā novelist 22.35
xiàotú map of a school 22.6, 22 N 1
xiāoxi information 4.15
xiǎoxin be careful (of), watch out (for) 3.54
xiàozhǎng principal (of a school), president (of a university) 16.41
xiàr time, times 10.42, 10 N 6
xié shoes 9.22
xièxie please 13.5, 13 N 1
xiězìtái writing desk 8.11
xiězìzhuō writing table 4.30
xīn new, newly, recently 1.57
xīn heart, mind 1.40
xìn believe 5.13
xīn xì new-style drama 7.8
xìnfēngr envelope 20.37
xīnhài eighth year in a cycle 16.35, 16 N 2
Xīnhài Gémìng Revolution of 1911 16.36, 16 N 2
xīnhài nián 1911 16.35, 16 N 2
Xīnjiāng Sinkiang 15.19
xīnkǔ wearying, toilsome, wearied from hard toil 11.49
xīnshēng new student 22.57, 22 N 1, 22 N 6
xīnshui salary 19.32
xīnwén news 4.41
xīnwén jìzhě reporter, newspaper correspondent, journalist 22.8
xìnyong trustworthiness 19.16
xìnzhǐ stationery, letter paper 20.36
xíng be O.K., be satisfactory, do 19.27
xǐng wake up 5.1
xìng nature, quality 21.13, 21 N 1
xìng'er fortunately 7.31
xìngmíng name 19.36
xìngr disposition, character, nature 9.44
xìngzhi nature, property, attribute 16.24
xìngzi disposition, character, nature 9.44
xiōngdì (older and younger) brothers 11.20
xiōngdi younger brother 11.20; I, me (p. 259, n.)
xiōngměng fierce, savage, cruel 17.36
xiū fix, repair, build 3.6
xiūchēchǎng service station, repair shop 16.8
xiūli fix, repair, build 3.6

Glossary and Index

xiūli-fèi　repair bill　11.55
xiūxi　to rest　1.50
xǔduō(de) N　a great many N　19.34
xūyào　need (to)　7.21
xuǎn　choose, select, elect, vote for　16.15
xuānchuán　spread information, advertise, propagandize; advertising, propaganda　20.3
xuǎnshang　elect to an office　16.15
xuánshǒu　star, champion, able person selected from a number of others　17.3
xuéshù　erudition, mastery, skill　22.46
xuéfèi　tuition　11.55
xuéhuì　(professional) association　15.6
xuéqī　semester　11.41
xuésheng　student　22 N 6
xuésheng shǒucè　student handbook　22.54
xuézhě　scholar　22.8, 22 N 3

yá　tooth　21.54
Yà　Asia　15.34
ya　(interjection)　1.19, 1 N 4
yá dàifu　dentist　21.54
yá yīsheng　dentist　21.54
yákē　dentistry　21.54
yákē dàifu　dentist　21.54
yákē yīsheng　dentist　21.54
Yàxiyà　Asia　15.34
Yàzhou　Asia　15.34
Yàzhou Xuéhuì　Association for Asian Studies　15.34
yān　smoke; cigarette　4.18
yán　word　23.24
yán　salt　10.17
Yān-Dà, Yàn-Dà　Yenching University　16.52, 16 N 4
yǎnjing　eyes　1.20
Yānjīng, Yànjīng　Yenching (University)　16.52, 16 N 4
yǎnjìngr　eyeglasses　9.29
yánjiu xuéshù　do scholarly research　22.46
yánjiu yuàn　graduate school, research institute　16.40
yánjiubān　seminar　22.1
yánjiushēng　research worker, graduate student　22.57, 22 N 6
yǎnkē　ophthalmology　21.17
yáng　ocean; foreign　9.50
yǎng　raise (family, animals, flowers)　11.48
yáng guǐzi　foreign devil　9.51, 9 N 5
yǎng jiā　support a family　11.48
yángchē　ricksha　9.50

yánghuǒ　matches　4.20
yǎnghuo　support, feed (people)　14.24
yàngzi　appearance; type, kind, model, pattern　4.1
yào　medicine　11.53
yào sǐ　extremely　5 N 2
yàofáng　pharmacy, drugstore, dispensary　21.48
yàofāng(r)　prescription　21.47
yàoshi　if　2.50
yàoshi　key　2.21
-yè　enterprise　19.11
yè　page　22.55
yè　night　5.2
yéxǔ　perhaps, probably　1.10
yèzi　leaf　7.23
Yenching　16 N 4
yī-jiàzi　clothes rack　5.39
yì rén yi... one... per person　13.48
yíbèi　one generation, same generation　8.6
yìbiār　on the one hand　2.4
yíbùyíbù(de)　step by step　16.4
yìduōbàr(de)　most of [something], majority of; most likely, perhaps　14.53
yīfu　clothes, clothing　1.16
yíge rén yi... one... per person　13.48
yīguì　wardrobe (closet), cabinet　5.38
yìhuí shì　a matter　19.51
yīkē　medicine (in general), medical science　21.17
yíkuài dì　plot of land　13.31
yìlái　in the first place　23.45
yīliào(r)　dress material　20.14
yíliú　bequeath, leave, hand down　22.41
yímiàn　on the one hand　2.4
yǐnèi　within, inside　16.26
yíqiè(de)　all　5.36
yīshang　clothes, clothing　14.2
yīsheng　physician, doctor, Dr., M.D.　11.52
yìshēng(r)　once　13.7, 13 N 2
yìshí　a moment　7.35
yìshu　art　10.31
yìshujiā　artist　9.36
yìsi　see hǎo yìsi　8.5
yìtáng kè　one class　23.18
yǐwài　outside, apart from　16.27
yǐwei　think (incorrectly), suppose　2.7
yīwushì　infirmary, clinic, doctor's office　21.19
yíxiàngyíxiàngde　item by item　17.4
yíxiàr　once; a moment　10.42
yīxué　medicine (as a subject of study)　21.4

yīyào-fèi   medical expenses   11.55
yīyuàn   hospital   5.47
yíyuè kān   January issue   22.47
yǐzi   chair   4.31
yínháng   bank   19.2
yīnyuè   music   11.42
yīnyuè duì   band, orchestra   17.6
yínzi   silver   19.1
Yīngchǐ   English foot   9.13, 9 N 2
yìngchou   socialize, undertake a social engagement; social engagement   20.29
Yīngcùn   English foot   9 N 2
Yīnglǐ   English mile   9 N 2
yǐngxiǎng   influence   22.22
yòng   use   2.22, 2 N 4
yònggōng   studious   20 N 4
yōnghu   support, back up   17.39
yōngjǐ   crowd together; crowded   21.43
yòngren   servant   5.40
yóngyuǎn   forever, always   23.48
yóu   oil   5.10, 17.44, 17 N 4
yǒu bǎwo   certain, sure   17.28
yǒu jiàzhi   be valuable   22.18
yóupiào   postage stamp   20.43
yóujiǎn   aerogram, (single-sheet) air letter   20.44
yóur   oil   17.44, 17 N 4
yóuxì   recreation, amusement   7.25
yóuxìchǎng   playground, place of amusement   7.25
yóuyǒng   swim   7.48, 20 N 4
yóuyǒng-yī   bathing suit   7.48
yóuzhèngjú   post office   20.47
yǔ   rain   1.29, 1 N 8
yùbei   prepare   8.7
yùfáng   take preventive measures against   21.34
yúlè   amusement, recreation, entertainment   23.10
yúlèchǎng   place of amusement   23.10
yúwǎng   fish net   17.11
yuàn   (official) body, branch of government, institute   16.40, 16 N 3
yuángǎo(r)   rough draft, manuscript   22.42
yuǎnjìn   distance   10.36
yuánlái   after all, as a matter of fact   2.6
yuánliang   forgive, excuse, make allowances for   23.9
yuǎnshi(yǎn)   far-sighted   9.28
yuànyi   be willing (that), like to   11.5
yuányīn   reason   5.27
yuánzé   (fundamental) principle   23.55
yuànzhǎng   director of an institute   16.41
yuànzi   courtyard   13.16
yuánzǐ   atom   5.22, 5 N 1

yuánzǐ bǐ   ball-point pen   5.22, 5 N 1
yuánzǐ-néng   atomic energy   5.22, 5 N 1
yuē   invite, make an appointment   5.53
yuè dǐ   end of the month   8.39
yuè tóur   beginning of the month   7.6
yuèbào   monthly (magazine)   22.34
yuēhǎo   agree on   5.53
yuēhui   appointment   5.53
yuèkān   monthly (publication)   22.47
yùn   transport   2.13
yùndong   exercise   3.4
yùndong huì   athletic meet, athletic contest   3.34
yùndong-yī   athletic uniform   17.32
yùndongchǎng   athletic field   3.4
yùndongyuán   athlete   3.4
yùnqi   luck (good or bad), lucky   11.25

zázhì   magazine, periodical   2.32
zàiburán   otherwise   1.7
zàizhě   furthermore   23.46
zànchéng   approve of, be for, accept   7.13
zánmen   we, us   1.48, 1 N 10
zāng   dirty   3.24
Zàng   Tibet   15.20
Zàngwén   Tibetan (language and literature)   15.20
zǎo   morning   9.1
zào   stove   13.42
zào   make, build, construct   13.43
záodiǎn   breakfast   5.5
zǎozhe   early   11.7
zěnmo bàn?   how manage?   5.14
zěnmo (yì)huí shì   what sort of matter? what's up?   19.51
zènmo (yì)huí shì   such a matter, such a thing   19.51
zěnmozhe   what? how (about it)?   1.38
zènmozhe   this way   1.38
zēngjiā   increase, be increased, add   3.11
zhá   fry (usually in deep fat)   10.7
zhái   residence   14.7
zhǎi   narrow   3.23
zhàn   stand   17.43
-zhàn   battle, war   14.32
zhànqilai   stand up   17.43
zhànshí   temporary; temporarily, for the time being   20.18
zhǎng   head, director, leader   16.41
zhàng   battle, war   14.27
zhǎngbèi   older generation   8.6
zhàngfu   husband   14.15
zhǎo   give change   20.35
zhào   take a picture   7.49
zhào lì   follow tradition, follow (someone's) example   16.48

Glossary and Index

zhào xiàng   take a picture   7.49
zhāodai   entertain, be hospitable to   20.10
zhāojí, zháojí   worried, upset, excited, flustered   21.41
zhàolì(de)   according to custom or tradition, traditionally   16.48
zhàoxialai   to photograph   7.49
zhàoxiàng běnzi   picture album   7.49
zhàoxiàngguǎn   photographer's shop   20.50
zhàoxiàngjī   camera   7.49
zhàoying   take care of, look after   8.17
zhé   discount   20.5, 20 N 2
-zhě   one who   22.8, 22 N 3
-zhe wár   do [something] for the fun of it   4.19
zhékòu   discount   20.5, 20 N 2
zhēn   needle, pin   21.8
zhēnguì   precious, valuable   22.43
zhěng   all, whole, entire; precisely, exactly   13.36
zhèng   earn money   14.38
zhèng   main; due (before compass directions)   22.51
zhèng běi   due north   22.51
zhèng lù   main road   22.51
zhèngfáng   main unit in a house   13.17, 13 N 3
zhèngfǔ   government   15.17
zhèngshì   formal, official, proper   10.47
zhī   of   13.14, 13 N 4
zhí   worth (the time, money, effort)   17.56
zhì   treat   5.50
zhì bìng   treat illness   5.49
zhǐbāo(r)   package, parcel   2.23
zhīdao   know   9.4, 9 N 2
zhíde   worth (doing something)   17.56
zhìdu   system   11.14
zhìfú   uniform   17.31
zhíguǎn   just   8.23
zhìhǎo   cure   5.49
zhǐjiào   give me your views, instruct me   15.1
zhīpiào   check   19.25
zhīpiào bù   checkbook   19.46
zhíqián   be valuable   17.56
zhǐtou   finger   9.37
zhíwu   duty, function, business, job   2.48
zhíyè   job, occupation, profession   19.37
zhòng   plant, grow, raise   13.19
zhòng cài   raise vegetables   13 N 19
zhòng cè   Volume II   22.54, 22 N 4
zhòng dì   till the soil, farm   13.31
Zhōng-Ē, Zhōng-É, Zhōng-È   Chinese-Russian, Sino-Russian   15.54

Zhōng shì   Chinese style   3.29
Zhōng-Sū   Sino-Soviet   15.56
zhōngbù   central section   10.27
zhōngdiǎr   hour, time, timing   1.34
zhōngfàn   lunch   8.30
zhōnggǔ   middle antiquity, middle ages   16.32
Zhōngguo nèibù   China Proper   15.21
Zhōngguo nèidì   China Proper   15.21
Zhōngguochǐ   Chinese foot   9.13, 9 N 2
Zhōngguocùn   Chinese inch   9 N 2
Zhōngguolǐ   Chinese mile   9 N 2
Zhōnghuá   China   3.15
Zhōnghuá Mínguó   Republic of China   23.32
zhōngjí   intermediate (rank)   22.40
zhòngshì   esteem, place great store on, give serious consideration to, pay close attention to   17.1
zhōngtú   midway   17.20
zhōngxuéshēng   middle-school student   22.57, 22 N 6
zhōngyāng   center, middle part   19.13
zhōngyāng zhèngfǔ   central government   19.13
zhòngyào   important   19.49
zhōubào   weekly (magazine or newspaper)   22.34
zhōudao   thorough   23.8
zhōukān   weekly (publication)   22.47
zhōumò   week end   10.5
zhōunián   anniversary (year)   23.20
zhōunián jìniàn   anniversary celebration   23.21
zhǔ   chief, head   23.1
zhù yuàn   stay in a hospital   21.51
zhǔbiān   edit (as chief editor), editor   22.50
zhǔchí   have charge of, direct, manage   23.6
zhùjiě   note   22.53
zhǔrén   master   14.46
zhūwèi   (term of address)   23.2, 23 N 9
zhùwēi   encourage, cheer on   17.38
zhǔyào   main, essential   4.40
zhǔyào(de) shi   the main thing is (that), chiefly   4.40
zhùyì   emphasize   20 N 4
zhùzhái   dwelling, residence   3.52
zhùzhǐ   (residence) address   19.38
zhuā   scratch; grab   23.16
zhuān   specially   7.26
zhuān   brick   13.30
zhuàn   rotate, turn   22.4
zhuàn   earn (money)   7.41
zhuānkē   special course of study   11.39

zhuānkē xuéxiào   specialized or technical school   11.39
zhuànlái zhuànqù   mill around   22.4
zhuānmén   specially   7.26
zhuānménjiā   specialist   7.26
zhuànwār   turn a corner   22.4
zhuāng   pack, hold   20.33
zhuāngbuxià   unable to hold   20.33
zhuāngmǎn   pack full   20.33
zhǔnbèi   prepare (to), get ready (to), intend to   11.6
zhuō(zi)   table   4.30
zǐ   self   7.51
zì kuā   boast   7.52
zì lái shuǐ   running water   7.51
zìcóng   ever since   23.35
zìdòng   automatic   13.40
zīge   qualifications, standing   17.7
zìhuà(r)   scroll with characters   4.53
zìjǐ rén   (one's) own people   4.2
zìláishuǐ bǐ   fountain pen   7.51
zīliào   (written) materials   16.29
zǐxi   careful, meticulous   21.23
zìxíngchē(r)   bicycle   13.47
zǒng   always, without exception   19.4
zǒng'eryánzhi   in sum, in a word; after all is said and done, in the last analysis   23.54
zǒngshi   always, without exception   19.4
zū   rent   5.32
zǔ-   grandparent   11.16
zǔfù   father's father   11.16
zǔfùmǔ   father's parents   11.16
zūgěi   rent to   5.32
zúmǔ   father's mother   11.16
zúqiú   soccer, football   16.45

zúqiú duì   football team   17.6
zūtuō   succeed in renting   11.23
zǔzhi   organize, organization   11.15
zuěr   mouth   9.48
zuǐ   mouth   9.48
zuì   intoxicated   21.9
zuì chū   at (the very) first, at the (very) beginning   22.39
zuì duō   (at) most   2.3
zuì hǎo   best (of all), it would be best to   2.3
zuì hòu   last (of all)   2.3
zuì jìn   closest, most recently, very soon   2.3
zuì shǎo   (at) least   2.3
zuì xiān   first (of all)   2.3
zuò   (measure for buildings, cities, mountains)   3.35
zuò   as   10.47
zuò   be (in the role of)   11.50
zuò bàr   be a companion   5.30
zuò biāozhǔn   be a standard   9.55
zuò fānyì   act as translator   22.36
zuò gōng   do work   14.18
zuò kǔgōng   do hard physical labor   10.9
zuò mǎimai   be in business   20.9
zuò mǎimai de   merchant   20.9
zuò shòu   celebrate a birthday   9.40, 9 N 4
zuò zhǔ   be in charge of something   23.1
zuòjiā   writer, author   21.1
zuòtuō   finish doing   11.23
zuóliao(r)   ingredients, spices   10.32
zuòr   place (i.e. seat, table, etc.)   10.1
zuòzhě   writer, author   22.8